中国法学发达史丛书

中国行政法学说史

王贵松 著

Theoretical History of
Chinese Administrative Law

中国人民大学出版社
·北京·

中国法学发达史丛书编委会

主　编　朱景文　马小红　尤陈俊
编委会成员（以姓氏音序排列）
丁相顺　韩大元　李　琛　刘计划　刘俊海
马小红　邵　明　时延安　王贵松　王　轶
叶传星　尤陈俊　朱景文

总　序

"中国法学发达史"是中国人民大学2015年立项的重大课题。此项目的初衷是梳理并总结百余年来中国法学知识体系的学术脉络演变，揭示中国法学发展过程中所呈现出的普遍规律与中国特色。这是一项通过深入梳理中国法学"家底"以推进中国特色社会主义法学学科体系、学术体系、话语体系完善和发展的基础性学术工程。课题组认为，高质量地完成这一研究项目，不仅将会为我们思考中国法学未来的发展方向提供充分可靠的智识支撑，而且可以促成法学"中国主体意识"的进一步发展与完善，推动中国法学在国际学界取得应有的话语权与地位。

"中国法学发达史丛书"的研究起点，是20世纪初在西学东渐过程中所形成的现代意义上的中国法学。1911年，沈家本在"法学会杂志序"中写道：

> 近今十年来，始有参用西法之议。余从事斯役，访集明达诸君，分司编辑，并延东方博士，相与讲求。复创设法律学堂，造就司法人才，为他日审判之预备。规模略具，中国法学，于焉萌芽。[①]

从沈家本所言的中国法学之"萌芽"算起，中国法学迄今已经走过了百有余年的历程。这是历经坎坷的百有余年，也是中国法学逐渐摆脱"全盘西化"并形成自己特色的百有余年。

清末变法时，西方（主要是欧陆传统的）法学借助新式法政教育开始传播于华夏大地。在"欧风西雨"的涤荡下，"言必称希腊罗马"成为那一时期法学的时代特征。民国时期，不乏重建"中华法系"或者建设"中国本位新法系"的学术呼吁。例如在20世纪30年代中期，有学者主张在"新理念、新技术之下"建设"中国本位新法系"，亦即"当系依现代中国国家理念，用科学的方法，对中国固有及现有法律，施新的选择，产生新的生命，俾在世界法律文化领域，重占

[①] ［清］沈家本：《历代刑法考》（四），邓经元、骈宇骞点校，中华书局1985年版，第2244页。

一种新的位置之意",并指出此虽然不是易事,但也并非至难而不可祈求之事,进而呼吁中国法学研究者"并力一心以赴之"。①但是,对西方法学的高度倚赖,依然是那一时期法学知识生产的典型特征,以至于当时甚至有学者感慨称:

> 今日中国法学之总体,直为一幅次殖民地风景图:在法哲学方面,留美学成回国者,例有一套 Pound 学说之转播;出身法国者,必对 Duguit 之学说服膺拳拳;德国回来者,则于新康德派之 Stammler 法哲学五体投地……②

中华人民共和国成立迄今已七十余年,中国法学的发展经历了曲折的过程:20世纪五六十年代学习与仿效苏联法学;1978年改革开放后,尤其是90年代以来,在对西方法学兼收并蓄的同时,日益注重对中国自身法律实践的经验提炼和理论概括;再到21世纪以来法学研究中"中国主体意识"的明确崛起。这个"崛起"表现在多个方面。

首先,"中国特色"在法学的发展过程中受到越来越多的关注,基础理论法学与各部门法学从各自领域对法学的"中国特色"进行了注释和阐发。自改革开放以来,在中国特色社会主义法律体系的形成过程中,中国法学逐渐摆脱了沈家本、梁启超时代"言必称希腊罗马"的"幼稚",成为名副其实的"中国法学"——既是中国法律实践的指导,又是中国法律实践经验的总结和升华。古今中外的法律智慧,由此皆成为滋养中国法学的营养和基础。"中国特色"在当下已然成为中国法学的最强话语,涉及法学的方方面面,③基础理论、民主政治、市场经济、文化与社会治理、生态文明、程序、立法等方面的法学与法律研究,无不打上了"中国特色"的烙印。而"中国特色"正是近代以来我们所忽视的法学"中国主体意识"的一个重要方面。这个"中国主体意识",极大地体现了"历史与现实相结合、理论与实际相结合、基本理论与部门法制相结合、中国特色与世界规律相结合的特点"。④

其次,法学"中国主体意识"的崛起,还表现在学者对国际学界"中国话语权"的重视。随着中国特色社会主义法律体系的形成,中国法学界在对西方法学

---

① 刘陆民:《建立中国本位新法系的两个根本问题》,《中华法学杂志》新编第1卷第1号(1936年),第48页。
② 蔡枢衡:《中国法理自觉的发展》,1947年作者自印,第122页。
③ 参见朱景文、韩大元主编:《中国特色社会主义法律体系研究报告》,中国人民大学出版社2010年版。
④ 孙国华:《深化法律体系研究,全面推进依法治国》,冯玉军主编:《完善以宪法为核心的中国特色社会主义法律体系研究》(上册),中国人民大学出版社2018年版,序,第2页。

的态度上有了新的转变，这就是从了解、介绍西方法学并以其指导中国法律近代化转型，到当下将具有中国特色的法律理论与实践介绍到国际学界，让世界了解中国。具有"中国主体意识"的法学，是中国法学在国际法学界具有话语权的基础，法学界的同人已然感受到了这一时期的新使命。改革开放以来，随着党和国家工作中心的转移，中国法学界出现了对法的阶级性、继承性、人治、法治等问题的争论。一方面，这是对"文化大革命"、对"以阶级斗争为纲"在法学界之影响的反思；另一方面，在一部分人中也确实出现了对马克思主义法学基本原理的信心动摇甚至怀疑。西方法学的引进，一方面促进了以自由主义为特征的西方法律思想的传播和对封建特权思想的批判，另一方面也带来了对中国传统法律思想自信的严重冲击。在一部分学者的观念中，似乎只有按照西方的法学模式改造马克思主义法学、改造中国传统法律文化，才是中国法学未来发展的愿景。和国际学界的交流是改革开放以来中国学界的一大特点，但也正是这种交流唤起了一代学者对学术的自觉。当中国法学界面对世界舞台时，我们应当讲什么呢？难道还是哈特、哈耶克、哈贝马斯？国际学界希望听到中国的理论、中国的声音。①

党的十八大以来，习近平总书记高度重视包括法学在内的中国学术的发展。他提出"不忘本来、吸收外来、面向未来"的学术研究指导方针。中国共产党成立一百多年来，积累了丰富的法治经验，形成了中国化的马克思主义法治理论，包括毛泽东思想中的人民民主专政理论、邓小平理论中的民主法制思想、"三个代表"重要思想中的依法治国理论、科学发展观中的社会主义法治理念和习近平法治思想，它们一脉相承，是中国共产党人在革命、建设和改革时期坚持马克思主义法治理论与中国治国理政的实践相结合、与中华优秀传统法律文化相结合所取得的理论成果。中国化的马克思主义法治理论包括方方面面，就其核心内容而言，包括法治建设举什么旗、走什么路，谁领导、依靠谁的问题，经过几代人的探索，作出了坚持中国特色社会主义法治理论、坚持中国特色社会主义法治道路、坚持中国共产党对法治建设的领导和坚持以人民为中心的回答；制定了依法治国的方略，开辟了党的领导、人民当家作主、依法治国有机统一的政治发展道路，把全面依法治国纳入关系全局的"四个全面"战略布局。总结从革命根据地的法制建设到全面依法治国实践的历史经验，是摆在中国法学界面前的重要任务。

党的十八届四中全会通过的《中共中央关于全面推进依法治国若干重大问题的决定》强调，要"加强法学基础理论研究，形成完善的中国特色社会主义法学

---

① 参见朱景文：《中国法理学的探索》，法律出版社2018年版，序，第3页。

理论体系、学科体系、课程体系"。习近平总书记在 2022 年 4 月 25 日到中国人民大学考察时指出，"加快构建中国特色哲学社会科学，归根结底是建构中国自主的知识体系"。[①] 2023 年 2 月，中共中央办公厅、国务院办公厅印发了《关于加强新时代法学教育和法学理论研究的意见》，提出要"加强中国特色社会主义法治理论研究，提升法学研究能力和水平，加快构建中国特色法学学科体系、学术体系、话语体系"。

  我们的这个课题，正是在法学"中国主体意识"崛起的背景下立项的：致敬兼采西法而又不忘坚守传统的先哲，深入进行学术史的梳理，细致分析中国法学学术脉络演变所发生其中的不同历史背景和社会背景，考察从晚清变法时期的西方法学知识引入直到当代法学中"中国主体意识"的崛起，最终形成一套名为"中国法学发达史丛书"的大型学术丛书。这一课题不仅旨在为国内学界提供一套回顾梳理百余年来中国法学之发展历程的新成果，致敬前辈与同行们在法学领域所作出的学术贡献，而且致力于将中国法学的研究成果介绍给国际学界，使国际学界的同行更多地了解中国法学。确立中国法学在国际法学界应有的话语权，是我们立项时的目标，也是我们在本项目研究开展的过程中所努力践行的宗旨之一。

  惟愿本套学术丛书的出版，能为建构中国自主法学知识体系尽到一份绵薄之力。

朱景文 马小红 尤陈俊
2023 年 7 月

[①] 《习近平在中国人民大学考察时强调 坚持党的领导传承红色基因扎根中国大地 走出一条建设中国特色世界一流大学新路》，《人民日报》2022 年 4 月 26 日，第 1 版。

目 录

导 论 ·· 1
 一、何谓中国行政法学说史 ·· 1
 二、中国行政法学的承继性 ·· 3
 三、本书的主旨和构成 ·· 6

第一章　近代中国行政法学史 ··· 9
 第一节　行政法学的输入与孕育 ··· 9
  一、行政法概念的输入 ·· 9
  二、清末的行政法教育 ·· 13
  三、行政法讲义的译介 ·· 14
  四、行政法著述的翻译 ·· 21
  五、行政法著述的编译 ·· 28
 第二节　行政法学的形成与发展 ··· 29
  一、民国时期的行政法教育 ·· 29
  二、民国初期的行政法研究 ·· 35
  三、钟赓言与中国行政法学的形成 ····································· 39
  四、中国行政法学的初步展开 ··· 43
  五、中国行政法学的近代发展 ··· 54
  六、外国行政法的持续给养 ·· 60
  七、近代行政法学方法论 ··· 67
  八、近代中国行政法学的基本特征 ····································· 71

第二章　当代中国行政法学史 ·· 74
 第一节　行政法学的转轨与寂灭 ··· 74
  一、新中国成立初期的行政法教育 ····································· 74
  二、苏联行政法学的引入 ··· 77

三、苏联行政法学的中国化尝试 …………………………………… 84
　　四、苏式行政法学的基本特征 …………………………………… 87
第二节　行政法学的重启与新生 …………………………………………… 89
　　一、改革开放之后的行政法教育 ………………………………… 89
　　二、《行政法概要》与行政法学的重启 ………………………… 93
　　三、行政法学的初步发展 ………………………………………… 97
　　四、外国行政法学的翻译 ……………………………………… 105
　　五、外国行政法的研究与比较 ………………………………… 120
　　六、当代中国行政法学方法论 ………………………………… 128

第三章　行政法的基本原理变迁 …………………………………… 133
第一节　行政法的观念变迁 ……………………………………………… 133
　　一、行政法观念的首次论争 …………………………………… 133
　　二、行政法的存在之争 ………………………………………… 140
　　三、古代行政法之争 …………………………………………… 145
　　四、行政法的基础理论之争 …………………………………… 147
　　五、行政法学的学科边界 ……………………………………… 152
第二节　公法论的变迁 …………………………………………………… 157
　　一、公法观念的传入 …………………………………………… 157
　　二、公法论的初步展开 ………………………………………… 160
　　三、公法一元论 ………………………………………………… 165
　　四、公法论的再兴 ……………………………………………… 167
　　五、公法论之于行政法的意义 ………………………………… 172
第三节　行政主体论的变迁 ……………………………………………… 172
　　一、国家法人说在清末的传入 ………………………………… 173
　　二、民国时期的行政主体与行政官署 ………………………… 174
　　三、国家行政机关概念在新中国的引入 ……………………… 181
　　四、行政主体的概念转用 ……………………………………… 184
　　五、行政主体的概念反思 ……………………………………… 187
　　六、国家法人、行政主体与机关人格 ………………………… 191
　　七、行政主体论的意义所在 …………………………………… 194
第四节　公权论的变迁 …………………………………………………… 194
　　一、公权概念的传入 …………………………………………… 194

二、公权论的形成 ………………………………………… 200
　　三、公权论的淡出 ………………………………………… 206
　　四、公权论的再兴 ………………………………………… 208
　　五、公权利论的展望 ……………………………………… 213
第五节　法治行政原理的变迁 ……………………………… 213
　　一、近代法治观念的出现 ………………………………… 213
　　二、法治行政的出现 ……………………………………… 215
　　三、依法律行政与依法行政的交替 ……………………… 216
　　四、法治行政要求的多元化 ……………………………… 221
　　五、法治行政的体系展望 ………………………………… 225
第六节　行政裁量观的变迁 ………………………………… 225
　　一、裁量处分的传入 ……………………………………… 226
　　二、行政裁量论的内在区分 ……………………………… 226
　　三、作为行政行为的自由裁量 …………………………… 232
　　四、自由裁量向行政裁量的转换 ………………………… 235
　　五、行政裁量论的当代论争 ……………………………… 238
　　六、行政裁量观的可能转变 ……………………………… 243

第四章　行政的行为形式论变迁 ……………………………… 244
第一节　行政立法论的变迁 ………………………………… 244
　　一、命令论的传入 ………………………………………… 244
　　二、命令论的展开 ………………………………………… 246
　　三、行政管理法规的替换 ………………………………… 250
　　四、行政立法论的展开 …………………………………… 254
　　五、行政立法论的应有定位 ……………………………… 261
第二节　行政行为论的变迁 ………………………………… 261
　　一、行政行为与行政处分的概念输入 …………………… 262
　　二、行政作用与行政处分的体系 ………………………… 265
　　三、苏联传入的国家管理概念 …………………………… 276
　　四、行政行为与行政决定的体系 ………………………… 277
　　五、行政行为论的当代论争 ……………………………… 285
　　六、行政行为论的调适方向 ……………………………… 291
第三节　行政契约论的变迁 ………………………………… 292

一、公法上契约论的传入 ……………………………………… 292
　　二、公法上契约论的展开 ……………………………………… 293
　　三、行政合同论的转换 ………………………………………… 298
　　四、行政协议论的展开 ………………………………………… 301
　　五、行政协议论的展望 ………………………………………… 305

第五章　行政的一般制度论变迁 ………………………………… 306

第一节　行政程序论的变迁 ……………………………………… 306
　　一、程序的概念引入 …………………………………………… 306
　　二、行政程序的初步研究 ……………………………………… 307
　　三、行政程序论的重新引入 …………………………………… 311
　　四、行政程序论的展开 ………………………………………… 316
　　五、正当行政程序的当代论争 ………………………………… 318
　　六、行政程序论的展望 ………………………………………… 322

第二节　行政许可论的源流 ……………………………………… 322
　　一、作为行政行为内容的许可 ………………………………… 322
　　二、作为一种行政行为的行政许可 …………………………… 329
　　三、行政许可法下的行政许可 ………………………………… 335
　　四、行政许可论的展望 ………………………………………… 338

第三节　行政强制执行论的变迁 ………………………………… 339
　　一、行政上的强制执行 ………………………………………… 339
　　二、国家管理中的说服和强制 ………………………………… 342
　　三、行政强制执行的出现 ……………………………………… 345
　　四、行政强制执行的当代论争 ………………………………… 347
　　五、行政强制执行论的展望 …………………………………… 350

第四节　行政强制措施论的源流 ………………………………… 350
　　一、即时强制论的形成与升格 ………………………………… 350
　　二、行政强制措施的引入与转换 ……………………………… 356
　　三、《行政强制法》上的行政强制措施 ……………………… 362
　　四、行政强制措施与即时强制的关系之解 …………………… 366
　　五、行政强制措施的谱系展开 ………………………………… 372

第五节　行政处罚论的源流 ……………………………………… 372
　　一、行政上制裁的观念滥觞 …………………………………… 372

二、违警罚与行政罚论 ……………………………………… 377
　　三、苏联的行政处分论 ……………………………………… 382
　　四、行政处罚论的展开 ……………………………………… 384
　　五、行政处罚的当代论争 …………………………………… 388
　　六、行政处罚论的展望 ……………………………………… 399

第六章　行政救济论的变迁 …………………………………………… 400

第一节　行政复议论的变迁 ………………………………………… 400
　　一、诉愿概念的引入 ………………………………………… 400
　　二、民国时期的诉愿论 ……………………………………… 402
　　三、新中国的行政复议论 …………………………………… 408
　　四、行政复议论的当代论争 ………………………………… 412
　　五、行政复议论的展望 ……………………………………… 415

第二节　行政诉讼论的变迁 ………………………………………… 415
　　一、行政诉讼的本来意涵 …………………………………… 415
　　二、民国时期的行政诉讼论 ………………………………… 418
　　三、新中国的行政诉讼论 …………………………………… 429
　　四、行政诉讼的当代论争 …………………………………… 436
　　五、行政诉讼论的展望 ……………………………………… 446

第三节　国家赔偿论的变迁 ………………………………………… 446
　　一、民国时期的国家赔偿研究 ……………………………… 447
　　二、新中国法制化前的国家赔偿研究 ……………………… 456
　　三、新中国法制化下的国家赔偿研究 ……………………… 462
　　四、国家赔偿论的展望 ……………………………………… 473

第四节　行政补偿论的变迁 ………………………………………… 474
　　一、行政上的损失补偿论 …………………………………… 474
　　二、行政补偿的虚置与提出 ………………………………… 479
　　三、修宪后的行政补偿论 …………………………………… 482
　　四、行政补偿论的展望 ……………………………………… 485

第七章　行政法各论研究史 …………………………………………… 487

第一节　近代行政法各论研究 ……………………………………… 487
　　一、行政法各论研究的传入 ………………………………… 487
　　二、行政法各论研究的展开 ………………………………… 491

三、总论各论的分立与批评 ································· 504
　第二节　当代部门行政法研究 ································· 505
　　一、行政法分论的出现 ····································· 505
　　二、部门行政法的展开 ····································· 506
　　三、部门行政法与行政法总论 ······························· 510

结　　语 ·· 513

附录　近代行政法学著作目录 ·································· 516

事项索引 ·· 522

后　　记 ·· 532

导 论

自进入 21 世纪以来，随着立法的持续推动和学人的不懈努力，中国行政法学获得了长足的发展，在学科的体系化和专门化、理论的技术性、解释力和回应社会能力等方面不断提升。但面对日益复杂的社会现象和行政任务，行政法的学理也面临着种种挑战。为此，中国行政法学人更有责任认识中国行政法学的过去，在历史脉络中寻找其合理定位，汲取历史智慧，勾画行政法学的流变过程，同时，吸纳外国行政法学的有益经验，在学科的独立性与知识的开放性之间保持适度平衡，以形成"中国特色、中国风格、中国气派"的行政法学。

一、何谓中国行政法学说史

要探究中国行政法学的起源、发展和学说脉络，必须对行政法、行政法学与中国行政法学以及中国行政法学说史有一个界定。

首先是对行政法的认识。对于何谓行政法的认识，决定了行政法学说史的研究范围。本书的研究限于从清末开始的行政法学。这是否意味着否定中国古代存在行政法和行政法学呢？

从行政法的基本原理来看，"依法律行政"原理包含着法律与行政的分离、法律对行政的拘束，包含着民主和自由的理念。行政法的产生，一般以旨在保障人权、确立权力分工的宪法为前提，大陆法系更是以行政诉讼制度的建立为标志。舍此便无行政法。中国古代自然不存在这些前提和标志，这些问题直到清末才被提上了议事日程。故而，要谈论这样的行政法，只能从清末开始。忽视行政法存在的前提，而将古代的官僚制度冠以行政法之名加以分析，若纯粹为称呼上的便宜并无不可，只是这种做法易忽视行政法的法治国家背景和近代法属性。

清末自戊戌变法开始的最后 14 年可谓政治变革的 14 年，亦可称宪法诉求的 14 年。1898 年的戊戌变法虽然提出了"立宪法"的口号，但根本未能付诸行动，也未有立宪主义的观念，对行政法的认识更是懵懵懂懂。1906年9月1日，慈禧太后下诏"仿行宪政"，实行官制改革，宣示预备立宪。① 由此，中国的法制才真正步入近代化的轨道。迫于内外压力，清廷于1908年颁布《宪法大纲》，1910年起草宪法（"大清天坛宪法草案"），② 1911年颁布《宪法重大信条十九条》，开始对皇权施以一定的限制。1912年进入共和时代，《中华民国临时约法》正式颁布，确认了近代立宪主义的诸多基本理念。宪法一步步走来，国家的分权体制、个人的独立自由逐步成为现实。由此，行政法才有了生成的契机，行政执行、行政诉讼、诉愿等行政法的基本制度才逐步建立起来。

其次是对行政法学与中国行政法学的理解。行政法学作为一门研究行政法现象的学科，具有一定的独立性，它可以在行政法之前产生。在中国恰恰就是如此。行政法学的译介引导着行政法的建设。但说行政法学可以先于行政法而产生，并不是说学术的发展可以无限地超前，完全凭空想象的行政法学是不可能产生的，遑论"中国行政法学"。正是在清末民初着手建立"行政审判院""平政院"之际，学者们提出了对中国自身行政法问题的探讨，出现了两大法系关于行政诉讼体制的激烈碰撞，由此才逐渐催生了中国的行政法学。

正如有学者指出的那样，"行政法学的产生并不是以第一篇行政法论文或第一部行政法著作的出版为标志的，而是以理论范畴的基本定型、学科体系的基本建立、相应研究和传播方法的运用、社会的基本公认为标志的"。③ 而要谈"中国行政法学"，则应该以中国行政法为研究对象，以解决中国自身的行政法问题为研究使命。中国行政法学不能是外国行政法学的照抄照搬，更不是说翻译了几本外国的著作便可以堂而皇之地宣称"中国行政法学"诞生了。④ 要称得起"中国行政法学"，不能仅仅有思想的片段或火花，而应当有对中国行政法问题的系统的研究，应当形成一定的学术体系。

最后是对中国行政法学说史的把握。行政法学说史是要对行政法学者的作品、观点、理论体系等进行梳理，评述其历史影响。从内涵上看，中国行政法学说史与中国行政法学史是有差异的，后者范围更广，不仅包括行政法学说史，还包括行政法思想史、行政法学发展史、行政法教育史、行政法学中外交流史等

---

① 参见《宣示预备立宪先行厘定官制谕》，故宫博物院明清档案部编：《清末筹备立宪档案史料》（上册），中华书局1979年版，第43-44页。
② 参见《汪荣宝日记》，韩策、崔学森整理，中华书局2013年版，第277页以下；曹汝霖：《曹汝霖一生之回忆》，传记文学出版社1970年版，第46页。
③ 叶必丰：《二十世纪中国行政法学的回顾与定位》，《法学评论》1998年第4期，第4页。
④ 何海波从译著的规模即断言中国行政法学已经在清末诞生，这是欠妥的。参见何海波：《中国行政法学的外国法渊源》，《比较法研究》2007年第6期，第43页。

等。学说史更多关注的是某种观点、学说、理论的提出、发展和演变的历史脉络。本书旨在梳理中国行政法学说史，从一个个专题入手，对行政法学人的相关作品、观点、学说进行归纳整理，观察其历史定位。但是，这一作业同样无法脱离整个行政法学发展史的脉络。客观而论，我国的行政法学发展并不顺利，也不算发达，相关学说、学术论争并不丰富，学说之间的相互影响也不甚明显。故而，要整理出一个像样的"学说史"实属不易，笔者仅可勉力而为。现有的中国行政法学说史研究成果主要表现为一些论文，[①] 而且，数量较为有限，从整体上看，学术积累尚显不足。因此，本书的撰写带有一定的试错性，更理想的研究还应寄希望于将来。

二、中国行政法学的承继性

新中国的法制是从废除旧法统开始的。而1950年代法学教育上的"全盘苏化"，很大程度上阻断了与过去民国时期的法学教育的承继性。"文化大革命"时期，法学教育近乎全部停滞。故而，在改革开放之后，法学、行政法学重新起步。新旧行政法学之间存在裂痕。但这是否意味着中国行政法学不存在连续性或承继性呢？若无，则一本完整的"中国行政法学说史"只是一个拼盘，甚至谈论"中国行政法学说史"都是没有意义的。毋庸置疑的是，当下与改革开放初期的行政法学之间存在连续性，而诸多迹象也表明，改革开放初期与新中国成立初期的行政法学之间存在承继性，与民国时期的行政法学之间也存在承继性。这里仅以几个参考书目的例子来说明，内容上的承继性将在本书的各个专题中予以展现。

作为改革开放后最早一批行政法教学研究人员的姜明安，是北京大学1977年级的大学生，1978年年初入学。姜明安在回顾自己的行政法学习和研究时谈道："至于行政法，我上大学时，则不仅没有教科书、著作，北大法律系连这个课都

[①] 相对集中的研究主要包括：（1）陈新民：《行政法学的拓荒者——中国早年行政法教科书》，氏著《公法学札记》，法律出版社2010年版；（2）叶必丰：《二十世纪中国行政法学的回顾与定位》，《法学评论》1998年第4期；（3）何勤华：《中国近代行政法学的诞生与成长》，《政治与法律》2004年第2期；（4）杨成炬：《汉语行政法学核心词汇的流变——外国法移植与本土化的个案分析》，何勤华主编：《外国法与比较法研究》（第1卷），商务印书馆2006年版；（5）何海波：《中国行政法学的外国法渊源》，《比较法研究》2007年第6期；（6）马怀德主编：《共和国六十年法学论争实录·行政法卷》，厦门大学出版社2009年版；（7）孙兵：《汉语"行政法"语词的由来及其语义之演变》，《现代法学》2010年第1期；（8）孙兵：《1899—1949：中国近代行政法学成长之迹》，西南政法大学2010年博士学位论文；（9）沈岿：《行政法理论基础：传统与革新》，清华大学出版社2022年版，第一章、第二章。另外，还有一些关于夏同龢、钟赓言等个别人物的介绍研究。

没有（全国都没有），甚至连行政法这个概念都没有。""范扬、管欧、马君硕的行政法著作，都值得一读。我上大学研究行政法，就是从读他们的著作开始的。"① 1985 年 8 月，姜明安留校任教后，将自己的行政法讲义《行政法学》在山西人民出版社出版，该书的主要参考书目除改革开放初期出版的教材、论文集和俄文、英文行政法著作外，还列有民国时期陈体强的《英国行政法论》、新中国成立初期中国人民大学编辑的《中华人民共和国行政法（总则）参考资料》等。② 1990 年，姜明安的《行政法与行政诉讼》一书在每一章之后都附有参考书目，其列举的早期图书和台湾地区出版的图书有管欧的《中国行政法总论》《行政法概要》、林纪东的《行政法新论》、左潞生的《行政法概要》等。2017 年，姜明安在其"影响人生的书单"中列出 5 本书，其中仅有的一本行政法著作是 1947 年马君硕的《中国行政法总论》。他推介道："这是我上大学时最早读到的一本行政法著作，是导致我后来以毕生的精力研究行政法——公法的最主要部门——的主要诱因。这本书的序言（张知本序）一开头就促使我对'文革'，对当时中国政治、中国行政进行反思：'中国政治不上轨道，是尽人皆知的事。考其原因，自然很多，要以从事政治的人们，只知术而不知学，只任人而不任法，只重官而不重民，三者为最。'"③

1983 年，新中国第一本行政法统编教材《行政法概要》出版发行。参与该书编写的应松年回忆称："在'旧法学'被社会主义革命的洪流冲走之前，通过对日本法学的继受，行政法学的理论框架和概念体系已经基本奠定。到了 20 世纪 80 年代行政法学研究恢复初期，那些图书馆中尘封的民国法学著作成为一笔珍贵的遗产。不少行政法学者看过这些著作，并借鉴了其中的一些研究成果。"④"当时中国学者普遍对外国行政法了解很少，主要是美浓部达吉的《行政法概要》［应为《行政法撮要》——引者注］和司徒节尼金的《苏维埃行政法》。民国时代的行政法著作，有'南范（范扬）北白（白鹏飞）'之说。现在看来，这本书［指 1983 年《行政法概要》——引者注］的许多内容反映了我们七十年代的社会状况，已经完全过时。这本书最有价值的是王名扬写的'行政行为'一章，它对行政行为的定义和分类沿袭至今。"而王名扬本人回忆时说道："在编写统编教材

---

① 姜明安：《中国公法学 30 年的主要成就与主要经验》，姜明安：《法治的求索与呐喊（评论卷）》，中国人民大学出版社 2012 年版，第 386、389 页。
② 参见姜明安：《行政法学》，山西人民出版社 1985 年版，第 425-426 页。
③ 《师说｜百位北大教授推荐影响人生的书单＋治学感言 1.0》，北京大学微信公众号 2017 年 9 月 10 日。
④ 应松年：《中国行政法学 60 年》，《行政法学研究》2009 年第 4 期，第 62 页。

《行政法概要》时,'行政行为'一章没有人接受。这一章比较重要,也比较困难。我接受了这一章的编写工作,完成了该章1、2、3节(第97-124页)。在编写过程中,我参考了过去在武大教书时的讲稿(现已不存在)和法国的行政法学。"① 王名扬本人是在民国时期接受的法学教育,其所说的武大教书是指其在1943—1948年间于武汉大学法律系执教的经历。

1984年,《行政法概要》编写组还由应松年、朱维究编选,张尚鹭审定编辑了《行政法资料选编》(法律出版社1984年版)。该书分为两个部分:中华人民共和国行政管理法规目录选与我国新民主主义革命时期根据地行政管理法规目录选;同时还有附录部分,包括中国古代行政管理法规选、外国行政法简介(英国、法国、日本、苏联)、行政法学著作目录选(第一类是国内学者的教材,包括范扬的《行政法总论》、管欧的《行政法各论》、赵琛的《行政法各论》、张载宇的《行政法要论》、林纪东的《行政法》;第二类是日本行政法教材,包括美浓部达吉的《行政法撮要》、《日本行政法撮要》(下卷),田中二郎的《行政法总论》;第三类是苏联行政法学教材,收入瓦西连柯夫等的《苏维埃行政法》的目录)、行政法参考资料(索引)。该书的选编"只是为了给读者提供一个学习与研究行政法学的线索"。显然,这一线索也表明了当代行政法学的几大源流。

1985年,应松年、朱维究编著的《行政法学总论》在工人出版社出版。在该书的脚注中,不仅有1953年翻译出版的司徒节尼金的《苏维埃行政法(总则)》、1983年翻译出版的马诺辛等的《苏维埃行政法》,还有民国时期出版的诸多行政法著作,具体包括织田万的《清国行政法》、美浓部达吉的《行政法撮要》、马君硕的《中国行政法总论》、古德诺的《比较行政法》,还包括管欧的《行政法总论》。该书对于旧中国的行政法学是这样描述的:"旧中国的行政法学是从戊戌变法后开始的,先是翻译日本的行政法学,以后也陆续出版了中国学者所写的行政法著作。翻译过来的,对旧中国行政法产生过巨大影响的,主要有:日本美浓部达吉的《行政法撮要》、织田万的《清国行政法》,美国古德诺的《比较行政法》等书。三十年代后,中国行政法学的著作迅速增加。其中比较著名的有钟赓言的《行政法》、范扬的《行政法总论》、白鹏飞的《行政法总论》和马君硕、林纪东、管欧、赵琛等人的行政法著作。在介绍国外行政法方面的主要著作是陈体强1935年[应为1945年——引者注]所写的《英国行政法》。"② 这一介

---

① 何海波、晏翀、严驰恒编著:《法治的脚步声——中国行政法大事记(1978—2014)》,中国政法大学出版社2015年版,第27页。

② 应松年、朱维究编著:《行政法学总论》,工人出版社1985年版,第101页。

绍虽然存在一定讹误，但也表明改革开放初期重新起步开始研究行政法学的学者们对旧中国行政法学的状况是大体了解的。而作为该书作者之一的应松年在大学期间并没有学过行政法，在接受教授行政法的任务之后，"第一件事情就是找资料"，"在古书堆里找到了不少新中国成立前的和苏联的行政法学著作"。[1] 这种学习也使得应松年的教材与民国时期的教材，特别是范扬的行政法总论之间有了非常直接的联系。

1988 年，罗豪才主编的《行政法论》在书后列有三类主要参考书目：第一类是 1980 年代早先出版的行政法教材和宪法教材等 9 本著作，第三类是苏维埃行政法的 4 本译著，第二类则是同时期中国台湾地区出版的 6 本行政法和宪法著作，包括管欧的《中国行政法总论》、城仲模的《行政法之基础理论》、林纪东的《民国宪法释论》、陈鉴波的《行政法学》、张家洋的《行政法概要》、马君硕的《中国行政法总论》。[2] 这些著作都在一定程度上显示出《行政法论》的知识源泉，其中有的就是民国时期著作的新版延续。

可以说，改革开放之后新生的行政法学代表性学者都从民国时期的行政法学、新中国成立初期的行政法学中汲取了大量的给养。换言之，民国时期的行政法学、新中国成立初期的行政法学构成了改革开放之后新生行政法学的基础，前后之间具有历史的连续性。

三、本书的主旨和构成

本书将全面介绍中国行政法学自清末民初以来的发展状况，并重点梳理行政法学的重要概念范畴变迁、学术论争的基本脉络。[3] 本书由两部分七章构成：一部分是中国行政法学史纵览，两章四节，将行政法学的整个学术研究历史分为四个阶段作出归纳，亦即清末民初的输入与孕育、民国时期的形成与发展、新中国成立初期的转轨与寂灭、改革开放之后的重启与新生；另一部分是中国行政法学说史专题研究，五章二十节，从行政法的基本原理、行政的行为形式论、行政的一般制度论到行政救济论，主要围绕行政法学的重要范畴来梳理其学术流变，把

---

[1] 应松年"读过的书中，有范扬的，有白鹏飞的；有国外的，如日本美浓部达吉的《行政法撮要》；还有苏联的，如《苏维埃行政法》，有总论、有分论。20 世纪 50 年代，我国也曾想开设行政法课程，就从苏联请了一个专家来，叫司徒节尼金，在中国人民大学教行政法。他的书我也仔细节看了，与范扬的、美浓部的大不一样，范扬和美浓部的理论比较接近，因为范扬的理论就是从日本过来的"。应松年口述、何海波整理：《与法同行》，中国政法大学出版社 2015 年版，第 33－34 页。另参见该书第 191 页。

[2] 参见罗豪才主编：《行政法论》，光明日报出版社 1988 年版，第 458－459 页。

[3] 在地理范围上，本书基本不涉及我国港澳台地区的行政法学发展状况，它们在某种程度上自成体系。

握其内在的关联与问题,最后简要介绍了行政法各论研究史。这种通史与专题结合的研究方式,可以更为全面地把握中国行政法学说史的状况,在篇章结构上也易于协调。当然,这种体系安排也有其缺陷:一是难以呈现同一时期的整体面貌,例如,行政法总论和各论分别介绍,就不能呈现某一学者或某一时期的完整研究状况;二是由于通史部分只能概略地梳理介绍,专题部分再次触及,行文上或许会有少许累赘。

作为一门应用法学,行政法学服务于行政法制,也受制于同时代的行政法制。各个时期的行政法学说很大程度上是与其所处的实定法环境息息相关的。故而,在介绍相关学说的同时,也不能脱离当时的实定法制度。本书以学说为主,本着学说史和制度史不分离的基本方法,对百余年中国行政法学史进行梳理。但不同时期的制度是有差异的,甚至会有重大的不同,故而,本书沿着历史时间的进程进行整理,侧重于学说自身的原理性,而简化其针对现实制度的评价。我国行政法学界对行政法制度史的研究是不足的,这在一定程度上也影响着行政法学说史的展开。

本书在资料处理上所秉持的基本原则是,越老越详细,越新越简略。新中国成立之前学说的介绍比新中国成立之后学说的介绍详细,1950年代的介绍比1980年代、1980年代比之后的详细。如此处理,或许与相应内容的学说史地位并不相称,但这是出于以下两方面的考虑:一方面,较近的内容相对容易了解,却又不易评价——这需要时间的沉淀和检验;另一方面,所介绍的过去的内容可能已经是当时的全部,在当时或者其前后一段时期内确有其重要性。当然,这种介绍梳理难免有疏漏、讹误,在已有的范围内也会去选择具有更高水准的内容。清末、民国、新中国成立初期的行政法学虽然有较高水准的著作或教材(主要集中于1920—1940年代),但总体上仍不甚发达,相关的著述尚不可以丰富来形容。1990年代之前的大部分著作可以逐一介绍整理,而要逐一介绍之后的著作,尤其是2000年之后的著作,则是近乎不可能完成的工作。从研究人员、著述的比较角度来说,最近二三十年行政法学的发展的确取得了可观的成就,本书只是撷取了部分带有交锋性的观点加以呈现。

在文献的选取上,本书重视的是学术性研究,会优先选择有观点、有论据、有辩驳的文献,会重点介绍那些对于后世有影响力的著述。同时,由于"学说史"的限定,本书未能更为详细周到地展现行政法学方方面面的成就。因为本书无法对过去不存在、只有今天才有的行政法学问题,诸如信息公开、信息保护法、行政调查、行政规划、行政指导等展开梳理,而只能是对过去一百多年里一直存在、一直被作为问题对待的行政法学问题展开探究,所以,在行政法学重要范畴的选取上,本书很大程度上只考虑传统行政法学的内容,而无法顾及行政法学的新兴问题。而且,囿于笔者的精力和学识,本书无法对行政法学说史上所有重要问题作出梳理,而只能是选取行政法学体系上的基础概念。在探讨基础概念时,本书是从其概念内涵、功能、制度梗概等相关讨论展开梳理,旨在澄清该基础概念的最基本问题,侧重于概念史研究,而未能展开所有方面的学说史研究。例如,要在一节之内处理行政诉讼的基础问题,几乎是不可能的,所以,很大程度上就选取了如何理解行政诉讼、行政诉讼中最大或最基础的问题来探讨。

毫无疑问,通史与专题的编排体例、专题的确定、视角和素材的选取,不可避免地带有作者自身的主观性因素。学说史具有客观性,但也不存在确定不移的真正面目,而容许见仁见智的不同视角。虽然无法做到尽拾沧海遗珠,但尽可能让行政法学史上的精彩之处得到基本展现,是本书的写作旨趣。

第一章

近代中国行政法学史

这里以1949年新中国成立为界,将此前的阶段权且称作近代中国行政法学,将此后的阶段权且称作当代中国行政法学。行政法学自清末开始大量输入。经过民国时期的积累,中国行政法学得以形成和发展。这里分为两个部分来梳理近代中国行政法学史:其一是行政法学在清末的输入与孕育,其二是中国行政法学在民国的形成与发展。

第一节 行政法学的输入与孕育

直到晚清,"行政法""行政法学"毋庸置疑都是新名词。随着维新变法、预备立宪的展开,行政法学得到了一定的传播,行政法也在一定范围内得到实践。

一、行政法概念的输入

众所周知,法国是行政法(droit administratif)的母国。1904年,严复在译著《社会通诠》中曾将 droit administratif 译为"行政便宜"。① 但这一译法并未为学界所接受,通用的概念仍是日译的"行政法"一词。②

---

① "此其名义,出于法国,求之英文,殆无正译。且其所谓行政便宜,何耶?官吏政府,自为科条,用以谴比其属之过犯罪罚而已。夫如此而犹称法典,则何怪大陆之民,常受官吏之束缚烦扰无穷乎?"〔英〕甄克思:《社会通诠》,严复译,商务印书馆1981年版(1904年初版),第157页。

② 日本出现"行政法"一词应在明治维新之后。据日本国会图书馆、东京大学、京都大学图书馆馆藏目录查询,最早的行政法著作大致出现于1870年代。1877年,田中耕造翻译了伯夫(H. Boeuf)的《法国行政法》,1884年,高田早苗出版了上下两编的《英国行政法》;1886年,井坂右三在博闻社出版了上下卷《日本行政法大意》;1888年俣野时中在集成社出版了《法兰西行政法》等。

有学者认为，中国最早使用"行政法"一词者为梁启超。① 梁氏在其1899年译作《各国宪法异同论》中确已提及："政府之大臣，合而共执一切之政务，又分而各执各种之政务者也。故有行政法上、刑法上之责任。若有违法之事，必不可不受其罪。故法律敕令，必要政府大臣签名云。"② 但因该文系译文，故而，也难谓梁启超在"使用""行政法"一词。此前在1898年春，康有为在《日本书目志》第五卷的"政治门"之"行政学"中已经列出了诸多行政法的书目，如江木衷的《行政法》《社会行政法论》《虞氏英国行政法讲义》，加藤治之丞和浅野多作合著的《日本行政法释义》，井坂右三的《日本行政法大意》，大桥素六郎的《增订行政法大意讲义》，三轮一夫的《行政裁判法讲义》等。他还指出，"国虽有律宪，有司行政者，又有学焉，不然，则具文耳"。③ 该"行政法"的意涵虽未清楚，但名称已成中文。同时出现的还有"行政裁判法"的概念。当然，这些都只是译语，也未作为概念在使用。1901年6月7日，梁启超在《清议报》发表《立宪法议》一文，呼吁实行君主立宪政体，并效仿日本做法谋划了六步立宪蓝图。其中，梁启超指出，宜派重臣三人，游历欧洲各国及美国、日本，考察其宪法的同异得失。"考察宪法之重臣随员，宜并各种法律，如行政法、民法、商法、刑法之类，皆悉心考究。"④ 这应是梁启超第一次真正使用了"行政法"一词，虽然未对行政法的概念作出解释，但将其作为立宪政体的重要组成部分，并与民商法、刑法等相并列，其认识也较为准确。1904年，梁启超曾指出，"近世学者解释行政法之定义，谓行政法者，总括关于政权作用之法规的全体也。此定义若当，则今传之唐六典足以当之矣。我国自汉以来，诸种法典中，虽偏重刑法，而关于行政作用之规定者，固已不少"。"所谓会典者，即行政法也。"又说："公法之中，有规定国家之根本的组织者，是名宪法；有规定行政机关及其活动之规律者，是为行政法。"⑤ 故而，"行政法"一词在1898年就出现在康有为的著述中，1901年就在梁启超的著作中得到使用，之后渐渐得到了更多的认识。

---

① 参见孙兵：《汉语"行政法"语词的由来及其语义之演变》，《现代法学》2010年第1期，第188页。

② 梁启超：《各国宪法异同论》，《饮冰室合集》(1)，中华书局1989年版，文集之四第79页。需要指出的是，《饮冰室合集》没有说明该文为译文，但梁启超主持的《清议报全编》(第三集新书译丛，新民社)第二篇第1页明确标明为"新会梁启超译"。

③ 康有为：《日本书目志》，《康有为全集》第3集，中国人民大学出版社2007年版，第332-333页。顺便指出，康有为所列书目未必准确，例如《社会行政法论》《虞氏英国行政法讲义》其实均为江木衷的德文译著。

④ 梁启超：《立宪法议》，《饮冰室合集》(1)，中华书局1989年版，文集之五第6页。

⑤ 梁启超：《论中国成文法编制之沿革得失》(1904)，《饮冰室合集》(2)，中华书局1989年版，文集之十六第25-26、41、51页。

第一章 近代中国行政法学史

行政法学最重要的基本概念多数系从日本输入，《译书汇编》杂志发挥了不小的作用。《译书汇编》被称为"留学界杂志之元祖"，①梁启超称之"能输入文明思想，为吾国放一大光明，良可珍诵"，②冯自由谓其对"促进吾国青年之民权思想，厥功甚伟"。③"行政诉讼"的概念最早大致出现于 1901 年。《译书汇编》自第 5 期开始连载了日本学者樋山广业的《现行法制大意》一文。《现行法制大意》共分为国家、法、公法和私法四编。公法的第二章为行政法，分为"行政机关"（中央行政、地方行政）、"所政各部"（警察、民籍、卫生、农工商、交通、教育、军事、财政）和"行政诉讼及诉愿"三节，较为完整地介绍了日本行政法体系。在第 5 期（1901 年 6 月 3 日发行）上出现了"公法""行政法"的概念，并将行政法置于公法之下；在第 7 期（1901 年 7 月 30 日发行）上，不仅出现了"行政诉讼""诉愿""行政处分"等行政法学的重要术语，还第一次相对详细地介绍了日本"行政诉讼及诉愿"制度。④不过，《现行法制大意》仅为行政法制的介绍，理论分析很少，也没有对"行政法"等概念作出界定。而"行政行为"的概念则最早大致出现于 1903 年董鸿祎编译的《日本行政法纲领》。⑤

1902 年，译书汇编社的社员某发表《日本法律参考书概评》，其中第二节介绍了"行政法之部"的著作。该评述称，法学士美浓部达吉讲义"理义明确，气力雄健，出以轻醒之笔，俾人人易解，最可读之本也"。法学士小原新三讲义"对照现行法规，适切说明，是为本书之特色。虽然形式之定义，不免遗讥，而便于初学，能使几多法理之观念，涣然冰释，诚不可不读之书也"。此外还对冈实、竹井耕一郎、穗积八束、一木喜德郎的行政法讲义以及四本"行政法各论"

---

① 冯自由：《励志会与译书汇编》，《革命逸史》（初集），中华书局 1981 年版，第 99 页。《译书汇编》专以编译欧美法政名著为宗旨，如卢梭的《民约论》、孟德斯鸠的《万法精理》、约翰·穆勒的《自由原论》、斯宾塞的《代议政体》、伯伦知理的《国法泛论》、耶林的《权利竞争论》等皆逐期登载。据称"译笔流丽典雅，风行一时"。

② 梁启超：《清议报一百册祝辞并论报馆之责任及本馆之经历》（1901 年），《饮冰室合集》（1），中华书局 1989 年版，文集之六第 53 页。

③ 冯自由：《开国前革命书报一览》，《革命逸史》（第 3 集），中华书局 1981 年版，第 144 页。亦可见张静庐辑：《中国近代出版史料（二编）》，群联出版社 1954 年版，第 283 页。

④ 参见［日］樋山广业：《现行法制大意》，《译书汇编》第 5 期（1901 年），第 4 页、第 13 页以下；第 6 期（1901 年），第 19 页以下；第 7 期（1901 年），第 53—56 页。樋山广业的日文同名原著 1900 年由大日本图书株式会社出版。

⑤ 参见杨成炬：《汉语行政法学核心词汇的流变——外国法移植与本土化的个案分析》，何勤华主编：《外国法与比较法研究》（第 1 卷），商务印书馆 2006 年版，第 435、441 页。杨文以其于 1901 年完成翻译，即处提 1901 年董鸿祎翻译的《日本行政法纲领》，并不妥当，应以出版时间为准。杨文还认为"行政处分"是由该书首次介绍，应属不当，"行政处分"一词最晚也是出现于上述《现行法制大意》一文。

稍加评述。① 这里开始使用"行政法""行政法各论"的概念，虽然并未述及其内容，但寥寥数语已作精当评价。

1903年，由《译书汇编》更名而来的《政法学报》（摆脱译书时代而进于学问独立时代）刊登了伟璠的《行政法概论》，作者曾"亲炙日本帝国大学教授一木喜德郎氏"，文中也多次引述一木喜德郎的观点和体系，对行政法的基本认识较为清楚明了。该文原本是准备连载的，但以"未完"便告结束，未能展示全貌。该文应是中国人自主撰写的第一篇行政法学论文，也真正开始使用"行政法""公法""行政法规""行政机关""行政救济""行政诉讼""行政裁判""诉愿"等行政法学基础概念。该文包括行政之观念、行政法之意义、法规之渊源、行政法之地位、行政法之纲目五章内容，大致相当于一般行政法讲义的第一章。该文首先将国家行动从形式上分为立法、司法、行政，从实质上分为国政、民政、法政，将国政与民政合称为行政，行政与法政常相对峙。"行政法者，行政法规之总称也。"行政法的范围由行政范围及法规观念而定。法规有两种认识：一种是行为的通则，凡一切事项发生，均应以此通则为准绳，随时处置者是处分令；另一种是不必拘定一种事件，凡由该事件所产生而规定为法律上效果者，皆为法规，不问通则还是例外，均以法规视之。两说各有一定道理，但从权力分立论的主旨来看，立法与行政分立，若以立法兼任行政，则其制定的法律必流于专横。立法机关设立一定不移的通则，法规不为一时的利害所牵制，行政机关依此法规而行，亦不敢瞻顾私情枉法处置，而后两者方可得其公平。采用第一说，更符合法治国主义。国家行动本无限制，国家一旦规定其行动的通则，则国家一切行为必须遵守此通则，因为通则本就是用来实现国家目的的。法规就是规定两个人格之间的关系，而在人格之间设立行为的界限。行政法属于公法、国内公法，设定国家与国家机关及私人间行为的界限。②

除"行政法""行政行为""行政处分""行政诉讼"等之外，由日本输入的行政法相关概念还包括：政府、机关、干部、职员、警察、服从、勤务、管理、管制、服务、方针、命令、认可、登记、特许、支配、执行、取缔、计划、规则、原则、手续、公开、特权、情报等。③ 这些词有一些纯粹是日语词（如命令、服从、执行、手续等），有一些是古代汉语就有的，但日本人赋予了新的含

---

① 参见社员某：《日本法律参考书概评》，《译书汇编》第10期（1902年），第100-101页。
② 参见伟璠：《行政法概论》，《政法学报》第3卷第5期（1903年），第7-27页。
③ 参见高名凯、刘正埮：《现代汉语外来词研究》，文字改革出版社1958年版，第82-98页。

义（如计划、机关等），有一些是日本人用古汉字去"意译"欧美语言的词（如干部、管制、管理等），再输入中国。

二、清末的行政法教育

行政法学的产生和发展离不开行政法的教育。实际上，中国的行政法学教育走在了行政法治的前头，为中国行政法的产生提供了思想认识条件。

1898 年，清政府设立京师大学堂。1902 年 8 月 15 日，《京师大学堂章程》设仕学馆，"招考已入仕途之人入馆肄业，自当舍工艺而趋重政法，惟普通各学亦宜略习大概"。该章程第二章第七节规定，仕学馆第一年、第二年都要在政治学课目中学习"行政法"，每星期四小时。[①] 1904 年 1 月 12 日，《大学堂章程（大学堂附通儒院）》设大学堂，并在大学堂内设通儒院（外国称大学院），"以谨遵谕旨，端正趋向，造就通才为宗旨"，大学堂内设分科大学堂，政法科学制四年，在政法科的政治门、法律门中均将"各国行政机关学"（注解："日本名为行政法学，可暂采用，仍应自行编纂"）列为主课，政治学在第三年和第四年每星期各一个钟点，法律学则在第一年每星期一个钟点。[②] 这是我国行政法教育的开端。在京师大学堂讲授公法的教习有岩谷孙藏（1902—1906 年，法学博士，后为京都大学教授）、杉荣三郎（1902—1906 年，法学士，后为日本帝室博物馆馆长）、冈田朝太郎（1910—1915 年，法学士，后为东京法科大学教授，法学博士）、织田万（1910 年，法学士，后为法学博士，京都大学教授）。[③]

京师法律学堂是中国官办第一所法律专门学校。1905 年，修订法律大臣等为实施新法、培养裁判专门人才，奏设于北京。京师法律学堂"以造就已仕人员，研精中外法律，各具政治智识，足资应用为宗旨"。1906 年 10 月正式开学，招收清政府各部属员入学肄业，学制三年，毕业后派往各省，为佐理新政、分治地方之用。其第二年第二学期和第三年第一学期均须学习行政法，分别为每周三课时和二课时。[④] 冈田朝太郎在京师法律学堂任总教习，也是行政法的教习。他后来也在朝阳大学讲授行政法。

[①] 参见北京大学、中国第一历史档案馆编：《京师大学堂档案选编》，北京大学出版社 2001 年版，第 155-157 页。
[②] 参见北京大学校史研究室编：《北京大学史料》（第一卷 1898—1911），北京大学出版社 1993 年版，第 97、102-103 页。
[③] 参见汪向荣：《日本教习》，中国青年出版社 2000 年版，第 74-75、118 页。
[④] 参见《修律大臣订定法律学堂章程》，《东方杂志》第 3 卷第 10 期（1906 年），第 250-254 页。

除京师法律学堂之外，清末最重要的法校当属京师法政学堂，它"以造就完全法政通才为宗旨"。在法律学门中，第一学年和第二学年均须学习行政法，均为每周三课时。① 其1910年改定后的学堂章程，由清政府明令各省法政学堂仿效。在法律门的四年学制中，第一年要学习比较行政法，第二年要学习行政法。② 1910年，清政府学部解除了1904年颁布的《奏定学堂章程·学务纲要》中"私学堂禁专习政治法律"的禁令，③ 为创设私立法政学堂开辟了道路。一时之间，形成了建立私立法政学堂的热潮，行政法的教育由此也得到一定的推动。

清末的行政法教育在国内的诸多学堂开展，当时所用的教材主要是取自日本学者的讲义，也有一些学堂直接聘请了一定数量的日本教习来华讲授。诸多留学生还在日本直接听取日本教授的讲授。

三、行政法讲义的译介

行政法是舶来品，行政法教材作为行政法的体系化认知，对于继受者而言非常重要。行政法讲义的译介有两种主要来源，一是身处日本的留学生译介日本教授的讲义，二是译介来华的日本教习讲义。

（一）法政速成科的行政法教材

1904年至1908年，日本法政大学清国留学生法政速成科共开设五班。为了汇总速成科的各科讲义，在日留学生编辑了四套著名的法政丛书："法政粹编"（22种）、"法政丛编"（24种）、"法政讲义"（30种）和"政法述义"（28种）。这四套丛书中都包含行政法讲义。

1. 清水澄的行政法讲义

清水澄长期担任法政速成科的行政法教员。清水澄④时为学习院教授、内务书记官，1905年被授予法学博士，1906年，法制局参事官、法学博士吉村源太

---

① 参见《学部奏筹设京师法政学堂酌拟章程折》，《东方杂志》第4卷第11期（1907年），第241－248页。
② 参见李贵连：《二十世纪初期的中国法学（续）》，《中外法学》1997年第5期，第14－15页。
③ 参见王健：《中国近代的法律教育》，中国政法大学出版社2001年版，第204页。
④ 清水澄（1868—1947），日本石川县金泽市人。1891年毕业于东京大学法科，进入内务省工作，1898年任学习院教授，1898—1900年留学德国和法国研修国法学和行政法学，1904年任东京大学讲师，1926年帝国学士院会员。历任行政法院院长、枢密院顾问官、1946年末代枢密院议长。1947年因忧心新宪法对日本国体的冲击，投海自尽。主要著有《国法学》《行政法泛论》《行政法各论》《法律经济辞典》《帝国宪法大意》《帝国公法大意》《国体论》《日本行政法大意》《逐条帝国宪法讲义》《日本行政法》等。被译为中文的除下述行政法讲义外，还有《宪法》（卢弼、黄炳言译）、《法律经济辞典》（张春涛、郭开文译）等。

郎与清水澄同为行政法的教员。①

（1）清水澄讲义的翻译。

清水澄的课堂讲义《行政法泛论》由中央大学毕业的黎渊②笔译，《行政法各论》亦由法政大学法政速成科毕业的汪兆铭笔译。后来，1907年，《行政法泛论》由浙江绍兴金泯澜翻译；1908年，《行政法各论》由商务印书馆编译所翻译，由商务印书馆出版，并多次修订。③上述两个版本基本一致。

《行政法泛论》共四编内容，分别为总论（行政、行政法规）、行政机关（行政组织、行政官厅、官制、中央官厅、地方官厅、行政官吏、地方公共团体、营造物）、行政行为（行政法规、行政处分）、行政监督（命令处分之取消及停止、诉愿、行政裁判）。《行政法各论》共五编内容，分别为财务行政、司法行政、军务行政、内务行政、外务行政五编。

（2）夏同龢编辑的《行政法》。

夏同龢在清水澄讲义基础上编辑的《行政法》影响甚广。夏同龢（1868—1925），字用卿、季平，自号狮山山人，贵州麻江人。1898年（光绪二十四年）状元，翰林院修撰（四品）。1904年留学日本法政大学，成为法政速成科第一班学员，他也是中国历史上第一位状元留学生。1905年夏，以优异成绩毕业。1906年至1912年，夏同龢担任广东法政学堂监督（校长）。1913年当选为国会众议院议员、宪法起草委员会理事，参与起草"天坛宪草"。此后在政事堂、湖南省、江西省等多有任职。1925年病逝。④

夏同龢编辑的《行政法》于1905年8月在日本东京并木活版所印刷发行。该书为杨度等主编的"法政粹编"第三种。该书"凡例"明确表明："清水澄博士讲述《行政法》简略已甚，故本其三十七年度已刊行之讲义，录为编辑之主要。其不备者，乃参考笕克彦博士《行政法大意》、冈实学士《行政法论》、美浓部达吉《行政法总论》、上杉慎吉《行政法原论》、福冈康郎《行政法理研究书》、小原新《行政法总论》、穗积八束《行政法大意》著书以补之。""采掇各家著述者，皆标其名于章节之首；所引章节较多者，则并于其末志之；其无标志者，皆

---

① 参见日本法政大学大学史资料委员会编：《清国留学生法政速成科纪事》，裴敬伟译，广西师范大学出版社2015年版，第82、88、99、101、106、109、112页。

② 黎渊（1879—1935），字伯颜，贵州遵义人，1901年官费进入日本中央大学学习，1905年获得法学士学位。后任北洋法政学堂首任监督、北洋政府总统府秘书等职。

③ 参见［日］清水澄：《行政法泛论》与《行政法各论》，金泯澜等译，魏琼勘校，中国政法大学出版社2007年版。

④ 关于夏同龢生平，可参见［清］夏同龢编著：《夏同龢文辑》，梁光华、饶文谊、张红辑校，凤凰出版社2013年版，第297页以下"研究资料"部分。

清水氏之言也。"① 可见，该书系夏同龢编译而成，而不可谓其著作。② 当然，这不等于说夏同龢在其中没有贡献。第一，他以清水澄的行政法讲义为基础，参考其他著作作为补充，使《行政法》一书更为饱满。例如，夏同龢编译上杉慎吉《行政法原论》的部分内容作为第五章"实质之意义之行政"，编译美浓部达吉《行政法总论》的部分内容作为第六章"形式之意义之行政"，这些均为清水澄讲义所没有的内容。这种补充显示出夏同龢对当时的日本行政法学已有一定了解。第二，夏同龢在编译时也考虑了中国的现实。例如，在各论部分，夏同龢写道，清水澄的行政法各论并无司法部分，上杉慎吉认为，司法权由独立的法院掌握，载于宪法，不容行政干涉。但夏同龢认为，"司法与行政既分之国，行政法中不论及司法，宜也。我国行政、司法方混合为一，不明言司法机关独立组织之方，恐行政者虽欲离之而未由也。冈实学士《行政法论纲》言法务行政略备，故采录之如下"。③ 他专设了"司法行政"作为各论第三编。④ 第三，书中也展现出夏同龢个人的法学观念。夏同龢在全书之首安排了"绪论"，将清水澄原本在第二章中讲授的宪法与行政法的关系转至绪论，并将"法治国"的标题改作"行政法备于宪法国"。这在一定程度上反映出夏同龢的考虑：不理解宪法，就无法理解行政法，在清朝末年更是如此，故而，首先要叙明两者的关系。⑤

---

① ［清］夏同龢编著：《夏同龢文辑》，梁光华、饶文谊、张红辑校，凤凰出版社2013年版，第10页。在"政法粹编"第三种《行政法》的封面上写着的就是"贵州夏同龢编辑"。有人认为，该书并未在中国本土再版发行，流行面不大。参见梁光华、张红：《夏同龢〈行政法〉简论》，《贵州文史丛刊》2012年第2期，第116页。但该书1906年版的封底明确写明，在"内地"设"总发行所"（湖南省城内府正街群治书社）"分售处"（汉口董家巷长郡会馆、京外各大书局）。

② 有学者认为，"夏同龢的《行政法》是中国近代史上第一部由中国人自己编写的系统介绍西方行政法理念和体系的行政法著作，对于处于改革中的中国有着开创性的贡献和影响"。显然这是欠妥的评价。参见何勤华、龚宇婷：《中国近代行政法制的转型——以夏同龢〈行政法〉的开创性贡献为中心》，《贵州大学学报（社会科学版）》2016年第1期，第135页。有人将夏同龢誉为"中国行政法学第一人"，亦有过誉之嫌。参见梁凤云：《中国行政法学第一人 夏同龢》，《中国法律评论》2019年第2期，第156页以下。顺便指出，该文将夏同龢的出生年讹误为1874年。

③ ［清］夏同龢编著：《夏同龢文辑》，梁光华、饶文谊、张红辑校，凤凰出版社2013年版，第166页。其所称"冈实学士"，系法政速成科财政学的教员，毕业于东京大学，1918年被授予法学博士学位，曾任大阪每日新闻社社长、农商务省商工局长。《行政法论纲》为有斐阁1902年出版。

④ 翻阅清水澄法政速成科的行政法各论，其实存在"司法行政"一编，即各论第二编。参见［日］清水澄：《行政法各论》，李贵连、孙家红编：《法政速成科讲义录》，广西师范大学出版社2015年版，第六辑缺（第30号）、第七辑（第32号）第17—20页。这说明，夏同龢说"清水澄博士行政法各论中绝不一言涉及司法"，可能原因是笔译的法政速成科讲义与实际讲述的内容有所不同。

⑤ 参见［清］夏同龢编著：《夏同龢文辑》，梁光华、饶文谊、张红辑校，凤凰出版社2013年版，第11—15页。当然，夏同龢的《行政法》中并未说明何谓"宪法国"，倒是清水澄的教材中有说明。清水澄指出："举凡行政机关与臣民之关系，一依法令之所定以为准。此法治国之特色而宪法国之所由称也。"［日］清水澄：《行政法》，黎渊译，李贵连、孙家红编：《法政速成科讲义录》（贰），广西师范大学出版社2015年版，第212页。对于夏同龢教材的其他特色，还可参见魏琼、张杰：《夏同龢——中国近代行政法学的拓荒者》，《贵州大学学报（社会科学版）》2016年第1期，第139—141页。

夏同龢编辑的《行政法》分总论与各论两卷，体系详备。上卷（1905年版共169页）总论的内容如下："绪论"分为行政法学研究之方法、行政法备于宪法国、行政法与宪法之区别三章；第一编"行政及行政法"分为政权分立、行政与立法、行政与司法、行政与大权作用、实质之意义之行政、形式之意义之行政、行政法之范围、行政法之渊源八章；第二编"行政机关"分为行政组织、行政官厅、行政官吏、自治公共团体、营造物五章；第三编"行政行为"分为行政法规、行政处分、行政处分强制手段三章；第四编"行政监督"分为命令处分取消及停止、诉愿、行政诉讼三章。下卷（1905年版共129页）各论包括绪论和军务行政、外务行政、司法行政、财务行政、内务行政五编内容。

（3）曹履贞编辑的《行政法》。

与夏同龢编辑的《行政法》同时出版的是曹履贞编辑的《行政法》。曹履贞（1872—?），江陵荆州镇人（现为湖北省荆州市江陵县），[①] 清末举人，1904年法政大学法政速成科第一班的留学生，湖北官费生，1905年毕业。毕业后回国，时逢两湖书院改为两湖师范学堂，出任第一任学堂长（该学堂由张之洞兼任总监督）。

曹履贞编辑的《行政法》是"法政丛编"的第三种，同样是清水澄在法政速成科的讲义笔记。该书在"例言"中指出："本编为法学博士清水澄先生所讲。而行政上事范围甚广，博士因时日促迫，所讲甚略。今参以法学士松本顺吉讲义，始略具大体焉。"[②] 该书分为行政法泛论与行政法各论两个部分。行政法泛论共103页，分为总论（行政、行政法规）、行政机关（行政组织、行政官厅、官制、中央官厅、地方官厅、行政官吏、地方公共团体、营造物）、行政行为（行政法规、行政处分）、行政监督（行政诉讼、行政诉愿、行政行为之取消及停止）四编；行政法各论共75页，分为内务行政、财务行政、军务行政、外务行政、司法行政五编。该书较为简略，且详略不均。[③] 与夏同龢编辑的《行政法》、法政速成科记录的清水澄讲义在"行政监督"编之下的三章顺序不同，曹履贞编辑的《行政法》刚好颠倒了一下三章的顺序，将"行政诉讼"置于该编之首。另外，该书各论的顺序是较为常见的安排，相形之下，夏同龢编辑的《行政法》各论将军务行政列在各章之首却属异例。

---

① 2011年，曹履贞故居（荆州区宾兴街53号）作为清代名人故居列入湖北省荆州市城区第一批优秀历史建筑名录。
② 曹履贞编辑：《行政法》，湖北法政编辑社1905年版，例言第1页。
③ 具体内容的简介，可参见何勤华：《中国近代行政法学的诞生与成长》，《政治与法律》2004年第2期，第142-143页。

（4）邵羲编辑的《行政法》。

此外，清水澄的讲义还有一个版本是邵羲（字仲威，仁和人）编的《行政法》，是政法学社出版的"政法述义"第五种。该书例言指出，"专以法学博士清水澄所口述之讲义为主，其略者则以明治三十九年日本大学出版之同博士行政法总论讲义译补之。故自第三编以下口述讲义颇略，全从刻本讲义补入"。"清水博士之讲行政法，详于应用法规，而略于理论。美浓部博士之讲行政法，详于理论，二者不可偏废。然美浓部博士之书外间已有单行译本，阅者自易购置参考。故本编概不加入，从一家言也。"该书正文共 189 页，分为总论（行政之观念、行政法规）、行政机关（官治组织与自治组织、行政官厅、官制、地方官厅、行政官吏）、地方行政（地方公共团体、郡、府县、水利组合、商业会议所）、行政行为（行政法规、行政处分）、行政监督（命令处分之取消及禁止、诉愿、行政裁判）五编。这一版本的清水澄讲义不包括行政法各论部分。

另外，1907 年，清水澄还专门为中国有司学生之有志于经国济世的学者搜集关于法律经济的一般用语并予以解释，编辑汉译《法律经济辞典》，由东京奎文馆书局发行。该辞典由留学日本东京大学法科大学的张春涛、郭开文翻译，由陈介通观全部细加校订。清水澄在其自序中指出编写的目的："以法治国，为立宪君主政治之要点，故欲为立宪君主政治施行之准备，法制自不可不完备。今大清帝国锐意改革，立宪君主政体之议，亦已确定。则法之为何物，与夫法中专门语之字义，人无上下，皆所应晓。然欲求其字义于群籍，夫岂易言，是予之所以有辞典之著也。"[①] 1909 年，该辞典由上海群益书社出版。这一辞典的出版发行对于理解当时的法制和法学起到了重要作用。

2. 美浓部达吉的行政法讲义

东京大学的美浓部达吉[②]先在东京大学开坛授课，后在诸多大学讲学，亦曾在法政大学授课，中国留学生受其影响者较多，他对中国的行政法学也有实质性的影响。

（1）袁希濂翻译的《行政法总论》。

袁希濂（1874—1950），江苏太仓（今属于上海宝山）人，1904 年留学日

---

① ［日］清水澄：《法律经济辞典》，张春涛、郭开文译，东京奎文馆书局 1907 年版，序言。2014 年，王沛点校《法律经济辞典》群益书社第 4 版，在上海人民出版社出版。

② 美浓部达吉（1873—1948），日本兵库县高砂市人。1897 年东京大学毕业后，在内务省工作。1899 年，留学于德国、法国和英国，三年的留学生涯大部分时间在德国度过，将研究中心置于比较宪法史，并醉心于德国公法学家耶利内克（G. Jellinek）的学说。1900 年就任东京大学比较法制史助教授，1902 年升格为教授，1908 年开始兼任行政法第一讲座教授，1911 年担任行政法第一讲座教授，1920 年开始兼任宪法第二讲座教授。

本，是法政大学法政速成科第二班学员。毕业回国后，先后任江宁、华亭、丹徒地方审判庭推事、庭长，浙江高等审判庭推事、温州高等审判庭分庭庭长、永嘉地方审判庭庭长、武昌地方检察庭庭长、江西高等检察厅赣南分庭庭长等职，1927 年辞职，皈依佛门，在书法上颇有成就。

袁希濂翻译的《行政法总论》是美浓部达吉 1904 年在法政大学的讲义。袁希濂在"例言"中称，"美浓部达吉博士为日本唯一之政治学专门大家，其著述实有惊人之价值，每出一书，万人争购，不数日已再版矣"。"他人之讲行政法者，皆综纶事实而略于法理，是编于法理言之独详，证引譬喻，曲尽奥旨，使读者悠然而思，恍然而晤，实为是编之特色。""事实者，行政法之表面也。法理者，政治法之精髓也。故事实因各国之人情风俗而有不同，至于法理，则可以推之天下无不皆同。日本与我国人情虽同，风俗绝异，我国欲效法日本以改良政治，亦只能撷其精神而不可拘其成法。则是编既出，其有益于我国政治界者，盖不尠矣。"① 该书正文共 207 页，除绪论（行政之观念、行政法）外，共四编内容，第一编总论，分为行政行为（行政处分、契约、训令）和公权两章，第二编行政组织，分为行政官厅、官吏之法律关系、自治制度三章，第三编行政之监督，分为总论、行政裁判、权限争议三章，第四编行政之执行。

（2）熊范舆译述的《行政法总论》。

熊范舆（1878—1920），本名继先，字承之，号铁岩，贵州贵阳人，1904 年三甲三十九名进士，后留学日本，成为法政大学法政速成科第二班学员，1906 年结业后入早稻田大学专门部法政理财科深造。1907 年与杨度等人在东京组织宪政讲习会，任会长，当年返回北京，联名上书请开国会，建立民选议院。1908 年后曾任河南法政学堂教务长兼法政教习、北洋法政学堂监督、署理天津知县等。民国成立后任云南财政视察员、云南国税厅筹备处处长等职务。1915 年起任中国银行贵州分行经理、贵州都督府秘书长，兴办实业。1920 年 11 月 11 日因贵州军阀派系斗争遇刺身亡。② 著有《立宪国民之精神》《各省学务公所议长议绅之地位》《新官制评论》《论前明时满洲于中国之关系》《国会与地方自治》《再论国会与地方自治》《日本国民之国会运动》等文章，译有筧克彦《国法学》（"法政讲义"第一集第二册，丙午社 1907 年版）、美浓部达吉《行政法总论》。

熊范舆译述的《行政法总论》是美浓部达吉的讲义，1907 年由天津的丙午

---

① [日]美浓部达吉：《行政法总论》，袁希濂译，普及书局 1906 年版。
② 熊范舆的详细传记，可参见李恭忠、黄云龙：《末科进士与世纪风云——熊范舆传》，中国社会科学出版社 2013 年版。

社出版，为"法政讲义"第一集第三册。该书正文共 281 页，除绪论（行政之观念、行政法）外，共分为五编：第一编行政法之基础的秩序，分为行政法对于法律之关系、臣民之公权、行政法之渊源三章；第二编行政组织，分为行政官厅、官吏之法律关系两章；第三编行政作用，分为命令、行政处分、营造物行政、行政上之强制作为手段四章；第四编对于行政之救济手段，分为诉愿、行政裁判、权限争议、属于司法裁判所权限之行政事件四章；第五编自治制度，分为总论、市町村、郡、府县、公共组合五章。熊范舆译述的版本与袁希濂翻译的版本在编别体系和名称上都有差别，诸如，熊版将袁版的自治制度一章改作了一编，袁版的"行政之监督"在熊版中就称作"对于行政之救济手段"。

（3）陈崇基编辑的《行政法各论》。

陈崇基，四川大竹人，清末廪膳生，留学日本，法政大学法政速成科第二班学员，回国后曾任四川法政学堂教习。

陈崇基编辑的《行政法各论》是美浓部达吉的讲义，1907 年由丙午社出版，为"法政讲义"第一集第四册。与熊范舆译述的《行政法总论》一起，构成美浓部达吉讲义当时最详细的译介，两本书的"例言"也是放在一起来说明的。该书具体内容将在行政法各论部分介绍。

（二）法政学堂的行政法教材

《京师法律学堂笔记》是以 1906 年起在京师法律学堂授课的冈田朝太郎、岩井尊闻、松冈义正等讲师在课堂所授为蓝本，经同窗四人熊元翰、熊元楷、熊元襄、熊仕昌增补资料所辑而成。这些日本专家在担任学堂教习的同时，还在修订法律馆任职。根据他们的课堂讲义编辑而成的一系列分门别类的法学书籍，即汪庚年编辑出版的《法学汇编——汪辑京师法律学堂笔记》（京师法学编辑社）和熊辑《京师法律学堂笔记》（安徽法学社）。[1]

笔记在内容上实际由简略的原著和编者的讲堂笔记、注释两部分组成。该笔记的《法学通论》由冈田朝太郎讲授，分总卷和宪法行政法两册。冈田朝太郎（1868—1936），1900 年成为法学博士、东京大学刑法教授，1906 年被清政府聘为法律顾问，参与刑法起草，担任清国钦命修订法律馆调查员兼法律学堂教员，1915 年归国。冈田朝太郎讲授的行政法因仅系法学通论中的一部分，较为简略，共分绪论、第一编行政机关、第二编行政作用三个部分。绪论分"行政之意义"和"行政法"两章。该书对行政采用扣除法的界定，即除大权、立法、预算、司

---

[1] 参见沈伟：《〈京师法律学堂笔记〉的诞生及历史地位》，《中南大学学报（社会科学版）》2014 年第 6 期，第 163 页。

法外的一切统治作用。该部分还交替使用了"行政"的早期译法"行法"。而"行政法者,谓规定行政机关之组织权限,及其与人民之关系之国法也"。第一编行政机关分总论、官治行政机关(官厅)、自治行政机关(公共团体)三章,颇为详细,占全书一半有余。① 第二编行政作用分为行政作用之种类、行政作用之形式、行政监督及行政救济三章。行政作用最重要的有警察、管理营造物、赋课三种,其形式有行政命令、行政处分和订公约(但第三种并未讲授)。行政救济的普通方法有请愿、异议及诉愿,行政诉讼,权限争议三种。

该讲义因系冈田朝太郎在中国面向中国人讲授,也常与中国的相关制度相比较。例如,冈田朝太郎在讲行政法的法典问题时提及,"惟中国由汉律、令、格、式,至唐六典……既制定成文行政法之大典,合之明清会典及明清律例,可谓克成一行政法法典者矣。惟其所规定者,浩繁芜杂,不合于理论之因应,不适于今日时势,未免有遗憾耳"。熊元翰在笔记中写道,"冈田以律、令、格、式,皆始于汉,未免失考。外国人读中国书,必不能如中国人之精确,以中国人读外国书,亦必不如其精确也"。②

四、行政法著述的翻译

除了行政法讲义的翻译、编辑,清末还翻译介绍了一些行政法学论文、行政法学著作。不过,总体上量都不大。

(一)行政法论文的翻译

中国第一篇行政法译文当属1900年12月6日《译书汇编》第1期发表的德国学者海留司烈《社会行政法论》。《社会行政法论》的译者无可考证,而只能归功于清末留日学生组织的励志会。该文应系从日文转译而来,其德文作者为赫尔曼·勒斯勒尔③,系日本明治宪法起草的法律顾问之一,日译者为江木衷。《译书汇编》在第1期即翻译如此人士的行政法著作亦可理解。该文认为,"一国之内必有诸种机关,整理人民文化之活动力,此诸种机关之发达作用,又必同轨共辙,具一定法制。所以规定此法制,是所谓行政法"。他将行政法的内容分成三块,即设立行政机关及其作用、行政机关作用的种类方法及其组织权限、实施行

---

① 第一编的题目"行政机关"仅在汪辑京师法律学堂笔记中出现,而熊辑京师法律学堂笔记并无该标题。汪辑笔记中,绪论1—4页,第一编行政机关5—58页,第二编行政作用58—90页。参见汪庚年编辑:《法学通论 宪法行政法》,京师法学编辑社1912年版。
② [日]冈田朝太郎口述、熊元翰编:《法学通论 宪法 行政法》,魏琼点校,上海人民出版社2013年版,第95、96页。
③ Karl Friedrich Hermann Roesler,日文为ヘルマン·リョースレル。

政作用的方法。他将行政法分为实体行政法和形体行政法,实体行政法又分为社会行政法和政治行政法。所谓社会行政法是指规定人类文化各种事件的法律及社会发达进化的作用,而政治行政法则是指人类发达进化中国家与社会有许多相关的政治,国家执行该政治的要法。① 值得注意的是,该文对行政法的界定及分类似侧重于文化方面,而且仅翻译了全书绪论第一章的"行政法之本义"与"社会之本性"头两节,不易理解。另外,在《译书汇编》第 1 期封面的"本编要目"中写着"行政学"一种,亦即《社会行政法论》。这也表明当时中国的行政法学与行政学尚未明确分离。

1902 年年底 1903 年年初,《游学译编》② 第 2 期、第 3 期连续刊登了山田邦彦的《学校行政法论》,不过仍未完整。该文第一章是"教育行政法之观念",首先将学校行政法定位于教育行政法,作为先导,该文先解释了立法与行政、行政学与行政法的区别,在列举了有关行政的种种界定之后,该文认为,在日本的法律中行政是形式的,大凡除法律命令所定、裁判官及议员所行,以官吏及公吏之职权而施行者,为行政,准据法律规则者,为行政法。该文将学校行政法的意义归纳为以公立学校校长教员的职权而行事,认为其主观意义在于实现国家意志,以教育一定技术为事。第二章是"学校行政之性质"。私立学校与公法不相牵涉,完全基于私法契约,在公法上要谈的是公立学校。学校的性质有营造物、法人、官厅三种要素。营造物是依国家命令权的作用而为公众利益之事,教育行政以公众利益为主,义务教育以强制就学、责令儿童保护者依从国家命令为本质,国家有直接的关系。法人是无形的团体,以人、物与法三者而成,在私法则称为公法人或行政法人,而公法则称为人格。虽然校长与职员有一定权利自由,但其主体所在却是学校。学校有法人之意,则校风以兴;无法人之意,则校风以倾。官厅是对内有执行国家政务的责任、对外有独立权力的主体。依据小学校令,小学校组合是国家行政机关之一。在学校的性质上,不能将义务教育上的观念扩张至任意教育的学校。③ 该文虽然属于行政法各论的内容,但所介绍的行政法知识带有

---

① 参见[德]海留司烈:《社会行政法论》,《译书汇编》第 1 期(1900 年),第 1-2 页;坂崎斌编:《译书汇编》影印本,台湾学生书局 1966 年版,第 29-30 页(该影印本仅有第 1、2、7、8 期)。其行政法的定义按照日译本原文直译就是,"行政法是指就机关整理国内人民文化活动的共同发达作用所规定的法则"。[德]ヘルマン・リョースレル(江木衷訳)『社会行政法論』(警視庁、1885 年)1 頁。顺便提及,孙兵误将"海留司烈"写作"海留斯烈",误将其标题写成"社会行政法"。参见孙兵:《汉语"行政法"语词的由来及其语义之演变》,《现代法学》2010 年第 1 期,第 189 页。

② 《游学译编》由熊野萃编辑、湖南编译社(东京)发行。

③ 参见[日]山田邦彦:《学校行政法论》,《游学译编》第 2 期(1902 年),第 13-18 页;第 3 期(1903 年),第 19-22 页。

基础性。不过，该文作者应系教育学者，在理解行政法时稍有偏差，大致是将学校行政法理解为学校行政之法。

(二) 行政法著作的翻译

清末出版的行政法总论、各论著作全部来源于日本。其中，多数是日文的译著，少部分是由中国的留学生编译而成的，个别的属于从日文转译而来的德国、美国著作。当时的翻译与日本的出版时间非常接近。这也表明，当时的行政法学知识几乎与世界行政法学的发展同步。

1. 小幡俨太郎纂译的《日本警察新法》

1899年，小幡俨太郎纂译、王治本校阅[1]的《日本警察新法》在东京善邻译书馆[2]出版，这是目前可查的第一本中文行政法（各论）著作。警察行政法在行政法学中的地位相当独特，可谓行政法总论研究的源头和大本营。该书所称"警察"，并非现代组织意义上的警察，而是传统行政法上的"警察"，即"以保护良善、督察奸盗为务，唯在保持治安、防御祸害耳"。"国家设警察，以整官纪，以厚民生，使各安本分，无罹邪慝。富国强兵，非此不可。天下何国无法？法而不行，是徒法耳。徒法不足以为政，于是有警察法。官民一切之事，法令所定，莫敢或违。"[3] 全书共十一编，第一编为总论，第二至十编为行政警察部分，分别为保安（二编）、靖乱、人事、保护、救灾、风纪、营业、卫生，第十一编为司法警察部分。该书首次以简约的文字介绍了日本警察行政法制的主要内容。因其既约束官政、又约束民事，故可称为行政法。但该书主要是制度性介绍，缺乏原理性研究。

2. 古德诺的《比较行政法》

美国学者古德诺（Frank J. Goodnow，1859—1939）于1893年撰写了《比较行政法》[4] 一书。该书有两个中文版本。第一个版本是由日文译本转译为中文。该书于1900年由日本学者浮田和民翻译成日文，作为"早稻田丛书"之一出版，[5]

---

[1] 小幡俨太郎（1848—1909），日本和歌山人，明治时期的汉学家、政治家、众议院议员。王治本（1836—1908），浙江慈溪人，精通诗文，长期旅日，在本书出版时期担任善邻译书馆的协修。

[2] 善邻译书馆共出版了四本汉译著作，其中吾妻兵治转译的布伦奇里（今译伯伦知理，Bluntschli）《国家学》对梁启超还产生了重要影响。关于日本人组成的善邻译书馆，可参见［日］狭间直树：《日本的亚细亚主义与善邻译书馆》，中国社会科学院近代史研究所编：《近代中国与世界》（第2卷），社会科学文献出版社2005年版，第1-13页。

[3] ［日］小幡严太郎纂译：《日本警察新法》，善邻译书馆1899年版，第1-2页。

[4] Frank J. Goodnow, *Comparative administrative law: an analysis of the administrative systems national and local, of the United States, England, France and Germany*, New York: G. P. Putnam's Sons, 1893.

[5] フランク・デュー・グッドノウ（浮田和民訳）『比較行政法』（東京専門学校出版部、1900年）。1908年作为"经世七大名著"第六本由早稻田大学出版部重新印刷。译者浮田和民（1859—1946）毕业于美国耶鲁大学，主攻政治经济方向，1908年被日本授予法学博士学位。

1902年再由白作霖转译为中文,在东京的译书汇编社出版,1913年由民友社再版,古德诺也被译作葛德奈。① 第二个版本是由英文直接译成中文。1913年3月,南昌普益书局出版了谢晓石的译本《美法英德比较行政法》。该书由日本中央大学法学士江西谢晓石移译,古德诺也被译作葛德罗。② 谢晓石译本相较于白作霖转译本,更为准确,语言也更符合中文习惯,诸如 limitation,谢晓石译为"限制",而白作霖则使用日语词"制限"。不过,谢晓石译本并非古德诺《比较行政法》的足本,而仅为其上卷行政组织三编内容,而未翻译下卷行政法规三编内容。

《比较行政法》一书并非行政法的全面比较,而是行政组织法的英美德法比较。民友社在该书中文版开头的"社序"中指出翻译的目的:"我国官制坏乱,复沓凌杂,无复有条理。日言改革,迄未有统系之方案……官制之改革、官规之制定,乃一日不可缓之事。今议论之声渐作,本社欲搜集东西各国行政法学,迻译之以助国人之研究,度无如葛德奈君比较行政法之最足资启发者。"

《比较行政法》比较英美两国与德法两国行政上的异同、行政法的形式及规定等,共分六编内容:第一编为分权论,界定了行政、行政法,介绍了分权学说及其例外,表明自身的政治与行政的二分法立场;并在横向上分析了行政与其他部门的关系,确定行政权的位置,在纵向上分析了行政职务的地方分配,确定了中央行政的范围。第二编为中央行政论,分析了四国的行政权及行政元首、参事院、各部长官。第三编为地方行政论。这三编属于组织机构部分。第四编是官吏之法律,分析了官吏关系的产生和终止、官职的资格、官吏的权利和职务等内容。第五编是行政部之作用,简要分析了行政作用的方法、形式,发布命令及执行命令等。第六编是行政部之监督,先总体上介绍了监督的方法和构成,再从司法监督和立法监督两个方面详细展开。该书是清末民初在教材之外引进的唯一一本学术专著。资料较为详尽,对于行政组织法的研究具有指导价值。

3. 羽田智证的《日本行政法法理图解》

1904年,羽田智证的《日本行政法法理图解》由袁思永翻译,在东京翔鸾社印刷所印刷出版,全书共224页。该书分为三编:第一编绪论,分为行政法之

---

① 参见何勤华:《中国近代行政法学的诞生与成长》,《政治与法律》2004年第2期,第141、149页。1913年,由民友社发行,发行所为中国图书公司、商务印书馆、文明书局。民友社是日本评论家德富苏峰1887年所创立的出版社。

② 过去多将这一译本误认为1931年翻译出版。例如,何勤华:《中国近代行政法学的诞生与成长》,《政治与法律》2004年第2期,第148页;王立民、王沛:《勘校前言》,[美]古德诺:《比较行政法》,白作霖译,中国政法大学出版社2006年版,第6页。

定义、行政法之渊源两章；第二编总论，分为行政（行政行为、人格）、行政组织（总说、中央官制、地方团体、行政裁判）两章；第三编各论，分为外务行政、军事行政、财务行政、内务行政、司法行政五章。① 该书名为"图解"，故而以简短的标题并列出要点的方式呈现，简洁明了，让读者可快速把握内容。

4. 岛村他三郎的《地方行政要论》

1907年，湘潭人李倪翻译出版了岛村他三郎的《地方行政要论》。② 该书原著是岛村他三郎的《地方行政法要论》（金刺芳流堂1904年版），但不知何故，译著将"地方行政法"的"法"字漏译。该书正文共342页，分为总论、府县、郡、市町村四编。译者在例言中对此书评论道，"此书为日本言地方行政法者最善之本，惟仅援引日本现行法以评论之，似有偏而不全之弊。然法理精密，议论周详，循此以推求各国地方制度之得失，并以讨究中国将来地方制度之编制，亦自确有成见"。

5. 岸本辰雄的《行政法精义》

1907年，李栋翻译出版了岸本辰雄的《行政法精义》。岸本辰雄（1851—1912），巴黎法科大学法律学士，日本明治法律学校、明治大学校长，法学博士，主要研究民商法学。《行政法精义》③ 一书正文76页，共有六章：第一章行政占去全书一半以上的篇幅（1~49页），将行政分为自治行政与官治行政，普通行政、地方行政与特列行政，内务、外务、院务（议院的行政）、法务、军务、财务行政，分别论述。第二章行政手段只有三行字，指出行政手段与行政行为是不同的观察方面，实质一样，通常混用。第三章行政行为，将行政行为分为实质上的行政行为与形式上的行政行为，前者具体包括权力行为和权利行为、公法人行为与私法人行为，后者包括行政命令、行政处分、契约等。第四章行政处分，即行政机关以权力对特定事实所作的特定行为，分为执行处分（或准法处分）与便宜处分（或裁量处分），内容上有证明、裁定、命令、免许（认可、许可和特许）。第五章是行政机关，即行政法人施行行政的机关，分为理事机关（主任机关和补助机关、单独机关和合议机关）、议事机关（议决机关和咨问机关）和裁判机关（行政裁判机关和权限争议裁判机关），中央机关、地方机关和特别机关，内务、外务、税务、法务、军务、财务行政机关。第六章是行政法人，即行政上

---

① 该书日文版原著为1897年有斐阁出版。中文版译著总论部分的点校版，参见［日］羽田智证：《日本行政法法理图解》，袁思永译，［日］铃木义男等：《行政法学方法论之变迁》，陈汝德等译，杨成炬点校，中国政法大学出版社2004年版，第114页以下。

② ［日］岛村他三郎：《地方行政要论》，李倪译，上海开进学社1907年版。

③ ［日］岸本辰雄：《行政法精义》，李栋译，东京启文书局1907年版。

的法人（行政上与人同一视之的集合体），是行政的主体，有国家和自治团体两种。该书较为短小，特色是在每一章先作出分类，再分别予以介绍。

6. 织田万的《清国行政法》

织田万（1868—1945），日本佐贺县人，1893年东京大学法科毕业，留学法国、德国，后担任京都大学教授，1901年起担任了约六年的京都大学法科大学长（法学部长），1917年至1922年任关西大学校长，立命馆大学校长，1918年入选日本学士院会员，1921年至1931年担任国际法院法官，此后敕选为贵族院议员。织田万精通法国行政法，著有《日本行政法论》《行政法讲义》《日本行政法原理》等。但织田万的最大业绩便是编写《清国行政法》。

对于为何编写《清国行政法》，首先应当说明。《清国行政法》缘起于台湾"总督府"民政长官后藤新平的请托。后藤新平是"临时台湾旧惯调查会"的创立者，1903年10月，他请织田万调查清朝制度，以为开发之用。织田万认为，调查清朝制度，既难以指望当时的中国人，而欧美人更是彻底不可能的。在完成调查之时，既要将其译为中文呈交中国的要人，又要译为欧洲文字让世界的有识之士知晓，使大家理解"开发支那乃日本人之天职"。① "然清国当路之人，手翻本编，苟鉴于东西古今行政变迁之状，则裨补兴亚长计，当非鲜少，岂止台湾一岛也哉？"②

对于能否使用近代西方行政法理分析清朝法制，织田万指出："清国之统治组织，大异乎近世国家之统治组织。政权集归于君主之一身，至其作用，则无何等区分。乃于近世国家行政，固不得存于此，况又无有行政法之理。假设为研究行政法，实与行政裁判制度发达相伴相行，则清国行政法之编述，甚似奇异。然亦若从古那伊斯特氏（格奈斯特——引者注）所说，视此行政法以为总括关于政权作用法规之全体者，则谓清国有行政法亦无不可。清国行政法之编述，私仿古氏之遗业，是编者微意耳。"③ 也就是说，行政法通常是以立宪国家为前提的，据此就无法用法治国家的行政法分析清朝的法制；但行政法也有多种理解，照格奈斯特的行政法界定，也可以说清国具有行政法。

《清国行政法》是一项庞大的工程，并非织田万以一己之力写就的。"临时台湾旧惯调查会"第一部委员织田万、狩野直喜两人调查，浅井虎夫、加藤繁、东

---

① 織田万「清國行政法調査についての苦心」同『法と人』（春秋社、1943年）316-317頁。向中外表明开发支那系日本人天职，织田万在《清国行政法》第一卷上（改订版）的序言也有说明（临时台湾旧惯调查会第一部报告《清国行政法》第1卷上，1914年，序第1页）。
② "临时台湾旧惯调查会"编：《清国行政法泛论》，金港堂书籍1909年版，序言第3-4页。
③ "临时台湾旧惯调查会"编：《清国行政法泛论》，金港堂书籍1909年版，第11-12页。

川德治三名辅助委员参加，五人分别执笔，织田万则充当了编修者的角色，使全书如同出自一人之手。先有日文版，然后翻译成中文。1905 年《清国行政法》出版了第一卷泛论，1910 年至 1913 年陆续出版了第二卷至六卷的各论，接着对第一卷进行了全面改写，1914 年作为订正第一卷分上下两册刊行。① 1915 年出版了全书索引。1905 年《清国行政法》甫一出版，翌年中文版便告发行。该中文版为私译本，由福建郑篪、陈与年、梁继栋合译，由上海广智书局印行。织田万指出，"适会清国留学诸生，急于讲究我法律制度，乃私得之，不请本会允准，敢擅汉译，奸猾书贾，翻刻发售，风行海外。万执而阅之，意义错置，法理颠倒，尤恐致误于清国朝野人士"。② 于是，"临时台湾旧惯调查会"选取懂得汉文的会员进行翻译，改删增订，形成官方译本。中文版与日文版并不完全相同，增加了一编"行政法大意"。之所以增加此编，1909 年，织田万在汉译本《清国行政法泛论》中指出，"万窃谓清国人士未能通晓近世各国法理，徒读颠倒错置之书，益恐失之毫厘，差以千里。乃别作行政法大意一编，明述近世各国行政法之要"。③ 1918 年，汉译《清国行政法泛论》进行了较大幅度的修订，出版了上下两卷本。自 1915 年至 1919 年，汉译《清国行政法分论》分五卷本完成出版。④

《清国行政法》是一部以近代法理对清代中国制度进行概括性、体系性研究的著作。这是日本学者运用自己独特的优势——既通晓近世法理又识解汉文——分析中国复杂现实的一次重要尝试。该书一以贯之的是"近世的立宪国家"对决"专制政治"的价值尺度。它采取的是仅为立宪国家的"近世"和专制政治的"古代"、并无中世的二分法时代区分的史观。其主张专制政治的清朝应当向文明开化的近代立宪制迈进，认为其也正在缓慢朝着这一方向前进。织田万在调查清朝制度时，头脑中描绘的模型是欧洲大陆各国的近代法制，亦即他所说的"近世法理""近世的法治国""近世的立宪国家"，更具体而言，具备中央集权的官治行政组织与近代内阁制度、得到地方自治支持的权力分立的君主立宪国家。在以

---

① 坂野正高「織田萬」潮見俊隆、利谷信義編『日本の法学者』（日本評論社、1975 年）140－141 頁参照。
② "临时台湾旧惯调查会"编：《清国行政法泛论》，金港堂书籍 1909 年版，序言第 1－2 页。
③ "临时台湾旧惯调查会"编：《清国行政法泛论》，金港堂书籍 1909 年版，序言第 2 页。2003 年李秀清、王沛点校出版的《清国行政法》是将《清国行政法泛论》与上海广智书局出版的《清国行政法》裁判制度部分合编而成。[日]织田万：《清国行政法》，李秀清、王沛点校，中国政法大学出版社 2003 年版，点校前言第 6 页。
④ "临时台湾旧惯调查会"编：《清国行政法分论》，东洋印刷株式会社印刷，卷一 1915 年版，卷二 1916 年版，卷三 1916 年版，卷四 1916 年版，卷五 1919 年版。

这一模型为标准时，就可以发现清朝完全不含有这一模型的构成要素。否定性的严厉分析和批判，在《清国行政法》中随处可见。① 该书运用西方的行政法理分析中国清朝林林总总的制度，固然给人耳目一新的感觉，但也存在一定的违和感。②

五、行政法著述的编译

前述夏同龢、曹履贞、邵羲等在清水澄讲义基础上编辑的行政法教材都可以算作编译作品。除此之外，还存在未明确表明来源的一些编译作品。

1903 年，上海作新社编译了《行政法》作为政法类典之政治部之一出版。③ 该书正文共 224 页，分为绪论（行政之意义、行政法之法系及意义、行政法之渊源、法规之观念、人格及权利），第一篇行政行为之形式（命令、处分令、出于合意之行政行为、警察罚及强制手段、公法上收入之强制征收），第二篇行政机关之组织（行政机关、官厅、官吏、公共团体、行政裁判），第三篇行政各论（总论、内务行政、外务行政、军务行政、财务行政）。该书之后还附有 194 页的"警察学"。该书体系较为完整，理论性较强，含有不同学说，并可作出评述。这显示出编译者能把握行政法的原理。该书没有对其所编译的来源作出说明，但从其内容来看并不限于一家之言。

1907 年，湖北武昌人孟继旦编辑了《市町村自治行政论》。④ 孟继旦在"例言"中指出，该书是日本法学士立花俊吉口授，但由于地方制度繁密精致无幽不烛，而立花俊吉专攻立法立论，故而以清水澄《行政法泛论》、莫子舍（欧洲法学博士，时为内务省法律顾问官及自治制编纂委员）自治制讲义、岛田俊雄《自治制大意》、坪谷善四郎《市制町村制释义》、高桥琢也《町村林制论》及市町村杂志、自治机关杂志等书加以补充，两相折中，阐明要旨。该书正文 146 页，分为两编：第一编总论分为七章，总括立法的精神及各国制度的沿革；第二编各论分为六章，按照市町村制各章分别论述；附录共 96 页，将相关法规附录于后加以参考。

---

① 坂野正高「織田萬」潮見俊隆、利谷信義编『日本の法学者』（日本評論社、1975 年）144 頁参照。

② 据《行政法概要》编写组所编《行政法资料选编》记载（法律出版社 1984 年版，第 624 - 625 页），织田万还有《法国行政法》《德国行政法》（一者署名由梁继栋译，一者署名德国法学研究社译，1906 年，857 页）在广智书局出版，但并未查得。织田万在日本也不曾著有这两册图书。

③ 作新社编译：《行政法》，作新社 1903 年版。1902 年，作新社在上海创办，该社由留日学生戢元丞与日本著名女教育家下田歌子合作开办。

④ 孟继旦编辑：《市町村自治行政论》，东京并木活版所 1907 年印刷。

1909 年，唐肯编著的《日本地方行政法精义》出版。① 该书目录标明系上卷，其正文共 157 页，分总论与府县两编：总论有地方行政之意义、行政机关、公共团体三章，府县有府县之性质、府县之基础、府县会、府县参事会、府县执行机关及其补助机关、府县之财政、府县行政之监督七章。唐肯在"例言"中称，"立宪之道，首重自治，自治之基不固，立宪之效不彰，则地方行政法之于今日为尤要焉"。"是书亦欲以弥吾国治法者之缺，为士大夫筹备自治之镜也。"该书以岛村他三郎的《地方行政法要论》为经，以美浓部达吉的《府县制郡制要义》、坪谷善四郎的《市制町村制释义》、江木翼的《自治模范》、上杉慎吉的《行政法原论》、冈实学士的《行政法论纲》、内务省的《地方自治要鉴》及《地方经营大观》、矢田七太郎的《都市经营论》、杉山重义的《都市发达论》为纬，"剖章分节悉从岛村，另附款目则兼采他书，非敢曰取材悉当，然芟繁就简，煞费经营，读吾书者庶几谅之"。通常的行政法教材都是将国家和地方合为一编论述，并以国家为主，而《日本地方行政法精义》着重介绍了地方行政及其组织，主要是行政组织法的内容。另外，岛村他三郎的《地方行政法要论》除总论、府县两编外，还有郡、市町村两编。或许因为郡、市町村与中国实践差异较大，未再介绍。

第二节 行政法学的形成与发展

经过清末的吸收和输入，行政法学知识已在一定程度上得到推广，但中国人的自主研究、中国法律制度的现实支撑还是严重匮乏的。唯有行政法学知识体系化、中国相应保障制度化，中国行政法学才有可能形成，才能得到发展。而这一工作正是在民国时期完成的。

一、民国时期的行政法教育

在民国期间，1912 年 10 月 24 日，教育部颁布《大学令》（部令第 17 号），将大学分文、理、法、商、医、农、工七科。② 1913 年 1 月 12 日，教育部颁布《大学规程》（部令第 1 号），将法科分法律学、政治学、经济学三门，将"行政法"列为法律学门的十五门必修课程之一、政治学门的十六门必修课程之一、经

---

① 唐肯编著：《日本地方行政法精义》，阳湖汪公馆 1909 年版。唐肯（1876—1950），字企林，江苏武进阳湖人。日本中央大学法律系毕业。曾任霸县知县、新乡县长等职。
② 参见《大学令》第 2 条，《政府公报》第 178 号，中国第二历史档案馆整理编辑：《政府公报（影印本）》第 6 册，上海书店 1988 年版，第 729 页。

济学门的选修课程之一,经济学门还将"经济行政法"列为选修课程之一。在大学商科的领事学门、交通学门中均将"商事行政法"列为必修课程之一。① 1912年11月2日,教育部公布《法政专门学校规程》,规定本科设法律科、政治科和经济科,行政法为三科必修课程之一。② 1912年12月13日,内政部颁布《警察学校教务令》,将"行政法"列为必修科目之一。③ 1934年,立法院制定了《学位授予法》,引入西方的学位制度,将学位分为学士、硕士和博士三级。此后在法学士之外有了法学硕士学位和法学博士学位。在民国时期,公立大学、私立大学和教会大学争芳斗艳、各领风骚,在法学教育上形成了三足鼎立的局面,这里仅以其中的代表为例作出简要介绍。

(一)公立的法学院校

所谓公立大学,亦即官办大学,有国立大学和省立大学两种。其中法学教育的代表者有北京大学、清华大学④、北平大学⑤、中央大学、武汉大学⑥、中山大学、安徽大学等。

中国最早的公立大学是北洋大学。北洋大学的前身是1895年成立的"北洋大学堂"(盛宣怀出任学堂首任督办),1913年更名为北洋大学。⑦ 北洋大学自创办之始,就仿照美国的大学模式,全面系统地学习西学。其头等学堂设有律例学科,教授法律通论、罗马法、英国合同法、英国刑法、万国公法、商法等内容。⑧

---

① 参见《大学规程》第9条、第10条,《政府公报》第251号,《政府公报(影印本)》第9册,上海书店1988年版,第346、348页。

② 参见《法政专门学校规程》第5条,《政府公报》第187号,中国第二历史档案馆整理编辑:《政府公报(影印本)》第7册,上海书店1988年版,第77-78页。

③ 参见《警察学校教务令》第4-5条,《政府公报》第243号,《政府公报(影印本)》第9册,上海书店1988年版,第86页。

④ 1911年清政府利用美国退还的庚子赔款成立了清华学堂,作为"留美预备学校",辛亥革命后改称为清华学校,1928年改为国立清华大学。1929年设立法学院。萧公权(康奈尔大学法学博士)、钱端升(哈佛大学哲学博士)、张奚若(哥伦比亚大学政治学硕士)等在此执教,培养了王铁崖、龚祥瑞、楼邦彦等著名法学人才。

⑤ 1928年,因经济困难,效仿拿破仑时代大学院制,组建成立了松散的北平大学。法学院由谢瀛洲(巴黎大学法学博士)任院长,设法律、政治、经济三系。其中的法律系源自1912年的北京法政专门学校,即后来1923年的北京国立法政大学。1934年合并商学院,改组为法商学院,白鹏飞任院长,宪法学者章友江曾在此任教。

⑥ 1928年,武汉大学命名成立。法学院源于1926年的武昌法科大学。武汉大学的首任校长由著名宪法学家王世杰(巴黎大学法学博士)担任。对于王世杰创办武汉大学的情况,可参见薛毅:《王世杰传》,武汉大学出版社2010年版,第27页以下。

⑦ 参见王杰:《关于北洋大学的几点考证》,《天津大学学报(社会科学版)》2004年第3期,第220-222页。

⑧ 参见王健:《中国近代的法律教育》,中国政法大学出版社2001年版,第154页。

北洋大学开展的英美法系法科教育,因教学内容与中国实际脱节、英美法与中国法形神不合、教员缺乏等问题,并不成功。1899 年,第一届学员毕业。第二年元月,学堂颁发了中国历史上第一张大学文凭,律例学科的王宠惠①成为"钦字第壹号"文凭获得者。1917 年,教育部进行科系调整,以设立单科大学为方向,将北洋大学的法预科毕业生全部升入北京大学法科。② 1920 年,北洋大学法科最后一届学生毕业,法科停办,北洋大学进入专办工科时代。

北京大学的前身是京师大学堂,京师大学堂首设"法律学门"。1912 年,北京大学将"行政法"列为大学法科科目之一,为法律学门、政治学门、经济学门所学习。经济学门还需学习"经济行政法"。商科的领事学门和交通学门均需学习"商事行政法"。③ 1919 年,北京大学法律学门正式更名为北京大学法律学系。1927 年,北京大学法律学系并入北京法政大学。1929 年,复设北京大学法律学系。1930 年,改北京大学法律系为北京大学法学院,设政治、经济、法律三系。1938 年,北京大学法律系并入西南联合大学法商学院,设法律、政治、社会、商学等系。1946 年,复设北京大学法学院,设政治、经济、法律三系。④

与北洋大学的英美法教育不同,随着中国法制变革转向大陆法系以及受到日本的较多影响,北京大学的法学教育转向了大陆法系的教育。⑤ 囿于当时的法制环境,早期的北京大学法学教育不甚理想。蔡元培针对北京大学法科早期的研究和教学情况曾指出:

> 北大旧日的法科,本最离奇,因本国尚无成文之公私法,乃讲外国法,分为三组:一曰德、日法,习德文、日文的听讲;二曰英美法,习英文的听讲;三曰法国法,习法文的听讲。我深不以为然,主张授比较法,而那时教员中能授比较法的,止有王亮畴、罗钧任二君。二君均服务司法部,止能任讲师,不能任教授。所以通盘改革,甚为不易。直到王雪艇、周鲠生诸君来任教

---

① 王宠惠(1881—1958),字亮畴,广东东莞人。1899 年北洋大学法科毕业,1905 年获耶鲁大学法学博士学位。先后担任南京临时政府外交总长、海牙国际法院法官、南京国民政府外交部长、司法院院长等。

② 参见李书田:《北洋大学五十年之回顾与前瞻》,《东方杂志》第 41 卷第 20 号(1945 年),第 52 页。除王宠惠外,北洋大学还培养出赵天麟(哈佛大学法学博士)、冯熙运(芝加哥大学法学博士)、燕树棠(耶鲁大学法学博士)等法学人才。

③ 《民国元年所订之大学制及其学科》,王学珍、郭建荣主编:《北京大学史料》(第二卷 1912~1937),北京大学出版社 2000 年版,第 72、75 页。

④ 对于北京大学法学院的历史沿革,可参见李贵连等编:《百年法学——北京大学法学院院史(1904—2004)》,北京大学出版社 2004 年版。

⑤ 参见李贵连等编:《百年法学——北京大学法学院院史(1904—2004)》,北京大学出版社 2004 年版,第 13-19 页。

授后，始组成正式的法科，而学生亦渐去猎官的陋见，引起求学的兴会。①

从 1917 年至 1926 年，北京大学毕业的法律专业学生平均每年 70 人左右；从 1928 年开始，因为招生政策的变化以及后来抗日战争的颠沛流离等，年平均毕业生仅 12 人左右，直到 1947 年后才再次超过 50 人。② 公法学者王世杰（法国巴黎大学法学博士）、钟赓言（东京大学法学士）、白鹏飞（东京大学法学士）、钱端升（哈佛大学哲学博士）、张映南、张志让等先后在此执教宪法与行政法学。

在北京大学法律专业，行政法是三年级必修课。1934 年，由张映南讲授，分为行政法总论和行政法各论；1938—1939 学年度，由赵凤喈讲授；1939—1940 学年度，同政治系比较行政法一起上课，由楼邦彦讲授；1940 年下半年至 1943 年上半年，由赵鸣岐讲授；1943 年下半年至 1945 年上半年，由新聘讲师马质夫讲授；1945—1946 学年度，仍由赵鸣岐讲授。③

（二）私立的法学院校

私立的法学院校，在民国期间有较大成就。虽然其资金主要来自社会，但其在得到国家认可时也能获得一定的资助。在私立的法学院校中，影响较大的有北京的朝阳大学、上海的复旦大学、上海法政学院等。

朝阳大学由北京法学会④创办于 1912 年，1913 年 7 月正式成立，1914 年获得教育部正式认可。同年 9 月，设法学院和商学院。⑤ 朝阳大学以"浚哲文明"为校训，"朝阳"寓意早晨的太阳，光芒万丈，向着民主法治迈进。校长为汪有龄，董事长为居正（觉生）。⑥ 朝阳大学办得颇具特色，特别强调法学理论密切联系司法实际。因办学成绩卓著，曾多次受到教育和司法当局的嘉奖，蜚声中外。如 1916 年教育部颁发特别奖状，1918 年司法部授予"法学模范"称号，1927 年世界法学会特邀朝阳大学为会员，在海牙会议上肯定朝阳大学为"中国

---

① 蔡元培：《我在教育界的经验（一九三七年十二月）》，沈善洪主编：《蔡元培选集》（下册），浙江教育出版社 1993 年版，第 1355－1356 页。王亮畴即王宠惠，罗钧任即罗文干，王雪艇即王世杰。

② 参见李贵连等编：《百年法学——北京大学法学院院史（1904—2004）》，北京大学出版社 2004 年版，第 118、120、128、294 页。

③ 参见李贵连等编：《百年法学——北京大学法学院院史（1904—2004）》，北京大学出版社 2004 年版，第 244 页。

④ 北京法学会创办于 1910 年 11 月，系中国历史上第一个全国法学会。首任会长为沈家本，会刊为《法学会杂志》。

⑤ 参见《朝阳大学概览》，1929 年 9 月，第 1 页。

⑥ 居正曾填写《朝阳大学校歌》："朝阳朝阳，大好神州放出了光芒万丈。大家凭着这朝气，行健以自强。明德新民止至善，祖述尧舜大宪章。道德礼齐耻且格，大同郅治，大同世界，正气长昭日月光。朝阳朝阳，行健自强，正气长昭日月光。"

最优秀之法律学校"。① 1929 年,《大学组织法》第 5 条规定,"凡具备三个学院以上者,始得称为大学。不合上项条件者,称为独立学院"。朝阳大学因仅有法商两科,于 1930 年 12 月更名为朝阳学院,②但经准仍沿用朝阳大学的印章,世人亦一直称其为朝阳大学。抗日战争期间,朝阳大学先后迁往湖北省沙市、四川省成都和重庆,在重庆时称为朝阳正阳学院。1945 年后,迁回北平。1949 年,朝阳大学被华北人民政府接管,"朝阳大学"不复存在,其法律图书及师资、学生大部分移交给中国政法大学,旋即被纳入 1950 年成立的中国人民大学。

朝阳大学因其创办者为北京法学会,在教学的同时也颇为注重法学研究。1923 年创办法学杂志《法律评论》,声名显赫。朝阳大学的教授以留学德、日、法者居多,法学以传授、研究大陆法系为主,注重法典的学习和理论的研究,德文、日文为学生的选修科目。因系私立大学,在 1940 年代之前其教师多为兼职。③ 朝阳大学坚持"非名教授不聘"的传统原则,所聘教师多为当时的学界翘楚、法学名宿或者法政界要人。这些教授在朝阳大学的讲义于每次上课前发放,后来就形成了著名的"朝阳大学法律科讲义"。朝阳大学建校初本无印制好的讲义,1917 年,蒋铁珍等朝阳大学学生 129 人搜集三年来的讲义及整理诸先生的口授编辑成讲义录,并有汪有龄先生题序,江庸先生题书名"朝阳大学讲义"整理出版。但该讲义为非卖品,只供朝阳大学学生使用。该系列讲义多次改版,主要出了六版,其中 1920 年 12 月再版、1926 年 1 月五版、1927 年孟秋六版时均由夏勤作序。朝阳大学法律科讲义林林总总,法学各科一应俱全,全国各省区法政学校大抵采用其作为法学教材。④

朝阳大学法科法律学系、政治学系在第二学年设"行政法总论",在第三学年设"行政法各论"必修课,均为每周 3 课时。⑤ 行政法方面的教师,1920 年代有钟赓言(还主讲宪法、经济行政法、商业政策)、白鹏飞(还主讲宪法、统计学);⑥ 1930 年代有黄俊(北京大学法学士,河北法商民国各学院教授,主讲行

---

① 熊先觉:《朝阳大学——中国法学教育之一脉》,《比较法研究》2001 年第 3 期,第 111 页。
② 参见《朝阳学院概览》,1933 年 7 月,第 1 页。
③ 对于民国政府的相关政策演变,可参见陈育红:《民国大学教授兼课现象考察》,《民国档案》2013 年第 1 期,第 88 页以下。
④ 参见薛君度、熊先觉、徐葵主编:《法学摇篮朝阳大学》,东方出版社 2001 年增订版,第 60 页。2014 年"朝阳法科讲义"第一卷至第八卷在上海人民出版社点校出版,其中的行政法讲义三卷完整版《钟赓言行政法讲义》2015 年在法律出版社点校出版。
⑤ 参见《法科法律学系课程指导书》《法科政治学系课程指导书》,《朝阳学院概览》,1933 年 7 月,第 83、86 页。
⑥ 参见《各科系教员姓名略历一览表》,《朝阳大学概览》,1929 年 9 月,第 49 页以下。

政法总论、罗马法)、张映南(北京大学教授,讲授行政法总论、行政法各论)、汤怡(日本明治大学研究科毕业,讲授行政法总论);① 1940年代有钱公武(法国巴黎大学法科及瑞士日内瓦大学法科研究公法二年,光华大学教授,中国大学教授)、苏观洲(朝阳大学法学士,讲授行政法各论、中国法制史)、杨兆龙(美国哈佛大学法学博士、德国柏林大学研究员、法国比较法学会会员)。②

(三)教会的法学院校

民国期间,教会举办的大学也占有一席之地。③ 其中,在法学上有较大影响的大学有东吴大学、辅仁大学、震旦大学等。

东吴大学由美国基督教监理会于1900年决定在苏州创办,1901年在美国田纳西州注册。④ 1915年由政治学教师、美国律师和基督教徒兰金(Charles Rankin)在上海创办东吴大学法科,1927年改称东吴大学法律学院,1935年又改称东吴大学法学院,其英文名称为Comparative Law School of China,即"中华比较法律学院"。⑤ 1937年日本侵华战争全面爆发后,法学院被迫转移,乃至中止运转。1945年在上海正式复校,1952年因院系调整不复存在,其法律图书及师资大多移交给华东政法学院。巧合的是,作为法学教育的"南北双璧",朝阳大学法学院与东吴大学法学院均存在了37年。

东吴大学法学院因其美国背景,使用英文中文双语教学,使用全英文教材。也正因为如此,在东吴大学法学院的历史上并没有产生朝阳大学法律科那样的讲义。与朝阳大学形成鲜明对照的另一个方面是,东吴大学在教学研究的内容上侧重于英美法,也正如其校名一般,其主要成就也在于比较法。"朝阳出法官,东吴出律师。"两大法学院之间在师资上有一定交流,例如曾任东吴大学法学院院长的杨兆龙曾在朝阳大学法学院兼职;曾任东吴大学法学院教务长的孙晓楼后又

---

① 参见《现任本科教员姓名略历》,《朝阳学院概览》,1933年7月,第19页以下。
② 参见《朝阳大学教授名录》,薛君度、熊先觉、徐葵主编:《法学摇篮朝阳大学》,东方出版社2001年增订版,第30页以下。
③ 于民国期间教会大学,可参见苏渭昌:《二十一所教会大学始末简介》,《教育发展研究》1984年第2期,第39-48页。详细研究可参见谭双泉:《教会大学在近现代中国》,湖南教育出版社1995年版。
④ 对于东吴大学的创办时间有两种说法,一种以决定并选举产生首任校长的1900年为准,一种以1901年正式开办并注册为准。参见王国平:《东吴大学的创办》,《苏州大学学报(哲学社会科学版)》2000年第2期,第105页。东吴大学的英文校训"Unto a full-grown man",语出基督教圣经以弗所书。1920年代中期,第一位华人校长杨永清取孙中山先生于1923年所写"养天地正气,法古今完人"为中文校训。参见刘源俊:《承往开来——东吴大学的风格与实践》,大学通识教育暨大学校长治学理念与风格研讨会(武汉大学),2002年,第2页。双语校训的存在也是东吴大学背景的一个体现。
⑤ 艾莉森·W. 康纳:《培养中国的近代法律家:东吴大学法学院》,王健译,《比较法研究》1996年第2期,第187-188页。

担任朝阳大学法学院的教务长,还将东吴大学法学院的案例教学方法带到了朝阳大学法学院。

东吴大学在早期并无行政法的课程,自 1930 年代开始开设行政法课程,起初是在大学一年级下学期开设 2 学分"行政法"必修课程、1 学分"行政诉讼法论"必修课副科学程(自修),① 之后改作在大学二年级开设"行政法"必修课程,分为 2 个学期,各 2 学分。② 行政法方面的教师,1930 年代有倪征𣋉(江苏吴江人,东吴大学法学士、美国斯坦福大学法学博士,时任上海第一特区法院推事,还主讲公法人法、民法总论)、端木恺(特约讲师,安徽当涂人,东吴大学法学士、美国哈佛大学法学博士,前驻美中国使馆秘书及日内瓦中国代表团专员,时任行政院参事、外交部秘书),③ 1940 年代有范扬、④ 吴芷芳(还主讲政治学、宪法、西洋史、西洋法制史)。⑤

二、民国初期的行政法研究

民国伊始,百废待兴。行政法开始建章立制,行政法学也开始知识的传播,行政法学教科书也在编纂之中。

(一)民国初期的行政法制

行政法学是一门应用法学,非实践而不可成。民国初期,作为共和国法制的重要内容之一,行政法的若干重要法律便初具规模。在行政组织法方面,1912 年,参议院就制定了《国务院官制》《各部官制通则》以及内政、外交、财政、农林、工商、教育、交通、司法、陆军、海军等十部官制,为国务院及其各部的主管事务、职权、组织、人事等提供了法律依据,还制定了《中央行政官官等法》《官俸法》等官吏管理的法律。另外,袁世凯统治时期还先后颁布了《文官任免执行令》《文官考试令》《文职任用令》等文官管理的程序性规定。

在行政作用法方面,1913 年 4 月 1 日,《行政执行法》公布施行。有法定义务而不能不予实现。制定行政执行法,旨在"一面制限人民,使受法律上之拘束;一面仍制限各官厅,不使为法律外之干涉"。⑥ 该法共 12 条,规定"该管行

---

① 参见《课程种类》,《私立东吴大学法律学院一览》(1931 年秋至 1932 年夏),第 12-13 页。
② 参见《学年与学分制度》,《私立东吴大学法律学院一览》(1934 年秋至 1935 年夏),第 7、9 页。
③ 参见《教授一览表》,《私立东吴大学法律学院一览》(1934 年秋至 1935 年夏),第 7、9 页。
④ 参见《教职员表》,《私立东吴大学、沪江大学、之江大学联合法商工学院校刊》(1944 年秋至 1936 年夏),第 17 页。
⑤ 参见《教职员》,《东吴大学法学院年刊 1946》,1946 年 5 月。
⑥ 《行政执行法草案理由书》,陈瑞芳、王会娟编辑:《北洋军阀史料 袁世凯卷》(二),天津古籍出版社 1996 年版,第 532 页。

政官署因维持公共之安宁秩序、保障人民之自由幸福及执行法令或本于法令之处分，认为必要时，得行间接或直接强制处分"（第 1 条）。1914 年 8 月 29 日，依据法律第 9 号部分修订。该法一直沿用至 1932 年 12 月 28 日新的《行政执行法》公布施行。

在行政救济法方面，1914 年 7 月 20 日，袁世凯公布了《行政诉讼法》《纠弹法》《诉愿法》，[①] 为行政救济和监督官吏提供了法律依据。自平政院 1914 年成立之后，中国的行政诉讼制度正式实施。至 1928 年年底平政院退出历史舞台之前，虽然其审理的案件数量有限，但案件类型富于多样化，案件涉及行政法原理的方方面面，撤销原决定、变更原处分的判决在半成以上，[②] 让行政法真正变成了中国的实践。

在民国初期，行政法制的建设，无论是行政法的立法，还是行政诉讼的实践，均取得了较大成就，既为行政法学知识提供了实践机会，也为中国行政法学的诞生提供了现实基础。

(二) 民国初期行政法的知识传播

在行政法学上，民国初期学者们开始以易于理解的方式传播行政法学原理，开始结合中国的行政法制展开自己的研究。

1. 上海科学书局的行政法表解

清末民初，上海科学书局深感国民政法经济学思想的幼稚，聘请精通政法经济学之士，广取东西洋专门名家的新著，提要钩玄，分门别类，编辑出版了"法律政治经济学表解丛书"。丛书有三十余种，其中，行政法共计四册。

1912 年，由金匮（现属于无锡）王毓炳编辑《行政法总论表解》。该书绪论分解了行政的性质、实质和形式上行政的意义、行政法、行政与立法、行政与司法等内容，第一章总论，表解了行政法的基础秩序（行政对于法律的关系、臣民的公权、行政法的渊源），第二章行政机关，其下分为八个部分，分别是行政组织、行政官厅、中央官厅、地方官厅、行政官吏、行政作用（命令、行政处分、营造物、行政上之强制手段）、行政监督（命令处分之取消及停止、诉愿、行政裁判、权限争议、属于司法裁判所权限之行政事件）、自治制度（总论、市町村、郡、府县、公共组合）。

---

① 法律第 3 号、第 4 号、第 5 号，《政府公报》第 793 号，《政府公报（影印本）》第 35 册，上海书店 1988 年版，第 19－28 页。

② 参见黄源盛：《民初平政院裁决书整编初探》，《中西法律传统》第 6 卷，北京大学出版社 2008 年版，第 474－535 页；蔡志方：《我国第一个行政诉讼审判机关——平政院》，氏著《行政救济与行政法学》（一），三民书局 1993 年版，第 277－295 页。

1913年，由宜兴吴愿琛编辑《行政法各论表解》。该书共分五章，分别是内务行政（警察权、保安警察、卫生行政、经济行政、关于工商业之行政、关于货币法之行政、关于交通通信之行政、关于教育之行政），财务行政，司法行政，军务行政，外务行政。

1913年，由无锡孙丕基编辑《比较行政法表解》。该书有上下两卷：上卷共三章，分别是论分权（行政、行政法、分权说、分权说之例外、行政部与他部之关系、行政职务之地方的分配），论中央行政（行政权及行政上之元首、参事院、各部长官），论地方行政（美国之地方行政、英国之地方行政、法兰西之地方行政）；下卷共三章，分别是官吏之法律（官职及官吏、官吏关系之成立、官职之资格、官吏之权利、官吏之职务、官吏的关系之终止），行政部之作用（行政的作用之方法与其方向之区别、国家意志之发表、国家意志之执行、行政部之社会的作用），行政部之监督（监督之方法、司法的监督、立法的监督）。

1913年，由金坛张诚一编辑《警察法表解》。该书分为三章：第一章总论，分为法之意义、警察法学之意义及内容、警察法学之性质及其在国法上之地位、警察之观念、警察之沿革、警察之分类、警察之机关、警察官吏、警察之作用九个部分；第二章行政警察，分为保安、风俗、卫生、交通、营业、建筑、矿山田野森林七种警察；第三章司法警察，分为司法警察之观念、职务两个部分。最后附录"战时之警察"，介绍了战时警察的性质和分类两个内容。

2. 黎兴殷编述的《比较行政法》

1913年，黎兴殷（广东顺德人，国民法政专门学校①教师）编述了《比较行政法》一书，但该书只有上卷部分。其绪论部分包括行政、行政法、行政法学三章内容，第一编总论部分包括行政权之作用（命令、行政处分、公法上之协定及契约、行政上之执行）、公法上之法律关系（公法关系概论、个人之公权、国家之公权、公权之发生消灭及变更）两章内容。该书力图实现行政法学的中国化。该书例言指出：第一，行政法与政体相关，但坊间著作多系直译日本书籍，沿袭日本制度，满纸"大权作用""裁可法律""议会协赞"等字样，实与民国政体有抵触。该讲义力祛此弊，以求适合于现行政体为本旨。第二，该讲义注重研究现行法，故而，所引法条皆以现在新定法规及草案以及前清法律在民国继续有效者为根据。其有所缺略，则比较各国制度予以补充，而不同于专引日本法的坊间译本。第三，我国官制官规虽未十分完备，但已在次第颁布，略具规模。该讲义所

---

① 国民法政专门学校，亦即广东公立法政专门学校，前身是1906年成立、夏同龢任监督的广东法政学堂，1912年更名。

论官厅组织及官吏规范以本国制度为经、各国制度为纬，两相比较，以示将来我国立法的倾向。第四，我国地方制度尚未颁布，可根据的仅为前清府县及城镇乡地方自治章程而已。该章程与民国政体并无抵触之处，不妨继续援用，比起援用日本市町村制度更为适合我国情形。第五，我国新定法规及草案所用法律名词与日本法律名词多大同小异，若是我国现有者，一概依从本国，若没有，则以日本名词补充。① 在民国初期即表现出如此明确的中国化意识，并不多见。

3. 东方法学会编纂的《行政法要览》

东方法学会编纂的《行政法要览》由上海泰东图书局发行，是"法政要览丛书"第二编之一。该书凡例指出，"本书皆钩取我国现行法规，无法规可据者，始引他国制度以为例，确为民国之行政法。""本书学说丰富而表解明晰，最便记忆，又于各种要点发为问题，尤易领悟。""本书引证现代诸大家之学说，其论旨之究竟，皆基于最稳健之说解决之，以免独断之嫌。"该书参考了清水澄的行政篇及宪法篇、美浓部达吉的日本行政法、织田万的行政法、佐佐木惣一的行政法原论、市村光惠的行政法原理、岛村他三郎的行政法要论、穗积八束的宪法提要及行政法讲义、一木喜德郎的行政法讲义、上杉慎吉的行政法讲义、耶利内克的公权论、水野练太郎的自治之精髓、井上友一的自治要义，以及法学协会杂志、国家学会杂志、法学志林、内外论丛、法律新闻所载大家论说及质疑解答等。② 该书名为"要览"，确实类似于笔记，在体例上多是先以图表形式将主要内容列出，明确相应的体系，再整理出"问题"，列出相关学说，并标明出处，最后再给出自己的评价。当然，它往往也只是选择了某一种学说。该书正文共226页，分为行政法总论与行政法各论两卷：第一卷行政法总论分为概论（行政、行政法、公权、行政法之渊源）、行政组织（组织概论、行政官厅、中央行政官厅、地方行政官厅、官吏、营造物）、行政行为（概论、行政法规、行政处分、行政上之强制手段）、行政监督（行政监督之观念、行政监督之种类、行政监督之形式）、行政救济（诉愿、行政裁判、权限争议）、自治公共团体（概论、日本市町村制、日本郡制、日本县制、特别公共团体）六编，第二卷行政各论分为内务行政（警察、民籍行政、卫生行政、产业行政、交通行政、教化行政、救恤及贮蓄行政）、财务行政（收入、支出、会计监督）、军务行政（军务行政之意义、兵役、军事负担）、外务行政及司法行政（外务行政、司法行政）四编。

另外还有张韬讲述的《行政法总论》，约形成于1913年与1914年之间。该

---

① 参见黎兴殷编述：《比较行政法》（上卷），中国法学会1913年版，例言。
② 参见东方法学会编纂：《行政法要览》，上海泰东图书局1919年第3版，例言。

书正文共 122 页，绪论部分包括行政法与行政法学之定义、行政与立法司法之关系、行政法与宪法、行政法之渊源四章，本论部分分为第一编行政作用，含命令、处分、公约、行政上之强制执行、行政监督、行政上之救济手段、行政上之裁决七章，第二编行政组织，含行政官署（官厅）之概论、中央官署、地方官署、组织官署之官吏。书后附有 1913 年的《行政执行法》。

1914 年，上海会文堂书局还编辑出版了《行政法问答》，号称"考试利器"。该书详于总论而略于各论。答案注重现行法令，参考前清法令及各种草案、日本法制。答案注重学理，兼及条文的解释。① 该书在问答之后，还附有相关法令。

三、钟赓言与中国行政法学的形成

伴随着行政法的法学教育和法制建设的发展，以中国问题为对象的中国行政法学呼之欲出。较为成熟的中国行政法学体系书终于在 1920 年代出现，这标志着中国行政法学的诞生。

（一）钟赓言的行政法讲义

在行政法制初具规模之后，建立适应中国行政法制的行政法学体系、普及行政法学的知识，也成为时代的需要。而这一使命的完成，朝阳大学的行政法讲义当仁不让。

钟赓言，字子飏，浙江海宁人。1902 年进入京师大学堂师范馆学习，1904 年 1 月以增生身份（清朝生员的一种）官派进入东京第一高等学校，同年 8 月以最优等生毕业（另外两人为杜福垣、张耀曾），进入第一高等学校第一部速成班学习。东京大学农科大学农艺化学专业，第一学期所修外语为英语，第一学年后 1906 年转入法科大学，并延长学年一年。② 1911 年毕业，获法学士学位。毕业后任清朝驻日公使馆通译官，回国后被授予法政科进士。③ 1912 年在宋教仁任总长的农林部担任办事员、编纂，④ 后来担任北京法制局参事、立法院特派员、国民代表会议筹备处评议等。在北京大学、朝阳大学、北平大学等担任宪法和行政法学教授，著有《宪法讲义大纲》《行政法讲义》《现行地方自治法令讲义》《经济原论》等，撰有《释政治及政策》《君主国之性质与种类》[《学海》（甲编）第

---

① 参见会文堂书局编：《行政法问答》，会文堂书局 1914 年版，例言。
② 『狩野亨吉文書』「清国京師大学堂留学生ニ関スル第二年報告書」（1906 年 3 月）参照。東京大学駒場図書館 https://da.dl.itc.u-tokyo.ac.jp/portal/assets/0ecaf87b-972c-3e68-0bc9-de2bfdbda48c。
③ 参见《大清宣统政纪卷之六十二》，《大清宣统政纪实录》，华文书局 1968 年再版，第 1108-1109 页。
④ 参见《政府公报》第 9 号，《政府公报（影印本）》第 1 册，上海书店 1988 年版，第 111 页等。

1卷第3号，1908年]等论文，在《新译界》上有译文数篇。

钟赓言的行政法讲义分为三卷，分别是总论、行政法各论、自治行政论。钟赓言的行政法讲义传播广，影响大，体系完整，在以美浓部达吉为代表的日本行政法学的基础上又有所发展，堪称中国行政法学的杰作。钟赓言的著作并不多见，但也正是这一部三卷本的讲义，奠定了他在中国行政法学史上的础石地位。

1917年，钟赓言的《行政法总论》，共计284页，由公记印刷局印刷。1920年，改由和记印刷局印刷，共有260页，分为"绪论"及第一编"总论"两大部分。"绪论"分为两章：第一章"国家之作用"，第二章"行政法"。第一编"总论"又分成：第一章"行政作用"（概论、命令、行政处分、公法上之协定及契约、行政上之执行），第二章"公法上之法律关系"，第三章"行政组织"，第四章"对于不法行政之救济"（绪论、诉愿、行政裁判、关于不法行政之损害赔偿），第五章"官吏之法"。

1922年修订后，《行政法总论》增加至284页，改由京师游民习艺所印刷；1923年再次修订，增加至316页。[①] 和记印字馆印刷的1927年版《行政法总论》共334页，同样分为"绪论"及第一编"总论"两大部分，内容渐趋丰满，体系日臻完善，其体系如下（画线部分为体系修改部分）：

"绪论"分为六章：<u>第一章"国家"</u>，第二章"国家之作用"，<u>第三章"公法之性质"</u>，<u>第四章"行政法之公法上地位"</u>，<u>第五章"行政法与他之诸学科之关系"</u>，<u>第六章"行政法之渊源"</u>。

第一编"总论"分为六章：第一章"行政作用"，第二章"公法上之法律关系"，第三章"行政组织"，第四章"对于不法行政之救济"，第五章"官吏之法"，<u>第六章"权限争议"</u>。

（二）钟赓言行政法讲义的成就与影响

1927年出版的《钟赓言行政法讲义》是其朝阳大学法律科讲义的最后一版。就定版的《行政法总论》而言，成就业已斐然。

首先，体系完整。该书绪论六章确定了行政法在国家论、公法论、学科体系中的定位以及行政法的表现形式。第一、第二两章明确行政法的国家论前提，第三、第四两章阐述行政法在公法上的定位，第五章分析行政法与国法、私法、刑法、行政学之间的关系，第六章介绍行政法的制定法与非制定法的渊源。虽然在

---

① 对该书1923年版的详细介绍，可参见陈新民：《中国公法学的启蒙者——论钟赓言的公法学著作》，氏著《公法学札记》，法律出版社2010年版，第255页以下。该文从民国后来的行政法学及行政法制状况、从德国行政法学的源流方面给予钟赓言非常高的评价。不过，该文忽视了钟赓言之前的清末民初行政法学状况以及钟赓言的日本行政法背景，故而，其中的某些"第一个""第一次"的评价失之偏颇。

后来的行政法总论中，国家论渐渐淡去，但在行政法学建立初期，明确国家论、确立行政法的适当定位，还是十分有必要的，这也是当时的通常做法。总论六章的体系安排，虽然包含了总论的通常内容，但与通常的体系有所不同。从大的方面来说，其顺序是行政作用—行政组织—行政救济。行政作用的内容相对具体，接着介绍公法上的法律关系这一相对抽象的理论，再接上行政组织的内容，有其认识论上的合理性。"行政组织"部分与其他讲义相比则十分精干，该书指出，国家的行政组织通常合行政首长、行政官署及自治团体三种而成，行政首长的地位和职权属于宪法问题，故而，仅就后两者略述而已。① 总论第五章"官吏之法"，亦即后来的公务员法，并不属于狭义的行政组织法问题。该书在行政救济的不法行政损害赔偿之后引入官吏法，官吏法最后一节"官吏之赔偿责任"，与前一章也有一定的关联性。

其次，定位准确。在原理上，钟赓言明确指出了行政法的近代法属性，明确将行政权置于宪法和法律之下。他认为，行政法是关于行政的公法，是规范国家行政权的组织及其作用的法则。"行政权之组织，自古以来，不问何国，繁简容有不同，要莫不有一定之法则。至关于行政权之作用，设有严密之法则者，则虽在文明之邦，亦属最近时代之事实。其在专制政治之下，行政范围内之国家行动，类皆出于政府之专断，政府之内部，对于官吏之指挥训令，容或有之。至设定对于人民之关系之法则，则固缺焉不备耳。以行政权之作用与司法权之作用相同，均须受法之规律者，盖在立宪制度之传播，法治国之思想发达之后矣。"②

最后，脉络清晰。钟赓言在分析问题时，总能先归纳出当时学界的基本观点派别，再分别分析，然后给出自己的认识。虽然该书并无明确的引用，但其本为课堂使用的讲义，仅指明代表人物的代表性观点，在当时的年代，属于一般性做法。举例而言，在行政处分方面，钟赓言继承了美浓部达吉的诸多学说，并有所发展。例如，在行政处分的界限上，行政处分除了不得与法规相抵触外，在侵害人民自由、剥夺其权利、增加其义务时还应当具有法规的授权。这些均与美浓部达吉的理论相同。但在赋予人民利益时，未必不需有法规的根据。这里他特别指出，即使赋予利益的处分使第三人负有消极的义务（相当于具有第三人效力的行政处分），也必须以法规为根据；即便对第三人毫无影响，对本人又作出有利的处分（相当于复效性行政处分），亦不得违反法规而在法规容许的范围外自由决

---

① 参见钟赓言：《钟赓言行政法讲义》，王贵松、徐强、罗潇点校，法律出版社2015年版（原书为1927年版），第144页。

② 钟赓言：《钟赓言行政法讲义》，王贵松、徐强、罗潇点校，法律出版社2015年版，第38页。

定。所谓自由裁量,并非任意处分之谓,而为因时制宜之意,是在法规的范围内寻求符合公益的决定。① 其思考已相当缜密,在美浓部达吉的基础上又迈出了一步。

在官吏法部分,对于职务命令在内容与法规相抵触之际有无拘束官吏的效力问题,钟赓言列举了德国的三种学说,即官吏无服从义务说、绝对无审查权说和违反法律显而易见者则不负服从义务说。德国当时的多数说为第二说,民国当时的《官吏服务令》采用第一说,但钟赓言认为,上级官吏的意思拘束下级官吏的意思,目的在于统一法律的解释与适用。如果下级官吏可以决定上级的职务命令合法与否而拒绝执行,行政上的统一就无以维持。但上级官吏的解释权之拘束下级官吏,要以法令有解释的余地为限。若依法令的正文已显然明确、不容再有歧异的解释,即便是上级官吏,也不得以职务命令予以变更。职务命令的违法显而易见,如果依普通的思想亦无异议的余地,则职务命令根本上为无效的行为,官吏自无服从的义务。故而第三种学说最为妥当。② 我国法制直至 2005 年《公务员法》第 54 条才采纳了第三说的观点。

此后的中国行政法学无论在体系还是原理上都很大程度上受到了钟赓言的影响,很多书均将钟赓言的著作列为参考书目之一。范扬曾在 1940 年对此书作出评价:"行政法学的参考书,说起又是很长,姑就本国书来说,第一部要推钟赓言先生的朝大讲义。他这书虽然是三十多年前的产物,可是引着正统理论,加以行文流畅,在我国风行最早,抑且最广,拿到国内,可说已种活了。"③

从清末至民初,行政法学的知识传播与研究不乏其人,虽然清末的康有为、梁启超传入了行政法的概念,虽然董鸿祎、夏同龢、熊范舆等人或编或译了行政法的著作,也有对于行政法的一定认识,但这些均称不上有行政法的研究。民国初年,在平政院的相关论争中,章士钊、汪叔贤等人对于行政法学的中国化贡献良多,但其毕竟没有完整的体系,还称不上"学"字。清末至民初,也有了一些编译的行政法讲义或者编纂的行政法总论,诸如东方法学会编纂的《行政法要览》,其具有体系性,也在逐渐尝试着学理的中国化,但影响有限。唯有钟赓言,不仅接受过正统而系统的法学教育,具有系统讲授宪法学和行政法学讲义的水

---

① 参见钟赓言:《钟赓言行政法讲义》,王贵松、徐强、罗潇点校,法律出版社 2015 年版,第 84 - 85 页。

② 参见钟赓言:《钟赓言行政法讲义》,王贵松、徐强、罗潇点校,法律出版社 2015 年版,第 249 - 250 页。美浓部达吉虽然有关于职务命令无效的说法,但也没有如此清晰的阐释。参见[日]美浓部达吉:《行政法总论》,熊范舆译述,丙午社 1907 年版,第 95 - 99 页;《行政法总论》,黄屈译,民智书局 1933 年版,第 141 - 144 页。

③ 范扬:《怎样研究行政法?》,《读书通讯》第 8 期(1940 年),第 127 页。

准,更具备行政法的基本理念,建立了体系完整、涵盖总论和各论的行政法学体系,在诸多问题上富有真知灼见,堪称中国行政法学第一人。

四、中国行政法学的初步展开

随着行政法制和行政法教育的发展,自 1920 年代末开始,中国行政法学在钟赓言之后获得了初步发展,出现了一些代表性人物和著作。

(一)白鹏飞的行政法总论

白鹏飞(1889—1948),字经天,号擎天,广西桂林人。1911 年,留学于日本东京大学,遍修兽医、统计、政治、经济、法律诸专业,留学 11 年,最终获得法学士学位。[①] 1922 年回国后,历任江苏无锡国学专科学校教授、上海江苏民众教育学院教授、暨南大学校长。此后,北上,受聘于朝阳大学、民国大学、法政大学、辅仁大学、清华大学、北京大学、北平大学。1931 年任北平大学法学院院长(1934 年法学院与商学院合并为法商学院,任法商学院院长)。1936 年 1 月,任北平文化界抗日救国会副主席(主席马叙伦)、华北民众救国联合会副主席(主席马叙伦、副主席许德珩)。1937 年,北平沦陷后,毅然拒绝日奸的诱逼,秘密回到广西。1938 年年初,应广西省政府主席黄旭初之邀接任广西大学校长。因坚持聘用李达、郭沫若、夏征农等进步教授,1939 年被免职。1940 年出任监察院监察委员,至 1948 年卸任。其间,又担任军风纪巡查团委员。1948 年 6 月 28 日去世,其墓位于桂林市七星区普陀山北麓,墓右立谢和赓题书的"高风亮节"四字赞刻。[②] 白鹏飞在行政法之外,还著有《法学通论》(上海民智书局 1928 年初版、1931 年第 4 版)、《近百年政治思想变迁史略》(上海华通书局 1929 年版)、《宪法及宪政》(上海华通书局 1930 年版)、《比较劳动法学大纲》(好望书店 1931 年版),译著有《工业常识》(中村康之助,商务印书馆 1931 年版)等。

白鹏飞在行政法学上享有较高声誉,共有两部著作,即《行政法总论》《行政法各论》及其修订版《行政法大纲》上下卷。《行政法总论》作为"学艺丛书"第 12 种图书,1927 年由商务印书馆出版,1928 年再版,1932 年"国难后第一

[①] 沈尹默给白鹏飞撰写的墓志铭如此写道:"东赴日本国留学,初习兽医不就,去学农,又不就,乃改攻政治科,卒得东京帝国大学法学士学位,自民国元年东渡至十一年始归国。"日本自 1953 年开始才有硕士学位(修士),此前仅为学士与博士两级学位。故而,过去称白鹏飞为硕士,甚至是获得了五个硕士学位,是为不实。

[②] 关于白鹏飞的生平,参见白璧:《我的父亲——白鹏飞》,《桂林文史资料》(第十辑),政协桂林市委员会文史资料研究委员会 1986 年发行,第 1 页以下。

版"重新印刷，1937 年"国难后第二版"重新印刷。该书分行政法之基础观念及基础规律、行政组织两章。第一章包括行政权、行政法、公法关系、行政行为、行政行为之无效、行政行为之取消、行政上之强制执行、行政上之损害赔偿及损失补偿八节内容，第二章包括概论、现行官制之梗概、官吏法、公法人（自治团体地方团体）、行政上之争讼五节内容。从体系上来看，该书尚有混乱之处，诸如将"行政上之争讼"置于行政组织章之下。但从内容上来看，该书要言不烦，已具备较高水准。

不过，《行政法总论》难谓白鹏飞著作，该书与美浓部达吉的行政法讲义有较多的重复之处，即便对比后来出版的译著《行政法总论》（黄屈译）或《日本行政法撮要》上卷（杨开甲译）也可以发现，多数部分是对美浓部达吉讲义的翻译，无论在体系上还是观点表述上，近乎雷同，只是在制度部分实现了中国化。白鹏飞在《行政法总论》导言中也坦承：

> 法学贵在发见，不贵在创设，世之所谓创设者，非妄即伪耳。其充类至尽者，亦不过探究法理，而阐明其运用之规律，此则吾侪今后之所原努力者也。倘是编能以抄胥之劳，为海内同治斯学者所谅，而助后进者以一苇之航，则区区之幸矣。是编出自吾师美浓部博士多年之指导，其编订目次，校譬鱼豕，① 则由吾妻兰滨夫人任之，特志一言于此，以表谢意。

或许正是出于这一原因，《行政法总论》的署名是"白鹏飞编""编者 白鹏飞"。而之后的《行政法大纲》则为"白鹏飞著""著作人 白鹏飞"。

故而，白鹏飞的《行政法总论》虽亦享有盛名，在传播行政法学知识上有其积极意义，但难谓其独立作品。即便在中国法部分，该书分析了中国的行政法具体制度，也有不少内容系源自钟赓言的著作。有人将白鹏飞拔高至"首创中国行政法学"，② 自是不妥，其无论在时间上还是学术上都难与钟赓言相媲美。

1932 年，白鹏飞重新编订行政法讲义，将其更名为《行政法大纲》。该书分上下两卷，上卷为总论，下卷为各论。"字数较原著约减去十分之四，关于总论部分，原书分为两章，今分为三章。其第一章关于行政之观念、行政行为之内容、行政行为之无效诸点，增订之处不少，学者读之，于观念上，当更易于获得正确明了的认识。其第二章除行政组织、现行官制悉依现行法全部加以订正之外，公共团体总论中，特加入现行地方自治制度一节及公共团体机关之种类等，

---

① 一人独校为校，二人对校为雠。校雠就是校对纠正讹误之意。鱼豕系鲁鱼亥豕的简称，把"鲁"字误为"鱼"字，把"亥"字误为"豕"字。鱼豕指文字传抄或刊印错误。——引者注
② 潘茨宣：《首创中国行政法学的白鹏飞》，《广西日报》2008 年 4 月 22 日，第 11 版。

胥为前此之所无。其第三章行政上之争讼，由诉愿及行政诉讼构成之，悉依照国民政府所颁布之诉愿法、行政法院组织法、行政诉讼法等，以为叙述上理论上之根据。"白鹏飞对改订之后的著作似较为满意："约言之，则全书于理论方面，较之旧著为简明畅达；于实际方面，则较之旧著为切于实用。虽不敢云尽善尽美，然较之国内最近出版同类之著述，尚无愧色而已。"[1] 该书于1935年再版之后未再修订。该书在理论部分与《行政法总论》仍有大幅度重复之处，但在制度部分，尤其是在官制、地方制度、诉愿法、行政诉讼法等部分有所更新。《行政法大纲》调整之后，就与美浓部达吉的《日本行政法撮要》三章设计完全一致。

范扬曾对此书作出评价："这书是比较有名的，他的内容比钟先生的要精括些，同时也比较难懂些。但它的体裁，着实不误，只要行政行为一章读懂了，其余并不难解，特别要知道民初以后，北伐以前的行政法，这书是要读的。"[2]

（二）朱章宝的行政法总论

朱章宝（1888—1968），字隐青，浙江义乌人。1905年考取秀才，即邑庠生（明清时期将州县学称为"邑庠"），获派公费留学，1916年7月毕业于中央大学，获法学士学位。[3] 其宪法由美浓部达吉、上杉慎吉讲授，行政法由岛村他三郎、阿部寿准讲授。1937年任浙江省丽水县县长，1943年任行政院地权处处长，1949年任地政部参事。曾任厦门大学、上海政法学院教授。编有《德国富强之由来》（商务印书馆1915年版）、《论理学纲要》（与冯品兰合编，华通书局1932年版）、《法律现象变迁史》（商务印书馆1933年版），著有《行政法总论》和《土地法理论与诠解》（商务印书馆1936年版）等。

《行政法总论》[4] 为"新时代法学丛书"之一。该书共四章体系：第一章绪论，介绍了国家的观念、政府的性质、行政的意义、行政法的观念、行政法学的职责等。第二章行政组织，这是该书的重点，占全书一半篇幅。该书将行政组织分为国家行政机关与公共团体两大类，进一步将前者分为最高行政机关和行政官署（另就国民政府现行官制、官吏作出解说），将后者分为地方自治团体、职业自治团体和营造物法人，分别作出说明。第三章行政行为，该书理解的行政行为

---

[1] 白鹏飞：《行政法大纲》，好望书店1935年再版，自序第1—2页。《行政法大纲》由时晨点校，收录于《白鹏飞法学文集》，法律出版社2018年版，第183页以下。

[2] 范扬：《怎样研究行政法？》，《读书通讯》第8期（1940年），第127页。

[3] 『中央大学史资料集』第20集146页。过去有朱章宝获得法学博士或东京大学法学博士的说法，但都是错误的。

[4] 朱章宝：《行政法总论》，商务印书馆，1931年初版，1934年国难后第1版。

是在法律之下行政权能产生公法上效果的意思表示行为,分为法规行为(指法规命令,纯粹行政权作用的叫作行政规程)和处分行为(行政处分),由国家和人民双方的意思表示而成立的行政行为是行政契约,该书还分析了行政上的执行(行政罚和强制执行)问题。第四章行政救济,着重分析了诉愿、行政诉讼问题,鉴于权限争议的解决也有行政救济的性质,该书将其也置于行政救济之下来处理。

(三) 赵琛的行政法总论

赵琛(1899—1969),浙江东阳人,字韵逸。中学毕业后留学日本,入明治大学学习法律。1924年归国,历任安徽大学、复旦大学和政治大学教授。曾任朝阳大学法律系主任,[①] 主讲刑法总则、刑法分则。1928年在上海兼行律师业务。1933年任行宪前立法委员,参订"五五宪章"(1936年公布的《中华民国宪法草案》),之后任国民政府立法院委员。1936年任中央警官学校教授。1943年受聘中央训练团台湾行政干部训练班司法组导师。1946年4月,任首都高等法院院长。1948年年底,任司法行政部政务次长、代理部长(1949年1月3日—1949年3月23日)职务。赵琛涉猎刑法学、监狱学、行政法学、保险法学等方面,在刑法学上影响最大,著有《中国刑法总论》《新刑法原理》《刑法总则讲义》《刑法总则》《刑法分则实用》《少年犯罪之刑事政策》《监狱学》《行政法总论》《行政法各论》《法理学讲义》《保险法纲要》等。

1931年,赵琛出版了《行政法总论》一书,[②] 该书为"法学丛书"之一。该书分绪论和本论两个部分。在绪论中,主要分析了行政的观念、行政法的观念、行政学与行政法学的关系、行政法的研究方法以及行政法的法源。本论分为四章:第一章是公法关系,主要论及公权的性质、区分、分类及变动等;第二章是行政组织,分为官治组织和自治行政两种类型;第三章是行政作用,主要讨论了命令、行政处分和公法上的双方行为以及行政上的执行(行政罚和强制执行);第四章是行政争讼,分别述及行政救济(行政诉愿和行政诉讼)和机关争议。或许因作者主攻刑法,故而,能以自己的理解明白地讲述行政法的道理。范扬曾对此书作出评价:"他的总论眉目清晰,行文易读,易使读者领会。至于他的各论,特别注重实际,少做学理的探讨,没有什么特色,他自己也这样说。"[③]

[①] 参见薛君度、熊先觉、徐葵主编:《法学摇篮——朝阳大学》,东方出版社2001年版,第37页。
[②] 赵琛:《行政法总论》,上海法学编译社1931年版、1932年版、1933年版,会文堂新记书局1937年版、1947年版。
[③] 范扬:《怎样研究行政法?》,《读书通讯》第8期(1940年),第127页。

（四）张映南的行政法总论

张映南（1892—1959），湖北荆州人。1908年在武昌参加日知会。后赴日本法政大学、早稻田大学攻读法律。回国后曾任汉口法院推事、国民政府大法官等，1930年9月后，在北京大学、清华大学任教。1936年7月，任广西大学教授、法律系主任、法商学院院长等职。桂林沦陷后，拒绝在日伪政权任职，举家连夜逃入深山。抗战胜利后，回桂林，参加民主同盟。新中国成立后，任广西大学校务委员会主任委员，代理广西大学法商学院院长。不久调任武汉大学教授，再调全国人大法制委员会法律室，并任全国人大法制委员会委员。1957年被错划为"右派分子"，1979年改正。著有《行政法总论》《法学通论》《行政法泛论（总论）》《宪法的基础认识》等。

1934年，张映南编有《行政法总论》，系其在北京大学授课的讲义。该书分绪论与本论两部分。绪论分为行政法之社会的意义、行政法之法律力、行政法之观念及其内容、行政法之地位及其范围、行政法之法源及其效力、行政法之限界及公私法适用之限界、行政权与其他治权之关系、行政法上之权利义务关系八章；本论分为行政组织与行政行为两编，行政组织编分为行政官厅、官吏之任命、官吏之义务、官吏之权利、官吏之责任及国家之赔偿责任五章，行政行为编分为行政行为之观念及种类、行政行为之效力、行政行为之强制三章。

1935年，张映南出版了《行政法泛论（总论）》。该书正文共308页，附录了各种重要相关法令144页。全书五编内容：第一编行政通则，分为行政法之社会基础、行政法与社会思潮之关系、行政法之观念及行政权力之发生与其内容、行政法之地位与范围及其法源、行政权之界限、行政法之效力及公私法之适用、行政权与其他治权之关系、行政法上之权利义务关系八章；第二编行政组织，分为行政机关、行政官厅、中央组织、地方行政组织、官吏、官吏关系之始终与限制、官吏之义务、官吏之权利、官吏责任及国家赔偿责任九章；第三编行政行为，分为行政行为之观念及其类别、行政处分之意义及其种类、行政契约及行政上协定行为、准法律行为的行政行为、行政行为之附款、行政行为之效力、行政行为之强制七章；第四编公法人及公物，分为公法人之设立及其观念、公法人之特征及其事务与在法律上之地位、公法人之种类、自治行政、公物及物之分类、公物之新设定及成立、公物之使用及管理、公物之消灭与废止及停止、公之营造物之意义及其分类、公之营造物之设置及其成立要件、公之营造物之使用及其消灭十一章；第五编行政救济，分为行政救济与行政监督、行政争讼、异议之声请及请愿、诉愿、行政诉讼五章。这一体系及内容是具有特色的。张映南认为，过去一般行政法学者以行政权为国家统治权的作用，都以国家为其立场。行政固然属于国家统治权作用之一，而统治权的基础则源于社会的统制力，行政的目的又在于社会的福利，故其不偏重于国家，而以社会为立场。该书与其他学者同类著述相比有其自创之处，就源于其基础立场不同。① 当然，这一独特之处主要体现在其第一编第一章与第二章。该书认为，国家生活是社会生活进展阶段中的一个形态，在社会生活中，一切公共生活的准则是公法，行政法所规定的是社会公共生活的准则。行政法具有法律之力、行政权有强行力，都是以社会力为其基础。行政法的规定多是为了保护或增进社会的利益。行政法须以社会为基础，社会思潮也会影响行政法。当今社会有两大思潮对行政法有较大影响：其一是民主主义的思潮，表现为民主行政的制度，包括行政机关的民选及合议制、地方自治行政范围的扩大、地方立法自主权及财政上的监督权、行政诉愿与行政诉讼的规定以拘束行政机关滥用行政权；其二是社会主义思潮，其表现有私有财产权的限制乃至废止、公企业的独占及行政统制的权力扩大、公有财产权的扩张、享有私法上权利者多负有公法上的义务、契约自由的限制且由行政权加以监督与强制。② 在行政法的主体内容上，因为研究对象的法规相同，所以，与其他行政法教科书也差别不大。

（五）徐仲白的行政法总论

徐仲白（1895—1958），安徽宣城人，北京大学法学士。先后任国民政府立法院秘书、内政部警官高等学校教师、北伐军旅党代表。1931年遭监察院弹劾，③ 离开政界，相继任北京大学、北平大学④、中央法学院、朝阳农学院讲师、教授等。

1934年，徐仲白在现代科学出版社出版了《中国行政法论》。该书在版权页上标明"第一分册"，可惜未能发现后续分册的出版。该书由居正、陆和九分别题写书名，目录72页，正文441页。该书采用目次加要点的方式编辑了目录，如此详尽的目录在近代行政法学著作中是罕见的安排。该书为"总论篇通则行政法学之部"，分为两讲：第一讲绪论——行政法学的基础认识，分为行政法学的方法论、行政的概念、行政法和行政法学三个部分；第二讲通则——行政法秩序

---

① 参见张映南：《行政法泛论（总论）》，法律评论社1935年版，叙言第1页。顺便提及的是，法律评论社是朝阳大学《法律评论》的出版社，张映南在叙言中还特别感谢朝阳大学法学士施式成。

② 参见张映南：《行政法泛论（总论）》，法律评论社1935年版，第1-14页。

③ 参见《监察院公报》1931年第2期，第46-47页。

④ 在北平大学法学院任职期间，徐仲白在白鹏飞修订《行政法大纲》下卷之前受托先行校阅订正。白鹏飞称，"徐先生治斯学甚勤；且在立法院任事日久，对于现行行政法规，搜罗颇富。故对于行政法规方面之参证，实予以不少之助力"。参见白鹏飞：《行政法大纲（下卷各论）》，好望书店1934年再版，自序。

的基础规律，分为关于行政作用之法的支配原则、行政法关系两个部分。该书声称，我国行政法学名著往往分行政法学为总论及各论两大部分，但在现代行政法学的分化发展趋势下，应当以默克尔的《通则行政法论》（Allgemeines Verwaltungsrecht）的编别方法为精当。该教材的第一讲及第二讲即相当于默克尔的总论部分。① 虽然该书以中国当时的行政法规范为对象，但当时的中国正处于训政时期，党义、党纲和国家法令揉成一片，党的组织和国家组织混而为一，《建国大纲》、主要遗教以及党的规章均成为国法秩序的"实定法"规定。所以，该书在行政法学方法论中特别提及四个注意点：第一，国民党总理的主要遗教是训政时期的最高根本法；第二，中国国民党是特殊的国家机关；第三，依五院分立的技术说明行政概念存在困难；第四，从历史上考察，我国古代行政法也有其独特的立场和经验。以上四点虽不可忽略，也能成为行政法学上的问题，但行政法学的理论绝非由政治学、社会学等超法分子所导出，这种事实只不过是帮助行政法学精确认识的手段而已。所谓行政法学，就是实定的行政法学，固守实定行政法的独立为其研究对象，把握法学方法的纯正。② 该书运用了大量英法德日的文献，在方法论上贯彻了纯粹法学，在体系和观点上都有创新之处。该书还指出，行政法上出现了民主主义化和社会主义化的倾向。行政民主化必以立法民主化为前提，行政法秩序的民主主义化的现象有行政法规范的详密化、行政的司法化、行政机关的民主化（行政机关的民选、行政机关的合议制）、地方自治行政范围的膨胀、人民对于行政的控制等。行政法秩序在三民主义之下有社会主义化的必要，其表现为节制乃至废止私有财产权意义的行政法现象（限制乃至废止土地所有权、公共事业的独占和其范围的扩大、对于公共事业的行政统制权）、基于团体监护主义的行政法设施（由不干涉主义转为保护主义）。③

（六）范扬的行政法总论

范扬（1899—1962），浙江金华人。1916 年赴日本留学，先后在预备学校、东京高等学校、东京都第三高等学校文科、东京大学文学院哲学科、法学院法律科学习。1928 年，范扬自东京大学法律科毕业。后又执教于中央大学、安徽大学、中山大学。抗日战争爆发后，范扬弃教从政，历任国民政府军事委员会政治

---

① 参见徐仲白：《中国行政法论》，现代科学出版社 1934 年版，自序第 vii-viii 页。不过，如后所述，徐仲白也有各论的讲义，可能囿于大学的课程安排，沿用了通常的各论设计，而并未继续按照默克尔的分论来设计。默克尔该书的分论分为四章，分别是行政的活动形式、行政的活动内容、行政组织、行政控制。也许，徐仲白还有一册总论的讲义。

② 参见徐仲白：《中国行政法论》，现代科学出版社 1934 年版，第 4-13 页。

③ 参见徐仲白：《中国行政法论》，现代科学出版社 1934 年版，第 179-211 页。

部第三厅副厅长、考试院参事。1945年后任同济大学法学院教授、行政法学组主任。新中国成立之后，以教书为业，先后担任同济大学、上海社会科学院教授。著有《行政法总论》（商务印书馆1935年版）、《继承法要义》（商务印书馆1935年版）、《警察行政法》（商务印书馆1940年版）、《战时军事警察行政》（国民政府军事委员会政治部编印）等；主编复旦大学《国家和法的理论》，与张企泰合作翻译黑格尔的《法哲学原理》。范扬主要研究行政法总论、警察行政法、法哲学，在人物研究上以康德为重点（撰有《康德传》《康德年表》《康德之永远和平论》等文章）。

《行政法总论》一书是在范扬多年教学生涯所编写讲义的基础上形成的，1935年由上海的商务印书馆出版，至1948年时已为第七版修订，该书为商务印书馆的"大学丛书"之一。2005年，中国方正出版社出版了邹荣勘校的1937年版《行政法总论》，该书再次焕发生机。2021年，1937年版《行政法总论》再次被收录于苏苗罕编的《范扬集》（商务印书馆）中。

《行政法总论》一书共六章，分别是行政法之基本观念、行政法之基本法则、行政组织、行政作用、行政救济、自治行政。该书已实现行政法学的中国化，既有一般原理，也有中国的制度实践。例如，在分析行政的观念时，作者自觉地从孙中山五权宪法讲起；在分析行政权的界限时，也围绕《中华民国训政时期约法》展开；在行政组织、行政作用、行政救济、自治行政等方面更是围绕着中国的实定法而展开。在章节上，该书特别重视行政组织部分，该章分为概说、国家行政组织通论、国家行政组织梗概、官吏、营造物及公物五节内容，占据全书三分之一以上的篇幅；另外，该书特地设置了自治行政一章。作者熟悉日文、德文、法文、英文文献，与先前教材相比，该书不仅在书后附有主要参考书目，还在各章之后附有不少文献性和说明性注释。该书具有很强的原理性，作者对于诸多问题都有自己的理解和分析。该书可谓自钟赓言行政法讲义之后的第二个学术高峰。

刘燕谷在评论本书时指出：本书的立论，大体采取了德国近代学者哈切克（J. Hatschek）及日本学者美浓部达吉博士等的学说，间或受到了一点实证法学和纯粹法学的影响。本书适合我国的实际，条理清晰，叙述简明。刘燕谷盛赞本书是我国行政法学界的"空谷足音"，同时也提出了几点商榷意见：第一是行政的意义。范扬大体采取了"减除说"的界定，即"行政者，乃国家统治作用中，除司法、考试、监察之外，而行于法规之下的一切作用也"，这种消极定义是不无缺憾的。行政的界定依赖于其他概念而定，丧失自身存在的独立性。"减除说"的根据是源于权力分立论，在五权分立论上，这个定义更能作出适当的说明，例如，监察作用中的审计作用和行政上的审计作用，是否存在实际上的区别？"减除说"非常重视机关组织的区别，但现在一个机关中可以有两种及以上的作用相互存在，例如"行政立法""行政裁判""司法行政"等。而且实际的行政缺乏明确的概念，其所据为基准的机关，何者为司法机关、考试机关、监察机关、行政机关，就没有明确的界限。第二是行政法的法源。范扬列举的成文法包括约法、法律及命令、条约、自治法规，刘燕谷认为似可以加入"中国国民党的党务法规和命令"一条，因为中国国民党是实际上掌握统治权的机关，其党纲以及其他一切党务法规和命令，自应成为现行行政法的法源。第三是编别问题。权限争议一般都放在行政救济一章，但范扬把它放在行政组织之行政官署一款中；营造物与公物是行政作用法的一部分，但范扬把它列入行政组织里面，似有点违背向例。第四是公法与私法。范扬虽然对于两者的区别表示不妥，但大体上仍采用通说，而且认为以行政法关系只是公法关系的一种。但行政法关系有不少是私法关系，所以，不如将"公法关系"一词改作"行政法关系"。①

（七）陶天南的中国行政法总论

陶天南，江苏丹徒人，1921 年金陵中学毕业，在获得文学士之后（学校及年份不详），1927 年作为东吴大学法科第十届毕业生，获法学士学位；之后留学法国波尔多大学，获法学博士学位。回国后先在东吴大学任教，1933 年转任武汉大学法律学系教授，后任教于云南大学。1945 年 5 月至 1947 年 8 月任昆明地方法院院长，1947 年 9 月至 1948 年 6 月任云南高等法院曲靖分院院长。② 著有《中国行政法总论》《国际私法》等。

1937 年，陶天南以在武汉大学的大学讲义为基础，③ 编著《中国行政法总论》，在中华书局出版。该书除序言外，共有六章，分别是基础概念、行政组织、关于公务之法律地位、行政行为、弹劾及惩戒、诉愿审理及行政审判。作者有法国法的学术背景，故而，其篇章设计及内容表述上都有法国法的影子。例如，在第一章基础概念中，作者首先谈起"法律规则与法律地位"，并将法律地位分成客观的法律地位和主观的法律地位，具有鲜明的法国法特点；在第四章行政行为中，对于行政行为的违法，作者区分了形式的违法（无权限的行为、意思的瑕疵

---

① 参见刘燕谷：《评范著行政法总论》，《读书通讯》第 51 期（1942 年），第 13-14 页。顺便提及的是，刘燕谷曾从日文转译凯尔森的《纯粹法学》。
② 参见王伟：《中国近代留洋法学博士考（1905—1950）》，上海人民出版社 2011 年版，第 221 页。
③ 陶天南编：《行政法讲义》，国立武汉大学 1935 年印刷。参见周荣主编：《民国时期武汉大学讲义汇编》（第六册），国家图书馆出版社 2018 年版，第 79-280 页。另外，顺便提及，武汉大学 1938 年还编印了蒋思道编的《行政法讲义》，参见前揭书，第 281-500 页。

和形式的瑕疵）与实质的违法（标的的违法、目的的违法），这里也明显是借鉴了法国行政法的分类。

范扬曾对此书作出评价："这书与我国向来所出的不同，是采取实证主义来建树中国独特的行政法。这种企图当然值得佩服，我脑里也时常考量着哪种说法是最切合于我国现行法？但很难想出一种最切当的来。结局陶先生所采取的是Duguit Bonnard一派的。他所说的中国的法制，与我们所说尚无大异，而其所谓通说似乎以指拙著为多。"① 在某种程度上说，该书还没有完全贯彻法实证主义的方法。

(八) 其他行政法总论著述

此外的行政法教材还有：(1) 冯承钧编《行政法总论》，北京法政大学讲义，出版时间不详，大约为 1923—1927 年间编写。② 该书分为四编：第一编行政原则，包括立法权及行政权分立说、行政及司法官府之分立、法人说、公职说、行政行为五章；第二编行政组织，包括国家行政组织、地方自治组织、外国行政组织三章；第三编行政诉讼，包括行政诉讼原则、行政法院之组织、行政审判三章；第四编行政制度，包括行政官府、行政制度及宪法、行政法及私法、官产说四章。(2) 刘经旺编《行政法要论》，出版者不详，1928 年出版。该书正文共136 页，分为绪论，包括行政、行政法两章；第一编总论，包括通则（行政事务、行政上的手段）、行政行为、行政组织、行政救济四章；第二编各论，包括警察、保育、工业所有权及著作权、财政四章。(3) 朱剑芒编《行政法大纲》，中央书店 1929 年印行。该书为国民政府分类详注最新公文模范大全第 6 编。该书内在的标题是《国民政府行政法纲要》，正文共 111 页，分为总述、行政官署、行政官、法规四章，专就现行官制及行政机关组织法申述，不作空泛的讨论和介绍艰深的学说。(4) 朱采真《行政法新论 上编》，世界书局 1929 年版。(5) 朱采真编著《现代行政法总论》，世界书局 1932 年版。朱采真③的这两本书书名不同，但内容基本一致。分为绪论，包括国家的意义和作用、从五权分立制度上说

---

① 范扬：《怎样研究行政法？》，《读书通讯》第 8 期（1940 年），第 127 页。
② 冯承钧：《冯承钧学术著作集》（上），邬国义编校，上海古籍出版社 2015 年版，第 101 页以下。
③ 朱采真，律师，编著有《行政法新论 上编》(1929 年) 及其新版《现代行政法总论》(1932 年)、《行政法新论 下编》(1929 年) 及其新版《现代行政法各论》(1932 年)、《政治学 ABC》(1929 年)、《法律学 ABC》(1929 年)、《国际法 ABC》(1929 年)、《中山政治 ABC》(1929 年)、《宪法新论》(1929 年)、《刑事诉讼法新论》(1929 年)、《中华民国刑法释义》(1929 年)、《法学通论》(1929 年)、《政治学通论》(1930 年)、《中华民国训政时期约法释义》(1931 年)、《民法总则新论》(1931 年)、《土地法释义》(1931 年)、《民法总则新论》(1931 年)、《现代法学通论》(1935 年)、《行政诉讼及诉愿》(1937 年) 等，编辑的辞典有《中国法律大词典》(1931 年)。

明行政的意义、行政法在法律上的地位、行政法和其他学科的关系、行政法的渊源、行政法的研究方法六章；第一编总论，包括公法关系上的权利观、国家的公权和个人的公权、行政组织概论、行政合议制、中央行政组织、地方行政组织、自治行政组织、官吏的法律关系、行政作用、土地征收、行政救济、权限争议十二章。（6）潘健卿《行政法要义》，潘健卿律师事务所1932年版，正文共204页，除绪言外，分为总论（行政法、主权宪法与立法之法律逻辑及范围、国权分立、政制作用）、行政组织、行政行为（总论、依国家行为之内容而分类之行政行为［国家统治权之行使、国家财政及所营之生产事业、生产及保育事业之行政］、行政行为之形式与方法）、违法及不当行为之救济四编。该书融合了不少英美行政法的内容。（7）郑必仁《行政法总论》，汉文正楷印书局1933年版。该书正文共198页，分为总论、行政组织、中央行政组织、地方行政组织、自治行政组织、官吏的法律关系、行政行为、行政救济八章。（8）林众可、李用中合编《行政法总论》，上海法学书局1934年版，共224页，分为绪论、公法关系、行政组织、行政官署、中央行政、地方行政、自治行政、行政官吏、行政行为、行政争讼十章；（9）张永宽编《行政法（第二部）》，四川大学讲义，1934年。该讲义仅为行政组织部分。该书应有其他部分，但尚未发现。（10）刘汉哲《行政法讲义》，北平法律函授学校讲义，1935年。该书正文共108页，包括绪论（行政之观念、行政法）、总论（命令、行政处分、公法上之法律行为行政上之执行、公法上之法律关系、行政组织、对于不法行政之救济、权限争议）。（11）法政学社解释《诉愿法行政诉讼法详解》，广益书局1936年版。版权页署名为"解释者 法政学社"，该书实际的解释者是朱方律师。该书正文共38页，分为诉愿法和行政诉讼法两个部分，对两部法律逐条作出解释。（12）朱采真编著《行政诉讼及诉愿》，商务印书馆1937年版。该书为"新时代法学丛书"之一，正文共132页，分为三编。前两编分别是行政诉讼、诉愿，依据司法院解释及行政法院判决，从学理上对行政诉讼和诉愿进行实用性探讨，第三编是行政法院判决要旨汇编，分为实体法、程序法两大类。附录附有行政诉讼法、诉愿法、行政诉讼费用条例。（13）黄俊编述《行政法总论》，高等警官学校讲义，1939年。该书分为行政之意义、行政之原理原则、行政法之意义、行政法之渊源、行政法与其他科学之关系、公权、行政组织、行政行为、行政救济九章。（14）黄俊编《行政法总论》，北平民国学院讲义，正文共212页，分为绪论、行政行为、行政组织三编。出版时间不详。①

---

① 国家数字图书馆写作1915年，应系错误标记。从学校的名称来看，大约应为1930年之后的讲义。

民国时期还有专门为考试编写的行政法教材，多是以一问一答的方式来编写的。(1) 林环生编著《行政法概要》，世界书局1929年版。正文共120页，分为国家、行政与行政法、国家与人民之公权、行政组织、官吏之法律关系、命令、行政处分、行政诉愿与行政诉讼八章。(2) 徐福基编著《行政法纲要》，上海法学社校阅，广益书局1929年版。这是"考试丛书"之一。正文共124页，分为绪论、行政作用、行政组织、行政上之争讼四章。(3) 钱释云编《行政法问答》，蒋保厘校，上海三民公司1931年版。该书正文共30页，包括绪论、行政组织、行政官吏、行政范围、行政行为五章。(4) 上海法学编译社编《行政法问答》，上海法学编译社1931年版。这是"政法问答丛书"之一。该书正文共84页，包括总论、各论两部分，还附录了若干法令（50页）。

五、中国行政法学的近代发展

1937年后，日本侵华战争全面爆发，中国处于水深火热之中，行政法学教学研究均受到影响，行政法学研究作品不再多见。进入1940年代，行政法学在行政法学人的不懈努力下得到了些许发展。其代表性人物是林纪东、陈体强和马君硕。

（一）林纪东的中国行政法总论

林纪东（1915—1990），福建福州人，林则徐五世孙。1932年进入朝阳大学法学系，1936年毕业后留学日本明治大学，专攻行政法。1936年身处东京时，翻译了美浓部达吉的《法之本质》，在商务印书馆出版。归国后，先后曾任政治大学、中央大学、台湾大学、暨南大学、东吴大学、辅仁大学等校教授。自1958年开始担任台湾地区司法机构"大法官"，长达27年之久。著有《中国行政法总论》《行政法提要》《行政法》《行政法新论》《诉愿及行政诉讼》《行政法各论》《宪法释论》《比较宪法》《五权宪法之研究》《法学绪论》《少年法概论》《刑事政策学》等。

1943年，身处重庆南温泉的林纪东将其在中央政治学校[①]的行政法总论讲义出版，这就是后来所说"渝初版"的《中国行政法总论》，抗日战争胜利后又在上海修订出版了多个版本，不过修订幅度十分有限。该书分为四编：第一编行政法之基础观念，分述行政之概念、行政法之概念、行政法之史的发展、行政法之

---

① 中央政治学校，前身是1927年的"中央党务学校"，校长是蒋介石，1929年更名为中央政治学校，是与黄埔军校相对的文校。1937年秋全民族抗战爆发，中央政治学校西移，1938年7月以四川巴县小温泉为战时校址。1946年，"中央政治学校"与"中央干部学校"合并，改名为"国立中央政治大学"。

基本法则、行政法之法源、行政法上之法律关系（行政法关系）；第二编行政组织法，分述行政组织法总论、现行行政组织、公务员法；第三编行政行为法，分述行政行为之概念及其种类、公法上之意思表示、行政行为之内容、公法上之单独行为与双方行为、行政行为之效力、行政行为之不存在及无效、行政行为之撤销、行政罚及行政上之强制执行、行政上之损害赔偿及损失补偿；第四编行政争讼法，分述诉愿和行政诉讼两方面内容。这四编内容准确呈现了传统行政法学的经典体系。在这四编中，与民国时期很多行政法教材一样，行政组织法一编内容较为详细；与当时行政法教材的不同之处是，行政行为法最为详细。林纪东认为，"行政行为法为行政法总论中最难叙述与了解之部分"，故而，为了便于读者了解，他采取了比较方法，力求与民法法律行为原理相对照。行政行为法构成了林纪东《中国行政法总论》中最精彩的一编。

1945年，林纪东在上海的大东书局出版了《行政法提要》一书，系"社会科学提要丛书"之一，该书分为四章，分别是绪论、行政组织、行政行为、行政争讼，正文仅148页，对行政法总论原理提要钩玄、撷取精义。

（二）陈体强等的英国行政法研究

民国时期有关英国行政法的研究不甚发达，关于英国行政法的认识是从戴雪否定英国存在行政法的观点开始的，相关研究基本上也是围绕着戴雪的观点展开的。

1. 楼邦彦的《戴雪与英国行政法》

楼邦彦（1912—1979），浙江鄞县人。1934年毕业于清华大学政治系，1936年考取中英庚子赔款公费生名额，赴英国伦敦政治经济学院留学。1939年回国，先后执教于西南联合大学、武汉大学、中央大学、北京大学、北京政法学院，曾当选第二届全国政协委员。著有《欧美员吏制度》（与龚祥瑞合著，1934年）、《各国地方政治制度：法兰西篇》（1942年）、《不列颠自治领》（1944年）、《南斯拉夫新宪典》（1948年）、《中华人民共和国宪法基本知识》（1955年）等。

1943年，在重庆执教于中央大学政治系的楼邦彦发表论文《戴雪与英国行政法》，分析了戴雪观点对英国行政法的影响。在戴雪的眼里，行政法只是以特别法院受理行政诉讼案件的制度。因为在英国没有类似法国中央参政院的机关受理有关行政诉讼的案件，所以，他说英国不存在行政法。1915年，戴雪发表《英国行政法之发展》一文，他观察到英国出现了中央行政部处理法律问题、被授予准司法职权的现象，这与法国的行政法院有类似之处，故而忧虑英国也将有类似法国行政法的发展。戴雪的观点在英美都有广泛影响，也在很大程度上形塑了英国行政法的性质。公法与私法不加区别的原则、法院控制的原则，是支配着英国行政法的基本原则,而这又是戴雪理论在维持着的一种现象。①

2. 陈安明的行政法在英法系中之地位

陈安明(1915—1990),湖南浏阳人,1943年毕业于武汉大学法律系,1945年7月毕业于武汉大学法科研究所,获法学硕士学位。毕业后,先后执教于朝阳大学法学院、安徽六安师范学院、安徽师范大学、安徽大学。曾任中国法学会行政法研究会顾问、安徽省人民政府顾问等。

1944年,陈安明发表论文《行政法在英法系中之地位》,分析了英国行政法的特质,批评了戴雪的英国行政法不存在论。该文从英国宪法的三个基本原则出发,观察它是如何影响英国行政法的发展的。首先是议会主权原则。议会主权是英国人认为保障人民权利的唯一利器,主张立法机关应包办一切立法事业,其他机关不得置喙。这与欧陆公法学家的意见恰好相反。欧陆的公法学家认为立法权应分为立法权和命令权两个部分。但英国在工业革命之后,尤其是1906年自由党政府执政以后,受社会主义影响,厉行社会立法,国会难以应付福利国家的要求,委任立法日益扩张。国会既有寻常的授权,也有非常的授权。国会在授权的同时也有一定的保障方式:其一是命令刊行法(The Rules Publication Act)规定,行政机关规定某种命令时需作公开的调查;其二是授权法律自身对行政机关的限制,诸如事前审查、事后审查、设定授权期限、给命令设定一定标准等;其三是法院对命令越权的审查。其次是分权主义原则,以普通法院来控制行政机关,而不设其他特别法院。但因国家职能的增多、社会保障事业所引起的无限诉讼,普通法院已非审理这种事项的最适当机关,故而,立法机关不得不授权行政机关或特设的法院审理特种的诉讼案件,这就是所谓行政司法制。行政司法诉讼费用轻微,极为便宜,其审理者具有专门知识和经验。行政司法富有弹性,没有判例的拘束,可变通办法应付。行政司法是英国行政法的一大变更。最后是公私法不分原则,无论何人均受同一个法律的规范,受同一类法院的制裁。在法律上,英国并没有"国家"的概念,也不存在国家法人的概念,国家无法律上的责任,官吏对公务上的行为负个人责任。戴雪将特别法院受理行政诉讼案件的制度理解为行政法,但如果将行政法理解为关于行政机关的组织、权力与职务的规定,那么,行政法院就不是行政法不能少的特质,英国行政机关的权力与职务也渐渐走到了欧陆的道路上去。"如果我们再说英国没有行政法,只是他对于行政

---

① 参见楼邦彦:《戴雪与英国行政法》,《国立中央大学社会科学季刊》第1卷第1期(1943年),第161-179页。

法意义的不了解。"①

3. 陈体强的《英国行政法论》

陈体强（1917—1983），笔名陈健，福建闽侯人。1935 年考入清华大学政治系，1939 年毕业于西南联合大学法商学院政治系。毕业后在西南联合大学行政研究所从事研究工作，1943 年考取外交官，在外交部条约司任职。1944 年考取教育部留英公费生，获得英国文化教育协会奖学金，1945 年赴英留学，1945—1949 年在英国牛津大学（林肯学院）攻读国际法专业，获哲学博士学位，博士论文为《国家法的承认问题：以英美实践为参考》。该文 1951 年在伦敦出版，②在国际法学界受到高度重视，成为当代国际法必读书之一。陈体强 1949 年毕业回国，在清华大学政治学系任教。1950 年后，历任中国人民外交学会编译委员会副主任兼研究部副主任、中国政法学会常务理事兼副秘书长。1956 年以后，先后在中国科学院国际关系研究所、国际法研究所和国际问题研究所担任和主持国际法研究工作。1981 年起任外交学院教授并兼任北京大学教授，任外交部法律顾问、中国国际法学会副会长。1983 年当选为世界性的国际法学会的联系会员。③ 曾任中国人民政治协商会议第六届全国委员会委员。著有《中国外交行政》（商务印书馆 1943 年版）、《英国行政法论》（商务印书馆 1945 年重庆初版、1947 年上海初版）、《国际法论文集》（法律出版社 1985 年版），译有《奥本海国际法》（上卷 平时法，第一分册、第二分册，与王铁崖合译，商务印书馆 1971 年、1972 年版；全译本，商务印书馆 1989 年版）。

陈体强的《英国行政法论》撰写于 1942 年（当时陈体强尚未留学英国），1945 年、1947 年分别于重庆、上海出版，为商务印书馆的"社会科学小丛书"之一。这是在行政法教科书之外难得的一部学术著作。该书正文共 106 页，分为六章，分别是行政法在英国法制中的地位、英国行政法的发生与发展、委任立法、行政司法、国家的责任、结论。

"英国行政法"既是一个术语，更是一个命题。自戴雪提出英国不存在行政法的判断、并对法国行政法大加鞭挞之后，这成为讨论英国行政法的前提问题，甚至成为中国清末民初引入行政诉讼、行政法时的一种障碍。陈体强以戴雪的观点为线索，对有关的几个问题展开探讨。陈体强认为，根据戴雪的定义，行政法就是行政诉讼，这与其他许多学者的意见颇不相同。行政诉讼其实只是行政法的

---

① 陈安明：《行政法在英法系中之地位》，《中华法学杂志》第 3 卷第 8 期（1944 年），第 17-23 页。

② Ti-chiang Chen, *The International Law of Recognition: With Special Reference to Practice in Great Britain and the United State*, London: Stevens & Sons Limited, 1951.

③ 参见王伟：《中国近代留洋法学博士考》，上海人民出版社 2019 年第 2 版，第 191 页。

一部分，行政法所牵涉的事项大致分为三类：其一是关于行政的组织、权限、程序及各机关之间的关系，其二是关于行政人员的职权、权利、义务及内部纪律，其三是关于行政机关及公务员同人民之间的关系。"只要有公共行政，就当然会有行政法。"（第8页）这三类问题在英国同样早已发生了，只是在行政诉讼上，英国的行政法还是不完整的。行政诉讼有三个发展阶段：第一是关于行政事项的诉讼，第二是由行政机关所设立的法庭进行行政的诉讼，第三是针对行政机关的诉讼。英国的行政诉讼缺乏最后一个阶段。英国行政法不景气的原因在于受个人主义的影响，英国崇尚国家干涉愈少愈妙。但集体主义的发生必然促成国家职务的增加。戴雪说法律必须是可以在法院中执行的。此说已不合现代实情。许多法律不是由法院执行，而是由行政机关或特设法庭执行（第21页）。近年的趋势是国会将立法、司法之权委托给行政机关，行政机关兼有了立法、行政、司法三重身份。讨论委任立法大致有三种观点：第一种是从立法机关的立场观察，注意的是授权法的制立问题，这实际是立法技术的问题；第二种是从行政机关因被委任而实行"立法"的立场观察，注意的是行政的"立法者"是否依备案、征询、公布等手续而完成"立法"，这实际是立法程序的问题；第三种是从行政机关运用含有制法性质的行政权的立场观察，讨论的是行政机关制订规程时应遵守哪种行政程序、如何执行这种规程、这种规程对行政机关的权力有何影响、行政机关的组织应如何变更以适应这种新职务的需要，这些问题因其涉及行政机关的组织、职权、程序等，是真正的行政法问题。委任立法的发生是公务量的增加和质的专门化的结果，同时委任立法还是应付紧急情事的需要，是摆脱国会政党政治的需要。通常可以国会控制、规则刊行法、司法控制等方式控制委任立法。公务的增加导致案件的繁多、问题的专门化、裁量权的控制，使得行政司法成为一种需要。同时又因委任立法的发达、费用低微、手续简单、审判迅速、全国一律，行政司法快速发展起来。英国政制号称责任政府，但所谓责任，是指政治的责任，而非法律的责任。在英国的"法治主义"之下，官吏对职务行为负个人责任，行为是否违法须在普通法院依普通法律判决，依普通法律官吏只对超越法定权限的行为负责，且官吏对其行为自己负责，不得以执行命令为免除责任的借口。要使国家负责首要的是抛弃陈腐的主权学说，承认公务的执行应该由享受利益的大众负担其责任，"使国家负责的具体办法就是设立'行政法院'制度"（第93页）。戴雪所讲的法治——行政诉讼的不存在——是不合事实、且不健全的。[1] 陈体强从戴雪的问题出发，回到了戴雪自身，从戴雪所批评的法国行政法角度也给英国

---

[1] 参见陈体强：《英国行政法论》，商务印书馆1945年重庆初版、1947年上海初版。

行政法提出了种种建议。

(三) 马君硕的中国行政法总论

马君硕(1902—1993),字磐石,江苏南通人。1926 年持志大学英文系毕业,获文学士;1927 年作为东吴大学法律学院第十届毕业生,获东吴大学法学士学位;1928 年 6 月在上海注册为律师。1936 年获纽约大学法学博士学位(J. S. D.),博士论文是《作为比较研究来源之一的中国继承法》(The Chinese Law of Succession as a Source of Comparative Study)。曾任江苏交涉公署秘书,在上海和南通从事律师业务,曾为东吴大学法学院、复旦大学等校教授,上海市参议会参议员。①

1947 年,马君硕出版了《中国行政法总论》一书。该书仅题字的就有蒋介石、居正、王云五、于右任、张君劢、王宠惠、谢冠生、吴铁城、赵琛、吴国桢、杨永清、潘公展、徐箴等 13 人,为其作序者有张知本、盛振为、胡朴安等 3 人,可谓一时无二。该书分为三个部分:绪论部分有行政法之基础认识、行政法之现代趋势、行政法学之研究方法三章,本论部分有行政上之法律支配、行政组织、行政行为、行政救济四章,附录部分收录了行宪重要法规和行政法参考书目。仅此简要的篇章设计,就已彰显新意。该书对行政法的定义是:"行政法者,乃关于行政组织、行政行为及行政救济之法也"。其看似对行政法内容的列举,但也有作者的深意:"近代行政法尚未达尽量分化发展之程度,行政救济之疏漏,足为障碍法治之厉阶。行政作用纵有详密规定,如无相当救济之方法,仍不足以实现法治国保障人民权利之旨也。"行政法有三大现代趋势:其一是行政法规的民主化(各项民权的实行、行政人员的民选、行政机关的合议),其二是行政法规的精密化,其三是行政法规的司法化。②

(四) 其他行政法总论教材

此外的行政法教材还有:(1)中国国民党中央执行委员会训练委员会编《行政法述要》,中央训练委员会 1943 年版,正文共 106 页,分为行政法之基本观念、行政组织、行政行为、强制执行、行政监督、行政救济六章。(2)张天福《行政法原理》,商务印书馆 1946 年版。该书正文共 200 页,分为行政法之基本观念、行政法之基本法则、行政区划、行政组织、公务员、行政行为、行政管理、行政救济、行政节制、公共团体十章。(3)张定夫《行政法概要》,上海昌明书屋 1948 年版,正文共 88 页,分为绪论和本论两部分,本论又分为行政组织法和行政作用法两编,后者包括概说、警察行政法、保育行政法、行政争讼法

---

① 参见王伟:《中国近代留洋法学博士考(1905—1950)》,上海人民出版社 2019 年第 2 版,第 69 页。
② 参见马君硕:《中国行政法总论》,商务印书馆 1947 年版,第 8、22 - 27 页。

四章。(4) 刘邦绂编《行政法总论讲义》，中央警官学校，时间不详。该书正文共 60 页，第一编绪论，包括基本观念一章；第二编本论，包括公法关系、行政组织、行政行为、诉愿审理与行政诉讼四章。(5) 佚名《行政诉讼法浅释》，行政法院印行，出版时间不详。①

六、外国行政法的持续给养

在中国行政法学形成和发展的时期，外国行政法的给养仍然是必需品，除了上述陈体强的英国行政法论研究，对外国行政法仍以翻译为主，尤以日本行政法居多，但也出现了些许多样化的现象。

（一）法国行政法的翻译

在民国时期，留学法国的人员不少，但翻译法国行政法著作的不多，翻译的内容也没有完整的教材。所以，法国行政法的完整知识很大程度上依靠的是留法学生自身的著作。

1. 贝泰勒米的法国行政法

1912 年，商务印书馆出版了译著《法国行政法》（上编），作者是法国巴黎大学亨利·贝泰勒米（Henry Berthélemy，1857—1943），当时被译作裴德埒弥，该书由嘉定项方、上海张其械、武进姜汉澄合译，闽县王庆骥②校订。该书法文版原书分为上中下三编（行政泛论、行政各论、行政诉讼法），而该书译自 1910 年版的《法国行政法》（上编）。对于翻译的缘由，译者在"译序"中指出：法国与中国均为共和政体，民俗相近，法国可为中国导师。该书不仅是法国行政的准则，也可为今日中国的药石。而过去法政之书译自东邻者最多，但政体不同，难资借鉴。

该书标记为"上编 行政编制法"，共分四篇，分别是行政机关编制之要素、行政机关之中央行政、地方高级行政之州、地方下级行政之市，最后附录了各部编制法。作者在序言部分指出："机关之编制，纯为人物之关系，即考察职官及议会之任国家及其分部行政者也。"（序言第 7 页）这种理解与我们今天理解的"编制"是有差别的，更接近于组织法。该书第一篇研究了行政机关编制的要素，

---

① 据《司法院工作报告（中华民国三十一年九月至三十二年六月）》称，行政法院自成立以来，虽曾三次印送行政诉讼法规，共计 2 万余册，但人民尚未能普遍了解。因为法律条文辞义深邃，一般人民骤难通晓。故"将行政诉讼法全部条文以浅显文字，逐条诠释，定名为行政诉讼法浅释，拟即刊行，以应人民之需要"。出版时间应为 1943 年之后。

② 王庆骥（1882—1941），又名王景歧，字石荪，亦作石孙，福建闽侯人，1910 年毕业于巴黎政治大学，之后进入英国牛津大学专攻国际法，1912 年回国，逐渐活跃于外交界。

具有很强的原理性。首先研究了立法权与行政权的分立（第1～5页）。为避免专制之祸，立法权与执行权应当分立。作者认为，司法权属于执行权的一部分，故而并非三权鼎立。立法权与执行权分立的结果是：执行权不能反对或增损法律的规定；执行权不能用命令或判决确立法律条文的一般解释；只有在个人有疑义时，执行权才能用命令及判决解释法律；凡法律的规定，不能在法院及参政院起诉。但是，两权虽不相侵，但有互相为用之理，执行权可以参与立法，立法权有时也可以参与执行。立法可以通过责问、预算承认、费用监察等限制执行，执行可以参与立法、要求重议、请上院解散下院等方式限制立法。其次是行政与司法分权的原理（第6～11页）。行政与司法性质各异，两者相混未必能产生专制之弊，但有碍于完善行政与司法。在此，作者特别提及行政裁判的设立及扩张的简史。再次是服务机关（service public）的法人资格（第12～27页）。理论上存在基尔克的群体自然法人说（法人实在说）与萨维尼的法人法律假定说（法人拟制说），作者详加介绍分析。作者认为，应当区分大权行为与经纪行为，国家行使公权，不应以人格视之。大权行为并非权利，而实为职务。假使行使势力即为权利，那就又有了一种新式的权利。最后是公职（fonction publique）（第27～56页）。在性质上，公职有契约说与法令说两种观点。作者认为，应当区分大权职务与经纪职务。在大权职务上，权限依法律而定，国家法人与职官之间也没有契约可言；在经纪职务上，行政法人与为法人服务者之间实为雇佣关系，与民事契约无异。对于施行公务发生损害时行政上应负的责任，作者也是区分了大权行为与经纪行为，前者国家不负责任，后者则国家负其责任。第二编"行政机关 中央行政"也有较强的原理性，对于中央与地方的区别、会议机关与执行机关的区分、总统、国务员、参政院（最高行政法院）、中央机关对地方的行政权分别予以阐述。其余两编内容相对具体。

贝泰勒米的《法国行政法》是迄今为止关于法国行政组织法最为详尽的中文译著，有较强的原理性与基础性，具有重要的参考价值。这也是第一本直接译自法文的行政法著作。其组织法内容也契合了清末民初的官制改革需求。

2. 狄骥的公法论

狄骥（Léon Duguit，1859—1928）1882年在波尔多大学取得法学博士学位，1883年任卡昂大学法学教授，1886年返回波尔多大学任教，直至去世。狄骥是社会连带主义法学派的首创者，他的学说在中国有较大影响。其中文译著有《公法的变迁》（1933年）、《拿破仑法典以来私法的普通变迁》（1937年）、《公法要义》（1940年）、《宪法论 第一卷（法律规则和国家问题）》（1962年）、《法律与国家》（1999年）等。

(1) 狄骥的《公法的变迁》。

1933年，狄骥的《公法的变迁》由徐砥平翻译，该书是商务印书馆的"汉译世界名著"之一。① 该书除导论和结论外共七章内容，分别是主权论的隐灭、公务、法律、特别法律、行政行为、行政诉讼、责任。狄骥认为，过去公法理论和原则的力量来自两个基本观念：一个是以人格化的民族为主体的国家主权观念，另一个是个人不可让渡、不受时期限制的自然权利观念。狄骥认为，随着历史的演进，统治阶级并不享有任何主观性的主权权力，而只拥有一种为了满足组织公务需要的权力。作为公法基础的公共权力须让位于公务的概念。公法不再是规范主权国家与其臣民之间关系的规则体系，而毋宁是对于组织和管理某些服务来说必不可少的规则体系。成文法不再是主权国家的命令，而是一种服务或一群公务人员的组织规则。行政行为不再是一位发布命令或执行命令的官员的行为，而是一种根据服务规则而为的行为。如果行政行为违反了成文法规，任何一个受到影响的人都可以要求宣布该行为无效，这种要求并非基于一项主观权利，而是基于被违反的合法性原则。国家的责任得到普遍的承认，这不是某一个人对其错误所承担的责任，而是一种以公共资金为后盾的公共保险，以对抗公务中所包含的风险。②

与行政诉讼相关的是，1919年，狄骥的《法国行政裁判制》一文也由周鲠生翻译为中文。③ 这也是我国较早的对法国行政诉讼制度的详细介绍。

(2) 狄骥的《公法要义》。

1940年，狄骥的《公法要义》由杨肇烜翻译出版，该书是商务印书馆的"汉译世界名著"之一。④ 该书原名直译是《一般公法讲义》，系狄骥1925年受

---

① [法]莱昂·狄骥：《公法的变迁》，徐砥平译，商务印书馆1933年版。徐砥平（1902—1979），又名徐之冰，江苏南通人。1925年上海震旦大学毕业，后留学法国，1927年获法国格勒诺布尔大学法学博士学位。1929年任厦门大学法学教授，1930年2月起兼法律学系主任，讲授刑法、国际法等。1931年后历任立法院外交委员会秘书、上海法政学院、上海法商学院、上海暨南大学教授等，1949年后在上海中华工商专科学校、上海外语学院执教。参见王伟：《中国近代留洋法学博士考》，上海人民出版社2019年第2版，第225页。

② 参见[法]莱昂·狄骥：《公法的变迁》，徐砥平译，商务印书馆1933年版，第3-9、264-265页。可顺便提及的是，徐砥平还曾翻译狄骥关于私法变迁的书。[法]莱昂·狄骥：《拿破仑法典以来私法的普通变迁》，徐砥平译，会文堂新记书局1937年版。范扬亦曾翻译狄骥关于私法变迁的论文。参见[法]狄骥：《私法变迁论》，范扬译，《社会科学论丛季刊》第1卷第4期（1934年），第81-94页。

③ 参见[法]狄骥：《法国行政裁判制》，鲠生译，《太平洋》第1卷第12期（1919年），第1-19页。一个有趣的信息是，周鲠生是在英国爱丁堡大学图书馆翻译的法儒狄骥的论文。

④ [法]勒翁狄几：《公法要义》，杨肇烜译，商务印书馆1940年版。杨肇烜（1893—1975），四川潼南人。1917年获北京大学法学士，1920年代获巴黎大学法学博士。历任法典编纂委员、上海法政学院校长、吴江法院院长、上海第一特区地方法院院长、司法院秘书长。

聘为埃及大学法学院院长后的 15 次课的讲义及一次演讲记录。狄骥在其中介绍了社会科学的目的及方法。公法是国家之法，首先需要认识法（何谓法、何谓其要素、如何规范人类的活动）。客观法与主观权利存在差别，狄骥主张以法律地位观念取代权利观念，法律制度由法规范与客观及主观法律地位所构成，他也否定集团人格的存在。其次需要认识国家。狄骥主张以公共服务取代主权的概念，他将国家职务分为立法职务、行政职务及裁判职务三种。最后需要认识法与国家的关系问题。国家权力受法限制，才有公法。限制的根据在于社会连带关系，而不在于个人。越权救济是保障合法原则的重要方式，在国家责任上应以危险责任代替过失责任。

（二）美浓部达吉的系列著作

民国时期，日本法学家美浓部达吉在中国的影响力进一步得到加强，其诸多著作和论文被译为中文，除宪法方面的《选举法纲要》（毕厚、张步先译，内务部编译处 1918 年版）、《宪法学原理》（欧宗祐、何作霖译述，商务印书馆 1925 年版、1927 年第 2 版）、《议会制度论》（邹敬芳译，华通书局 1931 年版），法理学方面的《法之本质》（林纪东译，商务印书馆 1936 年版，原著为 1935 年出版，2006 年中国政法大学出版社重印）之外，还有以下行政法总论方面的著作。

1. 《行政裁判法》

《行政裁判法》原书是 1929 年千仓书房出版的同名著作。1933 年，由邓定人翻译出版。[①] 该书正文共三章：第一章总论讲述了行政裁判的性质、行政裁判制度、行政裁判与司法权。第二章行政诉讼之目的，分为权利毁损的抗告诉讼与其他诉讼两类。在抗告诉讼中，首先是诉讼事项，日本采取列记主义而非概括主义；其次是诉讼要件，除法定诉讼事项外，尚须具备四个要件，即针对的是行政厅的处分、主张其处分违法、主张自己的权利因此而被毁损、其处分尚可争讼。著名的"美浓部三原则"即出于本书第二章第三节。第三章行政诉讼手续，对于诉讼当事人、诉讼的提起、审理和判决作出详细分析。附录包括行政裁判法改正纲领、诉愿法改正纲领及行政裁判法改正纲领解说，这是对 1890 年《行政裁判法》修改动议（但最终没有完成）的一次讨论。

2. 行政法撮要

行政法撮要在中国共有三个版本的译本：（1）《日本行政法撮要》（上、下卷），杨开甲译，陈大齐、徐天啸、董道宁校，考试院 1933 年 9 月版，原著为

---

① ［日］美浓部达吉：《行政裁判法》，邓定人译，商务印书馆 1933 年版。2005 年由郑取点校，在中国政法大学出版社再版。

1929年第2版。上卷是行政法总论，共三章，分别是基础观念及基础规律、行政组织、行政上之争讼；下卷是行政法各论，共五章，分别是警察、保育、法政、财政、军政。(2)《行政法总论》，黄屈译，上海民智书局1933年12月版。这是《行政法撮要》的上卷。(3)《行政法撮要》，程邻芳、陈思谦译，商务印书馆1934年版，原著为1933年第4版，这也是《行政法撮要》的上卷。一本书的三个译本几乎同时出现，实属罕见。

3.《公法与私法》

《公法与私法》在中国共有两个版本的译本①：一个译本是由陈正明翻译、1937年由陈正明律师事务所出版发行，该书由王宠惠题写书名，正文共306页。② 另一个译本是黄冯明③翻译、1937年由商务印书馆出版（1937年为万有文库之一，1941年为"汉译世界名著"之一），正文共254页。后一个版本影响更大，2003年由周旋勘校在中国政法大学出版社再次刊行。该书共三章内容，分别是公法与私法的区别（公法与私法区别的必要及其根据、公法与私法区别的标准）、公法与私法的共通性和特殊性（公法与私法的共通性、公法与私法的特殊性）、公法与私法的关联（混合的法律关系与混合的权利、以公法的行为为依据的私法关系之形成、为私法的法律行为要素之公法的行为、私法规律对于公法关系之适用、公法与私法的转换、私法的公法化）。美浓部达吉自身反对公法私法一元论，但也不赞成过分强调公法私法的二元区分。该书原理性强，一方面明定公法与私法的区别标准，另一方面用实例来表明两者是如何密切关联的。

(三) 日本行政法的其他译介

在美浓部达吉的著作之外，学界还翻译了一些日本行政法总论的著作。

---

① 此外，张蔚然还曾在1936年、1937年《法律评论》上刊登了多篇《公法与私法》的节译文章，分别是第13卷49期（《私法与公法化》）、第13卷第51期（《由公法行为形成之私法关系》）、第14卷第1期（《区别公法私法之基本标准》）、第14卷第2期（《区别公法私法之学说概观》）、第14卷第7期（《公法与私法中法律原因之共通性》）、第14卷第12期（《公法与私法之转换》）、第14卷第13期（《否定公法与私法区别之说》）、第14卷第11期（《区别公法与私法之必要》）、第14卷第15/16期（《制定法规中公法规定与私法规定之差异》）、第14卷第18期（《公法关系之适用私法规定》）、第14卷第19期〔《公法关系之适用私法规定（续完）》〕。

② 该书译者序指出："法律行为因公私之不同而显有差别，公法上权利义务之形成与私法上权利义务之形成，原因不同、结果亦异，于法律适用上对当事人之利害关系至为重大，我国于此问题尚无专著。本书为日本名法学家美浓部达吉博士最新杰作，其内容着重公私法律上实际问题之研究，非仅学理上之分析研究之能事，而于实例且多记载，诚为现代法治国家一般国民、尤为学法学者所急需，爰为译述，期与海内学者共同研究焉。"

③ 黄冯明（1912—?），字炳麟，广东丰顺人。1933年赴日本，九州大学行政科毕业（美浓部达吉亦曾在此执教）。抗日战争爆发后回国，入中央政治学校留日班受训。曾任广州军事特派员公署少将参议、广州市政府参事兼人事处长、新闻处长，国民党广州市党部监察委员等职。

1. 织田万的《地方自治精义》

地方自治法在日本通常是行政法学者在研究。1923 年，织田万的《地方自治精义》由泰东图书局编译出版。其日文原著是 1921 年内外出版的《地方自治讲话》。该书正文共 72 页，分为自治之观念、公共团体、地方自治之必要与其振兴策、地方自治之范围、地方自治之监督五章。

2. 铃木义男的《行政法学方法论之变迁》与杉村章三郎的《行政机关的人格性》

1937 年，铃木义男[①]的《行政法学方法论之变迁》与杉村章三郎[②]的《行政机关的人格性》，由陈汝德翻译，作为"北平大学法商学院研究室丛书"第一辑第一种出版。[③] 陈汝德在翻译之外，还撰文予以解说。这是民国时期在教科书、实定法解说之外并不多见的学理性译著；也是民国时期翻译的最后一本日本行政法著作，此后一直到 1988 年才有了新的日本行政法翻译著作。

《行政法学方法论之变迁》一书共 60 页，铃木义男首先分析了行政法学独立、发达较晚的原因，希望在行政法学已步入混迷之际，从技术的方法论上促其反省，使其自觉成为国法学的一个分支，更关联于国法学方法论之争，注意其"学的构成"的根本问题。初期的行政法学是一个混合物，处于与国法学、行政学未分化的时代。伴随着法治国思想的进展，形式意义的法律渐次增多，法律解释学方法应运而生。一方面借鉴私法学体系的纯法律学研究方法，另一方面鉴于行政救济制度的发达，开始提倡行政法总论的研究，探讨个别法规解释运用的共同法理前提。奥托·迈耶完成了行政法理的客观化和系统化。迈耶之后的行政法学有两种展开途径：其一是伴随着国法学方法论的展开，规范法学的行政法学得以树立；其二是新意义的综合的行政法学建设，这种建设应视为对于"规范法学的行政法学"的反动。所谓综合的方法认为，应当在国法学领域中，在历史、政治、哲学等精神科学的基础上树立有生气的法律学。铃木义男认为，将来的行政法学，在行政法总论中，逻辑主义、经验主义占优位；在行政法各论中，将更加采用

---

① 铃木义男（1894—1963），日本福岛县人。1919 年毕业于东京大学法科大学法律学科，法学博士。曾在东京大学、东京女子大学、东北大学、专修大学、青山学院大学等任教，曾担任内阁法相、专修大学校长等职。

② 杉村章三郎（1900—1991），日本东京人，一木喜德郎博士之子、杉村七太郎的养子，1923 年东京大学法学部毕业。东京大学法学部教授，1961 年退休，同年以《财政法》获得东京大学法学博士学位。

③ ［日］铃木义男：《行政法学方法论之变迁》，附杉村章三郎《行政机关的人格性》（陈汝德译），北平大学法商学院 1937 年版。两篇文章原文均载于 1934 年有斐阁出版的《公法学之诸问题——美浓部教授还历记念》（公法學の諸問題—美濃部教授還暦記念）第 2 卷。2004 年，杨成炬点校在中国政法大学出版社出版的铃木义男等著、陈汝德等译的《行政法学方法论之变迁》，包含了 1937 年译著的原书及另一本著作。

综合的方法。①

《行政机关的人格性》作为《行政法学方法论之变迁》一书的附录出版，共44页内容。该文首先指出，依公法学通说，国家机关没有人格，但现实中不承认行政机关的人格性，也会发生问题；其次分析了机关人格说与机关人格否定说的主张差异，介绍了最近的学说对于机关人格说的态度和建议；最后提出了其对于行政机关人格性的说明方法。(1) 机关人格说。所谓机关人格说，是指行政机关向其他机关请求特定物，或一个行政机关得到其他机关的同意而为某种行为，或由于多数行政机关意思的一致而发生国家意思，这时的法律关系就是行政机关相互间的权利义务关系，行政机关既然是这种法律上权利义务的主体，即可谓其具有法人格。机关法人说在古罗马时代既已有之，近世倡导这一学说者主要是国家有机体说的学者。1887年，基尔克在其团体法论中对机关人格否定说提出质疑。他以私法上的财产能力为认定法人的主要要素，但也承认同时具有社会法或公法上的权利能力的团体具有法人资格，称作法律上的完全人格者。虽然不存在完全形态的机关人格，但机关在完全团体人格的意思组织中有比较独立的要素，在其权限中已包含有权利。1902年，普罗伊斯明确主张机关人格说，他认为，有机的人格说承认各人格者多样的分歧关系，国家虽划分为各邦、地方团体等，但仍能保持自己的人格，同样，具有团体内部机关地位的个人具有机关人格亦属无妨。机关对于国家亦有其机关的权利义务，机关的权限就是机关在其地位上所有的权利。机关的权限争议，须承认机关的权利主体地位才能解决。机关人格说的理论背景之一是权利意思说，亦即以意思主体为权利主体，纵然是为团体的目的、利益，亦属无妨。在国家有机体说之外，阿福尔特（A. Affolter）认为，抽象地观察，存在国家全体的人格；具体地观察国家事务，视其为个别事业，国家机关则为权利义务的主体。其主张的机关人格说特色在于，机关人格不与国家人格相对立，完全是公法的，无私法上的财产能力；权利义务的范围依宪法及其他法令而定，不得依自己的意思扩张；其权利义务不是以自己的利益为目的，纯为所属团体的福利而存在，并非个人的权利义务。(2) 机关人格否定说，这是公法学主流的观点。拉班德认为，由各个人格总和而构成统一体的全人格，其自身亦应失其人格。官职并非权利主体，亦无任何种类的权利，而毋宁是客观的制度，是国家事务的概括性概念。这种意义的官职，可称为官署。而耶利内克认为，国

---

① 1935年，刘百闵（1898—1969）曾撰文《行政法学方法论之变迁》，但实为铃木义男论文的翻译，不过，从侧面也可以看出当时接触外文文献的快捷程度。参见刘百闵：《行政法学方法论之变迁》，《国立中央大学社会科学丛刊》第2卷第1期（1935年），第49-71页。

家是法律上的人格者，其必要的意思由具有自然意思的人类供给，供给国家意思的个人即为统一体的意思机关。机关是全体中的部分，国家和机关之间不得发生代理的法律关系。机关的权限是为国家的利益而行使，并非机关的权利，不存在机关人格。(3) 新机关人格说。凯尔森在《国法学的主要问题》中，根据机关与国家机关地位的关联，将法规区分为两种：一种是宣告成为国家特定行为的法律上义务的法规，另一种是规定这种国家义务由机关执行的法规。在第一种法规中，机关并无人格，其行为归属于国家，系法规所预定的缘故，国家是归属的终点，也就是意思的主体，所以才有人格，机关是归属的通过点，不过是一件事实而已。在第二种法规中（惩戒法规），机关是归属的终点、义务的主体，亦有人格。赫尔穆特·吕尔（Helmut Rhül）则主张国家重复人格说，行政官署相互间的法律关系不外是国家对于自身的权利义务关系，而权利义务的存在至少须有两个权利主体，并且这两个权利主体系结合于一个人格中。这时，其人格者须视为两个以上的权利主体，有重复的权利能力和重复的人格。里夏德·托马（Richard Thoma）以法人格相对性理论为基础主张机关人格说。在某一法律领域具有人格者在其他领域未必得到承认，国家机关的人格只是在国家的内部法中才得承认。杉村章三郎对于行政机关人格性的说明方法是，维持通说，以其他方法承认其人格性，亦即"机关在其本质上并无人格，但由于法律的拟制，始赋予以不完全的人格"。在外部关系上不承认机关人格财产上的能力，在内部关系法规中承认机关有人格，相互间可主张自身的权限。① 杉村章三郎的这一论文不仅梳理了两派学说的主张，还说明了各自的理据和背景，在中文世界里对于机关人格性的把握具有重要意义，该论文在国家机关复杂化的当下仍有理论价值。

这里顺便提及，1930 年，罗超彦翻译的蜡山政道的《行政学总论》出版，②该书为行政学著作，但其最后三章"行政的地位"、"行政的组织"和"行政的机关"与行政法学关系较为密切。1934 年，民智书局出版了顾高扬翻译的蜡山政道的《行政组织论》，其第三编行政组织亦与行政法学的研究难以区分。③

七、近代行政法学方法论

早期的行政法学实际上与国法学、行政学并未完全分离，在研究方法上并未实现法学化。行政法学在强调自身的近代法属性的同时，在研究方法上也积极探

---

① 参见［日］杉村章三郎：《行政机关的人格性》，陈汝德译，［日］铃木义男等：《行政法学方法论之变迁》，杨成炬点校，中国政法大学出版社 2004 年版，第 70 页以下。
② ［日］蜡山政道：《行政学总论》，罗超彦译，新生命书局 1930 年版。
③ ［日］蜡山政道：《行政组织论》，顾高扬译，民智书局 1934 年版。

索，逐渐呈现出研究方法的多元化。

（一）主流的理论法学和解释法学

应当说，民国时期的主流行政法学并没有强烈的方法论意识，各种行政法讲义都是在继受外国法理论的同时努力实现行政法的中国转换，学习借鉴成为主要的工作。故而，其效仿的样本很大程度上就决定着中国自身的理论样态。

主流的行政法学采取的是理论法学和解释法学的径路。因为行政法没有统一的法典，所以行政法理论就更显重要。在以钟赓言为代表的早期行政法学中，理论法学的色彩十分明显，它主要在探讨各种行政法学理。在行政法的实定法渐渐发达之后，解释实定法成为行政法学的重要任务，相关的理论也在围绕实定法展开，但一般学理仍是不可或缺的内容行政法学。理论法学提供行政法学的一般基础，而解释法学则为行政法学提供实证的例证素材，两者可以相互促进，共同成长。朱章宝曾将从来学者所采用的研究方法归纳为两种：其一是法理本位的研究法，以国家生活或社会生活的组织和职能为出发点，研究行政组织及行政行为的法律上关系，是离开事实而专重法理的讨论。其二是现行法令本位的研究法，以现行制度为根据，搜集各项具体的行政法令，加以分析及类比的研究，是不重理想而专重法律的解释。两者均以阐明行政法原理为目的，但各有缺点：前者忽视实际的政治制度，未免太空疏而不切于事实，后者没有理论的根据，未免太支离而无一贯的理论。故而，现今研究行政法者多主张同时并用两种研究法，较能得到圆满的结果。①

林纪东在其《中国行政法总论》的"例言"中也就其方法论作出说明：一般行政法学著作往往固守所谓"解释论"立场，而置立法论于不谈，故在叙述某一法规之际，仅以整理与解释为能事，至于该法规全体或其中的某一条在立法政策或立法技术上是否妥当，则多置而不论，认为这是行政学与行政法学的分际。这种理论多是受到了注释学派的影响。林纪东以为，法律是社会现象之一，为社会而存在，倘置法律得失臧否于不问，而仅从诠释文字着手，则又何必重视法学的存在呢？故该书在析述各种行政法规以后，往往附抒己见，作得失的检讨，某种行政制度的实施结果有统计或其他报告可据者，尤为特笔述及，或可摆脱注释派的锁链，使法学不致与现实社会脱节，而徒然蹈于空论。②

（二）法学方法论的多样化

1930年代，行政法学进入发展的新阶段，在日本行政法学之外，出现了直

---

① 参见朱章宝：《行政法总论》，商务印书馆1934年国难后第1版，第40页。
② 参见林纪东编著：《中国行政法总论》，正中书局1947年版，例言第2页。另可参见林纪东：《中国行政法学之改造》，《行政评论》第1卷第3期（1940年），第2-3页。

接学习德国、法国法学、行政法学的理论，不仅有纯粹法学的方法，还有马克思主义唯物史观、法国实证主义方法的引入。

1. 纯粹法学

随着纯粹法学的发展以及在日本的传播，1930年代，纯粹法学对我国法学、行政法学都产生了重要影响。范扬在其《行政法总论》的序言中指出："行政法学为法学之一分科，当以就法律的现象及以法学的方法组织而成立者，较为合于理想。著者于方法论一端，不敢谓有深造，但平时亦颇注意，尤其近时发达之纯粹法学学说，觉其颇有可采之处。惟为便利读者了解起见，关于法制原理，不得不加说明，立法上未完备之处，亦不得不略抒己见，所以完全采取此种见地，亦觉以为未可，但行政法学与行政学或政策学，究有分际，彼此不容侵袭；应属行政学详细讨论之点，则著者不得不认为非法学的问题，而勉力避之矣。"① 范扬具有方法论上的意识，也努力在讲义中予以贯彻。

相较而言，徐仲白在《中国行政法论》中则设置专门一部分，大篇幅探讨了"行政法学的方法论"，不仅对法学方法的一般基础、方法论的法律理论的功能、方法论的本体等作出详细介绍，还提出应当建立"纯粹法学的行政法学方法论"。徐仲白认为，排斥"人的支配"而建构"法的支配"，是法治国家的终极理想，也是行政法学所追求的终极理想。"纯粹法认识论"适合成为航海灯，使行政法学阐明行政作用应和司法作用同为无条件服从详密法规的拘束，将国家一切行政作用把握为法的作用。② 纯粹法学的行政法学方法论的对象就是实定法的行政法，其在此之外不得混入其他任何分子。国家是一个法的组织，国家作用就是此法的组织中的归属作用，因此，仅可将行政把握为法的作用，而不得误为超法的行政作用。行政实务的技术或行政政策纵然有时为行政法学上的问题，但通常不过是帮助行政法学精确认识的手段。故而，行政法学上所谓行政，非行政学上的所谓行政技术，而是纯然法的作用，尤其仅为行政法作用的问题。作为法律科学的一个分科，行政法学自然应采取一般法学的方法为其唯一的可能方法。法国行政法学及受其影响的行政法学多采取政治学和法学两面观的行政法学方法论，行政法的一部分受法的拘束，其他部分受政治学意味的合目的性价值判断的制约。法学方法的纯正并非法学的自给自足主义，而是由其认识的纯正和其对象的纯一而构成的。应当严格禁止由政治学社会学等超法的分子所导出的法学理论，贯彻"科学的认识对象之实定法的独立性"。徐仲白提出，我国现阶段行政法学者大抵混

---

① 范扬：《行政法总论》，邹荣勘校，中国方正出版社2005年版（原书为1937年版），序言。
② 参见徐仲白：《中国行政法论》，现代科学出版社1934年版，自序第i页。

同政治的理论和法律的理论，建立纯粹法学方法论实为研究我国行政法学最急切的要求。① 该书在行政的界定、公法与私法的关系、宪法与行政法的关系、行政法的法源、行政法秩序的位阶构成、行政法关系等方面，都贯彻了纯粹法学的方法论。

2. 马克思主义唯物史观

马克思主义唯物史观对行政法学研究也产生了少许影响，张映南的《行政法泛论（总论）》就是一例。例如，在国家产生的解释上存在三种观点：一是人类本性说，有人必有国家，国家是充实和发展人的需要。上杉慎吉是其代表。二是团体说，国家是一个组织体，国家不仅是现在的国民、而且是一直延续的国民全体的结合，国家团体组织有其自身的目的、意思力，其全体的统治力则属于该团体的单一体。美浓部达吉是该说的代表。三是唯物史观，国家依于支配阶级，建设在经济基础之上，是政治势力的反映。张映南认为，人类本性难以证明；而在团体说中，成立国家须具备实力和社会心理两种要素，若仅根据实力，国家将是一大规模的强盗团体，所以，还要根据社会心理。但对人类何以有社会的天性，仍未加以说明。社会心理是社会环境的反映，社会环境决定其社会心理，而形成法律的意思，以致有国家机关、政治、法律等上层建筑。张映南还引用恩格斯的观点解释了国家权力是如何产生的。②

3. 实证主义社会法学

与英国分析学派的实证主义、维也纳学派的规范实证主义不同，法国的实证主义社会法学将法律和社会事实联系起来，为法律建立一个客观基础。狄骥的社会连带主义法学就是其代表，狄骥最先将孔德的实证主义适用于法学。1930年代，陶天南不仅介绍了这一方法，③ 还将这一方法引入其行政法学研究中。陶天南认为，历来的法学者多少采用形而上的方法，故对于法学上的几种基础概念难以给出科学的界定。比如，传统学说以权利作为意志上的一种特性。但从实证主义的立场来看，意志的性质并非我们所能观察得到的，以意志上的特性来界定权利也难以成立。要获得权利的科学意义，必须从观察社会事实着手。陶天南用实证方法观察了人类行为的社会事实，分析了由社会法则产生法律规则的过程。他

---

① 参见徐仲白：《中国行政法论》，现代科学出版社1934年版，第75-77页。顺便可以提及的是，美浓部达吉在中国鲜有受到批评，但徐仲白这本书是一个例外。因为徐仲白主张采用纯粹法学的观点，而美浓部达吉则是纯粹法学的批判者，并专门撰有《凯尔森学说的批判》一书，所以，徐仲白在方法上常常对美浓部达吉的观点提出商榷。
② 参见张映南：《行政法泛论（总论）》，法律评论社1935年版，第18-20页。
③ 参见陶天南：《实证法学导言》，《国立武汉大学社会科学季刊》第6卷第2期（1936年），第285-312页。

认为，权利并非意志上特性所产生的力量，而是法律规则为实现社会连带关系赋予个人自由发展其能力的力量，义务是法律规则为实现社会连带关系对于个人的命令及禁止，权力是实现积极义务的力量，权利、权力及义务可以总称为法律地位。萧规曹随，陶天南也将法律地位分为客观的法律地位和主观的法律地位，将法律行为在实质上分为规则行为、主观行为、条件行为及混合行为，以公务概念替代主权概念，将行政法界定为行政职务的组织及其实施的法律规则。① 不过，这种法实证主义的方法对其行政法学体系的展开，尤其是具体制度的研究影响不甚明显。

马君硕在其《中国行政法总论》中专设"行政法学之研究方法"一章。马君硕视行政法学为规范科学。关于行政法学研究方法的学说甚多，他认为，以法儒狄骥所倡导的实证方法较为得当。狄骥之说源于孔德的实证主义，并加以发挥改进。孔德认为，我们不能明悉事物的本质，一切认识都是根据现象，用归纳方法而得到结论。狄骥认为，我们用确证事实的方法以研求法学，仅以客观态度，接受得以直接观察的事实，而摒弃一切先天的、神学的或形而上的概念。两人皆用演绎法，以其结论与事实相符为要件，两说的差异在于，狄骥用的是研究社会科学的方法，而孔德用的是研究自然科学的方法，狄骥同时兼用归纳及演绎两种方法，孔德以归纳方法为主，须由归纳方法得到结论后，再用演绎方法发现其细目。在德、奥学者方面，曾由凯尔森、默克尔推翻历来关于行政之超法观念，倡导"纯粹法学理论"，即以实定法为中心，由客观的科学方法认清实定法，而排斥关于伦理的、政治的、心理的及一切非法律的考虑，使法律理论臻于纯粹程度，使行政法学成为规范科学。对于上述两说，马君硕认为，在运用上以实证方法较为适当。我国的立法工作突飞猛进，已由仿造阶段进入创制阶段，基于三民主义及五权宪法而制定的行政法规自能独立成为"新中华法系"，行政法上多数问题绝非凭借国外学说所能牵强曲解。要研究"中国行政法学"，"厥推摒绝一切超法观念，以纯正客观之态度，兼用归纳及演绎之方法，俾能认识我现行行政法之真实现象，说明其法律原理，以完成行政法学之工作。据是以观，除非吾人采用实证方法，固莫由认识我中华行政法系之特殊对象与其原理焉"。②

八、近代中国行政法学的基本特征

经过自清末开始的二十年学习和积淀，中国行政法学在1920年代终于形成。

---

① 参见陶天南：《中国行政法总论》，中华书局1937年版，第1-21页。
② 马君硕：《中国行政法总论》，商务印书馆1947年版，第30-31页。

它以德、日为代表的大陆法系行政法学为基础，逐步实现了行政法学的中国化，形成了自身的概念体系、基本原理和学科架构。中国行政法学甫一形成，便蔚为大观，而且形成之后便基本定型，实乃值得国人自豪。早期中国行政法学奠定了此后中国行政法学的格局，其传播的原理影响深远。从学术史来说，近代中国行政法学具有以下几个方面的特色：

第一，行政法学的产生和发展与国家的命运息息相关。积贫积弱的清王朝力图以法制革新推动国家的富强昌盛。戊戌变法和清末新政成为清末输入行政法的时代背景，行政裁判院、行政审判院等官制改革成为输入行政法知识的最大动力。民国初年的行政诉讼制度更是极大地拓展了行政法学的知识视野，推动了行政法学的中国化。

第二，早期中国行政法学的产生源于译介，外国行政法的介绍先于中国行政法学而产生。这也是中国法学产生的普遍现象。翻译为中国行政法学的产生奠定了基础，为中国行政法学的发展提供了不竭的给养。清末以译著和编译的著作为主，民国期间翻译逐渐减少，从 1912 年至 1949 年，仅有十余本新的行政法译著。译著以影响力而论，日本学者清水澄和美浓部达吉的著作先后独占鳌头。从平政院的相关论争到行政法学体系书，或直接引用外国法，或以外国法为背景，都充分展现了外国行政法的知识素养。也正是通过译介，早期的中国行政法学才能较为娴熟地运用外国法知识，甚至能接近于世界水准。一定程度上还可以说，我国对外国行政法的研究是早于对自身行政法制研究的。

第三，早期中国行政法学明确了自身的法学属性和近代法属性。在输入行政法知识的早期，行政法学与行政学之间并无明显的区分，行政法学委身于行政学之下。后来才逐渐明确了两者在研究目的、研究对象等方面的差异，将自身的研究限定于法规范的层面，进而确立了行政法学的法学属性。随着行政法学中国化的发展，行政法学开始对行政法的界定展开探讨，理解了大陆法系与英美法系行政法的差异。行政法学以依法律行政为基本原理，明确地将行政法置于法治国家和立宪主义之下，力图让行政权服从于议会法律的统治，才最终完成了自身近代法属性的合理定位。

第四，早期中国行政法学以大陆法系为基础。早期中国行政法学的术语、原理和体系主要来源于日本。即便是诸如德国行政法的知识，也是经由日本转介而来的。早期赴日的中国留学生功不可没。除了在论文方面有英美的法治观念介绍，当时主要的行政法知识均为德国、法国、日本等大陆法系行政法。清末民初的行政裁判论争虽然传入了戴雪式的英美法治观、行政法观，但只是丰富了国人对行政法的认识，随着行政诉讼制度的展开、1917 年后章士钊停止笔战，大陆法系行政法获得了一统的地位。另外，在法学教育上，清末施行的是日式的大陆法系行政法学教育。1912年后，虽然在北京大学、东吴大学等也有英美法的教育，但并未形成气候，也没有刊行相应的讲义和著作。借助行政诉讼制度的确立和朝阳大学的盛名，大陆法系行政法讲义获得了极大的成功。中国行政法学大陆法系的根基和脉络从此形成。1920—1949年间涌现出的一批行政法学者基本上都是大陆法系背景。例如，留日的钟赓言、白鹏飞、朱章宝、赵琛、范扬、张映南、林纪东，留法的陶天南等均为大陆法系背景，他们构成了近代中国行政法学的主流。直到1940年代，英美行政法研究才真正有了一定起色，才出现了撰写《英国行政法论》并留学英国的陈体强、留学美国并撰写《中国行政法总论》的马君硕。我国选取了大陆法系行政法学，可能的原因在于：其一，在快速变革的时代，来不及根据经验主义去探索和积累，需要立法尽快建章立制，而体系化的行政法学适应了这一需求；其二，中国行政法强大的行政权背景与大陆法系的行政法更为接近。

第五，行政法学研究以自由主义和民主主义为底色，以控制行政权为目标。从早期行政法学的译介和编撰的人士来看，他们均有留学背景，不仅具有革新的观念，甚至还具有革命的思想。更为重要的是，其行政法学体系和观念是以自由主义和民主主义为基础的。其突出表现之一就是坚持依法律行政原理，既尊重了议会的民主，又力图保护人民的自由。德、日主流的行政法学三段式体系——行政组织法·行政作用法（行政行为法）·行政救济法（行政争讼法）也是在这一时期引进并确立起来的：首先是从组织法上确定行政机关的权限；其次，从行政权运行的角度看如何规范行政权；最后明确如果行政权侵犯了私人的权益，如何施以行政救济。这在本质上是一种控权论的路径，体现的是古典自由主义的脉络。不信任行政权，防止行政权不当干涉私人领域，是行政法学诸多原理的出发点。

第二章

当代中国行政法学史

1949年10月1日,中华人民共和国中央人民政府成立。此后的中国行政法学经历了较大的变迁。这里也是分作两个部分来梳理:其一是新中国成立至改革开放前,行政法学全面苏化并转入寂灭;其二是改革开放后至今,行政法学重新启动,再上正轨,并藉由立法而走上快车道。当代中国行政法学史已经在时间上超过了近代中国行政法学史。

第一节 行政法学的转轨与寂灭

新中国成立后,国家与法的关系发生重大转折,在最初的十年里,行政法学发生了全面苏联行政法学化的现象,中国自主的行政法学研究陷于停顿,在稍有兴起的迹象之后旋即随着"文化大革命"的发生而全面寂灭。

一、新中国成立初期的行政法教育

按照《中央人民政府政务院关于处理接受美国津贴的文化教育救济机关及宗教团体的方针的决定》[1]的要求,接受美国津贴的文化教育机关,分别情况或由政府接办改为国家事业,或由私人团体继续经营改为中国人民完全自办事业,确有困难者,可由政府予以适当的补助。到1951年年底,接管教会大学的工作基本完成。同时,还分期分批接办了私立高等学校。[2] 教会大学在"教育主权"的

---

[1] 1950年12月29日政务院第65次政务会议通过。
[2] 参见曲士培:《中国大学教育发展史》,山西教育出版社1993年版,第643页。

名义下被私立、公立化，教会大学在中国从此消亡。

（一）院系调整与法学教育的苏化

新中国成立初期的法学教育改造有其大的背景。其一是1952年的司法改革运动，其二是1952—1953年的院系调整。法学教育的改革是其内容之一。

1949年2月22日，中共中央发布《关于废除国民党的六法全书与确定解放区的司法原则的指示》，宣布：

> 在无产阶级领导的工农联盟为主体的人民民主专政政权下，国民党的六法全书应该废除。人民的司法工作，不能再以国民党的六法全书为依据，而应该以人民的新的法律作依据……以学习和掌握马列主义—毛泽东思想的国家观、法律观及新民主主义的政策、纲领、法律、命令、条例、决议的办法，来教育和改造司法干部……只有这样做，才能彻底粉碎那些学过旧法律而食古不化的人的错误的和有害的思想，使他们丢下旧包袱，放下臭架子，甘当小学生，从新从马列主义—毛泽东思想及我们的政策、纲领、命令、条例、决议学起，把自己改造成为新民主主义政权下的人民的司法干部。

这一份文件成为此后数年间司法工作的重要原则。在新中国成立初期，废除六法全书造成的法律空白尚可由"共产党的政策以及人民政府与人民解放军所已发布的各种纲领、法律、命令、条例、决议"来填补，但剔除旧司法人员则是短时期内无法做到的。

1952年6月，经中共中央和政务院批准，政务院政治法律委员会在全国司法系统发动了一场大规模的司法改革运动，着力清除旧司法人员，肃清旧法思想，纠正旧司法作风，发展政法教育。该运动至1953年2月，共持续了八个月之久。

1952年5月，教育部参照苏联教育模式，明确提出全国高等学校院系调整原则和计划，其方针是"以培养工业建设人才和师资为重点，发展专门学院，整顿和加强综合性大学"，高等学校的内容和形式按大学、专门学院及专科学校三类分别调整。到1953年年底，全国高等学校数量已由211所减为182所，原来的53所政法院系最后合并成4所以培养政法干部为目标的高等政法学校，私立大学全部转成公立，"结束了院系庞杂纷乱、设置分布不合理的状态，走上了适应国家建设需要培养专业人才的道路"。[1] 院系调整增强了工科院校的培养能力，

---

[1] 《中央人民政府高等教育部关于一九五三年高等学校院系调整工作的总结报告》，《党的文献》2002年第6期，第66、68页。

也改变了高校地区分布不均的局面，但对一些历史名校影响重大，削弱了文科院系，也在实质上对高等教育领域实施了一次政治思想的改造。①

（二）苏化下的行政法教育

1951年，政务院在确定全国教育工作方针和任务时，政治法律委员会主任董必武提出加强政法院校教育工作的意见，以解决政法系统人员奇缺的问题。董必武还要求，"人民大学要培养政法教师，并要摸出政法教学的东西来"。②

1950年成立的中国人民大学法律系是新中国法学教育的发源地，又被称为新中国法学教育的"工作母机"。法律系分设国家与法权理论、国家法、刑法、民法四个教研室。众所周知，苏联法学对新中国成立初期的法学影响极大，其中介就是中国人民大学法律系。中国人民大学法律系不仅翻译了苏联的诸多教材，还聘请了苏联专家直接讲授。当时主讲行政法的苏联专家是法学副博士C. C. 司徒节尼金。但其方式是，苏联专家在翻译的帮助下直接教授中国人民大学法律系的教师，随后再由这些教师传授给学生。这中间存在一个转化的过程。以成立于1950年8月的国家法教研室为例，为了更好地理解苏联专家的讲义，理论联系实际，教研室制定了详细的步骤：首先，主讲教员要在掌握苏联专家讲义的精神实质和科学体系的基础上结合中国实际情况作出讲授提纲；其次，将教学提纲在教研室预讲，由教研室组织集体讨论；最后，教员之间相互旁听，努力改进教学。③ 这一方法得到了很好的实践，它不仅使苏联的理论同中国的实践相结合，也让法律系的教师之间相互学习并具有很大程度上的同质性。在这一过程中，法律系部分教师的朝阳大学法科功底应该也在一定限度内发挥着作用。

中国人民大学法律系培养的学生、来中国人民大学进修的青年教师，在学业完成之后，奔赴全国各地的政法院校，从事着法学教学研究。1957年，张焕光于中国人民大学法律系行政法专业研究生毕业，这是新中国最早培养的行政法研究生。④ 不过，

---

① 《中国人民政治协商会议共同纲领》第41条就已规定："中华人民共和国的文化教育为新民主主义的，即民族的、科学的、大众的文化教育。人民政府的文化教育工作，应以提高人民文化水平、培养国家建设人才、肃清封建的、买办的、法西斯主义的思想、发展为人民服务的思想为主要任务。"

② 董必武：《对加强政法院校教育工作的意见》，《董必武政治法律文集》，法律出版社1986年版，第159页。

③ 参见中国人民大学法学院院史编写组：《中国人民大学法学院院史（1950—2015）》，中国人民大学出版社2015年版，第19-20页。

④ 张焕光（1931—2019），广东兴宁人。1955年毕业于东北人民大学（现为吉林大学）法律系，1957年中国人民大学法律系研究生毕业。后任职于中国社科院法学研究所，副研究员、特约研究员，曾为全国人大常委会法工委行政立法研究小组成员。曾主编《行政法总论》（1986年）、合著《行政法基本知识》（1986年）、《现代公务员制度研究》（1988年）、《行政法学原理》（1989年）、《人事行政法概论》（1989年）等。

这时并未实行现代学位意义上的研究生制度。

此外，1953年，西南政法学院开设了行政法课程，分别是"资本主义行政法"和"苏联行政法"，主讲教师是赵崇汉教授。应教学之需要，赵崇汉自己编写了《资本主义行政法》和《苏联行政法》两本讲义。[1] 1959年，北京大学法律系恢复行政法教学，课程共48学时，其中讲授40学时。[2]

二、苏联行政法学的引入

苏联是苏维埃社会主义共和国联盟的简称，存在于1922年至1991年，由苏联共产党执政。其在民国时期常被称作苏俄或俄国，到新中国成立之后才以相对固定的简称出现。苏联行政法学并不是自新中国成立才开始引入的，但是在新中国成立初期得到了"独尊"的地位，直到1980年代还留有印迹。

（一）苏联行政法在民国时期的传入

1930年代，在苏联的影响日益扩大之际，民国学者对苏联行政法也有所译介，但总体十分有限，这里简要予以追记。

1932年，《中国出路的研究》月刊在上海创刊，"撇开党派的立场，与个人的成见，纯然根据客观的事实，为理论的探讨，于山穷水尽中寻求中国出路"（创刊号启事）。学习苏俄是其立场之一。该刊也刊登了苏俄行政法的探讨文章，但署名都是笔名。

其一是冬青的《俄国行政法的特质》。该文指出，"俄国行政的形态，俄国统治机关和国民间相互关系的形态以及关于行政行为审查的方法并国家机构改良的方法等"，都是俄国行政法的研究对象。资本主义行政法是建在资本主义国家行政组织的法形态的观念形态化和物神化上面的，所以，它要将被形式的保障所包含的阶级强力及压迫的制度提至合法的、正义的水准之上。而俄国行政法则是对于苏维埃建设及其行政的日常要求怎样利用的一种法的形态，它本来就不是建在拜物教之上的，规律行政过程的规范在苏维埃组织中保有其纯粹器具的性质。资

---

[1] 参见王学辉、王留一：《时代缩影与历史传承：行政法治的一个备忘录——西政行政法学科60年》，《西南政法大学学报》2015年第5期，第58页。赵崇汉（1908—1982），河南淮阳县人。1933年毕业于北平中法大学文学院社会学系，公费留学法国，1942年获得里昂大学法学博士学位，博士论文是《关于法国行政法中公务员的概念及法律地位的研究》。他于1945年归国，任教于云南大学。1953年院系调整时调入西南政法学院，之后担任国家与法教研室主任。国家于1958年取消行政法学科后，他又担任汉语和外语教研室主任。参见前揭文，第58页；王伟：《中国近代留洋法学博士考》，上海人民出版社2019年第2版，第248-249页。

[2] 参见李贵连等编：《百年法学——北京大学法学院院史（1904—2004）》，北京大学出版社2004年版，第244页。

本主义行政法是传统而保守的，在大众之上，阶级支配的基础课题从未变更过，行政强制是惯用的用具，只是由旧警察法改为新行政法罢了。而劳动者及农民以全权参加国家统治，刷新行政开拓前进，都是出自苏维埃行政法之功。苏维埃行政法的基础渊源是一个地方的经验，即"把中央所指导的方针集中于大众，立以体系，加以审查"，既把它确定于法律和命令中，也由地方根据同样程序加以修正。如此创设出来的苏维埃行政法是最具生命力的新规范。资本主义行政制度本属因人支配的东西，因而难以变更，而且劳动大众服从阶级权力的指导目标并无改变。而在社会主义社会中，因经济组织逐渐发展，在苏维埃国家内正由人的支配向物的支配（经济、劳动、劳动过程的支配）发展。市场要素悉数被弃置，因而法的规范作用及法本身亦将完全失去意义。① 该文主要运用阶级分析法比较了资本主义行政法与苏维埃行政法，说明了俄国行政法的优势所在。

其二是亦我的《苏俄行政行为之状态》。该文指出，根据资本主义的权力分立，议会的法律与行政机关所发布的命令显然对立。但在苏维埃制度上，规范制定与行政相结合，立法则与统治相衔接，不存在权力分立。规范制定与行政相结合在地方执行委员会及苏维埃所公布的"拘束的命令"制度中完全表现出来。拘束性命令有效力上的地域限制，不得与中央权力及上级执行委员会的法律和命令相抵触，进而与中央机关的法律相区别。拘束性命令公布权属于执行委员会及其干部会、都市苏维埃及其干部会。苏维埃法规定，凡拘束性命令对于违反行政秩序的责任已有预告，而仍违反者，以及违反各个部局命令或训令，而在刑法典或特别法令已有明示者，均可适用行政罚。对于前者，可以科以告诫、罚金或者强制劳动。② 该文虽然有少许比较，但主要集中于苏俄拘束性命令的介绍上，没有对"行政行为"作更多的说明。

民国时期还缺乏对苏联行政法的完整介绍，③ 在个别介绍中也不乏晦涩难懂之处，而且，从文字表述来看，相关知识与日本对苏联法的介绍不无关联。但是，这些零星的介绍，通过与资本主义或西欧大陆行政法相比较，彰显了苏联行政法某些方面的特色，当然，反过来也有助于认识传统的行政法学特质。

（二）新中国成立初期引入的苏联行政法学

自 1950 年开始，苏联行政法教材就被翻译进来，苏联行政法学开始得到了

---

① 参见冬青：《俄国行政法的特质》，《中国出路的研究》第 1 卷第 3 期（1932 年），第 109 - 112 页。
② 参见亦我：《苏俄行政行为之状态》，《中国出路的研究》第 1 卷第 2 期（1932 年），第 101 - 115 页。
③ 另外，朝阳大学的汤怡还翻译了义理斯托拉夫的《苏俄行政法》一文，但该文并不完整，介绍了统治机关与国民之相互关系之形态、苏俄的相关行政管理法制。参见［苏］义理斯托拉夫：《苏俄行政法》，汤怡译，《社会评论》第 1 卷第 9·10 期（1932 年），第 1 - 12 页。

真正的引入。最早的行政法教材是个人翻译的,此后都带有组织性,除科托克的教材外,其他行政法著述基本上都是由中国人民大学国家法教研室完成翻译的。在新中国成立初期,中国人民大学国家法教研室凭借自身特有的优势,翻译了苏联的行政法著作,为当时的行政法教学提供了素材。

1. 科托克的苏联行政法学

1950年,科托克的《苏联行政法纲要》由徐步衡翻译为中文,① 在三民图书公司(上海大众法学出版社)出版。该书正文共84页,分为五章内容。这也是最早被翻译为中文的苏联行政法教材。

1951年,科托克的《苏联行政法概论》由萨大为翻译出版。② 该书为中央人民政府法制委员会编译的"新法学参考丛书"之一,正文共81页,分为五章,分别是行政法的对象(概念、行政法关系与行政法规范、法源和体系),苏维埃的国家管理与基本原则(国家管理的基本特点、基本原则),国家管理机关与国家职务(国家管理机关的种类、国家职务的基本地位、国家职员的权利义务和责任),国家管理的法令(国家管理法令——行政活动的法律形式、合法要求、分类、保证实行国家管理法令的办法),社会生活最重要范围内的国家管理的组织(工业管理、农业管理、文化建设方面的管理、国防方面的管理)。该书认为,"苏维埃行政法是规定国家机关(国家管理机关)执行活动和命令活动的社会主义法律的一部门",国家管理的概念包含国家机关有关颁布国家管理法令、组织法律和其他法令执行、采用直接的行政强制办法的执行、命令活动。由行政法规范所规定的社会关系就是"行政法律关系"。该书较为精要,但也反映了苏联行政法学的基本面貌,以国家管理为核心概念,围绕国家管理法令及其实现来展开,同时包含行政法总论的主要内容和行政法各论的代表性领域。

上述科托克的两本书实际上是同一本书的两个译本,内容相同,但在翻译的术语上稍有差别。例如,徐译本一直使用"国家的管理"的译法,而萨译本一直使用"国家管理"的译法,"国家管理"成为专门术语;徐译本使用"公务人员"的译法,而萨译本使用"国家职务"的译法;徐译本使用"命令"的译法,而萨译本使用"法令"的译法;徐译本使用"行政处分"的译法,而萨译本使用"行

---

① [苏]活·弗·科托克:《苏联行政法纲要》,徐步衡译,三民图书公司1950年版。徐步衡,徐俊民(1923—2013)的笔名,上海浦东人,1950年毕业于东吴大学法律系。曾任法国驻华大使馆新闻处翻译,上海三民图书公司特约翻译,上海大众法学出版社编审,上海市光辉中学和市东中学教师。1980年进上海社会科学院法学研究所编译室工作。副译审,九三学社上海社会科学院支社原主任委员。

② [苏]科托克:《苏联行政法概论》,萨大为译,王之相校,人民出版社1951年版。科托克的图书被译为中文的还有《欧洲人民民主国家的代表制度》,方蔼如、牛立志、毕开源译,王之相校,人民出版社1953年版。萨大为、王之相均为中央人民政府法制委员会编译室人员。

政上的处罚"或"行政处罚"的译法。相对而言，萨大为的译本更为准确。

2. 司徒节尼金的苏联行政法学

司徒节尼金是苏联来华的专家之一，执教于中国人民大学法律系。司徒节尼金的行政法学分为总则和分则两个部分，体系较为完整，内容较为丰富。司徒节尼金认为，现行的行政法规范可以分为规定着对于一切执行和指挥机关全都适用的组织原则和活动原则的各项规范与规定着把一般的原则应用于国家管理的各具体部门中的各项规范。根据这一区分，可以将现行的行政法分成总则和分则两个部分。其所著的《苏维埃行政法（总则）》一书正文共 209 页，由下列七章组成：苏维埃社会主义行政法的对象、渊源和体系（行政法的对象、行政法与其他各法权部门的区别、行政法的渊源、行政法的体系、行政法科学的发展），苏维埃国家管理的基本原则（劳动群众参加国家的管理、各民族权利平等、民主集中制、社会主义的国家计划化、社会主义法制），苏维埃国家管理机关（国家管理机关的种类、这些机关的设立和撤销程序、国家管理机关的建立原则、国家管理机关在国家机关系统中的法权地位），苏维埃国家职务（国家职员的种类、国家职员的权利、义务和责任、委以国家职务的条件和程序、某几种国家职员的头衔、品位和等级），苏维埃国家管理的法令（国家管理法令的种类、国家管理法令的颁布、生效、停止和废除的程序、法令生效的条件），保证执行苏维埃国家管理法令的办法（苏维埃国家管理各机关为法令的实行所采用的说法和强制等各项办法、采用行政强制的条件、行政强制的种类及其采用程序），苏维埃国家管理中法制的保障（检察机关的监督、国家的和主管机关的监督、执行的检查、司法机关在保证管理部门中社会主义法制的作用、对于国家机关和公职人员的行为的控告、社会监督等）。该书认为，"苏维埃行政法规范便是由社会主义国家所制定并表现在国家机关的规范法令中，为调整在国家机关执行与指挥活动过程中所形成的社会关系的行为规则"。其内容包括规定在实施执行和指挥活动的各国家机关的职权和责任、规定执行和指挥活动范围内公民的权利和义务、调整国家机关在社会生活的各不同方面实施其执行和指挥活动的方式和方法、规定国家管理机关的设立和撤销程序。"行政法关系是国家管理的组织和实施方面的社会关系"，参与这种社会关系的双方便是行政法规范所规定和所保证的权利和义务的保有者。行政法关系有如下特点：在一切行政法关系中，一方主体是国家机关；行政法关系是在执行和指挥活动的过程中发生的，或者由于该项关系的双方中任何一方的创议而发生，或者由于第三者的创议而发生，即便没有对方的同意，也一样能够发生行政法关系；如果在行政法的关系中违反了法权规范，违法者便要对代表着国家的相关机关负责；行政法关系双方之间所发生的争议照例都是用行政法的程序来解决的,也就是由对此事有全权的国家机关所作直接处理的方式来解决的。①

《苏维埃行政法(分则)》是司徒节尼金行政法教材的第二篇,② 该书正文共130页,内容共五个部分25章,分别是苏联国防方面的管理,行政政治方面的管理(外交、对外贸易、保卫国家安全和社会秩序、司法),对国民经济的管理(一般原则、工业、农林业、采购、运输和邮电、贸易、建筑、住房公用事业),社会文化建设方面的管理(一般原则、教育、科学和艺术、保健、社会保障),财政和信贷方面的管理。司徒节尼金也解释了如此安排的理由:这是"根据斯大林对苏维埃国家机构各管理部门的论述编排而成的",也符合"按照法律调整的对象整理规范材料的原则"。司徒节尼金之所以不采用国家职能的类别来编排分则体系,是因为社会主义国家的基本职能是全部国家机构的共同职能,例如,保护社会主义所有制的职能并不只是由管理经济的机构来执行。当按照管理部门编排规范材料时,必须根据社会主义国家的各种基本职能来考察每一管理部门的管理工作。"苏维埃行政法分则部分的编排,应符合于苏维埃国家机关所进行的广泛而又多方面的执行—指挥活动。"③

3. 其他苏联行政法学译著

1954年,中国人民大学国家法教研室翻译了符拉索夫的《苏维埃行政法提纲》。④ 该书标明为"高等法律学校用",共73页,较为精要。

1955年,中国人民大学编译室翻译了《苏维埃行政法及其基本原则和制度》。⑤ 该书是苏联国家法律书籍出版局1953年出版的《苏维埃国家与法律基础》的第十五章。该书仅36页,共八节内容,分别是苏维埃行政法的对象及其基本原则、国家管理机关和国家职务、国家管理文件、国防方面管理的基本原

---

① 参见[苏]C.C.司徒节尼金:《苏维埃行政法(总则)》,中国人民大学国家法教研室译,中国人民大学1953年,第4-8页。

② [苏]C.C.司徒节尼金:《苏维埃行政法(分则)》,袁振民、刘家辉等译校,中国人民大学,1955年。袁振民(1928—),山东单县人。1948年考入朝阳大学法律系,肄业,后由党组织安排进入华北大学,并调入政治教研室工作,1950年随华北大学并入新建的中国人民大学。1951年被安排在中国人民大学法律系国家法教研室工作,任中国人民大学法律系讲师。1973年调入新华通讯社参编部工作,1979年调入国务院法制局任副局长,1983年7月调任对外经济贸易部条法司司长。译者介绍参见《生怕辜负国家和党的托付》,《中国人民大学》第1712期,2019年11月25日,第2版。

③ [苏]C.C.司徒节尼金:《社会主义国家管理制度和苏维埃行政法对象问题》,《苏维埃行政法论文选译》(第一辑),中国人民大学国家法教研室编译,中国人民大学出版社1957年版,第44-45页。

④ [苏]B.A.符拉索夫:《苏维埃行政法提纲》,中国人民大学国家法教研室译,中国人民大学,1954年。

⑤ 《苏维埃行政法及其基本原则和制度》,中国人民大学编译室译,全国人民代表大会常务委员会编译室编印,1955年。

则、维持社会秩序和保卫国家安全方面的管理的基本原则、工业管理的基本原则、农业管理的基本原则、文化建设方面管理的基本原则。前三节相当于行政法总论（共25页），涵盖了苏联行政法学的基本内容，后五节相当于行政法各论（共11页）。该书认为，苏维埃行政法所调整的关系是国家的执行和指挥机关在自己的活动过程中所参加的那些关系，包括两个或数个国家管理机关之间、国家管理机关与社会团体之间、国家管理机关和个别公民之间的关系。调整上述发生在执行和指挥活动过程中的关系的法权规范，叫作行政法规范。由行政法规范所调整的社会关系，叫作行政法权关系。这里采用了"法权"而非"法律"的译法。

中国人民大学国家法教研室编译了两辑《苏维埃行政法论文选译》。第一辑译自苏联科学院法学研究所于1949年出版的"苏维埃行政法问题"（论文集），包括司徒节尼金的《社会主义国家管理制度和苏维埃行政法对象问题》《苏维埃国家职务》、巴什尔斯尼克的《论苏维埃国家职务问题》、雅姆波里斯卡娅的《苏维埃国家机关中的公职人员》、鲁涅夫的《苏维埃国家机关体系中的国家监督》、阿那诺夫的《论社会主义国家机关在工业管理中的作用问题》六篇文章。[①] 第二辑译自苏联科学院法学研究所苏联和人民民主国家法研究组于1952年出版的"苏维埃行政法和财政法问题"（论文集）里的四篇行政法文章，即阿那诺夫的《苏维埃国家管理机关的执行和指挥活动》、索洛维也夫的《社会主义计划的法律性质》、雅姆波里斯卡娅的《论苏维埃行政法中的说服和强制》、鲁涅夫的《苏联检察机关一般检察的宪法基础》，另外节译了一篇该书的书评，即叶夫季希也夫的《评"苏维埃行政法和财政法问题"（论文集）》。[②]第一辑"编译者说明"指出，"论文的作者们从理论和实践方面阐明了苏维埃行政法总则和分则中的一些重要问题"；而第二辑"编译者说明"则指出，"这些文章所探讨的都是苏维埃行政法理论的最重要的问题，可作为我国法学界和有关机关工作人员研究行政法的参考"。的确如此，第二辑的论文更具基础性、重要性，而且较第一辑出版早8个月。第一辑中司徒节尼金的《社会主义国家管理制度和苏维埃行政法对象问题》、第二辑中叶夫季希也夫的书评均提出了不少的批评和争鸣，展示了行政法认识的多样性，提升了行政法研究的学术性。

[①] 《苏维埃行政法论文选译》（第一辑），中国人民大学国家法教研室编译，中国人民大学出版社1957年版。
[②] 《苏维埃行政法论文选译》（第二辑），中国人民大学国家法教研室编译，中国人民大学出版社1956年版。

第二章　当代中国行政法学史

1955年，王庶翻译了克拉夫楚克等撰写的《国家法、行政法》，① 这是"苏联大百科全书选译"中的一本，仅14页内容，其中"行政法"部分共4页篇幅（词条撰写者不详），简要述及行政法的定义、规范的对象、苏维埃国家的执行一号令活动、国家管理机关活动的特征、社会主义国家行政法与资产阶级国家行政法的区别等。

这一时期，在财政法领域还有两本译著，分别是：（1）1954年翻译、1956年修改增订的古尔维奇的《苏维埃财政法》，② 原书为苏联国立法律出版社1954年版，翻译也是同年完成的。该书正文共362页，21章内容，前四章属于总论部分，包括国家的财政活动、财政法的对象和体系、财政文件、财政法的发展等，之后就税法、预算法、公债和储蓄、保险等展开论述，最后一章是财政监督。古尔维奇还附有《苏维埃财政法提纲》，③ 共27页。（2）哈尔费娜的《论苏维埃财政法的对象与体系问题》，④ 该书正文共29页，译自苏联科学院1952年出版的"苏维埃行政法和财政法问题"（论文集）。古尔维奇认为，"作为苏维埃社会主义法的一个部门，苏维埃财政法是调整在国家根据其在某一发展时期的基本任务和职能有计划地筹集和分配货币资金的过程中所发生的社会关系（财政关系）的各种法律规范的总和"。对于财政法与行政法的关系，古尔维奇认为，行政法规范所调整的是国家管理机关的执行和指挥活动，这种规范也适用于国家财政管理机关的活动。苏联财政部系统中所包括的各财政信贷机关间的关系，如果不直接与这些机关执行其有关职能相联系，则建立在国家管理的一般原则上，受行政法的调整。如果财政信贷机关作为一种进行财政活动的机关，作为一种受国家委托征集货币资金，对有关权力机关所批准的发展国民经济、教育和保健事业等措施进行拨款和贷款的机关，那么，它们的活动以及因其活动而发生的各种关系，都由财政法调整。⑤ 哈尔费娜认为，"苏维埃财政法是苏维埃社会主义的法的一个部门，它调整着国家为了创造执行其旨在建成共产主义的基本职能所必需的物质条件而有计划地筹集和分配货币资金的过程中所产生的关系"。苏维

---

① ［苏］克拉夫楚克等：《国家法、行政法》，王庶译，法律出版社1955年版。
② ［苏］M. A. 古尔维奇：《苏维埃财政法》，刘家辉译，中国人民大学出版社1956年修改增订第2版。
③ ［苏］M. A. 古尔维奇：《苏维埃财政法提纲》，中国人民大学国家法教研室译，中国人民大学1954年版。
④ ［苏］P. O. 哈尔费娜：《论苏维埃财政法的对象与体系问题》，刘家辉译，沈其昌校，中国人民大学出版社1956年版。
⑤ 参见［苏］M. A. 古尔维奇：《苏维埃财政法》，刘家辉译，中国人民大学出版社1956年修改增订第2版，第36-37页。

埃财政法是苏联国家法和行政法的一部分,"不能将苏维埃财政法同调整着国家整个组织和活动的苏维埃国家法和行政法对立起来,正如不能使部分同全体相对立一样"。①

三、苏联行政法学的中国化尝试

新中国的行政法制渐具雏形,也需要得到阐释和应用。从 1953 年开始,中国人民大学法学教育的方针明确下来,那就是苏联法学的中国化。

（一）新中国行政法的教学展开

中国人民大学法律系经过三年左右的积累,基本完成了苏联专家手把手边教边学的过程,讲义的编写重点开始从苏联部分转向中国部分。② 从 1953 年开始,中国人民大学法律系各教研室组织力量来编写各门课程的讲义,并逐步公开出版。③ 在中苏关系恶化后,苏联专家撤出中国,中国人民大学法律系凭借着前期已有的努力,自觉地承担起自主创业的重任。

1950 年代,中国人民大学法律系国家法教研室下设有行政法、财政法等小组,其中,周嵩峰、殷衷、刘新等为该小组的教师,开设了"行政法"课程。在翻译讲授苏联行政法的同时,国家法教研室在努力开创中国自己的行政法学。

1956 年,中国人民大学国家法教研室编辑了《中华人民共和国行政法（总则）参考资料》第一辑,将有关行政法总则的一些法律、法令、法规、论文、报告和报纸的社论汇编起来。该书共六章,分别是国家管理的基本原则（群众参加国家管理、民族平等、民主集中制、国民经济计划化和人民民主法制）、国家行政机关（中央国家行政机关、地方国家行政机关、民族自治地方的自治机关、国家机关人员编制、工资和福利设施）、国家机关工作人员（干部的培训和培养的基本政策、衔级、奖励、惩戒）、行政法规、保证行政法规实现的办法、对于国家行政机关遵守法制的监督（监察监督、国家行政机关内部的监督、检察监督、特种监督、群众监督）。这一体系大致按照司徒节尼金的行政法总则教材体系编辑而成,1983 年新中国第一本统编行政法学教科书《行政法概要》与该书的体系架构具有较多的相似之处。在术语上,与司徒节尼金的教材有所不同,该书结

---

① ［苏］P.O. 哈尔费娜：《论苏维埃财政法的对象与体系问题》,刘家辉译,中国人民大学出版社 1956 年版,第 12 页。
② 参见中国人民大学法学院院史编写组：《中国人民大学法学院院史（1950—2015）》,中国人民大学出版社 2015 年版,第 47-48 页。
③ 参见中国人民大学法学院院史编写组：《中国人民大学法学院院史（1950—2015）》,中国人民大学出版社 2015 年版,第 52-54 页。

合中国实际，使用了"人民民主法制"而非"社会主义法制"，使用了"国家机关工作人员""干部"而非"国家职务"，使用了"行政法规"而非"国家管理法令"。

1958年，中国人民大学国家法教研室编写了《中华人民共和国行政法（函授）》《中华人民共和国行政法学系方法指示》，殷衷编写了《中华人民共和国行政法讲稿》。然而，这些努力并未达到其预期，中国行政法学的教学研究逐渐陷于停顿，直至1980年代初才有了起色。

(二) 新中国行政法的教学研究

这一时期，中国人对行政法学是有自己的认识和思考的。这里试举几例加以说明。在行政法学科建设和认识方面，1957年，夏书章撰文呼吁加强行政法学的研究。他首先设问：行政法在社会主义法的体系中占有什么样的地位？在苏联，国家机关的执行与指挥活动过程中所发生的各种社会关系，是由苏维埃行政法来调整的。在法的分类方面，行政法通常是紧接在苏维埃国家法之后的。维辛斯基把行政法当作国家法的组成部分，并强调苏维埃行政法应当在苏维埃法律体系中占据一个最为重要的位置，因为行政管理问题在社会主义建设中具有特别重要的意义。在我国，党与政府的工作任务是有区别的，党的任务是领导而不是代替政府的工作，所以，党从来就把政权问题看作革命的根本问题，从来就重视政权建设与政府工作。从如何才能达到革命目的的角度出发，联系到政权问题及行政法与实现国家职能的关系来考察，加强行政法科学研究工作的重要意义是显而易见的。接下来的问题就是：如何加强这项研究工作？把行政法科学研究工作与社会主义建设事业密切联系起来，是加强行政法科学研究工作的首要条件。从根本上说，我们需要确立中国行政法体系。这可以先从做一些具体工作（搜集、整理、介绍与翻译国内外有关行政法科学研究的资料）与研究几个重要问题入手。另外，为了加强行政法科学研究工作，增加法学研究的"据点"也很重要，希望及早设立法学研究所，在综合大学里添办法律学系，逐步创造条件与业务部门合作成立包括行政法在内的各种法学研究室。①

1958年，殷衷发表论文《关于中华人民共和国行政法的对象和体系问题》，对行政法教学中的若干问题提出自己的看法。在行政法的调整对象上，一种意见认为，行政法调整国家机关在进行行政活动过程中所发生的各种社会关系；另一种意见认为，行政活动是国家行政机关特有的一种活动，行政法调整的是国家行政机关在行政活动的过程中发生的社会关系，国家行政机关和其他国家机关之间

---

① 参见夏书章：《加强行政法科学的研究工作》，《法学研究》1957年第2期，第41-44页。

没有行政法的关系。这两种不同见解的根源主要在于对于行政活动有不同的看法。殷衷认为，一切国家机关都有行政管理权并进行行政活动，但第一种观点扩大了行政法的范围，难以划分行政法和其他部门法的界限。"中华人民共和国行政法调整着国家行政机关在进行行政活动过程中所发生的社会关系。"行政法关系有下列四个特点：（1）行政法关系是国家行政机关在进行行政活动过程中发生的，关系的一方必须是国家行政机关；（2）行政法关系的发生一般不须经过协商，而是源于一方的要求；（3）行政法关系的任何一方违反了行政法规范，都要负法律上的行政责任；（4）行政法关系的双方发生争议，要通过行政程序来处理。在行政法的体系上，行政法的规范从性质上可以分为适用于各级国家行政机关的规范和适用于具体管理部门的规范，所以，行政法教科书可以分为总则和分则两大部分。总则部分包括行政法的概念、行政管理的基本原则、国家行政机关、行政职务和行政工作人员、行政文件和保证行政文件执行的办法、对于国家行政机关遵守法制的监督等；分则部分包括内务、外交、国防、公安、司法、工业、农业、商业、交通运输、文教卫生、财政信贷等行政管理。旧中国的行政法教科书分为行政组织法和行政作用法两大部分，把国民党的行政机关的组织和权限与人民的关系分割开来解说，这是有意地抹杀国民党的行政机关的阶级本质。在行政法与行政学的关系上，殷衷认为，区分行政法和行政学，"其实质就是要把党和国家的政策同法律对立起来，使法律科学脱离政治，否定法律科学为政治服务的根本原则"。[①]

在国家的行政法制度建设方面，1957年，作为早在民国时期就有行政法著述者，张映南发表论文《关于行政法上的行政监督问题》，对于如何监督行政机关和行政机关工作人员的问题提出建议。从性质上说，行政监督有事务监督和法律监督的区别。事务监督是对行政上的一切事务执行是否符合法令的规定和上级的决议、指示命令、行政机关的行政行为是否恰当等进行监督。而法律监督，最明确的规定就是检察院的监督，上级行政机关对下级机关和工作人员、各级监察机构对行政机关和工作人员的违法失职行为也有监督的权限，这也是法律上的监督。针对现实中的"公文旅行"，张映南指出，这种相互推诿就是过去所谓"消极的权限争议"。对此，固然不必效仿法、德设置权限裁判所，但也应明确规定向哪一级或哪一种行政机关申请。"关于行政机关的行政行为（狭义的即行政处分），有不当或违法的时候，固然在我国法规中"，国家行政机关或监察机构可以

[①] 殷衷：《关于中华人民共和国行政法的对象和体系问题》，《教学与研究》1958年第3期，第57—61页。

自动地行使行政监督权，1954年《宪法》第97条更有明确规定，对于违法失职的工作人员，可以提出控告并请求损害赔偿。法令应当明确控告的程序。行政诉讼和诉愿原本是资产阶级的国家制度，具有虚伪性，但这种制度还是很好的制度。"我们如建立起这种制度或者采取这种制度的精神，而为法令的规定，就可以为人民的'权利'和'利益'，做到确切实在的保证，以免时有行政机关，关于人民的请求，此推彼诿，发生'公文旅行'的情况，以致人民无从依法而为控诉。"[①] 张映南的这一制度建议也是这一时期罕见的涉及传统行政法的言论，带有一定的政治风险性。张映南还在多个座谈会上建议重视行政法建设，加强行政法学研究，改变有职无权、无职有权的状况。

（三）中国行政法学的寂灭

此后，行政法的教学研究一度陷于停顿，直到改革开放之后才出现了新的转机。

从1957年下半年起，由于极左思潮的影响，法学教育江河日下，法科招生人数锐减。1963年7月12日，中共中央批准《关于加强高等政法教育和调整政法院系问题的请示报告》，提出要调整政法院系设置，适当稳定招生人数，集中力量办好几所政法院系。1963年成立了西北政法学院。到1964年夏，全国高等政法院系调整为四院四系：北京政法学院、华东政法学院、西南政法学院、西北政法学院，以及北京大学法律系、中国人民大学法律系、吉林大学法律系（1958年由东北人民大学更名而来）和湖北大学法律系（由原中南政法学院和武汉大学法律系组成）。

1966年，"文化大革命"开始，高等政法教育受到严重摧残。北京大学、中国人民大学、吉林大学三校的法律系自此停止招生；1970年，湖北大学被撤销，法律系也随之停办。北京、华东、西南、西北等政法学院于1971年前后被撤销，中国人民大学法律系此时也被合并到北京大学法律系。吉林大学和北京大学法律系虽然于1973年、1974年分别重新招生，但只招工农兵学员，且人数很少，1975年在校学生只有269人，占全国在校生总数的0.1%。[②]

四、苏式行政法学的基本特征

总体而言，虽然学习苏联行政法学成为新中国成立初期"一边倒"的现象，

[①] 张映南：《关于行政法上的行政监督问题》，《争鸣》1957年第4期，第15-16页。该文被收录于姜明安编：《行政法（文选）》，北京大学法律系教学参考用书，1984年，第113-117页。
[②] 参见《中国教育年鉴（1949～1981）》，中国大百科全书出版社1984年版，第265页。

但翻译输入的行政法学教材和著作总体上并不多见。所以，或许可以想象身为行政法主讲的司徒节尼金在当时中国行政法学上的热度了。

就输入的教材而言，苏维埃行政法总论的基本体系是这样的：行政法概论（概念、体系和渊源），国家管理的基本原则，国家机关，国家职务职员，国家管理法令，执行国家管理法令的措施（说服和强制等），保证国家管理合乎法制的监督方法等。苏联行政法学的这一体系既与传统行政法学有连续性，也有其鲜明的特色。行政法的概念、法源、行政法关系、国家管理机关和国家职员、国家管理法令、国家管理法令的保证办法、对行政的监督等都与传统行政法学的概念和体系具有连续性和近似性。但是，苏联行政法学又具有很强的政治性，充斥着各种政治话语；"国家管理"是这一体系的核心概念，取代了行政行为概念；国家管理的基本原则与宪法或政治的原则并无多大差异；囿于其特定的历史时期，存在监督的内容，但基本没有行政救济法的内容。

苏维埃行政法总论为什么是这样一种体系？在制定行政法体系上，一个因素是组织执行一指挥活动的机构及其职能，另一个因素是规定公民和国家机关间的相互关系，阐明立法所保障的公民权利和他们所承担的义务，对于哪一个因素更为重要，苏联行政法学界曾有过探讨。有学者主张按照"主体、客体和行为"这种公式来对苏维埃行政法体系进行根本的改变，其根据是，管理关系只要保障这种关系的当事人的权利，就是法律关系；在苏维埃国家内，管理要严格遵守法制，社会主义法制是执行一指挥活动的基本原则；正因为如此，苏维埃国家管理才具有法律性质，公民的法律地位则被提到空前的高度。但是，司徒节尼金认为，这种把苏维埃行政法理解为调整公民和国家机关间相互关系的规范总和的观点是不正确的。苏联行政法的内容首先是组织、巩固和发展新的社会联系，巩固和进一步发展苏联的经济基础——苏联公民民主权利和自由的基础。苏维埃行政法规定国家机关在解决社会主义国家的全部任务时所进行的多方面的活动。如此理解苏维埃行政法，就应该把组织社会生活的各个方面，也包括组织保证个人的最充分、最全面的发展的条件，作为行政法的中心问题。在这里，"主体、客体和行为"的公式是不适用的。这个公式不能反映行政法——规定社会主义国家的创造性活动的法——的特征，不能反映因国家组织活动而产生的各种关系的特征。法律形式应该占有相当的地位，但不能掩盖苏维埃社会主义行政法的内容问题、政治倾向问题。行政法的主体问题不能同机关的职能问题割裂开来，不能把行政法的客体同执行一指挥机构的活动分开来孤立地考察。在分析公民的权利和义务时，不能撇开国家机关的权利和义务，因为规定国家机关的权利和义务是为了创造一切必要条件来实现公民的权利，并使公民履行自己的义务，而规定公民的权利和义务则是为了保护整个国家和社会以及个别苏联公民的合法权利和利益。"制定苏维埃行政法体系的出发点,应当是我国国家管理的社会主义原则以及社会主义的法的各种特征。"①

苏联行政法学就是这样以国家管理为中心设计的,国家管理的目的和任务是建成社会主义、共产主义社会,法律乃至行政法是国家管理的必要手段,国家管理的手段自然应服务于国家管理的目的,人民的利益便存在于国家管理的目的和任务之中。如何通过国家管理法令有计划地实现国家的目的、如何保证国家管理法令的实施和实现、如何保证国家管理法令实施的合法性,便是整个苏联行政法学的中心逻辑。当然,既然以国家管理为出发点,当然就要讲述国家机关的组织活动的原则,还要有国家职务的内容(它们是政策的传达者和各种职能的执行者)。国家管理法令或国家管理文件是进行国家管理活动的法律形式,说服和强制是保证国家管理活动的手段。

但是,这样的行政法学体系既无法提供控制规范国家管理机关的有效办法,也无法为公民权利提供有效的保障和救济。国家管理目的的正当性与管理手段的正当性并无必然联系,缺乏行政救济法,都不堪称作具有行政法。历史也表明,这样的行政法学无法适应法治国家的要求,难逃被抛弃的命运。

第二节　行政法学的重启与新生

改革开放之后,法制建设和法学教育重新开启。与此相伴,行政法学也逐渐恢复,并与法制建设的需求相呼应,得到了一定的发展,重新步入正轨。

一、改革开放之后的行政法教育

1977年4月国务院批准恢复西南政法学院(1995年更名为西南政法大学),5月西南政法学院正式复办,同年夏天西南政法学院和湖北财经学院法律系(1984年组建为中南政法学院,2000年组建为中南财经政法大学)开始招生。1977年10月,国务院批转教育部《关于1977年高等学校招生工作的意见》,从此恢复了高等学校招生统一考试制度(高考制度)。同年11月,教育部、中国科学院联合发出《关于1977年招收研究生的通知》。1978年中共中央32号文件提出"恢复政法院系,培养司法人才"。1978年7月7日,国务院批准了教育部

---

① [苏] C.C.司徒节尼金:《社会主义国家管理制度和苏维埃行政法对象问题》,《苏维埃行政法论文选译》(第一辑),中国人民大学国家法教研室编译,中国人民大学出版社1957年版,第42—44、38页。

《关于恢复中国人民大学有关问题的请示报告》，7月13日，中国人民大学正式恢复，并于同年夏天开始招生。7月11日，国务院批准恢复北京政法学院（1983年组建为中国政法大学）和西北政法学院（2006年更名为西北政法大学），8月两所学院正式复办。1979年2月，国务院批准恢复华东政法学院，同年夏天，北京政法学院、西北政法学院和华东政法学院开始招生。由此，法学教育逐渐走入正轨。

（一）行政法的教学

此后，行政法教育逐渐恢复。以北京大学为例，在1982年北京大学法律学专业教学计划中，专业要求的必修课程共21门，其中的行政法为3学分。1986年，行政法由罗豪才、姜明安主讲，教材为《行政法概论》。比较行政法由罗豪才、姜明安主讲，教材为《行政法学》。[①]

1. 学科的设置

1983年3月15日，国务院学位委员会第四次会议决定公布《高等学校和科研机构授予博士和硕士学位的学科、专业目录（试行草案）》。在"法学"的学科门类之下，分为法学、政治学、国际政治和国际关系、社会学、民族学5个一级学科，在一级学科"法学"之下设13门专业，"行政法"紧随"宪法"之后，作为第五个专业，成为一门独立的二级学科。

1990年，经国务院学位委员会第九次会议和国家教育委员会审议批准，《授予博士、硕士学位和培养研究生的学科、专业目录》正式施行。[②] 在学科门类"法学"（03）中一级学科"法学"（0301）之下设16门专业，"行政法学"（030105）与"宪法学"（030104）等并列，也是一门独立的二级学科。

1997年，国务院学位委员会和国家教育委员会对学科专业目录进行修订，[③] 将法学二级学科缩减为10个，将行政法学与宪法学合并成为一个学科"宪法学与行政法学"（030103）。

1998年，教育部高等教育司确立了法学专业14门核心课程，"行政法与行政诉讼法"被纳入其中，其基本知识点、基础理论和基本应用得到了明确。[④]

2018年，教育部发布《普通高校法学本科专业类教学质量国家标准》。法学

---

① 参见李贵连等编：《百年法学——北京大学法学院院史（1904—2004）》，北京大学出版社2004年版，第270、276页。
② 《授予博士、硕士学位和培养研究生的学科、专业目录》，学位〔1990〕030号，1990年11月28日。
③ 《授予博士、硕士学位和培养研究生的学科、专业目录》，学位〔1997〕23号，1997年6月6日。
④ 参见中华人民共和国教育部高等教育司编：《全国高等学校法学专业核心课程教学基本要求》，高等教育出版社1998年版，第31-41页。

专业核心课程采取"10＋X"分类设置模式。"10"指法学专业学生必须完成的10门专业必修课,"X"指各院校根据办学特色开设的其他专业必修课。"行政法与行政诉讼法"属于10门专业必修课之一。同时,"行政法与行政诉讼法"也是知识产权专业和监狱学专业核心课程之一。2021年,教育部修订该标准,改采"1＋10＋X"分类设置模式,"1"指"习近平法治思想概论"课程,其他变化不大。

目前大学的行政法课程包括:行政法与行政诉讼法;行政法总论,行政救济法;行政法案例分析;比较行政法,外国行政法;部门行政法等。大学既有在第二学年开设行政法课程的做法,也有在第三学年开设行政法课程的做法。

2. 人才的培养

1982年,安徽大学法律系招收首批行政法学专业研究生,导师为陈安明教授,袁曙宏、陆一平成为新中国最早的一批行政法学专业研究生。1985年,袁曙宏完成《我国行政工作人员考核制度研究》论文,获得硕士学位并留校任教(由中南政法学院授予学位)。1983年,中国政法大学开始招收行政法专业研究生,由张尚鷟、王名扬、应松年、朱维究等担任导师。张树义[①]、刘莘[②]、杨文忠、徐鹤林成为该校行政法学专业首批研究生,1986年,4人分别完成硕士学位论文《行政法基础理论初探》《论我国的行政诉讼制度》《论法国行政法院的诉讼管辖权》《义务教育立法初探》,获得硕士学位。在此前后,北京大学龚祥瑞在外国宪法学专业中开始培养行政法方向的硕士研究生。[③]

北京大学、中国人民大学和中国政法大学从1990年起开始招收行政法方向的博士研究生。1993年,在北京大学肖蔚云教授的指导下,袁曙宏以《论行政处罚的创设、实施和救济》一文通过博士论文答辩。[④] 在中国人民大学许崇德教授的指导下,冯军以《国家公务员考选制度研究》一文通过博士论文答辩。他们

[①] 张树义(1953—2017),山西临县人。1982年毕业于北京大学分校法律系,获法学学士学位,1986年毕业于中国政法大学研究生院行政法专业,获法学硕士学位,同年留校任教。著有《冲突与选择:行政诉讼的理论与实践》(1992年)、《行政合同》(1994年)、《中国社会结构变迁的法学透视:行政法学背景分析》(2002年)、《变革与重构:改革背景下的中国行政法理念》(2003年)、《追寻政治理性:转型中国的思考》(2013年)、《旅行的意义:美国社会观察》(2013年)。

[②] 刘莘(1956—2018),祖籍山东乳山,生于北京。1983年毕业于北京大学法律系,获得法学学士学位,1986年毕业于中国政法大学研究生院行政法专业,获得法学硕士学位,同年留校任教。著有《行政立法研究》(2003年初版、2018年第2版)、《政府管制的行政法解读》(2009年)、《身土不二:行政法文集》(2016年)。

[③] 参见何海波、晏翀、严驰恒编著:《法治的脚步声——中国行政法大事记(1978—2014)》,中国政法大学出版社2015年版,第20-21页。

[④] 参见袁曙宏:《行政处罚的创设、实施和救济》,中国法制出版社1994年版。

成为第一届行政法方向的宪法专业博士。在中国政法大学陈光中教授的指导下，马怀德以《国家赔偿法的理论与实务》①一文通过博士论文答辩，成为我国第一届行政诉讼法方向的诉讼法专业博士。

为了提高行政法教学的水平，1984年、1985年，司法部先后在中国政法大学分别举办了"行政法研究班"和"行政法师资进修班"，为新生的行政法学培育了一批教学骨干。

为了加强法学类专业行政法课程的教学工作，1989年，国家教育委员会高等教育司委托安徽大学法律系陈安明、北京大学法律系姜明安编写了法学类专业四年制本科使用的《中国行政法学教学大纲》。②其指导思想是："以马克思主义基本原理和方法为指导，力求贯彻理论联系实际的原则，尽可能反映我国的政治体制和行政立法的实践，吸收近几年来行政法理论研究的新成果，提出本课程的基本内容和要求，以保证教学质量。"大纲共6编18章，分别是绪论（行政法学概述，行政法的概念，行政法的法源，行政法的任务、作用和基本原则，行政法律关系）；行政法律关系主体（行政机关、国家公务员、其他行政法律关系主体）；行政行为（行政行为概述、行政行为的形式与内容、行政程序）；行政立法与行政司法（行政立法、行政司法）；行政法制监督（行政法制监督、行政责任）；行政诉讼（概述、范围、管辖和参加人，程序）。

1996年，司法部教育司组织编写了《行政法学教学大纲》。③大纲共21章，分别是绪论、行政法的历史发展、行政法的基本原则、行政法律关系、行政主体、行政公务人员、行政相对人、行政程序、行政行为概述、抽象行政行为、行政奖励与行政救助、行政许可与行政确认、行政合同、行政检查、行政处罚、行政强制执行、行政裁决、行政指导、监督行政、行政复议、行政赔偿。每一章都设定了教学目的与要求、每一节的主要内容、思考题，大纲最后还给出了每一章的授课时数（合计55课时）。不过，该大纲并不包括行政诉讼的内容。

另外，行政法在法律职业资格考试中也是考试内容之一，这也促进了行政法的教学和推广。1986年，全国律师资格考试开始实施，每两年举行一次，自1992年开始每年举行一次。自1990年第三次全国律师资格考试开始，行政法、行政诉讼法的内容正式成为考试内容之一。④ 2001年，《法官法》和《检察官法》进行了修改，其附则明确规定："国家对初任法官、检察官和取得律师资格实行

---

① 参见马怀德：《国家赔偿法的理论与实务》，中国法制出版社1994年版。
② 陈安明、姜明安主编：《中国行政法学教学大纲》，北京大学出版社1989年版。
③ 司法部教育司编：《行政法学教学大纲》，法律出版社1996年版。
④ 参见《司法部关于组织一九九〇年全国律师资格考试的通知》，1990年2月14日。

统一的司法考试制度。"2002年开始实施国家统一司法考试，每年举行一次。行政法与行政诉讼法是其大纲考试科目之一。[①] 2018年将国家统一司法考试调整为国家统一法律职业资格考试，行政法与行政诉讼法同样是考试科目之一。[②]

（二）行政法的刊物

为了推动行政法学研究的开展，行政法学界还编辑出版了行政法学的专门刊物。

一是《行政法学研究》。自1988年起，中国政法大学出版社连续出版了四册《行政法学研究》，由罗豪才和应松年主编，第三册、第四册又分别冠名为《国家赔偿法研究》《行政程序法研究》。1993年，《行政法学研究》作为季刊正式创刊出版，2015年改为双月刊。该杂志由中国政法大学主办，自1993年第1期开始由应松年任主编，自1997年第3期开始由马怀德任主编。该杂志荟萃行政法理论与实务成果，弘扬行政法治精神，以推动行政法治建设为宗旨。

二是《行政法论丛》。这是北京大学宪法与行政法研究中心主办的行政法学专业集刊，以连续性出版物的形式持续出版，1998年创办，每年一卷，2017年起改为每年两卷。第1～10卷由罗豪才主编，第11～23卷由姜明安主编，第24卷之后由沈岿主编。该集刊旨在倡导行政法学领域具有前沿性和创新性的理论研究，以期提升中国行政法学学术品位，促进中国行政法学长足发展。

三是《公法研究》。这是由浙江大学公法与比较法研究所主办的行政法学专业集刊，以连续性出版物的形式持续出版，2002年创办，基本上每年一辑。第1～4辑由浙江大学公法与比较法研究所编，第5～11辑（2007—2012年）由胡建淼主编，从第12辑（2013年）开始由章剑生主编。

二、《行政法概要》与行政法学的重启

经过"文化大革命"的浩劫之后，国家百废待兴。与行政管理法制化的需求相呼应，各大院校的行政法教学也在着手准备中。北京大学、中国政法大学、西南政法学院、西北政法学院、安徽大学等陆续开设了行政法课程。

（一）校内用的行政法教材

首先是组织编写行政法教材，以油印本方式印行，供校内教学使用。1982年4月，西南政法学院国家与法的理论教研室编印了由钮传诚主编，王明三、贺

---

① 参见中华人民共和国司法部制定：《2002年国家司法考试大纲》，法律出版社、中国政法大学出版社2001年版，第12-24页。

② 参见中华人民共和国司法部制定：《2018年国家统一法律职业资格考试大纲》，法律出版社2018年版，第100页以下。

善征、王连昌参与编写的《中华人民共和国行政法概论》，还于 1983 年、1984 年编辑了《行政法教学参考资料》第一辑、第二辑。《中华人民共和国行政法概论》一书正文共 142 页，共七章内容，分别是我国行政法的对象、我国的行政管理及其基本指导原则、我国行政机关的组织系统、我国行政机关的工作人员、我国行政机关的管理活动、我国对国家行政机关的监督、我国行政管理活动的范围。该书认为，"行政法是规定有关国家行政机关的组织和行政管理活动的各种法律规范的总称"。该书还在第一章第二节"我国行政法律规范和行政法律关系"中以近 5 页的篇幅介绍了"行政法律关系"的概念、主体、客体、内容、产生、变更和消灭，该书指出，"行政法律关系是国家行政机关依法进行行政管理活动中所产生的权利义务关系，是行政法律规范在实际生活中的体现"。该书以"行政管理"作为行政活动的统称，其下分为行政管理法规和保证行政管理法规实施的办法两部分。"行政管理亦称国家管理，就是国家行政机关运用行政权以实现国家职能的执行和指挥活动。"① 该书的体系安排源自苏联行政法学，但有较大程度的压缩。例如，第五章"我国行政机关的管理活动"之下包含了行政管理的概念、行政管理法规、保证行政管理法规实施的办法三节内容，这在通常的苏联行政法学中大致是两章的内容。而第七章"我国行政管理活动的范围"则是相当于行政法各论或行政法分则，其巧妙地以"我国行政管理活动的范围"为标题保持了与前六章的关联性，该章包括了概述、工业管理、农业管理、科学技术的管理和兵役制度等内容。另外，该书在术语上也对苏联行政法学的概念稍作变更，例如，以"行政管理"代替了"国家管理"、以"行政机关"代替了"国家管理机关"、以"国家行政工作人员"或"干部"代替了"国家职员"、以"行政管理法规"代替了"国家管理法令"等。

1982 年 6 月，北京政法学院国家法教研室组织杨达、仝典泰、方彦、朱维究编写了《行政法概要》，同时编辑了《行政法概要教学参考资料选编》。《行政法概要》一书正文共 255 页，共九章内容，分别是绪论、我国行政机关管理活动的主要原则、国家行政机关、国家行政工作人员、行政法规、国家行政管理的法制保障、公安管理、民政管理、司法行政管理。该书认为，"行政法是调整国家行政机关之间及其在行政管理活动中同其他国家机关、企业事业单位和公民之间相互关系的法，它包括国家行政机关的管理体制、管理活动原则、管理方面的权限、组织法、办事规程和行政工作人员奖惩规定等，是一个重要的法律部门"。该书前六章属于行政法总论部分，其体系也是源自苏联行政法学，但在概念术语上稍

---

① 钮传诚主编：《中华人民共和国行政法概论》，西南政法学院国家与法的理论教研室，1982 年 4 月，第 1、5-9、88-103 页。

有改变。该书第五章是"行政法规",即"国家行政机关依据法律并为执行法律,按照法定程序,在行政管辖权范围内,为实现行政任务所发布的各种规范性文件",介绍了行政法规的概念、分类、制定和审批程序、效力等内容,在其分类中有规范性或一般性法规和个别性法规、全国性的行政法规(最高国家权力机关和最高国家行政机关就全国性问题所发布)和地方性的行政法规(地方国家权力机关和地方国家行政机关就本地区问题所发布)的分法,这些均清晰地表明,该"行政法规"等同于苏联行政法学上的"国家管理法令"或"国家管理法律文件",而不同于1982年宪法所用的"行政法规"概念。第五章还专设"行政处罚"一节对违反行政法规的制裁作出介绍,并着重梳理当时法制中的行政处罚种类。① 这一节与苏联行政法学也有继承性,包含了保证行政法规执行办法的内容,同时有一定的创新,既没有将"国家保证行政法规的执行办法"作为该节的标题(从逻辑上应该以此为标题,它是行政处罚的上位概念),也没有像苏联行政法学那样将行政强制作为行政处罚的上位概念,还特别使用了"行政处罚"一词。该书最后三章是传统行政法的各论内容,但该书既未说明其与前文章节之间的关系,也未说明为何是这三章设计。

1983年6月,湖北财经学院法律系国家法教研室编写了《行政法概论》,该书由廖晃龙主编,方世荣、章新生参与编写。该书正文共272页,三编十章内容。第一编是绪论,包括行政法对象、渊源和体系,国家管理的本质及其类型两章;第二编是总论,包括国家管理的基本指导思想及其原则、国家行政机关、国家职务、行政行为(含行政行为的概念、行政法规、行政措施三节)、行政监督五章;第三编是分论,包括国民经济行政管理,教育、科学、文化、卫生方面的管理,国防、民政、公安、司法方面的管理三章。

1984年,北京大学法律系还编辑了两套教学参考资料,分别是姜明安编的《行政法(文选)》和姜明安主编的《外国行政法法规选编》(宪法教研室、资料室合编,上下册)。另外,张焕光、苏尚智等在1981年年底编辑了《中华人民共和国行政法资料选编》,但直到1984年年底才在群众出版社出版。

(二)第一本统编教材《行政法概要》

1983年6月,《行政法概要》作为新中国第一本行政法统编教材正式出版("高等学校法学试用教材"),标志着行政法学教学的重启。② 该书由司法部组织

---

① 参见杨达、同典泰、方彦、朱维究:《行政法概要》,北京政法学院国家法教研室,1982年6月,第1、125、137、151页。顺带提及的是,"同典泰"应为"仝典泰"之误。

② 对于统编教材的由来及其编写过程,时任法学教材编辑部总编辑、也是本书(《行政法概要》)主编的王珉灿曾有过总体的说明。可参见王珉灿:《组织编写法学教材的情况和体会》,《高教战线》1983年第6期,第37-39页。

编写，由王珉灿[①]主编，张尚鹭为副主编，方彦、王名扬、王弼选、蓝明良、仝典泰、应松年、吴杰、陈安明、张世信、廖晃龙、潘祜周等参与编写。其中的王名扬、陈安明均曾于中华民国时期在武汉大学接受了法学教育。经过法学教材编辑部的精心组织，由13位编写者参与完成的这部教材在体例和文风上大体一致。

1. 构成

《行政法概要》一书正文共298页，三编15章内容：第一编是绪论，包括行政法的概念，行政法学是法学的一门分支学科，我国社会主义行政法和行政法学的产生、发展和现状三章；第二编是总论，包括我国国家行政管理的指导思想和基本原则、国家行政机关、国家行政工作人员、行政行为、国家行政管理的法律监督五章；第三编是分论，包括军事、外事、民政、公安、司法、国民经济、教育科学文化卫生体育的行政管理七章。该书对"行政法"的界定是这样的："行政法，是一切行政管理法规的总称。国家有关行政管理方面的法规种类繁多，具体名称不一，但就其内容来说，凡属于国家行政管理范畴的，在部门法的分类上统称为行政法。行政法是规定国家行政机关的组织、职责权限、活动原则、管理制度和工作程序的，用以调整各种国家行政机关之间，以及国家行政机关同其他国家机关、企业事业单位、社会团体和公民之间行政法律关系的各种法律规范的总和。"[②]

2. 评价

夏书章对此教材作出积极肯定，同时提出了几点批评或商榷意见：第一，该书说旧中国对行政法学的研究大都"以法论法"，但该教材有些地方仍给人"以法论法"的印象。行政法规具有权威性和约束力，不能随意解释和违反。但是，要使法制更趋健全和增强法制对社会主义现代化建设事业的适应性，需要行政法的研究。第二，可增列一节对行政法学同其他学科的关系作专题叙述。这样既有利于开阔学术视野，也有助于行政法学科本身的发展和提高。第三，在研究方法的论述方面，若能具体些更好，像法学研究中常用的案例（个案）分析法、社会科学研究中常用的统计法或计量方法等在行政法研究上的应用，大可进行试验。其中，案例分析法对于行政纠纷和控告申诉等部分可能尤易见效。第四，对行政

---

① 王珉灿（1918—1995），广东澄海人。早年参加革命，1951年奉调北京，进中央政法干部学校学习，1953年毕业后任中央政法干部学校教员。曾当选为中国政法学会理事，参与《中华人民共和国宪法》《中华人民共和国全国人民代表大会和地方各级人民代表大会选举法》等的起草制订，历任中央政法小组法制组副组长、司法部教育司副司长等。1959年任中国科学院法学研究所研究员。1976年后，任国务院学位委员会第一届专家评议组成员，中国政法大学研究生导师。

② 王珉灿主编：《行政法概要》，法律出版社1983年版，第1页。

工作人员有奖惩制度，而在"行政行为"部分，则只有"行政处罚"，这在行政法中已成通例。但是，现代管理学很注重"激励因素"，现在强调干部要革命化、年轻化、知识化、专业化，在行政法中应如何体现以使之制度化？这也是很值得研究的问题。第五，该书提及文官制度最早出现在英国，但另一种说法是文官的创始者是中国。第六，关于"科技行政管理"仅侧重自然科学和工程技术，社会科学却没有应有的位置。① 应该说，夏书章的批评建议对后续行政法学研究是很有影响的，最典型的例子就是之后的行政法教材中多在行政处罚之外设"行政奖励"的章节。当然，夏书章所强调的"激励因素"也能在苏联行政法的"说服"中找到根据。

《行政法概要》出版于 1983 年，实际上是此前七八十年代中国政治的一个折射。参与该书编写的应松年后来也曾评价道："《行政法概要》太简略，而且行政法的味道不浓，带有很多宪法的东西。主编王珉灿是研究宪法的，他请的人中有几位也是研究宪法的"。"总之，统编教材用起来不是很理想。实际上，那时行政法学还不算一门独立的学问，理论不成熟。"②"当代行政法学的理论范畴，例如总论和分论，行政法关系和行政法原则，行政组织法、行政行为法和行政救济法，在 30、40 年代的著作中即已定型。我们今天使用的大部分行政法学概念（其中包括至少 40 余个核心概念），如行政法、行政权、行政法关系、行政行为、行政行为的效力、（行政）自由裁量、法定程序、行政诉讼、行政救济等，在民国时期即已确立。甚至被普遍认为是当代中国行政法所独创的'抽象行政行为'和'具体行政行为'的区分，在民国著作中就已出现。"③

这一阶段因为行政法专门人才、编写时间等方面的限制，行政法教材都是合作编写的，由此也形成了此后行政法教材的主流编写方法。

三、行政法学的初步发展

1980 年代，行政法学界努力接续中华民国时期的行政法学成果，吸收外国行政法学的知识，重启行政法教学，编写行政法学教材，行政法学逐步有了繁荣的迹象。1985 年 8 月 16 日至 20 日，中国法学会行政法研究会在江苏常州正式成立，标志着行政法学研究团体已经形成，张尚鷟当选为研究会的总干事。④ 此

---

① 参见夏书章：《喜读〈行政法概要〉》，《政治与法律》1984 年第 1 期，第 79-80 页。
② 应松年口述、何海波整理：《与法同行》，中国政法大学出版社 2015 年版，第 61-62 页。
③ 应松年：《中国行政法学 60 年》，《行政法学研究》2009 年第 4 期，第 62-63 页。
④ 参见杜川：《中国法学会行政法研究会成立大会简介》，《中国法学》1985 年第 4 期，第 61-63 页。

后，罗豪才、应松年、马怀德先后担任研究会总干事或会长。1995年，为了促进东亚地区行政法学的相互交流、协作和发展，东亚行政法学会在日本名古屋正式成立，此后大致每两年在日本、韩国、中国、中国台湾地区轮流举行一次会议。1997年，海峡两岸行政法学学术研讨会在北京举行第一届会议，此后每年海峡两岸轮流举行一次会议。学术交流的开展也拓展了行政法学界的视野，推动了行政法学的发展。① 这在一定程度上让中国行政法学以更为直接的方式接续上了民国时期的传统和大陆法系的传统。

(一) 1980年代后期的代表性教材

自《行政法概要》之后，行政法教材便出版不断，而且与《行政法概要》有较大差别。代表性的教材有如下几本：

其一是姜明安的行政法教材。1985年8月，姜明安将其行政法讲义《行政法学》在山西人民出版社出版。这是新中国第一本个人编写出版的行政法学教材。全书正文共424页，分为6章，分别是导论、国家行政机关、国家工作人员、行政活动、行政法制监督、行政诉讼，有主要参考书目、引用的主要法律文件两个附录。1986年7月，姜明安对其教材进行修订，改称为《行政法概论》，在北京大学出版社出版。全书正文共317页，分为9章，分别是行政法学的对象、范围、研究方法和加强行政法学研究的意义，行政法的概念、特征和法源，行政法的本质和作用，行政法律关系，行政组织法，国家工作人员法，行政活动法，行政诉讼法，行政法制监督，附有"苏维埃行政法图解选译"（原编著者是苏联学者 Г. П. 邦达廉科和 И. В. 马尔加诺夫）。1990年6月，姜明安在中国卓越出版公司出版了《行政法与行政诉讼》。全书正文共470页，分为11章，分别是绪论、行政法的基本概念与调整对象、行政法的基本原则与行政法的作用、行政法的历史发展、行政法律关系主体、行政立法、行政行为、行政司法、行政责任、行政法制监督、行政诉讼。该书是根据国家教委审定的《中国行政法学教学大纲》内容和要求编写的，也曾用于中国高级法官培训中心行政法班的讲授。姜明安的三本教材在体系和内容上的苏联行政法学痕迹逐渐淡去，受到民国时期教材的影响较为明显。当然，对当时国家行政法制的阐释是这三本教材的主要内容。

其二是应松年、朱维究编著的《行政法学总论》。该书1985年12月由工

---

① 据何海波考证，在行政法学专业刊物《行政法学研究》的早期文献中（1993—2005年），对台湾地区文献的引用达到了547次，占到6 301次总引用中的8.7%。从1998年开始，引证数量大幅增加——从1997年的18次增加到了1998年的64次。参见何海波：《中国行政法学的外国法渊源》，《比较法研究》2007年第6期，第59页。

人出版社出版。该书正文共 373 页，分为 7 章，分别是行政法的概念和调整对象、行政法与行政法学的历史发展、行政法的基本原则、行政组织法（一）国家行政机关组织法、行政组织法（二）国家行政工作人员、行政行为、国家行政管理的法制监督。此前的行政法教材通常不加注释，至多注释说明相关的法规或经典文献，而《行政法学总论》则较早地开始使用注释，交代所引用的学术著作。该书对行政法的界定是"关于国家行政组织及其行为，以及对行政组织及其行为进行监督的法律规范的总称"。① 这也大致反映出行政法学的体系和结构。该书曾作为 1985 年行政法师资进修班的讲义印发，产生了较大的影响。②另外，应松年还主编了《行政法学教程》。该书系政府法制干部培训教材，经国务院法制局审定，1988 年 8 月由中国政法大学出版社出版。该书正文 451 页，由绪论（行政法概述、行政法与行政法学的历史发展）、组织（行政机关组织法、公务员法、行政违法与行政责任）、行为（行政行为法、行政立法、行政执法、行政合同、行政司法、行政程序法）、监督（行政法制监督）四篇 12 章组成。

其三是皮纯协③主编的《中国行政法教程》。④ 该书作为行政诉讼系列教材之一，1988 年 8 月由中国政法大学出版社出版。《中国行政法教程》正文共 398 页，五编 26 章，五编分别是导论（行政法学概述、行政法是重要的法律部门、行政法律规范与行政法律关系、我国社会主义行政法的产生与发展）、行政法主体（国家行政机关、国家工作人员、行政法其他主体）、行政行为（概述、行政立法、行政执法、行政司法）、行政保障（行政法律意识、行政法制监督）和部门行政法综述。该书将行政行为分为行政立法、行政执法、行政司法的做法，为此后诸多行政法教材所采用，诸如罗豪才主编的《行政法学》（1989 年）、姜明安的《行政法与行政诉讼》（1990 年）、应松年主编的《行政行为法》（1993 年）等。该书也是新中国为数不多的包含总论和各论两个部分的教材之一。

---

① 应松年、朱维究编著：《行政法学总论》，工人出版社 1985 年版，第 19 页。

② 应松年回忆道，行政法师资进修班是受司法部委托、由中国政法大学承办的。"在这个培训班上，我把《行政法学总论》用讲义的形式一章一章地印出来，发给大家。虽然有统编教材，但是我觉得统编教材不好用。"应松年口述、何海波整理：《与法同行》，中国政法大学出版社 2015 年版，第 66 页。

③ 皮纯协（1928—2017），湖南省常德市澧县人。1949 年 9 月参加革命工作，1952 年调干学习进入中国人民大学法律系，1956 年 7 月毕业后分配到北京大学法律系任教。1963 年选调到中国民主同盟北京市委员会、政治协商会议北京市委员会担任秘书。1978 年中国人民大学复校后，回到中国人民大学法律系任教。自 1986 年起担任全国人大常委会法制工作委员会行政立法研究组成员，曾任中国法学会行政法学研究会副总干事和顾问。

④ 皮纯协主编：《中国行政法教程》，中国政法大学出版社 1988 年版。

其四是罗豪才①主编的《行政法论》。该书于 1988 年 11 月由光明日报出版社出版。该书正文共 458 页、五编（有编别无编名）12 章：第一编包括导论、行政法的基本原则，第二编包括国家行政机关、国家工作人员，第三编包括行政立法、行政行为和行政指导、行政合同与许可证制度、行政奖励与行政制裁、行政监督，第四编包括行政侵权责任、对行政的监督，第五编包括行政争议和行政诉讼。该书将"行政法的基本原则"区别于宪法原则、行政管理的原则，突出了行政法原则的特性。该书认为，行政法的基本原则主要有两个：一是行政法治或依法行政原则，二是民主与效率相协调的原则。前者可分解为合法性原则、合理性原则、越权无效原则和应急性原则。后者强调了行政法功能的两面性，既要促进行政效率，又要对行政机关施以必要的限制，以维护公民的合法权益，防止对民主的侵害。②

（二）第二本统编教材时期的发展

伴随着行政诉讼法的颁布和实施，行政法学的研究展现出新的气象，行政法学人不仅在编写教材，还积极编纂行政法的专门词典，并撰写研究综述总结过去的研究、提示未来发展的方向。

1. 教材的编写

首先，1989 年 7 月，中国政法大学出版社出版了罗豪才主编的《行政法学》，这是第二本司法部组织统一编写的教材（"高等学校法学试用教材"），该书也经司法部法学教材编辑部编审。该书是一本法学化的行政法学教材，其体系、概念、范畴都对此后的行政法学产生了较大影响。该书还曾被翻译为日文出版。③

该书与《行政法概要》在方法和体系上都有很大差别，在方法上该书已经摆脱了政治学、行政学的影响，在体系上也放弃了各论或分论部分，仅仅针对总论展开。该书共 12 章内容，分别是行政法基本概念、行政法的基本原则、行政法律关系主体、行政立法、行政执法、行政司法、行政监督、行政合同、行政程序法、行政责任与行政赔偿、监督行政行为、行政诉讼。该书虽然不分编，但大致可以分为三个部分：前两章属于绪论部分，集中阐述行政法的基本概念和基本原

---

① 罗豪才（1934—2018），祖籍福建安溪，出生于新加坡，1960 年毕业于北京大学法律系，法学士。之后在北京大学长期执教。曾任北京大学副校长，最高人民法院副院长，第九届、第十届全国政协副主席，致公党中央主席，中国行政法学会总干事，中国和平统一促进会会长，中国人权研究会会长等。著有《资本主义国家的宪法和政治制度》（与吴撷英合著，1983 年）、《软法亦法——公共治理呼唤软法之治》（与宋功德合著，2009 年）、《论参政党建设》（2010 年）、《议政十年》（2010 年）、《行政法平衡理论讲演录》（2011 年）、《为了权利与权力的平衡——法治中国建设与软法之治》（2016 年）等。

② 参见罗豪才主编：《行政法论》，光明日报出版社 1988 年版，第 26 - 27 页。

③ 羅豪才主編（上杉信敬訳）『中国行政法概論ⅠⅡ』（近代文藝社、1995/1997 年）。

则，中间七章集中阐述行政权行使方面的原则和规范，最后三章着重阐述对行政权的监督和制约。该书对行政法的界定是："行政法是国家重要部门法之一，它是调整行政关系的法律规范的总称，或者说是调整国家行政机关在行使其职权过程中发生的各种社会关系的法律规范的总称。"该书还对几种行政法的认识提出批评。有的学者把行政法归结为行政机关制定的法规或说行政法是行政机关的委任立法，这是不正确的，因为在宪法、法律和其他法律形式中均有行政法规范；有的学者把行政法说成是行政管理法或行政实施管理的依据和手段，这忽略了与行政相对一方的权利，否定监督行政行为，它们也是行政法的基本内容。[①] 加强了监督行政行为的原则和规范的研究，是该书的特色之一。

  该书于 1996 年由原班人马作出修订，由司法部法学教材编辑部编审，但教材类别更改为"高等政法院校规划教材"。修订版在及时更新行政法的理论和制度（当时已有《行政诉讼法》《国家赔偿法》《行政处罚法》）的同时，对体系结构也作出调整，在行政立法、行政执法和行政司法三章之前加了一章"行政行为"，删去了"行政监督"一章，同时在行政程序法章之后增加了一章"行政指导"，并将"行政责任与行政赔偿"的章名改为"行政违法与行政责任"，将"行政诉讼"的章名改为"行政行为的司法审查"。

  其次，与第二本统编教材同一时期出版的是张焕光、胡建淼合著的《行政法学原理》，该书于 1989 年 9 月由劳动人事出版社出版。这是一本合著的教材，但有前言和后记，专著的色彩较为浓重。该书在编写中旁征博引并对各种观点展开分析，还直接引用国外著作，使用了图表、案例分析等写作方式形象直观地传递思想。该书尝试着"阐述和探索一套相对完整的行政法学原理，用以指导国家的行政管理活动，力图使所有的行政现象找到它的'归宿'，为解决各种行政纠纷提供准则"。其"出发点和落脚点不在于解决行政管理活动的效率性，而在于解决行政管理活动的效力性（即合法性）"。该书正文共 580 页、八编 37 章：第一编绪论，包括行政与行政权、行政法的概念、行政法律关系、行政法基本原则、行政法学、行政法及行政法学的历史发展；第二编行政法主体，包括行政主体、行政人、相对人；第三编行政法行为，包括行政行为概述、行政规范行为、行政处理行为、行政合同行为、准司法行为、行政补救行为、相对人行为；第四编行政法程序，包括行政程序、行政程序法、国外行政程序法典、相对人程序规则；第五编行政违法和不当，包括行政违法、行政主体违法——违法行政、相对人违法、行政不当；第六编行政责任，包括行政责任概述、行政责任主体以及责任划

[①] 参见罗豪才主编：《行政法学》，中国政法大学出版社 1989 年版，第 3-4 页（罗豪才执笔）。

分、行政赔偿责任;第七编行政司法,包括行政司法概述、行政争议、行政复议、行政仲裁;第八编行政诉讼,包括行政诉讼概述、行政诉讼的历史发展、行政诉讼原则、行政诉讼主体、行政诉讼程序。该书在篇章设计上首次采用了双线理论,分别以行政主体和行政相对人为线索架构全书,在主体、行为、程序、违法、责任等方面均为两种主体分别论述,颇具特色。该书体系新颖,原理性较强,提出了很多独特的概念,是同时期最为厚重的一本教材。

最后,1994 年,王连昌主编了《行政法学》,该书由司法部法学教材编辑部编审,属于高等政法院校规划教材之一,具有较大的影响。该书分为四编 18 章:绪论(行政法概述、行政法的历史发展、行政法的基本原则),行政主体(行政主体概述、行政主体资格),行政行为(行政行为概述、行政立法、行政许可与行政确认、行政检查、行政处罚、行政强制执行、行政奖励与行政物质帮助、行政合同、行政裁判、行政行为的效力),监督行政与行政救济(监督行政概述、行政责任、行政赔偿)。1997年,该书第一次修订,不再分编,设 17 章内容,分别是行政法概述、行政主体、行政公务人员、行政相对人、行政法律责任、行政行为、抽象行政行为、具体行政行为、行政奖励与行政救助、行政许可与行政确认、行政处罚、行政强制措施与行政强制执行、行政复议、行政程序、行政合同、行政指导、监督行政的法律制度。修订版可能因编写人员的变化而有较大修改,不仅单设了行政相对人一章,还在行政行为概述之后将抽象行政行为和具体行政行为并置,并将行政强制措施与行政强制执行并列起来,将行政程序以及受日本行政法学影响的行政指导由一节升格为一章。[①]

2. 词典的编纂

1989 年 11 月,由西南政法学院教授、时任《现代法学》主编黎国智主编的《行政法词典》在山东大学出版社出版。这是我国第一部行政法的专门词典。该词典共收入词目 2 004 条,分为行政法总论(中华人民共和国行政法、台湾地区行政法、香港地区行政法、中国古代行政法、中国近代行政法)、行政法分论(外交、军事、民政、公安、司法、劳动人事、经济、文化)、外国行政法(苏联、东欧、法国和联邦德国、英国和美国、日本)三部分 18 类。该词典的出版在宣传和扩大行政法基本知识方面发挥了积极作用。

同样是在 1989 年 11 月,皮纯协、胡建淼主编的《中外行政诉讼词典》在东方出版社出版。该书共收词目 2 710 条,内容涉及行政诉讼基本理论、中国行政诉讼、外国行政诉讼以及国外行政诉讼法规和行政诉讼案例。

1992 年,应松年主编的《行政法与行政诉讼法词典》在中国政法大学出版

[①] 参见王连昌主编:《行政法学》,中国政法大学出版社 1994 年第 1 版,1997 年修订版。

社出版。该书收集了古今中外行政法和行政诉讼法以及与之有关的其他法学学科和行政学、经济学等学科词条 4 000 多条。

3. 综述的总结

1991 年,作为阶段性的总结,中国同时出现了两本行政法学的研究综述。一本是许崇德、皮纯协主编的《新中国行政法学研究综述（1949—1990）》。① 该书除绪论的概括介绍外,由行政法基本概念、行政法基本原则、行政法主体、行政行为概述、行政立法、行政执法、行政司法、行政监督、行政合同、行政程序法、行政责任与行政赔偿、监督行政行为、行政诉讼等 13 章组成。作者梳理了各个专题的观点及其主要理由,并加以简要评述。

另一本是张尚鷟主编的《走出低谷的中国行政法学》。② 该书的撰稿人有马怀德、吕锡伟、陈国尧、张树义、蒋惠岭。该书除序言外,包括了行政法学绪论、行政主体、行政行为、行政复议、行政诉讼、行政赔偿、行政法学研究中的重大基本理论问题等七个部分,不仅有观点和理由的梳理,也有较为精当的评价。该书有较强的可读性和更广的影响力。

(三) 1999 年姜明安主编的《行政法与行政诉讼法》

1999 年,姜明安主编的《行政法与行政诉讼法》由北京大学出版社、高等教育出版社出版,标志着一个新阶段的开始。该书是面向 21 世纪课程教材、普通高等教育"九五"国家级重点教材。其后也被列为普通高等教育"十五"国家级规划教材、普通高等教育"十一五"国家级规划教材等,成为此后二十多年最具影响力的教材。

该书与 1989 年统编教材一样,只设总论,不设分论。该书第一版共五编内容,分别是绪论（行政法学的基本概念、行政法的法源、行政法的基本原则、行政法和行政法学的历史发展）、行政法主体（行政主体概述、行政机关、依授权和依委托使行政职能的组织、国家公务员、行政相对人、行政法制监督主体）、行政行为（行政行为概述、行政立法、行政处理——依申请行政行为、行政处理——依职权行政行为、行政主体实施的其他行为、行政程序、行政复议）、行政诉讼（概述、受案范围、管辖、参加人、证据、程序、法律适用、判决、裁定与决定、行政附带民事诉讼）、行政赔偿（行政赔偿与国家赔偿、行政赔偿范围、行政赔偿请求人和赔偿义务机关、行政赔偿方式和计算标准、行政赔偿程序、行

---

① 许崇德、皮纯协主编:《新中国行政法学研究综述（1949—1990）》,法律出版社 1991 年版。
② 张尚鷟主编:《走出低谷的中国行政法学——中国行政法学综述与评价》,中国政法大学出版社 1991 年版。

政补偿）。这一体系有其特别之处。其一，该书采取了行政法律关系的方法论。该书重视以行政主体和行政相对人的行政法律关系作为主线展开研究。以行政主体与行政相对人的外部法律关系和救济关系作为研究的主线，贯穿全书；以行政主体的内部关系、行政法制监督主体与行政主体、行政执法人员的监督关系作为研究的辅线，在部分编章中展现。其二，该书将行政机关、依授权和依委托行使行政职能的组织、国家公务员、行政相对人与行政法制监督主体等统合在"行政法主体"之下。姜明安指出：过去受大陆法系影响，教科书多单设"行政组织"或"行政组织法"编，且占有重要位置和较大篇幅。但进入1990年代，我国行政法学的体系和内容中，行政组织法的比重逐渐减少，并且往往不再以"行政组织（法）"设编，对其内容加以修改增删，改设为"行政法律关系主体"（或"行政法主体"）编（章），有的行政法教材则进一步缩小范围，以"行政主体"设编。本书设行政法主体编，其概念、范围与行政法律关系主体的概念、范围是一致的。在现代行政法学中，不专门研究行政相对人和行政法制监督主体的地位及其权利义务，难以体现现代行政法的民主化趋势和现代行政法的参与、制约、监督原则。① 其三，该书将行政复议置于第三编"行政行为"的最后一章，稍显特别。行政复议固然是一种行政行为，但又区别于一般的行政行为，与行政诉讼等具有共通的行政救济属性。其四，该书还在"国家赔偿"编之下单设"行政补偿"一章，也就是说，该书没有给行政赔偿和行政补偿找到一个上位概念来统领全编。

或许，有鉴于此，该书自第二版开始，对全书体系作出调整。其一是大幅度调整第三编"行政行为"。"行政行为概述"章名保持不变，但内容仅保留行政行为的概念和特征、分类和模式部分；将原先的"行政立法"章改为"抽象行政行为"，"行政立法"成为"抽象行政行为"的下位概念，仅指行政法规和规章；新设"具体行政行为"一章，将原先"行政行为概述"中的行政行为构成要件和合法要件、效力和瑕疵等大部分内容作为具体行政行为的内容来处理。由此，"行政行为"也就成为类似于行政活动的广义概念。其二是将"行政复议"独立设为一编，并在该编之下新设"行政救济概述"一章。如此，就是将行政救济法分成了行政复议、行政诉讼、国家赔偿三编体系，大大扩充了行政救济法的篇幅。此后，该书的体系没有大的调整。所以，这本书也可以说是自2005年开始基本体系定型。

在这一时期，行政法学能重新走入正轨并得到一定的发展，与行政法的法典

---

① 参见姜明安主编：《行政法与行政诉讼法》，北京大学出版社、高等教育出版社1999年版，第88页。

化是密不可分的。行政法的逐一法典化推动了行政法学的大踏步发展。这将在之后的各个专题中予以详述。

四、外国行政法学的翻译

行政法学的复兴需要充足的给养，仅仅依靠自身薄弱的底子是无法实现的。外国行政法学的翻译发挥着不可替代的作用。下面以著作为主来介绍改革开放之后的翻译状况。

（一）苏联行政法的短暂复苏

苏联行政法学在改革开放之后仅有三本译著出版，进入 1990 年代就不再有苏联行政法学的译著，其影响力渐渐消逝。

1. 马诺辛等的《苏维埃行政法》

1983 年，B. M. 马诺辛等著的《苏维埃行政法》由黄道秀翻译出版。① 该书正文共 491 页，内容由总则和分则共 10 编 47 章构成。其总则的五编体系如下：苏维埃国家管理绪论（苏维埃国家管理的概念与结构、苏维埃国家管理的基本原则），行政法——苏维埃社会主义法的一个部门（苏维埃行政法的对象和体系、行政法体系中的苏维埃行政程序立法、行政法的渊源、行政法规范、行政法关系、苏维埃行政法学），苏维埃行政法的主体（苏维埃国家管理机关、苏维埃国家工作人员、苏维埃社会组织、公民），苏维埃国家管理的形式与方法（国家管理形式与方法的概念和分类、国家管理的法律文件、国家管理的基本方法——说服、行政强制、行政责任），国家管理中法制与国家纪律的保障（国家管理中法制与国家纪律、国家管理中法制与国家纪律保障手段的概念与种类、国家管理中监督的种类、检察院的一般监督、检查监督活动）。其分则共分为五编，即国民经济管理、社会文化建设的管理、行政政治活动方面的管理、对外关系方面的管理、跨部门协调方面的管理。

马诺辛等著的《苏维埃行政法》在体系上与司徒节尼金的行政法教材有一定的连续性，特别是其基本体系具有相似性（苏维埃国家管理—国家管理的法律文件—国家管理的基本方法—国家管理中法制与国家纪律的保障），但也有自己的一定特色。首先，在全书的一开头就概述了苏维埃国家管理，让人对苏维埃国家管理有一个基本认识之后再谈行政法在其中的作用；其次，设置了"苏维埃行政法的主体"一编，除传统的苏维埃国家管理机关和国家工作人员之外，还包括了苏维埃社会组织和公民，突出了对社会组织和公民在行政法上地位的研究；最

---

① ［苏］B. M. 马诺辛等：《苏维埃行政法》，黄道秀译，江平校，群众出版社 1983 年版。

后，专门设置了"行政责任"一章，但其内容类似于今天的行政处罚。

2. 瓦西林科夫主编的《苏维埃行政法总论》

1985年10月，瓦西林科夫主编的《苏维埃行政法总论》由姜明安、武树臣翻译出版。[①] 该书正文共211页，内容由六章构成，分别是：苏维埃行政法——社会主义法律的一个部门、苏维埃国家管理的概念和原则、苏维埃行政法主体、苏维埃国家管理的形式与方法、行政诉讼、苏维埃国家管理中法制和纪律的保障。

该书与马诺辛等著的《苏维埃行政法》在体系上有较大的相似性，只是把苏维埃国家管理的概念和原则又调回到第二章的位置上。该书最大的特色在于"行政诉讼"一章的设置。不过，这可能是一个翻译的问题。该书指出，"苏联行政诉讼是法律调整、解决国家管理领域中一定个别案件的制度，其目的在于使行政法的实体规范得到正确地适用，以提高国家管理的效率"。"行政诉讼活动涉及管理活动的许多方面，与管理活动有直接的联系"，"行政诉讼是管理活动的要素"。"'法院外'解决具体案件是行政诉讼的又一特征。依行政诉讼程序裁决案件的国家机关通常是管理机关。这些特征使行政诉讼区别于民事诉讼，特别是刑事诉讼。"[②] 由此可以看出，这里的"行政诉讼"其实是国家管理机关裁决行政案件的活动，相当于今天所讲的"行政裁决"或者含义更广的"行政处理"。当然，即便如此，这仍然构成该书的一大特色。另外，按照该书译者的说明，"为使译文尽量符合我国语言习惯一些"，"翻译时尽量采用意译，而没有严格地、一字一句地按原文死译"。译者的这一处理方式，的确使该书读起来更为顺畅，而且，一些译法更接近于现在的用法，例如以行政处罚取代了之前常用的"行政处分"译法。

3. 其他苏维埃行政法的翻译

1987年，科兹洛夫等主编的《苏联国民经济管理的行政法原则》由中毅、林芳翻译出版。该书正文共252页，内容分为两篇七章，第一篇是国民经济国家管理的理论基础，第二篇是跨部门管理。该书是苏联的知名学者集体撰写的一部专著。作者们在这部专著中论述了苏联国民经济国家管理的基本原则，研究了苏联国民经济各个部门管理的组织特点，分析了国家管理机关的职能、权限以及活动的方式和方法。这部专著在一定程度上总结了1980年代之前苏联国民经济国

---

① ［苏］Π. T. 瓦西林科夫主编：《苏维埃行政法总论》，姜明安、武树臣译，北京大学出版社1985年版。

② ［苏］Π. T. 瓦西林科夫主编：《苏维埃行政法总论》，姜明安、武树臣译，北京大学出版社1985年版，第168-169页。

家行政管理的经验。①

1987年,任允正、马骧聪翻译的《俄罗斯联邦行政违法行为法典》在法律出版社出版;2004年,刘向文翻译的《俄罗斯联邦行政违法法典》在中国人民大学出版社出版;2016年,黄道秀翻译的《俄罗斯联邦行政诉讼法典》在商务印书馆出版。在著作方面,俄罗斯行政法学再无引进。苏联行政法学在中国失去了市场,但毫无疑问,它曾对中国行政法学发挥了巨大影响,也对日后的俄罗斯等行政法学产生持续影响。②

顺便提及,此后关于俄罗斯行政法的研究仍有零星展开,例如:(1)刘春萍《转型期的俄罗斯联邦行政法》,法律出版社2005年版;(2)刘春萍《俄罗斯联邦行政法理论基础的变迁》,法律出版社2006年版;(3)哈书菊《人权视域中的俄罗斯行政救济制度》,中国社会科学出版社2009年版。

(二)英美行政法来袭

英美行政法在新中国成立之前只有零星输入,在改革开放之后开始快速地进入中国。英美行政法以判例的生动性、原理的明白性而获得较为广泛的传播。而且由于国家在英语教育方面的政策,英语成为大多数研究者的第一外语,因此,各界接触英美行政法的机会实际上是最多的。

1. 美国行政法

1986年,伯纳德·施瓦茨(Bernard Schwartz,1923—1997)的《行政法》由徐炳翻译出版。这是第一本美国行政法的译著,在中国法学界得到了广泛的传播。该书共有十章内容:第一章是行政法与行政机关;第二章是委任立法权;第三章至第七章是行政程序的内容,包括调查、情报和禁止翻供,规章与制定规章,受审讯的权利,公正审讯的要件,证明程序和裁决程序;第八章至第十章是司法审查的问题,从两方面谈及司法复审的可得性,一方面是法律、当事人和时间,另一方面是复审的成熟时机、复审的形式及政府侵权责任,并在最后谈及司法复审的范围。之所以是如此安排,这与施瓦茨的行政法观是密切相关的。施瓦茨认为,"行政法是管理政府行政活动的部门法。它规定行政机关可以行使的权力,确定行使这些权利的原则,对受到行政行为损害者给予法律补偿"。"行政法的对象仅限于权力和补救,并回答以下问题:1. 行政机关可以被赋予什么权力?

---

① [苏] Ю. М. 科兹洛夫、Б. М. 拉扎列夫、А. Е. 卢涅夫、М. И. 皮斯科京主编:《苏联国民经济管理的行政法原则》,中毅、林芳译,法律出版社1987年版,"译者的话"。

② 顺便提及,苏联行政法学对民主德国的行政法学也产生了影响,我国对此也曾稍有介绍。《德意志民主共和国行政法的社会职能和对象》,科留申俄译,寅生汉译,道秀校,《行政法研究资料》编写组编:《行政法研究资料》(下),中国政法大学,1985年,第614页以下。

2. 这些权力有什么限度？用什么方法把行政机关限制在这个限度之内？""为了回答这些问题，行政法涉及对行政机关的授权；行使这些行政权力必须遵从的方式（主要强调法定程序规则）；以及对行政行为的司法审查。这些就是本书讨论的主题。""行政法更多的是关于程序和补救的法，而不是实体法。由各个不同的行政机关制定的实体法不属于行政法的对象，只有当它可以用来阐明程序法和补救法时才是例外。我们所说的行政法是管理行政机关的法，而不是由行政机关制定的法。"① 该书大大丰富了我们关于美国行政法的知识。美国行政法的程序法、控权法色彩跃然纸上。

1996 年，欧内斯特·盖尔霍恩、罗纳德·M. 利文的《行政法和行政程序概要》由黄列翻译出版，② 该书简要阐述了对机关的行政授权、对机关行为的政治控制、司法审查的范围、取得和披露信息、非正式行政手法、程序性正当程序、正式裁决、程序上的捷径、规则和规则制定、获得司法复审等内容。在美国行政法资料相对匮乏的年代，该书也发挥了重要的影响。2022 年，该书第六版由苏苗罕翻译出版。③

2002 年，理查德·斯图尔特的《美国行政法的重构》由沈岿翻译出版。④ 该书分为传统模式和行政自由裁量问题、解决行政自由裁量权问题的可替代方案、传统模式的扩展三个部分，从历史的角度抽象出美国行政法发展的三个模式，即传统的传送带模式、专家模式以及利益代表模式。该书具有较强的原理性，也提供了良好的方法论视角。

2016 年，理查德·J. 皮尔斯（Richard J. Pierce）的《行政法》由苏苗罕翻译出版。⑤ 该书是在 K. C. 戴维斯初版行政法教材基础上续写而成的第五版教材，是美国行政法最为权威的教材，共三卷本。第一卷包括行政过程，哲学和宪法基础，法律解释与行政法，调查，《信息自由法》与其他开放政府立法，规则，规则制定程序，裁决的法定要求；第二卷包括正当程序，证据，裁决的司法审查，行政迟延，禁反言、溯及既往、既判力和间接禁反言，首先管辖权，穷尽行政救济、最终性和成熟性；第三卷包括原告资格，裁量与可审查性，救济措施，政府及其雇员的侵权责任。从其内在逻辑来看，第一卷前三章属于行政法的基础理论

---

① ［美］伯纳德·施瓦茨：《行政法》，徐炳译，群众出版社 1986 年版，第 1—3 页。
② ［美］欧内斯特·盖尔霍恩、罗纳德·M. 利文：《行政法和行政程序概要》，黄列译，中国社会科学出版社 1996 年版。
③ ［美］罗纳德·M. 莱文、杰弗瑞·S. 拉博斯：《行政程序法概要》，苏苗罕译，中国法制出版社 2022 年版。
④ ［美］理查德·斯图尔特：《美国行政法的重构》，沈岿译，商务印书馆 2002 年版。
⑤ ［美］理查德·皮尔斯：《行政法》，苏苗罕译，中国人民大学出版社 2016 年版。

问题，之后第四章至第十章大致属于行政程序法问题，第十一章到第十九章是行政救济法，特别是司法审查问题。这种体系安排与施瓦茨的《行政法》有相近之处，或许这就是一个较为标准的美国行政法学体系。该书"在实体内容上采纳了不可知论"，"任何政策，只要是根据宪法上合适的机构通过合适决策程序所制定的，就都是'好的'"，"对于制度和程序方面价值的考量要胜过对实体价值的考量"。该书可谓是"程序取向的"。① 该书运用了大量的司法判例，系统阐述了美国联邦行政法，特别是行政程序法（不仅是行政程序，更是司法审查程序）的基本理论，再次大大丰富了我们的美国行政法知识。

关于美国行政法翻译过来的教材并不是很多，作为公共管理方面教材引进的有：(1) 史蒂文·J. 卡恩《行政法：原理与案例》，张梦中、曾二秀、蔡立辉等译，中山大学出版社 2004 年版；(2) 肯尼思·沃伦《政治体制中的行政法》，王丛虎等译，中国人民大学出版社 2005 年版。

关于美国行政法翻译过来的专著较多，主要包括：(1) 杰瑞·马肖《行政国的正当程序》，沈岿译，高等教育出版社 2005 年版；(2) 肯尼斯·戴维斯《裁量正义》，毕洪海译，商务印书馆 2009 年版；(3) 杰里·马肖《贪婪、混沌和治理：利用公共选择改良公法》，宋功德译，商务印书馆 2009 年版；(4) 朱迪·弗里曼《合作治理与新行政法》，毕洪海、陈标冲译，商务印书馆 2010 年版；(5) 理查德·A. 艾珀斯坦《征收：私人财产和征用权》，李昊、刘刚、翟小波译，中国人民大学出版社 2011 年版；(6) 杰里·马肖《创设行政宪制：被遗忘的美国行政法百年史（1787—1887）》，宋华琳、张力译，中国政法大学出版社 2016 年版；(7) 杰弗里·吕贝尔斯《美国规章制定导论》，江彭涛译，中国法制出版社 2016 年版；(8) 丹尼尔·埃斯蒂《超国家空间中的善治：全球行政法》，林泰译，法律出版社 2018 年版；(9) 理查德·爱泼斯坦《私有财产、公共行政与法治》，刘连泰译，浙江大学出版社 2018 年版。

另外，在规制方面的专著主要包括：(1) 凯斯·桑斯坦《权利革命之后：重塑规制国》，钟瑞华译，中国人民大学出版社 2008 年版；(2) 史蒂芬·布雷耶《规制及其改革》，李洪雷、宋华琳、苏苗罕译，北京大学出版社 2008 年版；(3) 史蒂芬·布雷耶《打破恶性循环：政府如何有效规制风险》，宋华琳译，法律出版社 2009 年版；(3) J. 西达克、丹尼尔·史普博《美国公用事业的竞争转型：放松管制与管制契约》，宋华琳、李鸻等译，世纪出版集团、上海人民出版社

---

① ［美］理查德·皮尔斯：《行政法》（第一卷），苏苗罕译，中国人民大学出版社 2016 年版，第 36 页。

2012年版;(4)玛丽恩·弗莱蒙特-史密斯《非营利组织的治理:联邦与州的法律与规制》,金锦萍译,社会科学文献出版社2016年版;(5)理查德·斯图尔特等《美国环境法的改革:规制效率与有效执行》,王慧编译,法律出版社2016年版。

2. 英国行政法

在近代行政法学中,除了古德诺的《比较行政法》,英美行政法学主要是对英国行政法的介绍和研究;进入当代,相对于美国行政法而言,英国行政法,无论是教材还是专著,其输入都是较少的,也是较晚的。

在教材方面,1997年,威廉·韦德(H. W. R. Wade,1918—2004)的1988年第6版《行政法》由徐炳等人翻译出版。① 这是第一本英国行政法教材的译著,在中国法学界也得到了广泛的传播。该书分为七编:第一编导言,着重谈及法院权力的宪法基础(法治、议会主权、依法行政、越权无效)。第二编行政机关及其职能。第三编权力与管辖,此译本未作翻译。第四编自由裁量权只翻译了自由裁量的滥用一章。第五编自然正义,首先区分了自然正义与法律正义,然后着重谈及其两个主要内容,一是反对偏私的原则,二是受公证审讯的权利。第六编救济与责任,谈及普通救济、特别救济、新的程序制度、救济的限制、行政当局的职责、王室诉讼等内容。第七编行政立法和司法,谈及委任立法、法定裁判所和法定调查。2018年,由威廉·韦德与克里斯托弗·福赛合作完成的2009年第10版《行政法》由骆梅英等人翻译出版。② 这是一个完整的译本。相较于前一版,新版还在原第二编之后增加了一编"欧洲的影响"(主要是新的人权法及欧盟法的影响问题),形成了八编体系。

2004年,卡罗尔·哈洛、理查德·罗林斯的《法律与行政》由杨伟东等人翻译出版。③ 该书包括18章内容,是按照教科书的体系来安排的,但不同于传统的法律教科书,其侧重于对现实问题的研究,审视和分析法律及法理的优劣得失。其中的红灯理论、绿灯理论、黄灯理论广为人知。

2007年,彼得·莱兰、戈登·安东尼的《英国行政法教科书》由杨伟东翻译出版。④ 该书包括22章内容,大致可以分为四个部分:第一部分是基础理论,第二部分是责任机制问题,第三部分是司法审查,第四部分是展望。

---

① [英] 威廉·韦德:《行政法》,徐炳、潘世强、李湘如、吉达珠、陈端洪、李丹如译,中国大百科全书出版社1997年版。顺便提及,由于出版社的问题,在之后的印刷中,译者曾被错误地写作"楚建"。

② [英] 威廉·韦德、克里斯托弗·福赛:《行政法》,骆梅英、苏苗罕、周华兰、卢超、王瑞雪译,中国人民大学出版社2018年版。

③ [英] 卡罗尔·哈洛、理查德·罗林斯:《法律与行政》,杨伟东、李凌波、石红心、晏坤译,商务印书馆2004年版。

④ [英] 彼得·莱兰、戈登·安东尼:《英国行政法教科书》,杨伟东译,北京大学出版社2007年版。

在著作方面，2002年，马丁·洛克林的《公法与政治理论》由郑戈翻译出版。该书包括10个部分，分别是公法与科学探求、公法与政治理论、公法中的解释、公法思想的结构、规范主义的基础、功能主义的基础、公法思想的传统、当代公法思想、自由规范主义的胜利、面向未来的公法。该书采取的视角是，"公法只是一种复杂的政治话语形态；公法领域内的争论只是政治争论的延伸"。该书将主宰公法思想的两种基本风格称为"规范主义"和"功能主义"。规范主义根源于对分权思想及使政府服从法律的必要性的信念，强调法律的裁判和控制功能，关注法律的规则取向和概念化属性，反映了法律自治的理想；而功能主义则将法律视为政府机器的一个组成部分，关注法律的规制和便利功能，注重法律的意图和目标，采取一种工具主义的社会政策路径，体现着一种进化式变迁的理想。[①] 作者正是用这两种理想类型分析考察英国公法思想的传统、当下和未来。

翻译过来的英国行政法著作还有：（1）特伦斯·丹提斯、阿兰·佩兹《宪制中的行政机关：结构、自治与内部控制》，刘刚等译，高等教育出版社2006年版；（2）T.R.S.艾伦《法律、自由与正义：英国宪政的法律基础》，成协中、江菁译，法律出版社2006年版；（3）A.W.布拉德利、K.D.尤因《宪法与行政法》，上册程洁译，下册刘刚、江菁等译，商务印书馆2008年版；（3）保罗·克雷格《英国与美国的公法与民主》，毕洪海译，中国人民大学出版社2008年版；（4）安东尼·奥格斯《规制：法律形式与经济学理论》，骆梅英译，中国人民大学出版社2008年版；（5）伊丽莎白·费雪《风险规制与行政宪政主义》，沈岿译，法律出版社2012年版；（6）科林·斯科特《规制、治理与法律：前沿问题研究》，安永康译，清华大学出版社2018年版；（7）托尼·普罗瑟《政府监管的新视野：英国监管机构十大样本考察》，马英娟、张洁译，译林出版社2020年版。

（三）日本行政法的卷土重来

自清末民初以来，日本行政法学对中国行政法学的形成和发展发挥了不可替代的作用。新中国成立之初，苏联行政法学一家独大。直到1980年代后半期，日本行政法学才再次进入我国，在行政法学界发挥着举足轻重的影响。

1. 南博方行政法

1988年，杨建顺、周作彩合作翻译的南博方[②]的《日本行政法》出版。[③] 该

[①] 参见［英］马丁·洛克林：《公法与政治理论》，郑戈译，商务印书馆2002年版，第8、85页。

[②] 南博方（1929—2010），日本兵库县人。1953年毕业于东京大学法学部，1959年取得法学博士学位。先后任职于筑波大学、一桥大学等。著有《行政裁判制度——其在德国的成立与发展》（1960年）、《行政诉讼的制度与理论》（1968年）、《租税争讼的理论与实际》（1975年）、《行政程序与行政处分》（1980年）、《纷争的行政解决手法》（1993年）等。

[③] ［日］南博方：《日本行政法》，杨建顺、周作彩译，韩大元校，中国人民大学出版社1988年版。

书以137页的篇幅极为精炼地描绘了日本行政法的基本原理,并对相关的知识点、问题点多有涉及。该书的翻译出版在时隔半个世纪之后让中国接续了译介大陆法系行政法学的传统。该书作为一本良好的行政法入门读物,在中国行政法学界时常被引用,产生了重要影响。

2009年,杨建顺将南博方第六版的《行政法》翻译成中文。① 该书正文仅有206页,共分为15章(行政法的概念、行政组织法、行政作用、行政行为、行政行为的效力、行政立法和自治立法、其他行政作用、行政上的法律关系、行政程序、行政信息公开与个人信息保护的制度、确保行政实效性的制度、行政上的损失补偿、行政上的损害赔偿、行政型ADR程序、行政案件诉讼与裁判制度),以简短的内容总括了行政法的主要领域,简明扼要而深入浅出、提纲挈领而系统全面地描绘了日本行政法和行政法学体系。该书既注重对传统行政法学体系和经典理论的承继,也强调对现代行政法实践和行政法学理论研究成果的充分运用,大量引用判例,并结合当时日本行政和司法领域的一系列改革,对行政过程各个阶段的相关行政法问题进行了精到的诠释,帮助读者掌握行政法的基本知识,领会行政法学的精髓。2020年,该书以中文修订版的形式在商务印书馆出版。对于2009年之后的日本法制状况变化,特别是2014年《行政不服审查法》的全面修改,杨建顺以"译者注"的方式加以说明,使该书还能以某种方式呈现出日本行政法的现状。

2. 盐野宏行政法

1999年,杨建顺翻译了日本另一位行政法学大家盐野宏的《行政法》,② 它立刻成为行政法学人必读的案头书目和广泛征引的对象。2008年,杨建顺将新版的盐野宏行政法教科书翻译成中文,形成了《行政法总论》、《行政救济法》和《行政组织法》三部曲。③ 无论从体系的完整性、科学性的角度和内容的广泛性、深刻性的角度看,还是从学术研究的规范性、扎实性的角度看,盐野宏的本套书均堪称力作。该书所要解决的基本问题是,在实现法治国家的、民主的宪法所具有的诸价值的过程中,行政法和民事法、刑事法相比较具有什么特色以及需要何种特别的法技术的问题。该书以行政过程论为轴心,通过对行政法的基础、行政过程论、行政救济论和行政手段论四大部分的论述,对行政法诸制度进行了动态的、综合的归纳整理。

---

① [日]南博方:《行政法》,杨建顺译,中国人民大学出版社2009年版。
② [日]盐野宏:《行政法》,杨建顺译,姜明安校,法律出版社1999年版。
③ 该三本书均由北京大学出版社于2008年出版。

《行政法总论》共两编：第一编是行政法的基础，其下是行政与法的一般关系、日本行政法的基本构造、行政法的法源、日本行政法的基本原理四章；第二编是行政过程论，除绪论"行政过程论概要"外，分为三个部分，第一部是行政的行为形式论（行政立法、行政行为、行政上的契约、行政指导、行政计划），第二部是行政上的一般制度（行政上确保义务履行的制度、即时执行、行政调查、行政程序、行政信息管理），第三部是行政过程中的私人（行政过程中私人的地位、行政过程中私人的行为）。这一体系具有三个鲜明的特点：一是以行政过程论替代了原先的行政作用法，突出了行政过程论的意义；二是区分了行政的行为形式论和行政上的一般制度，拓展了行政法的视野；三是将私人作为行政法总论的问题专门探讨，虽然篇幅不大，但专设了一个部分，可见其地位之重。《行政救济法》其实是盐野宏行政法教科书的第三编，分为绪论行政救济法的观念，第一部行政争讼法（序章——行政争讼的观念、行政过程中的行政争讼、行政案件诉讼），第二部国家补偿法（序章——国家补偿的观念、国家赔偿、损失补偿）。《行政组织法》是盐野宏行政法教科书的第四编"行政手段论"，分为绪论行政手段论的观念，第一部行政组织法（行政组织法的一般理论、国家行政组织法、地方自治法），第二部公务员法（序章——公务员制度的理念及其展开、公务员法制的基本构造、勤务关系总论、公务员的权利和义务），第三部公物法（公物法的概念、公物法通则）。这一编以"行政手段论"来架构，也是一大特色。"行政要作为现实的行动体现出来，需要有具体人的和物的手段。""行政手段论，是指对这些行政主体的组织的存在方式、人的、物的手段的存在方式的考察进行综合把握的理论，只有明确了与这种行政手段相关的法现象，行政法一般理论方才算完成了其任务。"[①]

3. 其他行政法教材

1990年，西冈久鞆、松本昌悦、川上宏二郎的《现代行政法概论》由康树华翻译出版，[②] 该书原著为1982年有信堂高文社出版的同名教材。该书共四编15章，分别是行政法序论（行政法的意义、现代行政与法、行政上的法律关系）、行政主体与客体法（行政主体法、公务员法、公物与公共建筑物法、行政客体法）、行政作用法［其一（行政立法、行政行为、行政契约、行政计划与行

---

① ［日］盐野宏：《行政组织法》，杨建顺译，北京大学出版社2008年版，第1—2页。
② ［日］西冈久鞆、松本昌悦、川上宏二郎：《现代行政法概论》，康树华译，甘肃人民出版社1990年版。这里想顺带提及的是，该书可能因出版社印刷等因素，将作者写作了"西冈 久鞆·松本 昌悦 川上宏二郎 著"，甚至在"前言"中介绍执笔者分工时出现了"久鞆·松本执笔"字样，此后在引用、介绍该书时，往往将作者写成"西冈等"（诸如国家图书馆的编目就是如此）。但显然这是一个误会。

政指导、行政上的强制、行政上的不利措施)、其二（行政限制、公共企业法——付给行政法、公用负担）]、行政救济法（对行政不满申诉的处理、事前程序、行政不服申诉、行政审判、行政案件诉讼、国家补偿）。

1993年，和田英夫①的《现代行政法》由倪健民、潘世圣翻译出版。该书共五编22章，分别是序编（行政法学习的观点和方法、现代行政法的课题）、第一编行政法的基础理论问题——关于行政法的内容与结构的总则的问题［关于行政与权力分立制，行政法、行政法学，行政法的法源、效力、解释，行政上的法律关系与公法关系、公法关系的内容与特别权力关系（特殊机能的法律关系），行政法中的私人与民法的适用］、第二编行政组织法——行政机关的体系、法制、构造及活动手段（行政组织法的基本问题、国家行政组织法、地方自治行政组织法、特殊行政组织法、公务员法——行政活动中人的要素、公物法、营造物法——行政活动中的物的手段）、第三编行政作用法——行政作用的法的形式与体系内容［行政作用法的基本问题、行政作用法的法形式问题及通则问题（行政立法、行政行为、行政契约、行政强制、行政罚）、行政作用法的体系内容（体系再构成的角度与内容、规制——侵害行政、给付——助长行政）]、第四编行政救济法——法制国家中的国家责任与权利保护（行政中国家责任与权利保护的形态、国家补偿、行政监察与苦情处理、行政争讼——行政机关的审判、行政事件诉讼）。② 仅仅从这一简要的目录就可以看出，这一教材体系严整且具有新颖性，"通俗易懂地描述了现代日本行政法的全貌"。

1995年，室井力③主编的《日本现代行政法》由吴微翻译出版。④ 该书的日

---

① 和田英夫（1918—2001），日本山形县人。1941年毕业于东京大学法学部、1959年获得法学博士学位。先后任职于北海道大学、明治大学、骏河台大学。著有《地方自治的理论与动态》（1960年）、《宪法的现代断面》（1961年）、《宪法政治的动态》（1969年）、《最高法院论：序说性研究》（1971年）、《宪法与最高法院》（1975年）、《公法原论》（1975年）、《大陆法系型违宪审查制》（1979年）、《国家权力与人权》（1979年）、《行政法的视点与论点》（1983年）、《行政委员会与行政争讼制度》（1985年）、《公平审查制度论》（1985年）、《戴雪与狄骥》（1994年）。和田英夫被张友渔誉为"日本法学泰斗""中国亲密朋友"。
② ［日］和田英夫：《现代行政法》，倪健民、潘世圣译，中国广播电视出版社1993年版。译者倪健民，哲学博士，先后任职于杭州大学、中央政策研究室，2007年任全国总工会副主席；潘世圣，日本九州大学博士（比较社会文化），现为华东师范大学外语学院教授。
③ 室井力（1930—2006），日本冈山县人。冈山大学本科毕业，1962年获得京都大学法学博士学位（博士论文为《德国官吏法与特别权力关系理论》），此后长期在名古屋大学任教。著有《特别权力关系论》（1970年）、《现代行政法的原理》（1973年）、《公务员的权利与法》（1978年）、《现代行政法的展开》（1978年）、《行政改革的法理》（1982年）、《行政的民主性控制与行政法》（1989年）等。室井力曾积极推动东亚行政法学会的成立，后者于1995年在名古屋大学召开了第一次会议。
④ ［日］室井力主编：《日本现代行政法》，吴微译，罗广田校，中国政法大学出版社1995年版。

文版原书是 1990 年第 2 版两卷本教材，共五编内容，分别是行政法的基本原理、行政作用法、行政救济法、行政组织法、主要行政领域——现代行政与国民生活，包括了传统上的行政法总论和各论两部分。这也是体系上最为完整的一部教材。2017 年，市桥克哉、榊原秀训、木多泷夫、平田和一的《日本现行行政法》由田林、钱蓓蓓、李龙贤翻译出版。① 该书与《日本现代行政法》可谓两代行政法人的合作结晶，均为以名古屋大学为中心的学者合作完成。

2012 年，藤田宙靖的《行政法入门》由杨桐翻译出版。② 该书是作者行政法总论教材的简易缩写版，系为行政法的初学者专门撰写的入门教材。该书共有 15 章，分别是什么是行政法、行政法上的法关系、依法行政原理、依法行政原理的例外与界限、行政过程的私人参加、行政行为（其一）（其二）、行政立法、行政的非权力活动形式、行政实效性的确保、行政诉讼（其一）（其二）、行政上的不服申诉制度、国家赔偿法（其一）（其二）。该书的目的在于建立日本行政法的理论框架，阐明了源自德国行政法的"依法律行政原理"为中心的理论体系梗概，在此基础上根据现实情况，认清传统行政法理论体系的存在问题。该书的最大特点就在于根据依法律行政原理来理解日本行政法的基本构造。

另外，翻译过来的日本行政法教材还有中西又三的《日本行政法》，江利红译，北京大学出版社 2020 年版（日文原著为 2003 年版）。

4. 行政法专题研究

除教材外，还有不少日本行政法的专题性研究被翻译过来。主要有：（1）大桥洋一《行政法学的结构性变革》，吕艳滨译，中国人民大学出版社 2008 年版；（2）室井力、芝池义一、浜川清主编《日本行政程序法逐条注释》，朱芒译，上海三联书店 2009 年版；（3）米丸恒治《私人行政——法的统制的比较研究》，洪英、王丹红、凌维慈译，田思源、王贵松校，中国人民大学出版社 2010 年版。

2012 年开始，"日本公法译丛"在中国政法大学出版社编辑出版。其中的行政法著作有：2014 年（1）平冈久《行政立法与行政基准》，宇芳译；（2）小早川光郎《行政诉讼的构造分析》，王天华译；（3）原田尚彦《诉的利益》，石龙潭译；（4）宇贺克也《国家补偿法》，肖军译。2016 年（5）田村悦一《自由裁量及其界限》，李哲范译，王丹红校。2023 年（6）高木光《事实行为与行政诉讼》，田卫卫、王贵松译。

---

① ［日］市桥克哉、榊原秀训、木多泷夫、平田和一：《日本现行行政法》，田林、钱蓓蓓、李龙贤译，法律出版社 2017 年版。

② ［日］藤田宙靖：《行政法入门》，杨桐译，中国法制出版社 2012 年版。

在环境行政法方面的著作有：(1) 原田尚彦《环境法》，于敏译，法律出版社 2001 年版；(2) 黑川哲志《环境行政的法理与方法》，肖军译，中国法制出版社 2008 年版；(3) 交告尚史、臼杵知史、前田阳一、黑川哲志《日本环境法概论》，田林、丁倩雯译，中国法制出版社 2014 年版。在警察行政法方面的著作有田村正博《警察行政法界说》，侯洪宽译，中国人民公安大学出版社 2016 年版。

(四) 德国行政法学的强劲传入

中国行政法学虽然属于大陆法系，但自清末民初开始长期并未真正直接输入德国行政法学的内容，我们很大程度上先借助于日本行政法学、后借助于我国台湾地区的行政法学来了解、学习德国行政法的内容。这一状况到 1990 年代后期才有所改观。

1999 年，G. 平特纳的《德国普通行政法》由朱林翻译出版。① 这是第一本德国行政法的译著。该书是一本入门性的教材，篇幅较小，正文部分仅有 213 页。该书共三个部分 10 章内容，分别是基础理论（行政法和行政学、行政的结构和划分、有关行政的宪法规定）、行政活动（行政活动方式和法律关系概览、行政行为、公法合同和行政法上的债务关系、公共计划、公共设施的经营与事实行为）、税捐和针对公权的补偿请求权（税捐、公法上的赔偿给付）。其编排上的特点是，每小节在节前先举出实例，再辅以解答，"集中论述该领域的核心问题，同时又对所有可供参阅的资料作了概括性的提示"。

2000 年，哈特穆特·毛雷尔的《行政法学总论》由高家伟翻译出版。② 这是一本在中国行政法学界被广为阅读和引用的大部头译著。该书涵盖了除行政救济法之外的行政法总论或一般行政法的主要内容，共 7 编 30 章内容，分别是行政和行政法［行政，行政和行政法的历史发展、宪法和行政，有关行政的法，行政法的法律渊源，行政程序法（联邦行政程序法）］，行政法的基本概念（依法行政原则，裁量和不确定的法律概念，主观公权利和行政法律关系），行政活动：行政行为（行政行为的概念、意义和种类，违法的行政行为，行政行为的存续力、撤销和废止，行政行为的附款、特别是条件和负担），行政活动：其他活动方式（法规命令，行政合同，事实行为，计划和计划行为，行政私法活动、补贴行为、两阶段理论，行政自动化），行政程序和行政强制执行（行政程序基本问题，行政强制执行），行政组织（行政组织法的基本结构，直接国家行政概述，间接国家行政，行政规则），国家赔偿法（基本法第 34 条/民法典第 839 条规定的职务责任，财产损害赔偿，牺

---

① ［德］平特纳：《德国普通行政法》，朱林译，中国政法大学出版社 1999 年版。
② ［德］哈特穆特·毛雷尔：《行政法学总论》，高家伟译，刘兆兴校，法律出版社 2000 年版。

牲请求权，其他请求权依据，后果清除请求权，国家赔偿法的改革）。"该书不仅揭示了法理基础，而且考察了宪法根据、历史发展以及与其他法律部门的联系，特别是与行政法联系密切的行政诉讼法。通过清晰的结构、明了的语言和大量的主要来自判决的例证，抽象难懂的一般行政法变得通晓易懂和一目了然。"①

2002年，奥托·迈耶的《德国行政法》由刘飞翻译，在商务印书馆出版。②这是我国第一次以较为完整的方式呈现了德国行政法学之父的经典教材。该书为奥托·迈耶1923年版原著上卷导论、总论部分的翻译（原著下卷是分论）。导论部分分为行政的概念、行政法与行政法学两章，总论部分共三编16章：第一编是德国行政法的历史发展阶段（邦君权国、警察国、法治国），第二编是行政法制的基本特点（法治、行政法规的拘束力、行政法之渊源、具体行政行为、公法上之权利、行政法制度及其与民法之分立），第三编是行政事务中的法律保护（诉愿权、行政审判的概念、当事人、行政争议的种类、行政事务中的法律效力、民事法院对行政的管辖、违法职权行为的责任）。虽然该书是一百多年前的著作，在分析的素材上或有陈旧之处，但因其原理性、经典性仍是不断学习的对象。奥托·迈耶在形式性法治国家之下以法学方法建构起行政法学的体系，其创立的"法律的支配"原理（法律的法规创造力、法律优位、法律保留）、行政行为等概念仍是现代行政法的核心原理和基础概念。

2002年、2007年，汉斯·J. 沃尔夫、奥托·巴霍夫、罗尔夫·施托贝尔的三卷本《行政法》由高家伟翻译出版。③ 该书是三代人接力完成的行政法总论教材。该书第一卷研究公共行政的基础理论（包括公共行政在行政法和欧洲共同体法上的地位）、客观行政法、主观行政法以及基础设施行政法，第二卷研究行政活动、行政程序、行政强制执行、国家赔偿和公产法，第三卷介绍行政组织法和行政监督。与毛雷尔的教材相比，该书内容更为广泛，不仅有行政法，还有行政学、宪法和欧洲共同体法等；也更为系统，"将一般行政法与部门行政法、国内法与欧洲共同体法和国际法结合起来研究"。

2003年，弗里德赫尔穆·胡芬的《行政诉讼法》由莫光华翻译出版，这是第一本、也是中国大陆迄今为止唯一的一本德国行政诉讼法译著。④ 该书共七

---

① ［德］哈特穆特·毛雷尔：《行政法学总论》，高家伟译，法律出版社2000年版，第875页（译者后记）。
② ［德］奥托·迈耶：《德国行政法》，刘飞译，［德］何意志校，商务印书馆2002年版。
③ ［德］汉斯·J. 沃尔夫、奥托·巴霍夫、罗尔夫·施托贝尔：《行政法》，第一卷、第二卷，高家伟译，商务印书馆2002年版；第三卷，高家伟译，商务印书馆2007年版。
④ ［德］弗里德赫尔穆·胡芬：《行政诉讼法》，莫光华译，刘飞校，法律出版社2003年版。

编，分别是基础知识、复议程序、实质裁判条件和诉的适法性、诉的理由具备性、行政诉讼中的暂时法律保护、第一审程序、行政诉讼中的法律救济手段——普通上诉、法律审上诉和抗告、再审。该书论述的核心是行政程序之后的裁判过程，包括从行政复议程序和第一审行政诉讼直至上诉程序的全过程。该书论述紧扣行政诉讼上案例分析的基本线索，并由此根据各种诉讼类型和案例结构的不同情况分别提炼出一个案例分析步骤的简表（区分了诉的适法性与诉的理由具备性两个阶段）。该书的目的"不在于论述表面的诉讼理论，而在于发掘诉讼法背后的实体法，尤其是将诉讼法的意义理解为实现人权与民权的模式"。① 这本教材填补了中文著作中对德国行政诉讼法的一手知识空白。

2012 年，施密特·阿斯曼的《秩序理念下的行政法体系建构》由林明锵等翻译出版。② 该书是对德国行政法总论的体系建构的一种努力。"作者有鉴于 Otto Mayer 以来的德国行政法学在方法论上过分侧重法释义学之探讨，忽略行政法学作为管制科学的多面向功能，以及行政本身具目的取向的国家作用特性，爰进行全面性之检讨，并思谋改善之道"。该书共七章，分别是行政法体系及其体系之建构、法治国与民主的宪法决定、行政任务及行政法各论应扮演之角色、管制与监督之间的行政自主性、行政作为组织以及组织法之意义、行政行为体系、欧洲行政法之发展。其重要主张包括："宪法的基本秩序与保障基本权之理念，须透过行政法总论的体系化，不断反省，使其能适合于现实之行政任务中，方能有效实现；各种行政管制领域，为行政法总论之参照领域，对于行政法总论常有决定性之影响，而行政法总论又是透过演绎或归纳的方法，与各论产生交互作用；公法与私法之区别与法体系建构及运用，须兼筹并顾行政任务之特性与社会关系之复杂性，避免过于僵化而无法适应社会变化；扩大'裁量'的概念，将判断余地包括在内，使不确定法律概念与行政裁量区别之争论，不致于极端化。"③

用于了解德国行政法的重要文献还有埃贝哈德·施密特-阿斯曼等著、乌尔海希·巴迪斯选编《德国行政法读本》，于安等译，高等教育出版社 2006 年版。这是一本"采各家之长"的论文集，只是翻译质量参差不齐。在行政法（学）史

---

① ［德］弗里德赫尔穆·胡芬：《行政诉讼法》，莫光华译，刘飞校，法律出版社 2003 年版，中译本序言。
② ［德］施密特·阿斯曼：《秩序理念下的行政法体系建构》，林明锵等译，北京大学出版社 2012 年版。元照出版有限公司 2009 年版书名为《行政法总论作为秩序理念——行政法体系建构的基础与任务》。
③ ［德］施密特·阿斯曼：《秩序理念下的行政法体系建构》，林明锵等译，北京大学出版社 2012 年版，翁岳生推荐序。

方面的文献有米歇尔·施托莱斯《德国公法史：国家法学说和行政学（1800—1914）》，雷勇译，法律出版社2007年版，广西师范大学出版社2021年再版。另外还有在经济行政法方面的文献：（1）斯特博《德国经济行政法》，苏颖霞、陈少康译，中国政法大学出版社1999年版；（2）乌茨·施利斯基《经济公法》，喻文光译，法律出版社2003年版；（3）罗尔夫·施托贝尔《经济宪法与经济行政法》，谢立斌译，商务印书馆2007年版。

（五）法国行政法的有限传播

1999年，莫里斯·奥里乌（Maurice Hauriou，1856—1929）的《行政法与公法精要》由龚觅等12人翻译出版。① 该书是自清末以来继贝泰勒米的《法国行政法》之后的第二本法国行政法译著。该书分为上下两册，共有六卷内容。第一卷是行政制度，介绍了行政制度和中央集权、行政制度下行政的定义，行政制度引起的组织变化（行政权与司法权的分离、司法部门对行政部门的从属关系、行政权与立法权的关系），行政部门与政府的分离，行政法在私法方面的限度、行政法相对于普通法的地位、越权行为理论、行政人员的职责理论，法国行政法的特点及实用价值，行政法的法律定义。第二卷是行政组织，介绍了行政组织的一般原则、公共行政机构的组织（国家、省、市镇、殖民地）、公立公益机构、公共管理的辅助性机构和公益管理机构。第三卷是行政管理与诉讼，介绍了公共行政的特权和诉讼的方式（撤销之诉、完全管辖权之诉），将这两者置于一卷之中是一大特色。第四卷是公共权力法，分成两个部分。第一部分是组织公共机构所依据的法律，包括公共秩序的维护管理、救济和保险机构；第二部分是行政部门的管理方法，包括：（1）人员，即人员的录用；（2）事物，即不动产的征用、公产、征用、公共工程，动产征用、流动产及供给、军事征用；（3）资金，即现金征用、国家财政。第五卷是私法和私人活动，这是公共机构的私法及其活动，以不含有征用和强制要素而与公共权力法相区别，该卷介绍了公共机构的私产，私人获得方式（法律规定的获得方式、捐赠和遗赠、契约、准契约）。第六卷是行政诉讼，首先介绍了行政法院及其权限（行政审判和普通审判的分离、行政裁判权与行政管理的分离、通过判例来创造法律），其次介绍了诉讼与控告，以及诉讼程序。奥里乌认为，"只有存在足够发达的'行政制度'时，才能有真正的

---

① ［法］莫里斯·奥里乌：《行政法与公法精要》，龚觅等译，郑戈校，辽海出版社、春风文艺出版社1999年版。奥里乌是法国行政法学中"制度理论"的奠基人。他于1879年在波尔多大学取得法学博士学位。从1883年开始，他一直在图卢兹大学任教。1892年，他出版了《行政法与公法精要》一书，从此奠定了自己在法国行政法和公法领域的权威地位。本书是其1927年第11版的翻译。其被译为中文的著作还有《法源：权力、秩序和自由》（2015年）。

行政法"。制度实际上构成了奥里乌理论的上一层结构,在其之下的行政法是主观法与客观法的结合。"在以公共行政机构及其权力的组织为目标的行政法中,一切涉及行政组织的法都是客观法,而一切涉及公共行政机构的权力的法,在产生公务管理的法律关系中,都是主观法。"①

与奥里乌著作同时翻译出版、与奥里乌学说相对的,狄骥的《公法的变迁》由郑戈重新翻译出版。② 在法国行政法方面的译著还有:(1)古斯塔夫·佩泽尔《法国行政法》,廖坤明、周洁译,张凝校,国家行政学院出版社2002年版。(2)[英]L. 布朗、[法]约翰·贝尔《法国行政法》,高秦伟、王锴译,中国人民大学出版社2006年版。原书是一本英文著作。(3)让·里韦罗、让·瓦利纳《法国行政法》,鲁仁译,商务印书馆2008年版。

总体而言,法国行政法只有有限的输入和传播,我国有关法国行政法的知识还存在诸多空白,对其基本原理、代表学说、代表人物等知之甚少。

上述美国、英国、日本、德国、法国等五国构成了我国关于域外行政法学的主要知识来源。当然,它们之间并不均衡,对于为何形成如此局面、如何改善这种局面,值得深思。知识的完整性、体系性、多元化,是中国行政法学可以健康发展的重要外部资源。

五、外国行政法的研究与比较

作为行政法制和行政法学的后进国家,中国不断学习和借鉴外国行政法、开展比较研究,这也是中国行政法学发展的必然要求。几代行政法学人孜孜不倦地在外国行政法、比较行政法上辛勤耕耘,取得了较为丰硕的成果。

(一)王名扬三部曲

王名扬(1916—2008),湖南衡阳人。1935年考入武汉大学法律系,③ 1940年进入中央大学(重庆)研究生院行政研究所攻读硕士学位(行政学和行政法学专业),师从留美博士张汇文。1943年,以《事务官中立问题的研究》获得硕士学位后,在武汉大学法律系任讲师。1946年,王名扬考取了国民政府最后一批公派留学生,1948年就读于法国巴黎大学法学院,师从埃赞曼(EiSemann)。

---

① [法]莫里斯·奥里乌:《行政法与公法精要》,龚觅等译,郑戈校,辽海出版社、春风文艺出版社1999年版,第1、148页。

② [法]狄骥:《公法的变迁》,郑戈译,辽海出版社、春风文艺出版社1999年版。之后有中国法制出版社2010年版、商务印书馆2013年版("汉译世界学术名著丛书"之一)。

③ 参见《二十四年度在校学生履历》,《国立武汉大学一览》[中华民国廿四年度(1935年)],第327页。

1953年，获得巴黎大学博士学位，博士论文题目是《公务员的民事责任》。1958年回国，在北京政法学院理论教研室工作。1962年，转入北京外贸学院（对外经贸大学前身）担任法语教员，1969年被下放到河南固始县和息县的"五七干校"，开始了十年的劳动改造生涯。在年近古稀之年，1983年被调回中国政法大学执教，重返法学讲坛。王名扬担任行政法专业硕士研究生导师，1986年培养出中国政法大学第一届行政法学专业硕士。1987年出版专著《英国行政法》，1989年出版《法国行政法》，1995年出版《美国行政法》，这些被称作"王名扬三部曲"。2006年，因年老体衰，只能将电脑里的四章内容以残本的形式出版了《比较行政法》（北京大学出版社）。在王名扬的计划中，在上述四本书之后，还准备撰写一本中国行政法。但造化弄人，五部曲的蓝图已无法完成。王名扬还曾翻译了凯尔森的《共产主义的法律理论》。① 他以一己之力为新中国行政法学奠定了基础，开创了"王名扬时代"。王名扬亦被称作"中国行政法学的普罗米修斯"。

《英国行政法》是继陈体强的《英国行政法论》之后第二本研究英国行政法的著作。② 该书共有15章内容，相对简要且精准地介绍了英国行政法。第一章绪论介绍了英国行政法的特点和英国行政法学的状况，介绍了英国行政法的宪法背景。第二章至第四章分别介绍了英国的中央政府、地方政府和公法人。第五章至第七章分别介绍了行政权力的性质、根据和行使方式，着重说明了行政活动的两大主要方式，其一是委任立法，其二是公开调查、听证和调查法庭。此后数章则详细地论述了各种救济手段与途径，尤其是司法审查和行政赔偿。第八章概述了英国行政法上的救济手段。第九章介绍英国的行政裁判所。第十章至第十二章介绍了英国司法审查的含义、根据和理由、救济手段和程度、司法审查的限制。第十三章至第十四章分别介绍了行政上的赔偿责任，包括一般原则和英王的诉讼。第十五章介绍了英国特色的行政监察专员。这一体系安排实际上参考了王名扬所熟知的法国行政法的体系，对英国行政法的体系作了适合于国人思维习惯的改造。该书将法治原则和议会主权两大原则设定为英国行政法的限定前提和宪法背景，法治原则要求法律的平等保护，议会主权则要求法院对议会制定的法律必须执行。由此就说明了普通法院根据什么标准管辖行政诉讼以及决定行政机关的行为是否合法的问题。

---

① ［奥］凯尔森：《共产主义的法律理论》，王名扬译，商务印书馆1962年版，2004年中国法制出版社再版。

② 王名扬：《英国行政法》，中国政法大学出版社1987年版，2007年北京大学出版社再版，2016年收入"王名扬全集"（北京大学出版社）。

《法国行政法》是国内第一本研究法国行政法的著作。[①] 该书共有 11 章内容，详尽地介绍了法国行政法的特点、行政组织、行政活动的手段、行政活动的方式、行政活动的监督以及赔偿责任。绪论只是对行政、行政法、行政法学作出界定。行政组织部分详细介绍了法国行政主体的概念及其类型（国家、地方团体、公务法人）。之后的五章研究了行政活动的手段：首先是法律手段——行政行为，其次是人员手段——公务员，再次是物质手段——公产和私产及其取得方式（征收和征调）和重要用途（公共工程）。行政活动的主要方式大致相当于行政活动的类型，该书主要介绍了行政警察或警察活动（为保证公共秩序而对个人自由加以限制）、公共服务行政或公务活动（为满足公共利益的需要而从事的活动）、援助私人公益事业活动。在行政活动的监督上，除议会救济、行政救济、调解专员之外，该书重点介绍了行政诉讼制度，包括行政审判制度的历史、行政审判的权限、行政审判的组织、行政诉讼程序与行政诉讼的种类（特别是越权之诉和完全管辖权之诉）。全书最后介绍了行政主体和公务员的赔偿责任的成立要件、限制以及两种赔偿责任并存的情形。

《美国行政法》是国内第一本研究美国行政法的专著。[②] 该书有上下两册，除绪论（第 1 章）外共分为三个部分。第一部分是行政制度的基本原则和组织（第 2～6 章），该书将联邦主义、分权原则、法律平等保护原则和法治原则列为美国行政制度的基本原则，介绍了联邦政府的行政机构、文官制度、州和地方政府的基本结构、行政机关的权力等。第二部分是行政程序（第 7～13 章），说明了行政程序，包括调查、制定法规程序、正当法律程序、正式程序裁决（正式听证、证明程序、决定程序）、非正式程序裁决。第三部分是行政的监督和控制（第 14～23 章），有司法审查（一般概念、受理条件、审查范围）及政府和政府职员的侵权赔偿责任，总统和国会对行政的控制，行政公开（情报自由法和阳光中的政府法、联邦咨询委员会法）和隐私权法。这一体系安排也充分体现了美国行政法的程序法特色。

（二）外国行政法的教材

1988 年，董璠舆主编了《外国行政诉讼教程》，[③] 这是中国第一本外国行政

[①] 王名扬：《法国行政法》，中国政法大学出版社 1989 年版，2007 年北京大学出版社再版，2016 年收入"王名扬全集"（北京大学出版社）。顺便提及，在 1989 年出版之后的印刷中，出版社曾错误地将该书写作 1988 年出版。

[②] 王名扬：《美国行政法》，中国法制出版社 1995 年版，2007 年北京大学出版社再版，2016 年收入"王名扬全集"（北京大学出版社）。

[③] 董璠舆主编：《外国行政诉讼教程》，中国政法大学出版社 1988 年版。

诉讼法教科书，填补了外国行政诉讼法教材的空白。该书除绪论（张树义撰稿）外，包括法国（王名扬撰稿）、日本（董璠舆撰稿）、联邦德国（刘兆兴撰稿）、美国（江必新撰稿）、英国（金俊银撰稿）、苏联（张正钊撰稿）、南斯拉夫（李嘉恩撰稿）七国的行政诉讼制度内容。

1990年，张正钊主编了《外国行政法概论》，① 这是中国第一本外国行政法教科书，填补了外国行政法教材的空白。该书以法文、日文、英文、俄文、塞尔维亚－罗埃西亚语等的学术著作和法院判例为基础，介绍了法国、日本、美国、英国、苏联、南斯拉夫等六国行政法的基本原理和制度，还从总体上归纳了两大法系行政法的不同特点及发展趋势。

1991年，王名扬主编了外国行政法、行政诉讼法两本教材。其一是《法、美、英、日行政法简明教程》，在山西人民出版社出版。该书简要介绍了法国（王名扬撰稿）、美国（姜明安撰稿）、英国（应松年、朱维究撰稿）、日本（董璠舆、杨文忠撰稿）四国的行政法原理和制度。其二是《外国行政诉讼制度》，在人民法院出版社出版。该书介绍了法国（王名扬撰稿）、美国（姜明安撰稿）、日本（董璠舆撰稿）、英国（张树义撰稿）、苏联（张春来撰稿）五国的行政诉讼制度。

1993年，姜明安主编的《外国行政法教程》出版，② 这是一本得到广泛使用的外国行政法教材。该书介绍了两大法系行政法制度主要代表性国家法国（牟信勇撰稿）、德国（胡建淼撰稿）、英国、美国（均由姜明安撰稿）、日本（湛中乐撰稿）的行政法制度，这在一定程度上助推了此后集中研究五国行政法的趋势。该书内容主要涉及这些国家的行政组织、公务员制度、行政立法、行政行为、行政程序、行政裁判、行政救济（含行政申诉、行政诉愿、行政诉讼、行政赔偿等）、行政法制监督、行政责任等，同时介绍了这些国家行政法制度的发展历史、现状及这些国家主要学派、学者关于行政法的基本理论、观念和学说等，基本反映了五国行政法的概貌，反映了两大法系行政法的主要内容和特点。

2005年，应松年主编的《四国行政法》出版，③ 介绍了英美德日的行政法及其原理；2015年，该书进一步补充了法国行政法部分，形成了《英美法德日五国行政法》。④

---

① 张正钊主编：《外国行政法概论》，中国人民大学出版社1990年版。张正钊（1930—2019），江西上饶人。1953年中国人民大学法律系研究生毕业，中国人民大学法学院教授。
② 姜明安主编：《外国行政法教程》，法律出版社1993年版。
③ 应松年主编：《四国行政法》，中国政法大学出版社2005年版。
④ 应松年主编：《英美法德日五国行政法》，中国政法大学出版社2015年版。

(三) 杨建顺的日本行政法通论

1998年，毕业于日本一桥大学的杨建顺博士的《日本行政法通论》出版发行，这是新中国继王名扬外国行政法三部曲之后的又一部国别性的外国行政法著作。该书运用了近400个判例和大量的学说著作，翔实地介绍了日本行政法（学）及各项制度的历史发展及其现状，几乎囊括了日本行政法学总论部分所有的重要内容，是一部真正意义上的"通论"。该书大大丰富了我们对日本行政法学的认识。

该书共25章，除绪论日本宪法体制及行政法的历史发展和现状之外，共设五编，分别是行政法概述（行政与行政法、行政上的法律关系、行政法律关系中私人的地位）、行政组织法（行政组织法概述、行政主体的法律地位）、行政作用法（行政作用概论、行政立法、行政行为概述、行政许认可、开发行政与土地收用、行政强制措施、行政契约、行政指导、行政计划）、行政救济法（概述、行政损失补偿、行政损害赔偿、行政不服申诉、行政案件诉讼）、行政程序法。

(四) 比较行政法

比较行政法是行政法学中亟待发展的领域，在我国发展缓慢。除清末民初翻译过来的古德诺的《比较行政法》、孙丕基的《比较行政法表解》之外，直到1985年才出版了龚祥瑞[1]的研究性著作《比较宪法与行政法》。

如其书名所示，《比较宪法与行政法》[2] 分为两编：第一编是比较宪法，第二编是比较行政法。第二编共九章内容，分别是行政法的基本原则、行政法的由来和发展、行政机构、文官制度、行政立法、行政行为、行政司法、行政诉讼、行政监察。龚祥瑞自身留学英法，故而，其比较内容亦以英国为主，辅以法国部分。在行政法的基本原则部分，龚祥瑞着重谈及行政法治、议会主权、政府守法、越权无效四个原则。在行政行为的司法控制上，着重谈及行政合法性原则、行政正直性（公正性）原则、行政合理性原则三个原则，其中行政公正性原则在欧陆国家就是所谓"自然法"，在英美国家则是所谓"自然公正"，而行政合理性

---

[1] 龚祥瑞（1911—1996），浙江宁波人。1929年进入沪江大学生物系学习，1931年转入清华大学政治系学习，1935年考取庚子赔款留学英法，1938年获英国伦敦政经学院政治学硕士学位，1939年获法国巴黎大学法学院比较法研究所法学博士学位。回国后在西南联合大学等任教，之后长期在北京大学法律系任教。著有《欧美员吏制度》（1934年，与楼邦彦合著）、《西方国家的司法制度》（1980年，与罗豪才、吴撷英合著）、《文官制度》（1985年）、《比较宪法与行政法》（1985年）等，合作翻译有《法律的训诫》《法律的界碑》《法律的正当程序》《法律的未来》《法与宪法》等，另有《盲人奥里翁：龚祥瑞自传》（2011年）。

[2] 龚祥瑞：《比较宪法与行政法》，法律出版社1985年版（2003年法律出版社将其归入"法学研究生精读书系"再版）。

原则主要是对自由裁量的司法控制。该书是作者1980年代在北京大学法律系的讲义,在当时还缺乏行政法资料,尤其是外国行政法知识的情况下,该书发挥了开创和奠基的作用。

1993年,胡建淼出版了个人专著《十国行政法——比较研究》。[1] 这十国是英国、美国、法国、德国、日本、比利时、意大利、奥地利、西班牙、南斯拉夫。该书大致齐整地梳理了十国的行政法制度,按照国别介绍与专题横向比较相结合的方式,研究了十国行政法的历史发展、行政组织、公务员、行政立法、行政行为、行政救济、国家责任等问题。特别是后五国的行政法都是我们不甚了解的,该书拓展了我国行政法学的视野。1998年,胡建淼在此书的基础上出版了《比较行政法——20国行政法评述》,在原先的十国之外又增加了韩国、瑞士、瑞典、澳大利亚、加拿大、葡萄牙、芬兰、荷兰、墨西哥、俄罗斯。[2]

1998年,张正钊、韩大元主编的《比较行政法》出版,[3] 这可以说是一本真正意义上的比较行政法著作,而非以"比较行政法"之名行"外国行政法"之实。该书共六编,大体上包括世界各国行政法体系中具有普遍意义的基本制度。第一编是行政法基本原理比较,主要探讨行政与法结合、不同背景下行政法的产生、行政法的特点、行政法的理论基础等行政法制度中共同性的理论问题。第二编从客观角度比较了行政组织制度,寻求各国行政组织制度的共性与个性。第三编是行政权运用制度的比较,分别探讨行政立法、行政指导、行政合同等具体的行政法制度。第四编是行政程序法的比较,探讨行政程序法的基本理论、历史发展、理论基础、基本功能等。第五编是行政法制监督制度的比较。第六编是行政救济制度的比较。

其他著作还有:(1)刘兆兴、孙瑜、董礼胜编《中德行政法现状:行政行为、行政监督、行政审判》,社会科学文献出版社1998年版;(2)刘兆兴、孙瑜、董礼胜《德国行政法:与中国的比较》,世界知识出版社2000年版;(3)张教授、赵娟、黄建军《比较行政法:体系、制度与过程》,法律出版社2008年版;(4)关保英《比较行政法学》,法律出版社2008年版、2014年第2版。

(五)外国行政法研究

1999年,于安编著的《德国行政法》在清华大学出版社出版。[4] 这是国内第一本研究德国行政法的著作。该书共有8章,分别是国家行政和行政法的基

---

[1] 胡建淼:《十国行政法——比较研究》,中国政法大学出版社1993年版。
[2] 胡建淼:《比较行政法——20国行政法评述》,法律出版社1998年版。
[3] 张正钊、韩大元主编:《比较行政法》,中国人民大学出版社1998年版。
[4] 于安编著:《德国行政法》,清华大学出版社1999年版。

本概念、行政法基本原则、行政组织、行政法令和规章、行政行为、行政合同、行政程序和行政执行、法律救济。该书可谓简明扼要，遍及德国行政法的基础范畴，以德国现行法律规定为基本根据，力求反映当代德国行政法的实际状况和运作过程，同时直接引用德国法院有影响的判决，提高了图书的可读性。

2001年，陈新民的《德国公法学基础理论》出版。[①] 这是上下两卷论文集，其中有关德国行政法的研究论文大致有9篇，包括：德国19世纪法治国概念的起源，国家的法治主义——英国的法治（The Rule of Law）与德国法治国（Der Rechtsstaat）之概念，德国行政法学的先驱者——德国19世纪行政法学的发展，公共利益的概念，公务员的忠诚义务，宪法财产权保障之体系与公益征收之概念——德国与美国的比较研究，公益征收的目的，公益征收的补偿原则，法律溯及既往的概念、界限与过渡条款的问题等。2010年该书出版增订版，[②] 其中新增涉及行政法的论文有社会主义法治国之概念——从越南及东德的经验谈起、平等原则拘束行政权的问题——论不法平等等。该书不仅丰富了德国行政法的知识，也以其严谨的学术规范为学术界提供了学习的对象。

在行政行为方面，2007年，赵宏出版了《法治国下的行政行为存续力》。[③] 该书是作者在其博士论文基础上完成的，除导论外，共有5章内容，分别探讨了行政行为存续力的理论源起及历史沿革，概念界定与内涵形塑，法治国依据、功能与界限，在实定法中的具体呈现，在我国的引入与建构。这是国内第一本专题研究德国行政行为存续力的著作。2012年，赵宏又在前一著作的基础上，出版了《法治国下的目的性创设——德国行政行为理论与制度实践研究》。[④] 该书共有14章内容，涉及狭义行政行为的概念缘起、行政法学上的"阿基米德支点"意义、行政行为的生效、违法与无效、行政行为的存续力、构成要件效力和确认效力、行政行为的附款、新型行政行为等。如其书名所示，该书是在研究行政行为，但力图置于法治国家的背景之下，通过知识考古的方法揭示行政行为在实现法治国家中的意义。行政行为是仿照司法判决而建立起来的学理概念，旨在藉由行政行为个别而明确地实现法的要求，进而实现法的安定性，行政行为的效力及其实现机制均由此而来。

在行政救济方面，2009年，毕业于德国科隆大学的刘飞博士出版了《德国

---

① 陈新民：《德国公法学基础理论》，山东人民出版社2001年版。
② 陈新民：《德国公法学基础理论》，法律出版社2010年版。
③ 赵宏：《法治国下的行政行为存续力》，法律出版社2007年版。
④ 赵宏：《法治国下的目的性创设——德国行政行为理论与制度实践研究》，法律出版社2012年版。

公法权利救济制度》。① 该书从德国基本法第 19 条第 4 款出发，着眼于国家权力和公民权利之间良性互动关系的构建，基于规范分析方法，对德国行政复议、行政诉讼、宪法诉讼以及国家责任等制度进行了简要探讨，全景式地展示了一名中国学者眼中的德国公法权利救济制度。2016 年，刘飞聚焦于行政诉讼部分，出版了《行政诉讼制度专题研究：中德比较的视角》。② 该书从研究行政诉讼制度中的行政法院的独立性、受案范围、诉讼类型、暂时权利保护制度与判例制度等基本诉讼制度入手，以紧密结合中国实践需求的比较法视角来分析行政诉讼制度。

2010 年，毕业于日本东京大学的王天华博士出版了《行政诉讼的构造：日本行政诉讼法研究》。该书共 8 章，分别是沿革、行政诉讼制度的基本理念与基本框架、抗告诉讼的诉讼要件、撤销诉讼的审理、课予义务诉讼与禁止诉讼的法定、假救济制度、公法上的当事人诉讼、代结语——日本行政诉讼法的特质与中国行政诉讼法的课题。该书利用一手文献，力图挖掘日本行政诉讼制度背后的原理和理念，把握日本行政诉讼法的基本构造。该书认为，日本行政诉讼的目的在于权利救济，其性质是主观诉讼；行政诉讼采用撤销诉讼中心主义，这是与行政行为观念相关联的；但为了实现无漏洞的权利救济，撤销诉讼中心主义已经发生相对化。③

此外，在日本行政法方面的著作还有：（1）江利红《日本行政法学基础理论》，知识产权出版社 2008 年版；（2）江利红《日本行政诉讼法》，知识产权出版社 2008 年版；（3）吴东镐、徐炳煊《日本行政法》，中国政法大学出版社 2011 年版；（4）王丹红《日本行政诉讼类型法定化制度研究》，法律出版社 2012 年版；（5）石龙潭《日本行政诉讼之诉的利益》，中国政法大学出版社 2021 年版。

在英国行政法方面的著作还有：（1）张越编著《英国行政法》，中国政法大学出版社 2004 年版。（2）何海波《司法审查的合法性基础：英国话题》，中国政法大学出版社 2005 年版。该书与一般的外国行政法著作有所不同，带有很强的研究性，试图以外国人的视角审视英国法并与之对话。（3）王建新《英国行政裁判所制度研究》，中国法制出版社 2015 年版。

在美国行政法方面的著作还有：（1）王静《美国行政法法官制度研究》，国家行政学院出版社 2009 年版；（2）后向东《美国联邦信息公开制度研究》，中国法制出版社 2014 年版。

在法国行政法方面的著作还有张莉《当代法国公法——制度、学说与判例》，

---

① 刘飞：《德国公法权利救济制度》，北京大学出版社 2009 年版。
② 刘飞：《行政诉讼制度专题研究：中德比较的视角》，法律出版社 2016 年版。
③ 参见王天华：《行政诉讼的构造：日本行政诉讼法研究》，法律出版社 2010 年版，第 270-274 页。

中国政法大学出版社 2013 年版。在欧盟行政法方面的著作有王敬波《欧盟行政法研究》，法律出版社 2013 年版。在意大利行政法方面的著作有罗智敏《意大利行政诉讼制度研究》，中国政法大学出版社 2018 年版。在韩国行政法方面的著作有李源《韩国的行政复议和行政诉讼》，中国政法大学出版社 2015 年版。

六、当代中国行政法学方法论

改革开放以来，我国行政法学方法论出现了很大的转变，由最初与政治学、行政学未分离的混沌状态，逐渐转为法学方法化的局面，再转为释义学、实证主义方法、法政策学、法社会学等方法并行的局面。

（一）政治学或行政学的方法

1983 年，王珉灿主编的《行政法概要》专门设一节介绍"我国行政法学的研究方法"，它着重谈及四种方法。第一是理论联系实际的方法。这就是在马克思列宁主义、毛泽东思想的指导下，从我国行政管理的实际出发，以大量的行政法规范为主要对象来深入地研究我国社会主义行政法的方法。第二是从具体到一般的逻辑分析的方法。研究我国行政法，必须从我国行政管理的实践和已颁布的具体的行政法规范出发，进行具体分析。资产阶级法学家在研究行政法时，或者仅就法规条文的含义来进行研究，或者仅就法规的异同加以区别，这是形式主义注释派的研究方法，我们不能沿用。我们的研究方法是从具体到一般、从感性认识到理性认识、从实践到理论的方法。第三是历史唯物主义的阶级分析的方法。历史的研究方法首先要用发展的观点去考察行政法发展的历史及社会背景，其次要用阶级分析的方法去分析自有阶级以来各种类型的国家本质、各个历史时期行政法的阶级实质。如此，方可汲取对我们有用的东西，改善和完备我们的行政立法，建立我们自己的社会主义行政法和行政法学。第四是比较的方法。从马克思主义的立场观点出发，用比较的方法研究行政法，主要是对各种行政法规、各种制度、各种理论进行比较，既可以对各个历史阶段的行政立法进行比较，也可以对本国和外国的行政法规和行政制度进行比较。比较的目的是批判吸收，借鉴参考。①

从该书内容来看，"我国国家行政管理的指导思想和基本原则"都是政治原则（诸如在党的统一领导下实行党政分工和党企分工、广泛吸收人民群众参加国家行政管理）和宪法上的原则（诸如贯彻民主集中制，实行精简原则，坚持各民族一律平等，按照客观规律办事、实行有效的行政管理，维护社会主义法制的统

---

① 参见王珉灿主编：《行政法概要》，法律出版社 1983 年版，第 37-39 页。

一和尊严、坚持依法办事），缺乏行政法原则的专门性，也没能转换为行政法自身的原则。在行政法分论部分，侧重于行政管理的制度实态，法学分析较少。这也体现出这一时期行政法学尚未与政治学、行政学相分离的状态。

《行政法概要》所体现的方法论直到1980年代末都还在各种行政法教科书中得到体现。这种方法论的不自觉也从侧面反映出行政法学自身的不够成熟。

（二）法学的方法

直到1980年代末，尤其是罗豪才主编的《行政法学》，才开始了行政法学的法学方法化。与民法学以法律行为为核心构建民法学体系不同，该书的一大特色在于以行政法律关系为核心构建起行政法学。该书指出：应始终把握行政法律关系的核心，并对之极力加以具体阐述。行政法学的主要任务是研究行政法律关系。而行政法律关系的核心部分是权利义务，即行政法律关系主体的权利义务。我们甚至可以说，行政法学就是研究行政法主体的权利义务的科学。抓住行政法律关系这一核心，就能把握行政法的本质。如果无视这个核心的存在，不讲行政法确定的权利义务，我们就无法确定"违法""合法"这类概念的内涵和外延，更谈不上保护合法行为、追究违法行为了。为了阐明行政法的核心问题，我们当然可以、也必须谈及一些与核心相关联的现象、思想或知识，但是与此无关或关系甚微的内容，如纯行政学、政治学的内容，我们就不应予以阐述，不同的学科之间应有分野。因此，我们在讨论行政法时，应牢牢抓住行政法的这一核心。[①]该书首先将行政法界定为"调整行政关系的法律规范的总称"，而区别于从行政权、行政法的结构等角度对行政法作出的界定。该书还将"行政法律关系"作为专门一节进行探讨，将行政法律规范分为行政组织规范、行政行为规范和监督行政行为规范三种。行政组织规范和行政行为规范除调整的范围（行政内部与外部）有所不同外，其行政法律关系具有相同的特点，行政机关都是居于主导地位，具有不对等的性质。这两类规范所调整的行政关系都是管理与被管理的关系。而监督行政行为规范则与前两者有质的差别，在其行政法律关系中，监督主体居于主导地位。该书特别强调了监督行政行为规范的重要性。基于这种理解，该书将行政法学体系分为三个部分：第一部分是绪论，重点阐述行政法的基本概念和基本原则，第二部分集中阐述行政权行使方面的原则和规范，第三部分着重论述行政监督的原则和规范。该书并没有像其他教材那样专设行政机关或行政组织一章，而是辟出"行政法律关系主体"作为一章，除介绍行政机关、公务员之外，还有"个人、组织"一节，体现出行政法律关系论的特色。1999年，姜明

[①] 参见罗豪才主编：《行政法学》，中国政法大学出版社1989年版，第31页（罗豪才执笔）。

安主编的《行政法与行政诉讼法》同样根据行政法律关系论构建其基本体系。

随着行政法律的日渐增多和行政诉讼法的适用，阐释实定法成为行政法学的重要任务。从总体来看，法释义学构成了当代中国行政法学的主要方法。在方法论上，高秦伟和王旭曾专门对行政法解释学展开研究。[①] 李洪雷则采用了"行政法释义学"的名称，他认为，"行政法释义学以某个特定的行政法秩序为中心，以法律方法为主要工具，探求行政法适用中之疑难问题的解决之道"。[②] 虽然行政法释义学以行政法的适用为主要取向，但并不能将行政法释义学等同于行政法规范的解释，它面向行政法规范的适用，包括解释规范、建构学理体系，实际上李洪雷的《行政法释义学：行政法学理的更新》一书主要就是在做理论体系的建构工作。

行政法释义学对行政法的基本理解可以用一个连等式来表示：行政法＝行为规范＝裁判规范。它确实有以司法为中心的倾向，如果没有法律问题，就不容易成为被关心的对象。这种方法不免带有自身的局限性。

(三) 方法论的多元化

随着行政法任务的多样化，行政法学不仅要阐释法律、构建学理，还要关注法律的运行实际，甚至要为制度设计建言献策，行政法释义学显然不能满足这种任务的要求。由此，行政法学方法论也变得多元化起来，目前主要有行政过程论、法社会学等方法，此外还有法政策学的一点应用。

1. 行政过程论

传统行政法学很大程度上是以行政行为为核心概念构建起来的，关注产生法律效果的行政行为，注重其结果，而忽视不具有法律效果的其他行为形式；不关心产生法律效果的过程，重视法律性质的分析而忽视整体宏观的考察。当然，以行政法律关系论为核心构建起来的行政法学理很大程度上已能避免传统行政法学的缺陷。受到日本行政法学的影响，我国学者引入了行政过程论，努力消除传统行政法学的盲区，建立行政法的动态考察机制。总体而言，行政过程论的方法虽然得到一定程度的使用和研究，但仍相对有限。

在行政过程论上，较早的研究是湛中乐的《现代行政过程论》（北京大学出版社2005年版），这是在其博士论文的基础上修订出版的著作。其后，留学日本的江利红也出版专著《行政过程论研究——行政法学理论的变革与重构》（中国

---

① 高秦伟：《行政法规范解释论》，中国人民大学出版社2008年版；王旭：《行政法解释学研究：基础理论、实践技术与中国问题》，中国法制出版社2010年版。

② 李洪雷：《行政法释义学：行政法学理的更新》，中国人民大学出版社2014年版，第3页。

政法大学出版社 2012 年版）。另外，在具体问题中运用这一方法的研究也有很多。这一方法在拓展行政法学的研究范围、健全行政法学的思维方式上作出了贡献，但"行政过程"本身只是一个连续的事实，并不能成为评价事实的规范标准，行政过程论在如何适应法学的特质上仍有需要完成的课题。

2. 法社会学方法

法实证主义方法在民国时期的行政法学中已有应用。改革开放之后的行政法学也在一定程度上使用了这一方法，主要采用问卷、统计分析等社会调查的方法"从事实中抽象得出诚实判断"，考察行政法的现实实施状况。

从 1991 年年底开始，在行政诉讼法实施后不久，已届耄耋之年的龚祥瑞带领青年教师和一批研究生编写了五类调查问卷（法官、行政机关工作人员、律师、原告、普通公民），他们通过发放问卷、分组座谈、个别谈心、通信往来等多种方式，对行政诉讼法的实施现状展开调查，最终形成了《法治的理想与现实——〈中华人民共和国行政诉讼法〉实施现状与发展方向调查研究报告》[1]。虽然该书在研究方法上遭到严厉的批评，被称作"失范的典型"，[2] 但是，该书作为早期的尝试，仍生动形象地展现了行政诉讼法的最初实施状况，龚祥瑞在该书后记中写道，"活的法律将在生息繁衍中永不止息"。该书还曾被翻译为日文出版。[3]

此后，类似的研究还有：（1）姜明安主编《中国行政法治发展进程调查报告》，法律出版社 1997 年版。（2）林莉红主编《行政法治的理想与现实：〈行政诉讼法〉实施状况实证研究报告》，北京大学出版社 2014 年。该书在研究方法上已有很大进步，选取了法官、民众、行政机关工作人员和律师四类群体，采用问卷、访谈、两年判决书内容分析的调查方法，对行政诉讼法实施二十多年后的状况展开了全面考察。在论文上也同样存在类似倾向的研究，例如，何海波的《行政诉讼撤诉考》（《中外法学》2001 年第 2 期）、《困顿的行政诉讼》（《华东政法大学学报》2012 年第 2 期）等。

与上述法实证主义方法相似，还有一些学者采用法社会学的经验研究方法对行政法的现实世界展开描述和分析。在这方面，代表性的著作有：（1）汪庆华、应星编《中国基层行政争议解决机制的经验研究》，上海三联书店 2010 年版。该

---

[1] 龚祥瑞主编：《法治的理想与现实——〈中华人民共和国行政诉讼法〉实施现状与发展方向调查研究报告》，中国政法大学出版社 1993 年版。
[2] 冯象：《法学的理想与现实——简评龚祥瑞主编的〈法治的理想与现实〉》，冯象《木腿正义》，北京大学出版社 2007 年增订版，第 78 页。
[3] 龚祥瑞主编（浅井敦＝間田穆＝吉川剛訳）『法治の理想と現実』（新評論、1996 年）。

书收录了九篇文章,通过广泛的经验调查,分析信访、行政复议和行政诉讼三种行政争议解决机制之间的关系,以及它们在解决行政争议上的具体功能和运作机制。(2)汪庆华《政治中的司法——中国行政诉讼的法律社会学考察》,清华大学出版社 2011 年版。该书通过对行政诉讼的内部运作、外部机制、集团诉讼和乡土法律人四个方面的考察,试图描绘出中国行政诉讼的多中心主义司法的特征。

第三章

行政法的基本原理变迁

在概述中国行政法学史之后,下面将按照行政法学的学术体系,分专题对行政法学说史进行梳理。在行政法的基本原理中,将分别梳理行政法的观念、公法论、行政主体论、公权论、法治行政原理、行政裁量观,从总体上认识行政法及其定位、行政法律关系等问题。

第一节 行政法的观念变迁

"行政法"一词毫无疑问是近代的产物,何谓行政法、何时产生了行政法、行政法具有何种功能,都属于有关行政法最基础的认知。一百多年来,行政法的观念并未定型,时有反复。这里仅撷取各个时段的论争加以概览。

一、行政法观念的首次论争

经过清末的法制近代化改革,行政法的制度建设渐次展开,而制度的取舍难免会产生意见的分歧和理论的论争。中国行政法学的第一次论争发生于清末民初,系因行政诉讼制度而产生,围绕着是采取大陆法系的二元制还是采取英美法系的一元制而展开,涉及行政法的诸多本质问题。这一场论争亦可谓行政法学中国化的开端。本来以日本行政法学为主导的局面,由此大为改观,不仅输入了英美法系的法治观念,还迎来了真诚的批评者。

(一)论争的历史背景

在清末预备立宪过程中,作为司法制度的重要一环,行政裁判制度成为立法的构想之一。1906年8月25日,考察政治大臣戴鸿慈等奏请设立"行政裁判院",专理官民不公的诉讼及官员惩戒处分,并有弹劾之责。① 1906 年 11 月 6 日,由载泽等负责编纂、总核大臣奕劻等核定的《行政裁判院官制草案》上奏清廷。② 但直至清朝结束,该草案也未能成为正式立法。在立宪筹备过程中,1908 年 8 月 27 日,《宪政编查馆资政院会奏宪法大纲暨议院法选举法要领及逐年筹备事宜折》拟定于光绪三十九年(1913 年)设立"行政审判院",1916 年颁布宪法。1911 年 1 月 17 日,迫于形势的压力,《宪政编查馆大臣奕劻等拟呈修正宪政逐年筹备事宜折》将颁布《行政审判院法》、设立"行政审判院"的时间改为宣统三年(1911 年),于次年颁布宪法。③ 在正式法律上,1910 年 2 月 7 日(宣统元年十二月二十八日)公布施行的《法院编制法》第 2 条规定:"审判衙门掌审判民事、刑事诉讼案件,但其关于军法或行政诉讼等另有法令规定者,不在此限。"④ 据此,确立了普通法院与行政审判院的二元体制,但因改朝换代而未能形成事实。清末就行政裁判院与都察院之间的关系也发生了一场论争,但论争的主要内容在于吏治机关的设置问题,⑤ 对于行政法学的意义不甚明显。在这一论争的尾声中,宋教仁⑥、章士钊⑦等人加入其中。随着行政诉讼制度在民国政府的确立,论争的性质发生改变,围绕着平政院和行政诉讼制度重新展开。

1912 年 3 月 11 日,《中华民国临时约法》第 10 条规定,"人民对于官吏违法损害权利之行为,有陈诉于平政院之权";第 49 条还规定,"法院依法律审判民事诉讼及刑事诉讼。但关于行政诉讼及其他特别诉讼,别以法律定之"。这就以宪法性文件的形式正式确立了行政诉讼制度,延续了清末行政审判院的构想。

在临时约法颁布前后,社会上对是否建立行政诉讼制度产生了激烈的争议。1913 年,宪法起草委员会在起草宪法时,将是否有必要设置平政院列为会议十二项议题中的第八项主要议题,⑧ 并在 9 月 9 日第 16 次会议上进行了审议。审议

---

① 参见《出使各国考察政治大臣戴鸿慈等奏请改定全国官制以为立宪预备折》,故宫博物院明清档案部编:《清末筹备立宪档案史料》(上册),中华书局 1979 年版,第 374 页。
② 参见《总核大臣奏厘定京内官制折》,《大清法规大全》,考正出版社 1972 年版,第 940-942 页。
③ 参见《清末筹备立宪档案史料》(上册),中华书局 1979 年版,第 65-66、91 页。1911 年 8 月,据称《行政审判法》的草案已近完成,但未颁布。参见黄源盛:《民初平政院裁决书整编初探》,《中西法律传统》第 6 卷,北京大学出版社 2008 年版,第 462 页。
④ 《大清法规大全》,考正出版社 1972 年版,第 1819 页。
⑤ 相关介绍可参见孙兵:《论清末行政裁判院筹设之争》,《重庆师范大学学报(哲学社会科学版)》2010 年第 2 期,第 73-76 页。
⑥ 宋教仁主张与行政审判院平行设立官吏的惩戒裁判所。参见宋教仁:《论都察院宜改为惩戒裁判所》(1911 年 8 月 2 日、3 日),陈旭麓主编:《宋教仁集》(上),中华书局 2011 年第 2 版,第 280-284 页。
⑦ 参见章士钊:《吾国设立行政审判院在宪法上当作何意味乎——行政审判论》(1911 年 9 月 30 日、10 月 2 日、3 日),《章士钊全集》第 1 卷,文汇出版社 2000 年版,第 610-614 页。
⑧ 对于十二项议题,可参见杨幼炯:《近代中国立法史》,上海书店 1989 年版,第 121 页。

的结果是：反对设置平政院者有 35 人，主张设置平政院者有 12 人，赞成者为少数。① 该宪法草案（史称"天坛宪草"）最终未规定设置平政院。但"天坛宪草"未能付诸表决，国会在 1914 年 1 月 10 日也横遭解散。随后召开了约法会议，修改临时约法。或许是由于会议的重点在于大总统权限问题，约法会议委员们在审议《中华民国约法草案》时，对其关于设置平政院、行政诉讼的内容并无异议。② 如此，1914 年 5 月 1 日公布的《中华民国约法》沿袭了临时约法关于行政诉讼制度的规定。

1914 年 3 月 31 日，《平政院编制令》公布。③ 该法共 29 条，规定平政院直隶于大总统，审理行政官吏的违法不正行为。这就为行政诉讼制度提供了组织法上的依据。1914 年 7 月 17 日，参政院代行立法院职权，审议通过了《行政诉讼法》。1914 年 7 月 20 日，袁世凯将该法公布施行。④ 中国历史上第一部行政诉讼法由此诞生了，行政法也从此真正开始在中国生根发芽。而行政诉讼的实践也为中国行政法学的诞生提供了丰富的给养。

（二）论争的主要内容

有关行政审判院、平政院和行政诉讼的论争，可谓由留学英美的人士发起。他们崇尚的是英国宪法学家戴雪（A. V. Dicey）的法治观念，将法律平等（"凡人皆受治于普通法律，而普通法律复执行于普通法院"⑤）奉为圭臬。这一场论争恰好改变了中国学习行政法的"偏食"现象，丰富了对两大法系关于行政法的认识，在近代中国重现了当年戴雪批判法国行政法的场景。论争涉及问题较多，这里将其归纳整理为以下四个问题，均可谓中国行政法学的基础命题。

1. 何谓行政法

在清末行政法学传入之际，亦有对行政法的界定，但认识模糊。直到民初的这一场论争，"行政法"的界定才真正成为问题。在论争中，对于英美有没有行政法的问题，产生了截然对立的观点。为此，就必须澄清"何谓行政法"的问题。

章士钊（笔名秋桐，留学于英国爱丁堡大学）指出："愚学于英，见其苏格

---

① 参见《宪法起草委员会第十六次会议录》，李贵连主编：《民国北京政府制宪史料》，线装书局 2007 年版，第一册，第 459 - 466、479 - 481 页。
② 参见顾鳌编：《约法会议纪录》，文海出版社 1968 年版，第 224 - 225、262 页。
③ 教令第 39 号，《政府公报》第 682 号，《政府公报（影印本）》第 26 册，上海书店 1988 年版，第 2 - 5 页。
④ 法律第 3 号，《政府公报》第 793 号，《政府公报（影印本）》第 35 册，上海书店 1988 年版，第 19 - 23 页。
⑤ 参见［英］戴雪：《英宪精义》，雷宾南译，中国法制出版社 2001 年版，第 237 页。

兰大学即设有行政法一科，专以说明全英行政组织为务。世论谓英无行政法者，本是瞽说，惟彼中无行政裁判耳。由是观之，行政法之为名，以入英美、大陆两派学者之论潮，其意义专限于行政裁判一点。苟其国设行政裁判者，谓之采行政法之国。不设者，谓之不采行政法之国。至于广义之行政法，无论何国皆有之。"①

王宠惠（美国耶鲁大学法学博士）亦持相同观点，他提出：从广义上来说，凡法律中涉及行政事项者，均可称为行政法。英美也并非没有行政法，但其均夹杂在普通法律中，而独自成为特种法律。从狭义上来说，凡对于官吏以官吏资格所作的行为，不绳之以普通法律，而绳之以特种法律，且不受普通法院的管辖，而受特别法院管辖。该特种法律，就是欧洲大陆的所谓行政法。广义的行政法无论哪一国都有，但狭义的行政法则因法系的不同而不同。②

对于行政法调整对象的特点，学者的见解也有分歧。林万里等人认为，在英国也有海法法院、军事法院、商事法院等，故而不可谓平权法制国家。③ 章士钊（笔名行严）则反驳道，这些法院及其所适用的法律仅限于一类，而与普通人无关。行政法绝不是仅适用于官吏一类，凡人民的权利皆可因其而受损伤，不可相提并论。④

2. 行政法的功能何在

在崇尚英美法的学者看来，行政法是维护特权的工具。章士钊认为，"行政法之所由立，乃在假定官吏享有一种特别权利为人民所不能享者"。这种特权须由特别机关加以保护，普通法院不得干涉。⑤ 他根据甄克思的平等法制之国（common law states）与特权法制之国（prerogative states）的分类，⑥ 将实行行政法的国家归入后者。他指出：

---

① 秋桐：《行政法》（1914年8月10日），《章士钊全集》第3卷，文汇出版社2000年版，第222页。
② 参见王宠惠：《中华民国宪法刍议·宪法要义》（1913年），夏新华等整理《近代中国宪政历程：史料荟萃》，中国政法大学出版社2004年版，第275页。
③ 参见林万里：《行政裁判所果不当设耶？》，《民立报》1912年4月5日第529号，第2页；4月7日第531号，第2页。
④ 参见行严：《进论行政裁判制度》（1912年4月22日），《章士钊全集》第2卷，文汇出版社2000年版，第214-215页。
⑤ 参见章士钊：《驳〈神州日报〉论保障人民自由权不宜效英国制废行政裁判所》（1912年4月7日），《章士钊全集》第2卷，文汇出版社2000年版，第196-197页；《论特设平政院与自由原理之不相容》（1912年3月18日），《章士钊全集》第2卷，文汇出版社2000年版，第105页。
⑥ 参见［英］甄克思：《社会通诠》，严复译，商务印书馆1981年版，第156-157页。与章士钊不同，严复将prerogative states译为"议贵法制之国"。

> 行政法之原则基于国家代表之应有特权，凡此种代表以其公人资格有所行动，其行动非寻常法庭所能问。私人与有交涉，其地位与私人相互交涉时所立者迥然不同，官吏所受之处分与私人所受者又截然有异。若而国者，官吏、齐民之间有一鸿沟，官吏所享之特权非齐民所能有，而齐民原有宪法上之权利一与官吏之特权遇，而即动摇，识者称为特权法制之国。此种法制在英美法家之所不解，英为宪政母国，美与其他操英语国承其流风，皆不赖行政法而治臻上理。在欧陆诸国采用行政法者，其行政、司法两部之间每有葛藤，其结果乃至司法不能独立，致宪法失其作用。①

而在主张大陆法系的学者看来，行政法的功能恰恰在于更为有效地约束行政权。汪叔贤（留学于日本法政大学）认为：

> 大陆法派视公法与私法之界别最严。公法系国家与人民之交涉，私法系私人间对等之交涉。国家人民之交涉必生命令服从之关系，私人对等之交涉必生权利义务之关系。行政法者，公法也。故凡关于处分之争执（即行政诉讼）必赖行政法为之救济。民法者，私法也。故凡关于权义之争执（即民事诉讼）必藉民法为之保障。行政法与民法两者之性质各异，而作用复不同。有民法而私权之保护益固；有行政法，行政权乃受法力之束服，而不流于专肆。用意深微，可称大陆法派之特色。至英美，则视公法与私法并无区别，官吏之行使政权等于私人之主张权利，处分上之争执即视为权义间之诉讼。以广义言之，直谓国家由于民法的权利义务之关系而成立，亦无不可。此在大陆派学者视之，鲜不交口以肆非难之声矣。顾英行之而不觉其弊者，盖英之立国僻处三岛，不亟外竞，又民德纯美，颇尚自治，习惯法力之强，竟为成文宪法国所不及。故民刑两法罗列万象，亦无人讥其品质之杂糅。若大陆诸国强欲效颦，吾恐行政上之统系必将紊乱不可收拾。②

3. 行政诉讼的目的何在

对于行政诉讼的目的（性质），汪叔贤认为，学说上有权利说和法规说两种。"权利说者以行政诉讼为对于行政处分毁损权利之救济手段也。法规说者以行政诉讼为对于行政处分违反法规之纠正手段也。盖权利必经法规所定，而法规之所定不仅关乎权利。故就法规说而言，则行政诉讼不问其毁损权利与否，在于处分

---

① 章士钊：《吾国设立行政审判院在宪法上当作何意味乎——行政审判论》（1911 年 9 月 30 日、10 月 2、3 日），《章士钊全集》第 1 卷，文汇出版社 2000 年版，第 613 页。
② 汪叔贤：《论平政院》，《庸言》第 2 卷第 4 号（1914 年），第 3-4 页。

适法与不适法而已。若民事诉讼，则纯为私人间权利义务之关系，提起诉讼之理由专以拥护权利为目的。行政诉讼反是，其目的在使法规适用之正确，拥护权利不过为其结果耳。"① 章士钊则认为，英美学者攻击行政法，系攻击其权利说。官吏以行政处分毁损人民权利，应当以普通裁判所作为救济手段，而不应诉诸特别裁判所。如果主张法规说，则要问适用法规说的范围能否不及于人民。涉及人民，则与主张权利说有同样的结果。若不涉及人民，则法规的效力仅及于官吏。如果是这种行政法，则遍于欧美两陆数十年的法理论争悉可避免。②

进而，对于行政诉讼的构造，汪叔贤认为，行政诉讼的当事人是国家与人民之间的关系，被告是行政官厅，而非官厅的某种官吏。行政官厅有单纯的违法处分（处分违背行政的法规而不问人民权利有毁损与否），对此所提起诉讼的目的在于决定处分的适法与否，故不必像处理人民间权利关系的民事诉讼那样，原被告必须为有人格者。③ 而章士钊则反驳道，"通国家学者，当解国家行为无不善之原理。然则代表国家，又安能作恶，是知作恶者，必非官吏之公人，而为官吏之私人也"。④ 也就是说，英美将官吏与人民间的交涉事件视作官吏个人的行为。判决先去掉官吏的公人资格，不承认其享有特别权利，违法即不符合授权本意，而要使其以个人负责。

4. 中国是否需要行政诉讼法

对于有无必要施行行政诉讼制度，储亚心认为："夫行政裁判所之设立，所以谋行政上之救济，而以澄清吏治为宗旨也。不以国体而异，要视其国民程度之如何耳。在大陆法系如法兰西者，共和国也，以其国民程度尚未足语于平等也，故取特权制度，特设行政裁判所，审理行政上之诉讼；在英美法系，如英吉利者，君主国也，以其人民程度已高至极点，故取平等制度，而以行政诉讼归之审判厅，此自程度上之问题，而非国体上之问题。吾国人民程度较之法兰西尚有逊色，其不足与英人比肩，故不待智者而后知也。法既毅然行之于前，无所妨害，吾今仿之于后，庸何伤乎？"⑤ 而章士钊则迎头批驳，"夫所贵乎国民程度者，乃

---

① 汪叔贤：《论行政裁判》，《民立报》1912年5月3日第557号，第2页。张东荪亦持类似观点，参见张东荪：《论普通裁判制度与行政裁判制度》，《庸言》第1卷第15号（1913年），第9-13页。
② 参见行严：《论行政裁判》（1912年5月4日），《章士钊全集》第2卷，文汇出版社2000年版，第263页。
③ 参见汪叔贤：《论行政裁判》，《民立报》1912年5月3日第557号，第2页。
④ 行严：《论行政裁判》（1912年5月4日），《章士钊全集》第2卷，文汇出版社2000年版，第264页。
⑤ 储亚心：《平政院》，《甲寅》第1卷第3号，通讯第1页。原文作者被写成"何亚心"，但据甲寅杂志主编章士钊的《论平政院——答储君亚心》（1914年8月10日）[《甲寅杂志存稿》（下），商务印书馆1928年第5版，第21-27页]的表述，应系被更正为"储亚心"。

在民力自动之时，而非在民权被控之际。乃为人民参政而言，非为国家执法而语也。国家执法以施之民应以何种形式出之，此法制优劣问题，而非民智高下问题"。中国古代向以"民可使由之，不可使知之"来对待民智，但在法律上则对官民向无歧视，官至极品，无论为公为私，均一律定罪量刑，并无行政事项另当别论之举。法国大革命的精神即为平等。行政裁判制度与民智高下无关，在法国也是历史的偶然。①

在1913年宪法起草委员会起草"天坛宪草"的会议上，伍朝枢反对设置平政院，提出了三点理由：第一，保护人民的自由。平政院法官必定来自原来的行政官，其感情偏向于行政一方。行政法又最难被编成法典，故而极有操纵自由的余地。一旦遇到国民与行政官涉讼之处，人民一方的保障特别薄弱，其权利也无从享受。第二，保障司法。其认为，要实现法治国的目的，必须实行司法独立；而要实行司法独立，则要从维持法官的信用和尊严开始。若与行政官关系的案件均不得向普通法院管辖提起，行政官受特别保障，法院必为人民所蔑视，这对法院的尊严大有损害。第三，分清权限。考察各国历史，平政院往往因发生事件问题与普通法院发生冲突，于是在两种法院最高机关之上，不得不另设解释权限的机关。机关既多，而诉讼愈烦。②

而黄云鹏逐一反驳，认为平政院系保障人民自由而设；平政院与法院管辖事项不同，不存在干预司法的问题；大陆各国多采取管辖权的列举规定，未规定者归属于司法裁判，也不产生管辖权紊乱问题。他接着阐明了应设平政院的三点理由，颇具代表性：

（一）分权上之必要。……官吏是否确守行政法规，行政部自应监督，勿待司法之阑入以束缚其自由裁量。故法国纯由行政官厅审判者，即本此意。（二）技术上之必要。行政管辖事务性质复杂……如以此等事件概付诸普通裁判，则裁判官既无各项专门知识，必不能审慎周详处理尽善也。若强为行之，技术不精，保无有拘文牵义、昧于事实之武断？征诸法国关于私权之审判，平政院往往优于普通裁判所者，其例不可枚举也。（三）控诉自由之必要。考法国人民控诉于平政院，由下级以至最上级，事实疑问、法律疑问皆可再审，殆无限制……至于讼费之减轻，手续之简便，皆所以增广控诉

---

① 参见章士钊：《论平政院——答储君亚心》，《甲寅杂志存稿》（下），商务印书馆1928年第5版，第22—23页；《章士钊全集》第3卷，第231页。
② 参见《宪法起草委员会第十六次会议录》，李贵连主编：《民国北京政府制宪史料》，线装书局2007年版，第一册，第459—461、479—481页。

之自由，保障人民之权利。故较诸普通裁判所，其自由范围绰乎远矣。攻击者或又以为平政院审判官由行政部进退，恐受行政部之迫压为虑，则以保障法官者保障之，必能自由裁判，无所顾忌。故平政院之应设置，于事实、于理论均无不合。①

这一场论争虽然最终因1914年《行政诉讼法》的制定和实施而渐渐偃旗息鼓，但对于行政法的基本认识无疑是有积极作用和深远影响的。此后虽然也有不少论争，但如此长久而广泛的争辩并不多见。

二、行政法的存在之争

1928年，南京国民政府不再沿用民国初期的三权体制，而开始按照孙中山的五权宪法，实行五院制。如何在新宪法体制之下展开行政法学研究，成为行政法学中国化的一项重要课题。这时，在黄右昌与汤怡之间发生了一场有关行政法存在的精神及方式的论争，可谓之为"黄汤之争"。

（一）论争的第一回合

1930年，北京大学法学院教授黄右昌②发表长达104页的论文《法律的新分类》，1931年，黄右昌发表了前文的精要版《现代法律的分类之我见》。黄右昌首先讨论了旧分类的存废问题，并集中批判了公法与私法的分类，其次提出了海法与空法、团体法与社会法（内含经济法与劳动法）、组织法与建设法、过渡法与时际法、一般法与特别法、国际法与国内法、原则法与例外法、根本法与附属法的新分类。其中，有关行政法的部分在组织法与建设法的分类部分。黄右昌主张，改法律系课程中的行政法为组织法，以法院组织法归入其中，不另列为一门。行政法三字来自日本，日本的又来自欧洲。考察法英此字的来源，系出自拉丁语，ad即分配之意，ministration即辅助之意，直译就是"分配事务以辅助国家"，而不是非译为"行政"二字不可。③ 其主张的理由在于，行政法在权力分立的国家尚且不相宜，因为有行政法，并无立法法、司法法。我国现在采用五权分立，独于行政一权赋予行政法的名称，将置其他四权于何地？三权有三权的法

---

① 《宪法起草委员会第十六次会议录》，李贵连主编：《民国北京政府制宪史料》，线装书局2007年版，第一册，第462－463页。

② 黄右昌（1885—1970），字黻馨，湖南临澧人，17岁中举人，后入湖南时务学堂，被选送留学日本，23岁归国，参加留学生戊申部试，一举夺魁。后任湖南法政学校教授、校长及省议会会长，北京大学法律系教授兼系主任。1930年起，历任南京国民政府立法委员、大法官等职。1948年回湘任湖南大学法律系教授。新中国成立后，任中国文史研究馆馆员。著有《罗马法与现代》《海法与空法》《法律之革命》《民法要义》等，有"黄罗马"之称。

③ 参见黄右昌：《现代法律的分类之我见》，《中华法学杂志》第2卷第8期（1931年），第23－24页。

形，五权有五权的法形，简单沿袭效仿三权之法，既不足以显示革新的气象，也影响五权的精神。黄右昌对组织法的定义是"以阐明五权组织之原理原则（原论）及其运用方法（各论）为目的之学科"。他还设计了组织法讲义的目录，分为两个部分：第一部"组织法原论"，这是对旧行政法总论的改称，但精神则大不相同，包括通则、行政、立法、司法、考试、监察及地方自治制度七章，其中行政一章包括行政作用、行政处分、营造物行政、行政上之强制作为手段、对于行政之救济手段五节内容，大致包括行政法总论的主要内容。第二部"组织法各论"，这是对旧行政法各论的改称，但内容则大不相同，包括政治团体、职业团体、社会团体、国民政府、行政院、立法院、司法院、法院、考试院、监察院、审计部、省政府及市、县区、乡、镇组织法十六章内容，其中行政院组织法一章包括内政部（特详论警察）、外交部、军政部、海军部、财政部、农矿部、工商部、教育部、交通部、铁道部、卫生部、各委员会（建设、劳动、禁烟、蒙藏、侨务），大致类似于行政法各论的内容。① 毫无疑问，黄右昌的上述认识具有鲜明的自我意识，意图构建适合五权宪法的知识体系，但也较为大胆，故而他也声称，"愿与海内法学家商榷"。

此后，黄右昌又专门就组织法问题撰文，分析了组织法可否成为一门独立学科、组织法与行政法的关系、组织法与团体法社会法及根本法的关系、组织的类别等问题。该文指出，旧行政法与新组织法有根本不同：（1）旧行政法以临时约法为根据，新组织法以建国大纲、训政纲领、中国国民党政纲及训政时期约法为根据。（2）旧行政法以三权为出发点，新组织法以四个政权、五个治权为出发点。（3）旧行政法无所谓权与能的区分，新组织法则根据总理发明的学理，以权与能区分为其重大的精神。（4）旧行政法上国家的观念，多数学说均主张国家人格说，新组织法上国家的观念，则主张团体法兼团体人说。（5）旧行政法有所谓官制官规，新组织法则无官制官规字样，而尽力宣传公务员为人民公仆。（6）旧行政法虽以三权为出发点，而只注重行政一权；新组织法以五权为出发点，并注意五权的平均发展。（7）旧行政法的制度系总统制或内阁制，故总不免独裁的臭味；新组织法系委员制，故能适合现代的需要。（8）旧行政法各论开宗明义为内务行政（尤其是警察行政），新组织法各论开宗明义为政治团体组织，即党的组织，在党部与政府的关系、党义及宣传上发挥尽致，适合"党权高于一切"及"以党治国"之旨。纲举目张，有条不紊。（9）旧行政法趋向于中央集权，新组

---

① 参见黄右昌：《法律的新分类》，《国立北京大学社会科学季刊》第5卷第1·2期（1930年），第47—54页。

织法趋向于中央与地方均权，故旧行政法的政府专指中央政府，而新组织法则合中央与地方二者。(10)旧行政法为19世纪以前的观念，倾向于帝国主义及国家主义方面，新组织法为最近德、俄两国的产物，倾向于法律的社会化方面。旧日课程在行政法之外，须讲法院编制法，即便每周一小时，教师已苦于材料之难。新组织法则不仅并入了行政法，将法院组织亦消纳于各论之中。这显然是法律上的一大革命，并非改头换面可比。这时，黄右昌对组织法的界定稍作修改："组织法者，以阐明三民主义之立法及五权组织之原理原则（组织法原论），及其运用方法（组织法各论）为目科之学科者也。"[①]

1931年，对于黄右昌的上述行政法改造意见，朝阳大学汤怡[②]撰文提出批判：第一，行政法迄今尚无成文法典，一切关于国家行政的法规、规则、条例等，均为行政法学的研究对象。关于某种机关的组织法，是行政法中的小部分内容。若使行政法范围内的行政组织部分独立，并让其包含所有部分的行政法学，"岂非以极巨之物而纳入于极小之容器乎？"纵然能以组织法代替行政法，而组织法所未包括的行政法部分，在组织法的立场，自然不能收容。其余部分岂非成为"无母之弃儿"吗？改行政法为组织法，抛弃行政法所有的一切内容，确实不是至当不移的主张。至于法院组织法——法务行政——本属于行政法学的内容。第二，在行政法的名称上，固然并非必须译为"行政"，但也不是非译为"组织"不可。凡认识一种学问，必先了解其内容，才能知道其名词的字义，必先了解全部学问的范围，而后才可以说其学科的固定意义。第三，三权除依形式划分外，并无严格的区别。从法律方面来看，三权同为一种法的现象，立法与司法不过是表示法的现象的阶段形式，并非表示法典的名称。而行政的"法之创造"与"法之适用"或"法之执行"，即表现为行政法。第四，在三权之下并没有三权的法形（有行政法而没有立法法、司法法），在五权之下也不必拘执于五权的法形。行政法的存在无害于五权的制宪，纵然包括考试监察来研究，也属于无碍的。在批判之后，汤怡指出了行政法存在的三点理由。其一，行政法的存在是法治国的条件之一。一方面承认被治者国民各个人为公法上的一个人格，即权利义务主体；另一方面明确限定国家机关，特别是行政机关的权限，国家自身亦须服从法的拘束，这是真正法治国的一个要件。根据德国学者耶林的说明，对于法治国家

---

① 黄右昌：《从组织法上说到组织的类别》，《中华法学杂志》第2卷第11期（1931年），第3-4页。
② 汤怡（1906—1957），字化府，河南方城县人。朝阳大学毕业，后留学日本，毕业于明治大学法科。曾任朝阳大学和武汉大学讲师、武汉行营秘书、陕西省政府办公室秘书、陕西省水利局秘书主任、沔县（现为勉县）县长等。抗日战争爆发后，先后任河南大学、湖南大学教授。1949年后历任北京武术研究所秘书、中国人民保险公司研究院兼辅仁大学教授。

的拘束,约经三个时代才呈现今天的状态。第一时代是国家仅在各个具体的事件发生时发布所需要的命令,一切行政事务委诸国家的任意,人民无从预测;第二时代是预先设定一般的规则,但国家不受其拘束,可自由变更废止规则;第三时代是不但人民受法的拘束,国家自身亦受法的拘束。其二,中国自古就以人治国,进入民国时期,虽有所谓行政法,但受行政法拘束的官署实属寥寥。如果厉行法治,使行政纳入轨范之内,严格扩充行政法的权威,方可期待行政的清明与条理。其三,行政法学日趋发达。该文提出了行政法学的新分类,将行政法学分为行政实体法学与行政手续法学,又将行政实体法学分为通则行政法学(包括总论、各论)与特别行政法学(包括基础法学、财务法学、公企业法学、经济行政法学、交通行政法学、教育行政法学、军事行政法学、社会行政法学、劳动行政法学等),将行政手续法学分为行政诉讼法、法务行政法(法院编制法)、行政诉愿法等。① 此后,汤怡对于这一新体系稍作修正,并作出了详细的说明,他将行政法学首先分为一般行政法学与各国行政法学,再将后者分为行政实体法学与行政手续法学。② 这一改动其实是受到纯粹法学的一点影响。

(二) 论争的第二回合

面对汤怡的批评,黄右昌提出了六点商榷:第一,组织法可包括行政法,行政法绝不能包括组织法。组织法是类概念,行政法是种概念,组织法中有行政组织、立法组织、司法组织、考试组织、监察组织等。组织法的外延大于行政法。第二,学术上无谓的争辩多由于概念含义的不定而起。黄氏所主张的组织法,有定义,有分类,给概念确定了范围。而汤氏主张行政法的存在,只有分类,而无定义。其所谓行政的"法之创造"并非行政,而是立法;司法的执行也不是行政。旧派学者强分行政为行政立法与行政司法,不但违背五权的精神,而且违背三权的精神,其不伦不类,已为学者诟病。第三,汤氏的主张与其结论矛盾。汤氏主张行政法的存在理由有法治国的条件及中国的特殊需要两种,而其结论却是不赞成改行政法为组织法而已,这与其行政法存在理由的标题不免自相矛盾。第四,扩充行政法的权威绝对不是中国的特殊需要。今天行政的不清明不条理,是人的问题,而非行政法的权威不扩充的问题。要政治清明与条理,唯有厉行权与能的区分,使人民有权管理政府,政府有能实现治权,而政府有能,则归宿于五个治权,即五权宪法平均发展,断断乎不在于扩充行政法的权威。第五,耶林之

---

① 参见汤怡:《关于行政法的存在问题与黄右昌先生商榷》,《法律评论》第 9 卷第 5 期(1931 年),第 2-6 页。
② 参见汤怡:《行政法学之新体系》,《法律评论》第 12 卷第 42 期(1936 年),第 1-6 页。

说不能为行政法应存在的理由。其说非常宽泛，不足以证明行政法应当存在。欧战之后，法律现象日新月异，耶林是 19 世纪人物，其说不足以证明 20 世纪民主政治的演进。而且，黄氏未尝主张行政法不存在，不过是在行政法存在的精神（民主集权）及方式（划为组织法的一部分）上彼此不同而已。第六，黄氏主张的组织法是动态的研究，而汤氏主张的行政法则是静态的研究，二者方法不同，观察自异。分道扬镳，正可助长学问的发达。①

对于黄氏的商榷，汤怡也细致地逐一再作商榷。择其要点而言，汤怡认为，黄氏回应说未曾主张行政法不存在，但行政法的存在与行政法改为组织法势不两立，这就是黄氏自行取消其主张的铁证。组织法绝不能包括行政法，行政法可包括全部或部分组织法。即便将组织法分离出去作为独立学科加以研究，也只是形成行政法与组织法的对立关系或交叉关系。行政的法之创造与法之执行适用，均表现为行政法，这是行政法的特有现象，有别于立法、司法。② 在扩充行政法权威的问题上，黄氏混谈三民主义，以解释行政的清明与条理，但有混淆法学与政治学界限之嫌。从狭义上谈"扩充行政法之权威"，是使行政作用受法规的拘束，可产生行政的清明与条理，这是法律观。孙中山的权能区分是政治问题，与汤氏所述并非同一问题，自当别论。从广义上谈"扩充行政法之权威"，是使行政法为民生主义的工具。既然民生主义是中国的特殊需要，那么辅助民生主义实现的行政法当然能说是中国的特殊需要。至于黄氏对引用耶林学说的批评，实为观察错误。引用并非主张行政法存在的理由，而是在解释法治国，至于耶林曾否主张行政法的存在则是另一问题。耶林对法治国进化阶段的区分，纵然宽泛，但并无不妥，也没有根据说其已落后于时代。而所谓动态研究与静态研究的区分，黄氏并未展示其学理上的根据和区分标准，不过是巧立名目而已。最后，汤怡为回应黄氏无行政法定义的批评，列举了各国著名学者关于行政法的定义，意图表明行政法存在的实在性与其今后独立发展的趋向。③

在经过两个回合的交锋之后，黄汤之争落下帷幕。面对新的五权宪法体制，黄右昌无疑表现得更为积极，意图通过将行政法划入组织法，更好地回应五院制下新的行政定位。但就是否要以这种方式来回应，过去的行政法理论是否就不能

---

① 参见黄右昌：《答本刊第九卷第五号汤怡先生就行政法存在问题与不佞之商榷书》，《法律评论》第 9 卷第 11 期（1931 年），第 1-6 页。

② 参见汤怡：《关于行政法存在问题对黄右昌先生商榷书的再商榷（一）》，《法律评论》第 9 卷第 18 期（1932 年），第 4-11 页。

③ 参见汤怡：《关于行政法存在问题对黄右昌先生商榷书的再商榷（二完）》，《法律评论》第 9 卷第 19 期（1932 年），第 3-8 页。

适应五权宪法而言，汤怡无疑是维护了行政法的权威和适应性。

三、古代行政法之争

中国古代官僚制度发达，《唐六典》《明会典》《大清会典》等典例成集。自近代行政法观念传入中国之后，有关中国古代有无行政法的论争便不绝于耳。如前所述，织田万在编纂《清国行政法》时并不认为清朝有行政法，只是用行政法的思路去分析而已。这在早期的中国行政法学中是有共识的，"古代行政法"虽然偶被提及，①但未曾在民国时期成为争论的问题。

（一）法律史学界对古代行政法的多数认同

在近代以来的中国法律史教材中，常常以西方的法学观念来比附中国古代制度，常常以"行政法"为名来说明相应的官僚制度。在当代的著作上，张晋藩、李铁著有《中国行政法史》（中国政法大学出版社1991年版）、王士伟著有《中国行政法史》（陕西人民出版社1993年版）、陈国平著有《明代行政法研究》（法律出版社1998年版）等。

李铁认为，我国古代行政法可分为四个演变时期：在夏商的萌芽时期已有约束官吏的法规；奠定时期以《周礼》和秦行政律为代表；发展时期以《唐六典》为代表，行政法从诸法合体中分离出来成为独立的法典；规范时期为明清集历代行政法大成，典与例或则例结合，系统完备。中国古代行政法体系完整而有完备的法典，有中央政权行政法、民族区域行政法和宗教法三大支，有吏法、户籍法、食货法、礼法、教育法、科技法规、皇室规范、民族法、宗教法和司法行政、军事行政等十大部类，以六部（吏、户、礼、兵、刑、工）职官制度为其主体，重治人、严以法、纳礼入法、以礼为制，内容浩博，特点鲜明。②

艾永明认为，从狭义行政法出发否定中国古代存在行政法，在形式上、逻辑上是难以成立的，古代存在行政管理法律规范是不争的事实，其不属于行政法，又属于什么呢？而且从思想理念上分析，否定古代存在行政法者所奉行的法思想和法观念有狭隘之嫌。法是人类文化的有机组成部分。行政法作为人类文化的一部分，其价值目标是行政管理科学化。行政法的发展史就是行政管理逐步科学化的历史。行政管理的科学化是一个逐渐积淀的不可分割的历史过程，古代行政法和近现代行政法的调整对象是一致的，同样有制约行政权力的原则和制度。③

---

① 例如，徐仲白认为，周官至少是我国古代行政学或行政法学的著作之一。唐六典、明清会典都是行政法的法典。徐仲白：《中国行政法论》，现代科学出版社1934年版，第10-11页。
② 参见李铁：《古代行政法的产生、发展及特点》，《政法论坛》1985年第1期，第25-32页。
③ 参见艾永明：《中国古代有无行政法之我见》，《华东政法学院学报》2002年第4期，第24-26页。

但在法制史学界也有不使用"行政法"概念的做法。范忠信认为,以西方的法律概念体系和逻辑思路去阐释中国古代法制常常产生许多误解,需要找到符合中国法律文化内在特质的解读语言符号体系。传统中国的行政,有一套发达的制度与思想体系。二者合起来就是中国传统行政法制文化。中国传统行政法制文化不同于近现代民主宪法之下的行政法制文化,传统中国没有近现代意义上的行政法制理念。但是,生长于东亚大陆农业社会土壤之上的中国传统行政法制文化,以家天下的"君治"为逻辑起点,以"佐君父为治"为基本设计目标,以出政、行政、督政、受政为基本内容,具有非常鲜明的特色和内在的特殊逻辑体系。应尝试将传统和现代两种不同的行政法制理念结合起来,用现代法律文化语言符号系统重新勾画中国传统行政法制文化体系。① 范忠信所使用的概念不是"行政法",而是"行政法制"。

(二)行政法学界对古代行政法的歧见

行政法学界对于"古代行政法"的问题也有争论。1983年,《行政法概要》一书主张,"行政法因国家的产生而产生,并且随着国家性质的变化而变化"。该书将行政法分为奴隶社会、封建社会、资本主义社会和社会主义社会四个阶段来论述。奴隶制国家早就有了管理国家行政的规章制度,不过,多是国家组织制度方面的规定,与近代意义上的行政法是有区别的。我国封建制时期的行政法有如下一些特点:诸法合体,民刑、行政不分;皇帝操纵一批封建官僚行使行政大权,形成一套等级森严、机构臃肿的官僚制度;地方行政机构省以下都不设专门的司法机构,而由州县行政长官兼理,对皇帝负责;中央集权封建君主专制鼎盛时期出现了比较完整的行政法典,但其只对行政机构职掌及官吏奖惩任免等规定得比较完整。资本主义国家的行政法有如下一些特点:权力分立原则确认,行政裁判制度确立,委任立法数量剧增。社会主义国家的行政法是在彻底摧毁一切剥削阶级旧法的基础上建立起来的,是最高类型的行政法。②

而舒扬对《行政法概要》的主张提出批评:行政法是近代的产物,它的产生同资产阶级的自由主义、法治主义的思潮有关,同资产阶级革命时期资产阶级在经济上、政治上的需要相联系。资本主义社会之前没有行政法,是前资本主义社会的经济条件以及政治生活所决定的。农民和农奴对封建主有不同程度的人身依附关系;封建割据,没有集权统治,法不统一;政事由皇帝裁决,官府依皇帝意志行事,而不受任何客观法律的限制。如此就不可能有行政法。新兴资产阶级为

---

① 参见范忠信:《中国传统行政法制文化研究导论》,《河南省政法管理干部学院学报》2008年第2期,第25页以下。

② 参见王珉灿主编:《行政法概要》,法律出版社1983年版,第15-21页。

了争得大规模贸易和平等交换的自由，提出了国家行政也要受法律拘束的要求，主张行政机关必须遵守议会制定的法律。行政法正是为适应这种反封建的需要而产生的。行政法产生的必要基础在前资本主义社会中是不具备的。行政法一开始就是建立在生产资料私有制基础上的资本主义社会的上层建筑，由资本主义固有的社会基本矛盾所决定，资产阶级的所谓"依法行政"根本解决不了资本主义国家和人民尖锐对立的矛盾。行政法的最高类型是社会主义的行政法。①

此后仍不乏主张古代存在行政法者。1989年，张焕光、胡建淼认为，在国家产生以后、资产阶级民主革命以前，存在着行政法，但这种行政法（古代行政法）与资产阶级民主革命后的行政法（近代行政法）有性质和特征上的区别。古代行政法是专制的附属品，没有民主内容，是官吏统治百姓、帝王控制官吏的合法工具，古代行政法与诸法合为一体，不是独立的部门法。但这些不构成否定古代存在行政法的理由。②

而陈泉生认为，首先，近代行政法作为民主与法治的产物，使宪法在政府与公民关系问题上得以具体化，从而成为宪法的延续和补充；古代中国的典章制度虽然有限制官吏专横的成分，但非为实行民主法治和保障公民权利而制定，与近代行政法貌合神离。其次，古代中国并无独立的行政部门，也没有纯粹的行政活动。皇帝集权于一身，不存在权力分立和制约。如此就缺乏了近代行政法产生的前提。最后，古代中国的自然经济、宗法社会、专制政治及文化观念决定了不可能有民主和法治，而这正是孕育行政法的母体。因此，古代中国没有行政法。③

现今，否定古代存在行政法已成主流。名实相副，才能有效沟通。"行政法"并非无价值前提的中立概念。现在所使用的"行政法"概念是近代国家的产物，以权力分立为前提，以保护权利为目的。没有权力分立（最大的特色在于议会）、没有独立的主体个人、没有法律的双重拘束性，就不会有行政法。因此，对古代存在行政法的说法难以赞同。以"官僚制度"来指代"古代行政法"的内容，或许是一个不错的选择。

四、行政法的基础理论之争

有关行政法功能的理解，自第一次行政法论争开始便有涉及，此后在民国时期行政法学上偶尔也有说明，但再次成为一个中心议题是改革开放之后的事情。

---

① 参见舒扬：《行政·行政权·行政法》，《政治与法律》1984年第6期，第12-13页。
② 参见张焕光、胡建淼：《行政法学原理》，劳动人事出版社1989年版，第89-90页。
③ 参见陈泉生：《论我国行政法的产生和发展》，《上海大学学报（社科版）》1995年第2期，第20-22页。

在行政法重建的时期，对于行政法是什么、有何功能的认识，无疑是基础性的，关乎行政法的根本。但之后又拓展至行政法的作用机制、方法手段等方方面面。所以，有时这一场论争又是作为"行政法理论基础"的名目出现的，当然，准确地说是有关"行政法基础理论"的论争。

（一）行政法基础理论的论争肇始

在改革开放之初，我国行政法学者已经开始了有关行政法基础理论的探索。应松年认为："在我国，最早谈及行政法基础理论的是著名教授王名扬老先生，他在向我们介绍法国行政法时，指出法国行政法的基础理论是如何从'公共权力说'发展到'公务说'的，以及这两个理论存在的欠缺。"但这些是法国行政法的基础理论，"其目的在于划清行政法院和普通法院的管辖权限，并由此界定法国行政法所调整的行政行为的范围，对行政法的本质、作用、价值取向等根本性问题则未作答复"。①

1983年，应松年、朱维究和方彦三人合作发表论文《行政法学理论基础问题初探》。该文认为，"行政法学的理论基础问题是很重要的课题之一。它不仅反映了不同类型行政法学的阶级本质和形成过程的具体历史特点，而且直接影响行政法学的体系结构、主要观点以及整个行政法学的研究和发展方向"。该文简要梳理了资产阶级行政法学关于理论基础问题的公共权力说、权力说、控权说、公务说等观点，判断认为当时资本主义国家行政法学正处于比较混乱的阶段。那么，我国社会主义行政法学应该建立在什么样的理论基础之上呢？根据宪法的规定，国家权力属于人民，人民行使国家权力的机关是全国人大和地方各级人大。国家行政机关是人大的执行机关。这一关系实质上是国家行政机关必须服从和执行人民的意志、为人民服务这一本质的反映。人民委托行政机关管理国家行政事务，目的就是使行政机关为自己服务。人民有多种方式对行政活动进行监督，这并不是"控制"权力，而是为了行政机关更好地履行职责，更全面、彻底地为人民服务。制定和执行行政管理法规，是国家行政机关实行为人民服务的宗旨的重要方法；而为人民服务应该是制定和执行行政管理法规的出发点和落脚点。"因此，我国社会主义行政法学的理论基础，只能是：为人民服务。"行政法学的总论部分也应围绕为人民服务展开。② 这一观点后来被称为"为人民服务"论。

---

① 沈岿、王锡锌：《行政法学理论基础问题的反思与整合——访国家行政学院法学部主任、中国法学会行政法学研究会副总干事兼秘书长应松年教授》，罗豪才主编：《现代行政法的平衡理论》，北京大学出版社1997年版，第236-237页。

② 参见应松年、朱维究、方彦：《行政法学理论基础问题初探》，《中国政法大学学报》1983年第2期，第78-83页。

1989年，张树义对"为人民服务"论提出批评：首先，为人民服务并不是行政活动的本质特征。哪里会有人赋予其命令权、强制权，让其采用命令、强制方式转致于自身、为自己服务呢？其次，为人民服务是一种道德上的要求，而不是法律规范，是政治观念，而不是法律概念。哪一个法院能够用"为人民服务"作为受理、审判案件的标准呢？因此，行政法与为人民服务之间并没有必然的联系，它既不能说明行政法何以产生，也不能为司法机关所适用。张树义支持了"控权说"。①

（二）控权论与平衡论

在行政法基础理论的论争中，出现了诸多流派。其中，最具影响的说法是平衡论学者所归纳出来的管理论、控权论、平衡论。其中的所谓管理论将行政法视为国家管理的手段。通常所举例证就是苏联行政法学，管理论认为，行政法是实施行政管理的法，行政法的宗旨是保证行政管理的正常运作，虽然也有对行政权的监督，但其目的在于确保国家利益不因权力滥用而受到损害，而非保护公民权利。但是，采用这一立场的中国行政法学者是几乎不存在的，苏联行政法学的影响在1980年代之后近乎消亡。所以，管理论在很大程度上只是作为一个对比的参照物、一个名词存在而已。需要介绍的则是控权论与平衡论。

1. 控权论

控权论认为，行政法的功能在于控制行政权。传统行政法理论，无论是维持法规说还是权利保护说，都在主张对行政权加以控制和规范，符合自由主义的要求。但在传统行政法理论中，一般仅在争论行政法，特别是行政诉讼法的目的，而不存在所谓理论基础的说法，更没有"控权"与"保权"的对立图式。

新中国从1980年代开始，在引进的英美行政法著作中出现了明确持控权论立场的著作。1985年，龚祥瑞的《比较宪法与行政法》一书指出，行政法是关于行政的法律，它调整着行政机构的组织和职能、权限和职责。根据"法治国"的要求和目的，行政法也被称为"控权法"。因为无论如何，限制政府权力总是行政法的主要目的。政府权力从属于议会的权力，要接受法律的限制，但滥用权力的事时有发生。"行政法起着限制权力被滥用的作用。因此，从作用上来看，行政法也就是'控权法'。"②

1999年，法理学者孙笑侠出版了专著《法律对行政的控制》，2018年修订第2版，它成为控权论的代表作品之一。该书指出，行政法绝不是所谓管理法，而

---

① 张树义：《行政法理论基础辨析》，《法律学习与研究》1989年第3期，第16-18页。
② 龚祥瑞：《比较宪法与行政法》，法律出版社1985年版，第6页。

只能是控权法，控权是民主和法治的应有之义。传统行政法主要是通过实体规则来控制行政权，但面对服务行政、福利行政等现代行政的变化，行政法需要多元化和综合化的控权方式。该书认为，行政法的核心在于公权力和私权利的关系，行政权力、行政行为和行政责任是行政法的结构要素，相应地，有限权力、正当程序和责任行政应当是控权法的三大原则。① 法理学者的研究具有其独特的优势，能从法理和历史的角度给出更为基础的思考和周全的论证。

2000 年，李娟出版了其博士论文《行政法控权理论研究》，对国外，特别是英美的控权论思想作出全面梳理。该书认为，控权论是一种以保护个人权利为宗旨的理论，认为行政法的核心问题是控制行政权力，行政法本质上是控制行政权力的法，并以此贯穿行政法的所有内容，用以指导行政法治建设和行政法学研究的行政法理论基础模式。控权经历了由限制行政权力范围到防止滥用职权的转变。控权论遵循规则主义的行政法治理想，认为法律高于权力，享有至上的权威，政府必须严格按照法律规则行事，对行政裁量权毫不信任，体现出一种形式主义正义观。控权论强调立法对于行政权范围的严格控制。司法审查是英美行政法中最重要的控权手段，被视为个人权利的最后一道防线，这种偏爱不仅使司法对行政的干预时有发生，而且有关司法审查的法律构成了英美行政法的主要内容。具有重视程序传统的英美国家，在 20 世纪行政权急剧扩张的情况下，将着眼点从对行政行为结果的司法审查转向在行政行为过程中运用行政程序控制行政权，但这种以公正为唯一价值目标的程序设计，往往以行政效率的牺牲为代价。对于个人利益与公共利益的选择，控权论者往往选择个人利益至上的绝对主义的方法，即使在追求两者平衡的利益衡量中，也近乎下意识地持有一种偏重个人利益的态度。之所以形成这样的控权论，是因为自由主义是英美国家的主流政治思潮，个人自由至上和有限政府的思想是控权论的直接理论来源；经济自由主义对公民与政府规制关系的主张也促成了控权论的形成；自然法对个人权利的维护和法律实证主义对法律的推崇，也成为促使控权论形成发展的重要力量。② 李娟对外国控权论的归纳整理，在很大程度上代表了我国控权论者的基本立场。

2. 平衡论

所谓平衡论，是指认为不仅行政机关要遵守行政法，私人也要遵守行政法。1993 年，罗豪才带领其弟子正式提出"平衡论"。他们认为，行政法的全部发展过程就是行政机关与相对一方的权利义务从不平衡到平衡的过程。现代行政法不

---

① 参见孙笑侠：《法律对行政的控制》，山东人民出版社 1999 年版，光明日报出版社 2018 年第 2 版。
② 参见李娟：《行政法控权理论研究》，北京大学出版社 2000 年版，第 6－7 页。

应是管理法、控权法，而应是"平衡法"，其存在的理论基础应当是"平衡论"：在行政机关与相对一方的权利义务关系中，权利与义务在总体上应当平衡。它既表现为行政机关与相对一方的权利和义务分别平衡，也表现为行政机关与相对一方各自权利义务的自我平衡。① 平衡论一经提出，即引发强烈反响，支持和批评的声音、一些新的主张纷至沓来。可以说，此后十多年的行政法基础理论的探讨是由平衡论激活、甚至推动的。

平衡论者的代表性著作有：罗豪才等先后出版的三辑《现代行政法的平衡理论》，② 沈岿的《平衡论：一种行政法认知模式》（北京大学出版社1999年版）、宋功德的《行政法的均衡之约》（北京大学出版社2004年版）等。平衡论大致经历了立论和扩容两个阶段的发展。③ 立论阶段以1993年发表的《现代行政法的理论基础——论行政机关与相对一方的权利义务平衡》为标志，此后不断接受批评、作出回应，其立场和主旨得到明确。扩容阶段大致以2001年发表的《行政法的失衡与平衡》为标志，明确了结构性均衡的方向，拓展了行政法的实现机制，方法更为多样化。④

2009年，罗豪才对平衡论的基本主张作出概括："应当从关系的角度研究行政法，行政法上行政权力与公民权利的配置应当是平衡的，运用制约、激励与协调机制充分发挥行政主体与相对方的能动性，维护法律制度、社会价值的结构均衡，促进社会整体利益的最大化。"相对于管理论和控权论，平衡论的特点在于：（1）从"关系"视角研究行政法。管理论、控权论都仅持"权力"视角，尽管两者都可以辩称其目标是保障和实现公民权，但公民权只是一种背景性的设置。而平衡论强调从"关系"视角出发，从根本上把握行政法的核心"权力－权利"之间错综复杂、既对立又互动的关系，最终实现行政权和公民权的平衡。（2）重视行政法关系主体的能动性。行政法机制的特点是双向制约和双向激励，前者重点在于制约和惩罚行政主体非理性扩张，后者重点是激励和维护相对人理性扩张。（3）关注行政法的机制。管理论和控权论都强调对行政法主体中的一方进行控制，偏向于制约机制。平衡论主张，现代行政法的机制是由制约机制、激励机制

---

① 参见罗豪才、袁曙宏、李文栋：《现代行政法的理论基础——论行政机关与相对一方的权利义务平衡》，《中国法学》1993年第1期，第52页以下。

② 罗豪才主编：《现代行政法的平衡理论》，北京大学出版社1997年版；罗豪才等：《现代行政法的平衡理论》（第二辑），北京大学出版社2003年版；罗豪才等：《现代行政法的平衡理论》（第三辑），北京大学出版社2008年版。

③ 刘连泰将平衡论的发展分为提出、机制归纳、功能扩张、实证化四个阶段。参见刘连泰：《斜坡上的跷跷板游戏：平衡论述评》，《清华法学》2015年第1期，第52-55页。

④ 参见罗豪才、宋功德：《行政法的失衡与平衡》，《中国法学》2001年第2期，第72页以下。

和协商机制整合而成的。制约机制既制约行政权非理性膨胀、保护相对人合法权益，又制约相对人滥用权利、维护行政秩序。激励机制既激励行政主体积极行政、为公众谋求更多的公益，又激励相对人积极实践法定权利、参与行政，以增强私人的利益。行政法应当通过协调机制实现各方主体之间的平衡和稳定，最主要的协调机制是行政协商。（4）关注行政法的结构性均衡。行政法应当在权力/权利关系（行政管理关系和监督行政关系）、制度（行政管理制度和监督行政制度）、利益（公益和私益）、规范（硬法、软法和混合法）、价值（秩序和自由、公平和效率）五个层面实现结构性均衡。（5）综合运用多种方法。平衡论坚持统筹兼顾、结构调整、理想类型、利益衡量、博弈论等方法并用，开展行政法学研究和推动行政法治实践。[①]

应当说，平衡论大大拓展了行政法学的研究视野，提供了更为多样化的研究方法，为行政法学的发展输入了有力给养。平衡论者自己也承认，平衡论并非两点论，而是重点论，控权便是其重点之一。如此，平衡论与控权论之间并不存在根本分歧，只是平衡论更似立于立法者的角度，而控权论则似立于司法者的角度去看待整个行政法的制度和功能，平衡论的制度设计性更加突出，控权论的司法中心主义更为明显。

五、行政法学的学科边界

行政法学要成为独立的学科，不免需要与行政学、宪法学等相关学科进行区分，但相互的关联因研究对象的关联性而无法割裂。明确行政法学的科际关系，有利于从学科体系中准确认识行政法。

（一）行政法学与行政学

行政法学与行政学的关系大致有两种。一种是行政法学与行政学相互独立。在历史上要么是从行政学中分离出行政法学，要么是从行政法学中分离出行政学。另一种是行政法学与行政学相互学习、各自发展。

在早期，为了使学科能独立发展，多是强调行政法学与行政学的区别。早在1903年，伟播在其《行政法概论》中就指出："行政法学与行政学两者之区域，不可混合为一。行政法学之目的在依据成法而理会其原理，而行政学之目的在研究行政之利害得失，以明国家于行政上所当行之任务，盖所以阐明政治之原理，

[①] 参见罗豪才：《中国行政法的平衡理论》，罗豪才等：《行政法平衡理论讲演录》，北京大学出版社2011年版，第6-9页。

而于成法之存否，则在所不计也。"①

1920年代，钟赓言清楚地意识到行政法学相对于行政学的独立性。在早期，行政法学常常委身于"行政学"之中。钟赓言认为，两者不能混为一谈，行政法学的目的在于分析说明现行行政法规范在法律上的现象，而行政学的目的则在于研究行政法规范及行政作用的利害得失。行政法学的研究对象是实定的国家现行法则，而行政学则不问现行法是否存在、如何规定，仅在论究什么适合于国家及社会的利益。前者为法律问题，属于法学范围；后者为政策问题，具有政治学的性质。当然，行政法在解释适用时也不能离开社会的利益。行政法学为理想的研究，行政学为应用的研究，两者应相辅而行。②

1930年代，范扬简要梳理了两大法系行政法学产生历史与行政学之间的关系，认为两者将有分道扬镳、并驾齐驱之势："行政法学，以行政法为研究对象，所以说明法律原理，而属于法律学之范围。行政学则以社会事实为研究对象，所以说明支配行政之因果法则，而属于政治学之范围。两者既各异其研究对象与所属系统，在讲学上自应厘然区别之。"③

1940年代，马君硕认为，行政法学是法律科学的一种，要正确认识行政法学，就必须用科学眼光来探求。行政法学与行政学相类似，易于牵混，但应认清其区别。依据多数学者主张，行政法学是以客观态度认识国家行政上的实定规范，并释明这种规范的形式、原理、效力及实际适用于具体事件的科学，而行政学则是为完成国家目的，就行政生活而研究人财物三者有效支配的科学。故行政学为关于行政实际的科学，其性质属于政治学；而行政法学为关于行政当为的科学，其性质属于法律学。要言之，行政法学是以行政法为其研究对象而说明法律原理的科学。行政技术和行政政策虽然有时也能成为行政法学上的问题，但仅为正确认识的补助资料而已。④

在1980年代，行政学时常被称作"行政管理学"。这一时期的行政法学者也常常兼有行政管理学者的身份，同时展开两方面的研究，参加两方面的活动，并没有明确区分。1983年的《行政法概要》一书于行政学（行政管理）、政治学的内容并未有明确的界分。对于行政管理学与行政法学的关系，张尚鹫认为，两者都是以国家行政管理为研究对象的，但各有侧重。行政管理学侧重于研究国家行

---

① 伟璠：《行政法概论》，《政法学报》第3卷第5期（1903年），第52页。
② 参见钟赓言：《钟赓言行政法讲义》，王贵松、徐强、罗潇点校，法律出版社2015年版（原书为1927年版），第42-43页。
③ 范扬：《行政法总论》，邹荣勘校，中国方正出版社2005年版（原书为1937年版），第16-17页。
④ 参见马君硕：《中国行政法总论》，商务印书馆1947年版，第29-30页。

政管理的领导体制、领导艺术，国家行政管理的方式、方法，以及涉及行政决策、行政咨询、行政改革，特别是国家行政管理效率等方面的各种问题。行政管理学属于政治学的范畴。传统的行政学一般是对国家行政管理作动态研究的学科。而行政法学侧重于从法律的角度研究国家行政管理的问题。它主要研究国家行政管理的各种法律制度，以及运用行政法这种法律手段来保证有效地实施国家行政管理的各种法学理论问题。它属于法学的范畴。传统的行政法学一般只从法律的角度对国家行政管理作静态的研究。但两者关系密切，张尚鷟将两者比作鱼水关系。假定行政管理学是鱼，行政法学是水，鱼离不开水是尽人皆知的。对行政管理学的研究，如果缺少了国家行政管理的法律保障环节，行政管理学就只能像缺水的鱼儿，对实践起不到本应有的作用。如果行政法学只会研究现成的法律条文，而不同时去研究活生生的国家行政管理的实际发展情况，那就像没有鱼群的水潭那样，只能是脱离实际的教条。[1]

此后经过法学方法的纯化，行政法学与行政学的区别得到了更多的明确。虽然行政法学与行政学会面对共同的研究对象，但行政法学更多围绕着法律规范，就其中权利义务、职权职责、法律地位展开探讨，侧重于规范研究。

近年来，有关应急原则、效率或效能原则的讨论，有关政府绩效考核、法治评估等的讨论，将新公共管理的理念吸收到行政法学中，也是研究的一大热点。在所谓面向行政的行政法，而非面向司法的行政法，以及面对新兴问题的研究中，行政法学和行政学的界限不再明显。

（二）行政法学与宪法学

行政法学与宪法学关系密切，在早期更是共同构成了狭义国法学。两者的关系一直是学界关注的对象，但可惜的是，深入的详细探讨并不多见。

早在清末，1903年作新社编译的《行政法》认为，宪法与行政法同属公法，在学说上对于两者的关系有四种观点：其一，宪法与国家法无所区别，行政法是行政机关执行公务之际所应当遵循的法规集合，难以卓然成为一个学科。该说之弊在于，宪法与行政法的范围均失之过大，行政法中还不得不说明民刑等问题。其二，宪法是国家法中的组织法，行政法是其作用法的一部分。该说虽然在逻辑上有其道理，但如其所言，则关乎国家下级机关之事都不可不在宪法上说明，而行政法不过是国家作用的一部分，其特殊学科的资格顿失，让研究者见到的是错综浩繁而无益于事。其三，宪法是原则法，行政法是细则法。此观点虽然为多数

---

[1] 参见张尚鷟：《行政管理学与行政法学》，《中国行政管理》1987年第5期，收录于氏著《中国行政法的理论与实践》，中国政法大学出版社1989年版，第281-283页。

第三章　行政法的基本原理变迁

学者所采纳，但所谓原则、细则只是程度多少而已，性质上能否区别不无疑问。其四，以国家机关为标准进行区分，有人认为，宪法规定统治权及其作用，行政法规定国家机关执行统治权的部分；有人认为，宪法规定国家重要机关的组织作用及国家各元素之间的关系，行政法规定此外机关的组织作用。该书较为赞成最后一种学说。国家是统治权的主体，行使国家权力的机关不一而足，可以分为直接机关与间接机关两类。直接机关是立于至高地位行使、参与行使或受法律委任行使国家权力的机关，如君主、议会、国务大臣等，反之，在存在和权限上需仰鼻息于其他机关的机关是间接机关。宪法是规定直接机关的组织权限乃至作用的法，至于人民的权利义务及领土等，如果与直接机关有关，也可以在宪法领域说明。行政法是除法政之外的国政、民政内部的一切法规。由此，可以明了宪法与行政法的区别，行政法学的研究范围也可以了然于心。①

　　保廷梁（云南昆明人，日本法政大学法政速成科第四期毕业生）就认为，宪法与行政法"原有不可分离之势，然以法理言，先有宪法，然后有行政法。故欲研究行政法，不可不先研究宪法。既欲研究宪法，则宪法与行政法之区别不可不知"。其对于两者的区别，与上文类似，归纳为四种学说：第一，法规系统说，认为宪法是诸法的纲领，有系统的法规，而行政法则是集合行政机关所作用的各种法规而成的，并非一个系统的法规，而是特别的一个学科。第二，组织作用标准说，认为宪法是国法中的组织法，而行政法则是国法中作用法的一部分，亦即关于国家构成的诸元素与机关组织的全体规定是宪法，而关于这种机关作用的全体规定是作用法，行政法是作用法的一部分。第三，原则细则标准说，认为宪法是规定统治机关的组织及其作用的一般原则，而行政法仅规定关于其强制细则的全体。第四，机关标准说，具体又有两种：其一认为，宪法是关于统治权的主体及其作用的规定全体，而行政法则指关于国家机关的统治权执行之法；其二认为，宪法规定关于国家机关所有位置的组织与作用及国家各元素关系的全体，行政法规定关于这种机关以外的机关组织作用的全体。保廷梁认为，各种学说俱非确见，第四说较为进步，但也有缺憾。一方面以君主为统治权主体，另一方面又以君主为国家机关；行政法上的机关一方面指国家机关，另一方面又指国家机关以外的机关，对于机关的解释犹欠真切。他认为，需要给宪法与行政法重下定义。宪法是规定国权主体及其作用、国权机关及其基础的大要。行政法是规定国权各种机关的组织及其权力的分配、执行任务的方法。宪法是"国家之根本法""国法之总则法"。"欲观一国政体之大要者，须观其宪法，以宪法为国家之根本

---

① 参见作新社编译：《行政法》，作新社1903年版，第9—13页。

也。欲识一国法律之主旨者,须读其宪法,以宪法为国法之总则也。根本不立而欲国家之有条理,总则不完而欲国法之成统系,是犹责无根之木以繁荣、期无源之水以流远,岂可得哉?"① 虽然保廷梁的这种认识未见得准确,但他将现有认识归纳为四种,并提出自己对宪法与行政法的认识,显示出一定的总结提炼能力,对宪法与行政法所作的北辰与列星、根本与枝叶、源泉与疏水的比喻显示出其认识已达到一定高度。

范扬认为,宪法是有关国家组织及其作用的根本法,以国家为中心观念。而行政法是有关行政权的组织及其作用之法,以行政权为中心观念。行政权的作用为国家统治权作用的一种,两者并非平等对立。故而,行政法与宪法亦非相互并峙,前者系于后者基础之上,即后者为国家全体的根本法则,前者是关于行政权的细别法则。② 其采用的观点大致是前述的原则细则标准说。

1947年,马君硕在历数欧美有关行政法与宪法关系的论述之后指出:"宪法乃以人民为中心观念之法;行政法乃以行政权为中心观念之法。就广义而言,宪法为规律人民对于国家关系之一般原则,行政法为规律其各个情形之适用细则。就狭义而言,宪法为国家一般法律之基础法(Lex Fundamentelis),乃规律关于国家整个组织及作用之根本大法。反之,行政法为普通法律之一部分,乃基于宪法规定,而规律各个间接行政机关之组织及作用之法也。据此以观,行政法实建筑于宪法基础之上,而成为统属关系。"③

1983年,《行政法概要》认为:宪法和行政法首先是从属关系,许多行政法规范是根据宪法制定的,行政法如果与宪法相抵触,则无效。二者其次是补充关系。宪法规定有关行政管理方面的原则,就需要行政法来加以具体化。国家行政机关为了贯彻执行宪法原则,可以制定各种行政法规范。在这个意义上,可以说"行政法是对宪法原则的具体化"。④

1985年,龚祥瑞在其《比较宪法与行政法》中指出:"宪法是行政法的基础,而行政法则是宪法的实施。行政法是宪法的一部分,并且是宪法的动态部分。没有行政法,宪法每每是一些空洞、僵死的纲领和一般原则,而至少不能全部地见诸实践。反之,没有宪法作为基础,则行政法无从产生,或至多不过是一大堆零乱的细则,而缺乏指导思想。""因此,在社会发展到今天,普遍是'行政

---

① 保廷梁:《大清宪法论》,江左书林、模范书局1911年再版,第28-30页。
② 参见范扬:《行政法总论》,邹荣勘校,中国方正出版社2005年版(原书为1937年版),第9-10页。
③ 马君硕:《中国行政法总论》,商务印书馆1947年版,第9-10页。
④ 王珉灿主编:《行政法概要》,法律出版社1983年版,第13-14页。

国'的时代，从事宪法学研究的工作者，就不能撇开行政法不论。这是由宪法与行政法的客观联系所决定的。"① 龚祥瑞的这一认识成为宪法与行政法关系的经典论述，在之后也时常被提起。

宪法学与行政法学具有共同的国法学源头，从国法学中各自分离出来之后仍关系密切。"宪法消逝，行政法长存"的类似说辞虽然在中国未曾出现，但行政法的专业技术性得到了广泛认可，而"行政法是对宪法原则的具体化"则凸显了宪法对于行政法的决定性意义。在行政法学的具体研究中，行政法学者也常常将现行宪法的规定作为自身研究的前提，在行政诉讼中保障宪法实施，在具体机制中保障基本权利的实现，时常设想如何发挥行政法的能动性推动宪法的发展。但毫无疑问，行政法的作用空间受制于宪法，宪法与行政法需要形成良性互动的局面。要想更深入地把握宪法学与行政法学的关系，尚需结合国家权力结构、权利保护机制等具体领域展开具体分析论证。

第二节　公法论的变迁

行政法属于公法的范畴，这在近代中国具有通说性地位，公法构成了行政法的基础。但关于公法与私法关系的认识在当代中国有过潮起潮落的历程，行政法未必需要打上公法的铭牌，行政法的内容也未必都是公法。

一、公法观念的传入

中国"公"的观念由来已久，个体的观念却相对稀疏，② 与私法相对的公法观念则是近代才有的。早期的"公法"一词仅指国际法，亦即规范国与国之间关系的法。例如，丁韪良（William Alexander Parsons Martin，1827—1916）翻译的《万国公法》（1864年）、《公法便览》（1878年）、《公法会通》（1880年）、《公法新编》（1903年）等，均为国际公法的著作。

1901年，不同于国际法、而与私法相对的"公法"概念出现。樋山广业在《现行法制大意》中指出，法是共同生活的要件，即人生的规则，在所定的规则

---

① 龚祥瑞：《比较宪法与行政法》，法律出版社1985年版，第5页。
② "中国的私意味着和公平、公正相对立的偏私、奸邪，在历史上始终遭到否定"，常常以总体（公）的名义否定个体（私）的存在。中国的大同式近代也体现在民权所主张的与其说是个人权利，不如说是国民、人民的全体权利，更有志于总体的自由。参见［日］沟口雄三：《作为方法的中国》，孙军悦译，生活·读书·新知三联书店2011年版，第16—21页。对于中国公私概念的考察，参见［日］沟口雄三：《中国的公与私·公私》，郑静译，生活·读书·新知三联书店2011年版，第5页以下。

种类上有公法与私法的不同，宪法、行政法、刑法是公法，民法、商法等是私法。该文分别设置了公法、私法两编内容，介绍日本法制。①但这里并未对"公法"作更多的解释。

1903年，汪荣宝、叶澜编纂的《新尔雅·释法》从主体的角度对公法作出界定："规定国家生存必要之条件，以国家之强力而履行者，谓之法。规定国家与国民之关系者，谓之公法。规定人民之相互关系者，谓之私法。"② 1905年，《新民丛报》上刊发了署名"定一"的文章《论公法为权力关系之规定》。该文简要回顾了公法与私法的区分历史，对古罗马法以法的目的是保护公益还是私益区分公法和私法的目的说标准提出批评。该文认为，公法私法的区别不在于其保护目的的差异，而在于规定的法理关系。法是维持社会秩序的，而社会是由权利关系和权力关系两个要素来组织的。"国家与人民之关系者，公法也；人民相互之关系者，私法也。"③

1906年，井上密（1867—1916，日本京都大学教授）的《论公法私法之区别》由徐家驹翻译为中文。④ 该文详细分析了四种最值得称道的区别学说，并逐一加以批驳：（1）以利益的公私为区别的标准，公法是公益之法，私法是私益之法。但对于何谓公益、何谓私益，未能有一致解释。公益私益并非正反对的关系。例如，警察法明明是为保护一个私人的生命财产自由的，而这又是维持国家安宁秩序的方法；民法是保护私人权利的，但也在保护国家的秩序。利益的公私，势难专属。（2）是直接关于公益之法还是直接关于私益之法，这一标准是在补充第一种标准，但仍不免暧昧。例如，刑法禁止盗窃，直接关乎个人利害，却仅说它是公法，直接间接的区别是基于各人的情感，法律无所谓直接间接。（3）规范的是国家之间或国家与私人关系还是私人相互关系，这一标准固然简明，但也有缺点。例如，民法规定，无主的不动产在一定期限内无人主张继承的权利，则为国库所有，这就难以解释。（4）规定的是权力关系还是权利义务关

---

① 参见［日］樋山广业：《现行法制大意》，《译书汇编》第5期（1901年），第4页。
② 汪荣宝、叶澜编纂：《新尔雅》，国学社1903年版，第27页。
③ 定一：《论公法为权力关系之规定》，《新民丛报》第3卷第17期（1905年），第81-86页。该文末尾有一段附言，落款为"许子附志"。
④ ［日］井上密：《论公法私法之区别》，徐家驹译，《北洋法政学报》第2期（1906年），第1-10页。"译者按"写道："举世皆言立宪矣，立宪之端不一，简言之，不外纳君民于同一法律范围之内而已，则法也者，即为立宪之根据。虽然，法之为用，亦巨矣哉，行于国内者曰国内法，行于国际者曰国际法，而国内法中又有公法私法之别。如宪法刑法刑事诉讼法，公法也；民法商法，私法也。而民事诉讼法之为公为私，则无定论矣。即如宪法刑法刑事诉讼法之为公法，若谓其专属于公、不涉于私，不可也；民法商法等之为私法，若谓其专属于私、不涉于公，亦不可也……此等疑问，非专攻此学者不能解决，然能明公法私法之性质，参酌诸学说而贯通之，亦不难得其概要。"

系，这一标准亦甚为明确，但实定法中存在着诸如住所、亲族等既不关于权力也不关乎权利义务的规定。故而，是以法典还是以法典中的各个条文来区分公法与私法呢？后者较为琐碎，且未见得正确。若以前者概括的方法来认定，亦即公法的规定占多数，则为公法。假设一个法典中公法私法两相对立，则又无法区别了。故而，井上密的结论是，公法私法终不能区分。①

1907年，日本法学博士笕克彦的《论公法之本质》被翻译为中文。笕克彦认为："公法者，规律全部分子间活动关系之法也；私法者，规律独立全部者相互之活动关系之法也。详言之，惹起意思发动关系在意思者之一方，有统一的全部资格，其对手方有为其分子资格，此两者以于全部与分子之资格关系，而惹起意思发动之关系，谓公的关系。对此关系之规律的合成意力，谓之公法。此关系之异点，在使生意思发动关系之当事者为各独立全部者，而相互对有惹起意思发动之关系，此关系谓我的关系，此我的关系之法谓之我法。"② 这里的"我的关系"及"我法"实为"私的关系"及"私法"的误译。笕克彦的认识具有较高的抽象性，谈及关系主体的身份（全部与分子、全部与全部）、意思发动的单方性与对等性。此后，该文详细解释了何谓公的关系、何谓活动主体等，但该文两期连载仍"未完"，未再有新的刊载。

1907年，清水澄《法律经济辞典》对"公法"作出简明的界定："公法者，法规之类别，而对于私法之用语也。公法私法之区别，自罗马法以来即行引用。然究之何者为公法、何者为私法，学说终无一致。兹即其重要之学说简单略述于左：（一）利益区别说。据此说，则关于公益之法律，曰公法；关于私益之法律，曰私法。即刑法、选举法等曰公法，民法、商法等曰私法。（二）规定国家与人民关系之法律曰公法，规定人民与人民关系之法律曰私法。（三）由委法律之应用，于权利者与否而区别之说。据此说，则规定个人得任意抛弃权利之法律，曰私法，反是者则曰公法。（四）规定权力关系之法律曰公法，规定权利关系之法律曰私法。以上各种学说，互有短长，取舍一任读者。"③

在清末，通过不断的译介，对于公法的界定、公法与私法的区分，中国学者已然形成一定的认识。1910年，保廷梁认为，区别公私法并非立法上的必要，

---

① 这一时期黄宗麟还曾转译过瑞士学者讨论公私法区分标准的相关论文。［瑞士］コンボテクラ：《公法私法之区别》，竹山三郎日译、黄宗麟汉译，《法政学交通社杂志》第1期（1906年），第23-27页；第2期（1907年），第27-32页。

② ［日］笕克彦：《论公法之本质》，蔡寅译，《法政学交通社杂志》第5期（1907年），第61-69页；第6期（1907年），第69-80页。

③ ［日］清水澄：《法律经济辞典》，张春涛、郭开文译，东京奎文馆书局1907年版，第32-33页。

而是为了解释上的便宜。保廷梁对关系标准说、利益标准说、人格对立说、应用标准说等公私法区别标准逐一批驳，他认为："公法者，国家自制限其国权发动之法也；私法者，规定平等对立之权利关系之法也。"专制国家的权力没有限制，国家可恣意行使，故而无所谓公法。而法治国则不然，法治国对于国权的发动规定于法令并予以限制。故而，国家自行限制国权的法为公法。公法全体可大致分为国际公法和国内公法，国内公法又称为广义国法，包括刑法、司法法（民事诉讼法、刑事诉讼法、法院构成法），宪法与行政法构成了狭义国法。①

二、公法论的初步展开

在民国初期，在设置平政院的论争中，曾将行政法与公法私法区分论关联起来讨论。② 公法以及公法与私法的区分得到民国学界多数人的肯定，随着美浓部达吉的《公法与私法》、凯尔森的《纯粹法学》的传入，相关的讨论逐渐深化。

（一）公法的肯定论

公法肯定论者或公法与私法区别论者居多，无论是在公法学界还是在私法学界。下面对不同年代的行政法学界代表观点进行简要的介绍。

1. 钟赓言的公法论

行政法是公法，要知道行政法的性质，不可不先研究公法的性质。1920年代，钟赓言详细介绍了公法与私法关系的学说。他首先将相关学说分成两类，一类是无差别说，另一类是差别说。无差别说认为，法的本质独一无二，无公法与私法的差别，凡法皆为公法，或凡法皆为私法。极端主张无公法私法区别者，自古以来尚未发现。差别说大致可以分为三种：其一是目的说，保护公益者为公法，保护私益者为私法，但公益私益难以区分。其二是法律关系说，具体而言，有认为公法是规定权力服从关系的法、私法是规定平等关系的法，但私团体与其成员之间是权力关系，而私法人及商业公司法是私法，国家与国家之间是平等关系，而国际法是公法，统治权与单纯的权力的区别未能明了；有认为公法是规定公权关系的法、私法是规定私权关系的法，个人不得任意抛弃公权，但实际上既有可抛弃的公权（诸如选举权）、也有不许抛弃的私权（诸如亲权），故而并不能以能否自由抛弃权利为标准进行判定。其三是法律主体说。有认为规定国家与人民关系者为公法、规定人民相互间关系者为私法，有认为规定人民以国家一分子资格而发生诸种关系的法为公法、规定人民以社会一分子资格而发生诸种关系的

---

① 参见保廷梁：《大清宪法论》，江左书林、模范书局1911年再版，第24-28页。
② 参见张东荪：《公法私法之区别与行政法》，《中华杂志》第1卷第10期（1914年），第1-15页。

法为私法，有认为规定个人相互关系者为私法、关于政治共同体的法为公法。钟赓言认为，以上各说虽有合理之处，但不足以成为完全的标准。法是人类共同生活上相互关系的规律。人类的共同生活可以从两个方面观察，即人类以个人的资格，有独立成为权利义务主体的地位，人类又有作为团体的一分子地位。团体为单一体，在法律上为人格者，则其对于独立个体的个人及其他团体又有种种关系。法所规律的关系与人类的多样法律生活相应而有多种区别。第一是个人法，即规律个人相互间关系的法，这是私法。个人相互间关系非统治关系，这是私法的特色。第二是团体法，具体又有团体内部法和团体外部法两种。团体有公私之分，关于私团体的内部关系及外部关系之法，均为非统治关系之法，与个人法无异。公团体是有统治权的团体，可命令强制。公法与私法的区别在于统治关系与非统治关系的不同。钟赓言认为，"公法者，规律统治团体之组织及统治团体对于其对等之人格者及服从于其团体之人格者，因统治权之发动而生之关系之法之谓。私法者，规律非统治关系之法之谓也"。国家的行政作用之为公法的作用，是仅在就统治权发动的作用而言。行政法之为行政法，若为公法与私法的混合物，则失去独立学科的地位。故而，行政法并非关于行政的一切法则，而仅指关于行政的公法而言。①

2. 范扬的公法论

1930 年代，范扬认为，"公私法与公私生活相对应，公生活即国家及自治团体之生活，私生活即个人及私团体之生活。以公法为公生活之法，私法为私生活之法，实为至当。申言之，所谓公法，即规律国家、自治团体及其构成分子生活之法，私法即规律个人或私团体生活之法也。行政法为规律行政权主体之国家及自治团体之组织及其作用之法，故亦为公法一种"。"公法与私法之性质与原理，亦非有绝对之差别。现代法治国中，国家与人民间之关系，与专制时代不同，非单纯之权力服从关系，乃为法规所规律之权利义务关系。于此性质上，实与私人相互间之法律关系无异。以是公法上之原理与私法上之原理，相类似者颇多；而公法学中之种种观念，得与私法学共通者，亦复不少。故在行政法学之研究中，亦不可偏重于公私法之区别。须知公法于某限度，须受与私法共通之原理支配；于某限度，则受与私法不同之原理支配也。"② 在这里，范扬不再强调公私法之间的对立。

---

① 参见钟赓言：《钟赓言行政法讲义》，王贵松、徐强、罗潇点校，法律出版社 2015 年版（原书为 1927 年版），第 31-36、39 页。

② 范扬：《行政法总论》，邹荣勘校，中国方正出版社 2005 年版（原书为 1937 年版），第 8-9 页。

3. 林纪东的公法论

在公法与私法关系上，过去学界更多关注的是如何区别、区分标准何在的问题，渐渐又提出了根本上应否区分的新问题。1940年代，林纪东视公法私法的区别为法律上的一个根本问题。他介绍了凯尔森（又译为克尔生）的《国法学的主要问题》一书所持的法一元说，亦即否认公法与私法的区别。凯尔森认为，在法的世界里，国家和人民的关系是权利义务关系，权力服从关系是纯粹事实上的关系，属于实在的世界。但林纪东认为，首先，假如权力是国法所承认的，在国法允许的范围内可以一方的意思拘束相对人的意思，相对人不得不服从，这时的关系不是单纯的事实上关系，而是法律上的关系。国家绝不是以单纯的实力支配人民，而是在国法上保有支配人民的权利，只是在法治主义时代，国家的权力受成文法律的拘束。其次，虽然共性是权利义务关系，但不可不察其差异所在，在同一权利义务关系之中可以存在性质上的许多差别，有再作分类的必要。林纪东从现实的国法和学理两个方面论证了区分的必要性。在现实的国法中，公法与私法的区别是其当然的前提。在法律学上来看，同一国家的法律，可分为直接的国家法和第二次的国家法，后者本来是社会的法，认其为国家法而由国家负责保护监督。公法与私法的区别由此而生。在公法与私法区别的林林总总的标准中，林纪东选择了最主要的三种学说，即意思说、利益说和主体说加以评述，认为主体说极为透彻，再以两个标准加以补充，就可以较好地作出区分：当国家和私人立于同样法律地位时，视国家为准于私人，受私法的规范；公共团体及其他授予国家公权者，视为准于国家，受公法的规范。对于"社会法"的第三领域说法，林纪东持否定态度，其认为社会法是公法和私法结合于同一规定之中，而非公法私法之外的第三分野。这种公私法结合的现象不但在劳动法领域里出现，随着国家对经济生活统制的进展，在其他产业的区域里也时有出现。若以后国家对于个人相互间的关系，不仅间接地予以裁判上的保护，而且直接地加以干预，迫使当事人有遵守法律规定的义务，否则国家将加以制裁，那就是公法与私法的区别消失、一切国内法均为公法的时候。[①] 林纪东反驳了凯尔森的一元论，但身处战时状态的林纪东也预测了公法一元化的可能性。

林纪东认为，一般学者之误在于，过分重视公法与私法的区别。两者固因主体不同而有原理上的差异，但若以两者完全异其性质、殊其原理，察其异而忽其同，则亦失之太过。在现代法治主义时代，行政权主体仅能依照法规的规定对人

[①] 参见林纪东：《法律上的一个根本问题——公法和私法的区别》，《读书通讯》第28期（1941年），第4-7页。

民主张权利，人民也有依照法规对抗行政机关行为的权利。国家与人民的关系并非权力服从关系，而是法规所规律的权利义务关系，与私人相互间的关系原本没有不同。故而，公法原理与私法原理之间有诸多相似之处，法学上各种观念为公法私法所共通者也不在少数，诸如意思表示、法律行为、契约、法人、代理、时效、条件、债权、物权、所有权、不当得利、损害赔偿、无因管理等。但公私法的区别是现代国法的基本原则，如果不知各种制定法规的性质为公法或私法，则无法明了其所生的效果及内容。在采用司法裁判与行政裁判分立的国家，公法与私法的区别是决定裁判管辖的标准，这是更不能忽视的。故而，研究行政法，宜知晓公法在何种限度内与私法适用共通的原理，又在何种限度内区别适用原理，则可在历久不决的公私法区别问题上获得正当的认识。[1]

（二）公法私法区分的否定论

与公法私法二元论相对，这一时期也出现了公法私法二元区分的否定论，这是与纯粹法学的影响扩大相关联的。

1930年代，徐仲白接受纯粹法学，对公法私法二元论作出了批判。徐仲白首先对公法与私法的划分标准提出批评。第一是利益说，亦即依据法保护的利益的公私性质来区分公法与私法。但例如就行政法上的权利形成而言，依据某法形成的某种权利，在客观法上来看属于保护公益，从主观法上来看又是在保护利害关系人的权利，保护私益。公益或私益在主观的观察和客观的观察上并没有严格的界限。故而，又有学者主张以直接的或间接的保护为区别的标准，但诸如民法规定法律行为违反公序良俗者无效，直接保护公益，但民法却是私法；一般被认为是公法的刑法的大部分及民事诉讼法，以私益保护为直接目的。故而，公益私益难以有明确的区别，以此为标准划分公私法，很难妥当。第二是法律关系说，以规范的是对等主体间的关系还是不对等主体间的关系为标准进行区分，具体又有权力关系说、统治关系说、团体关系说等学说。由单方行为所发生的权利义务关系和由双方行为所发生的权利义务关系，均非由这种行为自身内在的创设力所能成立的，而是由法规范所附随的效果功能而成立的，故这种行为只不过是这种法规效力的诱起条件。其所以相异之点在于，一方是由单独的、他律的，即专制的意思表示而成，另一方是由双方的、自律的，即民主的意思表示而成。第三是生活关系说，即将人类活动分为政治的活动与非政治的活动，前者为公生活关系，后者为私生活关系，规范前者的是公法，规范后者的是私法。但这里的先决问题是何谓公、何谓私，公私的区别绝非由于本质的不同，而仅仅由于观点的相

---

[1] 参见林纪东编著：《中国行政法总论》，正中书局1947年第5版，第7-8页、第220-221页注五。

异。在逐一批判之后，徐仲白指出，近年来经济法的形成，已然打破了过去公私法的分类。过去学者将法区分为公私法两个体系，完全是以实定法以外的基准，适应当时的政治要求。如果追求法学的纯正认识，就要排斥通说的公私法区分，而应以实定法秩序的形式要素为其区别基准。从纯粹法学的立场来看，法可大致区别为最高法的立法法和下级法的执行法，后者可进一步分为司法法和行政法两种。如此，一方面可克服公私法对立的二元论，另一方面扬弃了公法或私法的一元论，从而可以正确地把握实定法的分类。①

1940 年代，刘燕谷首先回顾了公法与私法的区分，对上述三种区分标准作出了与徐仲白类似的批判，只是在语言上较徐仲白更为犀利。既然公法与私法不能有明确的区别，公法的分类何以能从远古的罗马时代延续到近代而仍为学者所遵守呢？刘燕谷认为，有两点原因：第一是适应当时的政治要求。传统的法律学承认公法私法的对立完全是从权力与法相对立的见解蜕化出来的，它们要保障政府机关及立于其下的行政机关的自由，所以要承认公法与私法中的法原则的不同、执行机关受法拘束的程度不同。但我们只能说公法与私法是由法设定技术的不同而形成的不同法领域，绝不能说国家与法的本体形成绝对的对立。第二是适合当时的经济情况。公法本是规约政治社会关系的法形态，私法是规约市民生活关系的法形态。法是经济关系的外衣，它要随着经济关系的转化而转化。从 19 世纪末到现在，资本主义的发展进入了另一阶段，近代法的本质也不得不发生根本的变化。私法开始公法化，经济法应运而生。经济法是沟通公法与私法的桥梁，公私法也因经济法的成立而丧失其严格的界限。公法与私法的区别不论在政治上还是在经济上，今天都已丧失其存在的根据。所以，要说法的分类，就不能不从法的内部另寻新的基准。

刘燕谷认为，过去对法的研究偏重于静态考察，而忽视了法的动态考察。一个国家的法律秩序是具有统一性的。它是一个由各阶层的法规范所构成的阶段秩序，而不是同位或并列的法规范体系。一个规范的设定必须根据一定的方法或内容，才能妥当。规范之所以妥当，是因为其能还原为他种规范的规定。如立法的妥当是因为它可以还原于宪法，法律的妥当是因为它可以还原于立法，裁判或行政命令的妥当是因为它可以还原于法律。这种关系便树立了法律秩序的统一性。法律秩序的阶段构造，首先以宪法为实定法的最高阶段，宪法的功能在于规定一般法的设定机关与手续；其次是立法，立法的任务在于规定司法行为与行政行为的设定及内容；再次是司法与行政，使法律及行政法个别化与具体化；最后是

---

① 参见徐仲白：《中国行政法论》，现代科学出版社 1934 年版，第 159－171 页。

法律行为与强制执行行为。上述各种法的行为，除最高的宪法和最后的强制执行行为外，都有二重作用，即一方面是法设定的行为，另一方面又为法执行的行为。换言之，一方面是执行上级阶段的规范，另一方面又是规定下级阶段的规范。立法是宪法的执行，也是一般法规范的设定；裁判与行政行为，是个别规范的设定，又是法律的执行。据此，法的分类可以获得如图 3-1 所示的形式：

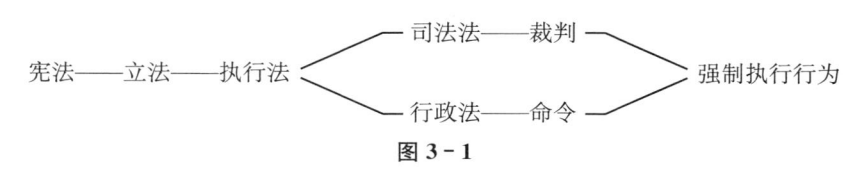

宪法——立法——执行法 ⎯⎯⎯⎯⎯ 司法法——裁判 ⎯⎯⎯⎯⎯ 强制执行行为
                    行政法——命令

图 3-1

这一分类是以法秩序的形式要素为基准而为纯粹法学派所倡导的。这一方法克服了公法与私法绝对对立的二元论，也克服了法与力对立的二元论。[1] 刘燕谷在分析了公私法分类的问题之后，以极为精要的语言概括了纯粹法学关于法分类的主张。

虽然民国时期存在公法私法一元论的主张，但总体而言，公法私法二元论构成了这一时期的通说，行政法学也将其作为自身的前提来处理，公法关系、公权等都成为行政法学的重要内容。行政法学将行政法自身定位为公法，将控制和规范行政权作为自身的使命，在公法中展现行政法的特色。

三、公法一元论

新中国成立之后，由于受到苏联法学的强烈影响，公法与私法的划分不再成为专门的问题，甚至出现了公法一元论的思想。

1950 年代，中国人民大学国家与法的理论教研室等翻译了《苏联法律辞典》。其中第三分册设有专门的词条"公法和私法"，该词条代表了 1950 年代对于"公法"的一般认识。该词条指出：这是剥削者国家的法的体系中所采用的把法律规范的总和分为两个基本部分的分类法。这一分类在公元 2—3 世纪就为罗马法学家首先实行了，特别在吸收罗马法的时期为封建社会的法的体系和理论所承袭。"把法分为公法和私法，乃是资产阶级国家建立法的体系的基础。""调整国家机关的结构和活动、国家（公共）组织之间的关系以及这些组织和国家的公民间的权力关系的法律规范的总和通常就称为公法。调整个别的人（私人）作为

---

[1] 参见刘燕谷：《公法与私法——法律学二元论之克服》，《读书通讯》第 37 期（1942 年），第 4-6 页。需要提及的是，刘燕谷曾从日译横田喜三郎（1935 年）转译了凯尔森的《纯粹法学》（中国文化服务社 1943 年重庆初版、1946 年上海一版）。

个人（而不是作为公共组织的成员）出面而发生的关系以及国家机关不是作为政权机关而是作为合同财产关系的主体出面而发生的关系的法律规范的总和，通常就被认为是私法。"其划分的标准是所谓受保护利益是公共利益还是个别私人的利益。但公法和私法归根结底都是反映统治阶级意志的法，都是保护掌握国家政权的私有主的利益的。在帝国主义时期，法律社会主义理论、社会连带说出现，描述了私法"公法化"、民法"社会化"的现象。但现代资本主义的基础仍然是私有制，还保留着为剥削者国家的法所固有的把法分为公法和私法的分法。在社会主义社会，生产工具和生产资料的私有制已经被消灭，所以，在这里并没有公法和私法的分法。①

在"一大二公"的背景下，列宁的私法否定论在中国法学界得到广泛传播：我们不承认任何"私法"，在我们看来，经济领域中的一切都属于公法范围，而不属于私法范围。我们容许的只是国家资本主义……由此只是扩大国家干预"私法"关系的范围，扩大国家废除"私人"合同的权力，不是把罗马法典，而是把我们的革命法律意识运用到"公民法律关系"上去……②这也成为列宁否定私法的明确根据。此后，公法一元论特别是私法否定论长期居于主导地位，成为讨论的默示前提。

传入的苏联行政法学几乎不提公法与私法的划分问题，偶尔提及也是将其作为资产阶级行政法学的标签来对待。1983年，马诺辛等的《苏维埃行政法》指出："资产阶级法学与社会主义的行政法学不同，它为资本主义国家的活动进行辩解，有助于维持剥削阶级社会。资产阶级法学家认为，行政法应该研究对内管理方面的国家活动。众所周知，剥削阶级国家的主要对内职能是镇压劳动人民，保护私有财产。因此，资产阶级行政法学主要是研究维护社会秩序和国家安全的问题，它的出发点是个人利益与国家利益的对立，是将法划分为私法与公法。"③

计划经济时代不区分公法与私法，姜明安认为，其缘由主要有四：其一是经济原因，政企不分，反对商品自由流通，不允许市场和市场经济存在，从而没有或很少有对私法的需求；其二是政治和社会原因，政社不分，难以产生社会公法和私法；其三是文化原因，在意识形态上宣扬"一大二公""兴公灭私"，反对私有财产所有权，不允许私人和私人组织拥有生产资料，难有私法存在和发挥作用的空间；其四是政治原因，实行高度集中的管理体制，不允许妨碍公权力集中统一管

---

① 参见［苏］库德利雅夫采夫主编：《苏联法律辞典》第三分册（国家和法的理论部分），法律出版社1957年版，第15-16页。
② 参见列宁：《列宁全集》第36卷，人民出版社1959年版，第587页。
③ ［苏］B. M. 马诺辛等：《苏维埃行政法》，黄道秀译，群众出版社1983年版，第71页。

理的因素存在，不允许以私权制约公权，从而不可能形成私法生长发展的环境。①

四、公法论的再兴

随着改革开放的深入，特别是社会主义市场经济体制的确立，公法论、公法与私法区分论再次兴起，不仅涉及是否有必要区分、区分能否成立、如何区分的问题，还有学者从整体上展开公法论的研究，当然，也有结合具体问题对公法与私法的交互关系所作的深入探讨。

（一）公法私法二元论的重提

改革开放意味着计划经济的松动和破产，有计划的市场经济乃至社会主义市场经济逐渐获得正统地位，保护市场主体、激发市场经济活力，成为新时期的主要任务之一。与此相适应，法学界特别是民法经济法学界开始呼吁肯定私法、对公法与私法进行区分。

1. 社会主义的公私法划分

1986 年，刘兆年发表论文《西方国家公私法述评》，这可能是新中国最早专门探讨公私法问题的论文。该文介绍了公法与私法的区分标准，并总结指出，虽然存在分歧，但其基本的划分是清楚的：公法采取国家干预的原则，私法则采取私法自治的原则。该文将公私法在资本主义社会中的历史地位分成三个时期：（1）私法占统治地位时期，在自由资本主义时期，置于首位的是保护私人的权利，民法的三大原则（私有财产的绝对权利、契约自由、过失责任）也确立起来。（2）公法占据统治地位时期，19 世纪末 20 世纪初，随着垄断资本主义的产生，国家强烈干预私人经济活动，私法自治原则受到限制。（3）私法公法化时期。进入垄断时期后，国家对垄断行为进行干预，由此产生了私法公法化的现象，民法的三大原则受到限制，国家干预商法的运行，社会化立法日益加强。公私法的界限已变得模糊不清。俄国十月革命胜利后，列宁领导创立了第一部社会主义民法典，完全抛弃了私法的观念。一切用公私法的观点看待我国的社会主义法律体系、用私法的观点看待我国民法都是不妥当的。② 该文将公法视为国家干预（公法本是对国家干预的规范和限制），也是当时一个时期常见的错误观念。

与此同时发表、但针锋相对的论文是袁成弟的《社会主义法也应有公私法之分》。该文认为，法律的分类应以调整对象为基础，公私法之分并不违背社会主

---

① 参见姜明安：《宏观公法学导论》，法律出版社 2021 年版，第 68-69 页。
② 参见刘兆年：《西方国家公私法述评》，《法律学习与研究》1986 年第 8 期，第 55-57 页。顺便指出的是，刘兆年引用的是《列宁文稿》第 4 卷第 222 页（人民出版社 1978 年版），与下文引述的版本一致。

义法的本质。中苏国情不同，中国法学的研究不应沿袭苏联的模式，也不能生搬革命导师的言辞。进行公私法的分类研究是健全我国社会主义建设新的历史时期的法制的需要。而且，中国有私法，《民法通则》就是一部私法性质的基本法。①

1987年，《列宁全集》第42卷出了第二版，上述列宁私法否定论的表述被修改了译法："我们不承认任何'私人'性质的东西，在我们看来，经济领域中的一切都属于公法范畴，而不是什么私人性质的东西。我们容许的资本主义只是国家资本主义，而国家，如上所述，就是我们。因此必须：对'私法'关系更广泛地运用国家干预；扩大国家废除'私人'契约的权力；不是把罗马法典，而是把我们的革命的法律意识运用到'民事法律关系'上去……"② 虽然两种译法中公法一元论的意思仍然一致，但新译法明确否定的不是"私法"，而是"私人"性质的东西。有人迅速捕捉到这一译法的变化，认为过去就是错译，应当继续坚持公法与私法的区分。③

1993年，宪法修改，"国家实行社会主义市场经济"被写入了宪法第15条。王家福领衔的中国社会科学院法学所课题组指出："现代法以区分公法私法为必要，乃是法律上的共识。公私法的区别，是现代法秩序的基础，是建立法治国的前提。""我国法学理论由于受前苏联理论的影响，在一个相当长的时期，将我国一切法律均视为公法，而否认有私法之存在。这一理论正好符合了权力高度集中的行政经济体制的要求，并成为在这种体制下实行政企合一，运用行政手段管理经济，以及否认企业、个人的独立性和利益的法理根据。毫无疑问，这种理论已经不能适应社会主义市场经济的本质和要求。""区分公法私法的必要性，在于市场经济本身的性质。在市场经济条件下，存在着两类性质不同的法律关系。一类是法律地位平等的市场主体之间的关系，另一类是国家凭借公权力对市场进行干预的关系，由此决定了规范这两类关系的法律法规性质上的差异，并进而决定了两类不同性质的诉讼程序和审判机关。对于任何法律法规，若不究明其属于公法或属于私法，就不可能正确了解其内容和意义，不可能正确解释和适用。因此，建立社会主义市场经济法律体系，要求以承认公法与私法的区别并正确划分公法

---

① 参见袁成弟：《社会主义法也应有公私法之分》，《法学季刊》1986年第4期，第22-24页。顺便指出的是，袁成弟引用的是《列宁全集》第36卷第587页的内容。

② 列宁：《列宁全集》第42卷，人民出版社1987年第2版，第427页；列宁：《关于司法人民委员部在新经济政策条件下的任务-给德·伊·库尔斯基的信（节选）》（1922年2月20日），《列宁专题文集-论社会主义》，人民出版社2009年版，第310页。

③ 参见陈昌杭：《试论区分公法与私法》，《法学研究动态》第14期（1988年7月）。参见张永志：《公法私法划分与我国构建社会主义市场经济法律体系的关系》，《法学杂志》1997年第5期，第12-13页。

与私法为前提。"①

1995 年，李茂管撰文对社会主义法律是否需要划分公法与私法作出梳理总结，归纳出肯定论、否定论和探讨论三种立场。肯定论认为，法律确有公私之分，社会主义制度下存在划分公私法的社会经济条件，私法的意义在于确认、保护商品经营者的独立利益，私法的原则就是尊重经营主体的独立性、自主性和平等性，因此，承认公法与私法的划分对于建立社会主义市场经济体制有着积极的作用。否定论认为，公私法划分在特定文化条件下以及在特定历史时期发挥的积极作用不应完全被否定，但在公私法融合已成为当今世界各国法律发展的一大趋势的情况下，再强调这一划分没有多大实际意义。破除民法是私法的观念，是社会主义市场经济体制下的要求。而探讨论则认为，公私法划分的意义在于确定国家干预的限度，保障民事活动中的主体自由。在建立我国社会主义市场经济体制的过程中，承认主体自由和确定国家干预的合理限度是十分必要的，但是否需要沿用公法与私法的概念来划分出国家干预和主体自由之间的界限，尚待进一步探讨。② 1999 年，"发展社会主义市场经济"经修宪进入宪法序言，关于市场经济的认知更加得到巩固和推进，一场持续十多年的社会主义有无公私法划分的论争渐渐平息下来。

2. 公法与私法的融合

2005 年，因物权法草案引发的"物权法违宪论争"，让宪法与民法的关系以及公法与私法的关系又一次得到了深入的探讨。2007 年，《物权法》最终获得通过。行政法学者对于该法的性质提出了质疑，认为该法不能说只是私法，而应是公法与私法相融合的法典。

杨解君发表论文《物权法不应被笼统地视为私法》，旗帜鲜明地认为，《物权法》主要是私法，但它也融合了公法的规范。物和物权并不专属于私域，公法同样应进入物权领地（物权登记、因公益而对物权的限制、征收和征用等），公法上也有公物的问题。物权法的一般法主要为民法或私法，同时在一定程度上包容了公法的规则；而物权法的特别法（诸如土地管理法、矿产资源管理法、城市房地产法）则主要属于行政法或公法，同时在一定程度上兼容了私法的规则。物权法对物权不仅有私法方式的保护，也有公法方式的保护。物权法既有对私益的保

---

① 中国社会科学院法学所课题组：《建立社会主义市场经济法律体系的理论思考和对策建议》，《法学研究》1993 年第 6 期，第 6-7 页。与此观点类似，王晨光、刘文详细分析了否定公私法划分的由来及其理论失误，指出市场经济与公私法划分具有必然的联系。参见王晨光、刘文：《市场经济和公法与私法的划分》，《中国法学》1993 年第 5 期，第 28 页以下。

② 参见李茂管：《法学界关于公法与私法划分问题的争论》，《求是》1995 年第 22 期，第 45-47 页。

护,也有对公益的保护。故而,物权法是一种综合法或者混合法。①

应松年认为,《物权法》中频繁出现涉及行政机关的条文,行政机关通过多种形式和途径渗透进了物权的设立、变更、转让和消灭的全过程。从行政法学的视角来看,哪里有行政权的运作,哪里就应当有行政法的规范。作为传统意义上私法的《物权法》其实包含了数量众多的公法内容。物权具有自治属性,行政权必须尊重物权。只有在法律有明确规定的条件下,行政权才可以限制或消灭物权。行政权可以创设物权,但设立国企应限于非竞争性领域;行政机关可以在国有自然资源上设立用益物权,直接促进社会物质财富的增加,同时负有防止国有资产流失的责任。另外,保护物权是行政机关的法定职责之一。但公权力侵犯物权的危害性和严重性已经远远超过私人侵犯物权,防止行政权的侵害是公法的重要作用之一。②"这种姿态超越了理念层面的'公法私法相互针对'的构图,从两者关系的'本质'出发,朝向两者能动的关系方面,意味深长。"③

(二) 公法学的统一研究

公私法关系的研究仍在断断续续地展开。2003年,美浓部达吉的《公法与私法》重新点校出版,④ 对于公法的研究热具有推波助澜的作用。

与主张某种公法观不同,金自宁的《公法/私法二元区分的反思》更多是思考公私法二元论在中国的命运。公法与私法是一种理想类型,其基础在于政治国家与市民社会的分离。但进入现代社会之后,国家不断介入私法领域,带有"公法吞没私法"的危险;随着公共行政的兴起,国家在公共服务中引入市场机制,又引起"遁入私法"的担忧,公私法二元论不停地受到挑战,但这些都不足以推翻公法私法的二元区分。现代公法制度的建构,不仅在于防范国家权力对市民社会自主领域的任意入侵,通过为公共权力提供合法性而保障政治国家有效履行其职能,还在于为政治国家回应社会需求、市民社会参与国家权力运行提供具体途径。从市民社会的需求出发,公法不仅要关注代表国家强制的权力界限何在,还要关注如何使社会获得自由市场不能提供的公共服务,更要关注如何使市民社会获得影响政府决策、监督公共权力运行的力量。⑤ 该书是一种主要针对公法私法二元论的思考和认识,属于公法论的基础研究之一。

---

① 参见杨解君:《物权法不应被笼统地视为私法》,《法学》2007年第7期,第42页以下。
② 参见应松年:《行政权与物权之关系研究——主要以〈物权法〉文本为分析对象》,《中国法学》2007年第5期,第66页以下。
③ [日]但见亮:《中国公法与私法的关系——以"美浓部理论"为线索》,凌维慈译,《交大法学》2013年第1期,第140页。
④ [日]美浓部达吉:《公法与私法》,黄冯明译,周旋勘校,中国政法大学出版社2003年版。
⑤ 参见金自宁:《公法/私法二元区分的反思》,北京大学出版社2007年版,特别是第169页。

近二十年来，法学界还出现了从整体上甚至是超越宪法与行政法范围的系统研究公法的倾向。一个有趣的现象是，推动公法学统一研究、对公法学做整合性研究的都是行政法学者。①

1. 袁曙宏的统一公法学

2003 年，袁曙宏撰文呼吁建立统一的公法学。其所谓统一公法学，是"以整体公法规范、共性公法特征和一般公法规律等为主要内容确定研究对象，以公共权力与公民权利之间的关系为主线形成理论基础，以公共权力这一元概念及其派生的核心范畴和基本范畴为主体确立范畴构架，以对公法研究成果的系统整合为基础构建学科体系"。② 2005 年，袁曙宏与宋功德合著的《统一公法学原论》（上下卷）出版。③ 该书是对宪法、行政法、刑法、经济法、诉讼法等所有部门公法进行整体性、综合性和系统性研究的著作。为了适应 20 世纪之后现代公法的全面崛起和统一发展的趋势，该书提出了建构一门研究整体公法规范、共性公法特征和一般公法规律的统一公法学的理论主张，试图填补世界各国有公法而无公法学这一最大的法学学科空白。该书的理论框架主要由五大板块构成：（1）公法学的研究对象、主题、进路和方法，（2）公法学的学科体系，（3）公法与私法的划分，（4）公法的维度、功能和制度，（5）公法的机制设计和方法。

"统一公法学"的提出和建构，一时间引起诸多讨论，相关学者对其必要性、可行性等都有诸多批评。随着袁曙宏 2009 年进入国务院法制办公室工作之后，"统一公法学"渐渐偃旗息鼓。

2. 姜明安的宏观公法学

2021 年，姜明安出版了《宏观公法学导论》。宏观公法学是相对于部门公法学（微观公法学）而言的。"宏观公法学是整体性探讨公法普遍原理、原则、制度与机制，对公法进行宏观、统一研究与全方位、全过程和立体考察的学科。其'宏观'性表现在作为其研究对象公法的'法'的宏观性和研究课题和研究内容的宏观性。"在法的范畴上包括国家法与非国家法、制定法与非制定法、第一性规则与第二性规则、自然法与人为法、已形成的法和正在生长的法、硬法和软法，其研究内容包括公权力的一般理论、公法的一般理论、公权力与公法发展简史、公法关系、公法上的权力与权利、公法部门、公法行为、公法监督和公法救济九个方面。该书对"公法"的界定是"规范和控制公权力的法，是调整公权力

---

① 除下文介绍的两本著作之外，还有熊文钊主编：《公法原理》，北京大学出版社 2009 年版。
② 袁曙宏：《论建立统一的公法学》，《中国法学》2003 年第 3 期，第 25 页以下。
③ 袁曙宏、宋功德：《统一公法学原论》，中国人民大学出版社 2005 年版。

主体与作为其相对人的共同体成员的关系、公权力主体与相应共同体的关系，以及不同公权力主体相互之间关系的法律规范系统。公法包括国家公法、社会公法和国际公法"。[1]

五、公法论之于行政法的意义

总体而言，虽然公法的概念在较大范围内获得认可，但公法论的整体研究是稀缺的，大家更多的只是在使用这一概念。所谓公法私法化、私法公法化的现象，也在具体领域主要是民行交叉的领域得到一定的探讨。在行政法上，不仅有行政私法的问题，现在更有私行政法的问题。公法与私法的区分，很大程度上是对公权力的特殊要求使然，这会在现实的制度设计中发挥其潜在的指导作用，但在具体的制度实践中并没有显现出现实的意义，很大程度上只是理论分析中的一种话语工具。但是，这并不是在否定公法的价值。在行政法学研究中，公法的观念具有一定的必要性。第一，行政权需要接受公法的规范，无论其以何种名目或目的出现，哪怕是行政私法，也要接受公法价值、公法原则和公法程序的约束。第二，将行政法自觉地置于公法之中，有助于明确自身研究的定位，尤其是在作新兴问题、特定领域的行政法研究时，更需注意自身研究的公法定位。第三，新近的公法学研究多为行政法学者在展开，一定程度上表明，行政法学者明确意识到了行政法的功能、体系、制度的不足，需要借助更为宏观的视角拓展对公权力的控制研究。第四，在公法中，宪法与行政法关系密切，两者被合称为狭义公法。行政法学者缺乏宪法观念和宪法思维，不仅会忽视自身的有限性，也会影响公法系统的统一性。将行政法置于公法之中，或许更有助于行政法学的健康发展，有助于行政法与宪法共同发挥作用、共同完成公法的使命和责任。

第三节　行政主体论的变迁

行政主体在过去和现在都是我国行政法学的重要概念之一，其所涉及的是国家-行政主体-行政机关三者之间的关系，行政主体概念是总体把握这种关系的重要抓手。近代行政法学和当代行政法学讨论行政主体概念的着重点存在很大差异，前者侧重于谁具有行政主体地位或者说谁享有行政权，法人及其机关的人格问题是重点；后者侧重于谁能以自己的名义行使行政权，行政诉讼的被告资格问题是重点。行政主体概念的这种时空错位，该如何理解、如何调试，值得深究。

---

[1] 姜明安：《宏观公法学导论》，法律出版社2021年版，第8、55页。

一、国家法人说在清末的传入

国家观,毫无疑问,中国自古有之,但从法学上整体观察分析国家的性质是近代之事。清末,有关国家性质的介绍从政治学、国家学、宪法学、行政法学等多个角度传至尚为君主制国家的中国。

1899年,梁启超主持的《清议报》自第11期开始连载德国伯伦知理的《国家论》,伯伦知理的国家有机体说随之传入中国。① 1903年,梁启超又撰文《政治学大家伯伦知理之学说》,介绍了国家有机体说。伯伦知理认为,国家不仅有府库制度,也有意志和行动,可称作有机体。国家与寻常的有机物有相类似之处(精神与形体相联合,肢骸各官各自有其固有的性质及其生活职掌,联结这种肢骸构成一个全体,先自内部发育然后成长达于外部),不同之处在于国家系人力创作而成而非天造。梁启超指出,国家有机体说不起于伯伦知理,但完备于伯伦知理。"自国家有机之说出,而知凡人造物与国家相类者,无一不属于有机,即法律上所谓法人者皆是也。故欲组一团体而不具其机,未有能成者也。"②

1903年,汪荣宝、叶澜编纂的《新尔雅》在"释政"部分指出:"有人民有土地而立于世界者谓之国。设制度以治其人民土地者谓之政。政之大纲三,一曰国家,二曰政体,三曰机关。""有一定之土地,与宰制人民之权力,而为权利义务之主体备有人格者,谓之国家(所谓人格者,谓人之所以为人之资格也,有伦理上之人格,有法律上之人格……权利义务之主体即于法律上得完全之人格,若不能全其法律上之权利义务者,即于法律上不能有完全之人格也。以国家有人格者,盖拟国家以人也。国家为权利义务之主体,故有人格。国家对臣民有权利有义务,对外国有权利有义务,此国家之所以为权利义务之主体备有人格也。国家所行之权力,自国家成立时即有,非若个人之权利,必依法律而始得)。"③《新尔雅》以简要的文字说明了国家、人格、权利义务与法律之间的关系,国家是权利义务的主体,在法律上具有人格。

在教材方面,1903年,作新社编译的《行政法》在"官厅之性质"中指出,官厅是机关,官厅没有自主自存的目的,也没有固有的意志,其存在是为了统治者而非自身。官厅所决定意志的效力的直接利害不及于其自身。官厅是统治者的股肱。不过,在便宜上也不是没有例外,赋予其人格,例如日本行政裁判以官厅

---

① 参见《清议报全编》(第三集),新民社1901年辑印,第1页以下。
② 梁启超:《政治学大家伯伦知理之学说》,《饮冰室合集2》,中华书局1989年版,文集之十三第70-71页。
③ 汪荣宝、叶澜编纂:《新尔雅》,国学社1903年版,第1-2页。

为被告。① 该书虽然没有使用法人的概念，但将官厅定位于机关，并实际上认为统治者具有人格。

1906年，夏同龢编辑的《行政法》将"行政机关"设为一编，其下分设"行政组织""行政官厅"等章。"行政官厅以一人或数人组织之，循一定之范围，膺委任而处理国事，对于外部行使命令权，尽其权限内之义务，盖有机关而无人格者也。"官厅没有人格。官厅发表皆为统治者之意，而非己意；其处理皆国家之事，而非己事；其所增进的是人民积极的幸福，而非为自己的生存。② 这里虽然没有扩展探讨国家、国家机关的人格性问题，但其立场是清楚的——肯定国家法人说，而否定机关人格说。

在清末，我国学者对国家、国家机关与法人的关系已有一定的探讨。宪法学者保廷梁认为，国家是一个合成的人格，国权的本体唯一而不可分割，国权的效用则有两面，对外表现为主权，对内表现为统治权。君主是国权的主体，国权的事务可以区分、作用可以分配，但仍不失为意思统一，立法、行政、司法均为国权，三者相辅相成。保廷梁认为，国权机关是由具有公法人格的自然人所组成的公法人。公法上的人格为公法所拟制，是无形体的。有形体的自然人被冠以公法人格，便可职司机关的任务、成为机关的代表。只有公法人格才能组织国权机关，否则只是普通的机关。先有国权主体，而后有国权机关，国权机关由国权主体设置，受国权主体支配。国家的权力由主体总摄、机关分掌，两者为主从关系而非对抗关系。有公法上人格的自然人，对于国权主体的君主一方面有执行机关权力的责任，另一方面有尽忠国权主体的义务。③ 保廷梁的思维不可谓不缜密，其理解既契合了其所处的君主（立宪）时代，也清晰地把握了国家-国家机关-国家机关的代表（具有公法人格的自然人）之间的关系。当然，他认为国权机关是公法人，相应地，行使行政权的国权机关也是公法人。这种理解或许是因为他将行政理解为国权的一种作用，行政方面的国权机关是国权主体的一种表现，既然国权是一个合成的人格，那么，国权机关当然也是公法人。但是，这种理论构成并未为民国时期的学者所接纳。

二、民国时期的行政主体与行政官署

民国时期，国家法人说被广泛接受，成为行政法学的通说。在国家法人说的

---

① 参见作新社编译：《行政法》，作新社1903年版，第135－138页。
② 参见夏同龢编辑：《行政法》，中国书林1906年版，第38、40页；夏同龢编著：《夏同龢文辑》，梁光华、饶文谊、张红辑校，凤凰出版社2013年版，第44－45页。
③ 参见保廷梁：《大清宪法论》，江左书林、模范书局1911年再版，第21－24、90－95页。

支配下，行政官署作为最重要的一种行政机关，成为行政法学的重要研究对象，行政法学界对行政机关的人格性亦有所讨论。这一时期，"行政主体"的概念也在行政法学上得到使用。

（一）国家、行政组织与行政官署

民国早期的行政法学教材通常都是从国家论开始讲述的。只有讲清楚了国家及其地位，才能明确国家权力之间的关系、行政机关在其中的地位等。换言之，国家论构成了行政法学的基础和前提。

钟赓言认为，行政是国家作用的一种，故而，行政的观念必以国家的观念为基础。他在其行政法讲义的绪论中单列"国家""国家之作用"作为第一章、第二章，详尽地介绍了国家论的基本内容。钟赓言首先指出，国家有两种观察方法：其一是以国家为社会现象之一，从社会方面观察；其二是以国家为法律现象之一，从法律方面观察。后一种研究要以前者为基础。从社会角度看其性质，国家是多数人的集合团体，但国家不同于其他团体的显著特征在于：国家是领土团体，是有统治权的团体，有固有的统治权。要成立国家，多数的人类（国民）、土地、统治权三个要素必不可缺。在社会理论上，关于国家的性质，存在国民即国家说、君主即国家说、统治状态说、国家有机体说等观点。而从法律角度观察国家，不外有三种见解：其一是以国家为权利主体说（国家法人说），其二是以国家为权利目的说（国家客体说），其三是以国家为权利关系说（统治关系说）。钟赓言详细分析了三种学说的内容及其问题（在国家法人说之下详细介绍了法人拟制说、法人否认说、法人实在说三种法人学说），他认为，国家在法律上的性质，以三者中的国家人格者说最为得当。他从法律方面下定义称："国家者，以一定地域为基础之法人，而有原始之统治权者也。"[1] 国家为法人，是说国家乃意思能力、行为能力的主体。国家的意思之所以不同于其他人格者的意思，仅因其有统治力，亦即可命令其他人格主体，可违反其意思而强制，使其服从命令。国家为不可分的单一体，则统治权也当然唯一而不可分。统治权不可分，未必说行使统治权的机关不可分。行使统治权的机关只要有统一的方法，就足以维持国家意思的统一，而无碍于统治权的唯一而不可分的性质。通常将统治权的作用分为立法、司法及行政三种。近世立宪国家采取权力分立主义，就是由不同性质的国家机关分别行使这三种作用，但各种机关之间并非绝对分立。[2] 钟赓言的国家

---

[1] 钟赓言：《钟赓言行政法讲义》，王贵松、徐强、罗潇点校，法律出版社2015年版（原书为1927年版），第6-23页。

[2] 参见钟赓言：《钟赓言行政法讲义》，王贵松、徐强、罗潇点校，法律出版社2015年版，第24-25页。

论显然受到了耶利内克的很大影响,其结论是,国家是法人,行政机关是国家的机关。

钟赓言在行政法总论中专设"行政组织"一章,着重就行政官署作出阐述,而未对行政机关作出说明。钟赓言指出,国家的行政组织通常合行政首长、行政官署及自治团体三种而成。行政权原则上由行政首长掌握,但行政事务繁多复杂,不可能由行政首长一人悉皆躬亲。在行政首长之下,必有诸多下级机关,各分任行政事务的一部分,这种机关就是行政官署。"行政官署(Verwaltungsbehörde)者,国家之机关隶属于行政首长之下,受一定之委任,就行政事务之一部分有决定国家意思之权限者也。"行政官署是国家的机关,故而在法律上不能有人格。虽然构成该机关的个人必为权利主体,但当其处于官署地位之际,其所使的恒属于国家的权利,官署自身不得为权利主体。学者中也有以国家机关为不完全的人格而称之为机关人格的做法,但不能说是正确的见解。人类处于国家机关的地位而表示的意思,并不是构成此意思的自然人的意思,而是国家的意思。国家机关与国家的关系,犹如耳目手足与人类的关系,机关与国家之间并没有两个人格。构成机关的自然人并非以其固有的人格而为他种人格的国家代理,实际上是国家的人格经由此机关来表现。大部分行政机关都无自行决定国家意思之权,而只是在内部为国家意思决定以前做准备,其可被称为官署的辅助机关。官署的意思在法律上被认作有效的国家意思,自然有一定的范围,此范围被称为官署的权限。只有对于在其权限范围内的事务,官署才有国家机关的资格。若超越权限,则其不得被称作国家的机关,其行为也不是国家的行为,而是绝对无效的行为。[①]

如此,钟赓言所形成的概念体系是,国家是一种法人,行政机关是一种国家的机关,行政官署是一种有权就行政事务决定国家意思的行政机关。在实定法上,"行政官署"是《诉愿法》《行政诉讼法》上重要的法律概念,行政官署的处分是诉愿、行政诉讼的事项,行政官署是行政诉讼的被告。如此,行政官署既是行政组织法上的重要概念,也是行政活动法、行政救济法上的重要概念。

(二)行政主体概念的出现

与钟赓言不同,范扬没有在其《行政法总论》中设置国家论的绪论,而只是在"行政组织"一章中简要谈及国家-行政机关的关系。范扬指出,法人是组织体,须有一定组织才能活动。国家是法人的一种,亦须有一定的组织。国家的统

[①] 参见钟赓言:《钟赓言行政法讲义》,王贵松、徐强、罗潇点校,法律出版社2015年版,第144-147页。

治组织有多个单位,各个单位即为国家机关。行政机关是国家机关的一种。国家机关是国家的构成部分,用以表现国家的人格,无独立人格可言。国家机关所能表现的国家行为的范围,实为机关的权限,而非自身所有的权利。依权限所为的行为是为国家目的而发动的,并不含有为机关自身目的而实行的素质。个人在机关地位上所表现的行为,在国法所承认的限度上归属于国家,是国家的行为。机关与国家并不存在两个人格。但国家机关与构成机关的个人是有区别的:机关由法规设立,法规未修正的,机关绝不变动,而机关的构成员则有死亡或调动的问题;机关的构成员居于国家机关的地位时,其行为归属于国家,否则不能将其视为国家的行为;国家机关的构成员仍保有独立的人格,可与国家之间构成法律关系。①

行政机关依其权能可分为行政首长、行政官署、咨询机关、营造物或公企业机关、补助机关、执行机关。其中,行政官署是隶属于行政首长之下就一定行政事务有决定并表示国家意思于外部的权限的机关,是国内最重要的一种意思机关。行政官署是一种国家机关,仍不具有法律上的人格。行政官署有一定权限,虽然其他行政机关也能处理行政事务,但能独立以其作用归属于国家者,除行政首长外,只有行政官署而已。其他行政机关的作用范围可称为机关权能,而不能称为权限。②

值得注意的是,"行政主体"概念一次都没有出现在钟赓言的行政法讲义中,但在范扬的《行政法总论》中已被广泛使用。不过,范扬并没有对行政主体作出界定。范扬认为,凡公法上有人格者,皆可为公法关系的主体。公法关系的主体不外为个人的人民与团体的法人。国家是法人的一种,作为统治组织,也要有国家机关才能活动。国家机关是国家的构成部分,用以表现国家的人格,机关并没有人格,不得为法律关系的主体。在介绍营造物及公物部分,范扬指出,营造物是行政主体为达一定目的以人及物构成而继续设置的设备;狭义的公物是行政主体直接供诸行政目的之用的有体物。在行政作用部分,范扬认为,单方的行政行为,即广义的行政处分是指行政主体就具体事实单方所为的一切法律的行为,不问事实的行为或精神的行为,均可包括在内。但有行政主体,就可能有逻辑对立的行政客体。范扬认为,行政处分一方面有拘束行政主体的效力,凡表现行政主体的一切机关,不问该处分官署或上级官署,乃至其他机关,在该处分本受合法撤废

---

① 参见范扬:《行政法总论》,邹荣勘校,中国方正出版社2005年版(原书为1937年版),第49-51、53页。

② 参见范扬:《行政法总论》,邹荣勘校,中国方正出版社2005年版,第51-52、54-55页。

以前，一概须受其拘束；另一方面有拘束行政客体的效力，凡受处分的相对人及第三人，皆应受其拘束。① 综合来看，行政主体应是国家法人在行政上的表现。

(三) 国家人格否定说

民国时期，虽然国家法人说是通说，但并非没有否定国家法人或国家人格的学说。留学法国的陶天南就是其中的代表。

在国家的活动上有两种现象：一是国家常常行使其单方权力，二是国家使用公共财产。法学上是以国家人格说及主权说来解释的。国家具有优越的意志，称为主权，主权的前提是存在国家意志，故而，国家有人格；国家使用公共财产，是国家以公共财产的主体地位加以使用。陶天南认为，国家人格说不能成立，原因在于：从实证主义而言，只有自然人才有意志，我们无法观察得到国家本身的意志。而且，国家活动假手于单方行为时，国家意志超越于一般自然人及法人的意志；假手于双方行为时，其意志又与其他意志相等。这种双重活动的事实与国家人格说相矛盾。法人只有一个意志，国家亦只应有一个意志。国家意志有时是优越的，有时与其他意志相等，我们势必主张国家有双重人格或意志，或主张国家意志有双重性质。但这种主张是不合逻辑的。②

依据法人实在说，法人是有机体，其人格是实在的，表示其意志者是自然人，被称为"机关"，机关是法人不可分的部分。机关与法人之间并无代理关系，代理发生在两个人格之间，而机关的人格为法人所吸收，只有法人有人格。陶天南认为，从实证主义而言，国家并无人格，而指导及实施公务的是自然人，具有人格。以机关说适用于国家，使本无人格者具有人格，本有人格者丧失其人格，是不科学的，应予排除。有的行政法学者认为这一学说有其实用上的价值，但在事实上则相反，它与数种法律规则相冲突。其一，按照机关说，机关的意思表示是国家的行为，由国家单独承担责任。但在现实法上，国家固然承担赔偿责任，但公务员也承担赔偿责任，国家承担赔偿责任反而在时间上较晚。其二，按照机关说，机关是国家的一部分，因而，不能与国家发生法律上的关系。但各国现实法莫不承认公务员与国家的权利义务关系。主张机关说者说，这不是机关与国家的关系，而是构成机关的自然人与国家的关系。但机关既无人格，从职务上的地位来说，我们不能辨识机关与构成机关的自然人的区别。除去自然人，岂有所谓机关？其三，机关既然没有人格，就只能代表国家作意思的表示，机关与机关之

---

① 参见范扬：《行政法总论》，邹荣勘校，中国方正出版社2005年版，第32、49-50、126、137、166、180页。

② 参见陶天南：《中国行政法总论》，中华书局1937年版，第13-14页。

间没有意思表示的可能。但在现实法中，这种意思表示是常有的，例如国民政府就院与院之间不能解决的事项作出决定。而且，机关的意思表示既然是国家的意思表示，机关向机关作意思表示，无异于国家向其本身作意思表示，这是最不合逻辑的。陶天南认为，国家是一个抽象的概念，并无意志。指导及实施公务者是治者及其所任用的公务员或人民所选举的自治人员。法律规则为使治者公务员达到同一目的，将其形成一个总单位，在我国是国民政府；为实现职务分立，又将其分为各大单位，由此类推直至最低单位为止。形成机关的治者及公务员仍保持其人格或意志，其意志具有共同目的，故成为一个单位。①

（四）国家法人与机关人格

陶天南从逻辑与现实的矛盾角度对国家人格说提出批评，这是有力的，但并不是不能回应的，其核心问题就是如何理解机关人格。

1934 年，徐仲白的《中国行政法论》引入了凯尔森学派的法人理论，分析了国家法人、机关人格等问题，也将法人理论的视角由意思发生机制转为责任归属机制。徐仲白在行政法关系中使用了"行政主体"的概念（不过，也使用了"行政客体"的概念）。所谓行政法关系，就是在行政区域内各个法人格者间的各个行政生活关系，依行政法所规律之法的关系。在纯粹法学上，自然人格和法人格是同一的。所谓国家人格或国家意思是以归属终点而表现的。即在国家关系中，对特定人的某种行为，不认之为其人格者的行为，却认之为其人格者以外相异其他人格者的行为，即基于其人格者意思以外相异的意思而行的行为，就是国家的行为。归属系基于一切规范而行，故人类的行为非归属于其行为者，而归属于其背后存在的共通主体，即国家。故一切法秩序是表现归属规定的集合。统一的国家意思或统一的国家人格的观念，就是归属规定的法秩序统一性。虽然主流的理论不承认机关人格，但徐仲白并不认同。《行政诉讼法》（1932 年）第 10 条既然明定被告为官署，则国家机关具有法人格、国家机关可作为行政法关系的主体，在我国现行法上，已无再行争议的余地。徐仲白认为，机关人格并非和国家人格不能相容。首先，惩戒法律规定的主观化就意味着国家机关的法律义务。国家无为不法的可能，其意思违反法律即违反其固有的意思，违反国家意思的行动即不得归属于国家，否则就违反国家意思的单一性。国家机关在某特定的范围受应实现国家意思的法律羁束，即有为其实现的必要，其不实现，就是"不法构成事实"。这种不法构成事实应归属于国家机关。这种不法构成事实与规范国家机关应实现国家意思的法律相结合，就是惩戒法律规定的主观化，这意味着国家

---

① 参见陶天南：《中国行政法总论》，中华书局1937年版，第 22 - 25 页。

机关的法律义务。其次，国家机关和惩戒规定相对立时，即以被羁束的主体而具有人格，这时，国家机关成为归属的终点。而实现国家意思的行为不是归属于物理的行动者，而是归属于国家人格者，国家机关是以通过点而活动的，这时国家机关并不存在某种人格。国家人格和机关人格之间的矛盾是因机关和法律规定之间关系的差别而引起的。国家机关因作为机关义务主体而具有法人格。机关义务是国家机关的法律义务，因为国家机关作为职务义务或勤务义务的主体，即在其特殊的机关活动而受羁束的规定关系上所保有的地位，与人民作为一切法律义务的主体所保有的地位是同样的。机关义务并非国家本身的义务。机关的权限规定让机关受到不得为其他机关权限内行为的羁束，一旦超越职权就构成行政机关职务义务的侵犯。倘若认为职务义务和国家义务是同一的，则侵犯职务义务不可成立。通说不承认机关义务实为误解。羁束国家的法律规定和羁束国家机关的法律规定存在差别，由此可以证明单一的国家人格和国家机关人格的对立。机关义务与人民的法律义务在法的构成上并无差别，但可以从制裁的方法上发现两者的差异。[①] 徐仲白运用纯粹法学理论，证明了机关人格的存在，但也确定了机关人格是在机关义务的层面上而存在的。

  对于机关人格说在行政法学中如何定位，1940年代的林纪东也有一定思考。在林纪东的理论中，他接受法人实在说，认为国家是法人的一种，其有一定的机关以行使国家的职权。所谓行政机关，是指某特定人在法律上立于可代国家而作出行政行为的地位，其行为具有作为国家行为的效力时，该特定人即为国家的行政机关。立于机关地位的特定人的行为结果，不及于该特定人自身，而归属于其所代表的国家。因为这时法律关系的主体是国家，而非立于国家机关地位的特定人，该特定人在作为国家机关的立场上并无人格。该特定人所作的意思表示在法律上有拘束国家的效力，其与国家的关系，表面上与私法上的代理关系相似，但并不相同。私法上的代理为两个人格者之间的关系，代理人与被代理人之间发生一定的法律关系。而国家机关与国家的法律上人格，则混而为一，其相互间并无法律关系可言，国家机关并非代理国家的行为，而仅表现国家的行为。在这里，林纪东使用的是"表现"一词，用以表达国家法人与国家机关之间的关系；他还使用了"代表"一词表达两者之间的关系。在行政组织法上，最重要的行政机关是行政官署，亦即隶属于行政首长之下就一定事务有决定并对外表示国家意思的权限的机关。在林纪东的理论中，行政机关是立于机关地位的特定人，而非由若干人组成的组织。行政机关的构成员与行政机关的区别在于：（1）行政机关是国

---

  ① 参见徐仲白：《中国行政法论》，现代科学出版社1934年版，第301、309、344、356-375页。

家组织的一部分,其设立有法规的根据,法规未修正的,机关绝不变动;行政机关的构成员则变动不居,但这并不妨碍行政机关的存在。(2) 仅行政机关的构成员在其职权范围内所为的行为才有作为国家行为的效力,否则不能认其为行政机关的行为而产生效力。(3) 行政机关的构成员在其个人地位上,仍与国家发生一定的法律关系;倘立于行政机关的地位,则无独立的人格,即无与国家发生法律关系的可能。① 林纪东并未使用行政主体的概念,而仅以"国家"来表示(当然,类似的主体还包括公共团体、其他被授予国家公权者)。行政机关是国家这一主体的机关,行政机关中的行政官署是行政首长之下有权对外的机关。

1944 年,林纪东发表论文《论行政机关之性质》指出,"行政机关是否具有法律上之人格问题,为公法学上重要问题之一"。通说认为,国家机关的行为仅为代表国家的行为,其自身并无存立的目的,不具有法律上的人格。行政机关是国家机关之一,自亦不具有权利能力的法律上人格,行政机关构成员个人的意思,即为国家的意思。在国家人格之外,不再有独立的机关人格存在。个人基于其供给国家意思的地位,与国家构成特别的法律关系,对国家享有特别的权利、负有特别的义务。通说对国家机关与机关构成员严格区分,认为前者没有人格,后者则另有法律上的人格。这种机关理论,在国家构成员不多、国家性质单纯、国家所有财产样态简单或国家机关相互间的权限分配极为明显之时,固然是妥当的。但在国家职能复杂、人员增加、国营事业日渐增多的时代,要贯彻这种理论,就有颇多实际上的困难。因此,究竟应认为行政机关具有法律上的人格,以其行为为其自身的行为,还是仍以行政机关不具有法律上的人格,其行为系代表国家而为,实为应予研究的问题。林纪东介绍了机关人格说、机关人格否定说和新机关人格说三种学说,但并未给出自己的结论。② 从其对问题的缘起说明及后续的学说介绍来看,林纪东似倾向于采纳新机关人格说。如此,国家的法人主体地位、机关构成员相对于国家的人格得到肯定,传统通说得以维续。

三、国家行政机关概念在新中国的引入

新中国成立之后,"国家法人""行政主体"等概念在很长一段时间里销声匿

---

① 参见林纪东编著:《中国行政法总论》,正中书局 1947 年第 5 版,第 31-34 页。
② 参见林纪东:《论行政机关之性质》,《文风杂志》第 1 卷第 6 期(1944 年),第 34-37 页。林纪东在文末称,"本稿之作,亦仅综述有关学说之梗概,以供有志公法学者之省览,本未敢遽作定论也"。该文在很大程度上可以看作对杉村章三郎的《行政机关的人格性》(既可能是日文原文,也可能是陈汝德的 1937 年译文〔[日]杉村章三郎:《行政机关的人格性》,陈汝德译,[日]铃木义男等:《行政法学方法论之变迁》,杨成炬点校,中国政法大学出版社 2004 年版,第 70 页以下〕)一文的介绍。

迹，取而代之的是"国家管理机关"或"国家行政机关"等具体概念。

(一) 国家行政机关概念的采用

作为1950年代最有影响的教材，司徒节尼金的《苏维埃行政法（总则）》全书的核心概念是"国家管理"，与此相应，使用的是"国家管理机关"或"国家机关"的概念。苏维埃国家管理机关是国家政权的执行及指挥机关，是执行法律和具有为执行法律所必需的指挥权利的机关。在行政法关系中，司徒节尼金认为，关系的一方主体是国家机关。国家机关作为国家职能的负担者而出现，它是根据国家的权限，以国家的名义来活动，但不能越过赋予它的权利的界限。"每一个国家管理机关，当实行其所担负的职权时，是代表国家，而它所采取的各项措施均具有国家的性质。这是国家机关与社会组织的主要区别。"① 国家管理机关与国家之间的关系是"代表"。该书还专设一章介绍了"苏维埃国家管理机关"，此后，无论是制定国家管理法令还是保证执行国家管理法令，使用的都是"国家管理机关"或"国家机关"的概念。"国家管理机关"的特征在于，"（甲）仅能依据并执行法律而进行其活动；（乙）对政权机关负责并受其监督；（丙）服从上级管理机关；（丁）仅在本身权限内解决国家任务；（戊）根据上级机关指示，独立执行其所负之义务"。② "国家管理机关"与"国家职员"相对。"凡经选举或任命担任国家机构内常任的或临时的公职而因自己的劳动取得报酬（工资）的人员，统称为国家职员。"所谓公职，即国家所设置的经常职位，国家确切地规定了担任此种职位的人员的特定权利与义务，以便经常不断地执行某种工作来实现国家的职能。公职的经常性和实现公职义务的不间断性，是国家职务区别于在一定时期内完成国家委派工作的标志。③

司徒节尼金也曾专门批判过"主体，客体，行为"的行政法学体系。④ 苏维埃行政法学之所以只用"国家管理机关"的概念，而不再使用国家法人或行政主体的概念，其可能的原因在于，在苏维埃行政法学体系中，重要的是如何保障国家管理的任务实现，其核心关注点不在于国家与公民之间的法律关系，而在于国家管理机关如何实现国家任务，由此，国家管理机关的主体身份、国家

---

① [苏] C.C. 司徒节尼金：《苏维埃行政法（总则）》，中国人民大学国家法教研室译，中国人民大学，1953年，第6、60—61页。
② [苏] C.C. 司徒节尼金：《苏维埃行政法（总则）》，中国人民大学国家法教研室译，中国人民大学，1953年，第61页。
③ 参见[苏] C.C. 司徒节尼金：《苏维埃行政法（总则）》，中国人民大学国家法教研室译，中国人民大学，1953年，第85页。
④ 参见[苏] C.C. 司徒节尼金：《社会主义国家管理制度和苏维埃行政法对象问题》，《苏维埃行政法论文选译》（第一辑），中国人民大学国家法教研室编译，中国人民大学出版社1957年版，第43页。

管理机关与公民之间的权利义务关系不再重要，国家法人或行政主体的概念也并不必要。

不过，我国1954年宪法采用了"国家行政机关"或"行政机关"的概念，而未使用苏联法学上的概念。在1954年宪法起草过程中，关于是使用"管理"还是"行政"来定性国务院的功能，曾有争议。起初使用的是"国家最高管理机关"的表述。但在宪法起草委员会第三次全体会议上，刘少奇提出："是用'行政'两字，还是'管理'两字？'管理'用得很多，各部的管理局很多。'行政'两字和别的不混同，就改为'行政'吧！"经讨论，大家同意将宪法草案的表述修改为："中华人民共和国国务院……是国家最高行政机关。"① "国家行政机关"的概念在后续中国行政法学上得到普遍采用。

1983年，王珉灿主编的《行政法概要》指出，"国家行政机关是行政法关系最主要的当事人"。行政机关既然是行政法关系的当事人，其实就具有主体资格。该书还指出，法律关系的内容是权利和义务，行政法规定国家行政机关可以行使的权力，即作为行政法关系参与人享有的权利，大体可归纳为形成权、命令权、处罚权、管理权四种。这时的"国家行政机关"是指"统治阶级运用国家权力对国家行政事务进行组织和管理的机关，亦称国家管理机关，或简称政府"。② 这一概念的"国家管理机关"别称也显示出与苏联行政法之间的承继性。该书专设一章介绍"国家行政机关"，并在行政行为、制定行政管理法规、采取行政措施等方面都使用了"国家行政机关"的概念。"国家行政机关"是贯穿《行政法概要》全书的基础概念之一。

（二）行政机关的内涵转变

过去的行政机关是指国家作出并执行行政作用的机关，是以行政官署（决定、表达行政主体意思的机关）为中心的行政机关，这是来自德国法的概念，重视的是处分权的所在、责任的归属。行政首长被认为是行政机关，行政官署也是一种行政机关，独任制的官署仅指长官个人，而不及于其他。广义上的官署才包括长官及其辅佐官全部，如某部、某厅是一个官署。陶天南曾明确指出："机关是法律规则为实现实施公务之目的、为实现职务之分立、为实现分工的及地域的职务之分配，将治者公务员或自治人员所形成之单位。机关与治者及公务员或自治人员所异者，即以前者是个别的、分离的概念，后者是群体的、联系的概念。传统的'机关'说兼采单独主义及群体主义，前者以单独的个人为机关，如县长

---

① 韩大元：《1954年宪法制定过程》，法律出版社2022年第2版，第385页。
② 王珉灿主编：《行政法概要》，法律出版社1983年版，第3-4、61页。

是，后者以若干人为机关，如县政府是，而单独主义在理论上则占优势，虽在实际上，群体主义较为普遍。"①

但是，在新中国，行政机关一定是组织，而非特定的职位；是一个系统，而非个人。人们对行政机关采取了群体主义的认识。"国家行政机关"与"国家行政工作人员"是一组相对的概念。王珉灿主编的《行政法概要》对"国家行政工作人员"是这样界定的：它"是专指在国家行政机关中工作，担任国家各个方面行政管理工作的国家工作人员"。② 行政机关现在是组织化的系统概念，不仅是组织系统的直观印象的结果，也可能受到民主集中制观念的影响。行政机关虽然实行行政首长负责制，但要按照民主集中制的原则来决策，不突出行政首长这一类决定权人成为一种新的传统。

四、行政主体的概念转用

随着社会多元化的发展，除国家行政机关之外，还有不少组织被法律法规赋予一定管理的职权。新中国行政法学上所使用的"行政机关"概念日渐显现困境，不足以涵盖行政法所应涵盖的规范对象。行政主体的概念重新进入视野。

（一）行政主体的再现

"行政主体"本是大陆法系行政法学的基础概念之一。这一概念在新中国的传播，有两个源头，但在内容上是近似的。一个源头是法国行政法学上的行政主体，王名扬在传播上发挥了重要作用。王名扬是留学法国的法学博士，曾在民国时期的武汉大学学习并讲授过法学，其对行政主体的介绍或许受到了这双重影响。1984年，在行政法学百废待兴之际，王名扬在介绍法国的行政法和行政法学时，使用了"行政主体"的概念："各种公务的实施由公务员执行，但公务员行为的效果并不属于自己，而归属于一个中心。这个中心统一众多的先后不同的公务员的行为，承担由于各公务员的行为而发生的权利和义务，称为行政主体，在法学术语上称为法人。"王名扬还简要介绍了法国作为行政主体的三种公法人，即国家、地方团体和独立的公务法人。③ 这也是新中国较早的对行政主体的介绍。

1989年，王名扬的《法国行政法》一书对"行政主体"概念的形成产生了决定性的影响。该书在第二章行政组织之首介绍了"行政主体"的概念："行政主体是一个法律概念。就法律意义而言，行政主体是实施行政职能的组织，即享

---

① 陶天南：《中国行政法总论》，中华书局1937年版，第24页。
② 王珉灿主编：《行政法概要》，法律出版社1983年版，第79页。
③ 参见王名扬：《法国的行政法和行政法学》，《行政法概要》编写组：《行政法资料选编》，法律出版社1984年版，第509－511页。

有实施行政职务的权力,并负担由于实施行政职务而产生的权利、义务和责任的主体。"这是一个实施行政职务的主体,不实施行政职务者就不是行政主体;这是一个负担权利、义务和责任的主体,不负担者就不是行政主体。行政主体是公法人。行政机关在一定的范围内以行政主体的名义进行活动,其效力归属于行政主体。法国法律承认的行政主体有三种:首先是国家,其次是地方团体,最后是公务法人,即以实施公务为目的而成立的公法人。行政主体概念是使行政活动具有统一性和连续性的一种法律技术,是行政组织的法律理论基础。① 王名扬详尽的介绍,再加上其前期讲学的影响,使"行政主体"一词得到了广泛传播。但是,王名扬自身并未就中国的行政主体展开说明。

另一个源头是日本行政法学上的行政主体。1988 年,南博方的《日本行政法》被译为中文出版。该书在第二章行政组织之首设"行政主体"一节,简要介绍了行政主体的概念和种类。该书指出:"行政主体即是行政权的归属者。在现行宪法之下,行政权属于国家或公共团体。根据国民主权主义的思想,行政权由来于国民,基于国民庄重的委托而归属于国家或公共团体。"首先是国家。行政权是统治权的一种,国家是行政权的归属者。为了行使行政权,国家原则上要拥有自己的行政组织,通过各行政机关进行行政活动。行政机关在其权限范围内进行行为的效果,直接归属于行政主体。行政机关不能成为权利义务的主体,行政机关不具有人格。其次是公共团体,即出于国家并由国家规定其存在目的的法人。公共团体分为地方公共团体、公共组合和行政法人三种。② 南博方这一关于行政主体的简要说明,代表着大陆法系对行政主体的一般理解,对于行政主体概念的推广起到了推波助澜的作用。

(二)行政主体的转用

在很长时间里,国内行政法学界习惯于使用"国家行政机关"的概念。但是,1989 年《行政诉讼法》规定的被告不仅是行政机关,还有法律法规授权的组织。如何有效地找到行政诉讼的被告?如何简便地称呼行政诉讼的被告?"行政主体"便是一个可以借用的概念。

1989 年,张焕光、胡建淼的《行政法学原理》出版,其专设"行政主体"一章,全面分析了行政主体的概念、类型、法律地位。该书认为,"行政机关"这一概念不能穷尽,行政机关如果仅指人民政府,就排除了作为行政机关组成部分的行政机构、经授权享有管理资格的社会组织;这一概念还容易造成误解,不

---

① 参见王名扬:《法国行政法》,中国政法大学出版社 1989 年版,第 39 - 41 页。
② 参见[日]南博方:《日本行政法》,杨建顺、周作彩译,中国人民大学出版社 1988 年版,第 13 页。

能区分作为民事主体的行政机关和作为行政主体的行政机关，不能反映它在行政法中的特定身份。用"行政主体"来代替"行政机关"，上述缺陷就不复存在。该书借鉴法国行政主体的概念指出，"在我国，行政主体特指能以自己的名义实施国家行政权（表现为行政管理活动），并对行为效果承担责任的组织"。其特征在于：是组织而非个人，实施国家行政权，能以自己的名义实施，能独立地承担行为效果。"我国的行政主体主要是行政机关，即从中央到地方的各级人民政府。"该书认为行政机关、人民政府就是行政主体，将机关等同于主体，这是后续错误认识的源头。该书根据行政主体实施行政权的范围，将行政主体分为外部行政主体和内部行政主体，前者有权按照地域对社会上的相对人实施管理，后者按照隶属关系限于对内部相对人的管理，如人民政府对隶属于它的行政机构实施领导和监督。该书还根据行政职权的产生方式，将行政主体分为职权行政主体和授权行政主体，前者的职权随组织的成立而自然形成，后者的职权须经有权机关的授予而获得。① 但理论上一般认为，行政主体涉及的是一个外部关系，内部行政主体的概念不能成立。此后，有关行政主体概念的认识基本定型。

1994年，王连昌主编的《行政法学》（高等政法院校规划教材）专设"行政主体"一编，取代了行政组织法的内容，对行政主体详加论述。该书认为，行政法的核心问题是行政权，有资格享有并行使行政权的是行政主体。行政组织有行政学、组织学和法学三种研究角度。法学从主体的角度研究，把行政组织是否具有法律上的主体地位作为研究的基本出发点，认为行政组织作为一种管理公共事务的机构，首先应该具有法人地位。行政机关是行政组织，在具备法律上的人格以后，即称其为行政机关法人。行政组织法的侧重点是行政机关的内部机制，并没有充分回答行政机关如何以自己的名义实施行政职权的问题。但是，行政法学首先要解决的问题是哪一个行政机关能够成为行政主体。"行政主体是指享有国家行政权力，能以自己的名义从事行政管理活动，并能独立地承担由此所产生的法律责任的组织。"② 显然，这种观点受到了《民法通则》所规定的机关法人的很大影响，将行政机关作为法人，并侧重于行政活动法的视角。

1999年，姜明安主编的《行政法与行政诉讼法》设置了"行政法主体"一编，较行政主体更广，还涵盖了行政相对人、行政法制监督主体等。行政法主体是指行政法调整的各种行政关系的参加人，亦即行政法律关系主体。行政主体是最重要的一种行政法主体。"所谓行政主体，是指能以自己名义行使国家行政职

---

① 参见张焕光、胡建淼：《行政法学原理》，劳动人事出版社1989年版，第115-121页。
② 王连昌主编：《行政法学》，中国政法大学出版社1994年版，第58-61页（郁忠民执笔）。

权，作出影响公民、法人和其他组织的权利、义务的行政行为，并能由其本身对外承担行政法律责任，在行政诉讼中通常能作为被告应诉的行政机关和法律、法规授权的组织。"姜明安还指出，我们使用的行政主体概念与日本等西方国家所使用的行政主体概念有所区别，他们所使用的行政主体通常应具有独立的法人地位，但仅限于整个政府（或中央政府、有自治权的地方政府）和非国家的公法人，而不包括作为政府部门的行政机关。而我国的行政机关是最重要的一种行政主体。[1] 针对行政机关不是行政主体的批评，姜明安后来回应道，在行政法律关系中，国家是公权力的最终主体，或者说是真正的行政主体。但在实际的行政法律关系中，与行政相对人直接打交道的只能是行政机关而非国家，行政机关是行政相对人直接面对的看得见、摸得着的对方当事人。因此，我国学者研究行政法学，一般都将行政机关作为行政主体，至少是作为拟制的行政主体，而不是直接将国家作为行政主体。[2] 姜明安点明的其实是我们的形象思维习惯决定了行政主体概念的使用方式。

我国行政法学者参照法国的行政主体概念，建立起自身的行政主体概念，却得出了与之有相当大差异的结论。大陆法系行政主体概念注重的是行政权的归属，而我国的行政主体概念则注重行政权的行使和责任的承担。陈新民曾恰当地指出："目前中国行政法学界普遍把行政主体的概念视为公权力机关，所以行政主体的概念也和行政官署接近。"[3] 行政主体原本是一个整体的概念，而我们谈论行政主体时更多的是在探讨特定行政机关是否具有行使职权、充当行政诉讼被告的资格，亦即在行政机关内部进一步辨别机关的属性，的确与民国时期的"行政官署"概念相当（也类似于日本的"行政厅"概念）。大陆法系国家所指的行政主体均为国家、地方、公法人等，而我国的行政主体是行政机关（包括政府及其职能部门）和法律法规授权的组织。我们并不注重行政主体法人属性的探讨，并将西方的行政主体概念错误地理解或改造为包含政府，这对后续研究产生了长久影响。

五、行政主体的概念反思

随着国家和社会的多元化发展，承担行政任务的主体呈现出多样化的态势。

---

[1] 参见姜明安主编：《行政法与行政诉讼法》，北京大学出版社、高等教育出版社1999年版，第7-8、84-87页。

[2] 参见姜明安主编：《行政法与行政诉讼法》，北京大学出版社、高等教育出版社2019年第7版，第89页（姜明安执笔）。

[3] 陈新民：《中国行政法学原理》，中国政法大学出版社2002年版，第94页。

如何更好地统合、区分并规范国家行政权和公共组织的行政权能,成为理论界思考的一大重点。在20、21世纪之交,我国出现了对行政主体概念的诸多反思,对行政主体概念过于侧重于行政救济法上被告认定的研究局限提出批判。这种批判大致形成了两种径路。①

(一) 与分权挂钩的行政主体

一种径路是承继1980年代以来的行政主体理论,对其展开批判之后再行改造,主张与行政诉讼的被告问题脱钩,而与分权挂钩,既有与国家的横向和纵向的分权挂钩,也有与国家和社会的分权挂钩。

1998年,薛刚凌率先对行政主体理论提出批评。她在对比中外行政主体理论后指出,我国行政主体理论存在内在不足。首先,行政主体的概念不科学,隐藏着把管理相对人视为行政客体之意,容易使人产生管理者与被管理者不平等的误解,不符合行政法治的内在要求和时代精神。其次,行政主体的责任定位错误。有管理权的行政机关并不真正承担责任,行政赔偿责任的主体是国家,实施侵权行为的行政机关只是赔偿义务机关。让所有行政机关都成为独立的责任主体,不符合行政管理的规律,会削弱政府对行政机关的控制和监督。最后,行政主体的资格条件过低。其核心的条件是依法享有职权。一些企业组织获得法律法规授权而成为行政主体,但可能存在利益冲突、经验和知识不足等问题,进而会增加管理环节和成本,给相对人带来诸多不便。另外,行政主体理论的存在理由也不能成立:行政主体理论与依法行政没有必然的逻辑联系,依法行政并不意味着由单个的行政机关自己负责而免除政府乃至国家的责任;行政主体理论也并不必然与行政诉讼被告制度相关联,被告的设定并不意味着谁做被告谁就一定承担责任;与行政行为的效力确认无关,具有职权要件就能确认行政行为的效力;也不能保证行政活动的统一性,相反却极易造成行政管理中的各自为政。学者们以行政诉讼为出发点来研究,但行政诉讼只涉及行政机关是否有管理资格、对外管理的权限,行政机关的其他法律问题并不会在行政诉讼中显现。现有的行政主体理论阻碍了法学界对行政组织法的全面研究,阻碍了行政组织的法治化进程。②

2000年,张树义撰文指出,薛刚凌的批评只是道出了行政主体理论的根底

---

① 当然,还有一种是扩容径路。石佑启在考察了行政法与公共行政的关系及其变革之后,认为行政法学的范式已由国家行政转换为公共行政范式,相应地,"行政主体的范围就不仅包括作为国家行政主体的行政机关和法律、法规授权的组织,而且包括作为社会公行政主体的非政府公共组织"。石佑启:《论公共行政与行政法学范式转换》,北京大学出版社2002年版,第164页。

② 参见薛刚凌:《我国行政主体理论之检讨——兼论全面研究行政组织法的必要性》,《政法论坛》1998年第6期,第66-68页。

浅薄，而不是对行政主体概念的否定；同时，它只具有批判性，而不具有建设性。张树义认为，主体与法人并不等同，法人在法律上具有主体地位，但具有主体地位者不限于法人。主体理论有助于在体制改革和社会结构变迁之下明确各社会组织的法律主体地位。① 行政主体直接的意义在于行政诉讼被告的确认，但作用并不限于此，它还可以作为行政行为是否有效的判断标准。行政主体的理论根基来自法学方法论，亦即从主体角度观察社会，而其实践基础却在于中国改革，改革中的主体分化是行政主体理论的价值所在。②

2001年，薛刚凌再次撰文指陈行政主体理论的缺陷，对张树义的观点提出反驳。她认为，借鉴和引入西方行政主体理论具有必要性与可行性。从整体上说，西方国家的行政主体制度以行政的权限划分为核心，是对行政利益多元化的认可以及对个人在行政中主体地位的肯定。她坚信，以权限划分为内涵的行政主体制度迟早会为我国所认可，这也是社会发展的必然。③

2000年，沈岿也加入论战中。他将相关研究分为"行政机关范式"与"行政主体范式"两种，归纳总结了对行政主体范式的批评（内在逻辑矛盾、学术功能局限、制度功能缺陷），提出了自己的重构设想：行政主体是行政法上行政权力、义务、责任的归属主体，是享有公共行政权力、通过其所属机关实施公共行政、并能独立承担因此而产生的法律责任的组织。行政主体有中央政府、地方各级政府和经过特别授权的公务组织。行政主体范式针对的基本问题是行政权力、义务和责任的实质归属，而不是行政诉讼被告之确定。④ 沈岿的行政主体概念展示了主体-机关-私人之间的关系，强调行政主体的核心是行政权的归属，可以在行政主体概念的统引下对行政组织的内在结构问题展开深入细致研究。不过，其将中央政府、地方各级政府列为行政主体，也就与法人要求有所出入。

2008年，章剑生撰文指出，可将因行政诉讼确定被告的需要而构建的中国行政主体理论称作"诉讼主体模式"，而大陆法系国家的行政主体理论可被称作"分权主体模式"。我们必须割断行政主体与行政诉讼被告资格之间的必然联系，摆脱诉讼主体模式的行政主体理论，借鉴西方的分权主体模式的行政主体理论，让行政主体理论服务于行政一体性目标的实现。他"结合中国实际情况"将行政主体从两个角度加以重构：其一是由地方分权产生国家（中央人民政府——国务院）与地方组织（包括一般行政区域组织——省、市、县、乡镇人民政府，地方

---

① 参见张树义：《行政主体研究》，《中国法学》2000年第2期，第79页以下。
② 参见张树义：《论行政主体》，《政法论坛》2000年第4期，第92—97页。
③ 参见薛刚凌：《行政主体之再思考》，《中国法学》2001年第2期，第30页以下。
④ 参见沈岿：《重构行政主体范式的尝试》，《法律科学》2000年第6期，第39页以下。

自治区域组织——特别行政区政府，民族自治地方政府，基层群众性自治组织），其二是由公务分权产生事业组织与公营组织。① 章剑生同样是将一级政府作为行政主体之一。

2020年，王敬波撰文对行政主体作出重构：全面回应我国整体政府改革和社会行政扩展的趋势，按照国家行政和社会行政两个层面改造行政主体理论，将国家作为政治意义上的行政主体，各级政府作为法律意义上的行政主体，不应承认各级政府职能部门的行政主体资格；赋予各类从事公共行政的政府外组织"准行政主体"的公法身份。在行政主体的关联问题上，一方面，应解除行政主体与行政复议被申请人、行政诉讼被告之间的连带关系，按照"谁行为谁被告（复议被申请人）"的原则简化行政救济；另一方面，将行政主体作为确定行政行为的一个因素。② 区分政治和法律两种意义的行政主体，虽有新意，也有助于简化现实中的操作，但行政主体原本就是在法律意义上而言的，该文所批评的行政主体的碎片化、独立性、分散性等问题，针对的都是我国当代理论之下所认识的行政主体。

（二）作为法人的行政主体

与改造行政主体、适合中国国情的主张不同，有部分学者主张恢复行政主体的原有内容，进而形成另一种研究径路。这些主张更符合国家法人说的传统主张。

2007年，民法学者葛云松撰文指出，公法人和私法人的区分是大陆法系对法人的基本分类，而我国却形成了具有中国特色的法人理论和行政主体理论。民法学上将法人理解为纯粹的民事主体，拒绝以"法人"概念来说明作为公权力主体的组织体，而行政法学上一般不以公法人来说明行政主体的地位。"法人"其实就是对于所有具备权利主体地位的组织体的统称，行政主体是"法人"的结论不过是"法人"概念的一个简单的逻辑适用而已。我国在重新塑造行政主体理论上，应当采用公法人概念。不过，为了大体清楚地表明行政主体的存在目的（达成行政任务），不应当将行政主体定义为行政权力的行使者，而应当将其定义为行政任务（或者行政职能）的承担者。国家机关不应当具有法人和行政主体地位，国家才是法人和行政主体。③

2010年，余凌云撰文指出：我国行政主体理论在形成过程中，形式上借用

---

① 参见章剑生：《反思与超越：中国行政主体理论批判》，《北方法学》2008年第6期，第73-76页。
② 参见王敬波：《面向整体政府的改革与行政主体理论的重塑》，《中国社会科学》2020年第7期，第103页以下。
③ 参见葛云松：《法人与行政主体理论的再探讨——以公法人概念为重点》，《中国法学》2007年第3期，第77页以下。

了法、日等国行政主体概念的外壳，实质上却有将民事主体理论、法人学说迁入行政法的痕迹。目前行政主体理论遇到的问题，是其与法人制度渐行渐远的结果，但彻底摹写法人就能够让行政主体理论继续运转下去。分权主体模式的行政主体须先有分权之实，即便我们引入了法国式的行政主体理论与结构，也将是形式意义大于实质意义，因为其具体内涵依然有待未来实践的填空。[1]

2012年，王天华撰文梳理了国家法人说在德国和日本的演变，为建构我国的法学国家观完成了一项基础性工作，这也是我国学者首次对国家法人说作较为全面的梳理。作为国家法人说的法学遗产，尽管国家已经虚构化，但"国家法人"作为一种法的技术概念仍然存在，其表达的是"权利的归属"。国家法人说的必然结论是，国家机关不是法人，不具有独立的法律上的人格。国家与国家机关之间的关系、各国家机关之间的关系是国家法人这个人格内部的关系，对其加以调整的实定法是客观法而非主观法。这就是所谓"国家法人说的不渗透性"。[2] 虽然王天华没有专门探讨行政主体问题，但结论暗含其中，与我国民国时期的通说应无二致。

六、国家法人、行政主体与机关人格

纵观行政法学的近代和当代历史，"行政主体"概念存在内涵和功能上的重要差别。这种差别很大程度上源于行政法学的国家观缺失。在我国的近代行政法学上，早期的教材都是先从国家论开始论述，在明确了国家的法学属性之后，再展开对行政法、行政主体、行政官署的分析。但在之后的行政法学教材中，国家论不再是行政法学的绪论，而是逐渐淡出，在新中国的行政法学教材中更是不再出现。国家论的淡出有几个可能的原因：第一，国家论自身并非行政法学的内容，只是行政法学的前提，不宜在本已庞杂的行政法学中占据一席之地，将其置于宪法学抑或政治学之下即可。第二，国家论已成为大家当然的知识、默示的前提，已无须在行政法学教材中赘述。当然，这种解释目前还只能说是过于自信的表现。第三，国家论的不少定见与中国当下的法制不合，不宜再提国家论，做好当下行政法制的确认和解释工作即可。例如，从《民法通则》（1986年）第50条、《民法总则》（2017年）第97条到《民法典》（2020年）第97条都是将国家机关作为法人，行政复议法、行政诉讼法、国家赔偿法等也都以行政机关为被申请人或被告，而不似国家论那样将国家作为法人。第四，在实现了民主化之后，

---

[1] 参见余凌云：《行政主体理论之变革》，《法学杂志》2010年第8期，第14—18页。
[2] 王天华：《国家法人说的兴衰及其法学遗产》，《法学研究》2012年第5期，第81页以下。

国家论在法学上的意义已消解殆尽。例如，国家法人论的早期作用主要在于将君主制国家与人民之间的关系解释为法律关系，但在实现民主化之后，这种作用就失去了意义，重点变为如何规范国家与人民之间的关系，而这是无法依靠国家的一元论来建构或解释的。

但是，国家-人民之间的关系是整个公法学的基础，不能仅仅将其作为政治问题来对待，而应在法上给出明确的回应。我国现行《宪法》规定，"中华人民共和国的一切权力属于人民"（第2条第1款），人民代表大会都由民主选举产生，对人民负责，受人民监督（第3条第2款），国家行政机关由人民代表大会产生，对它负责，受它监督（第3条第3款）。该规定明确了人民－国家－人大－行政机关之间的基本关系，这理应成为整个行政法学的前提。《宪法》第2条所处理的人民－国家－人大关系是国家的外部关系，人大是"人民行使国家权力的机关"（第2条第2款），《宪法》第3条所处理的人大－行政机关关系是国家的内部关系。而现在的行政主体理论其实是在处理行政机关－行政主体－私人这一层的具体关系，很大程度上是让行政机关穿透国家的内部关系而与外部直接联结，忽略了国家－私人这一层的基础关系。

国家法人说，是我国近代宪法学和行政法学的通说，也可相容于现行宪法。《宪法》第10条第1款规定的"城市的土地属于国家所有"、第33条第3款规定的"国家尊重和保障人权"（还有其他以"中华人民共和国"或者"国家"为主语的规定）等，都表明了"国家"的主体性。此外，《宪法》第95条第1款明确规定，省、直辖市、县、市、市辖区、乡、民族乡、镇设立人民代表大会和人民政府，这也表明了地方的主体性。

法学国家观的缺失，是现今行政主体理论失去方向的重要原因之一。行政机关（包括政府）只是国家的一种机关，而非独立的法人。将国家机关作为法人，源自1922年《苏俄民法典》的做法。该法第13条规定："一切享有取得财产权利和能够承担义务，并且能够在法院起诉和应诉的机关、社会团体和其他组织，都是法人。"这是苏俄高度计划经济的产物，国家计划机关决定着谁同谁按何种条件签订具体的合同，从本质上改变了民法的性质、内容，甚至私法术语。① 这一做法也为同样实行计划经济的中国所接受，② 甚至在历史的惯性之下为现今的民法典所承继。如同行政法学界对行政主体概念的批评一样，民法学界对于这种

---

① 参见屈茂辉：《机关法人制度解释论》，《清华法学》2017年第5期，第129-130页。
② 对于这一继受史，可参见王春梅：《潮流与现实悖反：我国机关法人之定位与重构》，《北京行政学院学报》2016年第3期，第101-103页。

将国家机关作为机关法人的做法也多有批评,且批评的理由具有相似之处,废除"机关法人"概念的声音不绝于耳。很显然,民法学界的这部分主张在民法典之下是无法实现的。但是,即使在民事领域承认机关法人,行政法学也没有必要受此羁绊,行政法领域应当放弃机关法人(行政机关可以成为行政主体)的概念,回归国家法人说或机关说(机关是国家法人的机关)。按照《宪法》第 85 条、第 105 条的规定,政府是"国家行政机关",亦即国家在行政方面的机关。政府的职能部门是政府在某一职能方面的机关,亦即行政机关的机关。按照实定法的规定,政府职能部门与政府之间存在一级之差,对政府职能部门的行政决定不服,可以向其所属的人民政府或上一级主管部门申请行政复议。即便按照新的行政复议体制改革,取消上一级主管部门的复议管辖,也没有改变政府职能部门与政府之间的等级。这实际上使我国行政管理体制由五级变成九级。但是,按照国家法人说来理解,政府与政府职能部门之间并不存在层级,政府职能部门是政府的机关,代表政府作出决定,所以,仍是国家、省、地级市、市县、乡镇五级主体。至于行政诉讼的被告确定,一定程度上是具有法政策性的问题,如何便于当事人参加诉讼才是关键。即便沿用现行的行政机关模式,也因其是行政主体的代表,并不会因此而免除行政主体的法律责任。当然,按照国家法人说的要求,由国家、省、市等行政主体作为被告,对原告而言是更为方便确定的,而且,如果存在诉讼类型的转换,因为其本身就是作为权利主体的"当事人",在逻辑上是更为顺畅的。

不过,行政主体与国家法人概念一样,功能是有限的,仅仅表明行政权的归属而已。在此之外,赋予其分权的意义抑或组织法建设的意义,实属强加。在分权的意义上,重要的是中央与地方、国家与社会的分权改革,不是因为有行政主体的概念才有分权的实践,相反,行政主体只是分权结果的确认或名分的认定。在组织法的意义上,重要的是国家与其机关、机关之间的权限分配。推进行政组织法的建设和研究,与采用大陆法系行政主体概念之间没有必然的关系。行政主体是一个旨在表明作为法人的整体概念,而行政组织法却是各个机关的设立及其权限分配的系统概念。在国家系统内部,行政机关之间存在层级、种类、权限上的差异。根据职权法定的原则,某行政机关行使了其他行政机关的权限,也会成为外部法的问题。应用民国后期出现的机关人格说,承认行政机关部分人格,即相对于其他行政机关有法定的权限,在出现权限冲突时,可寻求司法的解决(而不是现在通行的上一级政府协调),亦即承认机关诉讼,应是将来的可行之策。当然,承认机关的人格乃至承认机关诉讼,其前提是行政组织法的发达和完善,在各个机关的职权分配、相互关系明确之后,才有在特殊情况下进行个别调整的必要。

七、行政主体论的意义所在

概言之，行政主体概念的意义在于：第一，明确行政主体与私人的关系，不将行政主体的内部关系外部化，不增加私人面对国家的认识难度。第二，理顺法人与其机关之间的关系，行政主体是法人，行政机关只是法人的机关。行政主体对外强调责任归属，对内则强调一体性，不同机关都同属于同一个行政主体，而不可各自为政。当然，行政机关之间的关系、属性也可以在行政主体之下展开研究，这与所谓国家的不可渗透性并不矛盾。第三，明确行政主体之间的关系。行政主体有国家、地方、公务法人多种类型，地方、公务法人等作为行政主体，就有各自相对独立的权限，就应当作为主体而在法上得到认真的对待。

第四节　公权论的变迁

公权是公法上权利的简称，集中体现着国家与私人之间的基本法律关系。谁是公权的享有者、公权的内容有哪些、公权的意义何在等问题在过去都发生过认识的变化。"公权"作为一个概念很大程度上已经濒于消亡，但公权论仍在继续，并以新的面貌发挥着独特的功能。

一、公权概念的传入

近代法意义上的"公权"概念很早就传入我国，但其内涵未必是公法上的权利。在明确作为公法上权利来使用时，又有两种用法。

（一）刑法上的公权

早在1890年，黄遵宪（1848—1905）就在《日本国志·刑法志》中多次使用了"公权"一词。日本刑法上的刑罚分主刑和附刑两种，"剥夺公权""停止公权"是附刑的一种。黄遵宪说："凡国民固有权力曰公权，剥夺之最为损声名、丧品行者。"根据日本《刑法》第31条的规定，所剥夺的公权包括：国民特权，就官之权，得勋章、年金、位记、贵号、恩给之权，许佩外国勋章之权，编入兵籍之权，在审廷为证人之权、但仅系陈述事实者不在此限，为后见人之权、但得亲属允许为其子孙谋者不在此限，为破产者之管理人或管理会社及管理共有财产之权，为学校长教官学监之权。① 黄遵宪将"公权"解释为国民固有的权力（权

---

① 参见黄遵宪：《日本国志》，羊城图文斋1890年版，卷第三十·刑法志四，第1、3页。

利），似与人权相近，但内容上更与剥夺政治权利相近。

1898年，康有为（1858—1927）在《日本书目志》卷六法律门中提及井上毅著的《内外臣民公私权考》（一名"宪法衍义之一"），其后作按语称："聚大众则不能无律法以治之，族有谱，国有法，天之理也。日本自维新以来，考求泰西之政，更立法度，讲义图解详哉！……其《内外臣民公私权考》，人有自主之权，又有互制之法，泰西之良法哉！"① 这里的公权、私权尚未作为概念使用，而只是井上毅的书名。

1901年，井上毅的《各国国民公私权考》被翻译为中文。该文将臣民的权利分为公权与私权两种。两者的区别在于：第一，私权是指人民各营其生活而得的权利，是私益上的权利；而公权是指社会中的一人参与公共事务而得的权利，是公益上的权利。第二，私权是人民一身一家之计，故而除明文禁止之外，外国人亦可享有；而公权是一国公民专有的特权。第三，私权人人享有，无男女老少之别；公权必有公民资格之人，如成年以上男子及未受刑法剥夺者方可享有。公权是社会成立以后宪法或其他国法法律所认定的，宪法与国民的公权关系尤为密切。不过，该文所说的公权，"欧人称之曰公民权（法语 Droit civil，德语 Staatsbürgerrecht）或曰政权（法语 Droit publique），法国学者政权之外加以各种特权（如发行新闻权及结会权等类），谓之公民权。德国有分政权与公民权为二，而特以政权属于内国人民者"。公民权主要是选举权与被选举权、参与裁判权、任官之权、参与自治权等。"公权之名不一，德语所谓 Öffentlich Recht，或以为合政权与公民权而并称之，迈尔氏则以为即政权之别称，法语所谓 Droit publique，或以为指科学上政法门者有之，或以为公民权之外，指宪法所载臣民之权利者有之。本编所谓公权者，据日本刑法所载，即公民权是也，法语所谓 Droit civil，德语所谓 Staatsbürgerrecht，即系此语。"② 也就是说，该文所说的"公权"就是刑法上剥夺公权的"公权"，比公权范围更小。

（二）公法上的人格概念

公权，亦即公法上的权利，其确立是以公法与私法的划分为背景的。公权是独立主体在公法上的权利，其核心是公法上的人格的确立。没有公法上的人格，也就无所谓公权。

---

① 康有为：《日本书目志》，《康有为全集》第三集，姜义华、张荣华编校，中国人民大学出版社2007年版，第344页。这里顺便提及，[德]伯伦知理：《国家论》"卷之四 公权之作用"，《清议报》第28期（1899年），这里的"公权"更多的是指代国权、主权等。

② [日]井上毅：《各国国民公私权考》，《译书汇编》第8期（1901年），第21-24页。原著题为『内外臣民公私權考』（哲学書院、1889年）。正文中所引外文或有不准确的地方，但按原文照录。

1903年，署名"泷川"者在《政法学报》上发表《公法上之人格》一文。该文认为，国家与国家之间、国家与人民之间所行的法律，称作公法；个人与个人之间所行的法律，称作私法。古今治道悬殊，其主义正相反对、适相悖驰。古代的仁政在于保民牧民，万民的性命系于一人的喜怒。"故蚩蚩之氓，惟举首而望仁君，馨香而祝郅治，无所谓参政，无所谓自主，更无所谓权利。""所谓人权问题若何、所谓人格问题若何，殆非古帝王所能梦见也。"欧洲自18世纪以来，政治上的变迁，可分为三个时代。第一是君主特权时代，国王有特别的权力，兵马之权、租税征收之权、宗教支配之权皆附属于君主一身。人民的义务是对于君主一身，而非对于国家全体。人民的权利利益由君主赋予，而非人民所固有，无法保护，在保护法律上并无人格。第二是警察国时代。臣民对于国家而负有义务，君主则受之国家而行使权利。"国家者，无形而不死；君主者，有形而代谢。"这时，立法、行政的目的在于维持一国的安宁、除去人民的危害，而无暇为人民谋福利，故被称作警察国时代。第三是法治国时代。警察国时代立法与行政无所区别，行政权有专横滥用之弊。因此，法治国的观念产生了。法治的真意在于，君主、人民、官吏"同受制于法律之下，而一国之政令不能踰法律之范围"，"不独人民听命于法律，政府与君主亦听命于法律"。因此，人民在公法上就有完全无缺的人格，而不再像过去待命于主人的奴隶。"就归纳法论之，有知识不能无意志，有意志不能无人格，有人格不能无权利，有权利不能无法律。就演绎法论之，有法律而后有权利，有权利而后有人格，而后有意志，而后有知识。""君与民争则有宪法，民与民争则有民法，民与官争则有官吏行政法。有宪法而君民之争以息，有民法而民与民之争以息，有行政法而民与官之争又息。"① 该文从历史的角度简要地阐明了公法上人格产生的条件，说明了人格、权利、法律之间的关系。公法上的权利概念由此确立起来。

（三）作为个人权利的公权

随着公法概念由国际法转为与私法相对的概念，公权概念由刑法的维度转为公法维度。1903年，汪荣宝、叶澜编纂的《新尔雅》对公权有过说明："人之生存为法律所保护者，谓之权利……由公法上享有之权利，谓之公权。由私法上享有之权利，谓之私权。私法上不许外国人所有者，谓之国民权。私法上不论内外人皆得享者，谓之个人权。"②

1907年，清水澄的《法律经济辞典》也有"公权"的词条："公权者，对于

---

① 泷川：《公法上之人格》，《政法学报》第3卷第5期（1903年），第31-36页。
② 汪荣宝、叶澜编纂：《新尔雅》，国学社1903年版，第28页。

私权之用语，国家据公法而认为私人之权利也。此公权私权之区别，与公法私法之区别，同为法律上一大问题，尚未有一定之解决。然自古分公权与私权者，在其实质上以选举权、诉权等属于公权，无论何人皆无异论也。要之，公权者，据公法而认为私人之权利。"①

1908年，杨廷栋在其《法律学》中对公权的认识是："公权者，个人对于国家公共事务有所应得之权利是也。私权者，于个人相互关系之间所有之权利是也。所谓公法上之权利，如有关信教言论著作集会结社之自由权利、及选举被选举之权利等，皆公权也……从来学者有以一切法律上之关系，尽纳之于权利关系之中，如征收租税、科断刑罚，皆国家对于个人所有之公权也云云，以余观之，恐非至当之论。国家求达其生存之目的，而行使其正当之权力，与个人之行使其权利不同。因权利于法律上为个人所平等享受，若有上命下服之关系，即不得谓之为权利，故吾嫌其说之界限失之过广。"②杨廷栋明确将国家权力排除于公权之外。该书也明确将"权力"与"权利"分作两章处理。

作为京师法律学堂笔记之一，冈田朝太郎的《法学通论》将权利分为公权与私权两种。公权，即公法上的权利，有国内的公权，也有国际的公权。国内的公权是臣民对于国家的统治作用在公法上可要求国家作为或不作为的权利。国内的公权可分为求救济之权（对于裁判所要求裁判之权、请愿权、诉愿权）、各种自由权（居住移转之自由、人身自由、住所以内之自由、往来通信之自由、集会结社及思想发表之自由、所有权之自由、信教自由）、参政权（选举权、被选举权、为官吏公吏权）。国际的公权是指国际公法上所保护的一国对于他国所应有的权利。而所谓私权，即私法上的权利，分为人身权、财产权及亲族权三种。③

至此，清末所使用的"公权"一词的内涵就是公法上的权利，它与公法私法之分相关联，它主要是在公法上个人权利的层面上来说的。换言之，公权就是个人的公权。

（四）双重主体的公权

但公权还有一种脉络是，公权包含国家的公权和臣民或人民的公权两个部分。这一用法在清末已有呈现，到民国时期已构成公权论的主流用法。

1903年，作新社编译的《行政法》设"人格及权利"一章，先简要说明了

---

① ［日］清水澄：《法律经济辞典》，张春涛、郭开文译，东京奎文馆书局1907年版，第37页。
② 杨廷栋：《法律学》，中国图书公司1908年版，第62-63页。
③ 参见［日］冈田朝太郎：《法学通论》，汪庚年编辑，京师法学编辑社1912年版，第79-85页。另可参见［日］冈田朝太郎口述：《法学通论》，熊元翰编，何勤华点校，上海人民出版社2013年版，第75-80页。

"人格",认为人格有两大要素,一是有自主自存的目的,二是法律予以保护。法律上的权利就是依法律的保护以主张人格。权利分为公权与私权。公法上依法律保护,出其意志,进而主张利益者,是公权;私法上主张人格者,是私权。故由公法关系直接产生的权利是公权。该书虽然没有将公权明确区分为国家公权和臣民公权,但明确提及了这一对概念,并举出国家的租税征收权例子,臣民的公权分为自由权、要求权和参政权三种。该书批评了否定国家公权的观点,认为,"夫权利者,不外意志之力行为之范围","故虽权力,其在法律上,以权利视之可也"。同时该书批评了否定臣民公权的观点,认为:"国家既制定法规,以自限界其意志,则于此法规范围以内,臣民之权利,故俨然不可犯也,夫孰曰无之?"[①] 该书清晰地区分了"权利"与"权力",且简明扼要地从实定法找到其存在的根据。

　　1906年,袁希濂翻译的美浓部达吉的《行政法总论》设"公权"一章,以四节36页的篇幅专门介绍公权理论,大大拓展了国人对公权的认识。为了便于理解公权,美浓部达吉首先对权利观念作出说明。对于权利观念上的意思主义和利益主义两大学说,美浓部达吉认为,意思与利益共为组成权利观念的要素,意思是权利的形式,利益是权利的内容,权利就是"许其依法为自己利益而主张之意思之力"。权利有公权与私权之别,这种区分是以公法与私法为标准的。公法是就国家与人民之间统治关系所规定的法,公权是在国家与人民的统治关系之中国家准予个人有意思之力。对于波伦哈克否定公权的立场,美浓部达吉认为,否定公权其实就是否定公法。公法是限制国家权力发动的法,公法存在之后,国家权力就有一定界限,国家不得有侵害臣民的意思。国家权力依公法的规定,自事实上的权力变为法律上的权利,国家与臣民之间的关系自事实上服从的关系变为法律上权利的关系。走出专制时代之后,公法不可少,公权亦随之而生。国家虽有无限的统治权,但以法规自行限制其意思之力,规定其权力的行动,统治者从无限的实力变为法律上有一定界限的权利。国家对于臣民的权利是基于统治权而发动的,则为公权;臣民对于国家的权利,若是对于国家统治权而产生的权利,则为公权;若与统治权无关,则国家与私人立于对等的地位,其相互间的权利仅为私权。美浓部将个人的公权分为三种:(1)对于国家不行为的权利。通常称此为自由权,但它不是自由为特定行为的能力,而是可要求国家不能违法侵害其自由的权利,这是一种消极的权利。自由权的内容是个人天然的自由,国家以法加以保护,限制官府的权力,天然的自由变为法律上的自由。宪法上保障自由权的

[①] 作新社编译:《行政法》,作新社1903年版,第21-28页。

目的在于，立法权可加限制，对于行政权加以限制。立法权固然有一定限制，但在没有审查违宪法律的机关时，违反宪法也不妨碍法律的效力，个人对于立法权不发生权利。对于行政权的限制有两种。一是限制命令权，在某种事项上不能以命令限制个人自由，法官在命令有违法违宪嫌疑时有权拒绝适用；二是限制处分权，非根据法律，不能以处分侵害个人自由。自由权的保障仅是对于行政的作用而已。但法律规定并不能周到无遗，纵然无法律规定，非侵及自由不能实现行政目的时，不可不认为行政官厅有此权能，不能拘泥于宪法上的文字。（2）对于国家行为的权利。在这里，美浓部达吉区分了个人权利与法的反射，国家的作为仅以公共利益为目的，个人因间接的结果而受到利益，则个人所受的利益只不过是法的反射。在公共利益与个人利益相合致时，个人对于国家可以取得要求国家作为的权利。在这种积极要求国家作为的权利中，最重要的是起诉权，即因自己的利益而要求裁判的权利。（3）对于国家机关地位的权利，亦即参政权。国民自占国家机关的地位，而进行国家行为的权利。国家是无形之人，国家之所以有自由活动的能力，是因为其有自然人作为国家的机关。个人参政权与国家机关的行动须区分，官吏虽然有对于官吏地位的权利，但官吏实为国家的机关，而非官吏个人有此权利。[①] 美浓部达吉的公权论是体系性的，虽然他以国家统治权无限为前提，其限制来自自我限制，但只要存在公法，就有公权。美浓部达吉的公权包括个人的公权和国家的公权两个部分，但该书中着重研究了个人的公权。这一时期美浓部达吉的公权论尚未完全定型，但其明显以耶利内克的地位论作为基础。[②]

1910年，保廷梁在两个意义上使用过公权的概念。一是与国权相当，但也本于人民。"权力之集中于君主，以听诸君主之自由操纵，而成立国家者，谓之公权；为自己之生活存在，以自由知觉自由运动者，谓之私权。公权属于国家，又曰国权；私权属于人民，故又曰民权。以是而言，则公私之辨严矣，又何疑于人民之不得为有权力者耶？"二是与私权相对，由国家赋予，为公益而生。权利是公权、私权的通称。"私权规定于私法，立于对等地位者互相之权利也。公权规定于公法，立于不对等地位者共同之权利也。""公权存于国家，其所以付与臣民者，以公共利益为目的，不以个人之故而特创之，即有时属于个人，亦必同时适合于公益而后可。""私法规定私权，悉以私权为中心，故谓私法为关于私权主体客体及其得丧之法可也。而公法规定公权，不过附带之一部分，非甚重要也。故谓公法为关于公权主体客体及其得丧之法者则误而已矣。何也？私权与生俱

[①] 参见［日］美浓部达吉：《行政法总论》，袁希濂译，普及书局1906年版，第37页以下。
[②] 美浓部达吉翻译过耶利内克的《公权论》一书，并于1906年在日本中央大学出版。

来，法之所认也；公权则否，公权者必待于国家之付与而后发生者也"。在公权的种类上，美浓部达吉、副岛义一等皆将其三分为参政权、请求权和自由权，但保廷梁认为，参政权包括文武官吏及议员等并不妥当，武官并非参政，司法官及司法行政以外各官也不得以参政称呼。另外，文武官吏及议员是公法人格，参政并非自然人的权利，而是少数公法人格的职务。故而，保廷梁将公权分为公法人格、请求权和自由权三种。凡本国臣民，不限门阀、不分贫富、不论宗教、不别人种，但有合乎法令规定的资格者，国家均赋予公法人格。品级虽有高下，而皆规定于公法，权利虽有差等，而皆受之于国家。公法人格是被动的，臣民自身没有请求的自由。自由权是以国家法律所规定的自由，既是对国权的限制，也是臣民权利的规定（这里提及耶利内克的公权论）。国家对于个人的自由负有不加侵害的义务，臣民对于国家的国权取得防止侵害的能力。不加侵害，保护个人的自由范围；防止侵害，可请求国家的救济诉愿。请求权是臣民请求国家保护的权利，先有保护的规定，然后臣民加以请求。国家赋予臣民以请求权，是担心保护不周而使其自行请求，主要有诉权和请愿权两种。[①] 保廷梁对于公权的认识或许正应和了公权的两种主体（国家和公民），同时其对德、日的公权论是有所了解的，并且对臣民的公权作了自己的理解和改造，与其所处的君主制时代也有契合性。

二、公权论的形成

公权概念在清末民初已得到一定的认识，其公法上的权利内涵渐渐固定下来。与公法私法关系的认识相伴，公权论在民国时期取得较大程度的共识。公权概念主要出现在行政法学上，成为行政法教材的重要内容之一。在宪法学上，公权概念后来更多为基本权利概念所取代。

（一）民国初期的公权认识

1913年，黎兴殷编述的《比较行政法》（上卷）在"公法上之法律关系"一章详细阐述了公权理论。该书认为，公法关系绝非事实上权力服从的关系，而是法律上权利义务的关系。国家与人民相互为权利义务的主体。"权利者，因主张特定之法律利益，而为法所认定的意思力也。"公法上的权利亦以利益为其目的，以意思力为其实体。公法上权利的意思要素必在统治权关系中而存在，其利益要素必因公益而认定，这也是其区别于私法上权利之所在。公权可区分为国家对于个人而有的公权与个人对于国家而有的公权。在公法关系上，国家与个人并不平

[①] 参见保廷梁：《大清宪法论》，江左书林、模范书局1911年再版，第7页、第458页以下。

等，故而，虽然同为公权，但内容迥异。个人的公权通常分为三种：其一是自由权（又称消极的公权），人民在统治权的法定范围之外有不被国家侵害的自由。若个人绝对无限地服从于国权，则个人对于国家全无人格，而为奴隶。其二是积极的公权，人民为自己的利益而依据法规要求国家积极作为的权利。其三是参政权，个人作为国家的机关，有参与国家意思作成的权利。而在国家的公权上，国家权力因国家依国法而自我限制，于是有法律上权利的性质。该书模仿私法，将国家公权大致分为绝对权和相对权两种，前者国家的权利可以对抗一般人民，后者国家的权利仅可对于负义务的各个人民主张。该书还专门谈及公法上的特别权力关系。最后还分析了公权的发生、变更和消灭。①

东方法学会编纂的《行政法要览》一书设"公权"一章，先是介绍了权利的观念，"权利者，主张自己之利益为法律上所认意思之力也"；接着区分了权利与反射权，权利是法对于特定人所认可的利益，由其直接享有，而反射权并非直接自法而生，而是因国家保护全体国民或部分人民或者限制全体人民及行政机关而间接获得的利益；② 还区分了权限、权能、资格及自由，权利为人格者即意思主体者享有，而权限是有关机关职务的范围，没有某种人格者的权利，权能是自权利发生的效果，资格是享有行使权利的能力，自由权是法律以特定形式保障的自由，诸如饮食、睡眠、步行等单纯的自由并非权利。该书在此基础上介绍了公权的观念。一般根据权利的本质利益将权利分为公权与私权，公权以公益为目的，私权以私益为目的。权利依国家的保护而存在，国家固然有权修改废止法规，但仍受拘束于法规，故而，国家与人民之间可以存在权利关系，公权否定论不足采纳。在公权与私权的区别标准上，该书列举了穗积八束、美浓部达吉、织田万、耶利内克（又译耶律芮克）、清水澄、佐佐木惣一的六种学说，并未作出更多评价，将学说的取舍交由读者。在公权与私权的效果差异上，该书指出，公权以公益上的关系而存在，公权的权利人不得自由抛弃转移，否则有害于公益；而私权本来因利益而产生，故私权的权利人可自由处分。原则上，公权的救济向行政法院请求，私权的救济向司法法院请求。在公权的分类上，该书也是分为国家的公权与个人的公权，前者包括立法权、司法权、行政权，后者包括自由权、行为请求权（裁判请求

---

① 参见黎兴殷编述：《比较行政法》（上卷），中国法学会1913年版，第159页以下。
② 也有将反射权称作"法之反射"的做法。1915年，耶利内克公权论中的联邦的公权被译为中文，介绍了联邦的属性、邦相对于国家的被动状态、消极状态、积极状态和主动状态等。该文的译者按指出："公法学者最当严区分公权与法之反射。法之反射者，谓国家之立法原为公利计，使国家机关为之行执或禁其为之，而此法之自身绝不含有扩充特定之个人之权利范围之意。然以执行法规之结果，而致特定之个人得有利益，此利益为法之反射，而非彼人所有之公权也。"［德］耶律芮克：《联邦之公权论》，圣心译，《新中华》第1卷第1期（1915年），第1—8页（译者按为第4—5页）。

权、请求权)、参政权(君主权、摄政权、选举权)。公权可依法规及条约、行政处分、行政契约及协议、选举而产生,也可以依法规、行政处分、司法处分、事实(权利主体消灭、期限终了、目的物灭失、权利存续要件消灭)、时效而消灭。①该书虽然介绍简略,但却多是公权的精要之处。

(二)钟赓言的公权论

1920年代,钟赓言认为,公法上的关系绝非事实上的权力服从关系,而是法律上的权利义务关系。"权利者,因欲主张特定之法律利益而受法之保护之意思之力也。"公权与私权的区别,不外以下三种标准:第一,国家与个人的关系,属于国家以单方面意思命令强制人民、人民处于不得不服从的地位之时,是公法上的关系,因此而产生的权利即为公权。第二,虽非必以国家单方面意思命令强制,其关系具有非统治团体与其服从者之间不能发生的性质,则亦属于公法的范围,其权利亦当然为公权。第三,团体与人民的关系,其性质虽与第二种关系不同,其关系的发生完全缘于公益者,亦属公法关系,其权利仍为公权。除此三者以外,国家与人民的关系乃属私法上的关系,因此而产生的权利即可谓私权。②

钟赓言将公权分为个人的公权与国家的公权两类。个人的公权通常分为自由权、积极的公权以及参政权三类。自由权又被称为消极的公权,是指对于国家享有得以主张不受命令或强制的权利。个人的自由权在诉愿权及行政裁判制度发达之后才开始在法律上获得实际的效果。积极的公权,是指国家的法规将为人民利益而积极作为设定为自己的任务,人民对此享有要求国家特定作为的权利。这种公权在国家承认人民有请求法律上保护的权利之后才获得实际的效果。参政权是个人作为国家的机关而参与形成国家意思的权利。这一权利只是在要求国家承认其可处于国家机关地位及因承认的结果而发生的请求权而已。国家权力之所以具有法律上权利的性质,其原因在于国家以国法而自行限制。国家在法所认许的范围内可对人民主张其权利,这就是国家的公权。钟赓言也仿照私法的做法,将国家的公权分为绝对权与相对权两种。国家的绝对权可对抗一般人,可分为公法上的物权与物权以外的独占权(诸如专卖、邮电垄断、铸币等),消极方面可要求不得妨害。国家的相对权是指要求特定人民作为、不作为或容忍的权利,可称为公法上的债权。其中有单纯的债权,即对于特定人要求预行限定的作为、不作为或容忍,也有包括的债权,即以权利人单方面的意思要求义务人在一定范围内种

---

① 参见东方法学会编纂:《行政法要览》,上海泰东图书局1919年第3版,第14-23页。
② 参见钟赓言:《钟赓言行政法讲义》,王贵松、徐强、罗潇点校,法律出版社2015年版(原书为1927年版),第114、119-120页。

种作为、不作为或容忍。后者与通常的债务不同，故又可称为特别的权利关系。公法上的权力关系常为公法上的债权关系，而包括的债权则为公法上的特别权力关系，但这种关系并非公法上特有之物。特别权力的发动，不外乎实行业已存在的权利，而非设定新的法律关系，也不是新行政行为。只要不超越既存权利的范围，则不必另求法规的根据。①

（三）范扬的公权论

1930 年代，范扬首先为自己的公权论明确了前提性的概念，他指出，公法关系的内容不外权利、义务、权能及责务四种。人格者在法律上可为（得为）意思活动的场合可分为两种：其一是为某目的而可主张其意思，这时其可为的意思活动是权利；其二是权能，即为某目的不得主张其意思，这时其可为的意思活动是权能。人格者在法律上应为意思活动的场合也分为两种：其一是应受他人的主张者，这时其应为的意思活动是义务；其二是不受他人的主张者，这时其应为的意思活动是责务。公法关系中的权利，名为公权，与公权相对应的义务，名为公的义务。对某法律关系的内容究竟是权利还是反射利益需要作出区分。在形式上，只需视其法规规定是否为权利的设定。凡对个人的请求因法律的拒绝或事物的性质而不保护者，纵然授予个人利益，亦不过为反射利益；反之，对于个人的请求，法律必予以保护者，其请求可为权利。国家对于人民为某种行为，使其单为法规的实施抑或设定个人的权利，原属立法上的自由。在实质上，须视法规默认个人有权利与否而决定。总之，凡法规仅为公益规定国家应为某种行为，而人民不得为自己利益而请求的场合，其人民可享受的利益，皆为权能或反射利益，而非权利。②

与通常的两分法不同，范扬按照主体不同将公权分为国家的公权、自治团体的公权及人民的公权三种。国家在国内法上的公权依其内容可分为形成权、强制权及公物权三种。自治团体一方面是以完成公务为目的的团体，居于行政主体的地位；另一方面服从于国家统治权的支配，与人民有相似的地位。范扬以耶利内克的公民地位（被动、消极、积极、主动）理论为基础，将人民对于国家的公权分为自由权、行为请求权和参政权三种。自由权，又称为消极的公权，是要求国家不作为的权利。其内容是对于国家违法侵害的制止或非法权限的否认。反对者认为纯粹是限制国家立法，而非授予人民权利。但是，宪法中关于自由权的规

---

① 参见钟赓言：《钟赓言行政法讲义》，王贵松、徐强、罗潇点校，法律出版社 2015 年版，第 122 - 137 页。
② 参见范扬：《行政法总论》，邹荣勘校，中国方正出版社 2005 年版（原书为 1937 年版），第 34 - 38 页。

定,一方面固然在限制立法,另一方面宣示人民的自由权。人民的自由财产,非依法规不得侵害,这种法治主义的原则就以各个权利来表现。自由权的真正内容在于,天然自由不受违法的拘束,不受违法的命令强制。行为请求权,又名积极的公权,是请求国家行为或给付的权利。行为请求权可以分为对于司法机关的权利与对于行政机关的权利,前者最主要的是起诉权(请求审判的权利,包括诉权和行政诉讼权),后者包括请求许可特许的权利、请求确认或公证特定法律事实或法律关系的权利、请求阅览文书或交付其缮本的权利、请求撤销违法行为的权利以及诉愿权、请愿权等。参政权又名主动的公权,是构成国家机关、参与公务的权利。参政权一方面以人民为国民的一分子,对于如何执行国家事务有直接的利害关系,另一方面亦为国家的公益而存在。故而,参政权虽为人民的权利,但亦有为人民义务的性质。①

(四)林纪东的公权论

1940年代,林纪东在行政法关系中展开了公权论的相关论述,总体而言,贡献并不突出,其成绩主要在于分析了行政法上权利义务的特性。林纪东认为,行政法关系与私法关系不同。私法上,权利义务可谓对待,一方享有权利,另一方即负有义务,一方之所得即为另一方之所失。而行政法上,其权利义务具有相对性,权利中含有义务,义务中含有权利,其权利未必纯为权利主体的利益,其义务也未必纯为相对人的损失。因为行政法为公法,规范团体与其构成分子的关系,而团体与其构成分子的利益是共通的,不能绝对分离。行政法上的权利因具有相对性,故在下列两点上与私法上权利有所不同:第一,不能抛弃。私法上权利系为当事人自身利益而存在,或留或弃,均无不可;行政法上的权利,则与社会公益有关,故原则上不能抛弃。第二,不能转移。私法上权利不置重于其归属主体,故原则上可以转移;而公法上权利则置重于其归属主体,因为只有属于该主体,才能合乎公益,故原则上不可转移。②

对于权利与利益的区别,林纪东认为,权利是法律所保护的利益,权利中含有利益的成分;而利益则不像权利充满法律性,虽然利益有时也受法律保护,但并不似权利所受保护确定与坚强。例如,对于家中自置的沙发,自可享有使用的权利,行政官署无法规根据而征用,则为侵害人民权利的违法处分。至于公园中的长椅,游人可以使用,系一种利益的享受,若市政府以行政处分禁止某人使

---

① 参见范扬:《行政法总论》,邹荣勘校,中国方正出版社2005年版,第38-42页。
② 参见林纪东编著:《中国行政法总论》,正中书局1947年第5版,第19-20页。

用，则为侵害人民利益的不当处分。①

林纪东同样将公权分为国家的公权与人民的公权。国家的公权包括下命权、强制权、形成权、公法上物权等；人民的公权由其在公生活上所处的地位而产生，分为自由权、受益权和参政权三种。② 林纪东在这里采用了后世常用的"受益权"概念。

（五）马君硕的公权论

1940 年代末，马君硕认为，权利是法律所保护的利益。公权是依公法规定应受保护的利益，即在公法上可主张利益的意思力。公权的要素有三：应享利益、意思主张和公法承认。公权与反射利益最易牵混。虽然公法原为公共利益而创制，公共利益通常即为个人的利益，但个人依据公法得以享受的利益，未必尽属公权的范围。凡依公法规定，国家应为一定行为或设备，而使民众享受其利益的，大都不认个人有主张意思的权利，这种利益是公法反射作用的结果，故谓之反射利益。人民的公权范围随政治情况及人民地位而增进。人民的地位由消极而趋于积极、再达于主动，故而，人民的公权可分为自由权、请求权及参政权三种。自由权为消极的公权，是人民对抗国家违法命令或强制的权利，亦即人民要求国家不作为的公权。请求权为积极的公权，是人民可请求国家予以法律救济或许可、认可等处分的权利，具体有对于司法上的请求权与对于行政上的请求权两种。参政权为主动的公权，是人民可参与国家公务的权利。国家是拟制的法人，国家的意思及行为有赖于立于机关地位的个人进行，故而，人民依法有参与政事的权利。依据现行法，人民的政权有选举权、罢免权、创制权和复决权四种。国家的公权实际上是国家基于治权而在行政法上的职权，同时，国家亦有执行公务的义务。国家的公权以其内容为标准可分为形成权、强制权及公物权三种。形成权是国家依法创设、变更或消灭法律关系或法律上权利义务之权。行使形成权的手段为执行有关法律，或依法发布命令，或为行政处分。行政官署须在法律范围内行使国家的公权，不得越权违法，侵害人民权利。强制权是国家对于行政上义务人在必要时依法实施间接或直接强制处分之权。公物权是国家可以自己的意思支配行政上的目的物、且可排除人民妨害，以保持其使用上便利之权。③ 显然，马君硕关于公权论的认识与范扬的公权论之间只有细微的差别（马君硕未曾提及权能和责务，另将人民的公权置于国家的公权之前），更多的是具有连续性。范

---

① 参见林纪东编著：《中国行政法总论》，正中书局 1947 年第 5 版，第 265－266 页注 105。
② 参见林纪东编著：《中国行政法总论》，正中书局 1947 年第 5 版，第 23－27 页。
③ 参见马君硕：《中国行政法总论》，商务印书馆 1947 年版，第 68－72 页。

扬的公权论理论性更强，而马君硕则有更为清晰、准确的界定。

综上来看，在民国时期，公权论已然定型，成为公法学的基础理论之一。公权就是指公法上的权利，有国家的公权与个人的公权两种（若强调公共团体的地位，则再加上公共团体的公权一种），两者各有三种类型的权利。公权论以公法与私法的区分为基础，将国家与公民之间的关系作为法律关系来认识，从总体上概括性地研究其法律关系的内容，具有较强的逻辑性和体系性。

三、公权论的淡出

在新中国的行政法学上，很长时间里并没有公权和公权利的概念，在改革开放后渐渐地出现了行政相对人的权利概念，公权论从学术上退场，淡出了人们的视线。

（一）公权论的退场

1950年代，苏联行政法学教材中并没有公权论的内容，也几乎没有权利的内容，而仅在宪法学的教材中才有公民的基本权利介绍。

司徒节尼金在其论文中批判了资产阶级法学的做法。他指出："资产阶级法学家硬说资产阶级国家管理制度建立在法治原则和公民自由原则的基础上，他们用此来伪善地掩盖资本主义国家中国家管理的真正本质。""他们把民法中确立下来的最基本的范畴——'主体，客体，行为'都搬用到行政法中。资产阶级法学家一方面按照这种范畴制定了行政法体系，同时就建立了主观公权、公职的理论，把行政法规范分为促进公民福利的规范和保护公民安全的规范，等等。所有这些理论和主张都被他们用来掩盖资产阶级国家的真正职能，掩盖进行执行－指挥活动的资产阶级国家机关的真正任务。""保护公民权利虽然也是苏维埃行政法的最重要部分之一，但这个任务是由有关执行－指挥机构的组织和活动的各项规定来保证的。"[①] 苏联行政法学将"国家管理"作为行政法学的核心概念，围绕国家管理的基本原则、国家机关和国家职务、国家管理法令、执行国家管理法令的措施、保证国家管理合乎法制的监督方法等来展开，一般不谈公民在行政法上的地位和权利等内容。或许正是出于这一缘故，公权论从苏联行政法学中消失了。这在很大程度上也影响了我国行政法学的论述方式。

（二）行政相对人权利的转换

1983年，王珉灿主编的新中国第一本统编教材《行政法概要》不仅没有公

[①] [苏] C.C. 司徒节尼金：《社会主义国家管理制度和苏维埃行政法对象问题》，《苏维埃行政法论文选译》（第一辑），中国人民大学国家法教研室编译，中国人民大学出版社1957年版，第37、43页。

权这些概念，而且没有将公民或行政相对人的权利作为一个专门问题来处理。1985年，应松年、朱维究的《行政法学总论》在行政法关系中除国家行政机关的权利义务外，简要谈到了其他当事人（企业事业单位和社会团体、公民）的权利义务，但多为列举性规定。① 与此稍有不同的做法是，皮纯协主编的《中国行政法教程》在"行政法主体"一编之下设"行政法其他主体"一章，稍微详细地谈及法人及非法人单位、公民，并将参加管理权、自由权、检举、控诉和申诉权列为公民在行政法上的主要权利。② 1989年，罗豪才主编的《行政法学》也是在行政法律关系主体一章中列出行政机关、公务员与个人、组织三类主体，列举了个人和组织的权利义务。该书之所以使用"个人和组织"一词，而没有选用"私方当事人"的概念，是因为"私方当事人"根据公私法的划分，把个人和组织看成行政关系的客体、纯粹的被管理对象；没有选用较多使用的"相对人"概念，是因为这一概念不够准确，行政机关在一定条件下也可以相对人，而且"相对人"一词不够通俗和普遍。当然，该书首次使用了"行政相对一方"的概念，指出确认行政相对一方身份，有助于明确各自的法律地位，在国家行政管理中正确行使权利、自觉履行义务，有助于确认行政诉讼的范围（只有外部行政相对一方才能提起）。③

1989年，张焕光、胡建淼出版的《行政法学原理》首次在教材中以"相对人"作为一章的章名，并提出了"行政相对人"的概念："相对人是行政相对人的简称，是指在具体的行政管理关系中处于被管理一方的当事人。"确切地说，相对人是与行政主体相对应的一方主体。"'被管理'地位并不意味相对人只能是义务人，而不能是权利人。""把'相对人'引入行政法理论领域的意义主要在于：社会组织和个人不再被单纯地看成管理对象，它们赢得了主体的理论地位。"相对人在行政法上享有的权利是宪法赋予当事人的基本权利在行政管理领域中的具体化，相对人的权利同时构成行政主体的义务，其权益大致有参加行政管理权，受益权，了解权，隐私保密权，合法、正当、平等保护的权利，行政协助权，建议、批评、控告、揭发权，复议申请、诉讼和申诉权，补偿、赔偿权等。④

1999年，承继先前的认识和研究，姜明安主编的统编教材专设"行政相对人"一章，对行政相对人的概念、分类、法律地位、权利义务等作出说明："行政相对人，是指行政管理法律关系中与行政主体相对应的另一方当事人，即行政

---

① 参见应松年、朱维究编著：《行政法学总论》，工人出版社1985年版，第27－28页。
② 参见皮纯协主编：《中国行政法教程》，中国政法大学出版社1988年版，第60－63页。
③ 参见罗豪才主编：《行政法学》，中国政法大学出版社1989年版，第75－89页（张焕光执笔）。
④ 参见张焕光、胡建淼：《行政法学原理》，劳动人事出版社1989年版，第190－196页。

主体行政行为影响其权益的个人、组织。"行政相对人是行政主体行政管理的对象，也是行政管理的参与人，在行政救济法律关系和行政法制监督关系中可以转化为救济对象和监督主体。① 该书第二版在行政相对人及其权利之外，提出了"公权力"的概念："公权力是人类共同体（国家、社团、国际组织等）为生产、分配和提供'公共物品'（安全、秩序、公交、通讯等）而对共同体成员进行组织、指挥、管理，对共同体事务进行决策、立法和执行、实施决策、立法的权力。公权力包括国家公权力、社会公权力以及国际公权力。"② 但是，整体而言，其仍没有作系统研究，没有形成公权论的体系观念。

　　2000 年，方世荣出版了其博士学位论文《论行政相对人》。该书对行政相对人首次进行了体系性研究，对行政相对人的类型、权利、行为、作用等均有分析。该书认为，过去行政法学界笼统地将公民对国家的权利当作行政相对人的权利，宽泛而没有学科特点，故而，该书没有采用"公权"或"公权利"的概念，而是使用了"行政相对人的权利"一词。行政相对人的权利是指"由行政法所规定或确认的，在行政法律关系中由行政相对人享有、并与行政主体的义务相对应的各种权利"。行政相对人的权利不仅包括公民的基本权利，还包括基本权利派生的权利以及其他一般权利，行政相对人的权利是公民基本权利在行政法上的具体化，存在于行政法律关系之中，是需要通过行政主体的行政活动而获得、发展和得到保护的利益。该书在耶利内克理论的基础上，将其所未能涉及、而在当代行政法中得到规定的权利加以补充，将行政相对人的权利分为五类，即参政权利、受平等对待的权利、受益权利、自由权利和程序权利。③ 这相对于先前的权利列举已有进步，但其分类标准不一，尚未达到体系化的水准。

　　由此，虽然公权论从总体上已经退出公法学，但其部分内容通过行政相对人的权利得到体现，并有了一定新时期的内容。之所以理论上不谈国家的公权，是因为国家公权并无保障的问题。之所以相对人的权利逐渐获得重视，是因为个人相对于国家的地位提升，而且具有现实的保护需求。

四、公权论的再兴

　　进入 21 世纪以来，随着德、日行政法学的持续输入，公权论得到一定普及，

---

　　① 参见姜明安主编：《行政法与行政诉讼法》，北京大学出版社、高等教育出版社 1999 年版，第 128、131 - 132 页。
　　② 姜明安主编：《行政法与行政诉讼法》，北京大学出版社、高等教育出版社 2005 年第 2 版，第 4 页（姜明安执笔）。
　　③ 参见方世荣：《论行政相对人》，中国政法大学出版社 2000 年版，第 60 - 82 页。

相应的概念和观念也有再兴的迹象。但这时使用的概念已不再是"公权",而是"公权利",公权的内容也发生了很大变化。

(一)公权利概念的形成

在用语上,传统意义上的"公权"一词已难以得到普遍认可,现如今,"公权"很大程度上是与"公权力"等同使用的,而与"私权"(私人权利)概念相对。人们渐渐习惯于区分使用权力与权利的概念,一般用"权力"指代国家权力,用"权利"指代私人权利。

回到法理学上,一种做法是按照权利主体的不同将权利分为个人权利、集体权利、国家权利和人类权利。其中,"国家权利是国家作为法律关系的主体以国家或社会的名义所享有的各种权利,如对财产的所有权、审判权、检察权、外交权等"。[①] 这是在权利义务法理学之下所作的理解。不过,这在某种程度上也表明,国家权力也可是国家权利,与权利具有共通之处。其后的一种理解是,以权利的性质和功能为标准,将权利分为私权利和公权利两类。"私权利通常是指以满足个人需要为目的的个人权利。公权利则是指以维护公益为目的的公团体及其责任人在职务上的权利。这后一种权利也叫权力。"[②] 但在具体比较时,使用的是"权力"与"权利"的概念,也就是说,将"权力"等同于"公权利",将"权利"等同于"私权利"。在法理学上,"权力"和"权利"在一定意义上是可以互换的。"法律在对'权力'这样一种'能力'进行规定的时候,实际上也是在作'权利'的规定。毕竟,尽管'权力'和'权利'有着不同的意思,但是,它们也有相通的途径。"所以,从广义的角度可以说,法律规定的内容基本上是"权利与义务",这里的"权利"包含了"权力"。[③] 也就是说,在观念上,"权力"和"权利"可以区分使用,但仍有共通之处。不过,这种权力意义上的"公权利"并未得到广泛认可,更多的是直接使用了区别于权利的"权力"一词。

与法理学对"权力"和"权利"的界分相比,在公法特别是行政法上,更强

[①] 张文显:《法学基本范畴研究》,中国政法大学出版社1993年版,第103页。

[②] 张文显主编:《法理学》,高等教育出版社2003年第2版,第115-116页。该书认为,权利与权力之间存在着差别,主要表现为:(1)权力的拥有者只能是表现出强制力和支配力的专门机关、执行职务的公职人员,而权利主体却是公民个人。(2)权力的内容重在"力"上,表现为某种形式的强制或管理。权利的内容则侧重于"利",表现为权利人要求实现的价值。(3)指向对象的确定程度不同。权力的指向对象是特定的,且权力拥有者与权力对象地位不平等。权利指向的对象,有时是不特定的,权利关系中的权利人与义务人地位是平等的。(4)法律对权力与权利的要求不同。权力与职责相对应,职务上的责任是公权力的义务,法律要求权力变为职责,职责不能放弃,弃置权力将构成渎职。权利与义务相对应,法律准予权利的能动性,使权利人对权利获得了随意性,放弃权利被认为是行使权利的表现。这在很大程度上也代表了现有关权利与权力概念的一般认识。

[③] 刘星:《法理学导论》,法律出版社2005年版,第136页。

调的是"权力"和"权利"的差别,对公权力进行控制、为公权利提供保护毋宁是行政法的使命所在。2021年,童之伟从概念史的角度全面梳理了"权利""权力"等概念的源流,他试图论证权利与权力应当区分使用,而不应用"权利"一词包含两者。即便是当下国有经济等的"国家所有",也是首先表现为国家机关的相关职权(创设、代表行使),其次才表现为民法上的国家财产所有权,权力属性比权利属性更为明显。[①] 这种概念史的梳理实际上也是试图为当下学界区分"权利"与"权力"的做法提供历史上的支撑。

在行政法上,在近些年得到更多使用的是公权利或主观公权利概念。该词主要是因行政诉讼的主客观诉讼性质论争,特别是与《行政诉讼法》修改之后原告资格的判断基准讨论而得到较多推广的。最高人民法院在诸多案件,特别是刘广明诉张家港市人民政府行政复议案中直接使用了"主观公权利"概念,[②] 这一动向也引起了学界的广泛关注,一时间主观权利一词炙手可热。

但主观权利的概念早已有之,只是之前未得到普及。在德国法、法国法上,因为德语 Recht 和法语 droit 这两个词都同时表达权利与法两种含义,所以,为了有效区分,不得已在该词之前加上主观和客观的缀语,形成了"主观权利"和"客观法"的概念。早在清末,刘志扬就曾论及法律与权利的关系,他指出:法律与权利两个观念不能分离,故而自罗马以来,德、法等国大致以一词称呼这两语,"唯分主观的观察(权利)、客观的观察(法律)之区别而已"。[③] 1913年翻译出版的狄骥的著作指出:"法 Droit 之一字,有二义焉。究其精微,虽可贯彻,考其实际,则不相同之二义者,一为客观 Objectif,一为主观 Subjectif。就客观言,法乃行为之规则,使生存于社会上之人类,悉纳于其范围之内,在一定之时间,经一社会认为公共利益之保障,设有违背之者,则制裁随其后。就主观言,法为人群中能力之一种。盖人类之对于社会也,苟以正常之目的,为合法(客观法)之要求,则此种能力,将可使其如愿以偿。"[④] 狄骥自身也承认,主观法与客观法的术语源自德国,虽然被讥为不当,但也没有更好的表达。狄骥在其之后的著

[①] 参见童之伟:《中文法学中的"权利"概念——起源、传播和外延》,《中外法学》2021年第5期,第1261-1263页;童之伟:《中文法学之"权力"源流考论》,《清华法学》2021年第6期,第23-27页。

[②] 刘广明诉张家港市人民政府行政复议案,最高人民法院(2017)最高法行申169号行政裁定书,2017年4月26日。此外,在诸如臧金凤诉砀山县人民政府土地行政登记案 [(2016)最高法行申2560号]、李国秀诉山东省人民政府不履行法定职责案 [(2016)最高法行申2864号] 等案件中,最高人民法院使用了"主观权利"的概念。

[③] 刘志扬:《论国民权利思想之幼稚为立法之一大患》,《法政学交通社杂志》第5期(1907年),第36页。

[④] [法] 狄骥:《法国宪政通诠》,唐树森译,神州编译社1913年版,第1页。

作中指出："以 droit 一语指示两相异事物：或为命令的规范，或为行使之权力；而为避免一切混淆，应加一形容词，实为必要。规范即客观法；行使之权力即主观权利也。"不过，此后有一个译者注："读者至此，可知法人于法及权利上加客观及主观之形容词，乃因其文字之缺点使然。以后译文当删此不必要之形容词，以省冗文。"① 故而，在此阶段，主观权利一词或观念虽然存在，但并未流行起来。在中文中，在"权利"或"公权利"之前加上"主观"二字，既易生误解（使人误认为这是主观上而非客观存在的权利），也没有必要（权利本就是受法保护的利益，可寻求救济和保护，再强调其主观性，无非是同义反复）。在行政法上，使用"公权利"一词足矣。相应地，传统公权论所说的人民的公权被替换为公权利。

（二）公权内容的伸缩

在当代行政法学上，公权论不仅有上述名称上的重要变化，还有公权主体上的缩减，也有公权主体上的分化和扩张。

2000 年，毛雷尔的译著指出，主观权利"是指法律规范赋予主体的权能，即为了实现个人利益，要求他人为或不为一定的行为、容忍或者不作为的权利"，主观公权利从公民的角度来看"是指公法赋予个人为实现其权益而要求国家为或者不为特定行为的权能"。"主观公权利不仅存在于公民－国家的关系，也存在于国家－公民的关系，以及公法人相互之间的关系。例如，在特定法律条件下，国家'有权'要求公民缩小建筑规模、缴纳税金等。下文介绍针对公民－国家的关系。"② 也就是说，毛雷尔的主观公权利与传统的公权论是一致的（表述上的差异应是翻译引起的），原本包含公民的公权和国家的公权，③ 只是该书仅讲到了公民的公权。部分基于该书的影响力、部分基于当代汉语的使用习惯，公民权利意义上的公权利得到更多关注。

对于国家公权的概念，也有学者明确反对使用。例如，王天华认为："国家主观公权利的缺席，可能与论者就公权利展开论说时的方法与志向有关，也可能与时代精神有关，但根本原因还是在于行政诉讼制度。既然行政诉讼制度并未将'救济国家的权利'作为目的，那么讨论它就是缺少实益的。"④ 这也是早期反对

---

① ［法］勒翁狄几（L. Duguit）：《公法要义》，杨肇熉译，商务印书馆 1940 年版，第 12-13 页。
② ［德］哈特穆特·毛雷尔：《行政法学总论》，高家伟译，法律出版社 2000 年版，第 152 页。不过，该书也将常说的客观法翻译成了"客观权利"。
③ 2012 年翻译过来的耶利内克著作再次表明公权论包含这两个部分。［德］格奥格·耶利内克：《主观公法权利体系》，曾韬、赵天书译，中国政法大学出版社 2012 年版，分论第二编。该书的书名是 System Der Subjektiven Öffentlichen Rechte，通常被译作"公权的体系"或者"主观公权利的体系"，我国早期以及日本有时就将其译作"公权论"。
④ 王天华：《主观公权利的观念与保护规范理论的构造》，《政法论坛》2020 年第 1 期，第 37-38 页。

国家公权的重要理由之一。回到国家公权的概念缘起上，之所以将国家的统治权说成是国家的公权，是因为国家以法规对自身权力加以限制，其权力具有了一定的界限，如此，就成为公权。也就是说，国家公权是受到法规限制的统治权，意在强调其界限。但在现代实行人民主权的国家，国家权力源自人民的授予，其受到宪法和法律的拘束已属当然之理，使用国家公权一词强调其界限已非必需。从行政法律关系的逻辑上说，"国家公权"无疑是可能的。但一方面，回到中国当下的行政法理论来看，传统上的国家公权更多体现为国家机关的公权，如此，公权在主体上增多了数千倍，在内容上更为凌乱繁多；而国家的权利往往只是在"国家所有"等个别层面上来讨论，[1] 国家权力一般不被作为权利来对待。另一方面，现实的问题更多的是私人公权利受国家侵害或者未受到国家应有保护的救济。

在公权仅以个人公权利的面目重现时，公权利研究就成为当下的热点。赵宏撰写了多篇文章对公权利的历史源流、当代价值、与保护规范理论的关联等展开研究。虽然我国对公权利理论的吸收目前还局限于行政诉讼原告资格的判定，但这一传统学理的当代价值更在于：其对个人权利的探求是在实证法中找到连接点，并借助请求权的解释框架和学理，有效避免现代行政作用效果不断扩散所导致的个人自由的无轮廓和无边界，个人权利也因此获得稳定清晰的实证法基础。[2] 公权利的更多面相正在得到展现，其也在理论和实践中逐渐得到拓展。

随着社会利益的分化，与过去私人公权不同的是，现在的公权利在主体上得到进一步的区分，形成了相对人公权利与第三人公权利两种基本类型，而且，由于相对人公权利容易得到肯定，第三人公权利成为研究的重点内容。在社会利益分化之后，第三人的利益区别于相对人的利益，却并不能简单地为公益所代表，行政机关为维持公平合理的法秩序，需要以法律和公益等为基础对相对人与第三人的利益进行调整。第三人的利益在传统上会被当作反射性利益，在今天却可能被当作公权利。如此，就形成了三方行政法律关系。[3] 这已经不只是行政诉讼法上的原告资格问题，相关研究已开始返回行政实体法上展开讨论。"我们可以通过第三人公权利来形塑私人与国家以及私人与其他私人之间的关系，保护私人自由领域免受国家权力'吞噬'，排除其他私人所造成的危险。只有将私人之间的平等维度和私人与国家之间的自由面向结合起来，我们方可有效地刻画现代国家

---

[1] 虽然可以在理论上论证国家的公权利，但在讨论国内问题时主要还只是针对国家所有权问题。参见王世杰：《国家法人理论的重塑》，《中国人民大学学报》2022 年第 5 期，第 125-127、129-130 页。

[2] 参见赵宏：《行政法学的主观法体系》，中国法制出版社 2021 年版，第 163 页以下。

[3] 参见王贵松：《作为利害调整法的行政法》，《中国法学》2019 年第 2 期，第 95-96 页。

中人的完整图像。"①

五、公权利论的展望

综上来看，从"公权"蜕变为"公权利"，具有以下几个方面的变化：第一，在公权中，国家公权被排挤出去，仅剩余私人公权，而剩下来的私人公权则以公权利的形式呈现，公权利的内涵变得更为明确。国家公权与私人公权遵循着不同的逻辑，内容也不相同。将两者纳入公权之下，固然体系严整，但必要性不大。公权的同一概念之下包含着两个异质的内容，也不便明确指代。第二，传统的公权论是公法的基础理论之一，有较强的公法与私法二元论的色彩，而公权利则既有可能表示公法上私人权利，也有可能表示具有公共性、私人相对于国家的权利，在一定程度上可以摆脱公私法划分的羁绊。第三，公权利概念的通用化，在很大程度上表明了新的时代主题是如何面对强大的公权力保护私人的公权利。实际上，过去在公权论上着力最多的研究也是关于私人的公权利问题。唯有明悉公权论的意义所在，才有可能将其再嫁接在现行的制度或理论上。首先需要从总体上继承私人公权的传统体系认知，把握国家与私人的基本关系，其次予以体系化、具体化和制度化。在现代分配行政的背景下，相对人公权利与第三人公权利的再划分、类型化，则是公权论新的使命。这里既有必要借鉴传统公权论中私人公权的内容，在两方行政法律关系中形塑相对人公权利，也需要根据新的需求，在多方行政法律关系中形塑第三人公权利，如此更为复杂的公权利系统才能形成。

第五节 法治行政原理的变迁

整个行政法可以说就是围绕着行政与法律或法的关系展开的。使行政受法律或法的控制，就构成了法治行政原理。这一原理在不同时期有不同的内容构成，总体上表现为依法律行政原理与依法行政原则之间的竞争关系。

一、近代法治观念的出现

"法治"一词在中国古典中早已存在，② 但对于西方近代法治的介绍则始于晚清。黄遵宪在其《日本国志》中较早地介绍了西方的法治："余闻泰西人好论

---

① 王世杰：《行政法上第三人保护的权利基础》，《法制与社会发展》2022 年第 2 期，第 99 页。
② 中国古典中的"法治"大致有三种形态，即"法"的"治"之状态、作为名词的"法治"和"以法治国"的短语。参见程燎原：《古代汉语典籍中的"法治"词语略考》，《学海》2009 年第 1 期，第 110 - 115 页。

权限二字。今读西人法律诸书，见其反覆推阐，亦不外所谓权限者。人无论尊卑，事无论大小，悉予之权以使之无抑，复立之限以使无纵，胥全国上下同受治于法律之中，举所谓正名定分、息争弭患，一以法行之。余观欧美大小诸国，无论君主、君民共主，一言以蔽之曰：以法治国而已矣。"① 沈家本进一步指出了法家法治与西方法治的差别："抑知申、韩之学，以刻核为宗旨，恃威相劫，实专制之尤。泰西之学，以保护治安为宗旨，人人有自由之便利，仍人人不得稍越法律之范围。二者相衡，判然各别。则以申、韩议泰西，亦未究厥宗旨耳。"②

　　梁启超是中国较早使用"法治主义"概念的学者，但在他一个人的身上就经历了日本学术界的两种理解的变化。1904 年，身处日本的梁启超在《中国法理学发达史论》中专门论述了"法治主义之发生"。他认为，"当我国法治主义之兴，萌芽于春秋之初，而大盛于战国之末"。他将法治主义与放任主义、人治主义、礼治主义相比较，认为法治主义虽最为后起，却是最适于"国家的治术"。③ 1909 年，梁启超在《管子传》中将管子奉为世界上最先发明法治主义以成一家之言者，虽然他已知晓并在一定程度上认可藉西方法治非难管子的种种说法，诸如"今世立宪国之言法治，凡以限制君权；而管子之言法治，乃务增益君权，此未得为法治之真精神也"，但仍从法治之必要、法治与君主、法治与人民、立法（良法）、法治与政府、法治之目的六个方面为管子辩护。④ 换一个角度看，该文实际上展示了梁启超关于法治主义的系统认知，颇有实质法治国的意涵。1922 年，梁启超在《先秦政治思想史》中再次论及法家的法治主义，晚年的梁启超早已洞悉并公开承认法家法治主义的特有漏洞，即立法权不能正本清源，他们无法找到贯彻其主张的最后最强的保障，他们主张法律万能，结果却成了君主万能。⑤

　　"法治国"的概念在清末也开始得到使用。1903 年，《政法学报》刊登了亚粹的《论法治国》一文。该文认为，一国之治在于秩序，法律是国民行为的规则，无法律则无秩序。但法律有钦定与公定之别。钦定的法律是君主一人的意见，与命令无异，可自由改废。这种法律因并非出于众意，难免有抵抗，法律维

---

① 黄遵宪：《日本国志》，羊城富文斋 1890 年版，卷二十七·刑法志一，第 2 页。
② 沈家本：《法学名著序》，《历代刑法考（附寄簃文存）》（四），中华书局 1985 年版，第 2240 页。
③ 梁启超：《中国法理学发达史论》，《饮冰室合集》（2），中华书局 1989 年版，文集之十五第 69 - 94 页。
④ 参见梁启超：《管子传》，《饮冰室合集》（7），中华书局 1989 年版，专集之二十八第 12 - 33 页。值得注意的是，梁启超在该文中也使用了"法治国"的概念："今世立宪之国家，学者称为法治国。法治国者，谓以法为治之国也。"前揭文，第 12 页。
⑤ 参见梁启超：《先秦政治思想史》，《饮冰室合集》（9），中华书局 1989 年版，专集之五十第 148 - 154、217 页。

持秩序之力甚薄。而公定的法律是全体国民的意见，他们或直接参与其事，或选出代表使其代表众意。公定之后，非经公众再行议决，则不能改废。这种法律只能在立宪国实行。"人人所公奉之法，即其所公定之法，无贵无贱，莫不受治于法律之下。有权利有义务，亦皆以法律为界限，而不能溢取或幸免。以法为治，故法即治，治即法，是之谓法治国。"该文认为，1215年的英国《大宪章》规定，非依法律不能迫害人民，非由公议不能赋敛租税，这是法治国制度之嚆矢，也可以说是各国立宪政治之嚆矢。专制国的法律大都专指刑法，而法治国的法律不仅规定犯罪与否，还要规定人类相互之间的权利义务，其条文日渐完备。宪法、行政法、刑法、民法、商法、诉讼法六种法律是法治国组织的要件，互有相倚关系，缺一不可。"法律者，国民行为之规则，而安定社会之秩序者也。"法律的效力在于国民的公认，国民知道了其权利义务，法治国的建立便不可能不努力，不可能不成功了。[1] 该文已深刻认识到法治国中公定的法律的重要性，不过，该文只是将法律作为国民的行为规则，还没有认识到法治国对国家的约束和规范意义。1906年，《法政杂志》发表了朱绍濂翻译的一木喜德郎的《法治国主义》。一木喜德郎介绍了法治国出现之前的历史，接着指出，法治国的本领在于，"其国家之权力，必不可不基于法规而行动。申言之，则国家对于臣民，命之为某事，禁之为某事，其权力之行动，皆基于法规"。"实行法治国主义第一要件，在完备其各项行政之法规，以为将来可据之准绳。不然，决难期人民之权利及其自由之安固。"而且，法规宜为一般性，若设置多数例外，或关于各事件采用各自处分的方针，则不可期待行政的独立及其公平。[2] 该文已将法治国放在约束国家权力的层面上来理解，而且区分了法规与处分，提出了法规的一般性要求。

二、法治行政的出现

1905年，夏同龢在清水澄讲义基础上所编辑的《行政法》已开始使用"法治行政"的概念。该书认为，"近世立宪政体，虽以法治行政为主旨，必使行政准据于法，循循于法之范围中。然此非为行政之本质，第特别外部之理由耳"。"夫于法治行政之下不变，其受法羁束之作用，初未尝失其本质之自由作用也。"[3] 而清

---

[1] 参见亚粹：《论法治国》，《政法学报》第3卷第1期（1903年），第41–45页。
[2] 参见[日]一木喜德郎讲述：《法治国主义》，朱绍濂译，《法政杂志》第1卷第5号（1906年），第274页。一木喜德郎（1867—1944），历任帝国大学法科大学教授、贵族院议员、法制局长官、文部大臣、内务大臣、帝国学士院会员、宫内大臣、枢密院议长等。著有《日本法令予算论》《帝国宪法要略》《国法学》《行政法学》等。美浓部达吉是其弟子。
[3] 夏同龢编著：《夏同龢文辑》，梁光华、饶文谊、张红辑校，凤凰出版社2013年版，第31–32页。

水澄在其讲义中指出:"法治国也者,自行政上观察之名称,凡行政机关对于臣民之关系,皆依一定之法规者,称之曰'法治国'。今日多数开明国,自行政法上言之,大抵为采立宪制度之法治国。""新布宪法之国,有侵害所有权者,不可不据法律之所规定。纳税义务,固必以法律定之,即拘束身体、制限言论集会之自由,皆不可不本乎法律。一切行政机关与臣民之关系,必不可不以法令定之,是法治国之特色也,亦称之为'宪法国'。"[1] 清水澄虽然在这里没有使用"法治行政"的概念,但已大体揭示出法治行政的内涵。

1932年,范扬提出了"法治行政""依法行政"的概念,并加以阐述。"凡立宪统治国家,必以法治主义为根本原则之一。法治主义,除限制人民自由、规律人民权利义务之事项,为立法权所保留外,其余一切统治作用,概依法规行之。故不特司法等权,须受法规拘束;即行政权,亦须同受其拘束"。从历史来看,"先有依法审判,而后始有依法行政"。法治主义,亦称法治行政主义。要实现法治主义,第一,须有宪法上的保证。欲使法律拘束行政的原则有其实效,须先在宪法上限制行政机关的立法权。"各国成文宪法,咸以人民自由财产法之制限,属于立法之事项。宪法上设有此等规定之用意,一方面固在限制立法权,使不致为法律所移动;而他方面,则尤在限制司法行政等权,使政府或官署,对人民权利自由之侵害须遵法律之规定,不得以独断之命令或处分而出之。"第二,应多制定法律,或以命令多制定法规,以拘束行政。法治国应使国家行政皆有法规可以依据,对于人民权利自由的限制务必受法规的拘束。第三,为维持行政法规起见,须设定诉讼方法,以审判行政案件。如此,才能保证行政法规的正当适用。这种法治主义的思想,以尊重个人权利自由为生命,本为19世纪文明的产物,在今天社会国或文化国时代,要以顾全社会全体的连带关系为原则,个人主义的权利思想已发生重大变革。但须尊重人民权利,依然继受同一方针。虽权利思想应加以修正,但法治主义与现代思潮并无冲突。[2]

三、依法律行政与依法行政的交替

法治行政的要求,在不同的时期有着不同的表现。民国时期虽然没有使用"依法律行政原理"的概念,但存在依法律行政原理的内容。在民国时期后期开始出现"依法行政"的要求,并成为新中国行政法学的主流表达。

---

[1] [日]清水澄:《行政法泛论》,金泯澜等译,魏琼勘校,中国政法大学出版社2007年版,第19-20页。

[2] 参见范扬:《法治主义与行政》,《国立中央大学法学院季刊》第2卷第1期(1932年),第63-69页。

(一）依法律行政原理

中国本无"依法律行政"的观念。它源自日本，而日本的又是移植于德国。依法律行政原理在清末民初经日本传播而来，逐渐成为中国行政法和行政法学的基本原理之一。1903年，曾留学德国的美浓部达吉将奥托·迈耶的《德国行政法》译成日文（四卷），积极传播其法治国的思想。在该书中，迈耶的法治三原则被译成了法律保留、法律的最强力和法律的拘束力。[①] 1907年，熊范舆译述的美浓部达吉的《行政法总论》在行政法的基础秩序编之下设"行政对于法律之关系"一章，系统阐述了行政与法律的关系。该章之下共三节，分别是"法律之留保"、"法律之最强力"和"法律之拘束力"。所谓"法律之留保"，是指某种事项非法律不得规定，其被保留的事项被称作宪法上的立法事项。立宪国中，凡一切法规，皆以非法律则不得制定为原则。其例外是行政立法。法律在其所保留的范围内有可以活动之力，这是立法权的特质。但法律所保留之事，法律自身仍可委任行政制定。所谓"法律之最强力"，是指法律相较于一切活动于宪法下的国家意思表示有优胜的效力。凡法律非仍有法律，则不得废止变更。凡国家的其他意思表示，与法律相抵触，法律皆可将其废止变更。法律是法规最重要的渊源。法规有两方面的拘束力：其一是以法规拘束国民，这是法规外面的效果；其二是以法规拘束官厅，司法及行政各官厅皆须依法规规定执行其职务，这是法规内面的效果。法规的拘束力特别之处在于其一般性，且具有内外双重效果。这种拘束力，只有法规具有。法规以须由法律制定为原则。[②]

曾留学东京大学的钟赓言以美浓部达吉的日本行政法学为基础，对其又有所发展。与大陆法系一样，钟赓言将命令分为法规命令和行政规则两种。他认为，命令有积极的界限和消极的界限。在积极的界限上，一切法规原则上不可不以法律规定，但有两个例外，即直接依据宪法的授权和依法律的授权。在消极的界限上，一方面，命令不得与法律相抵触，钟赓言沿袭我国早期对美浓部达吉著作的译法称之为"法律之最强力"，或称"法律上之形式上之效力"；另一方面，宪法上特别保留给立法权的事项，不得以命令规定，这在美浓部达吉的理论中被称为"法律之留保"，但钟赓言则称之为"立法权之留保"。[③] 虽然他没有更为妥当地确立依法律行政原理在行政法学体系中的地位，但其著作处处在运用这一行政法

[①] Otto Mayer（美濃部達吉訳）『獨逸行政法（第一卷）』（有斐閣、1903年）124-132頁参照。
[②] 参见 [日] 美浓部达吉：《行政法总论》，熊范舆译述，丙午社1907年版，第13-17页。
[③] 钟赓言：《钟赓言行政法讲义》，王贵松、徐强、罗潇点校，法律出版社2015年版，第60-61页。到1930年代，钟赓言的这种写法仍得到传承，只是"留保"被改作"保留"。参见赵琛：《行政法总论》，上海法学编译社1933年版，第199-202页。

的基础原理分析问题。

白鹏飞作为美浓部达吉的弟子,在其 1920 年代末 1930 年代初的著作中几乎原封不动地将美浓部达吉的依法律行政论照单全收。① 到 1940 年代,留学美国的马君硕博士虽然将其表述为"行政上之法律支配"或"法治行政",但表述的内容与美浓部达吉的观点并无多大差异,只是将其扩充为五点要求:第一,行政行为须遵守法律不得抵触;第二,限制人民自由及权利或使人民负担义务须有法律根据;第三,为人民设定权利或免除义务须有法律根据;第四,行政上的羁束裁量行为仍须合于法规要求;第五,应以法律规定的事项不得以行政命令规定。②

(二)依法行政原则

与此同时,在行政法学界又出现了另一种倾向,即主张"依法行政"或"依法规行政",甚至认为"依法律行政"并不妥当。如前所述,1930 年代,同样曾受教于东京大学的范扬在其《行政法总论》中提出了"依法行政"的概念。行政权应受法的拘束,这是法治主义的中心思想,这也被称作依法行政。"所谓依法行政者,乃于法规之下而行,或于法规范围内而活动也。"法治主义的成立基础有两大根本思想,其一是法律平等的思想,其二是依法限制的思想,非依法律,不得任意侵害。在行政权的界限中,他沿袭了美浓部达吉的后期说法,也将其分为四个方面。其中对于传统的法律保留,他的表述是:"非有法规根据,不得侵害人民权利,或使人民负担义务"。"行政机关,除权限上所有之立法作用外,必须有法律或至少有命令及习惯法之根据,始得制限人民之自由财产,或使负担其他义务。"③ 虽然他知道当时的训政时期约法本意在于,非依法律不得侵害自由财产,但他仍然作出了这样的表述,其缘由或许在于其对法律与法规关系的理解。从该书的"序言"来看,他的这一表述或许与其认为"颇有可采之处"的纯粹法学学说亦有关联。

1940 年代,朝阳大学学子、曾留学日本明治大学的林纪东在法治国的历史部分指出,"行政权亦应依照法律而行使","对于人民之权利义务,欲加以变动时原则上亦仅能依照法律为之"。接着他专设一章为"行政法之基本法则"(这也是在我国行政法学史上第一次设置这一章节),但在法治主义的理解上萧规曹随,亦将美浓部达吉对行政权的四项限制奉为行政法的基本原则:第一,行政权的作用不得与法规相抵触;第二,行政权非有法规根据不得使人民负担义务或侵害其

---

① 参见白鹏飞:《行政法大纲》(上卷总论),好望书店 1935 年再版,第 16 - 22 页。
② 参见马君硕:《中国行政法总论》,商务印书馆 1947 年版,第 49 - 53 页。
③ 范扬:《行政法总论》,邹荣勘校,中国方正出版社 2005 年版(原书为 1937 年版),第 24 - 26 页。

权利；第三，行政权非有法规根据不得免除特定人在法规上所应负担的义务或为特定人设定权利；第四，法规任诸行政权自由裁量时，其裁量权的界限及内容应受法规的限制。所用术语由"法律"改为"法规"。① 他后来对于这一改动的缘由给出了说明："旧日为'依法律行政'，非有法律根据，行政权不得为各种行政行为。现代为'依法规行政'，为行政行为之根据者，不限于立法机关通过之狭义之法律，且包括宪法、条约、命令等在内……命令之为行政行为之根据，原为昔日已有之现象，惟现代由于委任立法之发达，与命令范围之扩大，内容之加强，命令作为行政权作用之根据者，乃益见增加，故现代行政法之基本法则，为'依法规行政'，而非'依法律行政'。惟仍以法律为其主要依据耳。"②

1983 年，新中国第一部统编教材《行政法概要》认为，"在进行国家行政事务管理活动中需要依法办事，这是普遍公认的原则"。具体包括两个方面的要求：第一，各级国家行政机关和管理国家行政事务的部门必须严格按照宪法、有关法律和行政管理法规的规定处理，维护法制的统一和尊严，坚持依法办事。第二，全国各族人民都必须遵守宪法的规定，遵守有关法律和行政管理法规的规定，维护法制的统一和尊严，坚持依法办事。③ 在改革开放初期，依法办事得到重视，但现实的权力架构无法让人提出依法律行政的要求。私人守法也被当作其中的要求之一，这种观点后来受到批评。私人无法进行行政活动，行政合法性也就无从谈起。对于私人的违法，行政机关拥有必要的惩戒制裁手段，而对于行政机关来说，则必须强调行政合法性原则。④

1986 年，张焕光主编的《行政法总论》专门设"依法行政——现代国家管理的基本原则"一节，在新中国较早地提出了"依法行政"的原则。该书指出，依法行政是行政法的基本核心，是行政法学的基本原理。依法行政是要让行政活动受到立法机关的限制，依法行政思想的形成与权力分立理论的产生有着密切的关系。在资产阶级革命胜利以后，依法行政思想就转化为建设和管理新的国家政

---

① 林纪东编著：《中国行政法总论》，正中书局 1947 年第 5 版，第 14-17 页。该书第 221 页注九提及第二点原则的例外：其例外除由习惯法或条理法者外，亦见于行政机关立法之时。当行政机关可实质上立法时，亦可以立法权相同的作用，即可在一定界限内就人民的权利义务设定新的规律，如行政机关发布紧急命令、执行命令、委任命令之时就是如此。

② 林纪东：《行政法》，三民书局 1994 年再修订版再版，第 75-76 页。

③ 参见王珉灿主编：《行政法概要》，法律出版社 1983 年版，第 58-60 页。这里顺便提及，1985 年，有学者引用美浓部达吉在《日本行政法撮要》中的四项原则观点，并认为美浓部达吉的这些概括的基本精神可称为"依法行政"，它是资本主义行政法的基本原则。参见应松年、朱维究编著：《行政法学总论》，工人出版社 1985 年版，第 109 页。

④ 参见张尚鷟主编：《走出低谷的中国行政法学——中国行政法学综述与评价》，中国政法大学出版社 1991 年版，第 69 页。

权的基本原则,并被沿用至今。该书介绍了德国(奥托·迈耶)、法国(狄骥)、英国(戴雪)、苏联学者对依法行政的代表性观点,也介绍了我国学者此前有关"依法办事"的认识。综合理论和实践来看,该书认为,依法行政思想主要包括以下双重含义:第一,国家行政机关的各种行政管理活动都必须严格地依照宪法、法律和有关法规进行,不允许有任何法外特权。这是依法行政的本义。具体而言又可分解为三层意思,即行政是法律的执行、行政须经合法的授权、行政应受法律的限制。第二,国家行政机关的行政管理活动应当广泛地借助法律手段而进行。这是第一重含义的引申。行政的管理手段主要有行政手段、法律手段和经济手段等形式,我国过去较多地依靠行政手段直接管理复杂的社会生活,这是压抑我国政治、经济、文化生活发展的一个重要原因。借用法律手段进行行政管理是我国行政体制改革的一个重要内容。①

1989年,罗豪才在第二部统编教材中提出了"行政法治"的概念,② 他认为,行政法治是法治原则在行政领域的具体运用,具有自身的特殊性。他将行政法治原则分解为合法性原则与合理性原则。③ 合法性原则具体而言,包括四点要求:第一,任何行政职权都必须基于法律的授权才能存在;第二,任何行政职权的行使都依据法律、遵守法律;第三,任何行政职权的委托及运用都必须具有法律依据、符合法律要旨;第四,任何违反上述三点规定的行政活动,非经事后法律认许,均得以宣告为无管辖权或无效。但罗豪才所称的"法律"是指广义的法律,即包括宪法、法律、法规等。这也使行政合法性原则的前两点要求与法律保留形似而实异。对此,他作出了如下解释:

> 合法性原则有时也称作"依法行政原则"。这一原则的内容曾经历了一系列的演进。在早期资产阶级国家中,合法性原则的"法"仅指议会制定的法律,或宪法与议会法。那个时期国家事务不多,行政是消极的,因此议会根据宪法制定法律交由行政机关执行,并对其执法进行监督,便可实现国家

---

① 参见张焕光主编:《行政法总论》,中国经济出版社1986年版,第5—10页。其中,依法行政本义所包含的三层意思,与田中二郎的观点完全相同,该书或许是通过某种方式接触到了相关资料。

② 罗豪才首次提出这一概念是在1988年,但他将行政法治、民主与效率相协调并列为行政法的两大基本原则,行政法治的核心是依法行政,具体又包括合法性、合理性、越权无效、应急性四项内容。他还引用了林纪东的四项原则说(但将其"法规"一词改为"法律"),并指出把行政法的基本原则分为该四个方面"源于英国的戴雪",其核心就是行政法治。参见罗豪才主编:《行政法论》,光明日报出版社1988年版,第26—27页。但源于戴雪的说法是错误的。

③ 这种二分法首次出现于应松年主编的教材。参见应松年主编:《行政法教程》,中国政法大学出版社1988年版,第33页以下。该教材的类似内容亦见于朱维究:《简论行政法的基本原则》,《法学研究》1989年第1期,第5—9页。

目的。随着商品经济的发展，资本主义国家开始全面地干预社会，原有的政治体制已经不能适应新形势了。在此情况下，西方出现的"委任立法"现象，这种现象直到今日仍久兴不衰。"委任立法"的出现改变了人们的依法行政观念，人们逐渐觉得，行政不仅应遵循宪法与议会法，还应遵循行政立法。这样，经过战后的发展，行政合法性原则内容扩大了，行政活动不仅应符合宪法、议会制定的法律，而且应符合行政机关依议会授权制定的法规。在我国，行政合法性原则要求行政机关进行行政活动时应遵循宪法、基本法、法律、行政法规、地方性法规、自治条例和单行条例等。①

这与前文林纪东的解释是类似的，均看到了委任立法的现实影响。这种对依法行政的认识也成为此后行政法学界的通说。我们从中也可以看到，传统的依法律行政原理及其"依法行政"的变体在时隔三十多年后再次获得继承。

四、法治行政要求的多元化

在民国时期，法治行政的要求就表现为依法律行政原理，间或有依法行政的观点。值得注意的是，这一时期存在依法律行政、法治行政等原理，存在相应的部分在处理法律与行政关系的问题，但并不存在行政法基本原则的说法，只是在林纪东的《中国行政法总论》中出现了"行政法之基本法则"的类似措辞。从新中国成立初期到改革开放初期，行政法学教材上都是在阐述国家管理或行政管理的基本原则，国家管理或行政管理的基本原则成为行政法学教材的一章内容，故而，其内容自然是政治学或行政学的内容。在1985年之后，行政管理的基本原则为行政法基本原则所取代，依法行政乃至更多的法治行政的要求渐次出现。

（一）行政法的基本原则

1985年，应松年和朱维究的《行政法学总论》提出了"行政法的基本原则"概念："行政法的基本原则，是指贯穿于全部行政法之中，任何行政管理法规都必须遵循和贯彻的指导思想和基本原则。这种基本原则是为行政法的阶级本质、行政法所要达到的目标决定的。"该书认为，行政管理的基本原则要体现为法的原则，但法律本身又有某些特殊的规律性，两者不可混同。该书认为，我国行政法的基本原则包括贯彻党的方针政策原则、社会主义民主原则和社会主义法制原则三项内容。② 区分行政管理的基本原则与行政法的基本原则无疑是非常有意义的做法，但其行政法的基本原则仍然带有很强的政治性，故而未能成功地实现转

---

① 罗豪才主编：《行政法学》，中国政法大学出版社1989年版，第35、38-39页（罗豪才执笔）。
② 参见应松年、朱维究编著：《行政法学总论》，工人出版社1985年版，第108-114页。

型。这一转型是由前述 1989 年罗豪才主编的第二部统编教材完成的。此后，行政法治或行政法的基本原则包括合法性与合理性两大原则，这一二元构成成为行政法学的主流学说。合法性与合理性的区分虽然不甚清晰，但较为符合中国人的思维习惯。另外，合理性原则的产生或许有其英国法的渊源。①

1989 年，龚祥瑞在其主编的教科书中将行政法基本原则分为五项。（1）行政合法性原则，适用于有法可依的行政案件。首先是立法高于行政原则，立法权高于行政权，政府是权力机关的执行机关。其次是越权无效原则，违法的行政行为不发生法律效力。越权无效学说最初创制于英国，但其原理带有普遍性，被认为是行政法的中心思想和主要武器。最后是审判独立原则，司法控制是使政府守法的一项保证。（2）行政公正性原则。首先是自然公正，遵守法律的正当程序是公正原则的基本要求；其次是平等原则，国家诉讼法、损害赔偿法（行政责任法）、行政合同法都是其重要体现。（3）行政合理性原则。在法律之外，还应有一套确认的规范或原理、原则，借以保证政府的自由裁量权不至于被滥用，使立法机关漫无限制地授予行政当局的裁量权受到限制，这就是从合法性中产生出的合理性问题。法律是以理服人的工具。在当局的行为是立法从未授权的，或者当局没有做到立法所要求做到的时候，法院可以进行干涉。而行政当局在合理的范围内作出的决定，法院就不能干预。（4）行政应变性原则，适用于真正偶发的特殊事件。（5）行政负责原则。负责是属于行为后果的一种隶属关系和汇报程序，负责还意味着制裁。首长制也是责任制的重要表现。② 除了行政应变性原则，③其他基本原则都是通常情况下适用的原则，但对于几个基本原则之间的相互关系、是否处于同一层面等，该书并未作出综合说明。

随着行政法内容的充实化，二元化基本原则已难以解释新的法制现象和问题。在司法实践中，出现了一些新兴的原则，诸如信赖保护原则④和比例原则⑤

---

① 罗豪才指出，"在英国，合法性原则与合理性原则共同构成了行政法柱石"。罗豪才主编：《行政法学》，中国政法大学出版社 1989 年版，第 37 页（罗豪才执笔）。

② 参见龚祥瑞主编：《行政法与行政诉讼法》，法律出版社 1989 年版，第 15－39 页。

③ 这一原则最早也是由龚祥瑞提出的。参见龚祥瑞、陈国尧：《行政应变性原则》，《法学杂志》1987 年第 6 期。1989 年，罗豪才将其改称为"应急性原则"，并将其作为行政合法性原则的例外来定位。参见罗豪才主编：《行政法学》，中国政法大学出版社 1989 年版，第 41 页。

④ 最先的典型案例是田永诉北京科技大学拒绝颁发毕业证、学位证行政诉讼案，《最高人民法院公报》1999 年第 4 期。相关研究可参见何海波：《通过判决发展法律：田永案中行政法原则的运用》，罗豪才主编：《行政法论丛》第 3 卷，法律出版社 2000 年版。

⑤ 最先的典型案例是黑龙江汇丰实业发展有限公司诉黑龙江省哈尔滨市规划局行政处罚案［最高人民法院（1999）行终字第 20 号行政判决书，2000 年 4 月 28 日］，法公布（2000）第 5 号。相关研究可参见湛中乐：《行政法上的比例原则及其司法运用》，《行政法学研究》2003 年第 1 期。

等。2004年,《全面推进依法行政实施纲要》(国发〔2004〕10号)将依法行政的基本要求归纳为合法行政、合理行政、程序正当、高效便民、诚实守信、权责统一六项内容。姜明安认为,"合法性原则和合理性原则仍应是新世纪我国行政法的基本原则,但是,合法性原则和合理性原则过于原则,过于概括,应予以适当具体化,并赋予以时代的新的内涵"。① 1999年,第三本统编教材对行政法基本原则是这样界定的:"行政法基本原则是在行政法调控行政权的长时期中形成的,由行政法学者高度概括出的调整行政关系的普遍性规范"。该书将我国行政法基本原则概括为四项:行政法治原则、行政公正原则、行政公开原则和行政效率原则。行政法治原则要求依法行政、依法办事,控制滥用裁量权,对违法、侵权行为承担法律责任,保护人权、维护公民的基本权利和自由。② 这些与之前的行政法原则的要求具有相似性,但在行政法治原则之外,还有其他三项内容,这已经体现出对行政要求的多样化。2005年,该书的第二版修改了对行政法基本原则的界定,即"行政法基本原则是指指导和规范行政法的立法、执法以及指导、规范行政行为的实施和行政争议的处理的基础性规范"。这就与前述应松年和朱维究的界定具有相似性,也让行政法基本原则带有一定的客观性。该书将其过去的四项原则修改为两类原则:一类是实体性原则,包括依法行政、尊重和保障人权、越权无效、信赖保护、比例原则等;另一类是程序性原则,包括正当法律程序、行政公开、行政公正、行政公平原则等。③ 该书将新兴的信赖保护原则、比例原则等纳入行政法的原则之内,补充、调整依法行政原则,同时为了防止体系的混乱,该书作了实体性原则和程序性原则的区分。直到2019年,该书的第七版仍然维续了这一立场和做法。

(二)行政法原则的具体展开

与主流的二分法不同,周佑勇采用了三分法。他在其博士学位论文基础上出版的《行政法基本原则研究》一书将现代西方各国共同的行政法基本原则概括为行政法定原则、行政均衡原则和行政正当原则,行政法定原则之下包含了职权法定、法律优先、法律保留三个子原则,行政均衡原则之下包含了平等对待、禁止

---

① 姜明安:《行政法基本原则新探》,《湖南社会科学》2005年第2期,第49页。
② 参见姜明安主编:《行政法与行政诉讼法》,北京大学出版社、高等教育出版社1999年版,第38、44-54页。与此稍有不同,姜明安早期的观点是:行政法的基本原则是指指导行政法制定、执行、遵守以及解决行政争议的基本准则。它是整个行政法的理论基础,是贯穿于整个行政法的主导思想和核心观念。主要有法治原则(依法行政、以法管理、权责统一)、制约原则、公正原则、效率原则等。参见姜明安:《行政法的基本原则》,《中外法学》1989年第1期,第39-42页。
③ 参见姜明安主编:《行政法与行政诉讼法》,北京大学出版社、高等教育出版社2005年第2版,第64页以下(姜明安执笔)。

过度和信赖保护三个子原则，行政正当原则之下包含了避免偏私、行政参与、行政公开三个子原则。① 虽然说归纳出各国共同的行政法基本原则难乎其难，但将这些原则作为中国行政法学常见的法原则分类组合是无可厚非的。

在所有的行政法原则中，信赖保护原则和比例原则的研究最为充分。信赖保护原则在两大法系中以不同的方式呈现，我国的相关研究是 21 世纪第一个十年里的热点，出现了三种径路：其一是德国实体法径路，诸如刘飞的《信赖保护原则的行政法意义》，是在狭义上将信赖保护原则理解为对违法授益性行政行为撤销或撤回的限制。② 其二是信赖保护原则和合法预期融合径路，诸如李洪雷的《论行政法上的信赖保护原则》、③ 王贵松的《行政信赖保护论》，④ 都是在信赖保护原则之下对德国法的做法和英国法合法预期的保护不作明确区分，共同构筑行政法上信赖利益的保护体系。张兴祥的《行政法合法预期保护原则研究》也认为，两者指向的是同一事物，但合法预期保护的包容性更广、概括性更强。⑤ 其三是强调英国法合法预期的独特性径路，如余凌云的《行政法上合法预期之保护》则认为，狭义上的合法预期保护的是相对人因为行政机关的行为而产生的对预期的信赖，而不是权利或者可保护的利益，区别于德国法上的信赖保护原则。⑥ 作为与信赖保护原则相近的原则，闫尔宝的《行政法诚实信用原则研究》认为，诚信原则是信赖保护原则的基础之一，信赖保护原则是诚信原则的适用形式之一。⑦ 目前，广为接受的是信赖保护原则，其理解更多的是依据《行政许可法》第 8 条第 2 款以及第 69 条第 1 款和第 4 款所包含的内容。

有关比例原则的研究，是继信赖保护原则之后的第二个热点。比例原则在两大法系中有不同的侧重，我国的相关研究多是采用德国法的比例原则框架，再适当补充英美法的审查技术。在比例原则的构成上，也呈现出两种做法。一种是三原则构成，亦即适当性、必要性和均衡性。蒋红珍的《论比例原则》基本上采用了传统的三原则构造，但在审查次序上调整为适当性审查、均衡性审查和必要性审查。⑧ 对

---

① 参见周佑勇：《行政法基本原则研究》，武汉大学出版社 2005 年版，法律出版社 2019 年第 2 版，第四章。
② 参见刘飞：《信赖保护原则的行政法意义——以授益行为的撤销与废止为基点的考察》，《法学研究》2010 年第 6 期，第 3 页以下。
③ 李洪雷：《论行政法上的信赖保护原则》，浙江大学公法与比较法研究所编：《公法研究》（第 4 卷），中国政法大学出版社 2006 年版，第 73 页以下。
④ 王贵松：《行政信赖保护论》，山东人民出版社 2007 年版，第 20 页。
⑤ 参见张兴祥：《行政法合法预期保护原则研究》，北京大学出版社 2006 年版，第 15 页。
⑥ 参见余凌云：《行政法上合法预期之保护》，清华大学出版社 2012 年版，第 17 页。
⑦ 参见闫尔宝：《行政法诚实信用原则研究》，人民出版社 2008 年版，第 179 页。
⑧ 参见蒋红珍：《论比例原则——政府规制工具选择的司法评价》，法律出版社 2010 年版，第 49-51 页。

于目的正当性，蒋红珍认为，目的正当性审查是比例原则审查的首要环节，但不必作为独立的子原则。① 梅扬的《比例原则的原旨与适用》则坚持了传统的三原则及其审查顺序；同时，由于目的正当性属于合法性审查范畴，不在比例原则的射程之内，而且目的正当性审查非常宽松、流于形式，他对目的正当性纳入比例原则持否定态度。② 另一种是四原则构成，即在三原则的基础上突出目的的正当性。刘权的《比例原则》认为，传统的比例三原则是自由法治国的产物，在实质法治国之下，立法机关和行政机关均不能自主设定目的，需要接受目的正当性的审查。③ 从理论上来说，的确应当审查目的的正当性，但立法机关和行政机关通过这一审查通常是较为容易的，故而，从现实有用性的角度而言，比例三原则更具有实效性，也符合其目的与手段关系的内容。

五、法治行政的体系展望

法治行政原理的目的在于从总体上对行政权的配置和运行提出规范的要求。早期的法治行政原理内容相对单薄，主要由法律优位和法律保留构成。但随着行政权的扩张和行政实践的多样化，法治行政原理自身也在拓展。理论上的诸多尝试都是在吸纳更多合理的元素丰富法治行政原理自身的体系。为了使这一体系更有条理且易于理解相互之间的关系，仍可效仿过去的二分法（合法与合理仍不失为重要的分析框架），将法治行政原理分成形式法治和实质法治两个层面。④ 行政的形式法治也就是传统的依法律行政原理，包括法律优位和法律保留原则；行政的实质法治也就是行政法的一般原则，大致包括平等对待原则、比例原则、信赖保护原则、诚信原则、正当程序原则等。在这一体系中，形式法治的要求是基础，实质法治的要求是补充，在一定条件下还可以修正形式法治的要求。

第六节　行政裁量观的变迁

行政裁量是行政法的特色之一，反映着立法-行政-司法之间的关系，在行政法学上有时是在行政的特性上探讨，有时是在行政作用或行政行为的分类之下来

---

① 参见蒋红珍：《目的正当性审查在比例原则中的定位》，《浙江工商大学学报》2019 年第 2 期，第 64-65 页。
② 参见梅扬：《比例原则的原旨与适用》，中国社会科学出版社 2022 年版，第 58-61 页。
③ 参见刘权：《比例原则》，清华大学出版社 2022 年版，第 78-81 页。
④ 这里与沈岿《公法变迁与合法性》（法律出版社 2010 年版）所倡导的开放反思的形式法治观、何海波《实质法治——寻求行政判决的合法性》（法律出版社 2009 年版、2019 年第 2 版）所倡导的实质法治观会稍有不同。

探讨。在整个行政法学说史上,行政裁量不仅有名称上的变化,也有类型、结构和控制方法上的变化。

一、裁量处分的传入

行政裁量,作为行政便宜行事的现象,自古有之,无论中外。但在近代行政法上,行政裁量是在法规适用的层面上而言的,体现着权力分立之下的行政自主空间,这种行政裁量的认识已是较为专业的问题,不易在公共领域中得到广泛传播。

1906年,袁希濂翻译的美浓部达吉《行政法总论》一书已有羁束处分与裁量处分的区分。美浓部达吉认为,行政处分必以法规为根据,但处分并非仅基于法规及适用法规而已。法规在不同程度上赋予行政以自由判断的余地,并产生羁束处分与裁量处分的区别。羁束处分恰如司法判决,在法规上已经详细规定行政的行为,行政就不能不适用,行政的作用绝对为法规所拘束,而不剩自己判断的余地。裁量处分是行政官厅在一定程度内可自由确定法律关系的内容。行政处分常根据法规,而不许超出法规范围之外。裁量处分的意思虽然不许超出法规范围之外,但不必受法规拘束,故行政官厅对于实际适当的处分可以自由判断。官厅可在法规范围内作出自由裁量的处分,但不能依自己的私意而妄定,而必须适合于公益目的。其处分是否真的合乎公益目的,则是实际上的问题,而非法律上的问题。纵然其处分不当,也不在法律效力上产生何种瑕疵。"于法规范围之内,可由行政机关自由裁量之",但这并不意味着各官厅各官吏有自由判断的权能。若各个官厅各个官吏均可以独立的职权作出行政的行为,则行政的统一无以保持。为此,官厅应有上下级之分,上级对下级有指挥命令之权。训令可发挥其内部的控制作用。① 美浓部达吉这时还只是对羁束处分与裁量处分作出了区分,并使用了"自由裁量"的概念。只有羁束处分才产生法律问题,裁量处分虽有一定界限,但尚不产生法律问题。其设想的裁量处分控制方法是训令这种内部机制,一定程度上可以说与当代的裁量基准具有类似性。

二、行政裁量论的内在区分

进入民国时期,行政裁量的研究逐渐展开,虽然并不充分,但代表性行政法学者的相关认识达到了较高水准,出现了多重的研究视角。这一时期的裁量研究

---

① 参见[日]美浓部达吉:《行政法总论》,袁希濂译,普及书局1906年版,第20-21、32页。1907年的译本中,美浓部达吉使用的是便宜处分与裁定处分或依法处分的说法。[日]美浓部达吉:《行政法总论》,熊范舆译述,丙午社1907年版,第146页。

大致可以分为主流与支流两个脉络。

(一) 主流的裁量理论

民国时期主流的裁量理论，大致延续了由德、日传入的传统脉络，尤其是受到日本行政法学的较大影响。

1. 钟赓言的裁量论

1920年代，钟赓言将行政处分分为执行处分与裁量处分。执行处分亦被称为依法处分，是指法规关于处分内容及应当实行此处分的情事或原因，皆有明细规定，行政官署只有认定其情事或原因是否与法规所定条件相符的权限，如果其条件具备，就不得不依法规所定内容而实行的处分。若法规仅规定行政处分的内容，关于实行此处分的情事或原因，则属于行政官署的决定权限，或者不仅关于应当处分的情事或原因属于官署决定，即使是其处分的内容，亦无详细规定，而一任行政官署斟酌决定，行政官署在此范围内所作的处分，就是"裁量处分"。钟赓言认为，行政处分的内容有必须根据于法规者与不必根据于法规者两种。有的法规仅规定行政机关可以在一定范围内作出相当的处分，至于适用于何种事件及处分方法如何，则是概括授权的规定，行政权可适宜决定而作出处分，学者称之为依官署自由裁量的处分。"惟自由裁量云者，非任意处分之谓，而为因时制宜之意。盖凡行政处分，不外国家因欲达其目的而行之作用，国家之目的当以公益为前提，故行政处分不徒依法规而行事，并须求其适合于公益。官署之自由裁量，亦官署有斟酌于实际何者适合于公益之权限与责任之意，所谓于法规之范围内为自由之活动者，此也。"[1]

2. 范扬的裁量论

1930年代，在范扬的著述中已明确出现"羁束裁量"与"自由裁量"的划分。范扬认为，行政机关须受法规拘束而行的一切作用，皆为羁束行政。法规容许行政机关自由判断时，实际上仍有一定的不成文法存在，以拘束行政。这时，行政机关须依不成文法处理，仅于具体特定场合对于何者为法有自由认定的权能。这时的自由判断，另称羁束裁量或法规裁量。以行政权的作用侵害人民权利，或命令人民负担义务的场合，须受法规的拘束。这时其自由认定的范围仅为有无侵害的客观必要以及侵害的程度而已。若其判断错误，一概为违法行为。如果成文法的规定明确认可行政机关自由判断，而拘束行政权的不成文法又不存在，行政机关对此可以自认为适当者作出裁断。这种自由判断，就被称作自由裁

---

[1] 钟赓言：《钟赓言行政法讲义》，王贵松、徐强、罗潇点校，法律出版社2015年版（原书为1927年版），第77、84-85页。

量或便宜裁量。① 这里首次出现了羁束行政、羁束裁量与自由裁量的三分法。

某处分是否为自由裁量的行为，非仅依法律规定的表面即可断定，而除法律规定之外，还要依其行为的性质而判断。关于行政处分在何种情形下才可被认为属于自由裁量的问题，可依下列基础标准来判别：第一，属于纯然法律规定的呆板执行，那不必说；此外，侵害人民的权利，命人民以负担，或限制其自由的处分，无论在何种情形下，绝不能为自由裁量的行为。第二，为人民设定权利或授予人民以利益的处分，除法律特别授予人民要求利益的权利的情形外，原则上属于自由裁量的行为；此外，不发生直接左右人民权利义务之效果的行为，除法律有特别限制的情形外，原则上亦为自由裁量的行为。在自由裁量的情形下，行政机关不受何等法规拘束，只需考虑何者适乎公益，而以便宜行事。自由裁量也有其不可逾越的界限，超过了其界限，则仍不免为违法的行为。自由裁量常为一定范围内的裁量，而不存在绝对自由的行政行为。在自由裁量的界限内，则尽有判断的自由。即使其裁量有错误，也仅为公益上的不当，而非对于人民的违法。在与行政诉讼的关系上，凡属于行政机关自由裁量的行为，在其裁量权的限度内，不得作为行政诉讼的目的。在有的行政裁判例中，原告以自由裁量违法而起诉时，行政法院就当作合法的诉讼而受理，到本案审理之后，如果所争的处分属于自由裁量的范围，不是违法行为，则判决原告的请求不成立。这样不以属于自由裁量为驳回诉讼的原因，而当作败诉的原因，是很不妥当的。自由裁量问题不能在法律上主张其违法，因为其缺乏所争目的的要件，这不但为败诉的原因，而且应为驳回诉讼的原因。② 在这里，范扬对于自由裁量的认定显然受到了美浓部三原则的影响，在自由裁量的司法审查上主张裁量问题属于诉讼要件问题，也就是通常的司法不审查裁量的原则。

3. 林纪东的裁量论

1940 年代，林纪东的著作存在法规裁量与便宜裁量或狭义自由裁量的区分。林纪东认为，行政权的自由裁量常为在法规范围内的裁量，不得超越法规所定的界限，如超越其界限，则为裁量权的超过，不免为违法行为。自由裁量的内容又有必要区分为两种情形：第一，在成文法规的明文上，虽任由行政机关自由判断，但行政机关的判断尚受不成文法规定的拘束，这是法规裁量。使人民负担义务或侵害其权利时属于法规裁量。因为限制人民的自由及权利，仅以公益上有限

---

① 参见范扬：《行政法总论》，邹荣勘校，中国方正出版社 2005 年版（原书为 1937 年版），第 26 - 27 页。

② 参见范扬：《自由裁量的问题》，《浙江民政旬刊》第 10 期（1930 年），第 48、52 - 53 页。

制的必要为限，这是近世国法上的原则。故而，如果不基于公益上的必要而加以限制，则为国法所不许。这时自由裁量的内容仅为在公益上有加以某种限制的必要而已，如认定错误而加以不必要的限制，则为裁量权的误用，不免为违法行为。第二，不仅在成文法规的规定上任由行政机关自由判断，而且没有不成文法的拘束，行政机关可就其自认为适当者进行决定，这是便宜裁量，也是真正意义的自由裁量。为人民设定权利或予以利益的行为属于这一类。因为人民除有特别的成文法规规定外，原则上并没有要求予以权利或利益的权利。此外，与人民权利义务无直接关系的行为，当然属于行政权的范围，除有成文法规的限制外，自应由其自由裁量。在便宜裁量范围内，如裁量有误，亦仅为公益上不适当的行为而已，而非违法的行为。另外，在林纪东的理论中，非有法规授权，行政权不得免除特定人在法规上所应负担的义务或为特定人设定权利。免除义务是对国家权利的抛弃，仅可由立法机关进行，不属于行政权的自由裁量范围。因为法规应在同一情形下进行同一的执行，若任意免除特定人法规上的义务，不啻为拒绝法规的执行。无法规根据授予权利，也是违法行为，违反法律面前人人平等的原则。①

上述行政裁量理论构成了民国时期的主流，它在是否存在行政裁量权的判断上多不拘泥于法律规范的表达，而是结合行为的性质和对相对人的影响来判断，明显受到了同时期日本行政法学的影响；同时，从执行处分与裁量处分的区分，到羁束行政、羁束裁量和自由裁量的三分法，再到将"自由裁量"的狭义化，可以看到学界对裁量认识的深化，行政裁量的范围在缩小，受司法审查的范围在增大。

（二）支流的裁量理论

民国时期，还有与上述主流脉络不同径路的裁量理论，一种是纯粹法学的裁量观，另一种是法国行政法上的裁量观。

1. 徐仲白的裁量论

1930年代，徐仲白运用纯粹法学理论分析裁量问题，视裁量问题为"国法学上的最重大问题"。徐仲白并不认为裁量是行政独有的观念。上位阶的规范绝不能完全决定下位阶的规范，下位阶规范通常不得不增加上位阶规范中所没有的内容要素。所谓裁量，实因法具体化的上下位阶间的必然相异，而为论理的必然存在。行政裁量行为与单纯执行行为不同，它容许在行政机关主观判断的界限内以人的支配代替法治国理想的法的支配，"行政裁量遂不得不成为行政法学上最

---

① 参见林纪东编著：《中国行政法总论》，正中书局1947年第5版，第16-17页。

重要之问题"。"法的执行行为之对象的法规内容本可理解为数种意义,且无论采取何等意义,均获有同等价值,足供客观的行政法规内容要求之情形;依裁量官署的主观价值判断,即依主观的行政裁量,择一实现,便能获得该法规具体妥当的执行之结果,此种法的执行行为就叫做裁量行为。"由此定义推演,在裁量行为的界限上有三点需要注意。首先,裁量以客观的法规存在为前提。主观的裁量行为仅能在客观的法规范围内进行,超过法规所定的界限,便是无权裁量,发生违法问题。从国家与法秩序的一致性角度而言,应当否认存在无法规根据的行政裁量,无法规根据,行政裁量就是违法的裁量。这种行为即可成为诉愿和行政诉讼的攻击对象。其次,裁量行为的可能性就是法规内容的复数性。法规内容具有两个以上的意义,且无论采取何种意义,均可实现法上同等的价值。故执行行为的内容只有一个意义,即无选择的余地,裁量行为不成立。但意义的复数性并非无限不定的杂多意义,复数性意义存在最大限度的界限。有时,法规表面上虽有多数意义,但其实仅归结为唯一的意义,裁量权仍缺乏其存立要件。警察官署受到认定权的委任,同时即负有这种认定的义务。所谓认定权,绝非容许警察官吏有某种裁量活动的余地,而是应服从严格的法羁束的单纯的法规适用问题。警察官吏如有认定的法律错误,自然可以依行政诉讼予以匡救。最后,裁量权将其存立的基础置于法规上,或其执行所系属的法规意义具有某种程度的复数性,该法规的某种执行条件除有特别限制外,完全依行政机关的自由主观的价值判断即可满足。这是裁量权最特异的性质。换言之,裁量权的本质在于,某种执行条件不受某种外部的意思拘束,专依行政机关的固有判断而可予规定。但我们绝不能因此就认为裁量权者的主观判断自由是任意绝对的自由。所谓裁量权者的主观判断自由,不过是以符合裁量权委任的本旨为条件的相对自由而已。故裁量权者通常应明了其自己所应裁量的事项的性质,明了其规范这种事项的政治、经济、伦理和其他非法律的缘由,以此为自己的裁量行为的基准,而努力使之符合其裁量权委任的本质。这种非法律的缘由究竟如何,是就各个裁量事项如何而考虑的,就是和委任裁量权的各种法规条文的意趣相对照而为自己所应决定的问题。总之,就法规的裁量而承认裁量权存在,其法的旨趣不外乎将法域以外的人类行为缘由关系导入法域以内,使一般法规能适应各个事件,以期获得具体的妥当结果,赖以减少法和社会间的隔离。但行政裁量的存立基础绝非单纯出自时间关系的立法政策,实际是因法秩序的各个阶段序列上具有各种法的现象所构成的事实而起的。[①]

[①] 参见徐仲白:《中国行政法论》,现代科学出版社1934年版,第286-294页。

裁量行为在内容上的法规限制是依裁量行为的种类而异的。徐仲白在裁量行为的种类上与过去学者所持见解有别。过去通常是将裁量行为分为羁束裁量和自由裁量，或者将前者作为司法裁量，将后者作为行政裁量。换言之，主张司法裁量是羁束裁量，行政裁量是自由裁量。但是，纵然有立法裁量、司法裁量、行政裁量之分，也完全不过是一个法秩序的内部组织所不可分离的现象。在法秩序的位阶上，就性质而言，所谓裁量行为，绝无所谓司法和行政之别。美浓部达吉一派虽然主张行政内部兼有这两种裁量作用，对于上述主张予以重大修正，但仍继承过去的观念，分裁量作用为法规裁量和便宜裁量。但"所谓裁量行为，就是在某种比较抽象的法现象和他种比较具体的法现象间，而为补充法规内容的创设之作用"。裁量权通常必以上级法规的存在为前提，特别是要受其裁量权所受委任的法规本旨的约束。因此，自由裁量并非不受任何法的羁束而由裁量权受任者独断。"总之，所谓裁量，就是法律上有同等价值的数个法内容，而对于其内容有选择和实行上的自由之行为。"在这一意义上，裁量作用就没有区别为羁束裁量与自由裁量的余地。羁束裁量和自由裁量没有性质的差异，而只有范围大小的不同。因此，以裁量范围为标准，可将裁量行为区分为全权裁量和限定裁量。所谓全权裁量，就是法规上只有可为裁量的最大限度、并无否认其裁量权的限制规定的一种裁量行为。所谓限定裁量，就是就法规所限定的裁量权限而作的裁量。何谓全权裁量、何谓限定裁量，依各个条文上的规定而定。真正意义的全权裁量，在法秩序的位阶构成上，只有最上位阶的法创设作用。此外所有由比较抽象的法现象向下展开成为比较具体的法现象的一切阶段，所为补充法规内容的创设作用的裁量行为，均不得不具有限定裁量的意味。全权裁量和限定裁量之间只有量的差异、相对的区别。徐仲白将裁量的瑕疵分作裁量不当和裁量违法两种，前者是未能考虑非法律的缘由而符合裁量权委任的本旨，后者是超过法规授权的范围而进行无权的裁量。无论是全权裁量还是限定裁量，均可发生裁量不当及裁量违法的问题，均可成为行政诉愿及行政诉讼的对象。[1]

2. 陈洪的裁量论

民国时期也出现了以法国法为背景的行政裁量研究。1937年，陈洪[2]发表论文《自由裁量权研究》对自由裁量权的概念及判断标准展开研究。他首先区分了自由裁量行为与自由裁量权。自由裁量行为（Actes discrétionnaire）是指该行为的全体不受法律的拘束，而任由官吏自由裁量行使，这种行为在近世法治伸张之

---

[1] 参见徐仲白：《中国行政法论》，现代科学出版社1934年版，第294-299页。
[2] 陈洪，法国巴黎大学法学博士，中央大学教授，法制专门委员会专门委员兼秘书。

后已经绝迹。但行政行为中仍不免有行使自由裁量权限的事实，自由裁量权（Pouvoir discrétionnaire）是指某行为中的一部分，经法律赋予一种自由裁量的权限，不受法律的拘束，可以自由裁量行使。国家行政需要为公共秩序及公益进行经营，要想经营成功，就需要赋予行政部分独创与自主力，这就是自由裁量权存在的理由。只有在行政负有法律上的义务时，才有公权利可言，行政上的自由裁量权与私人的公权利互相消长。自由裁量权是行政对于其活动适当与否的自由估量，这是法律赋予的某种自由，不受任何法律义务的拘束，也就缺乏权利的存在要件。行为的构成要素包括动机、对象（法律行为产生的效果）、标的（法律行为生效后产生的最后结果）与意思表示，自由裁量权仅对于行为中的对象可以存在，以使行为能发生其认为适当的效力。自由裁量权在其可以自由裁量的领域以内，无限制可言，在此领域之外，自有包围此领域的法律范围，行为的标的仍受法律的限制。在自由裁量权的辨识标准上，应当视法律或命令曾否明白规定行政行为的动机而为断。若法律或命令赋予一种权限，但未提任何动机，则行政对其活动不负有法律上的义务，于是产生自由裁量权。若所提动机仅须作出物质上存在与否的证明就能立即成立，则无须自由估量的参与；反之，若所提动机须先行估量其性质及价值方能成立，则必须有自由估量的参与，以先定其性质与价值。估量其性质与价值，必为自由判断，这时就具备了自由裁量的条件。这种自由裁量权本身之内的问题无法接受事前或事后的监督。[①] 在陈洪的分析中，不仅辨析了自由裁量行为与自由裁量权，还涉及了自由裁量权与权利的关系、自由裁量权的所在、宏观的存在理由与实质，还以其界定为前提论证了自由裁量权的不受限制，可谓独树一帜。

三、作为行政行为的自由裁量

新中国成立后，行政法学转向苏联，裁量处分、羁束裁量、自由裁量等概念几乎随之消失。受苏联行政法学的影响，1980年代初期的校内行政法学教材仍然没有出现这些概念。此后，提及自由裁量时，均非对行政裁量的分类，而是在对行政行为的分类意义上而言的，即羁束行为与自由裁量行为。

直至1983年，王珉灿主编的《行政法概要》一书根据行政措施受法律拘束的程度如何，将其分为羁束的行政措施和自由裁量的行政措施。"凡法律已有详细或具体的规定，行政机关在处理具体事件时，仅能依法执行，不能参加自己意

[①] 参见陈洪：《自由裁量权研究》，《国立武汉大学社会科学季刊》第7卷第4期（1937年），第759－777页。

见的,是羁束的行政措施。""凡法律没有详细规定,行政机关在处理具体事件时,可以依照自己的判断采取适当的方法的,是自由裁量的行政措施。"区分的好处在于:羁束措施只产生违法与否的问题,接受法院的审查;而适当与否只能由行政部门决定。① "自由裁量"的概念再次回到了行政法教材中,其由来可能是民国时期的行政法学,也可能是法国的行政法学。与此类似,1989 年,罗豪才主编的《行政法学》也提及"羁束性的决定"与"自由裁量的决定"这一对概念。"行政决定是行政机关依照法律规定作出的决定。法律的规定如果是具体、明确,在数量上没有选择余地的,行政执法就应根据规定作出羁束性的决定。法律如果在种类、数量等方面规定可以有一定选择的,行政机关就应根据客观情况作出自由裁量的决定"。② 至于为何如此区分,并未言及。1999 年,作为第三本统编教材及其之后的版本,姜明安主编的《行政法与行政诉讼法》也是将行政行为或具体行政行为区分为羁束行政行为与裁量行政行为(早先的版本称为自由裁量行政行为),前者是指行政主体对行政法规范的适用没有或很少灵活处理空间的具体行政行为,后者是指行政主体对行政法规范的适用具有较大灵活处理空间的具体行政行为。该书进一步指出了两者区分的意义,即在法律适用上,羁束行政行为只存在合法性问题,而裁量行政行为不仅存在合法性问题,而且存在公正性问题。③

与上述三本统编教材仅寥寥数语提及自由裁量相似,1985 年、1986 年,姜明安编写的两部行政法教材也只是稍微详细地谈及羁束的行政行为和自由裁量的行政行为,④ 而其他几本同时期的教材则鲜有提及这一分类。

1985 年,应松年和朱维究的《行政法学总论》以一页半的篇幅区分了羁束的行政措施与自由裁量的行政措施。这是根据行政措施受法律拘束的程度如何所作的划分。羁束的行政措施是指行政机关必须严格按照行政管理法规明确、具体的规定采取措施,这种规定往往有数量规定,没有执行者自由处置的余地。自由裁量是指法律虽有规定,但规定有一定幅度,在具体采取措施时,行政机关可以有一定的选择。这有三种情况:第一种是法规规定了具体明确的幅度,允许行政机关按当时情况决定;第二种是法律的规定比较笼统,幅度极宽,由执法者按照

---

① 参见王珉灿主编:《行政法概要》,法律出版社 1983 年版,第 113 页。
② 罗豪才主编:《行政法学》,中国政法大学出版社 1989 年版,第 138 页(应松年执笔)。
③ 参见姜明安主编:《行政法与行政诉讼法》,北京大学出版社、高等教育出版社 1999 年版,第 145 页;2019 年第 7 版,第 191 页。
④ 参见姜明安:《行政法学》,山西人民出版社 1985 年版,第 297 页;姜明安:《行政法概论》,北京大学出版社 1986 年版,第 207 页。

情况决定;第三种是"参照执行",法规授予执法者更大的自由裁量权。第一种情况也可以被称为羁束裁量。无论是羁束裁量还是自由裁量,都必须依照法律法规规定,依法办事,在自由裁量中有时还要按政策办事。两者都是源自客观实际的需要。区分两者在行政诉讼中有重要意义。违反羁束裁量规定的,是违法问题;自由裁量中过重或过轻的是是否得当的问题;自由裁量超出了法律规定的范围,那也是违法问题。[①] 该书的特别之处在于,在自由裁量的内部分出了羁束裁量的类型,并将羁束裁量与自由裁量相比较,这就延续了民国时期三分法的做法,缩小了自由裁量的空间,扩大了司法可审查的范围。当然,该书很大程度上是在法律效果的幅度上来理解自由裁量的。

1989年,张焕光、胡建淼的《行政法学原理》以一页半的篇幅介绍了羁束行为和自由裁量行为。该书认为,这是依据行政主体主观意志参与的程度所作的划分。羁束行政行为是指在法律对行为适用条件有明确而详细规定的条件下,行政主体严格依照法律作出的行政行为。这种行为的特点在于,行政主体无法参与主观意志,没有自由裁量的余地。但是,法律不可能对所有事件都作出详细规定,行政主体作出行为时有一定的自由裁量余地,故称自由裁量行为。区分两者的意义在于,羁束行为只发生违法与否的问题,自由裁量行为发生适当与否的问题;羁束行为受司法监督,自由裁量行为原则上由行政部门自我调节,但仍从属于法治原则,受行政法的调整。自由裁量不得超越自由裁量权的范围,这是对其的外部界定;自由裁量行为在权限范围内必须处置适当、合理,这是对其的内部界定。[②] 自由裁量的外部界定和内部界定,类似于行政裁量的双重界限理论,这也是最早对此理论的介绍和说明。

1990年,姜明安在其新版教材里也以一页半的篇幅介绍了羁束行为和自由裁量行为。他认为,行政行为以受法律、法规拘束的程度为标准,分为羁束行为和自由裁量行为。但两者的划分不是绝对的。羁束行为通常也存在一定的自由裁量成分,法律法规不可能对行政行为在所有情况下的处置方法都作出详细、具体、明确的规定;自由裁量也存在一定的羁束因素,行政机关不能违反授权法的目的、超越法律规定的自由裁量范围,否则,法治行政就会变成专制行政。姜明安也谈及划分的意义。对于羁束行为,法律要求行政机关在行政管理中严格依法实施,法院在行政诉讼中可予全面审查,确定其违法,即可予以撤销;对于自由裁量行为,法律允许行政机关在不违反授权法目的和授权范围的条件下自行决定

[①] 参见应松年、朱维究编著:《行政法学总论》,工人出版社1985年版,第286-288页。
[②] 参见张焕光、胡建淼:《行政法学原理》,劳动人事出版社1989年版,第224-225页。

行为方式、程序和限度，法院在行政诉讼中只审查其是否违反授权法的目的、滥用自由裁量权和越权，对于行为的方式、实施程序或限度确定，除非显失公正，法院不予审查和变更。①

与上述在行政行为之下谈行政裁量的一般做法不同，罗豪才主编的《行政法学》在行政法基本原则之下探讨了自由裁量权的问题，在更高层次一般探讨行政裁量问题。作为行政法基本原则之一的合理性原则，其"产生的主要原因是行政自由裁量权的存在与扩大"，"合理性原则主要就是针对行政裁量而存在的"。"自由裁量权指行政机关的自行决定权，即对行为的方式范围、种类、幅度等的选择权。尽管从机关性质上来说，行政机关应当是执行法律的机关，其行为皆应依法实施，但由于行政事务的复杂性，立法机关既不能通过严密的法律规范完全约定行政行为，那么就不得不在事实上和法律上承认行政机关的一定程度的行为选择权。""但与此同时，由于行政裁量权较少受到法律的约束，我们也应注意到它常常被滥用的事实。故此，我们既应当承认自由裁量权的作用，又应当加强对自由裁量权的控制。"如此，合理性原则就产生了，它要求行政决定应当客观、适度、符合理性。一个行为如触犯了合法性原则，其合理性问题就不再被追究；如果其属于自由裁量行为，纵然未触犯合法性原则，亦可引起合理性问题。合理性原则是合法性原则在自由裁量问题上的进一步要求。一般来说，具有不正当的动机（目的）、不相关的考虑或不合理的内容的行政决定，就是滥用自由裁量的决定，就是对法律精神的抵触。②

四、自由裁量向行政裁量的转换

改革开放之后，杂志上也开始出现对"自由裁量"问题的讨论，这时候使用的概念多为"自由裁量"，但在进入21新世纪之后，"行政裁量"逐渐占据上风，行政裁量的精细化研究成为行政法学的一大生长点。

（一）自由裁量的盛行

关于自由裁量最早的一篇研究论文是杨海坤的《论行政机关的自由裁量行为及行政法上对它的控制》。该文中所讲的"行政行为"仅指行政机关单方面意思作出的对具体管理对象所实施的具有行政法律效果的行为。该文首先对羁束行政行为与自由裁量行政行为作出区分，并指出其区分的相对性。自由裁量既有存在的必要性——"自由裁量权的正确运用正是行政权的生命力所在"，也有控

---

① 参见姜明安：《行政法与行政诉讼》，中国卓越出版公司1990年版，第242-244页。
② 参见罗豪才主编：《行政法学》，中国政法大学出版社1989年版，第42-45页（罗豪才执笔）。

制的必要性。与羁束行政行为相比，自由裁量行为的运用更多依赖管理者的主观因素的发挥，个人好恶、感情在管理中更易起作用，因此，它比羁束行政行为更容易发生不良情况。对自由裁量行为的控制，可从立法、行政、司法三个方面着手。立法可以划定范围，尽可能减少法律空白，及时将不适合实际发展的自由裁量行为改变为羁束行政行为，为紧急自由裁量权设定法定条件、目的和程序，授权司法对滥用自由裁量权进行审查。行政机关应当负起严肃行使自由裁量权的责任，工作人员应当提高其素质、水平和责任心。司法的审查在我国还是新问题，但《民事诉讼法（试行）》规定法院可受理某些行政案件，即表明我国人民法院对行政机关实行有限度的司法监督审查权。人民法院对自由裁量权的控制是有限度、有范围的，它对行政机关实施自由裁量行为并不构成妨碍，它所妨碍的仅仅是行政机关滥用自由裁量权的行为。① 杨海坤的这一早期作品也在很大程度上代表了此后学界对行政裁量问题的基本认识。

这一时期较有影响力的一篇研究论文是姜明安的《论行政自由裁量权及其法律控制》。该文认为，"行政自由裁量权是法律、法规赋予行政机关在行政管理中依据立法目的和公正合理的原则，自行判断行为的条件，自行选择行为的方式和自由作出行政决定的权力"。行政自由裁量权不是一种绝对自由的权力，它有外部和内部的限制。就外部而言，它应受合法性的限制。自由裁量是在法律法规规定的一定范围内的自由裁量。就内部而言，它应受合理性的限制。自由裁量是法律法规赋予行政机关为了执行公务、实现社会公益而进行合理判断、斟酌、选择行为方式的自由，而不是任意所为，更不是根据私益选择行为方式的自由。这实际上就是行政裁量的双重界限论。姜明安肯定了自由裁量权的价值，但同时指出，没有控制的行政自由裁量权是对公民权利和自由的严重威胁。滥用自由裁量权有考虑不相关因素、不考虑相关因素、对弹性法律用语任意作扩大或缩小解释、在法定范围或幅度内作出显失公正的选择、反复无常、故意拖延等多种表现形式。对行政自由裁量权的法律控制主要集中在行政程序和司法审查两个方面。规定行政行为行使的方式、过程、步骤、形式、时限的所有法律规范，对于制约行政自由裁量权行使都发挥一定的作用。在司法审查的可行性上，行政自由裁量权的不当行使引出的不只是合理性问题，在很多情况下引出的是法律问题，法院对之加以干预是其使命和职能内所应为之事，而非是对行政权的侵越、篡夺。在司法审查的程度上，法院审查行政自由裁量的合法性问题，其度可强；但审查行

---

① 参见杨海坤：《论行政机关的自由裁量行为及行政法上对它的控制》，《社会科学战线》1988 年第 2 期，第 137－141 页。

政自由裁量行为的合理性问题,其度则有限。在司法审查的部位上,法院可从行为根据、行为目的、行为内容、行为程序四个方面展开审查。①

(二) 行政裁量的替换

与此相对,进入21世纪之后,也有学者力倡应以"行政裁量"取代流行的"自由裁量"。杨建顺指出,"以'行政裁量'取代'行政自由裁量',厘清'自由裁量'的概念内涵和外延,对于正确把握法治行政原则,合理建构国家权力配置体系,具有极其重要的意义"。"'自由裁量'是一个非常狭义的概念,切不可随意'滥用'",② 亦即不可以狭义的自由裁量指代广义的行政裁量。

但也有学者认为,羁束裁量和自由裁量均受司法审查,区分的意义不大。在我国,"行政自由裁量"的术语既然由来已久,已为很多人所接受,继续沿用未尝不可。而且行政自由裁量中的确有一定的自由度,如此理解"自由"二字的含义,也未尝不可。③ 这一观点也有一定的道理。"自由裁量"一词在中国的使用已有上百年的历史,在中华民国期间建立起来的羁束裁量与自由裁量的二分,到新中国,从《行政法概要》开始便丢失了这种对"自由裁量"的内部区分。

早期使用"自由裁量权"称谓的某些学者渐渐接受了"行政裁量"的叫法。例如,姜明安认为,"一般来说,discretion 翻译成自由裁量权,我认为这个翻译是不准确的。立法者从来不可能授予执法者完全自由的那种裁量权,执法者在任何情况下也不可能完全自由的行使那种裁量权,裁量权不可能有完全自由的,也不可能有绝对自由的。所以说,没有完全自由的裁量权,裁量权就是裁量权,不要翻译成自由裁量权"。④ 目前,即使以英美法为背景的学者也渐渐开始使用"行政裁量"的概念,年轻的学者更是如此。⑤

概念的变化带来行政裁量的内在变化。进入新中国,学者所使用的"自由裁量"概念基本上都是与羁束行政行为相对而言的,并不存在对"自由裁量"的进一步区分。但"行政裁量"概念的出现和使用,则将大陆法系关于行政裁量的后续发展以及中华民国时期范扬式的理解再次带入行政法学。这时,羁束行政与裁

---

① 参见姜明安:《论行政自由裁量权及其法律控制》,《法学研究》1993年第1期,第44-50页。
② 杨建顺:《行政规制与权利保障》,中国人民大学出版社2007年版,第503、507页。
③ 参见余凌云:《行政自由裁量论》,中国人民公安大学出版社2013年第3版,第3页脚注1。但一个有趣的现象是,该书初版于2005年,也就是现在的上卷,使用的是"行政自由裁量"的概念,但在该书下卷的三篇论文中(均写作于2007年之后),余凌云基本上都使用了"行政裁量"的概念。
④ 姜明安:《行政监管裁量权的法律规制》,《湖南省社会主义学院学报》2009年第4期,第8页。
⑤ 例如,杨伟东翻译的《英国行政法教科书》和毕洪海翻译的《裁量正义》等均使用了"裁量权"或"行政裁量"的概念。[英]彼得·莱兰、戈登·安东尼:《英国行政法教科书》,杨伟东译,北京大学出版社2007年版;[美]肯尼斯·卡尔普·戴维斯:《裁量正义》,毕洪海译,商务印书馆2009年版。

量行政相对,行政裁量进一步区分为羁束裁量与自由裁量,自由裁量成为行政裁量的下位概念。① 但是,羁束裁量与自由裁量的区分有相对性的问题,而且,羁束裁量与羁束行政往往是被作为一体来认识的。② 也有学者从法与裁量的关系角度分析,从根本上否定"自由裁量"的存在,认为裁量问题也是法律问题。③ 经过种种批判之后,这种概念的区分意义没有得到广泛认同。

与此相对,从德国法和日本法引入的要件裁量与效果裁量得到了较多的认可,后者进一步区分为决定裁量与选择裁量。1998年,杨建顺的《日本行政法通论》详细介绍了日本行政法学有关行政裁量的学说变迁、司法审查等方面的变化。④ 2000年,毛雷尔的《行政法学总论》经高家伟翻译成中文,其中设"裁量和不确定的法律概念"一章,将德国法关于行政裁量和不确定法律概念的通说性见解介绍到中国。⑤ 不论是否承认要件裁量,要件裁量与效果裁量作为一对概念得到广泛使用。

五、行政裁量论的当代论争

行政裁量是近二十年里研究较为充分的领域,成为行政法学的一大增长点。在行政裁量研究中也出现了很多论争,诸如行政裁量与不确定法律概念之争、要件裁量与效果裁量之争、裁量问题与法律问题的一元论和二元论之争、裁量基准的性质和拘束力等,但有关行政裁量的构成、裁量基准的论争最为集中。

(一)要件裁量与效果裁量

对于行政裁量存在于何处,理论上存在要件裁量肯定说与要件裁量否定说两种对立的立场。前者认为,无论是法律要件还是法律效果上均存在裁量;后者则否认法律要件可以裁量,而将行政裁量专门用来指代效果裁量。这一论争很大程度上是德国法的延伸,它从规范构造论出发,在分析法律规范的构成上来判断行政机关是在法律要件的认定上还是在法律效果的选择上享有一定的自由。不过,这种论争与日本法上的要件裁量说和效果裁量说是不同的。日本法上的要件裁量说和效果裁量说是判断行政裁量的方法,它从行为类型论出发,主要从整个法律规范的文字表述(并不限于法律要件或效果部分)、行政行为的功能和性质(是

---

① 参见杨建顺:《行政裁量的运作及其监督》,《法学研究》2004年第1期,第6-8页。
② 参见王贵松:《行政裁量:羁束与自由的迷思》,《行政法学研究》2008年第4期,第48-49页。
③ 参见王天华:《从裁量二元论到裁量一元论》,《行政法学研究》2006年第1期,第25-28页。
④ 参见杨建顺:《日本行政法通论》,中国法制出版社1998年版,第384-391页。
⑤ 参见[德]哈特穆特·毛雷尔:《行政法学总论》,高家伟译,法律出版社2000年版,第122-148页。

授益性还是侵益性行为)等角度来谈要件裁量和效果裁量,而没有完全限于法律规范来谈要件、效果的裁量。

对于要件裁量问题,否定说的立场属于少数。余凌云认为,裁量的本质在于选择,是建立在一定客观基础上的主观选择,而在查明事实和适用法律上需要判断。事实是否存在,依赖于对证据的调查以及在此基础上的客观判断,而不能任意裁剪事实。最好是在概念上将对事实和法律条文含义的判断问题从行政裁量中剥离出去。① 周佑勇认为,应当区分不确定法律概念与行政裁量。两者的差别在于:一是对象不同,行政裁量针对的是法律效果,不确定法律概念针对的是法律要件。二是性质不同,不确定法律概念的解释属于法律问题,目的在于认识客观存在的法律规定,原则上只有一种解释或判断是正确的;而行政裁量则是法律赋予行政机关通过主观意志而获得一定自行活动的空间,允许存在符合立法授权目的的多种选择结果。三是司法审查密度不同,法院对法律的解释正确与否有完全的审查权限,而对于裁量行为一般只审查其合法性,进行有限的审查。② 尹建国也支持周佑勇的观点,在两者的区别上稍有差异。他认为,若是在行为效果要件中使用含义不确定的法律概念,则与裁量相融合,适用行政法中关于裁量的理论。也就是说,不确定法律概念有可能用于法律效果的规定,这时就是行政裁量的问题。另外,在司法审查的范围和密度上,法院原则上不审查行政裁量,而对于不确定法律概念的解释和适用,例外性地承认行政机关有判断余地。③

多数学者持要件裁量肯定说的立场。郑春燕在简要考察两大法系的裁量空间后指出,采取怎样的行政裁量概念取决于其背后的行政任务。所谓行政裁量,"是指行政机关依据立法授权,以实现个案正义为目标,以政府的行政任务为背景,在一定范围内自主确定贴近事实的条件、程序、方式与结果的行政权力。它既包含要件裁量,也囊括效果裁量,在正当程序日益受重视的今天,甚至有将程序裁量单列加以研究的必要。三者都需要行政机关结合个案所在的管制环境、管制结构以及个案特殊的生活事实,协调个案实质正义与形式正义之间的关系。只是,在效果裁量下立法机关明确了裁量行使的幅度、范围,而在要件裁量下行政裁量的边界并不甚清楚。依此而言,要件裁量与效果裁量存在量的差异,但这并不影响将不确定法律概念划归于行政裁量的范畴"。④ 这一将行政裁量的构成与行政任务的大小相关联的做法大致属于法社会学的做法。

---

① 参见余凌云:《行政自由裁量论》,中国人民公安大学出版社 2013 年第 3 版,第 35 页以下。
② 参见周佑勇:《行政裁量治理研究:一种功能主义的立场》,法律出版社 2008 年版,第 14-16 页。
③ 参见尹建国:《行政法中的不确定法律概念研究》,中国社会科学出版社 2012 年版,第 33-35 页。
④ 郑春燕:《现代行政中的裁量及其规制》,法律出版社 2015 年版,第 80 页。

从解释学的角度说，不确定法律概念或要件裁量与效果裁量，其区分的关键点在于是只有一个正确答案还是有多个正确答案，是主观认识与客观实际相符合还是主观意志在多个选项中进行选择。首先，法的适用并不是简单的三段论逻辑演绎，而是一个要在规范与事实之间架起一座桥梁往返穿梭的复杂过程。这一过程无法确保唯一正解的出现。其次，认识与意志固然可以区分，但不确定法律概念中包含着盖然性的中间地带，需要适用者通过价值判断等意志作用加以填补确定。再次，实践中对要件判断和效果裁量不作区分，它们虽然是一个行为的两个阶段，但法律效果的选择是要在进一步补充法律要件的基础上确定的，两者难以割舍；而且，司法对于判断余地的判断瑕疵是按照裁量瑕疵来审查的。要件裁量无法否定，它与效果裁量只有量的差别，而无质的不同。① 或许正因为如此，我国的理论与实务多认可要件裁量的存在。

（二）裁量基准的性质与效力

冠以"行政裁量基准"之类名称的裁量基准在国内的出现并不早。例如，2004年，浙江金华市公安局发布的《关于推行行政处罚自由裁量基准制度的意见》，就是较早出现的基层实践。2006年，王天华较早地对裁量基准展开研究。所谓行政裁量基准，是指"行政执法者在行政法律规范没有提供要件—效果规定，或者虽然提供了要件—效果规定但据此不足以获得处理具体行政案件所需之完整的判断标准时，按照立法者意图、在行政法律规范所预定的范围内、以要件—效果规定的形式设定的判断标准"。②

对于行政裁量基准的性质与拘束力，在理论上存在较大分歧，大致有以下三种学说。第一，行政立法说。王锡锌认为，裁量基准的设定，本质上就是行政立法权的行使，是行政机关对立法意图、立法目标的进一步解释和阐明。裁量基准有的属于规章，但更多的是行政机关内部的解释性规则。基准一旦设定颁布，便成为执法人员执法的重要依据，具有规范效力和适用效力。这种内部适用效力，又将进一步延伸至行政相对人，因而基准具有了外部效力。③ 其实，就逻辑而言，既然裁量基准是行政立法权的结果，那么，它自然具有外部法的拘束力，不必有中间的论证。

第二，行政规则说。该说认为，裁量基准是行政机关为行使裁量权而制定的内部规则，仅为内部使用。如此，裁量基准只有对内的拘束力。不过，我国学者

---

① 参见王贵松：《行政裁量的构造与审查》，中国人民大学出版社2016年版，第42-46页。
② 王天华：《裁量标准基本理论问题刍议》，《浙江学刊》2006年第6期，第125页。
③ 参见王锡锌：《自由裁量基准：技术的创新还是误用》，《法学研究》2008年第5期，第40页。

多不认可其只具有内部效力。余凌云认为:"裁量基准是以规范行政裁量的行使为内容的建章立制,一般以规范性文件为载体,是较为程式化的、结构性的、相对统一的思量要求,而不是执法人员颇具个性化的、经验性的、甚至是随机的算计。它是沟通抽象的法律与具体的事实之间的一种媒介和桥梁,更像是为了贯彻执行法律而实施的'二次立法',其效力范围或许仅及于一个微观的行政执行领域,只限定在特定行政区域与特定行政部门之内。"① 其立场是认为裁量基准是一种行政规则。周佑勇也认为,我国的裁量基准具有行政规则的性质,属于一种职权命令,无须都有法律依据或授权。裁量基准是一种解释性规则,对行政执法人员具有当然的拘束力,在其认为严格依规则行事会带来不公正并能说明正当理由时,可以不适用规则而根据个案具体情况作出处理决定。同时,裁量基准亦具有一定程度的外部效力。② 周佑勇后来在性质定位上又指出,裁量基准兼具行政自我拘束和规则之治的双重品质,属于一种自制型的裁量性行政规范。③ 郑雅方认为,我国裁量基准的表现形式是行政规则,亦即行政机关制定的除行政法规和规章之外的规范性文件。不过,她也不赞成行政规则仅具有内部效力的说法,不同的行政规则可以发挥不同的功能。④ 也就是说,虽然使用"行政规则"的概念,但并未局限于大陆法系的"行政规则"概念,而是在行政规范或行政规范性文件的层面上来理解。

第三,行政法规范的具体化说。王天华认为,裁量基准是行政法规范的具体化。如果是上级行政机关事先以规范性文件形式设定的裁量基准,对于下级行政机关特别是执法者而言,也只不过是行政法规范的具体化范本或指针而已,不是具有拘束力的规则。⑤ 裁量基准是行政执法机关对其所执行的行政法律规范的具体化,对该行政执法机关有拘束力的是该行政法律规范本身;上级行政机关以规范性文件形式设定的裁量基准归根结底不过是一种行政内部规定。⑥

现实中,裁量基准有不同的表现形式,截然区分裁量基准的性质是不妥当的,裁量基准并非毫无拘束力,对执法人员和行政相对人都会产生影响。但这种

---

① 余凌云:《游走在规范与僵化之间——对金华行政裁量基准实践的思考》,《清华法学》2008年第3期,第57页。
② 参见周佑勇:《行政裁量治理研究:一种功能主义的立场》,法律出版社2008年版,第63、73-74页。
③ 参见周佑勇:《行政裁量基准研究》,中国人民大学出版社2015年版,第36页。
④ 参见郑雅方:《行政裁量基准研究》,中国政法大学出版社2013年版,第29、60-63页。
⑤ 参见王天华:《裁量基准与个别情况考虑义务——从一起特殊案件反思我国的行政裁量理论和行政裁量基准制度》,王周户、徐文星主编:《现代政府与行政裁量权》,法律出版社2010年版,第240页。
⑥ 参见王天华:《裁量标准基本理论问题刍议》,《浙江学刊》2006年第6期,第127页。

拘束力的性质或根据、发生方式尚需辨析。章志远指出，作为一类具有规范具体化和解释功能的行政规则，裁量基准效力的外部化是一个普遍的世界性现象，有关裁量基准事实拘束力和法的拘束力的辨析意义日趋弱化。① 不过，这种区分不仅涉及概念本身的清晰性、不同的法源观，还会对裁量基准的设定主体、适用方式以及司法审查方式等产生影响。

2022年，鉴于裁量基准在规范行政执法行为、维护社会公平正义方面的重要意义，国务院办公厅专门提出了《关于进一步规范行政裁量权基准制定和管理工作的意见》（国办发〔2022〕27号）。按照该意见的认识，裁量基准可能以规章的形式、也可能以规范性文件的形式制定，但在适用上，又允许经过基准制定机关批准或者负责人批准、集体讨论等程序后调整适用。这实际上是存在一定矛盾的，规章岂可通过批准的方式调整适用呢？

应当说，行政裁量基准具有两面性。第一，裁量基准具有裁量性。从裁量基准相对于其所依据的法规来看，它是裁量权的行使方式之一。之所以理论上有称之为"一般裁量"者，其原因就在于此。从法律的法规创造力原则出发，裁量基准的设定并无法律的授权，故而，不可承认裁量基准具有法源的地位。行政裁量基准不是对外部私人具有拘束力的法规范，它只是行政裁量决定中的理由或者考虑因素而已。故而，行政立法说是难以成立的。如果行政规章以裁量基准命名，就作为行政规章而不作为裁量基准来认识为好。正因为裁量基准不是法，所以，它不会具有法的拘束力，行政机关在个案中没有必须遵守的法定义务。第二，裁量基准具有裁量规范性。从裁量基准相对于个案裁量权的行使来看，裁量基准无疑是规范个别裁量的一种手段。裁量基准也要适用于个案之中，对外部私人的权利义务产生影响。从行政裁量基准的表现形态来看，确实多数是以行政规则的形式出现的。裁量基准的设定主体有时是上级行政机关，上级行政机关设定的裁量基准从组织法上对下级行政机关和具体的执法者是有拘束力的。从外部来说，在相同案件中适用裁量基准是当事人平等权利的要求。如此，经裁量基准的设定主体地位和平等对待原则等的转介，裁量基准在事实上要得到遵守。这种拘束力可被称作事实上的拘束力或事实上的法的拘束力。也正是因为其属于事实性拘束力，而非法的拘束力，行政机关在个案中可以不遵守裁量基准，而根据案件自身情况，适用法律，作出不同于裁量基准的裁量决定，这仍然是合乎法律的决定，也是法律授予裁量权的应有之意。②

---

① 参见章志远：《行政裁量基准的理论悖论及其消解》，《法制与社会发展》2011年第2期，第157-159页。
② 参见王贵松：《行政裁量的构造与审查》，中国人民大学出版社2016年版，第106-107页。

六、行政裁量观的可能转变

综上所述，行政裁量观的变迁也是对行政裁量与法的关系认识的变化。不受司法审查的行政裁量已渐渐成为历史，行政裁量的司法审查重点也因时期不同而呈现出差异。种种对行政裁量的分类工作都是在缩小行政裁量范围认识、拓展司法审查空间的努力。我国早期的行政裁量研究受到了日本行政法的很大影响，进入新世纪之后，虽然日本行政裁量类型化的影响仍然存在，但随着行政法的法学方法发展，这种影响正在退场，取而代之的是德国法上要件裁量和效果裁量的概念（但多数肯定了要件裁量，而没有完全效仿德国法的做法）。然而，裁量的类型化渐渐地已不是工作的重点，类型之间的差别日益相对化。行政裁量理论和实践的努力重点正转向行政裁量的说明理由和裁量基准上来，尤其是裁量基准，这已成为裁量控制的关键措施，同时为行政裁量的判断过程审查提供了基础。这一重点的转向，将为行政裁量理论的进一步本土化奠定基础。

第四章

行政的行为形式论变迁

　　行政的行为形式论是从行政的行为性质角度把握行政的活动方式。行政的行为形式大致包括行政立法、行政规划、单方行政法律行为、双方行政法律行为、事实行为等。这里要梳理的内容包括行政立法、行政行为、行政契约；行政规划没能成为近代中国行政法学的问题，事实行为也没有在总体上得到充分研究，故本书未将此二者纳入考察的范围。

第一节　行政立法论的变迁

　　"行政立法"将行政与立法结合起来，这一概念表达了形式意义上的行政与实质意义上的立法的结合。行政立法在整个国家作用中的地位、权限、界限等都是与国家政治结构密切相关的，相应的学术研究也脱离不了当时政制和法制的影响。

一、命令论的传入

　　"口含天宪""言出法随"，君主从事立法工作，自古有之。但在近代国家之下，行政从事规范的制定，则是一件新奇的、需要论证的事情。早先表达行政立法的概念主要不是"行政立法"，更多是"行政命令""法规命令"等，"行政立法"只是在当代中国行政法学上更为常见而已。

　　1901年，樋山广业在《现行法制大意》中使用了"命令""行政命令"的概念。他将立宪政体之下的法分为法律与命令两种。命令也是国家意思的发动，但可不经议会协赞。日本宪法上的命令大致有大权命令、命令代法律、行政命令三种。指定宪法上大权事项的是大权命令；保持公共安宁、避除公共灾厄、在议会停闭之际所发的敕令，称作命令代法律；保持公共秩序及增进臣民幸福，有为法律所未载而执行者，称作行政命令。①

1903年，作新社编译的《行政法》在"行政行为之形式"篇之下设"命令"一章，详细分析了命令问题。该书首先谈及命令与法律的关系，其次着重分析了命令的类型。根据命令是否规定法规，将其分为法规命令与行政命令。命令有的出于宪法上应属元首的命令权，有的出于法律的特殊委任，前者可分为紧急命令、行政命令和执行命令三种。但紧急命令属于宪法上应当论究的问题，在行政法上未见其急，故该书从略，而仅谈及另外几种。行政命令是在国家行政领域没有法律规定时，官厅对于臣民发布的命令。行政命令权有消极的限制：一是法律规定事项，非经法律委任不得擅以命令规定；二是宪法上规定须以法律规定的事项，行政命令不得规定。宪法列举历来滥用行政权最严重的事项，委诸法律，列举关系臣民自由事项，由立法机关加以保证。行政命令也有积极界限，行政命令依行政目的（诸如保持安宁、增进幸福）而在范围上有所限制。执行命令是为执行法律而发布的命令，执行命令与行政命令一样，不得抵触法律规定及干涉宪法上须以法律规定的事项。执行机关有执行法律的义务，故其发布执行命令属于其当然权限，不需要法律的委任。如果法律废止，执行命令目的消灭，亦自归于消灭。委任命令是根据法律的委任而发布的命令，法律详细规定一切事项实际上是不可实现的希望，法律不得不委任行政官作出随时随地应变的规定。委任的范围有广有狭，有的出于补充法律的目的，有的出于替代法律的旨趣。委任命令不随法律废止。②

1905年，夏同龢编辑的《行政法》同时使用了行政法规、行政命令的概念。该书专设"行政与立法"一章，立法是制定法规，而行政是依据法规处理国务。对于法规的含义，意见不一。要决定法规，看其是否为法则；是否为法则，看法律上一定的效果是否系于一定的事实。这是行政与立法的实质区别。该书还设有"行政法规"一章，"本章所述行政法规，非指包括行政准则、法律、敕令。广义之法规而言，仅谓行政机关所发之命令而已。而行政机关发行政法规之命令权，非其固有，但因委任而行使者也"。"无论由君主、由法律与行政机关以规定行政命令，而行政命令之权，要非其固有。由是观之，行政法规，称委任命令可也。然通常称委任命令，指受法律委任而规定其委任之事者，如法令施行之细则是也。若本于君主之委任者，通常不以委任命令称也。"③ 故而，这里的"行政法

---

① 参见［日］樋山广业：《现行法制大意》，《译书汇编》第5期（1901年），第5页。
② 参见作新社编译：《行政法》，作新社1903年版，第29–41页。
③ 夏同龢编著：《夏同龢文辑》，梁光华、饶文谊、张红辑校，凤凰出版社2013年版，第20、111–113页。

规"就是指行政机关所制定的法规。该书将行政命令分为执行命令、独立命令、委任命令和权限命令（规定官厅、官署权限的行政命令）四类。

1907年，"行政立法"一词出现在熊范舆译述的美浓部达吉的《行政法总论》中。美浓部达吉指出，"行政机关所有之制定法规作用，余辈称之为行政立法。故所谓制定法规须用法律之原则，当除却行政立法之范围而言之"。①

1910年，保廷梁在其《大清宪法论》中设专章论述"立法"。法规是立法的实质内容，法规不问主体和形式，出于国权作用，拘束一般人民。法律是制定法规的原则，命令是制定法规的例外，都属于国家的意思表示，但不容相混。法律有经议会协赞的制定程序，具有形式的效力，亦即有最强力，超过其他法规以上的程度，凡变更废止法律必出于法律的规定；法律还具有实质的效力，亦即依于法律规定的内容而使举国皆立于法律的支配之下、受其拘束。命令则出于国权主体或国权机关，规定法规者可称为法规命令，属于立法；规定行政者可称为行政命令，属于行政（发自君主的命令是君主对于行政机关的指挥统辖、发自机关的命令是对于官职服务的分配办理），其效力仅及于行政内部。法规命令的根据有两种：一种是宪法，如紧急命令；另一种是法律，如委任命令。紧急命令（或紧急诏令）在我国的《宪法大纲》上也有规定，在要件、范围和程序上皆有限制。只有在议院闭会期间、遇有紧急之事、为除去公共灾害或预防公共危险的消极目的，才能发布紧急命令。紧急命令可变更法律，但议会可事后审查权衡，予以追认或废止。独立命令是君主不经议会协赞而发布的普通诏令，是对于法律的补充，不得更改废止法律，故又称为补充命令。委任命令是以制定法规为目的、将一定事项委诸特别机关制定的命令，委任命令的宗旨不得超出法律、诏令的范围。执行命令是为执行法律而发布的命令，《宪法大纲》虽未明确，但已将之包含其中。② 保廷梁结合当时的实定法，对相关理论展开剖析，其概念体系井然有序：制定法规就是立法，其形式包括法律和法规命令，法规命令包括紧急命令、独立命令、委任命令和执行命令。他的"行政命令"不是立法，相当于此后行政法学上的行政规则。

二、命令论的展开

进入民国时期，行政立法在理论和实践中均得到了发展，这也为现代通行的

---

① ［日］美浓部达吉：《行政法总论》，熊范舆译述，丙午社1907年版，第14页。
② 参见保廷梁：《大清宪法论》，江左书林、模范书局1911年再版，第329、355-356页、第360页以下、第432-433页。

行政立法理论奠定了基础。

（一）钟赓言的命令论

1920年代，在中国人自主撰写的教材中，大致是在钟赓言的《行政法讲义》中，"行政立法"一词首次作为中文概念被使用。钟赓言将行政作用分为行政立法、行政司法和本来的行政作用三类，又将"行政立法"从形式上区分为命令与条约。条约的缔结，从国家与国家间的约束方面而言，固然是行政行为之一；但从其对于人民发生效力而成为法的渊源方面而言，则又为立法行为之一。关于条约，属于国法学及国际法的范围，行政法领域所欲论究者仅为行政立法中的命令而已。① 钟赓言虽然没有对"行政立法"作出界定，但清楚的是，行政立法是行政作用的下位概念，行政法上研究的行政立法就是行政中的抽象命令。而结合其对于命令的认识，钟赓言的"行政立法"与此后大陆法系行政法学的常用词"行政立法"是一致的，即行政所立之法，涵盖对外的法规命令与对内的行政规则。

钟赓言最早在自己的讲义里详细分析了"命令"问题。"命令乃国家依行政权而为之意思表示，以厘定一般的法则为目的，依一定之形式而公布于一般公众者之谓也。"从命令的内容来看，有的命令因具有法规性质而与法律相同，有的命令在性质上本是行政作用。前者被称作法规命令，后者被称作行政规则。制定法规，原则上须经国会议决，行政机关可依其职权而制定法规者，应以宪法及法律所容许的范围为限。若性质上本为行政作用的事项，则不待宪法及法律的授予，而属于行政机关的当然权限。除特别保留于立法权者以外，皆可由行政机关自由处理。对于各项特定的事件，既然可以自由处理，则对于多数不特定的事件，亦当然可以自由处理。因此，行政规则是行政机关的当然权限，不必有宪法或法律授权。②

命令权有积极的界限和消极的界限。如前所述，在积极的界限上，一切法规原则上由法律规定，但有两个例外，即直接依据宪法的授权和依法律的授权。直接依据宪法的授权有两种，其一是执行命令，其二是独立命令。独立命令非由法律授权，亦非以执行法律为目的，而是全然独立于法律、基于国家元首的职权或受元首委任的行政官署于其委任范围内而发布的命令。欧洲各国多已不承认独立命令，除紧急命令外，一切命令非因执行法律，即系受法律的委任。但在当时的日本宪法之下尚承认君主有此权限，可谓例外。依法律的授权而发布的法规命

---

① 参见钟赓言：《钟赓言行政法讲义》，王贵松、徐强、罗潇点校，法律出版社2015年版（原书为1927年版），第53页。

② 参见钟赓言：《钟赓言行政法讲义》，王贵松、徐强、罗潇点校，法律出版社2015年版，第55页。

令,通常称为委任命令,或补充命令。在消极的界限上,命令不得与法律相抵触,也不得规定宪法上特别保留给立法权的事项。①

命令以制定法规为其重要目的之一,在此限度以内,其拘束力与法律无分轩轾。法规的拘束力,应当从两方面而论。其一为对于国家一己的拘束力。关于此的国家意思一旦表示,则其法规一日不变更,国家即一日不得不依此法规而行使其权力。这是法规的内部效果。其二为对于人民的拘束力。人民因国家制定法规的意思表示,当随其内容的规定对于国家负有行为或不行为的义务,或取得可以要求国家行为或不行为的权利。这是法规的外部效果。故而,下级地方行政官署的命令,一旦有效成立,则该官署一己固不待言,其上级官署亦不得违反该命令而作出行政处分。只是命令有法规的拘束力,须以命令的有效成立为前提。②

（二）范扬的行政命令论

1930年代,范扬将行政行为分为抽象的行政行为与具体的行政行为。抽象的行政行为以不特定的抽象的社会事实为对象,又可名为行政命令。行政命令依其所拘束的客体不同,可分为行政规章与行政规程。前者适用于一般人民,以一般统治关系中的人民为拘束的客体；后者适用于特定之人,以特别权力关系或其他特别关系中的人为拘束的客体。前者又可称为法规命令,后者又可称为行政规则。行政规章按照其根据不同可分为职权命令与委任命令。职权命令是行政机关在组织法上依职务权限当然可发的命令,委任命令是行政机关依组织法以外的法律或上级机关命令的授权所发的命令。行政规章依其目的不同,可分为执行命令与独立命令。执行命令是执行法律或上级命令所发的命令,这种命令仅能就该法律或上级命令所包含的事项加以详细规定,既不能违反法令,也不能添设法令所未预想的新法规,其所规定的法令解释或补充规定没有拘束法院的效力,这种命令有的依据组织法上的当然职权,有的依据法令委任,故而有别于职权命令与委任命令。独立命令是为独立目的所发的命令,其目的要由行政机关视其可发命令事项而决定。③ 这一"独立命令"的界定具有独特性,通常所说的独立命令是指可依据自己的职权、没有法律的依据而独立发布的命令。范扬在概念上有自己的创造,当代行政法学上抽象行政行为与具体行政行为的分类就来源于此,虽然其概念与钟赓言的概念用语不同,但二者在类型区分上是大体一致的。

范扬认为,拘束一般人民的法规以属于立法机关制定为原则（法规制定标准

---

① 钟赓言：《钟赓言行政法讲义》,王贵松、徐强、罗潇点校,法律出版社2015年版,第58-60页。
② 参见钟赓言：《钟赓言行政法讲义》,王贵松、徐强、罗潇点校,法律出版社2015年版,第62-64页。
③ 参见范扬：《行政法总论》,邹荣勘校,中国方正出版社2005年版,第158、161页。

法第 2 条、第 5 条），故而，拘束一般行政客体的命令并非行政机关权限上当然能发布，其发布必须有特别的根据。其根据有约法（宪法）或法律的授权与上级机关命令的授权两种。行政规章仅能就行政机关在组织法上权限所属的事项及依其他各种法律所委任的事项发布。但各种法律所能委任的范围有一定限制，凡应依法律规定的事项，原则上不得委诸命令规定。而行政规程是拘束特种关系的行政客体的行政命令，其制定不需要法律的授权，其规定事项也不属于立法事项，而为主管机关职权内当然所属的事项。①

（三）戴声贤的委任立法论

1940 年代，戴声贤②撰写了四篇有关委任立法的文章，探讨了委任立法的意义和性质，在英国、美国和法国的发展历史，③委任立法的效力、保障等问题。因为欧陆与英美对于立法权的认识有很大分歧，委任立法的概念并不容易界定。英国人会认为，保障人民权利的唯一利器，在于立法机关包办一切立法事业；而欧陆公法学家的意见则恰恰相反，认为立法权应分为立法机关的立法权和行政机关的命令权两部分。故而，戴声贤大体基于英美委任立法的实际、参酌欧陆的经验，将委任立法界定为，"行政机关根据宪法或法律的授权，于受委任之范围与限制内，以命令之形式发布之赋有普遍性的规则，在其未为违宪或越权之条件下，或立即生效，或经议会的批准，而由法院强制实施"。对于委任立法究竟是立法行为还是行政行为，在学理上颇有争论。立法行为说认为，委任立法的内容包含着普遍性的规定。而行政行为说又分为三派：德国多数学者认为，法律是关于一般人民法律地位的规定，委任立法分为法律的命令和行政命令，前者是根据法律上的规定而作出的命令，实质上属于立法行为，后者仅关于行政职务的组织及实施的规则。法国学者马尔贝格则认为，委任立法无论在形式上还是在实质上都是行政行为，因为立法行为是无条件的及创制的规定，而行政机关并无创制的及自由规定之权。还有一派认为，立法行为应该是一种能变更及废止现行法律的行为，而委任立法并没有这样的能力，因而不能被看作一种立法行为。而戴声贤则认为，委任立法从形式上看是行政行为，就实质而言则是立法行为。那么，这种执行机关的功能为什么能被认为在性质上属于立法呢？因为立法包含着裁夺私人法律上权利义务的决定、为确定各私人一种合理类别而所为的一种法律权利义

---

① 参见范扬：《行政法总论》，邹荣勘校，中国方正出版社 2005 年版，第 162、165 页。
② 戴声贤，1940 年代获得法学硕士学位，1981—1983 年受聘于湖北财经学院法律系讲授行政法，1986 年去世。曾编著《行政法概论》（武汉出版社 1988 年版）。
③ 参见戴声贤：《论近世各国委任立法制度的发达》，《中华法学杂志》第 7 卷第 8 期（1948 年），第 33-36 页。

务的裁决，以及厉行这种裁夺权利义务的决定，委任立法具有充分的裁量自由权。委任立法属于实质的法律，亦即普遍性的规则。①

一方面，委任立法有拘束国家自身的效力，这种效力可被称作内面的效力；另一方面，人民依该规则对国家有为一定行为或不行为的权利及负为一定行为或不行为的义务，这种效力可被称作外面的效力。委任立法具有两面的拘束力，但这种拘束力能否使人民受到拘束，要看在其运用委任权上是否合乎委任权的范围与限制。如果其合乎委任权授予所明确规定的范围与限制，则为"适权"；如果逾越宪法或法律委任的权限而作出法外的立法，则为越权。在法国，行政法院撤销委任立法越权的理由，通常有三种：其一是越权，即行政机关的某种命令逾越发布这种命令所有的合法权力；其二是滥用权力，即行政机关行使其委任权的方式不合；其三是形式不合，即行政机关某种命令的形式不符合常例。但在英美的普通法院、甚至法国的普通法院对于行政机关的越权命令，则只能否认其效力，拒绝执行该命令，而不能予以撤销。换言之，该越权命令的效力仅及于本案，而越权命令本身仍然存在。不过，基于遵循先例的要求，英美法院否认了命令，事实上仍等于撤销。②

为了委任立法的安全实施，保障就成为绝对必要。第一是政治的保障，包括政治责任、弹劾与质询等。第二是议会的控制，包括撤销委任与拒绝拨款、要求提出报告、组织调查委员会等。第三是司法的保障，包括司法复查、国家官吏责任等。③

三、行政管理法规的替换

自 1950 年代开始，行政命令论从行政法学中淡出，取而代之的是苏联行政法学上常用的"国家管理法令"概念，在改革开放之后又为"行政管理法规"所取代，而且早先的行政命令发生了内涵的转换。

（一）法律之下的国家管理法令

国家管理法令在苏联行政法学上处于中间环节，其上位者是法律，其下位者是保证国家管理法令实行的办法。科托克在其教材中将"国家管理的法令"设置为一章。国家管理的法令是行政活动的法律形式，它具有从属法律性和必须遵守

---

① 参见戴声贤：《论委任立法之意义与性质》，《中华法学杂志》第 6 卷第 6 期（1947 年），第 30-34 页。

② 参见戴声贤：《行政法上委任立法之效力》，《中华法学杂志》第 7 卷第 4 期（1948 年），第 14-15 页。

③ 参见戴声贤：《行政法上委任立法之保障》，《中华法学杂志》第 7 卷第 5 期（1948 年），第 19-21 页。

性。法律对国家管理法令有五项要求：第一，管理的法令应依据法律和为执行法律而颁布；第二，管理的法令不仅应符合法律的字面，也要符合法律的目的；第三，管理的法令根据并为执行上级国家机关的法令而颁行；第四，管理的法令在各国家机关的权限范围内颁行；第五，管理的法令按照规定的程序和形式颁行。不遵守上述要求，将导致管理法律成为有缺陷的法令，会被认为是无效的或有争议的。国家管理的法令按照法律上的特性可分为规定一般规范的法令和把一般规范适用于特别事情的个别法令，按照在空间上的效力可分为中央管理机关的法令和地方管理机关的法令，按照颁行法令的机关可分为决议、指令、通令、训令、决定、命令等。① 规定一般规范的法令相当于立法，不仅有苏维埃主席团的命令，也有政府的命令，不仅有对外的法令，也对对内的法令；而个别法令则相当于狭义的行政行为。故而，"国家管理的法令"与行政立法并不等同，而是包含了行政立法在内的管理手段。

司徒节尼金在其教材中也将"国家管理法令"设置为一章，他指出，"依据和为了执行法律并按法定程序在自己权限以内行使权能的苏维埃国家机关所作执行和指挥活动的法权形式，谓之苏维埃国家管理法令"。"法律是一切国家管理法令的法权渊源，并且，国家管理法令的内容和法权效力是由法律所确定。假若国家管理法令同法律抵触时，则法律有效，因为，表现人民的意志的法律具有优越的、最高的法权效力。"国家管理法令按照法权属性可以分为行政法令或个别的法令与规范法令或规定一般规则的法令，规定某一种具体现象、某一种特定情况的法令属于行政法令，规定行为的一般规则的国家管理法令叫作规范法令。行政法令以规范法令为根据。国家管理法令按照颁布法令的机关，可以分为各最高苏维埃主席团的命令、各部长会议的决议和指令、各部长或独立总管理局及各部长会议所属的各种委员会领导人的命令和训令、地方的各科和各局领导人的命令和训令、各地方苏维埃及其执行委员会的决议和指令。根据社会主义法制原则，国家管理法令——规范法令和行政法令——必须符合以下四点要求：其一，由负有权限的机关在其职权范围内颁布；其二，不只形式上不抵触法律，并且实质上不违反国家和公民的利益；其三，为了为法律所企求的目的而颁布；其四，按规定的程序并在适当情况下以一定的形式颁布。② "国家管理法令"不同于法律、司

---

① 参见［苏］科托克：《苏联行政法概论》，萨大为译，人民出版社1951年版，第52—61页。
② 参见［苏］C.C.司徒节尼金：《苏维埃行政法（总则）》，中国人民大学国家法教研室译，中国人民大学，1953年，第123、126、135—137、148页。司徒节尼金对"国家管理法令"的理解，与苏联法上通常的"法令"概念是一致的。参见［苏］库德利雅夫采夫主编：《苏联法律辞典》第三分册（国家和法的理论部分），法律出版社1957年版，第101页。

法法令和民法上的契约等,从其类型来看,不仅包括规范法令,也包括行政法令或个别法令。前者具有一般性,外延上稍大于行政立法(包括了苏维埃的法令);后者的目的在于确定、变更或终止具体的法权关系,相当于行政处理决定。故而,与科托克的用法一样,司徒节尼金的"国家管理法令"实际上也是法律执行方式的概括性概念。规范法令只是"国家管理法令"的一部分,而且,规范法令自身没有被作为专门的问题展开探讨。

(二)行政管理法规的变换

"国家管理法令"这一概念并未为改革开放之后起步的行政法学所采纳,但其内涵及体系中的定位得到了承继。

1983年,王珉灿主编的《行政法概要》将行政行为分为抽象的行为和具体的行为。国家行政机关在进行行政管理活动时,有时只制定抽象的规范,不对具体事情进行处理,这种行为被称为抽象的行为。这种分类可以追溯至范扬的行政行为论,但在表述上带有1950年代的影子。《行政法概要》在"行政行为"章之下专设"制定行政管理法规的行为"一节。"国家机关在实行行政管理时合法制定的普遍性的规则,称为行政管理法规。"制定行政管理法规的行为是抽象的行政行为,是处理具体事件的根据。该书将地方性法规、自治条例和单行条例也列为行政管理法规,这同样是受到了苏维埃行政法的影响。《行政法概要》依据目的和制定根据的不同,将行政管理法规分为执行、补充和自主的行政管理法规三类。制定补充的行政管理法规,必须得到宪法、法律或其他行政管理法规的授权;而制定自主的行政管理法规往往只依据制定机关的组织法,只要不违背宪法、法律和上级的行政管理法规,就可以制定行政管理法规以执行其职务。对于紧急命令问题,该书认为,我国宪法并没有规定国家行政机关的紧急命令权。[①]其中的"自主的行政管理法规"类似于此前范扬所称的"职权命令",也类似于此后学界所使用的"职权立法"。三类行政管理法规的区分不甚清晰。与钟赓言的《行政法讲义》一样,《行政法概要》也谈及行政管理法规的两方面效力。一方面是对于国家的拘束力,即对一切国家机关的拘束力,不仅制定机关应受它所制定的行政管理法规的拘束,而且上级行政机关在该行政管理法规未被撤销或变更以前,要受下级行政机关所制定的行政管理法规的拘束。另一方面是对于公民的拘束力,即行政管理法规拘束在其规定范围内的一切公民。[②]

与《行政法概要》类似,1985年,应松年、朱维究在《行政法学总论》中

[①] 参见王珉灿主编:《行政法概要》,法律出版社1983年版,第98、101-105页。
[②] 参见王珉灿主编:《行政法概要》,法律出版社1983年版,第107页。

使用了"制定和发布行政管理法规行为"的概念。它是指"国家机关依法制定和发布有关行政管理的普遍性规范,使国家行政管理活动制度化、法律化的行为"。其主体是国家机关,主要是立法机关和行政机关。这实际上就是前述在制定行政法的立法意义上来使用"制定和发布行政管理法规行为"的概念。该书中也出现了"行政立法"的概念,大致是指行政机关依据宪法和法律的规定制定行政管理法规的活动。但该书将国家机关制定和发布行政管理法规行为统称为行政立法。① 与苏联行政法学相同的是,其主体是国家机关,不限于行政机关;不同的是,该书仅在立法层面上使用行政管理法规的概念,而未将行政的具体行为包括在内。

在同一时期,姜明安于其1985年出版的教材中延续了苏联行政法学的做法,使用了"行政管理法规"的概念,但其内涵已有不同:行政管理法规是指"国家行政机关为了执行法律和履行行政管理职能,在其职权范围内,根据法律发布的规范性命令"。② 与苏联行政法学、《行政法概要》、应松年和朱维究教材的上述概念不同,在姜明安的概念中:第一,制定行政管理法规者不包括立法机关,而仅为国家行政机关;第二,行政管理法规不包括非规范性的命令,而仅为规范性命令。因而,其制定行政管理法规的行为相当于今天常用的行政立法概念。姜明安在其1986年出版的教材中进一步明确:"行政管理法规是指国家行政机关为了执行法律和履行行政管理职能,在其职权范围内,根据法律制定的行政法规和行政规章等规范性法律文件的总称。"以制定的目的和内容为标准,姜明安将行政管理法规分为三类:(1)执行性行政管理法规,为直接执行法律或上级行政机关所发布的行政管理法规而制定,它本身不创造新的法律规则;(2)补充性行政管理法规,为补充法律或其他行政管理法规而制定,可以创造新的法律规则,以补充原法律规范;(3)自主性行政管理法规,为履行法律赋予自己的职权、确定管理对象一定的行为规则而制定,是根据宪法和组织法的规定,对法律或其他行政管理法规未规定的事项加以规定。③ 姜明安使用了"行政管理法规"的概念,但却在行政立法的层面上来使用,可谓一个转折点的来临。

(三)行政命令的内涵变化

自这一时期开始,"行政命令"的内涵开始发生变化。1986年的《行政法基本知识》一书在"行政法上的行政行为"一章之下设"行政命令"一节,认为

---

① 参见应松年、朱维究编著:《行政法学总论》,工人出版社1985年版,第267-268页。
② 姜明安:《行政法学》,山西人民出版社1985年版,第282-283页。
③ 参见姜明安:《行政法概论》,北京大学出版社1986年版,第192-193、196-198页。

"行政法上的命令是指国家行政机关要求在其管辖范围以内的有关机关、企事业单位、团体和公民个人为一定的行为或不为一定的行为,这种要求具有必须执行的效力"。"行政命令的对象既可以是特定的人和特定的事件,也可以是不特定的人和不特定的事件。""行政命令同行政决定有着密切的联系,命令本身往往就是行政决定。命令是行政决定的一种表现形式。但命令和决定毕竟不是同一概念,它们的区别在于命令是形式,决定才是内容,命令往往必须根据决定而发布,决定也不只有命令这一种表现形式,如确认与许可决定、处罚决定、仲裁决定等。"① 这里的行政命令既包括过去抽象的行政命令,也包括以"令"的形式所作出的具体行政决定。

1989 年,张焕光、胡建淼的《行政法学原理》在"行政处理行为"章之下专门谈及行政命令,将其作为行政处理的内容之一。该书给出界定:"行政命令(Administrative order)是指行政主体依法要求相对人进行一定的作为或不作为的意思表示。"行政命令有形式意义上的理解,即形式上带有"命令"或"令"的行为;也有实质意义上的理解,即行政主体的一种强制性行为,而不是行为形式,该书采取后一种理解。这种行政命令可以分为两种:一种是要求相对人进行一定作为的命令,即令;另一种是要求相对人进行一定不作为的命令,即禁(止)令。行政命令的内容只涉及相对人的义务,而不涉及相对人的权利。违反行政命令,须受行政主体处罚。② 此后,行政命令的概念基本上是在具体行为意义上来使用,传统意义上的行政命令逐渐为行政立法所代替。

四、行政立法论的展开

改革开放初期,"行政立法"的概念开始出现,但多数都是有关行政的立法之意。随着行政法学的专业化,行政机关立法意义上的行政立法开始成为常用术语,行政立法的研究也在整个立法体系中得以展开。

(一)行政立法概念的确立

当代中国对行政立法还有另一种理解,即有关行政的立法,或行政法的立法。这种对行政立法概念的使用,在官方、在 1980 年代的行政法学界较为常见。例如,王珉灿主编的《行政法概要》在谈及行政法在法律体系中的地位时指出,从我国社会主义现代化建设的根本任务来看,行政法越来越显示出其重要性。加强行政立法和行政司法,是实现社会主义现代化建设的需要,是完善和加强社会主

---

① 张焕光、刘曙光、苏尚智:《行政法基本知识》,山西人民出版社 1986 年版,第 124 - 125 页。
② 参见张焕光、胡建淼:《行政法学原理》,劳动人事出版社 1989 年版,第 255 - 258 页。

义法制的需要，加强行政立法是健全国家机构和提供效能的需要。① 再如，1986年10月4日，全国人大常委会法制工作委员会成立了"行政立法研究组"，其基本任务是："充分研究我国的现实形势和经济与政治体制改革的要求，广泛搜集国内外行政法的资料……在此基础上，对我国需要制订的行政法应该包含的大致内容提出一个框架，作为一项建议提供给立法机关参考。与此同时，行政立法研究组还将努力担负起今后对其他重要的行政立法提出咨询意见的任务。"② 行政立法研究组还编辑了《行政立法研究动态》《行政立法研究参考资料》等。但行政立法的这一用法并没有在学界得到广泛采纳。

1985年，时为中国政法大学硕士研究生的张树义发表论文《略论行政立法的几个问题》，开始在今天常用的行政立法含义上系统讨论行政立法问题。他指出，行政立法有广义和狭义之分，广义行政立法指统治阶级通过国家机关制定一切有关行政管理法规的行为，它包括权力机关和各级国家行政机关的立法活动，狭义的行政立法则仅指国家行政机关制定规范性文件的活动。他是在后一种意义上使用行政立法一词。该文探讨了行政立法的地位、行政立法机关、行政立法形式、行政立法程序、行政立法的监督、行政立法合理化等六个问题。该文将行政立法分为职权立法与授权立法两种形式。前者是指国家行政机关依据其法定职权制定法规、条例等的活动。依据宪法规定的职权进行的立法活动就是职权立法。后者是指按照法律授权制定条例、实施细则的活动。职权立法的根据是宪法或组织法，有什么职权，就可以进行哪方面的立法。授权立法只能由得到授权的机关实行，其目的是实施法律，而不能超越该法律所规定的事项。职权立法可以制定自主的行政管理法规，授权立法可以制定执行的、补充的行政管理法规。但无论是何种形式，行政机关制定的规范性文件都既不能同法律相抵触，也不能同法律相提并论，只能是其补充或延伸，这是国家法制建设所要求的。③

1988年，皮纯协主编的《中国行政法教程》将行政行为分为行政立法、行政执法和行政司法三类，专设"行政立法"一章。该书指出，"行政立法"有广义和狭义之争，广义的行政立法指国家机关制定和发布有关行政管理方面普遍性规范的行为，狭义的行政立法特指国家行政机关制定行政法规范的行为。考虑到与宪法学

---

① 参见王珉灿主编：《行政法概要》，法律出版社1983年版，第12-13页。
② 何海波、晏翔、严驰恒编著：《法治的脚步声——中国行政法大事记（1978—2014）》，中国政法大学出版社2015年版，第48页。
③ 参见张树义：《略论行政立法的几个问题》，《行政法研究资料》编写组编：《行政法研究资料》（上），中国政法大学，1985年，第162-172页。

的研究分工,行政法学应该研究狭义的行政立法。① 这是在一般层面上使用狭义的"行政立法"概念,并且是首次在教科书中将行政立法提高到章的级别。该书将行政立法分为中央行政立法和地方行政立法两类,包括行政法规和行政规章等形式。在中央行政立法中,该书认为,国务院制定行政法规的依据包括三种。首先是宪法,直接以宪法为依据而制定的行政法规,必须以宪法的授权为制定的前提,以保证宪法的实际贯彻为制定的目的。其次是法律,国务院为执行法律,通常以该法律为依据制定实施细则或其他行政法规。最后是国务院职权,即以国务院的职权为直接依据制定行政法规,这一类法规数量很多。② 在这三种依据中,该书承认可以直接依据宪法制定行政法规,但这一依据与职权依据之间的差别并不清晰。

1989年,罗豪才主编的《行政法学》进一步巩固了"行政立法"概念的使用。该书认为,"行政立法是指国家行政机关制定行政法规和规章的活动",其将行政立法明确限定在"法"的层面上。该书对行政立法进行了三种分类。首先是依据权力来源不同,将行政立法分为职权立法和授权立法。"行政机关直接依据宪法和组织法规定的职权制定行政法规和规章称'职权立法';行政机关依据特定法律的授权,或者依据国家权力机关或上级国家行政机关通过专门决议的委托,制定规范性法律文件称'授权立法'。"其次是依据行使行政立法权的主体不同,将行政立法分为中央行政立法和地方行政立法。中央行政立法调整全国范围内的普遍性问题和必须由中央统一作出规定的重大问题。地方行政立法一方面根据地方的实际情况将中央行政立法的规定具体化,确定实施细则和执行办法;另一方面则对有关地方特有问题或根据地方性法规作出规定。最后是依据行政立法内容的不同,将其分为执行性立法和创制性立法。"行政机关制定行政法规和规章,就全国人民代表大会或全国人大常委会制定的基本法律或一般法律规定实施办法、实施细则、明确具体法律规范的确切含义和适用范围而不是创制新的权利义务规范,称'执行性立法';行政机关根据全国人民代表大会、全国人大常委会的授权,就法律尚未规定的事项制定行政法规和规章,创制法律尚未确立的新的权利义务规范,称'创制性立法'。"该书认为,"创制性立法的立法根据是特定法律法规的授权"。"根据具体法律、法规或国家权力机关、上级行政机关决议授权进行的创制性立法同时属于授权立法的范围,立法所调整的事务即在相应的法律、法规或决议的授权范围之内。"③ 在这三种分类中,也出现了"职权立法"

---

① 参见皮纯协主编:《中国行政法教程》,中国政法大学出版社1988年版,第85-86页。
② 参见皮纯协主编:《中国行政法教程》,中国政法大学出版社1988年版,第90-91页。
③ 罗豪才主编:《行政法学》,中国政法大学出版社1989年版,第90、94-99页(姜明安执笔)。

的名称，虽然该书在修订版中将其改称为"一般授权立法"，区别于"特别授权立法"（原先的"授权立法"），[①]但"职权立法"一词仍得到广泛使用；另外，授权立法与创制性立法处于不同的划分标准之下，其间的关系也不易区分，按照其理解，创制性立法实际上就是授权立法。

1999年，第三本统编教材《行政法与行政诉讼法》使用了"行政立法"的概念，并将其作为一章来处理。但在2005年第二版修订时，在"行政立法"之上采用了"抽象行政行为"的概念，即"行政机关针对不特定多数人制定的，具有普遍性约束力的行为规则"。[②]抽象行政行为包括行政立法和制定其他行政规范性文件行为。之后，该书自2011年第4版开始又放弃了"抽象行政行为"的概念，转而采用"行政立法"和"行政规范性文件"并列的方式。其中的"行政立法"仍是狭义的界定，即"行政机关根据法定权限并按法定程序制定和发布行政法规和行政规章的活动"。该书沿用了第二本统编教材对行政立法的分类，只是在表述上稍有差异。该书根据行政立法权的取得方式，将行政立法分为职权立法和授权立法。这里恢复了"职权立法"的名称，并将授权立法分为普通授权立法（根据单行法律所进行的授权立法）和特别授权立法（根据最高国家权力机关专门的授权决议所进行的授权立法）。该书根据行政立法的功能，将行政立法分为执行性立法和创制性立法。创制性立法有自主性立法和补充性立法两种，前者是为了填补法律和法规的空白而根据宪法和组织法的权限所进行的立法，后者是根据法律、法规的授权，为了变通行政法规范的规定而进行的创制性立法。该书根据行政立法的主体，将行政立法分为中央行政立法和地方行政立法。[③]

值得注意的是，在新中国成立之前，行政立法按照规范对象或效力而被区分为法规命令和行政规则，这种做法在新中国成立之后消失了。现如今，狭义的行政立法是指制定行政法规、行政规章的活动，广义的行政立法还包括行政规范性文件。两者区分的标准首先在于制定主体是否有制定行政法规、规章的权限（这是按照行政级别来确定的），其次在于有行政法规、规章制定权的主体是否遵循立法程序，在两者均为肯定回答时，才属于狭义的行政立法。依据《行政诉讼法》及《行政复议法》规定，可以附带性审查的是一定级别以下的行政规范性文件。朱芒认为，"在职权—渊源的关联中，无论行政规范的渊源如何，最终起决

---

① 罗豪才主编：《行政法学》，中国政法大学出版社1996年版，第150页（姜明安执笔）。
② 姜明安主编：《行政法与行政诉讼法》，北京大学出版社、高等教育出版社2005年第2版，第198页（叶必丰执笔）。
③ 参见姜明安主编：《行政法与行政诉讼法》，北京大学出版社、高等教育出版社2019年第7版，第159-161页（叶必丰执笔）。

定作用的依然是其背后的职权。一切都是在职权等级优先的前提之下分配行政规范渊源,完成行政职权体系在规范制定方面的外在形式"。①

(二)行政立法的权限——职权立法之争

在行政立法论中,学者们对于行政立法的范围(也涉及行政立法与抽象行政行为的关系)、行政立法的类型、行政立法的权限、行政立法的监督方式等问题均有不小的争议。其中的行政立法权限问题更具根本性。行政立法的权限之争,很大程度上体现为职权立法的存废之争。

1. 肯定说

如前所述,在确立行政立法概念的过程中,职权立法作为行政立法的一个类型,得到了较多的承认。对于前述姜明安将职权立法当作一般授权立法的做法,陈章干提出批评,他认为,在西方的"三权分立"制度之下行政立法属于授权立法,但我国的立法体制不宜用西方的原理来说明。宪法将国家权力赋予各种国家机关,这种权力不需要法律再行授予,将其称作"授权"并不科学。职权立法是依职权的行为,各该行政机关可以根据宪法、法律或法规的有关规定精神,主动制定行政法规和规章,以及时满足具体行政管理的需要。职权立法是一种执行性立法,其所设规范是对法律和其他上位法有关规定的具体化。他主张,职权立法是行政立法的基本类型。② 不过,他将职权立法与执行性立法相等同,实际上是将两个不同的分类标准混合到一起。职权立法是按照权力来源划分而来的,而执行性立法是按与法律或上位法之间的关系划分而来的。

2002年,对于行政立法中的规章,崔卓兰、于立深将各国的行政规章分为美国的授权规章制、法国的职权规章制和中国的执行性规章制三种。在美国,国会以授权法律规范或命令单个地赋予某行政机关享有规章制定权。国会制定法是行政规章权力及其界限的渊源,行政机关没有固有的制定权力。在法国,一般的条例制定权明确地来自行政机关的固有权力,部长可以根据法律或条例所赋予的权力制定规章,也可以根据层级指挥权制定一般性规则保障公务的良好实施。但规章未经授权,不得在法律和条例以外对公民规定新的义务。他们认为,从《立法法》的逻辑结构上看,中国的行政规章是典型的执行性规章。为实行实际存在的法律规定,制定必需的细则条款而完成从属性义务,是行政规章的基本职能。执行性规章的目的在于限制行政机关滥用立法裁量权,从另一个角度看也可能因

---

① 朱芒:《论行政规定的性质——从行政规范体系角度的定位》,《中国法学》2003年第1期,第39页。收录于朱芒:《功能视角中的行政法》,北京大学出版社2004年版,第49页。

② 参见陈章干:《职权立法是行政立法的基本类型》,《中国行政管理》1999年第9期,第18-20页。

此限制了行政立法权的机动性。为了保障规章制定权的合法性、机动性、能动性和现实性，授权性规章应当得到明确认可。① 对于行政法规和规章之外的规范性文件，叶必丰、周佑勇将其称作"行政规范"。他们根据法律效果的不同将行政规范分为创制性、解释性和指导性行政规范三类，又根据行政规范的根据将创制性行政规范分为依职权和依授权的创制性行政规范两类。依职权的创制性行政规范是指行政主体为了满足行政管理的实际需要，根据宪法和有关组织法规定的固有职权而制定的行政规范。这类行政规范的规则创制权来源于宪法有关国务院、地方政府的规定和地方组织法的规定，是宪法和有关组织法赋予制定主体的固有职权，无须其他行政法规范的特别授权。②

2003年，刘莘认为，职权立法的权力来源于宪法，宪法直接赋予其作出抽象行政行为的权力，由于该类主体制定抽象行政行为的权力是宪法在规定其职权时规定的，因此被称作职权性规范。但在这里，"职权立法"的称谓并不意味着凡是行政机关行使职权范围内的事项都属于该行政机关的"立法"权限。宪法给予某行政机关立法权限，只是赋予其制定规范的一种可能性，其是否享有制定某一规范的权限，要视立法法、行政处罚法等其他法律如何规定。也就是说，"职权立法"并不意味着有多大的行政职权，就有多大的"立法权"。③ 这在一定程度上批评了前述张树义的观点，当然，各自讨论的背景是不同的，刘莘说法的背景是立法法、行政处罚法的制定。

2018年，谢立斌从宪法角度论证了国务院的职权立法权。首先，现行宪法对立法权的配置更为分散，这在一定程度上暗示国务院具有创制性立法权。其次，《宪法》第89条第18项规定，全国人大及其常委会可以授权国务院，这可以成为授权立法的基础，因此，《宪法》第89条第1项就不是授权立法的基础，而是国务院直接依照自身职权进行立法的充分依据。再次，《立法法》（2015年）第8条、第9条关于法律保留的规定，间接肯定了国务院不仅可以进行授权立法，也可以先于立法者对一些事项进行规范。最后，《宪法》第85条对国务院"中央人民政府"的宪法地位规定，也支持国务院有权就不属于法律保留的事项进行创制性立法的结论。④ 但这四点均为间接支持，且均可被反驳。立法权分散，可能是承认地方、而非国务院的立法权的结果。在我国，授权立法与职权立

---

① 参见崔卓兰、于立深：《行政规章研究》，吉林人民出版社2002年版，第25-26、45-46页。
② 参见叶必丰、周佑勇：《行政规范研究》，法律出版社2002年版，第78-79、84-85页。
③ 刘莘：《行政立法研究》，法律出版社2003年版，第41页。另参见刘莘主编：《行政立法原理与实务》，中国法制出版社2014年版，第8-9页（刘莘执笔）。
④ 参见谢立斌：《论国务院的职权立法权》，《政法论坛》2018年第6期，第106-108页。

法不是对立关系，中间还存在执行立法的空间，所以也不能简单从《宪法》第89条第18项与第1项的关系就得出上述结论。《立法法》（2015年）第8条最后一项规定，"必须由全国人民代表大会及其常务委员会制定法律的其他事项"只能制定法律，尚不能由此推导出给国务院创制性立法预留了空间。而《宪法》第89条第18项也表明，国务院的权限要么来自《宪法》第89条，要么来自全国人大及其常委会的授权，无法简单地从"中央人民政府"的宪法地位中推导出某种权限。①

2. 否定说

在肯定说之外，也不乏职权立法的否定说。2007年，曾祥华出版了自己的博士论文，一方面肯定了职权立法的存在，另一方面主张应当取消职权立法。对于前述姜明安从职权立法到一般授权立法的转变，曾祥华认为，如果把行政机关根据宪法和组织法的授权也看作授权立法，那么权力机关的立法也是授权立法。如此，所有的立法都是授权立法，就没有必要使用授权立法，可以直接用"立法"的概念来替代。授权立法与职权立法是相对称的概念，如果没有职权立法，授权立法同样没有存在的必要。从理论上来看，职权立法与授权明确性原则是相悖的。但在现实中，职权立法是存在的。之所以应当取消职权立法，其理由在于：第一，职权立法的存在等于承认行政机关具备立法权的所有权，违背了民主和宪法原则。第二，职权立法与我国政体相矛盾，职权立法的存在，使得行政机关不经权力机关授权就可以自主立法，扩大了行政机关的权力，削弱了人大的权力。第三，行政职权立法的存在造成职权立法与授权立法的混乱，使授权立法的必要性遭到削弱。第四，社会固然对行政立法有需要，但这不是仅对职权立法的需要，国外的实践表明授权立法可以满足社会需要；固然可以通过监督控制来减少职权立法的负面作用，但加强事前控制更加重要，职权立法无须权力机关的事先授权，导致行政机关权力过大，容易造成种种弊端，对公民权利的威胁远远大于授权立法，应当取消。②

2009年，喻少如认为，在概念基础上进行制度构造，不加区别或一般性否定或肯定行政职权立法或许很难理解我国职权立法的现实。执行性、组织性、程序性的职权立法具有基于行政权的执行功能和裁量属性之上的正当性，还有存在的理由和空间，但是，职权立法的权力来源于宪法、组织法的概括授权，这种授权是长期的、固定的、抽象的"空白授权"，既缺乏民主正当性，削弱了国家权

---

① 参见王贵松：《国务院的宪法地位》，《中外法学》2021年第1期，第209页。
② 参见曾祥华：《行政立法的正当性研究》，中国人民公安大学出版社2007年版，第79-83页。

力机关的权威，也导致难以制约行政立法裁量权，损害了法治。因此，有必要、也有可能实现职权立法体制向授权立法体制的转变。①

应当说，职权立法是现实存在的，也有其客观需求。《立法法》（2015年）第65条第2款第2项规定，行政法规可以就"宪法第八十九条规定的国务院行政管理职权的事项"作出规定，这也被认为承认了职权立法。但是，行政机关的职权立法与我国的人大制度之间存在罅隙，职权立法易引起在职权范围内无法律根据亦可立法的误解。从维护人大制度和国务院的宪法地位角度而言，只有依据宪法和行为法上的法律（而非组织法律）制定行政法规和规章，才是可容许的行政立法。应当从行政立法与法律的关系上，将行政立法分为执行立法与授权立法。在存在法律时，为了执行法律而将其具体化，为执行立法；在法律未作规定时，因涉及法律事项，在获得法律授权时而作规定，为授权立法。②

五、行政立法论的应有定位

综上所述，行政立法论从最初的命令论转换为行政管理法规论，再转为当代的行政立法论，其中的相关概念已发生内涵的变化，其背后的权力分配体制也并不相同。行政立法的正当性或容许性在我国自始以来就很少受到质疑，更多的研究处于行政立法的合法性层面。总体而言，近代行政法学对行政立法的研究主要集中于命令种类、命令的效力、命令权的界限，而当代行政法学对行政立法的研究则更多宽泛，重点不突出。或许是现实中对行政立法的需求得到了广泛的认可，对于行政立法的分类，特别是行政立法的权限没有充分展开。行政立法论的展开应当在宪法体制之下，从行政立法与法律及地方性法规的关系、行政立法的内在关系等角度确定行政立法的权限，明确授权与执行的区分标准，切实维护法体系的统一性和有序性。

第二节　行政行为论的变迁

行政行为作为行政法学的基础概念，其内涵变动不居，不同时期乃至不同学者都可能存在指代内容的差异。下面围绕最狭义的行政行为，亦即单方性具体行政法律行为，以其所处的行政行为论或行政作用论的体系位置为线索展开考察。

---

① 参见喻少如：《论我国行政立法中的职权立法》，《武汉大学学报（哲学社会科学版）》2009年第1期，第35-36页。
② 参见王贵松：《论法律的法规创造力》，《中国法学》2017年第1期，第129页。

一、行政行为与行政处分的概念输入

1903年，美浓部达吉将奥托·迈耶的《德国行政法》翻译为日文。其中，就将Verwantungsakt翻译为"行政行为"："所谓行政行为，是指作为行政所属官府的宣告，在各个情形下对臣民确定法是什么的行为。"① 但这一时期更多的是使用"行政处分"一词来表达这狭义的行政行为概念。

如前所述，早在1901年，樋山广业的《现行法制大意》中就已出现"行政处分"的概念。他在第三编公法第二章行政法第三节行政诉讼及诉愿中使用了"行政处分"一词，"诉讼与诉愿初无二致，均为要求行政处分之取消或变更"，② 但未对其作解释说明。

1903年，作新社编译的《行政法》使用了"行政行为"的概念，但未作界定，大致等同于行政的行为。该书从形式上将行政行为大致分为两类：一是对于人民者，谓之外部，二是关于行政机关者，谓之内部。命令、处分令、基于合意之行为都属于对于外部的行政行为。自实质上而论，处分令是不规定法规的国家命令，与法律难以区分，故而，可以从形式上来区分两者，处分令的公布不必有一定形式，可以是书面、口头，有时还可以是符号（如禁止通行）。处分令不得变更有制定法规权力的命令，处分令要遵守法规规定的范围。处分令可以分为据法处分（依据法令的处分）与便宜处分（酌量处分）两种，前者以实行现存法为目的，后者在权限内便宜处分，不违背法令即可。不过，在行政诉讼部分，该书使用的是"行政处分"概念，而非"处分令"一词。③

1905年，夏同龢编辑的《行政法》（底本是清水澄的讲义）同时出现了行政作用、行政行为、行政处分的概念。该书介绍了筧克彦的《行政法大意》中对行政作用的界定："今之立宪君权国，于立法、司法、行政诸作用之上，而以总揽作用（统治作用）统一之。于总揽作用范围中，减去立法、司法之范围，而其余皆属行政作用"。行政作用可分为大权行政作用与狭义行政作用，后者是指行政不属于立法、司法及大权行动的统治作用。该书第三编是"行政行为"，其下包括行政法规、行政处分、行政处分强制手段三章，也就是说，"行政行为"是行政处分的上位概念，但该书对"行政行为"概念并未给出界定。"行政处分"是"为特定之事件而律臣民，由行政官厅所下之命令"。处分是对于特定的事件而表

---

① オット・マイヤー（美濃部達吉訳）『独逸行政法』第一卷（東京法学院、1903年）166頁。
② [日]樋山广业：《现行法制大意》，《译书汇编》第7期（1901年），第56页。
③ 参见作新社编译：《行政法》，作新社1903年版，第41-44、129页。

示意思，无论受处分者是一人还是数人，是特定人还是不特定人，皆以对于特定的事件为其特质，以此区别于法规。① 而法政速成科记录的清水澄讲义《行政法泛论》自身是这样界定行政处分的："行政处分乃行政官厅因欲对于特定之事件、规律臣民所下之命令，申言之，行政处分者，所以使某种特定新事实之发生、或抑止某种特定新事实之发生之命令也。"② 1907年，清水澄在其辞典中对行政处分作出解释："行政处分为行政行为之一。行政官厅对于特定之人而使生特定之事实，或使不生之行为也。其与行政法规命令有异者，命令以对于一般之人为准则，处分反是，有对于特定之人与特定之事实之点。行政处分之种类，有禁止、命令其行为与不行为等（例如征兵之裁决、传染病流行地之交通遮断等是）；又或为一般禁止行为之免许，例如免许剧药之商业；或认可私人与公共团体之某种行为，附与法律上之效力；或特许、即权利之设定、变更与废止，或公证、即度量衡器之检定等是也。"③

1906年，袁希濂翻译的美浓部达吉讲义《行政法总论》同时出现了行政作用、行政行为、行政处分三个层次的概念。形式意义上的行政是行政机关的作用。行政作用包括制定法规及裁判判决的行为在内。"所谓行政行为者，非仅关于实质上行政作用之意义而已也。"行政作用的一部分仅为事实上的作用，另一部分有因法律上的关系而发生的作用。因事实上的作用其界限极广，占行政作用的大部分，恰与个人处理事实上的劳动事务相同，完全不产生法律上的关系，故不必论及法律上的问题。美浓部达吉似将"行政行为"理解为"因法律上关系而生之行政作用"（这一章的标题就是"行政行为"），又将其区分为在行政机关内部所生效果的作用与行政机关对外，即其他权利主体所作的作用，前者即所谓训令，后者包括处分和契约。行政处分是指"由一面之意思，为公法上之法律行为"。处分仅由行政单方作出即可产生效果，而区别于需要相对方同意的契约；处分是在关于法律行为的各个场合确定现实法律关系，而区别于制定抽象法则的立法。行政处分的内容须羁束于法规范围之内，但即使违反法规，也并非当然无效，而只是可以撤销而已。处分须从有权限者发出，官厅以私人资格作出处分，与私人一样没有效力；在一般权限之外作出处分，也完全不能有法律上的效力。官厅的处分全然无效，仅限于绝对无官厅权限之时，或对于自己管辖区域以外的

---

① 参见［清］夏同龢编著：《夏同龢文辑》，梁光华、饶文谊、张红辑校，凤凰出版社2013年版，第24-25、114-116页。
② ［日］清水澄：《行政法泛论》，李贵连、孙家红编：《法政速成科讲义录》（六），广西师范大学出版社2015年版，第419页。
③ ［日］清水澄：《法律经济辞典》，张春涛、郭开文译，东京奎文馆书局1907年版，第137页。

地域而作处分之时，或就完全不属于自己权限的其他事务作处分之时。其处分无效，臣民毫不受其拘束。这是无权限的行为。相反，如可以处分之事，而不拘泥于权限，就其特定处分，有超过权限之疑，则此时的处分仍属有效。这是超过权限的行为。之所以如此区分，是因为官厅的处分有证明自身完全适法之力。在有审查职权的官厅撤销其处分之前，仍可保有其效力。既然官厅自己认定此处分在权限以内，臣民不能对其有自行审查、拒绝服从的权利。但"处分之有此公定力者，须其处分在官厅一般之权限以内。若就绝对无权限之事务而为处分，又或对他之管辖之区域而为处分，则当初之际，即不得视为官厅之处分，与私人之行为无以异也"。① 这里美浓部达吉指出了行政处分的违法与无效的差异，并将无权限作为处分无效的事由。美浓部达吉还指出了行政处分的"公定力"，这是中文中首次出现公定力的概念。美浓部达吉的根据无疑就是奥托·迈耶的自我确认说。

1907 年，熊范舆译述的美浓部达吉讲义《行政法总论》却并没有使用"行政行为"概念，而是使用了"行政处分"的概念。不过，该讲义并没有直接定义"行政处分"，而是介绍了"处分之观念"。处分有实质和形式之分。从实质而言，处分是相对于法规而言的，法规处分是用以确定人格相互间的法律关系并加以拘束的国家意思表示。法规的规定是抽象的、一般的，处分则是确定实在的特定法律关系并加以拘束的意思表示。法规是抽象的法则，若合乎所定的标准，则一切皆可；处分仅确定实在的关系，故而，仅为其目的的事件受其拘束。从形式而言，法律命令以正式公布为必要，而处分是相对于法律命令来认识的。如果其形式是法律或命令，则即使实质上是处分，通常也不称为处分。处分的观念含有实质及形式两个要素。处分是国家对于实在的法律关系决定加以拘束的权力性意思表示，而非出自法律或命令的形式。②

---

① ［日］美浓部达吉：《行政法总论》，袁希濂译，普及书局 1906 年版，第 17 - 26 页。这里顺便提及，中文中再次提及"公定力"的著作是 1937 年黄冯明翻译的美浓部达吉的《公法与私法》。该书中，不再是行政处分的公定力，而是在比较公法与私法的层面上谈"国家行为的公定力"，但基本观点——内容上的合法性推定、界限上的完全公定力说、根据上的自我确认说——是一致的。"所谓国家行为的公定力，就是说：在公法关系上，国家的意思行为有决定该关系的权力；而这种行为，至被有正当权限的机关取消或确认其无效时为止，是受'合法的'的推定的，对方的人民不得否认其效力。这种权力不单属于国家，在公法关系上亦为公共团体所有。"国家当然只能根据法律规定作出某项要求，但该行为是否合法，国家本身有认定的权力，该认定在法律上具有拘束人民的力量。"这种意义的公定力，不独在国家单独行为时有之，即根据其与对方之同意而行的行为，亦具有这种公定力。"［日］美浓部达吉：《公法与私法》，黄冯明译，商务印书馆 1937 年版，第 114 - 115 页。

② 参见［日］美浓部达吉：《行政法总论》，熊范舆译述，丙午社 1907 年版，第 139 页。

二、行政作用与行政处分的体系

进入民国时期之后,行政行为论的研究日渐拓展,行政法学者大致是在"行政作用-行政行为-行政处分"的框架下探讨相关问题。

（一）钟赓言的行政处分论

1920 年代,钟赓言在其行政作用体系中,首先将行政作用大致分为行政立法、行政司法及本来的行政作用三种。本来的行政作用又分为事实上的作用与法律上的作用,前者是不以发生法律效果为目的的作用,后者是以直接发生法律上效果为目的的作用,其中包括公法的行为与私法的行为,本来的行政作用中公法的行为可被称为行政行为。如将行政行为广义解释为行政作用,则无论其为私法上法律行为还是法规制定或事实上作用,均包括于行政行为中。钟赓言认为,行政行为只是行政作用的一部分,专指关于各种实在的事务,行政权决定公法法律关系的行为,与私法上法律行为相当,这是行政法中所应研究的重要问题之一。行政行为有单独行为与合意行为两种。单独行为不必经相对人同意,依国家单方面意思表示,即可完全发生法律上效果,通常被称为行政处分。合意行为则必须有两者以上的意思合致才能成立,有协定行为与公法上契约两种。[①]

钟赓言系统介绍了行政处分论。他认为,"行政处分者,行政权一方面之行为,就实在之事件而定其法律关系者也"。行政处分的附款是指欲限制行政处分的效果而附加于行政处分内容的行政权的意思表示,大致包括条件、期限、负担、保留取消权四种。在行政处分的效力上,钟赓言仅提及拘束力。他认为,行政处分具有拘束力,拘束国家与人民。与法律的拘束力不同,行政处分的拘束力仅及于该处分的特定人（不问人数多少）,但有时也及于一般不特定的人（例如禁止道路通行）。行政处分的效力还拘束国家。依处分而定的法律关系,均拘束国家的行政及司法机关。处分一旦完全成立,在尚未取消或变更之前,国家要承认其为有效,日后在决定其他法律关系时,应当尊重因此前的处分而发生的法律关系,不得有所抵触,这种拘束及于处分官署及其下级官署,上级官署及法院也不能违反。[②]

在行政处分的成立上,钟赓言使用的是"有效成立"的概念,而没有区分成立要件与合法要件。行政处分的有效成立要件包括形式要件和实质要件,在实质

---

① 参见钟赓言:《钟赓言行政法讲义》,王贵松、徐强、罗潇点校,法律出版社 2015 年版（原书为 1927 年版）,第 53－55 页。

② 参见钟赓言:《钟赓言行政法讲义》,王贵松、徐强、罗潇点校,法律出版社 2015 年版,第 72－81 页。

要件上，为此处分者须为有正当职权的机关，其处分内容不得与法规相抵触。至于"行政处分是否必以法规为根据之问题，当就其内容而区别之"。行政处分的效果，凡足以侵害人民的自由、剥夺其权利或使其负担特定义务，非依据法规不可。但并非授予人民利益的行政处分均不需法规依据，如果行政处分结果对于受此处分者设定足以对抗第三者的利益（如特许），让第三人负有消极义务，则须以法规为根据。即便对第三者毫无影响，若与其他法规相抵触，行政机关也不得自由许可或免除。① 这一观点与侵害保留说有类似之处。

对于行政处分的无效，钟赓言认为，系指行政处分全然不能发生行政处分效力的状态。无论何人绝不受其拘束，不能依追认或时效而使其成为有效的行政处分。行政处分的无效不同于行政处分的不存在，后者相当于行政行为观念的事实不存在，既没有宣告无效的必要，也没有提起诉愿或行政诉讼的余地，即使提起，也因目的物不存在而不能受理。无效的行政处分因外形上可作为行政处分而存在，故能以其为诉愿或行政诉讼的目的，经受理后以决定或裁决而宣言其无效。行政处分无效的原因有欠缺形式、越权行为、处分不能、违法处分（违法处分以无效为原则）、意思表示错误等。②

所谓行政处分的取消，钟赓言认为，它是以有效成立的行政处分使之自始失其效力的行政处分。大致可分为两种：其一是对于完全成立的行政处分，日后因发生其他理由而取消，其二是因行政处分的成立有法律上瑕疵而取消。前者虽名为取消，实则取消的结果只能在将来解除该处分的效果。正确而言，应当称之为行政处分的废止。后者又可以细分为两种，一种是行政处分本为无效行为，因欲明确其无效而取消，另一种是有效成立的行政处分因法律上的瑕疵而取消。第一种取消不外乎无效宣告。第二种取消则是真正意义的取消，若非取消，该处分永久不失效力。法令用语上可能均称之为取消，在学理研究上应当严格区别。对于有瑕疵的行政处分是否必须取消的问题，钟赓言认为，应当区分为三种主体。其一是曾作出该处分的官署。理论上有人认为不得取消，但钟赓言认为，行政处分的取消始终是受此处分者或其他关系人的利益，而非表示此意思的国家利益。解释为有取消义务，可使人民免受不正当的拘束。其二是该处分的上级官署。受理诉愿的上级官署，当然有取消的义务。对于依职权取消，理论上区分违法的处分与违反公益的处分，前者非取消不可，后者不必有取消义务。钟赓言认为，应当

---

① 参见钟赓言：《钟赓言行政法讲义》，王贵松、徐强、罗潇点校，法律出版社2015年版，第81—85页。

② 参见钟赓言：《钟赓言行政法讲义》，王贵松、徐强、罗潇点校，法律出版社2015年版，第85—87页。

斟酌期限的长短,若法律上有一定期间或时效的规定,则可以取消作为上级官署的义务,否则,取消与否,要以取消之后是否适合于公益为前提,而不得将其认作上级官署的义务。其三是行政裁判机关,这种机关受理人民的行政诉讼而裁判其处分有无瑕疵,对于有瑕疵的处分负有取消义务,乃当然之事。①

(二) 范扬的行政行为论

1930 年代,范扬在所著的《行政法总论》中,专设"行政作用"一章,其下分为五节内容,分别是概说、行政行为之观念、行政行为之种类、行政命令、狭义的行政行为。在范扬的行政行为概念之下,包含着最广义、广义、狭义乃至最狭义的区分。

范扬认为,行政作用泛指国家依行政权所作的一切行动,与最广义的行政行为或所谓行政的意义相当。不过,法学上所称的行政,通常专就形式意义的行政而言。所以,行政法学中所谓行政作用,也仅指行政机关的作用或行为。凡属行政机关所为作用,不问实质如何,均可包括在内。广义的行政行为是指行政机关依公法所作出的能发生特定法律效果的行为。广义的行政行为根据是否因一定的精神作用而发生法律效果,可以分为精神的行为与事实的行为。精神的行为依据是否以一定的意思表示为构成要件又可以分为法律行为的行政行为与准法律行为的行政行为。法律行为中的意思表示是欲发生一定法律效果的意思表示,亦即效果意思。法律行为的行政行为以效果意思为要素。准法律行为的行政行为或准行政行为以观念表示等精神作用为构成要素。行政行为以当事人的数量为标准,可以分为单方行为、双方行为及合同行为。行政行为以对象为标准,又可分为抽象的行政行为与具体的行政行为,前者以不特定的抽象的社会事实为对象,可被称作行政命令,后者以特定的具体的社会事实为对象,可被称作狭义的行政行为。行政行为以其是否设定新的法律关系为准,可分为一次的行政行为与二次的行政行为,前者新设法律关系,使新的权利义务得丧变更,后者旨在实现既存的权利义务,例如强制行政上义务的履行、行政监督及行政救济所为的行为。② 这里已经出现了与 1989 年《行政诉讼法》所采用的"具体行政行为"几乎一致的概念。

在单方的行政行为中,有精神行为与事实行为之分,精神行为的单方行政行为有法律行为的单方行为与准法律行为的单方行为之别,前者即被称为行政处分(狭义),是就具体事项为一定的意思表示、依其表示而发生法律效果的行为。

---

① 参见钟赓言:《钟赓言行政法讲义》,王贵松、徐强、罗潇点校,法律出版社 2015 年版,第 87 - 92 页。

② 参见范扬:《行政法总论》,中国方正出版社 2005 年版,第 153 - 158 页。

行政处分从内容上说有形成处分和确认处分。行政处分的附款是对行政处分的内容所附加的意思表示，用以限制其处分的效果。行政处分通常以对特定人发生所预期的法律效果为原则，但行政官署为顾全全社会公益乃至为受处分人自身的利益考虑，有时对其处分效果加以限制。法规直接规定对处分效果施加限制，这不得被称为附款，因为这种限制原为法规所规定，而非出自行政官署的意思表示。附款有条件、期限、负担、撤销权保留四种。① 范扬在这里排除了法定附款。

范扬还在书中给出了"行政行为分类图"（见图 4-1）：

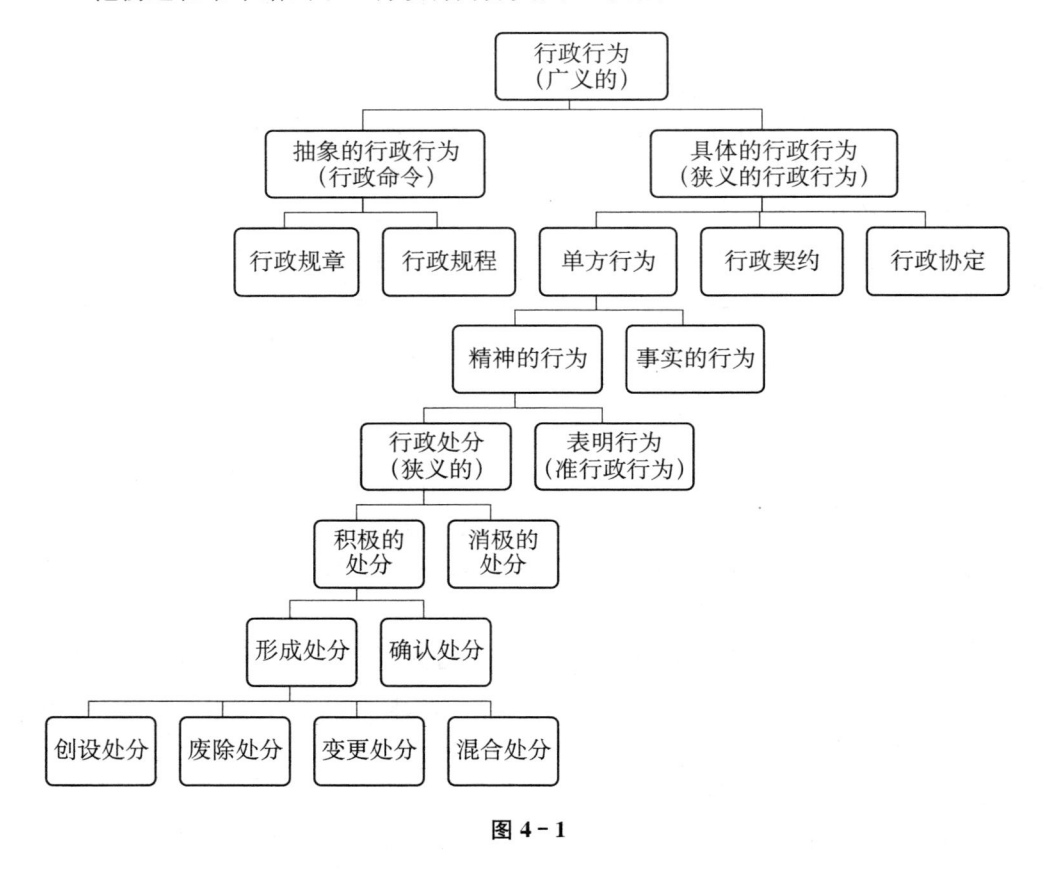

```
                    行政行为
                    （广义的）
                   /          \
         抽象的行政行为      具体的行政行为
         （行政命令）      （狭义的行政行为）
          /      \         /      |       \
      行政规章  行政规程  单方行为  行政契约  行政协定
                        /      \
                   精神的行为  事实的行为
                    /      \
              行政处分    表明行为
              （狭义的）  （准行政行为）
               /    \
          积极的    消极的
           处分      处分
           /   \
       形成处分  确认处分
       /   |   \   \
    创设处分 废除处分 变更处分 混合处分
```

图 4-1

行政处分因有权限的行政机关依法的要求作出处分的意思表示而成立，其成立须具备若干要件。具体包括处分机关有作出处分的能力，有作出处分的权限，受处分人能成为处分客体，行政处分有一定标的物时其物件能成为处分的标的，

---

① 参见范扬：《行政法总论》，中国方正出版社 2005 年版，第 166、172-175 页。

处分的内容须为可能、明确、适法并合于公益，处分的意思表示须其本意与表示相一致，处分有一定的先行程序时须经其先行程序，处分的意思表示在法规上有一定的方式时须合于法定方式。① 从现在看来，范扬所说的成立要件其实也包含了成立要件和合法要件两方面内容。

在行政处分的效力上，范扬共举出了三种效力。其一是确定力，即在某点上已确定而不得更动的效力，分为形式上的确定力与实质上的确定力。前者是其处分已经不得以法律上救济手段而提出争讼；后者是其处分内容所有的决定在法律上已经不得再作更动。行政处分有无实质上的确定力不可一概而论。行政处分如有瑕疵，除因争讼结果已获得形式上的确定力外，行政机关可撤销或停止；即使无瑕疵，如其存续有碍于公益，或其处分基础已经变更时，亦可依法规而废止或变更。其二是拘束力，即依其内容拘束行政主体及客体。其三是执行力，即可依一定手段使其处分内容完全实现。②

行政处分在某一点上未能合乎法的要求，就不能对其关系人发生完全的效力。行政处分因瑕疵不同，其所生结果也有差异，或为完全无效，或姑且视为有效而终可撤销。行政处分应以有特别重大瑕疵而不容忽视者为限，才是当然无效，否则仅可撤销。无效行政处分根本不能发生效力，任何人皆不受其拘束。无效处分与处分的不存在不同，后者全非行政机关的行为，亦不得成为诉愿或诉讼的标的。在行政处分有成立要件上的欠缺时，可予撤销。但是，撤销也有限制：撤销不得违反法规；为人民设定权利或能力的处分，非有法规根据，不得撤销；撤销处分须合乎公益。行政处分即使没有瑕疵，也可以因不再适合于公益，而由行政官署向后失其效力，这就是行政处分的废止。③

（三）林纪东的行政行为论

1940年代，林纪东在自己的教材中设置了"行政行为法"一编，其下设九章内容，除了行政罚及行政上之强制执行、行政上之损害赔偿及损失补偿两章，均为行政行为的一般原理，这也是民国时期第一次以如此大篇幅详尽地说明行政行为的理论。

1. 行政行为的界定

林纪东的行政行为并非泛指行政权的一切作用，而仅为法律行为的行政行为及准法律行为的行政行为两种。林纪东认为，行政权的一切作用除在形式上均为

---

① 参见范扬：《行政法总论》，中国方正出版社2005年版，第175－177页。
② 参见范扬：《行政法总论》，中国方正出版社2005年版，第179－180页。
③ 参见范扬：《行政法总论》，中国方正出版社2005年版，第181－189页。

行政机关所为的行为外，就没有某种共通的法律特质。若兼指行政机关制定法规的行为，则不啻忽视立法行为与行政行为在性质上的区别，与行政行为系立于法规之下的基本概念亦不相合。行政行为是立于法规之下为某种法律效果发生原因的意思行为，而以行政权的公的意思表示或其心理表示为其主要构成要素，包括单独行为（行政处分）与双方行为（公法上契约）。故而，在林纪东的行政行为体系中，广义者使用"行政行为"一词，较通常的最广义行政行为窄，狭义者使用单独行为或"行政处分"一词。①

2. 公法上的意思表示

林纪东的行政行为论一大特色在于，设置了"公法上之意思表示"专门一章。意思表示是公法与私法双方共通的观念，均以效果意思和表示行为为其观念要素。要构成完整的意思表示，必须意思与表示相一致。在两者不一致时，其法律上的效力应如何决定？学说上有保护表意人的意思说、保护相对人的表示说和折中的诚信说三种，民法采用诚信说，但行政法规极少就此有规定，从解释上来看，因行政法规所规律的对象与民法不同，它以采用表示说为妥。林纪东认为，当意思与表示不一致时，若系由于表意人故意为之，称之为心里保留，如果公法上的意思表示具备其他有效要件，就不能仅以虚伪的意思表示为理由，认为其为当然无效。若系由于当事人的错误，如果可依普通的社会由外部认识，可纠正其错误，依其真正的意义而发生效力；如果不能由外部认识，公法上的意思表示并不因错误而当然无效，仅在因其错误的结果，其行为以法律上的不能为内容时，始为基于不能的无效。②

3. 行政行为的附款

法律行为的行政行为往往附有附款，它是附加于意思表示的主要内容，而对其效果加以某种限制的从意思表示。有直接依法规而定者，这是法定附款。例如，矿业许可的效果以登记为其法定条件，在其条件成就之前，不能发生。附附款的行政行为则与此不同，而系行政行为自身，包含限制其效果的意思表示。行政行为的附款主要有两个法律问题：（1）何时容许其附有附款？行政官署仅在法令中有特别规定，或其行政行为属于行政官署的裁量权时，方可添加附款。（2）附款在何种限度内方为合法？这一问题因行政行为是完全的自由裁量行为还是羁束裁量行为而异。后者的裁量权范围仅在认定何种附款为公益上所必要

---

① 参见林纪东编著：《中国行政法总论》，正中书局1947年第5版，第107-108页。
② 参见林纪东编著：《中国行政法总论》，正中书局1947年第5版，第119-125页、第252-253页注74。

而已，如认定错误，所附加的不必要的附款不免为违法的附款。而前者任诸行政官署自由裁量，其附款只有适当与否问题，不发生违法问题。行政行为的附款大致分为五种，即条件、期限、负担、撤销权保留、法律效果的部分除外（附加于主意思表示使法令对于该行为所赋予的效果一部分不能发生的意思表示，例如命令公务员出差却不发旅费）。[1] 林纪东较范扬的附款种类多出最后一种。

4. 行政行为的效力

在行政行为的效力上，林纪东举出了拘束力、公定力、执行力和确定力四种。这些力均以行政行为有效为前提，无效者不产生这种力。（1）拘束力，它是在行政行为具备法定要件时基于效果意思的内容或法律之力而发生某种法律效果的力量。拘束力首先对于关系人发生，关系人或仅为特定相对人，或其继承人一并受其效果影响，拘束力或及于一般人民（如行政行为针对某种事业而为）。行政行为对于行政官署自身亦具有拘束力，行政官署应遵从而行动。（2）公定力，它是除对该行为可提起争讼或具有将其撤销权能者外，任何人均不得否定其效力的力量。拘束力是发生一定法律效果的力，对于受其效果者而发生的公定力，则系强制他人承认上述拘束力的力量，对于一切官署及人民均发生效力。一切有效的行政行为均具有公定力，除因提起争讼或由有正当撤销权限的行政官署将其撤销外，一般人均负有承认其效力的义务。在行政法院因受理对于特定行政行为的争讼而审理其违法与否时，仅以该行政行为及与其相结合而发生法律效果的同一手续中的行政行为为限。纵然与该行政行为的效果颇有关联，若其目的不同，而系发生独立效果的另一行政行为时，则除绝对无效者外，行政法院不得加以审理，应以其为有公定力的行为，而当然承认其效力。这实际上就是林纪东对违法性继承问题的立场。（3）执行力，大部分行政行为均无另行强制执行的必要，只有在其命以某种义务而受命人不履行义务时，才有强制执行的必要。强制执行多为下命行为的问题，若形成行为因设定权利而发生义务，也有强制执行的必要。（4）确定力，包括不可争力和不可变更力两种。林纪东因用语不甚达意而没有采用形式的确定力与实质的确定力。行政行为具有公定力，却未必确定而不可动，可以争讼。但若超过法定期间，则不得提起争讼；一旦有人提起争讼，并经主管机关裁决或判决确定后，则为既判事项，适用一事不再理原则，任何人均不得对同一事项再行提起争讼。这种不可争的状态被称为行政行为的不可争力。一般行政行为多为可撤销的行为，但间或有行政行为一旦实行以后，即适用一事不再理原则，不许就同一事项再行审理。除有特别例外原因外，纵然嗣后发现该行为违

---

[1] 参见林纪东编著：《中国行政法总论》，正中书局1947年第5版，第143—146页。

法或不当,作出该行为的官署或其监督官署亦不得加以撤销或变更。行政行为具有这种效力时,被称为行政行为的不可变更力。在行政行为是否具有不可变更力问题上,有否定说、肯定说和折中说三种立场。否定说认为,法规的解释适用只是贯彻行政目的的手段,行政官署如认为行政行为害及公益或在政治上行政上为不利,自可将其撤销变更;肯定说认为,行政行为与司法判决相同,若可任意撤销变更,则置私人的法律上地位于不安定状态;而折中说认为,应当将行政法院的判决与其他处分相区别,前者具有不可变更力,后者则未必都有,命令私人义务或使其发生不利结果的行为不具有不可变更力,授予私人权益的行为则具有不可变更力。折中说是通说。①

5. 行政行为的无效

在行政行为的瑕疵问题上,林纪东区分了行政行为的不存在与无效。不存在与无效从效力上来说是相同的,但无效在外部与客观上不甚明显,必须等待公的权威认定后才能确定。在公的认定以前,客观上仍为有效的行政行为,下级官署及私人不能忽视,故而,并非行政行为不存在,而是行政行为业已成立,不过缺乏效力要件而已。行政行为不存在与行政行为无效的区分实益在于,无效行政行为可以作为诉愿或行政诉讼的对象,而行政行为不存在则不能。②

无效行政行为与法律上有瑕疵的行政行为也有区别。后者除监督官署、行政法院等具有撤销权限的机关外,对于其他一切官署均有完全的公定力,普通法院也缺乏审查权限。因无效行政行为在形式上仍为有效的行政行为,故仍有在形式上加以确认、将其撤销的必要。但无效行政行为的撤销并非真正的撤销,而是无效宣告。真正的撤销是使有效行政行为失却效力的行为,行政行为在撤销之前仍为有效;无效宣告,因其行为自始无效,已经有公的确认,其效力当然溯及既往,以前纵有违反该行政行为的行为,也不是违法行为。无效行政行为因系在推定其为有效状态下成立,故而,为了撤销该行为起见,仍可提起诉愿或行政诉讼。本来无效的行政行为并不因起诉期间的经过而变为有效的行政行为,故而,嗣后若因与其他诉讼案件相关联而争论其效力,当事人仍可主张该行为无效,尤其在因该行为而使私权受侵害时,自可以民事诉讼主张其无效,请求私权的保护。③

在行政行为无效的一般标准上,与范扬的特别重大瑕疵标准不同,林纪东认为,有以下三项原则:第一,行政行为与私法上的法律行为不同,并不仅因其内

---

① 参见林纪东编著:《中国行政法总论》,正中书局1947年第5版,第155—160页、第259页注90。
② 参见林纪东编著:《中国行政法总论》,正中书局1947年第5版,第161—162页。
③ 参见林纪东编著:《中国行政法总论》,正中书局1947年第5版,第162—164页。

容违反公序良俗而当然无效。因为行政行为是行政权的行为,行政权在法规范围内有认定何者合乎公序良俗的权能,其认定并不违反公序良俗而作出某行政行为,其认定即发生公定力。故而,行政行为的无效仅以行政行为违反法规之时为限。但违反法规并非均属无效。违法是不应为而为或应为而不为,无效是缺乏法律上生效要件而致不生效力。违法是下命的违反,无效是法律上之力的欠缺。判断某行为是否为无效,不仅要证明其违反法规,还必须证明其缺乏效力要件。第二,判断何谓行政行为的效力要件,须知法规的内容。法规有两种:命令规定是命令为或不为某事,目的仅在于使其遵守而已;效力要件规定不仅是当为的规定,而且是法律上之力的规定,是因具备某种要件而发生一定法律上之力的规定。两者的区别不能仅从规定的文面来判断,而应视法规的目的而定,亦即究竟是抑制某种法律上效果的发生,还是为维护行政上秩序起见,使行政行为事实上应适合于某种要件。第三,纵然法规规定的是行政行为的效力要件,但如果其要件的法律事实任由行政权认定,则其认定纵有错误,在有权限的官署未确认其错误以前,其认定仍受合法的推定,并不因其要件缺乏而当然无效。行政行为的效力要件大致可分为三种。第一是主观要件,以有正当权限的机关经过法定手续而作出行政行为为必要;第二是实质要件,以行政行为内容可以发生法律上效果为必要;第三是形式要件,以行政行为具备必要的表示形式为必要。① 在行政行为无效的判断上,林纪东注重命令规定与效力要件规定的区分,这是类推私法,在概念论上进行界定,将区分标准求诸规定行政行为要件的法规性质。这类似于美浓部达吉的能力法规与命令法规的区分,② 也类似于今天所说管理性规定与效力性规定的区分。另外,林纪东所说行政行为的无效,也包含公法上双方行为的无效问题。

6. 行政行为的撤销与废止

行政行为的撤销是使行政行为失去效力的另一行政行为。行政行为的撤销仅针对有效的行政行为,具体有两种情形:其一是行政行为基于瑕疵的撤销,该瑕疵在有效行政行为成立时就存在;其二是行政行为的废止或撤回,行政行为成立时并无瑕疵,嗣后发生的事由致其效果不能往后继续,故使其向后失其效力。不过,林纪东以"行政行为的撤销"作为两者的上位概念,并不为后世所接纳。

在职权撤销上,主要是四个问题:(1)何种官署具有撤销权限?实行该行政

---

① 参见林纪东编著:《中国行政法总论》,正中书局1947年第5版,第165-167页。
② [日]美浓部达吉:《命令法规与能力法规》,胡元义译,《学艺》第5卷第8号(1924年),第1-7页。

行为的官署自身及其监督官署可依职权撤销。(2) 在何种理由之下方能撤销？上级官署可以撤销下级官署的违法行为、有害于公益的行为，国家原则上只能撤销公共团体的违法行为，而不及于对其行为是否符合公益的监督。而对于自身作出的行政行为，合议制官署依照一事不再理原则，除有权机关将其交付再议外，不得将其撤销；而单独制官署在其行为有违法或违反公益等法律上瑕疵时，可将其撤销。(3) 何时不允许撤销？经利害关系人参加的确认行为，与裁判判决有同一性质，原则上应是不得撤销的行为。(4) 撤销效果是否溯及既往？真正意义上的行政行为撤销，如撤销的是确认行为、通知行为，因该行为是就过去已成立的法律关系或法律事实的存在而作出的，撤销不外是确认其不存在，故而撤销的效力溯及既往；若撤销的是其他行为，因其已有公定力，为避免撤销使当事人不利起见，不溯及既往，以向后失其效力为原则。①

行政行为的废止，原则上仅以作出该行为的行政官署有其权限为限。行政行为的废止是因新事实的发生而使其效果向未来断绝的行为，性质上与发生新效果的行为相同，无后一种权限者亦无前一种权限。行政行为的废止若是废止授予人民某种权利或利益的行为，则是受法律上羁束的行为。它与行政行为基于瑕疵的撤销最大的不同在于，它的发生是由于事后发生的新事实，而非行为自身具有法律上的瑕疵。②

林纪东的行政行为法论可谓蔚为大观，吸收了当时日本行政法学的最新研究成果，已构建起一个体系完整、重点突出的行政行为理论。

（四）马君硕的行政处分论

行政行为具有多重含义，马君硕是在狭义层面上使用行政行为概念的，亦即"行政行为乃行政机关作用之一部，而依公法对外直接发生法律效果者也"。但这实际上包含着较为广泛的形式，马君硕在行政行为概念之下讲述了命令、行政处分、行政执行和行政罚等内容，包括了法律行为和事实行为。对于总体上的行政行为，马君硕认为，法治国家的行政行为是法的执行作用，行政机关执行作用的不合法就是行政行为的违法。违法不仅包括违背现行成文法（法律及法规命令），也包括违背习惯法及法律原则。我国司法法院对刑事或民事案件涉及行政命令的也有审查权，行政法院在审理违法处分及诉愿决定时，对于有关行政命令是否违法，自应连带审查。行政行为违法可分为形式上违法和实质上违法两种。形式上违法是行政机关的意思表示违法，包括行政行为的无权（僭夺公务、侵越职权、

---

① 参见林纪东编著：《中国行政法总论》，正中书局1947年第5版，第178-183页。
② 参见林纪东编著：《中国行政法总论》，正中书局1947年第5版，第184-185页。

不合代理)、违背法定程序及意思表示失实等。实质上违法包括行政行为内容的违法和目的的违法。①

马君硕在行政行为一章中设"行政处分"一节,谈及行政处分的性质及效力、类别、成立要件、无效及可撤销等四个方面的内容。所谓行政处分,是指行政主体就具体事项所作的单方的意思表示,依其表示而发生法律效果。行政处分有拘束有关人民及政府自身的力,但其拘束力与法规不尽相同,处分常对特定人发生效力,有时也有普及性。凡行政处分设定的法律关系,国家各机关均受其拘束,处分虽然有撤销或变更的可能性,但在有效成立后、未经合法撤销及变更之前,其效力及于国家自身。马君硕仅仅提及拘束力,也是颇具特色的。在行政处分的成立要件上,在形式方面,即便是非要式的法律行为,也应以明示的方法通知特定人;在实质方面,处分机关须有处分能力及权限,处分内容须依据法规,至少不抵触法规,处分的表示与真意相一致。马君硕理解的这种成立要件其实也是合法要件。在行政处分的违法上,马君硕区分了无效、不存在和可撤销(得撤销)三种情形。第一,无效的行政处分完全不产生行政处分的效力,对于人民全无拘束之力。经人民提起诉愿或诉讼,上级官署或行政法院应确认其无效而作出撤销的宣告。无效行政处分赋予人民权利的,与未有该行政行为相同,普通法院可认定其权利为无效;使人民负担义务或限制人民权利自由的,人民没有服从的义务,普通法院可依独立意旨加以裁判。无效行政处分不因诉愿或行政诉讼期间贻误而变为有效,也不因事后追认而发生效力。在行政处分无权、违背法定程序、丧失意思能力、处分内容违法时,行政处分无效。第二,行政处分的不存在,是并未发生与行政处分观念相当的事实,对此人民不得提起诉愿或行政诉讼。但行政处分不存在的原则可不适用于事实上公务员的情形。第三,行政处分的可撤销。违反非重要的法令、存在公益上的不当、有意思表示的瑕疵,可由行政官署或行政法院予以撤销。在撤销之前,该行政处分仍属有效,进而区别于无效的行政处分。对人民有利或并无不利,行政官署可自由裁量予以撤销;凡足以妨害人民所有权利或利益或经许可的案件,须依法定理由,或依法规裁量方可撤销;行政处分经过诉愿期间而未被提起诉愿,该处分在法律上即有确定力,行政机关不得将其撤销。有权撤销者包括原处分官署、上级监督官署以及行政法院。对于违法的行政处分,撤销对人民有利,其效力以溯及既往为原则,对于人民不利,其效力以自撤销之日起为原则。对于不当的行政处分,仅在公益上未能适当,其效力非溯及既往,只应自撤销之日开始,倘若不当的原因发生于事后,其

---

① 参见马君硕:《中国行政法总论》,商务印书馆1947年版,第212-217页。

撤销的效果为处分的废止，当然无溯及既往之理。① 由此来看，马君硕的行政处分无效原因较多，似违法即可归为无效，可撤销的行政处分多为不当的情形。

纵观民国时期的行政法学，仅从术语上来说，"行政行为"一词基本上是在具体的、公法上的行政作用层面上来使用的，包括行政处分、行政契约、事实行为等内容，使用"行政处分"概念表述狭义行政行为内容是主流的用法。行政处分论的体系已然建成，涵盖了界定、性质、内容、附款、有效成立要件、瑕疵、撤销与废止等内容。

三、苏联传入的国家管理概念

新中国成立初期传入的苏联行政法学，采用的核心概念是"国家管理"。对于国家管理，存在多种理解的可能：一是指国家在组织社会联系方面所进行的全部活动，二是仅为国家管理机关的执行-指挥活动，三是指国家管理机关的全部活动，四是指一切从属于法律的国家机关的执行-指挥活动。执行-指挥活动根据法律并为了执行法律，在法律授予的权限范围内实现国家职能，它是实现国家职能的一种特殊方式，不同于立法活动和审判活动，立法机关、审判机关等也可能进行执行-指挥活动。故而，司徒节尼金认为，"国家管理就是国家机关的执行－指挥活动"。② 这类似于实质意义的行政。

苏联行政法学并没有使用行政行为的概念，但类似定位的事物是存在的。例如，司徒节尼金的《苏维埃行政法（总则）》设置了"苏维埃国家管理的法令"与"保证执行苏维埃国家管理法令的办法"两章，体现了法律－国家管理法令－保证执行办法三个阶段的观念。在国家管理法令中，包含着个别法令这一类似于行政处理决定的类型，但司徒节尼金并没有将个别法令作为一个专门问题展开探讨。在保证国家管理法令执行的办法中，最主要的办法是说服和强制，而且首要的办法是说服。在行政强制之下存在"行政处分"的办法，它指公民、机关、团体或公职人员违反了行政法规范，由国家管理机关当局给以处分。③ 但这里的"行政处分"概念大致相当于我们今天的"行政处罚"概念。

1980 年代翻译的苏联行政法著作也大致作如上处理。马诺辛等著的《苏维埃行政法》对苏维埃国家管理作出了定义："苏维埃国家管理，是国家为建成

---

① 参见马君硕：《中国行政法总论》，商务印书馆 1947 年版，第 224 - 240 页。
② ［苏］C.C. 司徒节尼金：《社会主义国家管理制度和苏维埃行政法对象问题》，《苏维埃行政法论文选译》（第一辑），中国人民大学国家法教研室编译，中国人民大学出版社 1957 年版，第 15 - 23 页。
③ 参见［苏］C.C. 司徒节尼金：《苏维埃行政法（总则）》，中国人民大学国家法教研室译，中国人民大学，1953 年，第 136、163 页。

共产主义社会，依照并执行法律，由不断进行工作的国家管理机关行使其执行指挥职能而实施的实际组织活动。"该书第四编"苏维埃国家管理的形式与方法"下设五章，首先是概念和分类；其次是国家管理的法律文件；再次是国家管理的两种方法，即说服和行政强制；最后是行政责任。国家管理的法律文件是"苏维埃国家管理机关旨在确认或变更行为规则，产生、变更或消灭苏维埃国家管理中的法律关系的行为"。管理性法律文件中包括规范性法律文件与非规范性（个别的、行政的）法律文件，非规范性法律文件大致相当于行政处理决定。另外，在行政强制之下也包含了今天被称作行政处罚的"行政处分"内容。①

受此影响，1982年西南政法学院校内使用的教材也以行政管理（亦称"国家管理"）为核心概念，展开全书的体系。但特异的是，该书在行政管理之下使用了"行政行为"的概念，认为"行政管理是通过行政行为实现的"。"所谓行政行为是指国家行政机关依据法律实施行政权而发生法律效果的行为。有关行政行为的用语，各国不一，苏联称为行政职务行为。我国没有统一的用语，有时用行政措施，有时用行政工作。而在行政行为的含义上，也有广义和狭义之分。广义的行政行为，是指国家行政、机关行政和事务行政活动的总称。狭义的行政行为是指基于行政权而在一定行政关系中产生法律效果的行政法律行为。资产阶级行政法通常将行政机关的一切活动总称为'行政作用'。其中大部分是不发生法律效果的行为，如实施工程，整理档案，进行宣传等行为，称为'事实上的作用'。把发生法律上效果的行为，如发布命令，任免官吏，批准某种发明权等，称为'行政行为'。"依执行和指挥活动而为的行政行为主要是行政命令和行政措施两大类，前者是行政机关运用行政权为实现国家职能而制定规章或为贯彻一定政策而发布的指令，后者是指行政机关依法就具体行政事务单方面所为而发生法律效果的行为。②显然，该书的编写者既熟悉当时的苏联行政法学状况，也有民国时期的行政法学知识。在两页纸的行政行为介绍之后，该书又回到苏联行政法学的体系脉络中。

四、行政行为与行政决定的体系

改革开放之后的行政法学，从《行政法概要》开始就没有采取苏联行政法学无行政行为概念的做法，而是回到民国时期的体系中，恢复了"行政行为"的体系定位，虽然其在术语上存在种种差异，但学者们大体上是在总括性的行政行为

---

① 参见［苏］B. M. 马诺辛等：《苏维埃行政法》，黄道秀译，群众出版社1983年版，第11、170、173、200页。
② 参见钮传诚主编：《中华人民共和国行政法概论》，西南政法学院国家与法的理论教研室，1982年4月，第90-92页。

与具体的行政决定的框架下来处理的。

(一) 行政行为与采取行政措施

1983年的《行政法概要》第七章是"行政行为",其下包括行政行为的概念和种类、制定行政管理法规的行为、采取行政措施的行为、强制执行和行政处罚四节内容。很明显,这是一个概括性的"行政行为"。"行政行为,是国家行政机关实施行政管理活动的总称,它是国际公认的研究行政法学的专用词,实际上是行政管理活动的代称。"行政法学总论对各部门的行政管理活动进行综合分析,如行政管理活动的方式、方法、内容、程序、效力、执行等,探讨行政行为的一般原则等。行政行为包括:(1)事实的行为和法律的行为,以是否直接发生法律效果为标准进行区分,事实的行为不发生有效无效的问题,而只发生责任问题;(2)抽象的行为和具体的行为,以是否以对具体事件进行处理为标准进行区分;(3)单方面的行为和多方面的行为,以成立行政机关的决定所需意思表示的个数为标准进行区分,多方面的行为包括行政协议和行政契约等。对于行政机关的哪些行为是行政行为,说法又不一样。法国学者认为国家行政机关全部所谓公法上的行为都是行政行为。德国学者则认为只有国家行政机关所作出的具体决定才是行政行为。这种分歧的产生主要是因为两国行政诉讼管辖的范围不同。[1]

类似于狭义行政行为的概念,在《行政法概要》中采用的是"采取行政措施的行为"。"行政措施,是指行政机关在进行行政管理活动时,对于具体事件所作的单方面的处理,是具体的行政行为。"行政措施视其所发生的效果归自己或归他人,可分为独立的行政措施和补充的行政措施;以其受法律拘束的程度如何,可分为羁束的行政措施和自由裁量的行政措施;视其是否必须具备一定的方式,可分为要式的行政措施和不要式的行政措施。国家行政机关的行为必须合乎法律才能发生效力,法律要求行政机关的行为遵守一定的条件,这被称为行政行为的有效要件或有效成立要件。其要件包括行政机关须为合法的组织,有采取措施的权限,行政措施的内容须确定、可能且不违反法律的规定,行政机关的意思表示没有缺陷、符合法律所规定的程序、符合法律所规定的方式。行政措施的效力依其内容和法律的规定而定。依行政措施的内容,可以发生拘束力、确定力和执行力三种效力。在拘束力中,就公民的拘束力而言,公民常因行政措施而负有行为或不行为的义务,或取得要求国家行为或不行为的权利;就国家机关的拘束力而言,凡行政措施在未经废止或撤销以前,一切国家机关都有遵守的义务,包括上级机关。在确定力中,行政措施所规定的事项,未经法律允许,公民不得要求更

---

[1] 参见王珉灿主编:《行政法概要》,法律出版社1983年版,第97-100页。

改，这是对公民的确定力；行政措施的内容一经决定，即为最终的决定，行政机关不得任意更改其内容，这是对行政机关的确定力，但这一问题尚有争论。如果行政措施的内容是命令相对人为一定的行为或不为一定的行为，在相对人不履行义务时，可依法定程序强制执行。如果行政措施在效力要件上有所欠缺，那就是违法的行政措施，当然影响它的效力，或为无效的行政措施，或为可撤销的行政措施。无效等于没有采取过行政措施，但其具有行政措施的外形，就其是否无效有争论时，仍应按一般程序提出申诉，请求确认无效。撤销是指已经生效的行政措施因被发现在成立时具有违法事由，另以其他行为消灭其效力。行政措施是否宜撤销，与其内容和性质有关。凡课公民以义务或限制公民自由的行政措施，若具有应当撤销的事由，可以由行政机关自由撤销；凡赋予相对人利益、免除相对人义务的行政措施，若具有应当撤销的事由，应根据公共利益考虑，是以撤销为宜还是以采取其他方法为宜；凡行政措施的性质具有确定力者，只在其作为确认的根据有错误或违法，因而对确认行为产生重大影响时，才能依法定程序和方式撤销。行政措施在成立时合法，日后因情势变迁不宜继续存在时，可以用另一行政措施使它向后消失效力，这被称为行政措施的废止。被废止的行为原来是合法的，从被废止之日起丧失效力。废止行政措施的机关只能是原机关。①

  与《行政法概要》类似，应松年、朱维究编著的《行政法学总论》将"行政行为"设为第六章，其下包括行政行为的概念和种类、制定和发布行政管理法规的行为、规定和采取行政措施的行为、行政强制执行和行政处罚五节内容。该书对行政行为的界定是"国家机关，主要是国家行政机关依法实施行政管理，直接或间接产生行政法律效果的行为。"这一行政行为的概念实际上与行政作用的概念大致等同。该书以行为的方式方法为标准，将行政行为分为制定和发布行政管理法规的行为（制定法规）与规定和采取行政措施的行为（采取措施）两大类，行政措施实质上是一种行政执法行为，行政管理法规必须通过行政措施才能直接产生法律效果。该书还以行政行为是否直接产生法律效果为标准，作出了行政行为与准行政行为的分类，后者并不直接产生法律的效力和后果，但对产生法律效果的行政行为有直接的影响，主要有通知行为、证明行为、确认行为、受理行为、调查行为和咨询行为等类型。这里的"准行政行为"概念与范扬的准行政行为概念相同，其中的通知、证明、受理三项内容也与范扬列举的类型相同。"国家行政机关依据行政管理法规，针对特定对象，所采取的具体的、单方面的、能直接产生行政法上法律效果的行政行为，叫规定和采取行政措施的行为。""国家

---

① 参见王珉灿主编：《行政法概要》，法律出版社1983年版，第112-125页。

行政机关的这种具体行为,旧时行政法著作中称为'行政处分'。"有效的行政措施,具有确定力、约束力和执行力三种效力。确定力有对公民的确定力,亦即行政措施所规定的事项,未经有关机关并通过法定程序的允许,公民不得更改;有对行政机关的确定力,亦即行政措施一经确定,除非有法律法规规定,行政机关不得任意变更内容,也被称为不可变更力。①

1988年,皮纯协主编的《中国行政法教程》也使用了行政行为与行政措施的概念,但有其创新之处。该书认为,行政行为一词原本是行政学上的术语,指行政机关的行政管理活动,后来资产阶级行政法学者将此概念引入行政法学中,它成为行政法学的一个具有国际性的术语。理论上对行政行为的定义有很多争议,但行政法学上的行政行为只限于由行政法所调整的行政行为,制定行政立法、规定行政措施的行为都属于行政法上的行政行为。对于行政行为的分类也有很多探讨,该书归纳总结了15种分类,指出还可以根据行为程序的不同,将行政行为分为行政立法行为、行政执法行为、行政司法行为。如此分类,有利于研究行政立法、执法和司法各自的程序,加强行政程序的立法和研究是当务之急。该书正是按照这一分类,在行政行为一编之下分设了行政立法、行政执法、行政司法三章内容。"行政执法,指以行政机关为主依照行政执法程序贯彻执行行政法的行为。"行政措施是行政执法的一种手段。对于行政措施的解释存在两种意见。一种认为,这是一个学理名词,单指行政机关在进行行政管理活动时依行政管理法规对具体事件所作的处理,是具体的行政行为;另一种认为,行政措施的含义就是《宪法》第89条规定中所指的,是国务院及其他国家行政机关为了执行法律和上级或同级权力机关的决议所采取的各种具体办法和实施手段。该书赞同第二种意见,与宪法保持一致,而且,行政措施不是仅仅依据行政管理法规而产生的。该书之后介绍的行政措施的内容、表现形式、效力(拘束力、确定力和执行力)等内容,均与具体的行政行为相同。② 该书所构建的概念体系就是行政行为—行政执法—行政措施。

(二)行政活动与行政行为

1985年,姜明安的教材《行政法学》使用了"行政活动"与"行政行为"的概念。1986年,姜明安在其新版教材《行政法概论》中明确提出"行政活动法"的概念。所谓行政活动,就是国家行政机关及其工作人员受国家委托,代表国家,以国家名义对国家社会、经济、文化等事务实施的具体的、经常的、实际

---

① 参见应松年、朱维究编著:《行政法学总论》,工人出版社1985年版,第258—264、285—299页。
② 参见皮纯协主编:《中国行政法教程》,中国政法大学出版社1988年版,第64—76、110—118页。

的组织管理活动。行政活动具有法律从属性、命令性、强制性（先说服后强制）、创造性等特征。行政活动法是规定国家行政机关行使行政职能、进行行政活动的规则和程序的法律规范的总称，包括行政活动的基本原则、行政管理法规、行政行为、行政监督、行政奖励和行政处罚等内容。行政行为有广义狭义之分。广义的行政行为包括行政机关的全部活动，包括事实的活动、法律的活动、抽象的活动和具体的活动；狭义的行政行为仅指行政机关所为的具体的法律行为。姜明安在狭义上使用行政行为的概念，这与后来的"具体行政行为"概念相近。行政活动法对行政行为的调整主要表现在确定行政行为的基本内容，规定行政行为的成立要件与生效规则，规定行政行为的法律效力，以及行政行为撤销、改变的条件和程序。行政行为的内容包括设定或免除义务、设定或撤销权利、赋予或剥夺能力、变更法律地位、确认法律事实、裁决行政纠纷，还包括强制执行。行政行为的法律效力包括确定力、拘束力和执行力三个方面。[①] "行政活动"相当于行政作用，但在中文中前者更易理解。

（三）行政行为与行政执法

1989年，第二本统编行政法教材罗豪才主编的《行政法学》使用了"行政执法"的概念，即"行政机关执行法律的行为，是主管行政机关依法采取的具体的直接影响相对一方权利义务的行为；或者对个人、组织的权利义务的行使和履行情况进行监督检查的行为"。这一概念与行政立法、行政司法、行政监督、行政合同等概念相对，故而不同于广义"行政行为"或整个行政活动的概念。该书还使用了"行政执法行为"的概念，并指出行政执法行为的生效要件包括实体要件（主体合法；行政机关意思表示真实；行政个人必须有法定的权利能力和行为能力；行政执法行为有一定标的物时，该标的物必须是依法能作为该行为的标的物）和程序要件（符合法定程序，符合法定形式）。有效的行政执法行为具有确定力、拘束力和执行力。在行政执法行为之下，该书分出两种行为，即行政决定和行政监督检查。其中，"行政决定又称行政处理决定等等，是行政机关依法针对特定对象所作的具体的、单方面的、能直接发生行政法律关系的决定，是行政机关运用最广泛的一种执法手段。"这类似于最狭义的行政行为。至于行政监督检查，"是指行政机关为实现行政管理职能，对个人、组织是否遵守法律和具体行政决定所进行的监督检查"。[②]

[①] 参见姜明安：《行政法学》，山西人民出版社1985年版，第258-261、295-307页；姜明安：《行政法概论》，北京大学出版社1986年版，第171-176、205-218页。

[②] 罗豪才主编：《行政法学》，中国政法大学出版社1989年版，第133-144页（应松年执笔）。

1996年，前述1989年罗豪才主编的《行政法学》进行了修订。该书由原先的行政立法、行政执法、行政司法三章并列改为行政行为、行政立法、行政执法、行政司法四章并列，出现了位于行政立法、行政执法、行政司法三者之上的"行政行为"概念。该书认为，行政行为是行政法律行为的简称，与民事法律行为相对。虽然对行政行为的概念有多种理解，但该书采取通说意见，即"行政行为是指国家行政机关依法实施行政管理，直接或间接产生法律效果的行为"。其主体要素是国家行政机关（在具体行政行为领域，可以是法律法规授权的组织），职能要素是行政机关行使职权、实施行政管理，法律要素是依法直接或间接产生行政法律后果（间接，也就是对即将作出的行政行为产生影响或做必要的准备，有学者称之为"准行政行为"，该书认为其应属于行政法律行为的范围）。① 该书"行政行为"章之下除概述之外，还设有行政行为的分类、行政行为的内容、行政行为的效力三节内容，试图涵盖广义行政行为的范围（一定程度上是对原书行政决定的种类、行政执法行为的生效要件、行政执法的效力三部分的扩充）。该书在"行政执法"章之下，也谈及了行政执法的效力，与过去的三效力相比，增加了"公定力"内容。该书认为，公定力"或称先定力，指行政执法行为一经作出，应推定其为合法有效，个人、组织都必须服从，除非由有权机关经法定程序变更或撤销。公定力是具体行政行为被诉不停止执行的依据。其理论根据是，行政机关是代表国家和社会公共利益行使职权的，故应推定其执法行为是合法有效的，否则，行政机关就失去了行使权力的基础。个人、组织如对执法行为不服，可以依法提出申诉或提起诉讼"。此后，行政执法行为四效力成为通说。该章与之前一样设有"行政处理决定与行政监督检查"一节，只是将原先的"行政决定"改作了"行政处理决定"。②

1993年，应松年主编的《行政行为法》一书使用了广义的行政行为概念。该书认为，"在行政法学中，行政行为是行政法律行为的简称，与民事法律行为相对称。行政行为是行政机关和法定授权组织为实现行政管理目标执行公务的方式方法总称"。但这种界定将行政活动意义上的行政行为称作行政法律行为，其实是不妥当的。该书依据行政机关与被管理者形成的关系结构不同，将行政行为分为行政立法、行政执法和行政司法三类。"当行政机关执行公务时与特定公民、组织形成单一对应关系时，我们称这种行为为行政执法行为。""行政执法行为是把具有普遍约束力的决定命令适用于具体个人的行为，其行为必然会对公民法人

---

① 参见罗豪才主编：《行政法学》，中国政法大学出版社1996年版，第124-126页（应松年执笔）。
② 罗豪才主编：《行政法学》，中国政法大学出版社1996年版，第188-190页。

产生一定约束力和影响力,是一种产生现实影响的行为。"① 行政执法行为大致相当于行政执行法的行为,包括最狭义行政行为和事实行为等。该书在行政执法行为之下主要是按照行政检查、行政奖励、行政许可、行政强制执行、行政契约等执法形式来说明的,尚未形成最狭义行政行为的独立概念。

(四) 行政行为与行政处理

1999年,姜明安主编的《行政法与行政诉讼法》专设"行政行为"一编,其下设行政行为概述、行政立法、行政处理、行政主体实施的其他行为等章。该书所理解的"行政行为"是指"享有行政权能的组织(行政主体)运用行政权对行政相对人所作的法律行为"。它设想排除的是不具有行政权能的组织所作的行为、具有行政权能的组织非运用行政权所作的行为、非针对行政相对人所作的行为、不具有法律意义的事实行为。但这一界定中的"法律行为"已经与其所设想排除的"不具有法律意义的事实行为"相矛盾了,法律行为与事实行为是一对概念。该书区分介绍了行政行为的构成要件与合法要件,还谈及行政行为的效力(包括公定力、确定力、拘束力和执行力)。在行政处理部分,为了防止概念的混乱,该书首先界定了"行政处理",它"是指行政主体为实现相应法律、法规、规章确定的行政管理目标和任务,应行政相对人申请或依职权依法处理涉及特定行政相对人某种权利义务事项的具体行政行为"。该书也认为,行政处理行为一经作出即具有公定力、确定力、拘束力和执行力。② 这就与前述行政行为的效力一样了。由此可以看出该书并没有很好地处理好行政行为与行政处理的关系。

2005年,姜明安主编的《行政法与行政诉讼法》出版第二版,涉及行政行为与行政处理的关系部分有重要调整,此后基本定型。以其第七版为例,其第三编行政行为之下,首先是行政行为概述,接下来分成行政立法(此前版本是抽象行政行为)与具体行政行为,再对具体行政行为作出分解。其对行政行为的定义是"行政主体为行使职权而作出的具有行政法意义的法律行为"。这与第一版定义差别不大。但在此之后该书只是对广义行政行为作出分类、对行政行为的模式进行介绍,而不再有行政行为的构成要件、合法要件、效力等内容。后述这些内容移至新设的"具体行政行为"一章。该书所理解的具体行政行为,"是指行政主体针对特定行政相对人所作的行政行为"。具体行政行为具有公定力、确定力、

---

① 应松年主编:《行政行为法——中国行政法制建设的理论与实践》,人民出版社1993年版,第1-3页。

② 参见姜明安主编:《行政法与行政诉讼法》,北京大学出版社、高等教育出版社1999年版,第141、175-177页。

拘束力和执行力。而该书中对于行政处理的界定与第一版中的并无明显不同。①

(五) 广狭义行政行为用语的确定

当代中国行政法学上对行政行为概念的使用，迄今未达成共识。通过以上梳理，可以肯定以下两点：其一，大多数人都不在最狭义概念上使用"行政行为"一词，这与民国时期是一致的；其二，大多数人都在不同层面上对行政行为作出区分，既有广义的行政行为，也有最狭义的行政处理或行政决定，只是用词的差别。

1984 年，王名扬简要介绍了法国的行政行为概念。"在法国，行政行为是指行政机关受公法规定的行为，不问这种行为是事实行为或法律行为，单方面的行为或多方面的行为。研究行政行为的目的，在于说明行政机关的行为的效力和引起的责任。而行政行为的效力和责任，是和行政诉讼分不开的。由于法国行政法院受理行政诉讼的范围很广，因而行政行为的概念也就很广。"② 王名扬言简意赅地点明了法国行政行为概念的意义所在。

1989 年《行政诉讼法》使用了"具体行政行为"的概念，据此确定行政诉讼的受案范围。但理论上和实务中对此概念的理解都有一定分歧。1991 年《最高人民法院关于贯彻执行〈中华人民共和国行政诉讼法〉若干问题的意见（试行）》（已废止）第 1 条对"具体行政行为"作出明确规定，它"是指国家行政机关和行政机关工作人员、法律法规授权的组织、行政机关委托的组织或者个人在行政管理活动中行使行政职权，针对特定的公民、法人或者其他组织，就特定的具体事项，作出的有关该公民、法人或者其他组织权利义务的单方行为"。这一界定明显采用了狭义行政行为的概念，但与法律自身所规定的行为范围不符。方世荣曾批评指出，该定义仅解释了外部的具体行政行为，而忽视了内部具体行政行为的存在；仅关注行使职权的行为，而忽略了履行职责的行为和未履行职责的不作为；将具体行政行为的对象限于人和事同时特定的情形，既是仅从外部表象认识问题，也没有认识到行政法律行为的相对方只能是人；将具体行政行为限于单方行为，排除了行政合同。他认为，具体行政行为应是指"行政主体在国家行政管理活动中基于行政职权或行政职责所实施的，能实际性影响相对一方权利、

---

① 参见姜明安主编：《行政法与行政诉讼法》，北京大学出版社、高等教育出版社 2005 年第 2 版，第 173 页以下（叶必丰执笔）。2019 年第 7 版对具体行政行为的界定是"具有行政权能的组织为实现行政规制而运用行政权，针对特定相对人设定、变更或消灭权利义务关系所作的单方行政行为"（第 183 页）。

② 王名扬：《法国的行政法和行政法学》，《行政法概要》编写组：《行政法资料选编》，法律出版社 1984 年版，第 515－516 页。

义务的作为或不作为行为"。① 2000 年《最高人民法院关于执行〈中华人民共和国行政诉讼法〉若干问题的解释》（已废止）、2014 年《行政诉讼法》均将"具体行政行为"的"具体"二字删除。对此，在理论上既有扩大了行政诉讼受案范围的理解，也有删除前后并无不同的看法。而在实务中，在 2000 年解释、2014 年新法之前，都已经出现了行政事实行为的规定和行政合同的案件。故而，它们并无实质不同，只是将不当的限缩做法取消了。

"行政行为"概念在 2014 年修改《行政诉讼法》时成为实定法概念，对于行政行为是最广义的行政活动还是除规范性文件之外的行政活动，是狭义行政行为与事实行为之和还是最狭义行政行为，理论上还有很大争议。

将广义行政行为概念与行政诉讼的受案范围相关联来确定其内涵，是较为妥当的。② 换句话说，可以将广义行政行为作为行政救济法的基础概念来对待，由此来确定行政法应当研究的行政的行为范围，在此前提之下再作类型化区分。而最狭义行政行为，也就是行政决定，是要首先作为行政实体法问题来对待的，其要件、效力、合法性等都有区别于行政立法、事实行为、双方法律行为的必要性。即使进入诉讼领域（并不限于行政诉讼），类型化区分也是法院审查行政行为的前提，法院正是依据事前的实体法规则展开对各种类型行政行为的审查。

五、行政行为论的当代论争

行政行为理论研究日渐全面，逐步深化，在行政行为的一些重要领域，诸如行政行为的构成要素、行政行为的附款、行政行为的合法要件、行政行为的效力、行政行为的瑕疵、行政行为的无效、行政行为的撤销、撤回及其限制等都取得了一定成果，其中，行政行为的效力（尤其是公定力）和行政行为的瑕疵（尤其是行政行为无效）的研究相对丰富。

（一）行政行为的公定力

在行政行为的效力构成上，存在种种说法。既有基于传统的日本法的效力构成，也有基于德国法的效力构成，但后者的主张者较少、研究尚不充分，诸如赵宏的《法治国下的目的性创设》、章剑生的行政法教材③等，德国式的效力构成

---

① 方世荣：《论具体行政行为》，武汉大学出版社 1996 年版，第 6-13 页。
② 在我国，还有一点特殊的是，行政诉讼的受案范围采取了列举主义，如此就产生列举的受案范围与作为其标准的"行政行为"之间的关系问题。参见朱芒：《概括主义的行政诉讼"受案范围"———一种法解释路径的备忘录》，《华东政法大学学报》2015 年第 6 期，第 60 页以下。
③ 章剑生：《现代行政法总论》，法律出版社 2019 年第 2 版，第 154-158 页。其主张的是存续力（形式存续力＝不可争执力、实质存续力＝不可变更力）、构成要件效力、确认效力和执行力四种。

要取代日本式的效力构成尚需时日。

1. 公定力的本质与界限

叶必丰在行政行为领域的著述颇丰,他在其博士学位论文的基础上出版了《行政行为的效力研究》。该书认为,从行政权视角谈公定力的本质,主要有德国的自我确认说(以奥托·迈耶和福斯特霍夫为代表)和法国的预先特权说(以莫里斯·奥里乌为代表)两种学说。从法律视角讨论行政行为公定力的本质,主要有既得权说、法安定说、法的归属说、合法性推定说等学说。叶必丰自身持合法性推定说,他认为,公定力实质上是一种假设的法律效力,行政行为在有权机关按照法定程序证明并宣告其违法之后再丧失效力。法律对行政行为作出上述假设或保护,是为了适应法安定性的需要。"总之,行政行为的公定力是指行政行为一经作出,即使具有瑕疵,在未经法定国家机关按法定程序作出认定和宣告以前,也具有被视为合法行为并要求所有国家机关、社会组织和个人尊重的法律效力。它是一种法律假设,而不是行政机关的自我确信。它是假设和推定的结果,而不是行政特权的体现。它的目的是为了维护法律安定性,而不是对行政特权的一种保护,不是一种行政豁免权。"此外,在公定力的界限上,存在有限公定力和无限公定力两种学说,其差别在于是否认为无效行政行为具有公定力。该书持无限公定力说。其理由在于,在我国,国家垄断了无效行政行为的确认,其他主体并无判断权,故而,无效行政行为在被确认无效前应具有公定力。[①]

与上述合法性推定说的公定力观不同,章志远认为:"行政行为一经做出,除自始无效外,即获得有效性推定,在未经有权机关依法撤销之前,要求任何国家机关、社会组织或公民个人对其给予承认、尊重和服从并不得根据自己的判断对其无视、否定或抵抗的效力。"这可被称作有效性推定说。行政行为的公定力以行政行为的成立为前提,并且行政行为非自始无效。也就是说,章志远持有限公定力说。[②]

对于这种合法性推定说,王天华提出批评:既然行政行为是被推定为合法,行政诉讼中就应当由原告对行政行为违法事由承担举证责任;若说无效行政行为也有公定力,就等于说无效也有效。王天华全面梳理了日本公定力理论的源流,指出合法性推定说是一种实体法上的评价,以此为基础的公定力可谓实体性公定力概念,它是以公权力的先验优越性原理为基础的。第二次世界大战之后,公权力的先验优越性被否定,行政行为的公定力转为一种程序性概念,因为实定法上

---

① 参见叶必丰:《行政行为的效力研究》,中国人民大学出版社2002年版,第68页以下。

② 参见章志远:《行政行为效力论》,中国人事出版社2003年版,第54页。

行政行为的撤销程序具有排他性,在被撤销之前,只能假定其有效。这种程序性公定力概念强调公定力的实定法属性,并且只是有效性推定,而非合法性推定。这种公定力概念也避免了前述举证责任分配上的逻辑窘境。王天华认为,我国的这种合法性推定说作为一种保守的实体性公定力概念,包含着公权力的先验优越性因素,但欠缺实定法依据,甚至与我国的实定法存在明显抵触的侧面,亟须扬弃。①

叶必丰后来将其理论改作合法有效推定说:"公定力是指具体行政行为一经行政主体作出,不论是否合法或存在瑕疵,即被推定为合法有效,并要求所有国家机关、社会组织或个人尊重的一种法律效力。公定力是法律安定性的必然要求,是对权利义务关系的法律保护。""公定力所要求的尊重,是指具体行政行为的结论应作为其他法律行为的前提,而不能任意否定。"叶必丰仍然认为,公定力并不以具体行政行为的合法为前提,不过,已有的实践表明,对具有重大且明显瑕疵的具体行政行为,法院可以在并非该行为的争议中直接予以否定。②

2. 公定力的事项范围

行政行为的公定力是存在范围的。一般认为,公定力是对世效力,对所有主体都有效,这是公定力的主观范围。有争议的是公定力的事项范围或客观范围。所谓公定力的事项范围,是指公定力在其他事项上的有效范围。通常讨论的是行政行为的公定力与民事诉讼、刑事诉讼的关系。

叶必丰在"公定力所支持的规则"之下讨论这一问题。在行政行为构成另一法律行为的基础行为或前提要件时,行政行为的公定力表现为对司法裁判、仲裁裁决的拘束力。民事诉讼、刑事诉讼都应当尊重公定力,有关行政行为的争议应当通过行政救济途径解决。③

赵宏、王世杰等所讨论的"行政行为的构成要件效力"与公定力的事项范围问题是类似的,不过,不似公定力是对世效力那样,构成要件效力是相对效力。赵宏介绍了德国法的学理指出,行政行为的构成要件效力是指除行政行为的作出机关外,其他所有的行政机关和公法上的行政事务承担者以及原则上所有的法院,都必须对已生效的行政行为中确认的事实要件及其在法律上的存在予以尊

---

① 参见王天华:《行政行为公定力概念的源流——兼议我国公定力理论的发展进路》,《当代法学》2010年第3期,第13页以下。

② 参见姜明安主编:《行政法与行政诉讼法》,北京大学出版社、高等教育出版社2019年第7版,第198-199页(叶必丰执笔)。另可参见叶必丰:《行政行为原理》,商务印书馆2014年版,第278-280页。

③ 参见叶必丰:《行政行为原理》,商务印书馆2014年版,第278-281页;叶必丰:《行政行为的效力研究》,中国人民大学出版社2002年版,第92-96页。

重,并将其作为自身决定的基础。构成要件效力是所有有效行政行为的共同特征,基于法安定性要求和权力分立的保障,拘束其他机关和法院的构成要件效力就会产生,其存在并不需要法律的特别规定,相反,要排除这种效力需要法律的特别规定。在民事领域,如果某私法关系以行政行为作为法定的构成要件,民事法院就无权在该私法关系的民事诉讼中审查该行政行为;如果某行为已经行政机关批准或是符合公法的规定,除非法律明确排除行政机关的许可可以排除第三人特定的民事请求权,否则行政行为的作出并不影响第三人民法上的权利主张,也不能当然地免除侵权行为的损害赔偿责任。在刑事领域,如果刑法规定以"合法的行政行为"作为刑罚的构成要件,法院可以甚至有义务审查行政行为的合法性;如果刑法规定只是以"行政行为"的存在为刑罚的构成要件,则法院不得审查行政行为的合法性;如果是将行政行为作为刑罚的消极构成要件(诸如"未经许可"),刑事实务中仍须审查行政行为的合法性,但其受到行政法学者的反对。①

王世杰认为,行政行为的构成要件效力是指无审查权的行政机关和法院应尊重已生效的行政行为,受行政行为的拘束,并将其作为自身决定的构成要件的事实。之所以承认构成要件效力,主要是基于宪法维度的权力分立与机关忠诚、行政系统内的权限分配以及行政的一体性。藉由构成要件效力,行政机关的权限以及法的安定性得以确保。与赵宏不同,王世杰认为,通常具有构成要件效力的只有形成性行政行为,而不包括确认性行政行为。确认性行政行为只是由行政机关对法规范进行首次具体化,在诉讼中通常仅具有权利证明的效力。而形成性行政行为含有额外的实体法规范要素,是行政法律关系变动以及实体法律效果产生的效力依据。法秩序将这种法律效果的形成权仅赋予行政机关(发生争议时,赋予审理行政诉讼的法院),法院也就只能受其拘束。在我国民事诉讼领域,原则上承认行政行为的拘束作用,但否定确认性行政行为对民事审判的拘束。在刑事诉讼中,基于贯彻罪刑法定原则、维护刑事审判的完整性与独立性、切实保障人权、确保法秩序统一的立场,法院原则上可以审查刑事案件中行政行为的合法性。对于以负担行政行为为要件的刑事案件,法院应对作为刑事制裁前提的行政命令的合法性进行审查;对于以授益行政行为为要件的刑事案件的特定情形,基于维护相对人信赖、保障人权的需要,应当承认授益行政行为对法院具有拘束作用。②

---

① 参见赵宏:《法治国下的目的性创设——德国行政行为理论与制度实践研究》,法律出版社 2012 年版,第 292-303 页。
② 参见王世杰:《论行政行为的构成要件效力》,《政治与法律》2019 年第 9 期,第 64 页以下;王世杰:《论行政行为对刑事审判的拘束》,《政治与法律》2018 年第 6 期,第 26 页以下。

（二）行政行为的无效

行政行为的瑕疵通常分为应予撤销的瑕疵与无效的瑕疵。争议较大者在于有无必要如此区分，如何区分。

1. 无效行政行为的必要

对于无效与撤销之间的区别，章志远认为体现在四个方面：第一，引发因素不同。导致无效的原因为存在特别严重且明显的瑕疵，而引起撤销的原因则是一般瑕疵。第二，效力不同。无效是指自始完全不发生效力，即在理论上不能作合法、有效的推定；而被撤销的行为已经发生效力，即在撤销之前应作合法、有效的推定。第三，评判主体不同。对于行政行为的无效，除由特定主体予以确认外，行政相对人及其他利害关系人也可以自行判断并予以抵制；而对于行政行为的可撤销，则可能由有权主体按法定程序予以实施，行政相对人在该行为被撤销之前仍应受其拘束。第四，争讼期限不同。对于无效的行政行为，有关当事人可以在任何时间向有权机关提出确认无效的请求；而对于可撤销的行政行为，当事人必须在法定期限内提出，否则将丧失争讼权。[①]

王锡锌认为，行政行为无效理论表达了公法上一个核心思想：公权力的行使如果不具备某些最基本的实体与程序要件，将被视为根本不存在或者不具备实质合法性，因而，也就不具有针对相对人的法律效力。相对于一般的违法行政行为而言，无效行政行为既然被推定为在法律上根本不能成立的行为，相对人就可以忽视，可以不予理睬，可以在任何时候请求法院宣告该行为无效而不受诉讼时效的限制。为了保障相对人切实行使对无效行政行为的抵抗权，首先需要通过实在法对行政行为无效的理由进行明确规定，同时，还需要在行政诉讼中建立起"请求宣告无效之诉"制度加以保障。[②] 沈岿也认为，无效理论赋予了公民在某些情形下直接抵抗行政命令实现的权利，其规则化、制度化无疑将使得这种充分肯定个人自由自主的权利获得实定法上的支持。确立这种权利不仅具有理论上的正当性，也有现实上的可能性。[③]

对此，余凌云批评认为，公民的抵抗权与起诉期限是无效行政行为的两个基本内核，但两者都不能成立。在法的制度上给予相对人对无效行政行为的抵抗

[①] 参见章志远：《行政行为效力论》，中国人事出版社2003年版，第105-106页。
[②] 参见王锡锌：《行政行为无效理论与相对人抵抗权问题探讨》，《法学》2001年第10期，第19-20页。有学者将公民抵抗权作为无效行政行为制度的理论基础（金伟峰：《无效行政行为研究》，法律出版社2005年版，第48页以下），这是本末倒置的。不是因为有抵抗权才去承认行政行为无效的。
[③] 参见沈岿：《法治和良知自由——行政行为无效理论及其实践之探索》，《中外法学》2001年第4期，第478-480页。

权,其实是置相对人于"以卵击石"的极度危险境地,并且增加法的不安定性。在无效行政行为作出之时,不见得都会立刻产生对相对人的事实上的不利,相对人也有可能有充足的时间去寻求法院或者复议机关的救济、制止无效行政行为的执行。因此,根本不需要让相对人自力救济。而如果承认无效行政行为不受起诉期限的限制,那显然不利于法的安定性以及社会关系(秩序)的稳定。即便承认无效与撤销之间的区分意义,那也是在诉诸法院、在法院确认之后才显现的。但这又要受制于诉讼资格和受案范围。故而,区分缺乏必要性。① 显然,余凌云更重视的是法的安定性,且从可行性和必要性角度反驳无效行政行为的存在意义。张旭勇也提出猛烈的批评:理论上,相对人对无效行政行为的抵抗权,直接影响他人权益的同等保护,因而,不具有正当性;制度运作中,相对人对行政行为无效与否的判断,因其难以克服的客观认知局限和主观动机障碍而极不可靠;抵抗实践中,相对人不可能也不应当拥有抗衡政府的实力,抵抗举动最终都不会成功,相反还可能遭受新的伤害;主动在正常的救济期限之外起诉,不仅没有明显收益,而且面临巨大的风险。国内学者单向、过度地关注行政行为的道德维度,却回避了制度操作的技术困境,于解决具体的法律问题无益。②

有关抵抗权的讨论,在国外的无效行政行为研究中是看不到的。从逻辑上说,行政行为自始无效,不产生法律效果,相对人自然没有履行的必要,在行政机关要求履行时,相对人可以拒绝,而且不应由此而遭受不利后果。换言之,相对人针对无效行政行为享有拒绝权,但还谈不上积极的所谓抵抗权。何海波认为,承认公民的拒绝权"是对公民作为行政法主体地位的尊重,也是对良好行政和实质法治的追寻"。③ 但是,无效行政行为毕竟还表现出行政行为的形态。在实践中,因为相对人与行政机关对某个无效行政行为可能有不同认识,为了确保安全,相对人请求确认行政行为无效,较为妥当。

在救济法上,行政行为无效是一种司法政策或目的功能论的产物,旨在为特定的情形打开权利救济之路。撤销程序维护的是法秩序的安定性,其维护机制就是起诉期限,而确认无效程序则是突出例外的救济必要性。在撤销诉讼的一般程序之外仍然要设立确认无效诉讼,为超过起诉期限的人提供救济。

2. 无效行政行为的可能

我国早期常是根据国内外的有关规定,对无效行政行为的情形作出列举。例

---

① 参见余凌云:《行政行为无效与可撤销二元结构质疑》,《法治论丛》2005年第4期,第70-71页。
② 参见张旭勇:《权利保护的法治限度——无效行政行为理论与制度的反思》,《法学》2010年第9期,第111页以下。
③ 何海波:《公民对行政违法行为的藐视》,《中国法学》2011年第6期,第132页。

如，姜明安认为，行政行为具有特别重大的违法情形，或者具有明显的违法情形，行政行为的实施将导致犯罪，没有可能实施的行政行为，行政主体受胁迫作出的行政行为，行政主体不明确或明显超越相应行政主体职权的行政行为，都构成行政行为无效的情形。①

随着国外理论的传入，无效行政行为的抽象标准出现了。金伟峰主张，重大且明显说应当成为我国行政程序法中确认无效行政行为的一般标准，因为它兼顾瑕疵的重大性要件和瑕疵的明显性要件。以瑕疵的重大与否为标准，平易而近情理。但对无效行政行为的认定又不能仅仅从行政行为的内部要素着眼，而应兼顾其外观要素。因为行政行为具有公定力，除明白无效者外，在未被有权机关推翻以前，一般人均应遵守。究竟何谓无效行为而可不予遵守，唯有从外观上决定。②

重大且明显说可谓理论上的通说，2014 年《行政诉讼法》第 75 条、2021 年《行政处罚法》第 38 条均确立了这一无效标准。在我国司法实践中，法院虽然在无效的认定标准上多明确指明采用了重大且明显说，或实质上采用该标准，但有时既没有指明所用标准，甚至实质上也没有采用重大且明显说。之所以如此，还需要回到行政行为无效的功能上来解释。在无效行政行为创立之初，就是希望其发挥救济法上的特殊功能。脱离功能的视角，无效与应予撤销的区分是没有意义的，宣布撤销行政行为同样能实现宣告行政行为无效的效果。所以，实体法上纵然能作出一定区分，如果不从救济法上分别设计，行政行为无效就无法实现有别于撤销的功能。对于什么样的行政行为无须用撤销程序来排除其效力，或者反过来说，无须用撤销程序来保障其效力，这就是无效行政行为。无效行政行为的背后是利益衡量。法院实际上是在衡量相对人的利益、有无第三人及第三人的利益、承认无效可能导致无法实现行政目的的损失、法安定性等的基础上，确定行政行为是否无效、是否应当由法院提供救济。③ 这种个案中具体利益衡量难以适用重大且明显标准来作出统一的评判。

六、行政行为论的调适方向

综上所述，行政行为论的研究从一开始就有意区分了单方性具体行政法律行为的行政行为与其他行政行为，"行政行为"的主导用法从来都不是表示单方性

---

① 参见姜明安：《论行政行为合法的标准与无效的标准》，《政府法制》2001 年第 11 期，第 6-7 页。
② 参见金伟峰：《我国无效行政行为制度的现状、问题与建构》，《中国法学》2005 年第 1 期，第 43 页。
③ 参见王贵松：《行政行为无效的认定》，《法学研究》2018 年第 6 期，第 165-169 页。

具体行政法律行为，相反，指代一般行政活动的"行政行为"更为常见。无论使用行政处分还是行政决定、行政处理，单方性具体行政法律行为始终是行政行为论的中心内容。而行政决定论（姑且以此来说明）的内容，主要包括了成立生效要件、附款、效力、瑕疵、撤销和撤回，也保持长期的一贯性，甚至像公定力这样的行政决定效力更是贯穿始终。但毫无疑问，行政决定论所处的法治环境已经发生很大变化，已由形式法治走向了实质法治；今天的行政决定论已经大为缩减，已由主导的行政作用形式变成了行政的法律形式之一；今天的行政决定论已在明确性和安定性之外，有了部分可变性和灵活性。在法治的新形势之下，如何构建合适的行政决定论体系，如何才能适当发挥行政决定论的功能，还有一段很长的调试过程。

第三节　行政契约论的变迁

行政契约，又被称作公法契约、行政合同、行政协议等。这是一个近代行政法中存在、但是在当代行政法中才发达起来的概念。其发展不仅是时代变迁和政府职能扩张的体现，也是行政法治观念变化的体现。

一、公法上契约论的传入

契约在中国源远流长，得到广泛使用。在清末，公法上的契约观念已经传入中国，而且一开始就出现肯定与否定两派观点，论争的意味颇浓。

1903年，作新社编译的《行政法》设"出于合意之行政行为"一章，与行政处分相并列。出于合意的行政行为在国际法上有国际条约，在国内公法上有公法上之契约，在私法上有私法上之契约。"公法上契约者，出于国家与私人之合意，而所定公法上之关系之法律行为也。"否认公法上契约者认为，国家行为都是权力作用，没有权利义务关系，不可能有合意关系。而该书认为，既然国家已制定法规，其意志的界限就确定了，在法规范围内，臣民未尝不能有权利，国家未尝不可负有义务；在公法范围内，权利义务关系可以存在，合意关系自然也有可能存在。否定论者还认为，国家是统治的本体，与臣民并不对等，故两者之间无所谓合意关系。而该书认为，国债募集是出于财政目的，归化许可、任命官吏等行为固然是权力关系，不论是否以合意为条件，国家容纳臣民意志，却都是显然的事实。否定论者还认为，国家权力不能有合意的目的，故不可有合意关系。而该书认为，权力只要不是有违法之事，有合意的目的，有何不可？况且国家行为不必都有权力相随。故而，上述三种观点均不可采用。在公法领域可以有合意的关系，至于是否效仿民法称该行为为契约，其妥当与否，则不过是用语之争。①

夏同龢编辑的《行政法》中也出现了"公法上之契约"一词，不过，该书是将其置于行政处分一章之下来处理的。该书以百余字的篇幅简要说明了这一概念。该书认为，国家命令人民负担的行政行为，固然要依据法规，但有当事人承诺，则可不必根据于法规。"本其承诺之行政行为，通常称公法上之契约。"例如，任命官吏、许可归化。"然此若犹以公法上之契约名，颇为不当。夫契约，私法上之观念也。公法上之行为而亦名契约，恐或因文字偶同，而误解其性质也。"② 清水澄讲义的表述是，"凡不根据法规，仅根据人民承诺之行政行为，通常名为公法上之契约。最重要者，如任命官吏，许可归化是也。惟其名称与法理实不相合也"。③ 夏同龢与夏同龢所依据的清水澄讲义的意思大体相近，"公法上之契约"的概念难以成立。

1906年，袁希濂翻译的美浓部达吉《行政法总论》也出现了"契约"的概念，位于"行政行为"的下位，与行政处分相对。美浓部达吉认为，国家以其单方意思命令之外，其余均为契约，国际条约、民法上的契约均属于契约。在行政法上必须论及的是公法上契约，它是为发生公法上的法律关系，国家与臣民之间意思合致。若国家没有法规的根据，却要让臣民负担义务，可依当事人承诺，代替法规的根据。公法上契约就是以当事人的承诺所作的国权行为。公法上契约最重要的实例就是官吏的任命，任命官吏绝非强制国民负担任官吏的义务，而必以任命之旨待其承诺，区别于单纯的命令。虽然多数学者反对契约的名称，因为没有对等的价值，个人的意思完全不能说是行为的要素，所以，不能称之为契约。但公法上契约与纯然的一方行为相比，其性质究属有异，故称之为契约，绝非不当。④

两相比较就可以发现，清水澄与美浓部达吉的论述是存在差异的：公法上的契约概念能否存在？它是行政处分的同位概念还是下位概念？不过，在课予义务上，两者都认为，当事人的承诺具有替代法规依据的意义。

二、公法上契约论的展开

进入民国时期，公法上契约的概念得到了正面认可，相应研究渐次展开，其

---

① 参见作新社编译：《行政法》，作新社1903年版，第44-47页。
② ［清］夏同龢编著：《夏同龢文辑》，梁光华、饶文谊、张红辑校，凤凰出版社2013年版，第124页。
③ ［日］清水澄：《行政法泛论》与《行政法各论》，金泯澜等译，魏琼勘校，中国政法大学出版社2007年版，第181页。
④ 参见［日］美浓部达吉：《行政法总论》，袁希濂译，普及书局1906年版，第27-31页。

中也不乏对公法上契约的类型化区分。这一时期也出现了"行政契约"的概念。

(一) 民初的公法上契约论

1920年代，在钟赓言的行政作用体系中，合意行为是行政行为的一种，区别于单独行为。在合意行为中，有公法上的协定与公法上的契约两种。前者是以两个以上意思合致构成单一的法律意思；后者是双方当事者互有反对或独立的利益，约定一方担任特定的负担，另一方承受相当的利益而成立。有的概称为契约，但严格而言，应以后者为限。对于公法上契约的可能性，钟赓言指出，国家虽为统治权的主体，但其统治权并非没有限制。权力既然有限制，则国家仅可在法规所允许的范围内命令人民、使人民负担义务。如果国家要超出限度而命令人民，除相对人承诺外，别无他道。这种行为即为契约。在国家的行为中，在单独行为中，当事人的意思仅为国权发动的原因；在公法上之契约中，当事人的意思为该行为的成立要素。凡国家行为的结果，使当事人对于国家负担特别的义务，该义务并非依法律业已发生，而依此行为新行设定，国家因此取得新设的权利，该行为就是公法上的契约。若其行为的结果并未使国家取得新权利，则为国家单方面的行为。[①] 在这里，公法上的契约是得到认可的，并且是行政处分的同位概念，具有替代法规作为依据的效果。

(二) 1930年代的行政契约论

进入1930年代后，行政契约的概念出现，相关研究稍有发展，也有了外国法上的行政契约的译介。

1. 朱章宝的行政契约论

朱章宝在其教材的"行政行为"章之下专设"行政契约"一节，其内容虽然短小，但却是首次将"行政契约"作为一节的标题。"由国家和人民双方的意思表示而成立的行政行为，叫做行政契约（administrative contract）。行政行为虽以国家权力的强制为惟一要素，但是这种强制力发生的原因，是由于人民当初组织国家时的合意，故人民对于国家应负的一切义务，必须以基于人民合意的宪法为根据，即所谓宪法上当然的义务是。此外还有一种基于个人临时同意的特定义务，非经当事者的同意，而成立公法上的契约关系之后，不能由国家一方的意思强制其负担，这里所谓'同意'和上面所述许可、认可及特许的'请求'却有区别，请求是许可的原因，而同意是行政契约的要件。没有请求，无从许可，故说是原因；虽有请求，而可以不许可，故请求不是许可的要件。请求不能看作同

[①] 参见钟赓言：《钟赓言行政法讲义》，王贵松、徐强、罗潇点校，法律出版社2015年版（原书为1927年版），第94-98页。

意，故许可、认可及特许，不是行政契约，而仍是行政处分。"该书将归化、任官当作行政契约最显著的例子，归化是本国政府依当事人的同意而允许其取得国籍，官吏关系经当事人同意后才能成立。①

2. 范扬的行政契约论

在范扬的行政行为论体系中，行政行为以当事人之数为标准分为单方行为、双方行为及合同行为。行政上的双方行为，又称为公法上契约或行政契约，是两方当事人彼此为实现不同目的，互为意思表示，因其一致而成立的行政行为。公法上的合同行为，又称为公法上的协定，是多数当事人为实现共同目的而作出意思表示，依其结合而成立的单一的行政行为，例如乡镇联合的订立、商会联合会的发起设立等。仅在法律认许时，方可作出合同行为。范扬认为，公法关系未必尽为权力关系，也有对等关系，故而，以契约是对等关系中的行为为理由、绝对否认公法上契约的观念，属于不当之论。以当事人为标准，行政契约可分为三类。其一是行政客体相互间的契约，即人民相互间的契约，除法律所认许外，私人不得任意缔结这类契约，因为公法原则上是强行法，私人不能任意设定公法关系。现行法上，在未由土地征收委员会议定前，项目人与土地所有人及关系人的协议属于这一类。其二是行政主体相互间的契约，即国家与自治团体间及自治团体相互间的行政契约。除法律有明白限制外，行政主体可依公益判断，缔结这类契约，它以任意设定为原则。其三是行政主体与客体间的契约，即国家与人民间的契约，这是行政契约中最重要的部分。除法律积极认许外，如果不违反法律禁止，可就一般事项缔结这种行政契约。一般可为的场合有两种：一种是限制缔约人自由的场合，这种场合如果不违反法规，仅可缔结行政契约。要限制人民的自由和财产，非依法律或得其承认不可。故而，首先须有法规根据，如非有法规上根据，则须征得其同意。以故意合意成立的契约，限制个人自由，在法上并不妥当。行政契约不得违反现有的法规。服从的契约属于这一类契约。② 另一种是非限制缔约人自由的场合。这时设定法律关系，本来就不必有法规上的根据，以行政契约另加设定，在法上自无不可。但法律课予人民的义务，不得以行政契约予以免除；一般不承认的权利（如特许）也不得以契约设定。行政契约是规定公法上的法律关系，当事人违反契约上义务时，不能以民事诉讼手段请求救济。其救济除诉愿或诉讼外，应向有监督权的官署请求监督。但因解除契约的结果而有返

---

① 参见朱章宝：《行政法总论》，商务印书馆 1934 年版，第 168-169 页。
② 究竟能否容许这种无法规依据的行政契约，范扬的观点不甚清晰，查看该书的其他版本亦为如此。

还金钱请求权发生时，则其权利行使属于私法上关系，可成为民事诉讼的标的。①

3. 法国和日本行政契约论的译介

1932年，阮毅成将其在巴黎大学听取加斯东·热兹讲授行政契约所作的笔记节译发表。该文指出，通常说契约的条件是对等的意思表示、双方的共同合意。行政契约通常适用普通法，特殊者适用特别法。行政契约形式上的条件有四个：一是缔约者一方是民法上具有行为能力的个人或法人，另一方是有权管辖的行政机关；二是遵守法定手续，以免公务人员滥用权力；三是按照法定形式；四是目的正当，原因合法。该文还分别介绍了国家行政契约、地方行政契约、乡村行政契约等类型，涉及议会对国家行政契约的监督、行政契约的修改与追加、投标制度等内容。②

1936年，在日本东北大学学习的李禹铭将其指导教授柳濑良干的论文《公法上之契约可能及不自由》翻译发表。该文分析了两个问题：其一是公法上契约的可能性。契约是由对立的两个意思表示合致而成的法律行为。公法固然具有强行性，但仍有自由裁量的空间，立法者抛弃其对于将来的预见和规范，而交由执行机关判断和决定；行政作为法的执行者，与人民平等地立于立法者面前，两者的意思是对等的，行政行为具有拘束力，是法律对于行政行为所承认的结果。故而，在公法上也可以有与私法上同质的契约现象，契约的观念绝不是与公法关系本质不相容的。其二是公法上契约的不自由。在公法之下，因为带有公共性质，一切行政行为均须有法律的明示根据，即便有对方的同意，也以法律上容许行政行为发生其效果为必要。故而，没有契约自由原则的存在，只有在法律上有明示规定的场合，公法上契约才可以有效地成立。③

（三）1940年代的公法上契约论

在法律行为的行政行为中，有单独行为的行政行为，也有双方行为，前者常被称为行政处分，后者无一定名称。林纪东认为，为区别起见，或可称之为公法上契约。私法上的法律行为以契约为通常状态，单独行为毋宁为例外。而在公法关系中，因国家或公共团体系立于优越意思主体的资格、支配人民的地位，故常以其单独意思与人民之间发生法律关系，行政行为以单独行为为通常形态。但若

---

① 参见范扬：《行政法总论》，中国方正出版社2005年版，第157、191-193页。
② 参见阮毅成译介：《论行政契约》，《法律评论》第10卷第7期（1932年），第3-8页。加斯东·热兹（Gaston Jèze，1869—1953）在原文中被写作了Goston geze。
③ 参见［日］柳濑良干：《公法上之契约可能及不自由》，李禹铭译述，《法律评论》第14卷第6期，第5-16页；第7期，第7-16页（1936年）。

说国家与人民的关系是不对等关系,不能成立公法上契约,则较为不妥。实务中不乏其例,例如任意的公用负担、基于协议的土地收用、基于协议的公法上损失补偿、公法上补助契约、行政事务的委任等。当双方的意思表示具有同一的内容,依其合致而发生一定的法律效果,即为双方行为。若其意思表示具有公法性质,则称之为公法上契约亦无不可。这与基于声请的国家单独行为性质不同。基于声请的国家单独行为,声请与国家行为各自发生效果。私法上契约自由,公法上契约不自由,只在不抵触法规的限度内才能有效成立。公法上契约有公共团体相互间的对等关系,也有国家或公共团体与人民相互间的不对等关系,前者与私法上契约相同,后者虽然不失为契约,但双方的意思并无对等的价值,国家或公共团体的意思有公定力,相对人因而受其拘束。故而发生以下结果:(1)不对等关系的契约虽然可以由行政权单方面意思来撤销,但相对人不得撤销。若相对人的意思完全不存在,则因缺乏行政行为的有效要件,该契约不免为无效。若相对人的意思有法定的瑕疵,则因已经有国家或公共团体的意思表示,行政行为仍完全有效成立,相对人不得以撤销权相对抗。反之,若行政权方面的意思表示有法律上瑕疵,行政官署当然可以撤销。(2)不对等关系契约的解除权,双方也不对等。在行政权方面,如具备一定要件,可单方面将其解除,但在相对人方面,仅可提出解除的声请,原则上不得径自解除。(3)不对等关系契约的法律上保护与对等关系契约大异其趣。私法上契约在契约效力有争执或不履行契约时,常可以民事诉讼请求法律的保护。公法上契约则以公法上关系为内容,而公法上关系不得为民事诉讼的目的,故而,公法上契约虽有争执,除法律有特别规定外,不得以民事诉讼请求救济,仅可提出诉愿或行政诉讼。对于契约效力的争执,行政官署的决定亦有公定力,相对人应受其拘束。在不履行契约时,行政官署有强制执行或解除契约的权能,而相对人仅有时可有解除的权能而已。[①]

另外,对于集合行为(由于多数意思表示的结合而发生法律行为)与契约行为的区分,林纪东持否定态度,与范扬的肯定立场形成对照。他认为,集合行为的典型实例为议决、选举、团体设立行为等。议决、选举行为仅为决定国家或公共团体意思的方法,构成议决或选举的意思表示仅为立于国家或公共团体的机关地位者所作出的机关意思表示,而非法律上人格者的意思表示。而且,议决、选举的决定自身并非意思表示,议决尚需以一定方式发表于外部,才是意思表示,构成行政行为;选举也须将其选举结果通知当选人,得到其承诺时才发生法律效果。议决、选举仅为意思的决定,而非意思表示,并非行政行为。而设立团体行

[①] 参见林纪东编著:《中国行政法总论》,正中书局1947年第5版,第147-152页。

为，发起人及加入创立总会者是代表将来成立团体的机关，是为团体而作出的行为，依其所议决的章程在团体成立后即为有效的团体章程。故而，团体设立行为自身也是一种单独行为。因此，如果认为集合行为既不属于单独行为，也不属于契约，而是其他法律行为，就颇欠正当性。①

三、行政合同论的转换

或许是囿于计划经济的影响，新中国成立初期引入的苏联行政法学并没有公法上契约、行政契约或行政合同的内容。这种状况到改革开放之后才发生转变。

(一) 合同对契约的取代

自新中国成立初期开始，在立法实务中，"契约"一词的使用逐渐减少，有时与"合同"并列使用，并逐渐为"合同"所取代。在法律层面，仅1950年中央人民政府委员会第八次会议通过的《土地改革法》使用了"契约"一词，该法第 30 条规定，"土地制度改革以前的土地契约，一律作废"。之后"契约"一词只是在 1990 年《香港特别行政区基本法》(第五章第二节土地契约以及第 160 条)、1990 年《领事特权与豁免条例》(第 14 条)、1993 年《澳门特别行政区基本法》(第 120 条、第 145 条) 这三部现行有效的法律中出现过，而且多用于土地契约中。在行政法规层面，仅 1950 年的《契税暂行条例》(第 3 条、第 11 条) 和《私营企业暂行条例》(第 17 条、第 23 条、第 25 条) 在使用"契约"一词，1956 年《律师收费暂行办法》已经开始并用"契约""合同"(第 8 条规定"代书契约、合同")，1982 年《公证暂行条例》(第 4 条)、1984 年《国有企业成本管理条例》(第 7 条)、1985 年《借款合同条例》(第 2 条) 也存在并用的做法，现行有效的行政法规仅 1987 年制定、2020 年修订的《外债统计监测暂行规定》还在使用"契约"一词 (第 3 条规定"具有契约性偿还义务的全部债务")。"契约"一词在立法中已近乎绝迹，而"合同"一词则大量涌现。过去通常区别于"契约"的"合同"，现如今成为"契约"的代名词。

不过，民国时期对双方行为与合同行为的区分，在新中国仍出现过。1983年，王珉灿主编的《行政法概要》将行政行为分为单方面的行为和多方面或多边的行为，多方面的行为是指由两个或两个以上的意思表示而成立的行政行为。"它既包括多数意思同意共同实现一个目的，集合而成一个行为，例如协议的行为就是多边的，但在对相对人的效力上与单边行为相同；又包括双方当事人为达某

---

① 参见林纪东编著：《中国行政法总论》，正中书局 1947 年第 5 版，第 153 – 154 页。

些不同的目的而互为意思表示，因其一致而成立的行政行为，亦称行政契约。"①其中，集合而成的行为就是过去的所谓合同行为。

（二）行政合同的兴起

随着经济改革的发展，为了调动社会主体的积极性，1982年《经济合同法》上的经济合同等政府与社会之间签订的合同日渐得到应用，区别于民事合同的相应理论逐渐出现。不过，这种经济合同早先主要在民法或经济法中得到研究。

1988年，罗豪才主编的《行政法论》一书首次设置了"行政合同与许可证制度"一章，其下设"行政合同"一节，这是新中国行政法教材中第一次出现"行政合同"的概念。或许是因为《民法通则》《经济合同法》等法律均已使用"合同"的概念，这时出现的概念就是"行政合同"，而非行政契约。不过，仍能发现两个概念之间的连续性。该书认为，"行政合同是至少一方为行使国家行政权的机关或个人的当事人之间在行政法律关系的基础上，相互意思表示达成一致的协议（或称契约）"。订立行政合同首先是一种行政行为，而非民事行为或经济法律关系中的行为。在订立行政合同的形式要件上，要求至少一方当事人必须是行使国家行政权的机关或个人。当事人之间订立的合同是否属于行政合同，还要看该合同是否基于行政法律关系订立，行政合同的目的在于更好地实现国家行政职能。在通常情况下，订立行政合同的意思表示都是由行使国家行政权的机关或个人提出的，而且这种意思表示具有优越效力。② 至于行政合同中当事人的权利义务，该书的观点与法国行政法上的内容大致相同。

1989年，作为高等学校法学试用教材，罗豪才主编的《行政法学》设置了专门的"行政合同"一章，"行政合同"首次成为一章之名。该书指出，"行政合同也称行政契约"，行政契约以这种方式再次出现。"行政合同"从此成为主流术语，该书对于行政合同的介绍也成为此后的主流认识。

该书对"行政合同"的界定是这样的："行政合同是指行政机关之间，或行政机关与个人、组织之间，为实现国家行政管理的某些目标，而依法签订的协议"。行政合同的特征在于：双方当事人中必有一方是行政机关；双方当事人地位不同；目的在于实施国家行政管理的目标，内容涉及国家和社会的公共事务；以双方当事人意思表示一致为成立要件；在行政合同的履行、变更或解除中，行政机关享有行政优先权；行政合同如果发生争议，则应诉诸行政法庭解决。前四项实际上也构成行政合同的判断标准。行政合同有内部合同和外部合同，有承包

---

① 王珉灿主编：《行政法概要》，法律出版社1983年版，第99页。
② 参见罗豪才主编：《行政法论》，光明日报出版社1988年版，第179页。

合同、转让合同和委托合同，行政委托是行政合同的一种形式。对行政机关来说，订立行政合同既可以更好地保证国家行政目标的实现，又可以因合同双方权利义务关系的明确性而避免推诿塞责，杜绝不负责任的官僚主义；对作为当事人的个人或组织而言，订立行政合同既可以使人们更好地发挥积极性和创造性，又可以使合同争议发生后上告有门，解决有据。在行政合同中，行政主体一方有选择合同相对一方的权利，对合同履行的监督权和指挥权，单方面变更或解除合同的权利，对不履行或不适当履行合同义务相对一方当事人的制裁权，保证兑现其应给予合同相对一方当事人的优惠或照顾的义务，给予相对一方当事人物质损害赔偿的义务，按照合同规定给付价金的义务；相对一方当事人有要求享受优惠和照顾的权利，获得相应报酬的权利，要求给予物质损害赔偿或补偿的权利，按照合同规定的条件、期限认真履行合同的义务，接受行政主体一方当事人的监督和指挥以及依法实施的制裁的义务。显然，这是依据法国行政合同的知识所作的介绍。该书还特别提及"行政合同行为"的概念，即行政机关签订、履行、变更或解除行政合同的各种活动，行政合同行为同样属于行政行为，是国家行政权运行的体现，并直接产生法律效果。与一般行政行为不同的是，它是一种双方合意的行为，它的作出须以合同双方当事人协商一致为前提。对于行政合同纠纷，双方当事人应事先规定一套处理办法。行政合同纠纷一般先由双方友好协商解决，协商不成，可以提交上级行政机关裁决。在不服裁决的情况下，可以向人民法院起诉，也可以直接向人民法院起诉。行政合同纠纷的处理程序，各国规定有所不同。当时我国尚未将行政合同与一般经济合同区别开来，因此，行政合同纠纷一般由法院经济审判庭按民事诉讼程序处理。①

1994年，张树义出版了一本小册子《行政合同》。这是中国最早研究行政合同的著作。该书共六章，分别探讨了历史的源头、行政合同的种类、行政合同的基本理论、行政合同的缔结、行政合同的履行、行政合同的救济。这是从历史和现实状况来归纳分析中国的行政合同问题，并试图说明行政合同的运行规则。该书认为，"所谓行政合同就是行政主体为执行公务的目的，与相对人之间确定权利义务关系的协议，它适用不同于一般合同的某些特殊规则"。行政合同与民事合同的区别在于：首先是目的，行政合同的目的是执行公务，或者说为了满足公共利益的需要，这是两者的根本区别；其次是主体，行政合同至少有一方当事人

---

① 参见罗豪才主编：《行政法学》，中国政法大学出版社1989年版，第226页以下（张焕光执笔）。顺便提及，张焕光、胡建淼的《行政法学原理》指出，行政合同"也称行政契约，或公法上的契约"。张焕光、胡建淼：《行政法学原理》，劳动人事出版社1989年版，第305页。

是行政主体；再次是内容，行政主体在行政合同中享有某些特权；最后是适用的法律规则，行政合同会适用一些不同于民法的特别规则。①

1999年，第三本统编教材姜明安主编的《行政法与行政诉讼法》在"行政主体实施的其他行为"一章中设"行政合同行为"一节，但其下的内容主要是使用"行政合同"的概念，行政合同行为仅为签订、履行、变更或解除行政合同的行为。该书所理解的"行政合同"是指"行政主体以实施行政管理为目的，与行政相对一方就有关事项经协商一致而达成的协议"。行政合同具有行政性，旨在实现行使行政职权的目的，行政合同具有合意性，在行政合同行为上还有法定性，不得法外实施行政合同行为。行政合同要遵循公开竞争、全面履行、公益优先原则。②

四、行政协议论的展开

2014年，《行政诉讼法》修改，"协议"一词首次进入行政诉讼法。此后，"行政协议"的概念得到较多使用。但在行政法学界一般认为，行政合同与行政协议并无实质不同，混用者仍不在少数。下面将有关"行政合同"的论争一并在此处理。

（一）作为法律概念的协议

姜明安主编的《行政法与行政诉讼法》新版也使用了"行政协议""行政协议行为"的概念。该书指出："行政协议，亦称行政合同，它是指行政机关以实施行政管理为目的，与行政相对人就有关事项经协商一致而成立的一种双方行为。"这一定义不仅强调了双方行为的性质，也表明了行政协议与行政合同的一致性。该书还特别作出说明，"2014年《行政诉讼法》修改后，政府特许经营协议、土地房屋征收补偿协议等属于行政诉讼受案范围。因制定法上'行政合同'并不少见，故这里仍然保留行政合同概念，它与行政协议相同"。③ 从这里，也可以再次看到实定法对行政法学的影响，从行政契约转为行政合同，再从行政合同转为行政协议，均为如此。

不过，在过去的理论中，还存在协定或协议与契约的区分。协定或协议是集合行为，而契约是双方行为。行政契约是一方要约、另一方承诺，双方互相负有

---

① 参见张树义：《行政合同》，中国政法大学出版社1994年版，第87页以下。
② 参见姜明安主编：《行政法与行政诉讼法》，北京大学出版社、高等教育出版社1999年版，第251-252页。
③ 姜明安主编：《行政法与行政诉讼法》，北京大学出版社、高等教育出版社2019年第7版，第309-310页（章剑生执笔）。

义务，而行政协定则是相互约定共同朝着某一方向从事某一活动、采取某种措施等。目前的行政协议或行政合同都是在双方行为的层面上而言的。至于作为集合行为的协定或协议，在现实中仍然存在，理论上曾使用行政协定、行政协议的概念来说明。

在行政法学界，杨临宏最早注意到行政主体之间的行政协定，他结合我国台湾地区学者的研究，给行政协定作出界定："行政协定是指行政主体之间为有效地行使国家行政权力，实现国家行政管理职能，明确各自的职责权限而互相意思表示一致达成协议的双方行政行为。"行政协定是双方行政行为，区别于单方行政行为；是行政主体之间发生的行政行为，区别于行政主体与行政相对人之间的双方行为；是协商一致的行政行为，区别于行政主体采用强制手段推行的行政行为；是行使行政权力、实现行政管理目的的行为，区别于行政机关以私法主体身份作出的私法行为。行政协定与行政合同的不同之处在于：在主体上，行政合同发生在行政主体与行政相对人之间，而行政协定则发生在行政主体之间；在优益权上，行政合同中的行政主体享有优益权，而在行政协定中，若是对等的行政主体之间则不存在优益权的问题，若是隶属关系的行政主体之间则存在监督检查的关系；在内容上，行政协定涉及行政权的处分，而行政合同则没有；在效力上，行政合同只拘束合同双方当事人，而行政协定还拘束第三人，与其相关的第三人也要服从行政权限的调整。① 不过，法学界也多将美国的洲际政府之间缔结的协议、美国总统与外国政府之间缔结的协议称为行政协定（administrative agreements）。

也有学者使用行政协议的概念来表达对等性行政契约或行政合同的内涵。例如，叶必丰将区域间政府缔结的协议称为行政协议，并认为这既是一项法制创新，也是一个新的行政法学范畴。② 何渊直接将不对等性行政契约称为行政合同，而认为行政协议是"两个或者两个以上的行政主体或行政机关为了提高行使国家权力的效率，也为了实现行政管理的效果，而互相意思表示一致而达成协议的双方行为，它本质是一种对等性行政契约"。③

但是，在行政协议成为法律术语之后，对等性行政契约的"行政协定"或

---

① 参见杨临宏：《行政协定刍议》，《行政法学研究》1998年第1期，第3-4页。
② 参见叶必丰：《我国区域经济一体化背景下的行政协议》，《法学研究》2006年第2期，第57页。2022年，该文被收录于书中时，其标题被调整为"政府间的区域合作协议"，但仍注释说明"区域合作协议与行政协议同义"，避免了正文的冗长表述和诸多修改。参见叶必丰：《区域合作法论》，法律出版社2022年版，第255页。
③ 何渊：《论行政协议》，《行政法学研究》2006年第3期，第46页。

"行政协议"都将面临更名的命运。行政协议已成为行政合同、行政契约的代名词。

在通常的教科书中，都是将行政协议作为一种行政行为来对待的，当然，这里的"行政行为"是广义上的概念。在2014年《行政诉讼法》上，"行政行为"与"协议"两个概念都是存在的，对于两者的关系有不同的认识。有的是将法律上的行政协议作为行政行为的一种，有的则是将行政协议与行政行为当作并列的概念。

（二）行政协议的认定之争

对于行政合同或行政协议的认识，历来颇有争议。但与早期的论争不同，当代的争议不在于行政协议能否成立，而在于行政协议的范围，或者说以何种标准来认定行政协议。这里，不仅有行政法学与民商法学之间的论争，也有行政法学内部的争议，其核心的关注在于哪一种方式才能更好地保障私人一方的合法权益。在实定法上，2015年，《最高人民法院关于适用〈中华人民共和国行政诉讼法〉若干问题的解释》第11条第1款规定，"行政机关为实现公共利益或者行政管理目标，在法定职责范围内，与公民、法人或者其他组织协商订立的具有行政法上权利义务内容的协议"，属于行政协议。2019年，《最高人民法院关于审理行政协议案件若干问题的规定》第1条规定，"行政机关为了实现行政管理或者公共服务目标，与公民、法人或者其他组织协商订立的具有行政法上权利义务内容的协议"，属于行政协议。其认定标准发生了微妙的变化。

2004年，崔建远发表论文对行政合同提出批判。他认为，我国行政合同理论受到法国行政合同理论的很大影响，但其四个认定标准在中国都存在问题。首先是主体标准，政府部门参加到合同中来，并不是以行政主体的身份，而是以平等的身份缔结和履行合同。其次是执行公务标准，这里要看执行公务是作为合同的标的还是按照隶属服从关系原则行事，如果是前者，行政色彩融于"执行公务"这个合同标的自身之中，并不折射到合同当事人双方基于合同产生的权利义务上。再次是特别权力标准，指挥监督权、单方面变更权甚至制裁权属于行政法律关系，但在合同中所占比例较低，不改变合同的基本属性。最后是超越私法规则标准，这些合同的法律关系本来就是民商法律关系，本应适用私法规则，而不应排除私法规则的适用。因此，中国法不宜沿袭法国法上的行政合同制度及其理论。[①] 2017年，崔建远再次发文对行政合同边界不清、范围过大问题提出批评。他认为，其症结在于，行政合同论者只要找到合同含有公益性、实现行政管理职

---

① 参见崔建远：《行政合同之我见》，《河南省政法管理干部学院学报》2004年第1期，第99－102页。

能、载有行政优益权的色彩，就认定为行政合同。他主张，应借鉴英美法上的"近因理论"和法国法上的"直接执行公务说"，选取最接近合同的因果链条，并根据其所蕴含、体现的属性作为认定该合同的法律性质、类型归属。如果最接近合同的因果链条所蕴含、体现的是市场规律，如果该合同项下的权利义务呈现的是对等性，而非隶属和服从，就将该合同认定为民商合同，而非行政合同。[①]

2018年，陈国栋认为，崔建远的批评一定程度上反映了我国在移植法国行政合同理论时所存在的偏差，但崔建远对行政合同的行政性存在重大误解。行政合同行政性的本源就在于行政机关所处分、所交易资源的公共性，而不在于这些合同是否为了直接服务于公众、是否属于公务执行。只要承认公共资源应当为人民所共有、共享、共治，就会要求行政机关遵守物有所值原则，依法行使其公共资源处分权与合同缔结权。[②]

2019年，余凌云对崔建远的批评也作出回应。他认为，对契约性质的认识和归类，不取决于不同性质条款的多少、在契约中所占比重的高低，而是看契约主要约定的是什么内容、纠纷多发的领域是否与这部分内容密切相关。如果契约的内容是由行政行为形成的，双方约定的实际上是一种行政法上的权利义务关系，那就属于行政协议。当纠纷主要源自行政法上权利义务关系的履行，采用行政诉讼更优于民事诉讼，更有利于保护当事人权益。对于混合契约，将其纳入行政协议范畴，并不抹杀其部分的民事属性。对于行政法律关系的争议，行政救济手段更为有力；对于混杂其中的民事法律关系争议，可以通过行政诉讼附带民事诉讼一并解决。行政协议的核心是行政法上权利义务内容，以往学者多拘泥于行政优益权理论，而忽视了隐含在行政协议中的行政机关对未来行政权处分的约定。[③]

2020年，针对《最高人民法院关于审理行政协议案件若干问题的规定》，王利明指出，该规定对行政协议的界定不当扩张了行政协议的范围，主体标准、目的标准和行政法上的权利义务关系标准等均过于模糊和宽泛，难以成为行政协议的认定标准。行政协议与民事合同最大的区别在于，当行政机关以公权力行使者的身份与相对人订立合同时，其本质上并不是一种市场交易行为，而仍然是一种行政权的行使方式。因而，应以非市场行为性作为识别行政协议的关键要素。行政机关以行政管理主体身份订立的、以行政权力行使为内容的合同，并非市场交

[①] 参见崔建远：《行政合同族的边界及其确定根据》，《环球法律评论》2017年第4期，第23-26页。

[②] 参见陈国栋：《行政合同行政性新论——兼与崔建远教授商榷》，《学术界》2018年第9期，第103页以下。

[③] 参见余凌云：《行政契约论》，清华大学出版社2022年版，第178-180、191页。

易行为，这类协议才属于行政协议。①

对于非市场行为性标准，金诚轩也作出回应，行政协议可以蕴含市场交易。最无争议的国有土地上房屋征收补偿协议就是按照市场价格衡量房地产价值。行政协议是对分工合作的法律表达，更是一种公共资源的配置方式。在外部市场较为成熟的情况下，公私合作完成国家管理任务应是更为有效的选择。行政协议制度正是承载了公私元素的交融之地，是跨越公私法界限的意思自治。不宜将涉市场交易的协议一概排除在行政诉讼的受案范围之外。②

对于行政协议的认定标准、范围大小的争议，直接影响到行政协议的适用规则、救济途径、审查依据等问题。民商法学者以及部分行政法学者的担忧主要在于，适用行政法的规则不能有效规范行政权，不能有效保护私人当事人的合法权益。尤其是没有法律依据，就承认行政优益权、制裁权，这是令人忧惧的。在观念上，行政法对行政权的控制功能没有得到一般认可，没有法律依据就不得侵害的法律保留观念没有得到确立。不过，这种担忧很大程度上也是实定法自身的不足所引起的。

五、行政协议论的展望

综上所述，行政契约论不仅经历了从公法上契约、到行政合同、再到行政协议的名称变化，集合行为或多方行为论近乎从研究领域中退场，而狭义的行政契约论在得到较多应用之后，在应用领域、研究重点、判断标准等方面也发生了变化。在当代行政协议的诸多研究中，尚需对行政协议作出类型化的区分。例如，从属性协议与对等性协议在协议当事人的法律地位上就有明显不同。从属性协议原本就是用来替代行政决定的，因而，其监督、救济方式更接近于行政决定。其判断标准并无多大争议，反而是其适用条件会存在立法的过度宽松问题。而对等性协议或者说公私协作型行政协议的当事人之间具有对等性，只是在内容上具有公共属性，协议履行的私法属性较为明显，因而，究竟采取行政法的方式还是如同民法的方式提供监督救济，在理论上容易引起争议。故而，将来还需要在完善实定法的同时，对行政协议展开更为详密的类型化研究，确定并无争议的领域和可能存在争议的领域，厘清各自的规则和考量，促进依法律行政原理的实现和行政协议的有效利用。

---

① 参见王利明：《论行政协议的范围——兼评〈关于审理行政协议案件若干问题的规定〉第1条、第2条》，《环球法律评论》2020年第1期，第7-14页。
② 参见金诚轩：《行政协议纠纷的契约属性——兼对王利明教授〈论行政协议的范围〉一文的回应》，《行政法学研究》2021年第6期，第139-140页。

第五章

行政的一般制度论变迁

行政的一般制度，又可称作行政的共通制度，是在行政各个领域共通的一般制度，大致包括行政程序、行政许可、行政强制、行政处罚等制度。这一部分因与实定法制度密切相关，故而，其相应的理论受到实定法影响较大。

第一节　行政程序论的变迁

行政程序，有时也被称作行政手续，多在行政的事前程序意义上来使用，但也会在有关行政的程序的意义上来使用。虽然行政程序论在民国时期开始出现，但其发展是近三十年的事情。

一、程序的概念引入

"程序"的旧式用语是"手续"，源自日语（手續或手続）。"手续""手续法""诉讼手续"等概念在清末就已传入中国。1903年，《新尔雅》在"释政"第三篇"释机关"中使用了"手续"一词并稍作解释。"国权动作之一部其职在制定一切之法律，使国民遵奉之者，谓之立法权。"凡立法之手续，各国不同。"手续者，经历一定方法之谓，如立法必先发案，次议决，次公布是。"[1] 虽然对手续的解释还不甚准确，但已大体明确了内涵。1907年，《法律经济辞典》对"手续法"是这么解释的："手续法，亦曰形式法。凡法律规定权利义务之实质者，曰实体法。规定保护其权利、强行其义务之手续者，曰手续法。例如，民法者，实

---

[1]　汪荣宝、叶澜编纂：《新尔雅》，国学社1903年版，第22页。

体法也，而民事诉讼法，则为手续法；刑法者，实体法也，而刑事诉讼法，则为手续法之类。"① 这时，在术语上都直接沿用日本的汉字，"程序"一词尚未出现。

1913年，黎兴殷编述的《比较行政法》（上卷）一书之后附有一份"正误表"，将正文里出现过的"手续"一律改作了"程序"。② 其之所以如此改动，从其"例言"来看，应是源于其对日式语言的中国化追求。此后，虽然仍不乏继续使用"手续"者，但"程序"的使用逐渐增多。

但是，行政手续、行政程序，在清末到民国的很长一段时间都没有成为一个法学的专门术语。毫无疑问，行政立法、行政强制或行政执行、行政罚等都有法定程序问题，相关著述也都有介绍，但并没有一般性的"行政程序"的论述。

二、行政程序的初步研究

通常，民国时期的行政法学教材在行政行为的章节中谈及行政程序或手续问题。不过，这一时期也出现了"行政程序"的专门研究。

（一）民国行政法教材中的行政程序

1920年代，钟赓言曾在成立要件上一般性谈及程序，"凡国家之意思表示，必经两种之程序而始克成立，其一为意思之决定，其一为意思之表示"。他还在行政处分的撤销中谈及法定程序问题。不依法定程序是行政处分的违法原因之一，例如依法律规定应经合议的事项，其与议者不足法定人数就进行取消的议决。③

1930年代，范扬在行政处分的一般成立要件中谈及程序。行政处分在未作出正式决定以前，有时须经一定的先行程序，如处分前须公布或告知一定事项、命令受处分人亲自到署、命令有关系人相互协议、征求其他官署意见、呈请上级官署核准、等候受处分人申请或呈请等。这种前提要件，与处分本身，虽非绝对不能分离，而程序上，未有这种先行事项，其处分则不能有效成立。④ 范扬虽然使用了"程序"概念，但未作解释，且仅将程序作为行政处分的有效成立要件来对待。

---

① ［日］清水澄：《法律经济辞典》，张春涛、郭开文译，东京奎文馆书局1907年版，第53-54页。
② 黎兴殷编述：《比较行政法》（上卷），中国法学会1913年版，第215页以下。
③ 参见钟赓言：《钟赓言行政法讲义》，王贵松、徐强、罗潇点校，法律出版社2015年版（原书为1927年版），第64、88页。
④ 参见范扬：《行政法总论》，邹荣勘校，中国方正出版社2005年版（原书为1937年版），第177页。

相对特异的是，在同一时期，徐仲白不仅使用了"行政程序"的概念，而且对其有较多的论述。他将行政法学分为一般行政法学与个别行政法学（相当于国别行政法学），又将个别行政法学分为"行政实体法学"和"行政程序法学"两部门。前者是指针对行政上的权利义务关系的实体，而研究其性质、界限及其主体等问题的学科，或被称为实体的行政法学，后者是就此等权利义务的执行关系而研究其管辖机关、当事人及程序等问题的学科，如行政诉愿法论就是其主要实例，或被称为形式的行政法学。在行政程序的界定上，徐仲白首先将其与行政诉讼程序相区别，行政程序是以行政实体法上权利义务的实现手段为限的。其次，行政程序是纯然的法律上制度，故仅以相关行政法规所明示或默示的规定为限。各行政官署依自己的任意所可行的事务规程，纵系依一定的规律而行，也只不过是一种"行政程式"。最后，行政程序有广义和狭义之分。行政法关系是两个以上法人格者之间的法律交涉，则其关系的开始、发展及终结的过程，通常仅系在两个以上复数法人格者之间所能行的法律现象而已。但是，即便在同一个法人格者的内部机构相互之间所能行的法律现象，也可被称作行政程序，例如各种地方议会的立法程序就是其明显的例证。故而，行政法关系动态的程序现象和一般行政程序现象通常不必是同一的。行政法关系的动态考察，严格而言仅为复数法人格者间所构成的行政法关系的程序现象，而非指一切行政程序而言。行政程序的实现目的并非权利义务具体的实现，而是招致其具体实现的行政行为自身。徐仲白将行政法关系的过程，亦即权利义务的发生、变更、消灭的程序现象，分为开始、中间（发展、变更）、终结三个阶段，并逐一探讨其要件、方式、界限等问题。徐仲白还认为，在适应行政民主化的要求上，制定行政程序法实是防止人民权利义务侵害的急切需要。我国现行法既然以民主化为必然的趋向，自然应以此作为其追求的对象。① 徐仲白是在行政法关系的项下来探讨行政程序的问题，将行政程序理解为行政法关系具体展开的连续过程。

1940 年代，林纪东在其教材的行政行为瑕疵中谈及手续问题。他将无权限作为行政行为无效的原因之一，而未经必要手续的行为是无权限的一种表现。林纪东在这里仅使用了"手续"一词，而没有使用行政手续或行政程序的概念。林纪东指出，手续是行政行为的效果，因两个以上相连续意思表示的结果方告完成时，泛指其数个行为全体的观念。它与双方行为或集合行为不同，数个意思行为各自单独发生效果，其中任一行为均以最后的效果为目标，而使其发生效果。如

---

① 参见徐仲白：《中国行政法论》，现代科学出版社 1934 年版，第 189 - 190、221、313 - 316、318、380 页。

不作这种必要的行为，则没有使最后效果发生行政行为的权限。诉讼手续、土地收用手续、强制执行手续、特许手续等，都是典型的例子。凡法律以经过某种手续作为行政行为的有效要件时，若未经过该手续，即为无效的原因。法令所规定的手续，因各种行政行为而不同。其中形成行为、确认行为及公证行为等因系发生形成确定或公证人民权利的效果，故而，为尊重关系人利益起见，多以一定的手续为必要，以使关系人在某程度内参与，例如由关系人提出声请、预先通知关系人、听取关系人意见、要求关系人到场等，均为常有的手续要件。须声请的行为，不待声请而作出时，同属无效，即欠缺其他手续要件的行为，亦因其为没有正当权限的行为，而不免为无效行为。反之，如果其手续并非为保护人民权利而规定，而为行政组织上的内部监督、为行政上秩序而规定，则其手续的规定仅为命令的规定，纵然未经过这种程序，亦非无效。① 由此可见，这时的"手续"概念尚未得到广泛一致的认识，尚需与公法上契约等作比较进行解释。林纪东还将手续的规定分为两类，一类是保护人民权利的手续，另一类是维护行政秩序或内部监督的手续，对两类手续的效果作出了区分。

此后，马君硕从法的性质上将行政法的体系分为行政实体法与行政程序法。行政实体法是关于行政权主体的组织及行政上权利义务关系的法，如行政院组织法、公务员任用法、出版法、土地法等都是。行政程序法，是规范行政上义务的执行实施方式或者规范权利义务争讼的管辖机关及进行程序的法，故行政程序法又被称为形式的行政法，如诉愿法、行政执行法的一部分为显著之例。程序的意义是指为达到某项目的而连续进行多数法律行为或事实动作而言。因而，行政程序法可谓包括行政上关于此类手续的一切法规在内，如简任人员来京接受任命规则所附受任式也是行政程序法的一种。另外，马君硕也在行政行为违法的层面上谈及法定程序问题。他将行政行为的违法分成形式上违法和实质上违法两类，在形式上违法中又有行政行为的无权、违背法定程序、意思表示失实三类原因。行政行为违背法规所定程序或程式，可谓欠缺要件。这种不合要件的违法行为，在法上当然无效。例如，应经市政会议议决的行政行为而未经举行会议，即由市长擅自决定施行。② 在违反法定程序的归类上，马君硕将其与行政行为的无权相并列，而林纪东则将其作为无权限的一种情形。当然，更重要的是，马君硕没有像林纪东那样对不同程序的法效果作出区分。林纪东的程序论代表了民国时期行政程序认识的最高水平。

---

① 参见林纪东编著：《中国行政法总论》，正中书局1947年第5版，第172－173页。
② 参见马君硕：《中国行政法总论》，商务印书馆1947年版，第12、215页。

(二) 陈顾远的行政程序论

在民国时期，行政程序的专门研究也是零星存在的。大约 1940 年，陈顾远[①]讲述了《现行行政程序法纲要》，作为中央政治学校公务员训练部高等科讲义。该讲义正文共 36 页，较为短小，分为行政程序法概略、行政执行法要点、诉愿法要点、行政诉讼法要点四讲。第一讲"行政程序法概略"主要讲了四方面的内容。首先是行政程序法的地位问题。"行政程序法如就曩时学者之见解而言，多指有关行政争讼程序之法，其有行政法学上所处之地位，不外关于总论中行政救济方面之法规，如诉愿法、行政诉讼法是。但将程序两字解释为'为达一定目的而所为多数法律的行为、或事实的动作之连锁'，不特在行政作用方面固多程序方面之事，就法而言，行政执行法即其一种，在行政组织方面亦有关于行政程序法者，如公务员惩戒法、公务员考绩法方面之程序是也。且在各论中每一行政部门均含有之，实不仅以诉愿法及行政诉讼法为限。然无论如何，行政程序法乃一抽象之名词，凡行政上涉及程序方面之法规皆包含之。"可以看出，陈顾远所说的行政程序是一个广义概念，大致等同于行政法上的程序。其次是行政程序法的性质。行政程序法是助法，实体法是主法，行政程序法是实现实体的行政法规效力而必有的助法。在多数情况下，特定的行政程序法不必皆与实体法分而为二，而始终在同一法中规定。今天公私法界限不能绝对分开，私法方面仍不免多少涉及行政程序的规定，例如公司法中关于公司登记、民法物权编中关于警署或自治团体如何处置拾得的遗失物都是如此。总之，行政程序皆有助于实现其实体法或条款的效用。再次是行政程序法的范围。行政程序法以行政为名，这种程序当然是指为实现行政方面实体法目的的程序。关于行政的意义又有形式和实质之分，一般是偏于行政机关的形式来谈行政意义，但今日将五权分属于五院，其目的在于使五种机关分掌某种治权的主要之事，以发展政府的最大效能，而非指五种作用绝对分离、划若鸿沟。故而，也不能完全否认实质意义的行政。因此，为行政机关所用的程序，或对于行政机关所用的程序，为实质上行政所履行的程序，均属于行政程序法。但既非行政机关所掌、又非实质上的行政，诸如立法、司法、考试、监察的固有职权，其程序就不可与行政程序相混淆。当然，有时为了避免重复规定，行政程序可能准用司法程序，例如行政诉讼法对于未规定的事

---

① 陈顾远（1896—1981），字晴皋，陕西三原县人。1923 年毕业于北京大学，获法学士学位。先后在北京大学、上海法科大学、安徽大学等大学执教，后当选中华民国国民大会制宪委员、立法委员。著有《中国法制史概要》《中国婚姻史》《中国文化与中国法系》等。1937 年，在重庆立法院工作期间，在复旦大学（北碚北温泉）、朝阳学院和法官训练所（兴隆场）、中央政治学校（南温泉）、高等警官学校（弹子石）、立信专科学校（北碚）等兼课。

项规定准用民事诉讼法的规定。最后是行政程序法的应用。行政程序法主要应用于行政的法律行为、公法行为，仅就一般的主要行政程序法规而言，可以分为行政制裁或行政执行的程序与关于行政救济或行政争讼的程序，前者主要是行政处分所用的程序，如惩戒处分、强制处分等，后者主要是针对行政处分所用的程序，如诉愿、行政诉讼等。① 其后，该讲义主要就行政执行法、诉愿法、行政诉讼法展开说明。陈顾远因为采用了广义的行政程序概念，所以，难以把握行政程序的特质，其说明也流于宏观层面的归纳，其水准自然不如行政法学者的论述。

三、行政程序论的重新引入

新中国成立后，国外的行政程序理论逐渐传入，行政程序的概念也渐渐普及，1980年代末开始进入行政法教材。

（一）国外行政程序论的引入

在新中国传入的苏联行政法中，虽有行政程序的部分内容，但对于后来的中国行政法学在总体上缺乏影响。

司徒节尼金在其教材《苏维埃行政法（总则）》中只是提及"行政程序"的概念，② 并未展开。司徒节尼金在其论文中稍有论及：苏维埃行政法中包括大量的程序规范，这些程序规范所规定的是解决一定管理问题的某种程序。马克思说，实体法也有其特具的必要的程序形式，程序就是法律的生命的形式，因而也就是法律内部生命的表现。这一原理也适用于行政法。程序规范具有重要意义，执行这种规范可以保证国家机关的活动具有固定的程序。"执行－指挥活动是根据一定的程序规则进行的，而这种规则的总和就是行政程序。"行政程序规范中不仅包括规定管理机关中某些问题的解决程序的各种规范，还应该包括规定审判机关解决执行－指挥活动问题的程序的规范。法院解决像强制追索财产用以补偿税款、罚款和国家强制保险方面的钱款问题的程序以及法院审理选民对选民名单误填的申诉程序等，都是行政程序。有关行政程序的一切问题都应属于行政法，而不属于民事程序。③ 司徒节尼金所理解的行政程序不仅是管理机关的行政程序，还包括具有行政性质的程序。

---

① 参见陈顾远：《现行行政程序法纲要》，中央政治学校公务员训练部高等科讲义，第一讲第1－9页。该讲义的时间不详。
② ［苏］C.C.司徒节尼金：《苏维埃行政法（总则）》，中国人民大学国家法教研室译，中国人民大学，1953年，第8页。
③ 参见［苏］C.C.司徒节尼金：《社会主义国家管理制度和苏维埃行政法对象问题》，《苏维埃行政法论文选译》（第一辑），中国人民大学国家法教研室编译，中国人民大学出版社1957年版，第35－37页。

1983 年翻译的马诺辛等的《苏维埃行政法》也出现了"行政程序"的概念。该书将行政法规范体系区分为"行政实体法规范与行政程序法规范",同时专设一章"行政法体系中的苏维埃行政程序立法"(第四章)。该书对行政程序立法的界定是"主管的国家政权机关和国家管理机关颁布的、对苏维埃国家管理机关及其公职人员适用法律的活动作出规定的规则的总和"。很遗憾,不知道是否因为翻译的问题,很难从这一界定中看出行政程序的内容。"由行政程序立法规定的国家管理机关的活动称为行政审理活动或行政审理程序。通过行政审理程序,审理在苏维埃国家的执行指挥活动中产生的个别具体案件并对这些案件作出相应的决定。""行政审理程序由依照时间先后排列的几个部分或几个阶段组成。"在行政程序立法上,该书建议就以下几个方面进行规范:确定国家管理机关组织问题案件审理程序的规范,调整公民有关行使其主体权利的控告、申请与建议的程序的规范,调整对公职人员错误行为的控告的审理程序的规范,调整国家管理机关适用强制措施的程序的规范,调整与适用土地法、劳动法、财政法和其他法律部门(除行政法外)的规范有关的案件的审理程序的规范。① 这些内容与典型的事前行政程序还是有差异的。与前述姜明安、武树臣翻译的《苏维埃行政法总论》中所提及的"行政诉讼",亦即"行政裁决"或"行政处理"有一点相似性。

　　对新中国行政程序论真正产生影响的是美国行政法的程序观。1983 年,徐炳翻译了施瓦茨的《关于行政程序的几个问题》,这可能是我国第一篇有关行政程序的译文。该文摘译自施瓦茨的行政法教材第一章,而原书第一章是"行政法与行政机关"。故而,该译文虽然名曰"关于行政程序的几个问题",但实际上只是涉及行政程序的内容或部分采用了行政程序法的视角,更多的是对美国行政机关的种类、权限、与法院的关系等内容的介绍。② 1985 年,徐炳、刘曙光翻译了美国《联邦行政程序法》,这是这一法典的最早翻译。③ 1986 年,徐炳翻译了施瓦茨的《行政法》教材,④ 这是第一部美国行政法的译著。美国行政法的一大特点就是重视行政程序,由此,美国的行政程序观念开始在中国传播。

　　1985 年,杨文忠编译了田中二郎的《新版行政法》,这里也出现了"行政手续或行政程序"的说明:"为了实现特定行政目的,连续的一系列行为称作行政

---

　　① 参见[苏]B. M. 马诺辛等:《苏维埃行政法》,黄道秀译,群众出版社 1983 年版,第 37、39 - 45 页。
　　② 参见[美]伯纳德·施瓦茨:《关于行政程序的几个问题》,徐炳译、周寒校,《法学译丛》1983 年第 6 期,第 17 - 22 页。
　　③ 徐炳、刘曙光译,潘汉典校,《〔美国〕联邦行政程序法》,《法学译丛》1985 年第 2 期,第 73 - 77 页;《〔美国〕联邦行政程序法(续完)》,《法学译丛》1985 年第 3 期,第 74 - 80 页。
　　④ [美]伯纳德·施瓦茨:《行政法》,徐炳译,群众出版社 1986 年版。

手续。如：土地征用手续和拖延交纳租税处分手续等。最近，在与多数国民有利害关系的行政处分等过程中，力图实现行政的适当正确化，从事前控制的观点出发，法定的事前报告，公开咨询等手续方面的实例有所增加，可将为了反映民意的事前控制手续叫做狭义的行政手续。""为了行政的适当正确化，整备行政手续是极为重要的，因此可以说，制定行政手续法是今后的重要课题。"①

（二）行政程序论的初步展开

随着国外行政程序相关知识的传入，我国自身的行政程序研究也相继展开，先是论文的研究逐步走向专业化，再是进入行政法教材，固定了行政程序在行政法学上的地位。

1. 论文研究

1985年，面对行政效率不高的现实，李宗兴在中国法学会行政法研究会成立大会上撰文呼吁，从决策、发令、执行、监督与反馈、行政仲裁等行政工作全过程的五个方面加强行政程序立法。② 1986年，张尚鷟（时任中国行政法学会总干事）在全国第二次行政法学术讨论会上发表论文《论加强行政程序方面的立法》。该文指出，我们现有的行政管理法规所规定的行政法规范，绝大部分都是实体法规范，缺少程序法规范，由谁去处理违反行政法实体规范的行为、按照怎样的程序去处理都不清楚，使得行政管理法规得不到认真的贯彻执行。加强行政程序方面的立法已成为当务之急。该文所认识的行政程序，包括三类规范，即行政复议制度的规定、强制执行制度的规定以及行政诉讼制度的规定。③ 该文没有对行政程序作出界定，但从其列举的制度来看，对行政程序的把握大致是有关行政的程序，属于广义的行政程序。

1988年，江必新连续发表了两篇行政程序研究论文，标志着行政程序研究开始走向专业化。其对行政程序法的定义是"有关规定行政机关行使行政管理职权的过程、步骤、方式的法律规范的总和"。行政程序具有统一和协调功能、鞭策和促进功能、预决和约束功能、沟通和了解功能、矫正和补充功能。正确运用行政程序，可以避免无效行政、提高行政效率，避免滥用职权、保障行政的公正性，避免独断专行、促进行政民主化，避免行政侵权行为的发生、保障公民的合法权益。他将行政程序法的目标模式归纳为三种：第一是控制模式，以控制下级

---

① 杨文忠编译：《日本行政法概述》，《行政法研究资料》编写组编：《行政法研究资料》（下），中国政法大学，1985年，第551页。
② 参见李宗兴：《加强行政程序立法刍议》，《中国法学》1985年第4期，第13-18页。
③ 参见张尚鷟：《论加强行政程序方面的立法》，氏著：《中国行政法的理论与实践》，中国政法大学出版社1989年版，第211-213页。

行政机关为宗旨,借助行政程序的预决、选择和约束功能来预防行政机关偏离最高统治者的意志,并通过补救功能保证统治者的意志得到贯彻。中国封建时代的行政程序法基本上属于这一类型。第二是效率模式,以提高行政效率为宗旨,行政官员的自由裁量度大、灵活性大、过程步骤紧凑、简化易行,明确规定行政官员的渎职和失职之责,注意区分职权与职责,注重程序的科学性与合理性。联邦德国1976年行政程序法以及西欧一些国家的早期行政程序法近乎效率模式。第三是权利模式,以保障相对人权益为宗旨,行政程序的范围以影响公民权利和义务为限,主要行政程序都应有相对人参与,其典型程序是听证,行政救济程序比较完备。美国行政程序法基本属于这种模式。在选择目标模式时,要考虑行政机关行使职权的状况、国民的权利意识、政体结构、有关学说与学术观点影响等因素。随着行政权力的膨胀、权利意识的强化、民主政治的发展,现代国家将保障公民权利、扩大民主参与机制作为重要目标。党的十三大报告指出:"为了巩固机构改革的成果并使行政管理走上法制化的道路,必须加强行政立法,为行政活动提供基本的规范和程序。"我国制定单独或统一的行政程序法具有必要性与可能性。① 这一研究很大程度上左右了此后行政程序法议题的设定。

2. 进入教材

1988年,皮纯协主编的《中国行政法教程》在"行政行为概述"一章之下设立了"行政程序"一节内容,"行政程序"首次在我国行政法教材中被作为专门问题来处理,并成为登上行政法教材目录的重要概念之一。该书指出:"行政程序有广义与狭义之分。广义的行政程序指有关行政的程序,既包括行政行为(行政立法、行政执法、行政司法)程序,也包括解决行政案件的司法程序。""狭义的行政程序特指行政行为必须遵循的程序。本书只研究行政行为的程序。""行政程序就是行政行为必须遵守的一系列前后相连的工作步骤。"行政程序主要有确定性、连续性、期限性等特点,一个高效率的行政程序应当合法、全面、衔接、实用、简化。行政程序依其效力可分为任意性程序和强制性程序,违反后者会导致该行政行为在法律上无效。根据适用范围还可分为内部程序规则和外部程序规则。为了提高政府的工作效率、减少行政纠纷、及时处理行政争议、保障经济体制改革的顺利实施,我国应当加快行政程序立法。②

1989年7月,新中国第二本统编教材罗豪才主编的《行政法学》第一次将

---

① 参见江必新:《行政程序法的功能、效用及目标模式》,《比较法研究》1988年第4期,第7-12页;江必新、周卫平:《行政程序法刍议》,《中国法学》1988年第6期,第21-26页。
② 参见皮纯协主编:《中国行政法教程》,中国政法大学出版社1988年版,第76-80页。

"行政程序法"设为一章（第九章），就行政程序法的概念、立法史、基本原则、完善我国行政程序立法等展开专门论述。"行政程序法是关于行政行为的方式、步骤及其所形成的过程的法律规范的总称。"行政程序可以分为内部程序与外部程序，抽象行为程序与具体行为程序，行政立法程序、行政执法程序与行政司法程序。行政程序法兴起于1920年代，1920至1930年代是立法第一次的高潮，以1925年奥地利的《行政手续法》为代表；1940至1960年代是立法第二次的高潮，以美国行政程序法为标志，很多国家制定了行政程序法，1976年德国制定了《行政程序法》。各国行政程序法的目标模式有三种：第一种是控制模式，即以控制下级行政机构、防止其偏离统治者意志为目的，其特点在于多层级的审批制度、自上而下的监察制度、复杂的告诉和抗告制度、内部的秘密侦控制度等；第二种是效率模式，即以提高行政效率为目的，其特点在于行政官员的自由裁量度大、过程步骤紧凑简化易行、注意明确行政官员的职权和职责、注意程序的科学性和合理性；第三种是权利模式，即以保障个人和组织权益为主要目的，其特征在于行政程序法的范围以影响公民权利义务为限，注意划清行政职权和公民权利的界限、主要的行政程序都应有个人和组织参与（典型程序是听证）、行政程序比较完备。第二次世界大战后的行政程序法典主要是两种，一种是偏重权利模式，另一种是权利模式与效率模式并重。行政程序法有公正、公开、听证、顺序、效率等原则。我国的行政程序大部分尚未法律化，很少规定行政程序违法的责任，缺乏保障公民合法权益的民主公正制度，缺乏公开性和参与性，有的程序设置也缺乏科学性（如审批程序），有必要以行政程序法典来实现行政程序立法的统一，建立民主、科学、高效的行政程序法。[①]

与上书同年出版的张焕光、胡建淼的《行政法学原理》一书将"行政法程序"设为一编，分"行政程序""行政程序法""国外行政程序法典""相对人程序规则"四章详细论述了行政法程序。之所以称作"行政法程序"，主要是因为包含了行政主体的行政程序和相对人的程序两个部分。这也是该提法首次出现。该书认为，行政程序"是指行政主体在实施行政行为时必须遵循的步骤、方式之总称"。行政程序法便是这些法律规范的总称。从纯粹的行政法意义而言，行政程序合法、适当是行政行为的有效要件之一，行政程序违法、失当可以构成相对人申请复议、提起诉讼的理由之一，可以构成国家权力机关和上级行政机关撤销其行为的理由之一，行政程序构成司法审查的内容之一。我国社会主义行政程序原则的内容包括程序法定、相对人参与、公正、顺序和时限五个方面。该书较早

[①] 参见罗豪才主编：《行政法学》，中国政法大学出版社1989年版，第241-257页（应松年执笔）。

地将"相对人参与"作为行政程序的原则之一,当然,其也将行政程序的内容和制度(顺序和时限)当作了行政程序的原则。该书还较为详细地介绍了美国、意大利、奥地利、西班牙、日本以及联邦德国的行政程序法或其草案。该书的一大特别之处在于研究了相对人的行为程序。"过去的行政程序法仅囿于规范行政主体本身的行为程序,相对人程序不属范围之内;现代各国的行政程序法,虽然已经注意相对人在行政程序中的权利和义务,但基本内容仍以行政主体行为程序为主。"相对人程序,即相对人的行为程序,是行政主体实施行政行为的前提,例如有不少行政行为是依声请行为;相对人程序是行政主体行政程序的中间环节,少了这一环节,行政程序无法进行到底;相对人程序是相对人获得权利、免除义务的必要条件。相对人程序规则主要包括了解规则(了解权)、参与规则(参与的权利)、救济规则(救济的权利)等。① 相对人程序虽然不为后续行政法学研究所接受,但却在一定程度上拓展了相对人的研究。

四、行政程序论的展开

1989年《行政诉讼法》第54条规定,具体行政行为"违反法定程序的","判决撤销或者部分撤销"。由此,行政程序成为行政法上的专门问题之一。行政的单行法中有关行政程序的规定也日益增多,行政程序问题需要得到充分的研究。

1991年,江必新、周卫平编著的《行政程序法概论》出版,这是新中国第一本行政程序法的专门著作。该书共有九章内容,分别是行政程序法概述、行政立法程序、许可程序、征集程序、行政司法程序、惩戒程序、行政处罚程序、行政强制执行程序、行政救济程序(仅为行政复议等行政机关的救济程序)。有关行政程序的一般原理主要体现于第一章概述中。该书认为,行政程序法的基本原则包含依法行政、民主、公正、基本人权、效率等五个方面。这五个原则大致是在同一个层面上来说的,已经不再像过去那样将行政程序的内容或制度当作原则了。该书还讨论了违背行政程序规定的法律后果,分别分析了相对人违背行政程序的法律后果(承受行政制裁、丧失权利或资格、不能引起所期望的行政行为的发生、拒绝受理)和行政机关违背行政程序的法律后果(归纳各国的相关规定,其法律后果有:宣布为非法而予以撤销、行政行为无效、行政行为不成立、产生有利于相对人的法律后果、限期补正和追认、丧失决定权、行政决定自动失效、职权发生转移、推定行政行为的意思表示、恢复原状或赔偿损失、赔礼道歉等)。

---

① 参见张焕光、胡建淼:《行政法学原理》,劳动人事出版社1989年版,第321页以下。

该书也分析了当时行政程序法制的状况,并提出制定行政程序法典的建议。① 在一般性综合研究之后,该书转入各种行为的行政程序探讨。也就是说,该书采用了总分的结构来研究行政程序。

1994年,章剑生的《行政程序法学原理》出版,② 这是一本具有较强原理性、一般性的专门著作。该书共有12章,分别是行政程序导论,行政程序法,行政程序法的社会变迁,行政程序法的基本原则,行政程序法的基本制度,行政主体设置和变更程序,行政程序的主管、管辖和适用范围,行政程序法的证据,行政程序的违法与不当,行政立法程序,行政执法程序,行政司法程序。该书认为,行政程序是"行政主体在依职权所实施的、影响行政相对人权利和义务行为时应当遵循的基本原则、步骤和方法所构成的一个连续过程。由于行政主体有时实施行政行为离不开行政相对人的参与行为,因而,行政相对人的参与程序也是行政程序的有机组成部分"。这一定义以行政主体、行政相对人为主体或对象,还突出了行政相对人参与程序的地位,但其将行政程序限定在依职权行为是没有必要的。该书认为,行政程序有扩大公民行使参政权的途径、保护行政相对人的程序权益、提高行政效率、监督行政主体公平实施行政权等基本功能。该书在行政程序的分类上不仅有强制性和任意性程序、内部和外部程序、具体和抽象程序等分法,还提出了主要和次要程序的分类(对相对人合法权益影响程度不同,审查结论也会不同)。该书提出,行政程序法的功能模式(而非之前的"目标模式")有控权模式、保权模式和效率模式三种,我国的行政程序法应当以保权模式为主,兼采控权和效率模式。该书认为,划定行政程序法的基本原则不能割裂与行政实体法的联系,不能仅限于规范行政主体的行政行为,也应规范行政相对人和其他程序参与人的行为;不仅具有统帅行政程序法律规范的功能,还具有补充行政程序法律规范的功能;不仅具有强制性,还有灵活性。因此,可将行政程序法的基本原则确定为合法、合理、公开、参与、顺序和效率六项原则。除顺序原则外,其他五项原则都是后来广泛获得认可的原则。该书还重点研究了听证、教示、辩论、代理、回避、时效等六个基本制度。该书将违反行政程序的法律效果分为违法与不当两类。违反强制性程序、主要程序及滥用行政程序职权都会构成行政程序违法,司法审查的重心在于合法性;违反任意性程序、次要程序只构成行政程序不当,司法审查的重心在于合理性。此后,行政程序成为章剑生的代

---

① 参见江必新、周卫平:《行政程序法概论》,北京师范学院出版社1991年版,第1页以下。上述主要内容最早出现于前述1988年江必新及周卫平的论文。

② 章剑生:《行政程序法学原理》,中国政法大学出版社1994年版,第1页以下。

表性研究领域。

从 1994 年开始，中国人民大学宪法与行政法教研室对市场经济下行政程序的状况作了一次覆盖面较广的调查，这也是中国学术界就行政程序与市场经济问题所作的首次全国性调查。① 之后，面对行政程序研究的深入发展，皮纯协主编出版了《行政程序法比较研究》，② 研究了行政程序的基本原理，将法律优位和法律保留、法的平等保护和行政公平、正当程序保障和程序正义、比例原则、诚实信用、行政效率列为行政程序法的一般原则，并着重从立法的角度比较分析了行政程序法的体系结构和公开、听证等基本制度，梳理了各种行政行为的法律程序（行政立法、行政决策、行政计划、行政许可、行政征收、行政处罚、行政强制执行、行政指导、行政契约、行政权限冲突解决、行政救济、信访、行政监督等），并在此基础上形成了《中华人民共和国行政程序法（建议稿）》。该立法建议稿是第一个具体的行政程序立法建议。同一时期的著作还有章剑生的《行政程序法比较研究》（杭州大学出版社 1997 年版）和杨海坤、黄学贤的《中国行政程序法典化——从比较法角度研究》（法律出版社 1999 年版），一时间行政程序比较研究成为热门话题。

2000 年，王万华出版了《行政程序法研究》，③ 这是其博士学位论文，也曾获评全国百篇优秀博士学位论文。该书侧重于行政程序法的一般原理研究，主要涉及行政程序的界定，行政程序法的基础理论、历史发展、目标模式和体例模式、适用范围、基本内容及立法框架、基本原则、法律责任机制，在具体制度上着重研究了听证制度。

此后，行政程序研究的热度不减。出版的著作主要包括：（1）王学辉《行政程序法精要》，群众出版社 2001 年版；（2）应松年主编《行政程序法立法研究》，中国法制出版社 2001 年版；（3）杨寅《中国行政程序法治化》，中国政法大学出版社 2001 年版；（4）章剑生《行政程序法基本理论》，法律出版社 2003 年版；（5）姜明安主编《行政程序研究》，北京大学出版社 2006 年版；（6）王锡锌《行政程序法理念与制度研究》，中国民主法制出版社 2007 年版；等等。

五、正当行政程序的当代论争

学者们有关行政程序的研究，无非是要总结经验设计出正当的行政程序，并

---

① 该调研成果表现为钢剑（杜钢建）：《适应市场经济需要，加快行政程序改革——市场经济与行政程序课题调查报告》，《中国法学》1995 年第 2 期、第 3 期。
② 皮纯协主编：《行政程序法比较研究》，中国人民公安大学出版社 2000 年版。
③ 王万华：《行政程序法研究》，中国法制出版社 2000 年版。

将其法定化,甚至制定专门的行政程序法。行政程序法也先后于2003年、2018年被列入十届、十三届全国人大常委会的立法规划。但对于怎样的行政程序才能称得上正当行政程序,法定程序是否为正当行政程序,不同的学者有不同的认识,也有不同的价值立场和研究径路。

(一)正当程序与法定程序的关联

1989年《行政诉讼法》第54条将"违反法定程序"作为撤销行政行为的理由之一,而学界介绍的英美理论却常常使用"正当程序"或"正当法律程序",实务界和理论界在使用"正当程序"与"法定程序"时常常不作区分,即便是在没有法律规定的情况下,也会有违反"法定程序"的说法。通常的理解是,正当程序可以被法定化,法定化的程序是正当程序,没有法定化的正当程序仍然能拘束行政机关。

1998年,赵华强认为,"行政程序法定是为了满足行政实体权力对相对一方当事人不平等的平衡性要求。这些平衡性要求反映的是对相对一方权益的保护,也即:相对一方不在程序上受行政权力主体的任意支配。因此,行政程序法定这个事实本身就反映了公正性要求"。[1] 2004年,高秦伟认为,正当行政程序具有现代性,是在现代民主制度确立后逐步形成、发展和丰富起来的。正当行政程序具有民主性、公正性,现代行政程序概念最早产生于普通法系国家,源于英国普通法上的自然公正、美国法上的正当法律程序,在20世纪以来的欧洲大陆也把民主性和公正性作为行政程序的生命。正当行政程序具有合法性,不合法或违法的行政程序失去了正当行政程序的地位,正当行政程序不仅重视按法定程序行使权利,更重要的是通过正当的行政程序行使权利。[2]

不过,也有学者强调两者之间的差别。2003年,金伟峰指出,"法定程序"是实定法明确规定的程序,但相关规定不多,且缺乏一般条款,特别是某些"法定程序"还有非正当性,迫切需要以"正当程序"的理念和原则对现行的"法定程序"制度及其司法实践进行改造,包括在宪法中规定"正当程序"条款、完善行政程序立法、充分发挥法官的司法能动性、允许法官对法定程序作扩大解释等。[3] 他将法定程序评价为正当程序与非正当程序。2012年,江必新在与合法性相对的意义上使用正当性一词,他认为:(1)正当性与合法性在价值上需要互补,合法性应以正当性为基础,应当体现正当性,正当性是检验衡量法定程序的重要标志,是弥补合法性不足的重要依据,是发展法定程序的重要准星;(2)正

---

[1] 赵华强:《行政程序法定——依法行政的关键》,《法学》1998年第11期,第55页。
[2] 参见高秦伟:《正当行政程序的判断模式》,《法商研究》2004年第4期,第38-43页。
[3] 参见金伟峰:《从"法定程序"走向"正当程序"——以行政程序为例》,《河南省政法管理干部学院学报》2003年第5期,第52-54页。

当性需要借助合法性来获得人们一体遵循的效力;(3)多数成文法国家(地区)的法律规定了程序合法性原则,有的还直接规定"正当法律程序"或以其他方式为"正当性"设定空间。①

1997年,胡建淼指出,行政权的实施不可能脱离由一定方式、步骤和时限所构成的一个时空范围,因此,"没有行政程序就没有行政权"。但在行政程序立法时未必要将所有的行政程序均法定化,需要法定化的是那种与相对人合法权益相关的程序。② 2021年,杨登峰进一步作了一个有意义的区分。他将行政程序从行政相对人的角度分为权利性程序和义务性程序两类。权利性程序通过为行政相对人提供必要的程序性权利,对干预性行政行为的作出发挥阻却作用,从而实现对行政相对人实体权利的程序保护。义务性程序则通过要求行政相对人负担必要的程序性义务,为行政主体作出行政行为提供便利,以降低行政成本,从而对非干预性行政行为的作出发挥促成作用。需要遵循程序法定原则的主要是"义务性程序","权利性程序"则遵循正当程序原则,只有在限制或剥夺其正当程序权利时才遵循程序法定原则。因此,行政程序法定包括义务性程序法定和权利性程序限制法定两个方面。相应地,"违反法定程序"应从两个方面来界定,对权利性程序而言,系指违反正当程序原则;对义务性程序而言,系指违反程序法定原则。③ 所以,杨登峰在原则的层面上区分了程序法定与正当程序,相应地也能区分法定程序与正当程序。

(二)行政程序正当性的判断基准

学者们对于行政程序的正当性判断标准也有很多不同认识。有的强调程序正义,有的强调实体公正的保障。但没有程序与实体的统一,很难获得大多数人的认可。

2002年,王锡锌撰文认为,正当程序的基本价值在于尊重个人尊严,正当程序蕴含了"最低限度的公正"这一程序正义基本理念。某些程序要素对于一个法律过程来说是最基本的,是不可缺少、不可放弃的,否则不论该程序的其他方面如何,人们都可以感受到程序是不公正和不可接受的。这些程序要素至少应当包括:程序无偏私地对待当事人,在行使权力可能对当事人的权利义务产生不利影响时必须提供某种形式的表达意见和为自己利益辩护的机会,以及说明理由。"最低限度的公正"概念本身蕴含着对行政程序灵活性的认可,允许程序在满足

---

① 参见江必新:《行政程序正当性的司法审查》,《中国社会科学》2012年第7期,第125页。
② 参见胡建淼:《行政法学》,法律出版社1997年版,第471-472页。
③ 参见杨登峰:《行政程序法定原则的厘定与适用》,《现代法学》2021年第1期,第80页。

这些基本要素的前提下根据具体的时间、地点和条件进行相应的制度安排,对公正与效率进行平衡。①

2012年,江必新也接受了最低限度的公正标准,并认为正当程序原则可以在具体操作环节上指导司法实践。因为确保程序正当是行政主体的法律义务之一,对行政程序进行正当性审查有了法理根基。程序正当性问题主要出现在裁量领域,而裁量权不仅应当而且可以规范,运用正当性标准审查程序裁量权,才能发现程序裁量权的行使是否存在滥用情况。而且,在程序法缺失的情况下,仅就合法性进行审查,无异于"对空放炮"。所以,"正当性"不仅有必要而且有可能成为司法审查的重要标准。秉持防止程序裁量权滥用的目的,并以《行政诉讼法》有关"滥用职权""显失公正"等规定为据,正当性司法审查应确立"最低限度的程序公正"标准,坚守程序公正、比例适当、有效参与、程序效益、程序的可接受性、程序规范化、行政便宜性等原则。② 反过来,这实际上也构成了程序正当的基本内容。

作为专攻行政程序的学者之一,章剑生认为,法定程序是法律法规规章规定的行政程序,在没有法定程序的情况下,行政机关行使行政权必须遵守一种最低限度的程序正义要求,即正当程序。正当程序可以填补制定法中法定程序的漏洞,可以判断法定程序的善与恶。正当程序的本质是对权力的限制,即当行政机关作出一个对行政相对人不利的行政行为时,正当程序要求行政机关必须遵守最低限度的程序正义底线。这个最低限度的程序正义底线是听取意见、防止偏见和信息公开。③

与上述学者接受最低限度公正标准、侧重于程序正义不同,2014年,张步峰在其博士学位论文基础上出版的专著则更为综合。他认为,如果将行政程序视为现代行政法的一项实证法律体系或系统,那么,仅仅从系统内部来考察其形式上的完备和功能上的价值,是远远不够的,而必定需要从系统的内部,亦即行政程序的内容和结果上来评价。行政程序的正当标准应分为两个方面来阐述。一是逻辑上的应然。正当行政程序应该满足其作为一种沟通程序的形式理性,具有法律技术的完备性、逻辑性和系统性,能够保障程序的参加者理性参与程序的运作并进行沟通。具体包括行政程序的中立、公开、论证和自治四个方面的结构性要素。二是价值上的应然。正当行政程序应该具备两种功能。一种是功能性价值,

---

① 参见王锡锌:《正当法律程序与"最低限度的公正"——基于行政程序角度之考察》,《法学评论》2002年第2期,第27-28页。
② 参见江必新:《行政程序正当性的司法审查》,《中国社会科学》2012年第7期,第134页。
③ 参见章剑生:《现代行政法总论》,法律出版社2019年第2版,第217-220页。

包括能够保障公民权利、实现行政民主化、促进依法行政、促进行政决定理性化、提高行政效率、替代司法救济、促进社会整合等；另一种是道德价值，不仅要具备纯粹的形式正义，还要符合实体上的两个价值，亦即作为行政程序结果的"真"和作为行政程序参与者个体的"善"。"真"主要是指行政程序的论证结果应该符合真理一致论，"善"则意味着参与行政程序的人应该具备良知并将良知贯彻到参与行政程序的活动中去。①

六、行政程序论的展望

综上所述，在近代中国行政法学上行政程序论的研究显然是十分不足的，其真正的展开是从 1980 年代末开始的。行政程序论主要集中于立法史、立法模式、程序原则、正当程序的判断、程序制度、违反法定程序的法律效果等问题。应当说，学理研究与司法实践之间的互动是存在的，但法院对行政程序的审查范围和审查强度通常都是较为有限的，与理论上的期待还有一定距离。立法和行政实践对行政程序也有较大的扩展，已不限于权利保障的正当程序，而扩及公众参与的理性程序。学理研究应先将行政程序分成权利保障型程序和公众参与型程序两大类，再对其各自的参与主体、参与程序、参与依据和参与效果分门别类地展开。在权利保障型程序中，内在程序和外在程序、行政的判断过程和行政权的行使过程等都应当与司法的判断过程审查关联起来，从公开透明、主体参与等角度使行政权的判断和行使过程正当化。

第二节　行政许可论的源流

行政许可，现在是《行政许可法》上的法律概念，包含许可、特许、认可、确认、登记等诸多类型的行为，也是行政法学的重要问题之一。但过去这些类型是被作为行政行为的内容来对待，只是在当代因这种手段在行政管理中发挥着重要作用，法律以其"准予"的共通性而整合成"行政许可"的概念，作为专门问题来处理。厘清行政许可的内涵，有助于分门别类地予以规范，有助于准确把握法律适用的界限。下面拟以行政许可法上的广义许可为梳理对象，对其在过去行政法学脉络的定位、区分及区分意义展开探讨。

一、作为行政行为内容的许可

"许可"等概念在清末就已传入中国，并在民国时期的行政法教材中得到广

---

① 参见张步峰：《正当行政程序研究》，清华大学出版社 2014 年版，第 105 页以下。

泛接受。其共通的处理方式是将许可作为行政行为的内容，并分门别类地对类似概念进行法的辨析。这种处理方式一直延续到改革开放初期。

（一）许可概念在清末的传入

1907年，《法律经济辞典》对"许可"是这么解释的："许可者，于一般人民不允许之行为，而于特定之场合，对于资格或方法与手续等具备之人，或其行为由行政官厅许其为之之行政处分也。例如医师、辩护士，惟具有免状资格者，许可其营业。又如剧场等，惟手段方法适合成规者，许可其开业。设未受许可遽为此等行为者，即被科罚之类。"① 但在行政法教材上通常不将其作为专门问题来处理，而是作为狭义行政行为，即行政处分的内容来分析。

1906年，袁希濂翻译的美浓部达吉的《行政法总论》在行政处分的内容中介绍了许可、认可、设定权利、确认等概念。（1）许可是使一般被禁止的行为在各个场合解除其禁止的处分，例如营业许可、建筑许可等。许可是在特定场合解除自由的限制，其关系仅在国家与私人之间，并非私权的设定或变更。（2）认可是对特定行为准其有法律上效力的处分，例如公司章程及市町村条例的认可。认可与许可不同，被认可的行为原本不在一般禁止之列，只是不得认可，则不能产生法律上的效力，即其行为并非违法，只不过没有法律上的效力而已。在法律行为的认可上，国家并非法律行为的当事人。市町村的条例非经认可，不能有效力，但市町村有条例，不能说市町村与国家之间有契约成立，条例上所表达的意思仅为市町村的意思，国家只是将市町村的意思认作有效而已。故认可又与裁可不同。元首裁可法律，是以一个机关的意思加于另一个机关的意思，议会的意思不能使法律有效，其之所以能成为法律，是因为议会意思与元首意思的合致。（3）设定权利既有公法上的，也有私法上的，最重要的私权设定处分就是特许，例如矿业特许。特许与许可不同，特许的行为非但解除自由的限制，同时可对抗第三者的权利设定，其关系不仅在于与官厅之间的关系，同时拘束私人之间的关系。设定公权大都伴有特别义务，故可依公法上的契约而行。（4）确认。② 美浓部达吉未就确认展开说明。美浓部达吉在这里已经较为清楚地区分了三个概念，三种行为内容具有各自的对象行为、法律效果。

（二）钟赓言的行政处分内容

行政处分的内容有很多，应当进行类型化认识。但在类型化上有很多做法。钟赓言将行政处分的内容分成六种：命令、许可和免除、赋与及剥夺、裁定及公

---

① ［日］清水澄：《法律经济辞典》，张春涛、郭开文译，东京奎文馆书局1907年版，第343页。
② 参见［日］美浓部达吉：《行政法总论》，袁希濂译，普及书局1906年版，第22-24页。

证、认可、通知及受理。除命令、裁定及公证、通知及受理外，其他三种均与今天的许可相关。如何辨识成为一个重要问题。[①]

首先，何谓许可？国家对于人民，一方面依法规的规定或在法律范围内命令其作为或不作为，另一方面又就实际的事件解除特定人的禁止或命令。所谓解除禁止，即对于一般禁止的行为，特别允许特定之人作为，可称之为许可。许可与合意行为的承诺不同。如学生入学的许可、官吏辞职的许可等，在法令中虽有许可或准许的字样，但其性质实际上属于合意行为。许可仅以一般禁止的事件、实际解除其禁止者为限，例如特种营业的许可。除受特别的许可外，均不可从事这种行为，其许可是真正地解除禁止。相反，以一般所负作为的义务，许可特定之人不作为，可称之为免除。

其次，何谓特许？在行政处分中，有的是对于个人或团体而赋予公法上的特权，或设定特别的权利关系，或赋予私法上的权利，总称为赋与，或设权行为，又被称为特许。这种处分的效果在于，使特定个人或团体得以享有从来所未有的特权或权利。而许可及免除以国家命令一般的行为或不行为为前提，一旦解除其命令或禁止，恢复未命令或禁止以前的状态，其效果不过是使特定个人或多数人恢复其固有的自由，而非新设定其所本没有的权利。设权行为有很多种类。其中往往有因特权或权利的赋予，而同时负有特别的义务，这就必须获得相对人的同意，故性质上属于合意行为，而不得一概将其看作行政处分。以国家单方面意思而作出的设权行为，才是真正的行政处分。其赋予公法上的权利或能力，如对于一定考试合格者赋予行政官或司法官的资格，就是如此。关于私法上权利的设定，如矿业权的特许，也是如此。

最后，何谓认可？所谓认可，是指当事人的法律行为，非经国家同意不能有效成立，这时由国家予以同意，使之完成其效力的行为。认可与许可的区别在于，许可是一般禁止的解除，其效果只在于恢复自然的自由，而认可则是对于法律行为的同意，其效果在于完成法律行为的效力。故许可是对于事实上的行为而作出的行为，以使其事实上的行为合法为目的。应经许可的行为，未经许可而作出，其行为虽属于违法或足以成为处罚的原因，但与其行为的效力无直接关系。认可是对于法律行为而作出的行为，以使其行为完成法律上的效力为目的。应经认可的行为，未经认可而作出，其行为完全不能发生法律行为的效力，至于因此而应否处罚，则属于其他问题。认可原则上只能就当事人所陈

[①] 参见钟赓言：《钟赓言行政法讲义》，王贵松、徐强、罗潇点校，法律出版社 2015 年版，第 73-76 页。

请的全部予以认可或不予认可,但也有两个例外。一是修正认可,亦即就当事人所陈请的事项加以修正或命当事人自行修正后予以认可,亦可被称为部分认可。二是选择认可,亦即当事人所陈请的同一事项须备两个以上,由国家选择其一予以认可。

(三)范扬的行政处分内容

范扬将行政处分分为形成处分和确认处分(裁决)两类。形成处分是使原有法律关系发生变化而同时构成一个新法律关系的行政处分。依其变化状态如何,可分为创设处分、废除处分、变更处分和混合处分。在创设处分中,有设定义务的处分——下令处分、设定权利的处分、设定概括性权利义务的处分、赋予能力的处分。除下令处分外,后三者与今天的许可均有关联。设定权利的处分种类甚多,有设定公权的处分和设定私权的处分,前者如公物独占使用的特许,后者如渔业权、矿业权的设定。设定概括性权利义务的处分,即设定整个法律地位或身份的处分,使特定个人与国家间发生概括性的法律关系。特别的概括性法律关系除依公法上的契约外,一般由国家单方行为设定,如公企业的特许、官吏的任命、兵役的编入等。

赋予能力的处分可分为设定人格的处分、解除禁止的处分及同意处分三种。(1)设定人格的处分,即对于新设立的团体赋予权利能力及行为能力的处分,如私法人设立许可、公共合作设立许可等。(2)解除禁止的处分,通称许可,即就原则上为法律所禁止的行为,对特定人解除其禁止,使其可合法而为的处分。凡各人天然可自由的行为,本以任由各人自由为原则,但有的特种行为,若放任,则易发生妨害社会公益的结果。对于这种行为,国家以法律特加以禁止,不许人民任意行为。但其禁止并非绝对的禁止,如行政官署认为对特定人不妨解除其禁止时,则可解除禁止,使其可自由行为。这时对特定人解除禁止,使其有特定行为能力,通常就称作许可。故而,法律的禁止是保留许可的禁止,而依许可可为的行为原为个人自由可为的行为,许可并非赋予特定人从来未有的权利,而不过是撤去法律限制,恢复其固有的自由而已。许可既然以禁止为前提,亦以有权力关系的存在为要件。(3)同意处分,又称认可,即对特定人的行为予以同意、使之完全发生法律效果的处分。法令中关于认可有时亦称许可,但与上述许可究属不同。许可为禁止的解除,未受许可之前,不得行为。而认可为行为的同意,其行为原非法律所禁止,只是未获得同意之前,仍未完全发生效力而已。故而,应受许可的行为,若未受许可而作为,其行为常受处罚,或至少禁止继续。但已作出的各个行为,如未受许可的营业行为等,并不因此而无效;而应受认可的行为，未受认可而径行作出，其行为不属于违法，而属于不能有效。①

(四) 林纪东的行政行为内容

行政行为的内容甚为繁杂，可以效果的内容为标准分为命令的行政行为与形成的行政行为，可以效果的归属为标准分为为自己而为的行政行为与为他人而为的行政行为，可以效果的发生原因分为法律行为的行政行为与准法律行为的行政行为。今天行政许可项下的各种行为在林纪东的行政行为论体系中分属于不同的类型。②

1. 作为命令行为的许可

命令的行为是以限制人的天然自由、命令其为某事不为某事或免除其所命义务为内容的法律行为的行政行为。命令的行为又分为下命与许可或免除两种。下命是命以义务的行为，而许可及免除则为解除义务的行为，三者均以与义务有关的效果为内容，并非设定或变更行为，故不属于形成行为，而为命令行为的一种。其中，不作为义务的解除，通常称为许可或免许，给付或容忍义务的解除，则称为免除。许可是禁止一般人为之的特定作为，对于特定人或关于特定事件，解除其禁止，使其得以合法为之的行为。实行许可，以对一般人禁止为该行为、保留许可的事实为前提。一旦解除其禁止，也只是自然自由的恢复，也就是不作为义务的解除，并非设定权利，因为获得许可也并未取得自然所未有的某种法律上的力，而仅是解除对其自然自由的拘束而已。对于许可的声请作出拒绝的行为，亦属于命令的行为，因为该行为并非变更现在法律状态的意思表示，反而是不变更现在法律状态的意思表示，并无积极的效果，而仅有不免除对一般人所命义务的效果，故而可称为消极的行政行为。

2. 作为形成行为的特许

形成的行为以形成人类自然所未有的法律上之力为内容。自然的自由与法律上之力差异在于，前者不待国家法律的规定，依照天然所与的人类自然的能力当然可为，后者则为法律所赋予的力。形成行为有设权行为（设定新的法律上之力）、变改行为（后改称为"变更行为"，即对于既已成立的法律上之力加以变更）和剥夺行为（使现已存立的权利能力、权利或法律关系消灭）。在设权行为中，设定特定权利的行为，可称为特许。特许多基于相对人的声请作出，在法律用语上也有称为许可的做法，但两者性质并不相同。许可仅为解除对自然自由的拘束而已，对其自然自由并无附加。而特许则系赋予自然自由所没有的新权利的

---

① 参见范扬：《行政法总论》，邹荣勘校，中国方正出版社2005年版，第168-172页。
② 参见林纪东编著：《中国行政法总论》，正中书局1947年第5版，第127-140页。

行为。特许是国家针对专属于国家的权利，赋予特定人可在自然自由范围外行为的权利，就其并非免除义务而为设定权利而言，与许可性质不同。

3. 作为为他人而为之行政行为的认可

某些行政行为的法律效果与国家并无直接关系，其效果仅发生于其他当事人之间，国家仅立于第三人的地位，故称作为他人而为的行政行为。它可进一步分为两种：一种是行政权的意思表示系为形成其他当事人相互间法律关系而表示、其效果直接归属于这种当事人的行政行为，这就是代理的形成行为，亦被称为公法上之代理行为；另一种是给其他当事人的法律行为以同意、补充其效力、使其成为完全有效行为的行政行为，这就是认可。认可的法律行为或为制定乡镇自治条例等公法的行为，或为设立公益法人、出让地方公产等私法的行为。成为认可对象的行为常为发生法律效果的意思行为。这种行为倘仅依当事人意思而完全有效，在公益的保护上颇不适当，故而保留国家的认可，不受认可，其法律行为即不能有效成立。

法令上常称认可为许可，但认可与许可在性质上有很大不同，两者有明白区别的必要：（1）许可是禁止的解除，其效果在于恢复自然的自由；认可是对法律行为的同意，其效果在于完成法律行为的效力。（2）在须许可的行为，许可是该行为的合法要件，未受许可而为，则违反禁止，应受处罚的制裁，但与其行为的效力并无直接关系；在须认可的行为，认可是该行为的有效要件，不受认可而为，则其行为无效，但并非违反禁止，故而不受法律的制裁。（3）成为认可对象的行为，常为法律行为，因为单纯的事实行为并不发生效力问题，故不能成为认可的对象；至于成为许可对象的行为，则常为事实行为，纵然某一方面具有法律的性质，但其之所以为许可的对象，是因为认其为事实行为，事实上与其相当的行动不能未得许可而为。法令规定某种行为须经许可时，应看法令的目的在于遏制法律效果的发生还是限制事实上的行动自由，来判断究竟是认可还是许可。

认可是为完成其他当事人法律行为的效力而作的补充的意思表示，不能脱离其本体的法律行为而独立发生效果。故而，如其本体的法律行为无效，认可亦当然无效；其本体的法律行为系可撤销的行为，则虽已得认可，亦可撤销。须认可的法律行为因认可才有效成立，在受认可以前，并非不发生效力，而是发生附条件的效力。既然认可是补充的意思表示，应可认可的法律行为内容仅依当事人意思而定，只是为其保护监督者的国家，决定应加同意与否而已。但也有修正认可和选择认可的例外。修正认可是对于当事人的声请加以某种程度修正的认可，选择认可则是当事人提出两种方案而由其中择一的认可。

4. 作为准法律行为的行政行为的确认

准法律行为的行政行为不以效果意思为其构成要素，而仅为判断、认识或观念的表示，故与法律行为的行政行为相区别。准法律行为的行政行为有确认、公证、赏罚、通知及受理行为五种。

确认行为是在特定法律事实或法律关系的存在有争执或疑义时，国家以公的权威判断或认定其争执或疑义，而公告于众的行为。在作出一般行政行为时，有先认定事实的必要，但这种认定并非单一行政行为的表示，而仅为许可或特许等的前提，实行于内部而已。但确认行为是以事实认定自身为目的的独立的国家行为，其认定具有公的权威，除因有正当权限的官署行为以致破毁之外，任何人均不得证明其与真实不适合，而推翻其确定力。这是确认行为的特色。确认行为因予以确定力，故常以关系人的参加与经过一定手续为其要件。

确认行为并非企图发生某种效果的行为，仅以确定特定事实或权利存在与否为目的，故并非形成的行为，而是宣言的行为，并无所创设，不过就现已存在的事实或权利，明其疑义、断其争执，而确定其存在而已。其本来的效果仅在发生公的确定力，只是法律有时将形成效果与确认行为相结合，使确认行为外形上与形成行为相似，法令用语上也有附以许可、认可、特许等名称的做法，但这时的行为自身不以意欲发生某种效果的意思为要素，其效果仅系法律使之与该行为相结合，则终非形成行为，而是确认行为。确认行为发生何种法律效果，因法令规定而不同，不可一概而论。

（五）作为行政措施的内容

1983年，《行政法概要》在"行政行为"一章之下设置了"采取行政措施的行为"一节。该书没有对复杂的行政措施内容进行分类，而是挑选法律性质上最重要的几项加以说明，共有10项，分别是命令、许可和免除、赋与和剥夺、认可和拒绝、代理、确认、证明、通知、受理、指示。这与民国时期对行政处分内容的说明是近似的。其中，与行政许可相关的是许可、赋与、认可三项，确认、证明也有关联的可能性。

许可是"对一般禁止的行为，对于特定人或关于特定事而解除其禁止的行政措施"。在法规用语上，有时将性质上属于认可或赋予的行政措施也称为许可，或将性质上属于许可的行政措施，也称为认可或特许。对于法规上的用语，不可拘泥于文字，应当考察规定的内容以决定其性质。

"赋予是设定法律上的能力、权利或法律地位的行政措施，其特征在使相对人享有从来所没有的法律上的能力、权利或法律地位，一般称为设权的或授益的行政措施。"该书这里点明的是，赋予的是"从来所没有的能力、权利或法律地位",据此也区别于许可。该书举例称,"我国主管当局对外国申请合营者的批准行为,就是赋予的行政措施,也是审批行为的一种内容。又如任命某人为国家机关干部,是赋予该人国家机关工作人员地位的行政措施,这种措施有时须经过审批,有时不须经过审批"。这里使用了"审批"的概念,但未作解释。

认可"是审批行为的另一内容,是补充其他行政行为的行政措施,对审批的对象同意时称认可,重要的行政措施往往要经上级行政机关的审查"。在法律性质上,区别认可和许可非常重要,涉及违法行为是否无效或是否撤销问题。"一般说来,许可是禁止的解除,认可是补充其他行为的效力,使它完全生效,应经认可的行为未经认可时,其行为无效,应经许可的行为未经许可时,其行为违法,甚至可以受处罚,但并非当然无效,有时只是可以撤销的行为。认可是关于能力的规定,许可是关于自由的规定。认可的对象总是法律的行为,因为事实的行为不发生效力问题,许可的对象多为事实的行为。有时,在对其他行为认可时,可以加以修正,或者对两个以上的请示择一予以认可。"①

概观这一研究径路,具有以下几个特点:第一,未使用广义的行政许可概念,避免了词义的泛化,节约了沟通成本。第二,其共性在于,在行政行为或者行政处分、行政措施之下来探讨,都是作为其内容之一来认识的。第三,许可、特许、认可、确认等概念相对明确,其间的区分也获得广泛认可。

二、作为一种行政行为的行政许可

随着改革开放之后行政许可方式的常用化,行政许可逐渐从行政行为的内容之一转变为一种行政行为类型而受到高度的重视,行政法学教材也开始设置专门的章节来分析行政许可问题,但行政许可的子类型之间的关系逐渐变得复杂不清。

(一)行政许可的行为类型化

1988年,罗豪才主编的《行政法论》首次设"行政合同与许可证制度"一章,将许可证制度作为一节来探讨,不过,该书并没有使用"行政许可"的概念。该书指出,"许可证是指国家行政机关根据公民或法人的请求而赋予特定的公民或法人某种权利能力或法律资格的证书。许可证制度是规定许可证的申请、审查、颁发和对许可证的监督管理的一系列规则的总和"。该书认为,"公民或法人所申请许可的事项对一般人是禁止的",故而,其所理解的"许可"仍是传统所说的许可。该书还比较了许可证与营业执照的差别。首先,两者的颁发机关不

---

① 王珉灿主编:《行政法概要》,法律出版社1983年版,第114-118页。

同，营业执照是专门由工商行政管理机关核准颁发的，而许可证主要是由专业行政管理机关颁发的。其次，两者的法律效力不同。通常，工商行政管理机关所进行的企业登记是专业行政管理机关颁发许可证的前提条件。此外也有些企业的登记必须持有专业行政管理机关颁发的许可证。再次，两者的适用范围不同。所有的工商企业和个体工商业者都必须到工商行政管理机关进行登记，但并非所有企业都要申请许可证，申请许可证的范围仅限于依照法律、法规规定需要申请许可证的行业。最后，两者核发时审查的范围不同。对许可证申请的审查主要侧重于专业技术方面，而企业登记的审查多是一般性的。[1] 该书还对许可证制度的基本原则、许可证颁发的程序、对许可证的监督管理作出了较为详细的探讨。

  1989年，罗豪才主编的《行政法学》在行政执法一章中也谈及行政决定（行政处理决定）的表现形式，列举了命令、批准、拒绝、许可、免除、赋予、剥夺、委托等，未作太多说明。该章还设"许可与确认"一节，作出专门探讨。"许可是指行政机关根据个人、组织的申请，依法准许个人、组织从事某种活动的行政行为。通常是通过授予证书形式赋予个人、组织某种权利能力、或确认具备某种资格。""许可的反面是禁止。对一般人禁止的行为，对特定人解除禁止也是许可。许可就是行政机关使个人、组织获得从事某种活动的权利。"该书按照许可的范围，将许可分为一般许可与特殊许可。前者是指只要符合法定的条件，就可向主管行政机关申请，对申请人并无特殊限制的许可。多数许可都是一般许可。后者是指除必须符合一般条件外，还对申请人有特别限制的许可，如持枪许可、烟草专卖等。而确认是"行政机关对个人、组织的法律地位或权利义务关系的确定、认可和证明"。确认的既可以是行政法律关系，如公民身份的确认；也可以是民事法律关系，如收养关系的确认。确认主要有三种形式：确定，即对个人和组织法律地位或权利义务的确定；认可，即对个人和组织已有法律地位和权利义务的承认和肯定证明；证明，即向其他人明确肯定被证明人的法律地位和权利义务。确认与许可有时并不容易划分清楚，主要的区别是：两者的对象不同，许可主要是指作为行为，确认则主要是指身份、能力和事实等；两者的法律效果不同，许可是允许被许可人今后可以为某种行为，其法律效果具有后及性，而确认是对既有身份、能力、事实的确定和认可，其法律效果具有前溯性。但两者又有紧密的联系：确认在前、许可在后，许可与确认常常是同一个行政行为的两个步骤，确认是许可的前提，许可是确认的结果，例如有医师资格才可以申请开业许可。许可与确认有时是一个行为的两个方面，如驾驶执照既是对申请人具有驾

---

[1] 参见罗豪才主编：《行政法论》，光明日报出版社1988年版，第194、198-199页。

驶能力和条件的确认,又是对申请人可以驾驶机动车的许可。① 这里所使用的概念除许可尚与传统认识的许可相同外,多数出现不同的理解。例如,特许是特殊许可的简称,是对一般人禁止、对个别人特予的准许,成为许可的一类,而不再是过去理解的授予其本不存在的权利,特殊许可与一般许可的区分意义亦不甚明确。认可是对已有法律地位等的确认,而不再是过去理解的对法律行为效力的补充。确认与许可之间的关系也难以分清。

1989年,张焕光、胡建淼的《行政法学原理》在"行政处理行为"一章的"行政决定"之下设"行政许可"。该书认为,"行政许可是指行政主体对相对人的声请请求表示同意,从而使声请人获得权利或权能的处理行为","行政许可行为的形式是'许可证'"。行政许可既是对相对人禁止义务的免除,也是对相对人权利、权能的赋予。根据国家对许可的控制程度,行政许可可以被划分为一般许可和特别许可(特许)。特许行为由特定的专门机关作出,审批程序比一般程序严格。如颁发营业执照属于一般许可,颁发持枪证和边境通行证属于特别许可。② 在这里,行政许可既是解禁,也是赋权,具有复合的属性。同时,特许也成为特别许可的简称,只是在程序上区别于一般许可。

1994年,马怀德出版了《行政许可》一书,该书是在其硕士学位论文的基础上修改形成的,这是我国最早的一本关于行政许可的专著。该书解释了行政许可制度在我国迅速发展的原因。新中国成立初期,国家对社会经济的管理采用直接控制下达计划的办法,政府职能并不复杂,行政管理较为单一而集中。随着经济的恢复与发展、市场的形成,各行各业恢复秩序走上正轨,一方面,迫切需要新的管理控制技术。特别是商品经济发展、外贸扩大、人口增长、尖端技术兴起、环境保护问题突出,加快了许可制度的建立和完善进程。另一方面,法制化的要求日益强烈。社会事务的繁多,政府管理范围的扩大,要求行政机关统筹安排,确定统一的标准和界限,控制各种特殊活动的规模、层次、方向,这就为许可制度的发展创造了良好的契机。该书认为,"行政许可是行政机关根据相对人的申请,作出决定允许相对人做某事,行使某种权利,获得某种资格和能力的行为"。该书虽然认为,"行政许可的内容是国家一般禁止的活动",但对行政许可的理解是相对宽泛的。该书比较了许可与类似概念。一是认可。认可是"对某一行为加以确认使其具有法律效力或丧失法律效力的行为,多指行政机关所进行的

---

① 参见罗豪才主编:《行政法学》,中国政法大学出版社1989年版,第143-144、166-175页(应松年执笔)。
② 参见张焕光、胡建淼:《行政法学原理》,劳动人事出版社1989年版,第275-276页。

确认证明活动",它是"对已有权利资格的法律承认和确定"。这一认识与前述应松年的认识是一致的。二是登记注册。登记注册是行政机关对正在进行某种活动或希望进行某种活动的相对人依法予以书面记载的活动,一般只要求相对人登记其名称或营业地点,便于行政管理部门备案可查,以此确定其他权利义务。这种行为的特点在于"行政机关关于申请注册登记没有自由裁量权,凡符合条件的必须予以登记"。登记注册可以归为广义的许可行为。三是证明。证明是限制使用的特定的名称头衔。许可主要限制特定活动的进行,但在某种程度上包含了证明因素,例如,律师执照除允许某人从事某一特定职业外,还有证明某人具有某种资格能力的作用。四是批准。批准是表示一种行为和活动,其范围广泛,形式多样,不限于发放许可证和执照。批准是比许可更为广泛的行政行为之一。"本书所采用的许可概念是广义概念,包括行政机关的各项批准、核准等行为"。该书按照许可的性质将行政许可分为行为许可与资格许可。行为许可是行政机关根据相对人的申请、允许从事某种活动、采取某种行为的许可形式。资格许可是行政机关根据相对人申请、通过考核程序核发一定证明文书、允许证件持有者从事某一职业或进行某种活动的许可形式。两者在实践中的界限并不明显,允许某人进行某行为当然也包含对行为人资格权能的认定证明。两者的区别主要在于,行为许可侧重实际的行为条件及过程要求,而资格许可侧重抽象的行为能力及证明结果。该书还将行政许可分为普通许可和特别许可。普通许可是由许可机关向申请人发放的、不需要特殊条件的一般许可。特别许可是许可机关在特别情况下向申请人发放的含有特别内容的许可,其申请条件比普通许可更为严格,适用范围更窄。[①] 行政许可已经越来越失去了本初的含义,而变得包含了各种让行为成为可能的制度。

与上述动向有所不同的是,朱芒虽然也将行政许可作为行政行为的一个种类,但他考察了日本行政法学上许可与特许、认可的关系,也就是说没有将行政许可作为上位概念来使用,坚持了学理的传统。其所理解的行政许可是指行政机关在具备特定法定要件时作出的具有解除法律法规所设定的一般禁止(不作为义务)的法律效果的行为。其目的在于恢复原有的自由,故而,在符合法定要件时,原则上应当许可。而一般理解的特许是对国民设定其原本没有的权利或权利能力的行为。认可是补充第三者法律行为效力并使其完成的行为。许可、特许、认可的分类基础在于行政行为的意思对私人自由所产生的影响。这种分类着眼于宪法层次解释的法律效果,无论是许可恢复自由的法律效果还是特许设定权利的

---

① 参见马怀德:《行政许可》,中国政法大学出版社1994年版,第3、6-9、15、62-66、75-76页。

法律效果，都是在强调自由或权利是否原本存在；重视在解释法律概念方面的实践功能，行政行为如果是许可性质，则行政机关仅有要件裁量空间，如果是特许性质，则行政机关可以进行效果裁量。① 朱芒虽然在研究日本的行政许可，但在很大程度上指明了法律上如何对行政许可及相关行为进行分类。但这一认识终归为少数说，行政许可概念与行政的事前行为日益难以区分。

（二）行政许可的性质论争

对于行政许可的性质，存在一定的争议，主要是赋权说与解禁说之间的对立。前者认为，行政许可是一种赋予权利的行为；后者认为，行政许可是针对特定相对人的解除禁止、恢复自由行为。

马怀德认为，这种分歧是认识角度不同造成的。赋权说强调许可行为中国家的地位和作用，从表面上看，许可的确表现为政府赋予相对人某种权利，但从根本上看，许可不仅是国家处分权力的形式，而且是对原属于公民、法人的某种权利自由的恢复。解禁说强调了许可行为中相对人的一面，行政机关一旦允许相对人从事某种活动，就不能随意撤销。行政许可的性质可以从两个方面加以理解：第一，从表面上看，许可是对不符合条件或未申请人的普遍禁止，这种禁止是基于绝大多数人的同意而设立的，没有这种普遍禁止的条件，许可是不可能成立的，因此，许可是禁止性行为，是限制公众自由权利的行为；第二，就实质而言，行政许可是恢复申请人自由、赋予其某种行为自由和能力的行为，有些权利本身就是申请人的，正是由于许可机关的许可才限制了他们行使权利的自由，不许可并不是剥夺申请人自由或权利的一种形式，而是保证公众利益和符合条件申请人权益的重要手段。②

传统观点将行政许可仅看作行政主体赋予行政相对方某种资格或权利的行政行为，方世荣认为，这是从行政相对人的角度或者只是从"许可"这一行为方式的角度来认识性质的。如果仅从赋予权利和资格的作用来看，完全不需要行政许可制度，法律直接规定即可。从许可制度建立的目的来看，一旦国家对某一事项实施许可证制度，就意味着国家将这一事项纳入了限制的范围。行政许可应当是行政主体决定是否赋予行政相对人某种资格和权利的一种法律制度，包括准许或不准许两种具体的行政行为方式。行政许可既有赋予性，又有限制性，而且以限制性为主导。③ 方世荣实际上不是从行为的角度，而是从制度的角度来理解行政

---

① 参见朱芒：《日本的行政许可——基本理论和制度》，《中外法学》1999年第4期，第102－107页。收录于朱芒：《功能视角中的行政法》，北京大学出版社2004年版，第149－157页。
② 参见马怀德：《行政许可》，中国政法大学出版社1994年版，第9－12页。
③ 参见方世荣：《行政许可的涵义、性质及公正性问题探讨》，《法律科学》1998年第2期，第30－31页。

许可的。

对于赋权说，郭道晖提出批判。他从法理学角度，将权利运行分成四个阶段，即权利形成（社会自在）→权利赋予（国家法定）→权利行使（个人或法人实现）→权利救济，前三者分别对应着应有权利、法定权利和实在权利三种权利形态。郭道晖认为，即便是广义的行政许可，也不是赋权行为。赋予或设定权利表明原本没有，而新予创设。而事实上，行政许可所许可行使的权利都是已由法律、法规明定的权利，行政机关只是依法执行，而非赋予相对人新的权利。行政许可行为主要是审查申请人有无权利资格和行使权利的条件。合乎资格和条件的就许可，否则就不许可，不存在赋予申请人权利的问题：一是法律、法规已规定（"赋予"）了某种权利，而不是由许可机关重新赋予的；二是对不具备相应权利资格的人，行政机关不能擅自"赋予"其此项权利（即使是"特许"，也须有法律根据）。有了权利资格，还须具备行使权利的条件。不具备法定条件，也不能给予许可。这时未获得许可的人也不是被否定或剥夺其享有的权利，他仍保留这些权利，待合乎条件后仍有申请行使权利的资格。因此，许可行为不是赋权行为，而只是验证其资格与条件。"赋权论"只是反映了行政许可行为的表象或假象。行政许可机关有义务受理许可申请，并依法作出审查批准。将行政许可行为视为一种行政职责、一种义务或服务，有助于克服行政机关及其人员的恩赐观点和弄权行为。[1]

对于郭道晖的验证或确认说，杨解君认为，其缺陷在于混淆了许可与确认。在行政相对人的权利行使方面，行政相对人在行政确认之前即已存在，确认只是对业已存在的权利状态加以认定；而行政相对人对于应经许可才能行使的权利，在许可之前不得行使，只有在许可之后方可行使。他认为，行政许可是一种核准行为，既有审查核实，也有准许之意；行政许可还是一种羁束行政行为，符合条件者只能作出准许决定；行政许可是一种授益性行政行为，区别于负担性行政行为。[2]

上述有关许可性质的论争，很大程度上是因各自对行政许可的界定不同所致。行政许可不仅有狭义的许可，也包含了带有准予性质的其他行为。即便是狭义的许可，也有作为行为的面相和作为制度的面相，有人从行为的功能界定，有人从行为对私人产生的法律效果界定。论争从一个侧面反映出行政许可的复

---

[1] 参见郭道晖：《对行政许可是"赋权"行为的质疑——关于享有与行使权利的一点法理思考》，《法学》1997年第11期，第6-9页。
[2] 参见杨解君：《行政许可的概念与性质略谈——与郭道晖先生共同探讨》，《南京大学学报（哲学·人文科学·社会科学版）》2000年第3期，第60-61页。

杂性。

三、行政许可法下的行政许可

全国人大常委会法工委从 1996 年着手行政许可法的调研、起草工作，形成了《行政许可法（征求意见稿）》。九届全国人大常委会将行政许可法列入立法规划，确定由国务院提出法律草案。国务院以征求意见稿为基础起草，于 2002 年将《行政许可法（草案）》提请全国人大常委会审议。[①] 2003 年，十届全国人大常委会四次会议通过了《行政许可法》，并于 2004 年 7 月 1 日起施行。

（一）行政许可与行政审批

对于行政许可与行政审批的关系，在理论和实务中都有较大争议。《关于〈行政许可法（草案）〉的说明》开头第一句就指出，行政许可"也就是通常所说的'行政审批'"。《行政许可法》第 3 条第 2 款规定，"有关行政机关对其他机关或者对其直接管理的事业单位的人事、财务、外事等事项的审批，不适用本法"。也就是说，该款规定的审批本属于行政许可，但不适用该法律。实务中还出现了"非许可类行政审批"的概念。

针对行政审批与行政许可在《行政许可法》实施过程中出现分离的现象，王克稳分析认为，主要原因有三点：第一，我国对两者界定的标准不统一。行政审批主要是依审批主体和形式界定的，而行政许可主要是从相对人的角度依行为的性质界定的，从主体和形式看，行政许可仅是行政审批的一个方面。第二，两者的内涵和外延在立法上也没有统一。《行政许可法》对行政许可的界定反映了该法对行政许可的设定和适用的基本态度，即应当严格限制行政许可在经济事务及社会事务中的适用领域和范围，以防止这种干预手段对私人自治领域的不当干涉和对自由市场秩序的破坏。这一限制意味着将一大批仅具有形式特征、不具有许可实质的审批行为从行政许可中分离出去。第三，立法上的严格界定与行政审批制度改革的不彻底性加剧了行政审批和行政许可的分离倾向。在行政许可的识别与判断上，王克稳认为，从《行政许可法》的规定来看，行政许可是外部的具体行政行为、依申请的行政行为、行政机关的职权行为、要式行政行为，在这些形式特征之外，还需结合"准予其从事特定活动"的本质特征来确定。行政许可以法律对相对人的特定活动有限制或禁止为前提，没有这种限制或禁止就没有行政

[①] 参见杨景宇：《关于〈中华人民共和国行政许可法（草案）〉的说明——2002 年 8 月 23 日在第九届全国人民代表大会常务委员会第二十九次会议上》，《全国人民代表大会常务委员会公报》2003 年第 5 号，第 449 页。

许可。但这种限制或禁止是相对的，在相对人具备法定条件提出申请时，行政机关依法加以审查，准予相对人从事特定活动。由于行政许可的本质是相对人未经行政机关准予即不得从事特定活动，许可具有使其活动合法化的作用。相对人若擅自从事该活动，即构成违法，应当受到行政处罚甚至刑事制裁。如果没有这种制裁，也就不构成行政许可。行政许可的实施以行政法甚至刑法的制裁为保障。符合上述形式要件与实质要件的行政审批就是行政许可，反之，就是非许可的其他审批。①

当然，如果从《行政许可法》的规定来看，行政审批可以有广狭之分，狭义的行政审批就是对内的人事、财物、外事等的审批，而对外的审批就是行政许可。广义的行政审批是狭义行政审批和行政许可的上位概念。如此，几个条文及草案说明的说法都可以得到合理的解释。

（二）行政许可的类型化认识

《行政许可法》第2条规定，"本法所称行政许可，是指行政机关根据公民、法人或者其他组织的申请，经依法审查，准予其从事特定活动的行为"。《关于〈行政许可法（草案）〉的说明》指出，为了对行政许可加以规范，强化对实施行政许可的监督，草案借鉴国外通行做法，根据性质、功能、适用事项的不同，将行政许可分为以下五类：一是普通许可。它是由行政机关确认自然人、法人或者其他组织是否具备从事特定活动的条件，其功能主要是防止危险、保障安全，一般没有数量控制。二是特许。它是由行政机关代表国家向被许可人授予某种权利，主要适用于有限自然资源的开发利用、有限公共资源的配置、直接关系公共利益的垄断性企业的市场准入等。特许的功能主要是分配稀缺资源，一般有数量控制。三是认可。它是由行政机关对申请人是否具备特定技能的认定，其主要功能是提高从业水平或者某种技能、信誉，没有数量限制。四是核准。它是由行政机关对某些事项是否达到特定技术标准、经济技术规范的判断、确定，其功能也是防止危险、保障安全，没有数量控制。五是登记。它是由行政机关确立个人、企业或者其他组织的特定主体资格，其功能主要是确立申请人的市场主体资格，没有数量控制。② 最后通过的《行政许可法》并没有这些分类，而笼统地称作了"行政许可"。但统一的"行政许可"之下包含了不同的类型，实际上存在不同的

---

① 参见王克稳：《我国行政审批与行政许可关系的重新梳理与规范》，《中国法学》2007年第4期，第61-66页。

② 参见杨景宇：《关于〈中华人民共和国行政许可法（草案）〉的说明——2002年8月23日在第九届全国人民代表大会常务委员会第二十九次会议上》，《全国人民代表大会常务委员会公报》2003年第5号，第451-452页。

法律规则，统一的"行政许可"概念既因为难以与其他事前审查的行为相区分而导致法律的适用范围不清，又妨碍了相应规则的准确适用和类型化的规范。在《行政许可法》之下，就很难再去争论诸如"行政许可"是否为解除一般禁止之类的问题。

2004年，陈端洪运用分析法学的方法解析许可和行政许可的法律意义，对行政许可进行了类型区分。他认为，行政许可的基本逻辑结构可以展现为（权威）限制－准许－自由或权利。行政许可就是行政机关为公民创设财产权或自由的构成性事实，行政许可的结果是创设法律权利或自由，据此将行政许可粗略地分为财产权利转让许可和行为自由许可。财产权利转让许可是指政府基于其对资源的所有权或垄断经营权而通过与公民缔结合同的方式将使用权、开采利用权或经营权有偿转让给公民的许可。公用事业的特许经营和国有土地使用许可具有代表性。在非公有制的社会中，行政许可主要是关于行为自由的许可，主要有登记、标准认定等形式。财产权利转让许可和行为自由许可具有不同的权威基础，分别是国家财产权和主权治权。在法律上，不同权威基础产生的许可规则不同。首先，主权治权受到人权和宪法权利的制约，对什么自由领域需要设立许可是一个宪法制度的问题，而政府基于国有财产权的许可是一个一般立法的问题，一般不涉及合宪性审查。其次，许可的程序不同，财产权利转让许可一般采用公开拍卖、竞标等公开竞争方式，行为自由许可不受此限。再次，收费标准不同，财产权利转让许可原则上谋求经济效益最大化，而行为自由许可一般实行最小收费原则。最后，造成损害的责任不同，在财产权利转让的许可中，许可的撤销（除受让人违约、违法外）就是征用，而对于行为自由的许可的撤销，即便行政机关违法，赔偿的范围仍然极其有限。除上述两种典型的许可外还存在混合型许可，既涉及行为自由，又由于特定的行为需要利用或破坏自然资源或公共资源，故在不同程度上适用财产权利转让许可的规则。行政许可直接构成了个人自由的限制，但其真正的目的在于保障相互的自由。行政许可权的合理性与正当限度就在于个人自由与公共利益的平衡。[1]

行政许可与民事法律行为的效力判断联系密切。2020年，王轶从民法学的视角观察认为，行政机关基于行政许可准予私人从事特定活动，有的属于准予实施事实行为，有的属于准予实施民事法律行为。法律规范可区分为简单规范和复杂规范。服务于妥当判断民事法律行为效力的目的，法律或者行政法规中能够成为当事人借助民事法律行为意图约定排除其适用的对象，但不能成为民事法律行

---

[1] 参见陈端洪：《行政许可与个人自由》，《法学研究》2004年第5期，第28-34页。

为违反对象的规定，不存在依据《民法典》第153条第1款作是否为强制性规定类型区分的问题，在这种意义上，可称之为简单规范。法律或者行政法规中既能成为当事人借助民事法律行为意图约定排除其适用的对象，又能成为民事法律行为违反对象的规定，存在依据《民法典》第153条第1款作是否为强制性规定类型区分的问题，在这种意义上，可称之为复杂规范。法律或者行政法规确立行政许可的规定，有的属于简单规范中的强制性规定，对应着准予实施事实行为的情形；有的属于复杂规范中的强制性规定，对应着准予实施民事法律行为的情形。法律或者行政法规确立行政许可的规定，属于复杂规范中强制性规定的，可以作进一步的类型区分：如果对应着准予实施某项民事法律行为的情形，属于要求当事人必须采用特定行为模式的强制性规定；如果对应着准予实施某类民事法律行为的情形，属于禁止当事人采用特定行为模式的强制性规定。当事人借助民事法律行为意图约定排除这些强制性规定法律适用的，可援引《民法典》第153条第2款"违背公序良俗的民事法律行为无效"，认定该约定绝对无效。当事人实施的民事法律行为违反复杂规范中的强制性规定，需要援引《民法典》第153条第1款"违反法律、行政法规的强制性规定的民事法律行为无效。但是，该强制性规定不导致该民事法律行为无效的除外"，区分情形进行效力判断：违反复杂规范中要求当事人必须采用特定行为模式的强制性规定的，该民事法律行为法定特别生效条件尚不具备，属于尚未完全生效的民事法律行为。违反复杂规范中禁止当事人采用特定行为模式的强制性规定的，如果该强制性规定属于管理性的强制性规定，不影响该民事法律行为的效力，但当事人需要就此承担行政责任乃至刑事责任，从而可能影响民事义务的履行；如果该强制性规定属于效力性的强制性规定，则该民事法律行为绝对无效。①

无论是对行政许可的两分法区分还是结合民事法律行为的效力进行体系化认知，很大程度上都是在回应统一的"行政许可"概念所造成的困境。

四、行政许可论的展望

从整个学说史来看，行政许可成为一个专门术语，甚至成为法律上的概念，只是当代中国行政法学上的事情。在体系定位上，许可等由行政行为（行政决定）的内容之一转为行政行为的一种定型化方式，是许可等在现代行政管理中日渐得到重用所带来的。然而，在这体系定位转换之际，传统行政法上有关许可、特许、认可、确认等行政行为内容的区分，却被误解误用，一般许可、特别行

---

① 参见王轶：《行政许可的民法意义》，《中国社会科学》2020年第5期，第86页以下。

政、行政确认等概念,已与传统行政法上行政行为的诸多内容无法一一对应,《行政许可法》更是将行政的事前审核行为一律当作行政许可,行政许可的概念已难以辨识。为了更好地把握行政许可,类型化区分是必不可少的。虽然理论上有诸种尝试,但并没有获得广泛认可,其与行政法学之间也存在一定隔阂。传统行政法上有关许可、特许、认可、确认等行政行为内容的区分,虽然已发生一定的相对化,但仍有大致的区分;虽然在改革开放之后被误用,但今天仍有重新利用的价值。我们需要考虑不同的行政许可对私人行为的不同影响,活用这些传统认知对其作出类型化的区分。

第三节 行政强制执行论的变迁

行政强制执行是保障国家法律得到执行和实现的重要手段,但法律的保障方式不限于行政强制执行。在中国行政法学上,行政强制执行在各个时期都不曾缺席,不仅经历了概念名称的变化,也有过构成体系、执行方法的变化。

一、行政上的强制执行

早在清末,"行政之执行""行政上之强制执行"的概念就已传入我国。"行政上之强制执行"在民国时期得到沿用,并得以法制化、体系化。

(一)行政上之强制执行的传入

1903年,作新社编译的《行政法》设置了"警察罚及强制手段"一章,使用了"行政强制手段"的概念。该书认为,强制手段的目的在于维持国家的权力。国家在法规范围内命令臣民当为之事,命令之后,必使臣民履行而不违背。私人之间要主张其权利,不可不依据民事诉讼的手段。而国家有强制手段,就不担心臣民逃脱其义务。其强制手段有代执行、强制罚和直接强制。在该章之后,又设置了"公法上收入之强制征收"一章,将强制征收作为专门的针对财产的强制手段。[①] 从体系安排上来说,虽然这两章并列未必合理,但或许是因为警察罚部分较为短小,且与强制手段的适用对象相同,故将其与强制手段并为一章。这里的"行政强制手段"就是后来的行政强制执行。

1906年,袁希濂翻译的美浓部达吉的《行政法总论》将"行政之执行"设为一编,也是全书的最后一编,或许显示作者是将其作为行政法的终极保障。不过,该编较为短小,未分章节。"行政之执行者,谓于行政官厅之命令与夫处分,

---

[①] 参见作新社编译:《行政法》,作新社1903年版,第48-53页。

有不遵合者之场合，而以强制者，执行其命令处分之手段也。"行政官厅对其命令处分皆有自身的强制力，若有不遵从者，官厅可以当然地强制而予以执行。官厅对强制的手段不可裁量选择，法律对其手段设有种种限制。行政执行的手段可区分为金钱给付与其他作为和不作为的强制。金钱给付的强制大体准用民事诉讼的执行手续，详细的手续由国税征收法规定。对于金钱给付以外的作为与不作为义务，有三种强制手段：第一是代执行，即义务者所当为的作为，由官厅或使第三人代而为之，其费用自义务者征收。第二是执行罚，即为强制其作为与不作为，行政官厅的所科之罚。限于不作为又不得由他人为之而强制其作为的场合，才能科以执行罚。执行罚不适用一事不再理原则。第三是依于实力而强制。在代执行与执行罚不能实现强制目的时，情况急迫，可以实力加以强制。实力强制对于个人往往有给予过重苦痛之虞，故法律对其适用的场合和使用的人员常有限定。①

1907年，熊范舆译述的美浓部达吉的《行政法总论》设"行政上之强制手段"一章，作为"行政作用"一编的最后一章，与上述袁希濂译本并不相同。该讲义将"行政上之强制手段"分为强制执行与直接强制两种。"强制执行者，对于不遵由行政上所已发之下命者，用强力使之遵由，或用强力使发生其所命状态之手段也。""行政上之强制执行"可分为作为及不作为令的强制执行与给付令的强制执行两种，前者又有代执行、执行罚和实力强制三种方法。直接强制是直接以强力使发生某种状态的手段，而非用以执行已作出的行政处分。② 也就是说，在这一译本中，行政上的强制手段包含了"强制执行"，它与袁希濂译本中的行政执行相当；而"直接强制"在袁希濂译本中并未出现，并非强制执行中的一类。

在清水澄的行政法讲义中，总论在"行政处分"一章之下设置了"行政处分之强制"一节。某私人不顺从或抵抗而导致行政处分目的不能实现时，可以使用强制手段。这些强制手段包括戒告、代执行、执行罚或强制罚、直接强制四类。③ 这些强制手段是行政处分的强制，故而，其中的直接强制与上述美浓部达吉的"直接强制"是不同的，而是相当于美浓部达吉的"实力强制"。夏同龢编辑的《行政法》在这一方面几乎照搬了清水澄的内容，只是在用语上稍有差别，该节的标题是"行政处分强制手段"，直接强制使用的是"直接之强制手段"。④

---

① 参见［日］美浓部达吉：《行政法总论》，袁希濂译，普及书局1906年版，第202-207页。
② 参见［日］美浓部达吉：《行政法总论》，熊范舆译述，丙午社1907年版，第200-208页。
③ 参见［日］清水澄：《行政法泛论》与《行政法各论》，金泯澜等译，魏琼勘校，中国政法大学出版社2007年版，第181-182页。
④ ［清］夏同龢编著：《夏同龢文辑》，梁光华、饶文谊、张红辑校，凤凰出版社2013年版（原书为1906年版），第125-126页。

一定程度上可以说，他未能将行政处分的强制、直接强制当作明确的专门概念。

(二) 行政上之强制执行的展开

国家命令人民一定的义务，自然希望人民遵守施行。为此，也需要一定的手段保障其实现。1913 年，中华民国制定了《行政执行法》，1932 年制定了新的《行政执行法》。

1920 年代，在钟赓言的行政上执行体系中，主要是行政罚与行政上的强制执行两种手段。所谓行政上的强制执行，是指"于特定之人不履行依行政上之法令或行政处分而命令之作为或不作为之义务时，以强力使之履行，或使之发生其所命令之状态之手段"。对于行政上的强制执行的法律根据问题，钟赓言认为，凡国权命令，当然包含强制力，故其命令一旦合法成立，对于不遵行其命令者，该管官署自可行使强制权力，不必有特别法规的根据。但强制的结果，如果足以发生与业已成立的义务相异的新负担，则非有独立的法规根据不可。"所谓国权之命令当然可以强制者，要以强制其业已成立之义务之实行为限耳。"行政上的强制执行，其目的虽不外国家命令的实行，但其结果则往往在业已成立的义务之上发生新负担，故而，不得不以法律制定关于强制执行的方法。在强制执行之下，区分了对于人类活动上作为或不作为义务的强制手段与对于财产上给付义务的强制手段，前者分为间接强制（代执行、执行罚）与直接强制，后者最普通的执行方法就是依据国税征收法实施。钟赓言详细介绍了各种手段的适用情形、具体方法、实施程序等。代执行以作为义务中可由他人代行者为限，而难以适用于不作为义务或非本人不能为的作为义务。执行罚适用于违反不作为义务或不可为他人代行的作为义务，主要有告诫与宣告处罚两个步骤。执行罚的目的主要在于，以告诫施以心理上的压迫，使其遵守行政处分。如果这种效力未能发生，不得已而实行处罚，使其违反的事实不至于将来继续，则属于第二的目的。而直接强制以实力施加于人民的身体或财产，稍一不慎即不免为国权的滥用，其侵害人民自由甚大，应以法律限定。只有在其他强制执行手段不能实现行政目的，或时机急迫时，才能实施直接强制。直接强制与代执行有类似之处，其区别在于，代执行是以属于被强制者的义务，由官署自身或令第三者代为履行；而在直接强制中，国权行为非必属于被强制者的义务，不过藉以袪除或抑制被强制者的违法状态，或防止或消灭对于被强制者及其他的危害。故前者中国家对于被强制人有征收费用的权利，后者中被强制人不负费用赔偿的义务。[①]

---

① 参见钟赓言：《钟赓言行政法讲义》，王贵松、徐强、罗潇点校，法律出版社 2015 年版（原书为 1927 年版），第 102 - 110 页。

1930年代，朱章宝的讲义在"行政行为"章之下设"行政上的执行"一节，并称"行政上执行的手段有两种：第一是行政罚，第二是行政上的强制执行"。他将"行政执行"作为上位概念，这一做法与钟赓言的相同。朱章宝对行政上强制执行的界定是："在行政范围内，对于不遵从国家的法令或处分的人，用强制手段使其履行义务，或实现行政行为所命的特定状态，这种手段叫做行政上的强制执行。"与民法上义务的执行不同，在公法上，人民若不履行国家所命令的义务，行政机关可依其行政权直接自行强制。其强制执行的方法有四种，分别是代执行、执行罚、直接强制和强制征收。理论上有将强制执行分为对人的强制和对物的强制两种，前者包括代执行、执行罚及直接强制，但朱章宝认为，这种分类意义不明显。因为代执行和直接强制中也包含对物的处分。鉴于强制征收具有独立性，且未规定在行政执行法上，故单列为一类而不归入直接强制之内。[①]

范扬在其《行政法总论》中也专门讲到了"行政上之强制执行"。范扬指出，行政上之强制执行，又称"行政执行"，即行政客体不履行行政法上义务时，以强制的手段使其履行，或实现与已履行同一的状态。在行政上之强制执行的根据问题上，范扬的观点与钟赓言的大致相同，他认为，国家依法规或处分科以人民义务，在其不履行时，无须法规规定，本就当然可以强制执行。因为国家既然有权力单方科以人民义务，自然可以实现义务的内容。但以强制方法实现义务的内容时，势必科以人民新的义务。故而，依据法治主义原则，国家若依权力科以人民义务，须有法规上根据。国家为此实际上的必要，又制定有特别的执行法规，作为强制执行的根据，这也是其权力行使的界限。范扬也根据《行政执行法》的规定，将普通的强制执行分为间接强制与直接强制，又将间接强制处分分为代执行与执行罚（或称强制罚）两种。对于给付义务的强制，或称强制征收，多为金钱给付义务的强制，也有物品给付义务的强制，这些也须有法规上的根据。[②]

二、国家管理中的说服和强制

自1950年代开始，行政上的强制执行这一概念退出了行政法学的舞台，代之以苏联行政法学的说服和强制。在苏维埃国家管理中，说服和强制是保证执行苏维埃国家管理法令的主要办法。强制成为一个概括性的概念，而不是一种具体的行为方式。

---

① 参见朱章宝：《行政法总论》，商务印书馆1934年版，第170-178页。
② 参见范扬：《行政法总论》，邹荣勘校，中国方正出版社2005年版，第193-198页。值得注意的是，"行政上之强制执行"与"行政上之处罚"两项处于"双方行为及合同行为"一款之下，该书之后的版本也是如此体系安排（例如，商务印书馆1948年第7版，第274页），这里应是遗漏了某个款名。

司徒节尼金指出，苏联的强制是由苏维埃人民的绝大多数对相当少的少数实行的，在强制上表现着苏维埃人民的意志，其是为了绝大多数人民的利益。苏联的强制是以说服为基础的。列宁认为，在我们先学会了把说服作为强制的基础的时候，我们便能正确地和成功地采用强制了，首先我们应当加以说服，然后再实行强制。所谓行政强制，是指"不通知法院而由有全权的国家管理机关直接实行的强制"。"管理机关采取行政强制办法，或者是作为因违犯了行政法规范所给与的处分，或者是为了社会保护的目的"。① 但无论是相当于今天行政处罚的行政处分，还是相当于今天行政强制措施的社会保护办法，都与行政强制执行关联性不大。不过，司徒节尼金不仅使用了"行政强制"的概念，而且论证了行政法体系中行政强制的存在必要性。有学者建议把行政强制从行政法体系中删去，理由是"把行政强制作为独立的章节列入苏维埃行政法体系，是重蹈警察法的覆辙，是对苏维埃行政法的歪曲"。但司徒节尼金认为："这真是一种怪论调！""行政法规范规定着制裁办法，在一定条件下对违反这种规范的人就要适用行政强制，关于这一点，在苏维埃行政法中是不能避而不谈的。但同时也应当揭示出这种强制的特殊性，因为它在社会主义国家第二个发展阶段上（即组织社会主义经济、消灭资本主义的残余——引者注）已没有对国内任何阶级使用暴力的性质；应当指出，在苏联，国家强制就其真正意义来说，是代表整个苏维埃社会执行的、人民的强制；应当完整地指出国家强制的适用原则。"行政法也要"以在一定条件下可能和必需适用国家强制为前提"。只不过，"行政强制同苏维埃国家机关进行组织活动时所采用的许多其他手段比较起来，只起着从属的作用"。②

　　从政治思想上，列宁、斯大林都强调了说服与强制的主次关系。雅姆波里斯卡娅认为，说服，更准确地说是说服力（不是说服的过程，而是结果——说服力的状态），是制定规范的前提，在适用规范时同样具有重要意义。我们的法具有约束性，但绝不是任何时候都有强制性，因为在绝大多数情况下，法律规范都是被自愿执行的。社会主义法律规范之所以能被自愿执行，是因为它体现了苏维埃人民的意志，这是由国家的民主性质所决定的。强制只适用于不愿意执行社会主义国家的具有约束力的规定的个别人。强制的目的主要是对付剥削者和保护国家免受外来侵犯。③

---

① ［苏］C.C. 司徒节尼金：《苏维埃行政法（总则）》，中国人民大学国家法教研室译，中国人民大学，1953年，第161-163页。

② ［苏］C.C. 司徒节尼金：《社会主义国家管理制度和苏维埃行政法对象问题》，《苏维埃行政法论文选译》（第一辑），中国人民大学国家法教研室编译，中国人民大学出版社1957年版，第41-42页。

③ 参见［苏］U.A. 雅姆波里斯卡娅：《论苏维埃行政法中的说服和强制》，《苏维埃行政法论文选译》（第二辑），中国人民大学国家法教研室编译，中国人民大学出版社1956年版，第118-126页。

这里的"强制"很大程度上是在法的属性层面上使用的,制裁也体现着强制性。"法律规范的制裁也就反映了苏维埃国家的这种强制能力;不是一般的强制,而是强制人们执行那些处理部分中预先精确规定下来的规范——带有一般性的规则。"①

进入 1980 年代,马诺辛等著的《苏维埃行政法》也是将说服和强制作为国家管理的两种基本方法。说服的方法是"社会主义条件下领导国家和社会事务的基本方法",说服是强制方法的基础。说服与强制是结合起来实行的,两者正确结合的基础是"在说服大多数人相信管理法令及某一具体措施的正确性与合理性的基础上实行强制"。如果必须实行强制,首先要加以说服,然后才实行强制。行政强制所使用的措施包括制止措施、恢复原状的措施以及行政处分(即今天的行政处罚),②并不含有行政强制执行的内容。瓦西林科夫主编的《苏维埃行政法总论》同样认为,"苏维埃国家在执行自己的任务和职能中,主要依靠对群众的说服","这是社会主义性质和民主制度的必然要求"。但这并不排除强制措施的运用。列宁的"先说服,后强制"原则意味着管理机关不能实行那种得不到大多数群众支持的措施,需要进一步向群众解释和说明,或者对这种措施进行修改或废弃。"国家管理机关为保障法制和法律秩序,维护国家法律所能适用的强制措施包括纪律强制和行政强制。"行政强制措施包括行政预防措施、行政制止措施和行政处罚三类。③ 这些也有别于行政强制执行的措施。或许,在苏联行政法学中,行政强制执行的问题主要通过说服来解决。

苏联行政法学的这一处理对我国行政法学仅有些许影响。1982 年 4 月,西南政法学院的校内教材《中华人民共和国行政法概论》也认为,"说服教育与强制相结合是贯彻行政法规的基本方法","在大多数场合下,首先是说服教育,只对少数不接受说服教育的违法分子,才采用强制措施,依法制裁"。该书效仿司徒节尼金的做法,将行政强制分为行政处分(处罚)和社会保护的行政强制措施两类。④ 1985 年,姜明安在自己的教材中还针对行政处罚和说服教育的关系作出说明:"行政处罚不是保证法律和行政管理法规执行和实现的唯一保障,并且不

---

① [苏] U. A. 雅姆波里斯卡娅:《论苏维埃行政法中的说服和强制》,《苏维埃行政法论文选译》(第二辑),中国人民大学国家法教研室编译,中国人民大学出版社 1956 年版,第 132 页。
② 参见 [苏] B. M. 马诺辛等:《苏维埃行政法》,黄道秀译,群众出版社 1983 年版,第 186 - 187、198 页。
③ 参见 [苏] П. T. 瓦西林科夫主编:《苏维埃行政法总论》,姜明安、武树臣译,北京大学出版社 1985 年版,第 139 - 143 页。
④ 参见钮传诚主编:《中华人民共和国行政法概论》,西南政法学院国家与法的理论教研室,1982 年 4 月,第 98 - 101 页。

是最主要的保障。保证法律和行政管理法规执行和实现的最主要的保障是说服教育。"另外,姜明安也以行为是否采取强制措施为标准将行政行为分为强制执行行为与非强制执行行为,在"行政行为"的概念之下包含了"强制执行"的内容,并指出,"强制执行指以法定的强制手段强制不履行行政法上义务的当事人履行义务"。强制执行的方法通常包括代执行、执行罚、人身或实物强制三种。①姜明安虽然提及强制执行,但是将其作为行政行为的一个内容来处理。

三、行政强制执行的出现

改革开放之后,苏联行政法学上说服与强制的影响渐渐从我国行政法学上退出,随着第一本统编教材《行政法概要》的出版,"行政法上的强制执行""行政执行"等概念又回到了行政法学中,成为基础概念之一。

(一)行政强制执行概念的使用

《行政法概要》指出,"在行政法关系中,当事人不履行其行政法上的义务时,国家行政机关可以采用法定的强制手段,强制当事人履行其义务。这就是行政法上的强制执行,是一种具体的行政行为。又叫做行政执行"。在行政法上强制执行的方法大致有三类:第一是间接强制。又分为两种,一种是针对可代为履行之作为义务的代执行,另一种是针对不能代为履行之作为或不作为义务的执行罚。第二是直接强制。国家行政机关在采用代执行、执行罚等间接强制执行方法不能达到目的时,或在非常紧迫的情况下,也可以对法定义务人的人身或财物加以实力强制,采用实力强制的办法,促使法定义务人履行义务。但这种办法极易滋长行政机关的专横武断,导致侵犯公民的合法权益。因此,很多学者主张在立法时规定明确的限制。第三是强制征收。这是行政机关对于负有金钱给付义务或物品给付义务的法定义务人在其不履行义务时采用的一种强制执行方法。②

"行政强制执行"第一次出现是在 1985 年应松年、朱维究编著的《行政法学总论》中。该书指出,"行政强制执行是行政机关在国家行政管理中对不履行法定义务的当事人,用强制措施强制当事人履行义务的行政行为"。行政强制执行的机关在国外大多是行政机关,但在英美法系国家大都是法院。在我国当时实行的方式是,大多数由行政机关自行强制执行,有的申请法院援用《民事诉讼法(试行)》的有关规定强制执行。行政强制执行包括间接强制、直接强制和强制征

---

① 参见姜明安:《行政法学》,山西人民出版社 1985 年版,第 309、300 - 301 页;姜明安:《行政法概论》,北京大学出版社 1986 年版,第 235、211 - 212 页。
② 参见王珉灿主编:《行政法概要》,法律出版社 1983 年版,第 125 - 127 页。

收三种。间接强制包括代执行和执行罚（又称罚锾）。强制征收针对的是负有金钱给付义务和物品给付义务的法定义务人。①

1989年，第二本统编教材《行政法学》也使用了"行政强制执行"的概念："行政强制执行是指个人、组织不履行法律规定的义务，行政机关依法强制其履行义务的行政行为。"行政强制执行以个人、组织不履行义务为前提。不履行义务有两种情况，一种是从事法律所禁止的行为，另一种是不履行规定必须履行的义务。执行机关原则上是行政机关，行政强制执行是行政机关的本职工作。人民法院的强制执行是人民法院依行政机关的申请所作的执法行为，其行为是人民法院所作的，但行为的内容取决于行政机关的申请。法院根据行政机关的申请并有法律的明确规定和遵循一定程序才能实施强制执行。在强制执行中，不得进行执行和解。这是因为行政强制执行是行政机关依照法律的规定对履行义务的个人、组织作出的，是一种执法行为，行政机关本身无自由处置的权利。行政强制执行依执法人是否可以请人代替法定义务人履行其义务为标准，可分为间接强制与直接强制。间接强制又可分为代执行和执行罚两种，前者适用于可请人代为履行的作为义务，后者一般适用于无法代替的作为义务和不作为义务。直接强制是在法定义务人不履行法定义务，无法采用代执行、执行罚等间接强制手段促使其履行义务的情况下，或者在情况紧迫来不及运用间接强制的办法时，行政机关可以依法对法定义务人的人身或财物实施直接强制，迫使其履行义务。②

同年，张焕光、胡建淼的《行政法学原理》在"行政处理行为"一章之下设"行政强制执行"部分。"所谓行政强制执行，是指当事人（法人和自然人）不履行国家行政主体所作出的行政决定，有关国家机关依法强迫当事人履行行政处理决定而采用各种强制手段的活动。"该书对于将行政强制执行等同于行政强制的做法提出批评。当时所认识的行政强制包括强制预防、强制制止和强制执行三种。前两者并不以相对人不履行行政处理决定为前提，后者却须以此为前提。可见，行政强制执行是行政强制的一项内容，而非等同于行政强制本身。该书不认同苏联行政法将行政强制执行和行政强制搅在一起、又把行政强制同行政制裁揉成一团的做法，列举了已有的对行政强制执行的分类法，试图从新的角度作出分类，即以执行主体为标准，将其分为行政机关的强制执行与人民法院的强制执行，前者可称为"行政执行"，后者可称为"司法执行"。从法理上说，行政管理

---

① 参见应松年、朱维究编著：《行政法学总论》，工人出版社1985年版，第299、301-303页。
② 参见罗豪才主编：《行政法学》，中国政法大学出版社1989年版，第148-152页（应松年执笔）。

职权自然包括行政强制执行权,但由于行政强制执行权是行政管理职权中最严厉的一种手段,它的行使直接影响到相对人的权利义务,故限于在法律的特别授权范围内行使。①

(二) 行政强制之下的强制执行

1999年,第三本统编教材《行政法与行政诉讼法》设置了"行政强制"一节。所谓行政强制,是指"行政主体为实现行政目的,对相对人的财产、身体及自由等予以强制而采取的措施"。行政强制之下包括行政强制执行、行政上的即时强制和行政调查中的强制三类。行政强制执行是指在行政法律关系中,作为义务主体的行政相对人不履行其应履行的义务时,行政机关或人民法院依法采取行政强制措施,迫使其履行义务的活动。② 在2011年《行政强制法》实定化之后,该书对相应表述作出调整。首先,行政强制"是指行政主体在行政过程中出现行政相对人违反义务或者义务不履行的情况,为了确保行政的实效性,维护和实现公共利益,由行政主体或者行政主体申请人民法院,对相对人的财产以及人身、自由等予以强制而采取的措施"。行政强制是一个复合性概念,作为确保行政实效性的制度或者确保私人方面履行义务的制度,各项不同的行政强制,既有作为行政强制的共性,又分别具有各自的独特性。其中,行政强制执行"是指在行政法律关系中,作为义务主体的行政相对人不履行其应履行的义务时,行政机关或行政机关申请人民法院,依法强制其履行义务的行为"。根据执行机关的不同,行政强制执行分为行政机关强制执行(行政性执行)与行政机关申请人民法院强制执行(司法性执行)两类。根据强制手段相对于被强制义务人的形态,行政强制执行一般分为间接强制和直接强制两种,前者又有代履行和执行罚(亦称强制金、滞纳金)两种,后者又有人身强制和财产强制两种。③

至此,行政强制执行的概念、体系定位、执行模式、种类方法等虽然仍存在一定的争议,但基本定型下来。

四、行政强制执行的当代论争

根据九届全国人大常委会立法规划,全国人大常委会法制工作委员会从1999

---

① 参见张焕光、胡建淼:《行政法学原理》,劳动人事出版社1989年版,第294-299页。
② 参见姜明安主编:《行政法与行政诉讼法》,北京大学出版社、高等教育出版社1999年版,第234-235页。
③ 参见姜明安主编:《行政法与行政诉讼法》,北京大学出版社、高等教育出版社2019年版,第277-278、281-285页(杨建顺执笔)。

年3月开始着手行政强制法的起草工作,2005年形成草案提请常委会审议。① 2011年6月30日,全国人大常委会通过了《行政强制法》,并于2012年1月1日起施行。《行政强制法》的制定,固化了"行政强制""行政强制执行"的概念。《行政强制法》第13条规定,"行政强制执行由法律设定"。"法律没有规定行政机关强制执行的,作出行政决定的行政机关应当申请人民法院强制执行。"这涉及行政强制执行的两个基本问题,其一是设定权,其二是执行体制。

(一) 行政强制执行的设定之争

现行法对行政强制执行实行了法律保留原则。只有全国人大及其常委会制定的法律可以设定行政强制执行。但是,究竟行政强制执行的何种事项或要素需要由法律设定,尚有争论。

胡建淼认为,职权设定的内容要素并非需要包括所有的内容,而只是包括那些与社会公共利益和行政相对人个人利益直接相关的内容。行政强制执行是对行政相对人不利的依职权行为,其基本内容包括四大要素:第一是权力要素,即设定什么权;第二是主体要素,即权力由谁行使;第三是条件要素,即权力在什么条件下才可以行使,包括被执行人、被执行的行为及状态、执行行为(如滞纳金)的标准等;第四是程序要素,即权力在什么程序中行使。胡建淼认为,法律对于权力要素、权力主体要素作绝对保留,对于权力条件和权力程序可以作相对保留,可以授权给行政法规和地方性法规设定。②

杨建顺认为,行政强制执行的设定权实施了严格的法律保留原则,但存在授权必要性。在法律没有规定行政机关强制执行的情况下,有权作出行政处理决定的行政机关却无权作出行政强制执行的决定,这里存在三个悖论:其一,既然前面的基础性行政处理决定是依法作出的行政行为,就应有规范确定力、拘束力、公定力和执行力,这是对该决定所依据的法规范的尊重,也是对作出该决定的行政主体权威的尊重,是法安定性的重要体现。如今该决定付诸执行,却须另寻依据,由法律或法院来决定。其二,在法律没有规定行政机关强制执行的情况下,应当授权作出基础性行政行为的行政机关重新审视该行政行为的合法性,从而确定是否应当付诸执行,而不应当由行政系统之外的人民法院来决定是否应当实施行政强制执行,这是在专业性和非专业性之间取舍的一个悖论。其三,即便认为申请法院强制执行有助于制约行政强制执行权的滥用,但在没有法律规定的情况

---

① 参见信春鹰:《关于〈中华人民共和国行政强制法(草案)〉的说明——2005年12月24日在第十届全国人民代表大会常务委员会第十九次会议上》,《全国人民代表大会常务委员会公报》2011年第5号,第477-478页。

② 参见胡建淼:《行政强制法论》,法律出版社2014年版,第387-389页。

下，法院又凭借什么来判断某行政决定该不该付诸强制执行呢？如果判断的依据是该行政决定所依据的法律规范，那么，对相关法律规范的理解和掌握，行政机关作为该领域的专才，其判断理应优于作为法律通才的法官的判断。在行政强制执行层面，对权力的制约，重点应当置于行政强制执行内容与基础性行政决定、进而与该行政决定所依据的法规范之间的一致性上。只要该行政行为是依据该法规范作出的，且该行政决定成立并合法合理，其后的行政执行权就应当得到极大限度的尊重，并切实地付诸实施。① 杨建顺倡导的是行政执行模式，若不能实现这一模式，在行政强制执行的设定权上就不应局限于法律，而应扩大授权范围。

（二）行政强制执行的体制之争

在行政强制执行的体制上，既有行政机关依职权负责执行的行政执行模式，也有行政机关申请法院执行令的司法执行模式，还有以行政执行为主、司法执行为辅的模式。在立法之前，通说观点认为，中国实行了以申请法院执行为原则、以行政机关执行为例外的做法。

对于现行行政强制执行体制，一般认为是确认了过往的做法，并未作出积极变动。在无强制执行权的行政机关申请法院执行、法院裁定执行后，究竟由谁去实际执行，《行政强制法》自身未作规定。杨建顺认为，交由行政机关执行具有较强的合理性，既有助于使法院从大量的执行任务中解脱出来，从而居于更超脱的中立者地位，也有助于使行政机关恪尽职守依法履职。这就是裁执分离模式，亦即在行政机关发动强制执行权之前，由行政机关依法申请法院对其强制执行决定作出合法性审查，再由行政机关来担任具体实施的工作。他还主张，为了凸显还权于行政机关的价值取向，不仅要主张裁执分离模式，还应当进一步强调"以行政机关自行强制执行为主，提请人民法院裁定后由行政机关负责强制执行为辅"的裁执分离模式。这并非取消司法的事前监督，而是应当抓大放小，限制非诉执行案件的审查范围，增加制度资源优化配置的可能性，强化司法对行政权的监督与制约，消除行政机关既当"裁判员"又当"运动员"的尴尬。②

胡建淼认为，现行的这种体制可以继续实施，但并不是理想的体制。他认为，可以将并列执行主体体制改为行政执行主体与司法监督主体分离体制；在行政机关系统实行行政决定权与行政执行权分离；司法监督主要体现在裁决权上，而不是执行权上；对于执行事项，以先执行后裁决为原则，以先裁决后执行为例外；对于行政机关执行权的分配，先执行后裁决的执行事项可由作出基础决定的

---

① 参见杨建顺：《行政强制法 18 讲》，中国法制出版社 2011 年版，第 119-121 页。
② 参见杨建顺：《行政强制法 18 讲》，中国法制出版社 2011 年版，第 154-162 页。

行政机关执行，先裁决后执行的事项可由行政执行局负责执行。①

五、行政强制执行论的展望

行政强制执行论是行政法学的重要组成部分，自清末至今虽有部分变迁，但其总体上的体系定位、种类和方法等都变化不大。行政强制执行体制问题虽然在当下的中国仍然是一个未决的课题，但其前后变化属于学理无法左右的政策内容。新中国成立初期，苏联行政法学对于说服的强调对当代中国行政法学仍有些许影响，"教育与强制相结合"原则就是典型的体现之一。说服无疑也有助于行政强制执行目的的实现。与此类似，在现代行政中，囿于法定的行政强制执行手段较为有限，而且，实行了法律保留原则，行政又有了一些新型的确保行政实效性的手段。是从性质上还是从功能上把握这些手段，如何将这些手段与既有行政强制执行手段相协调，确保行政实效性保障手段符合行政法治的原理和要求，将是行政强制执行论的重要课题。当然，一定程度上还可以说，将来的行政强制执行论需要置身于行政实效性保障体系来理解和架构。

第四节　行政强制措施论的源流

行政强制措施是中国行政法总论上的一个独特概念，也为《行政强制法》所固化，与行政强制执行并列成为《行政强制法》上的两大基本概念。但无论是在教学研究上还是在法律实践中，对于这一概念都存在较大困扰。我们常常以即时强制来理解行政强制措施，但从《行政强制法》的行政强制措施上又看不出即时强制的紧急性、临时性，很多瞬间完成的即时强制不易受《行政强制法》上行政强制措施的程序规范。到底是我们的认识出现偏差，还是立法产生了疏漏？从源流上说，即时强制出现于前，行政强制措施接续于后，即时强制的概念始终影响着行政强制措施的形塑。今天的行政强制措施概念是如何形成的？包含诸多措施的行政强制措施概念是否包含着异质性的内容？又该从何种角度对其加以体系化？

一、即时强制论的形成与升格

近代行政法上的即时强制，可谓行政强制措施的雏形。但是，近代行政法上的即时强制，并非一般性概念，而仅仅是警察行政法各论层面上的即时强制，新

---

① 参见胡建淼：《行政强制法论》，法律出版社2014年版，第418-419页。

中国成立后才成为行政法总论上的概念。

（一）即时强制观念的引入

在清末，尚不存在即时强制的概念，但存在相应的问题和观念。夏同龢编辑的《行政法》仅在上卷总论中提及"行政处分强制手段"。这些强制手段包括告诫、代执行、执行罚（强制罚）、直接的强制手段四类，① 其中并不含有即时强制。在该书的下卷各论，尤其是内务行政中，也没有出现"警察强制"或"警察上之即时强制"的概念。在夏同龢所依据的清水澄讲义中，总论只提及了"行政处分之强制"的四种手段；各论虽有"警察上之强制"，但并没有即时强制的内容。② 陈崇基编辑的《行政法各论》在"警察权"一章中列举了"实力施用"，并将"实力施用"作为警察处分的一种，与"警察强制"并置。该书认为，"实力施用"，"非为警察义务之强制，乃以实力直接除去障害之作用也"。书中所举的例子是，可将有害公安之虞或泥醉疯癫等而须救护的人以实力带至警察署留置，为防止火灾而破坏物件，扑杀危险的兽畜。③ 显然，这种施用实力的行为就是即时强制，亦即为了保护人身安全或维护公共安全，在不存在警察义务的情况下直接施用实力。

稍显特别的是熊范舆译述的美浓部达吉的行政法总论讲义。如前所述，该书将"行政上之强制手段"分为强制执行与直接强制两种。行政上之强制执行分为作为及不作为令的强制执行与给付令的强制执行两种，前者又有代执行、执行罚和实力强制三种方法。其中，实力强制是指，行政官厅用代执行及执行罚尚不能强制其所命的作为不作为义务时，或有急迫事情时，可以实力直接使发生其所命的状态。例如，行政官厅可在一定条件下以实力取押身体束缚其自由，或者拘引至或监禁于警察署，或者毁坏及没收物件等。实力强制在法律上通称为直接强制，但这种强制有两种情形：一种是旨在执行已作出的作为及不作为命令，另一种是并未作出该命令而直接使产生特定的状态。只有后者才可以用直接强制的名称。美浓部达吉在这里将直接强制专用于非强制执行的情形。④ 这里的"直接强制"是与行政上强制执行相并列的关系，它与实力强制相似，差别在于有无先行行政处分。这里的"直接强制"实际上就是即时强制的意思。

---

① 参见［清］夏同龢编著：《夏同龢文辑》，梁光华、饶文谊、张红辑校，凤凰出版社2013年版（原书为1906年版），第125-126页。
② 参见［日］清水澄：《行政法泛论》与《行政法各论》，金泯澜等译，魏琼勘校，中国政法大学出版社2007年版，第181-182、256-257页。
③ 参见陈崇基编辑：《行政法各论》，丙午社1912年版，第13页。
④ 参见［日］美浓部达吉：《行政法总论》，熊范舆译述，丙午社1907年版，第200-208页。

(二) 即时强制的各论形成

进入民国时期,钟赓言的朝阳大学法律科讲义率先完成了即时强制的界定和定位,这在之后的理论中也得到维续。

1. 钟赓言的即时强制论

1920年代,在钟赓言的行政法总论中,并不存在即时强制的概念,而仅有行政上的强制执行。行政上的强制执行是行政执行的一种手段,直接强制是行政上的强制执行的方法。钟赓言认为,实行直接强制,其目的在于保护公益,但有时也以保护被强制者为目的。例如,对于泥醉者、疯狂者或有自杀之虞者等进行管束,或在人民生命财产有危害时为救护而侵入家宅等,均系以实力施加于人民的身体或财产,属于直接强制的一种。[①] 这里的措施实为即时强制,但钟赓言将其置于直接强制之中来说明。这种归类源于1913年《行政执行法》第7条的直接规定,钟赓言不加批判地予以接受。

在钟赓言行政法各论的警察行政中,警察强制是对不遵守义务的人所实施的强力。钟赓言将警察强制按照施行程序的不同分为"警察上之强制执行"与"警察上之即时强制"。前者是指在受警察处分(或警告)者不履行其所负义务时,强制使其履行,或以公权力使其实现警察机关所命令状态的作用。后者是指不待警察处分(或警告)的实施,直接以强制力使其实现警察上必要状态的作用。即时强制的特色在于,不以处分或警告为前提,进而区别于直接强制。

强制执行,必以先有警察处分及义务人不能任意遵行其处分为前提。在实施上,必先警告催促其履行,义务人不遵从警告时方可强制。但有时不能适用这一通常程序。在障害发生之际,存在祛除障害的急迫性,既不能从容通过处分来命令警察义务,也不能仅依警察处分就实现其目的。这时,因事实上的不得已,采用应急手段,省略处分或警告程序,直接限制人民的自由或侵害人民的财产,因其所要实现的是警察目的,所以不得不承认其必要性。例如遇有狂犬横行于街市而予以捕杀,或遇有酗酒泥醉者徜徉于道途而加以拘束,或发现强盗侵入他人宅邸而加以搜索,因火灾有救助的必要而毁坏近火房屋等,皆系迫于情况紧急,如果要预行警察处分或警告,则稍纵即逝,反而与警察目的相悖。所谓警察上的即时强制,即以这种情况为限,才能实行。[②] 这里,钟赓言既强调了即时强制与强制执行的差别,也指明了两者的相近之处,可谓即时强制是紧急情

[①] 参见钟赓言:《钟赓言行政法讲义》,王贵松、徐强、罗潇点校,法律出版社2015年版(原书为1927年版),第107页。

[②] 参见钟赓言:《钟赓言行政法讲义》,王贵松、徐强、罗潇点校,法律出版社2015年版,第330-331页。

况下"省略处分或警告之程序"的直接强制。之所以即时强制没有被置于行政法总论之中,可能是因为其适用的情形主要是警察行政法,故而只是"警察上之即时强制"。

2. 范扬的即时强制论

民国时期对即时强制作出介绍的主要是几本行政法各论教材,其杰出的代表当属范扬的著作。1930 年代,范扬的《行政法总论》在"行政上之强制执行"的项下,比较了"直接强制"与"警察上之即时强制",认为两者相似而种类相异:直接强制是强制执行的一种手段,常以义务的成立与不履行为要件;而警察上之即时强制并非强制既有义务的履行,而是直接因警察上的必要,以实力侵害人民的自由和财产。[①] 1932 年,南京国民政府制定了新的《行政执行法》,旧法误将即时强制作为直接强制规定的问题并没有在新法中得到解决。范扬对此也有批判分析:直接强制以完成法令或处分的执行为目的,而警察上之即时强制具有自身的独立目的。直接强制是行政执行的一种手段,及于一般行政,但按照法律规定仅适用于列举事项,新法规定的目的不在于既有义务的执行,而在于救护被强制者人身财产的危险,这显然是警察上之即时强制。[②]

范扬并未在总论上继续就"警察上之即时强制"进一步展开,而是在其《警察行政法》一书中详加介绍。警察强制有强制执行与即时强制两种。警察上的即时强制是警察上特有的强制,即因警察上的必要,以实力加诸人民的自由和财产而作出事实上侵害的作用。仅在警察上发生目前障害且情势急迫、先以命令一定义务或事件的性质不能下令实现其目的时,方可实施该作用。故而,警察强制以强制执行为原则,以即时强制为例外。即时强制的手段有对于人身的强制(人身管束、健康检验等)、对于财产的强制(物的扣留、物的使用处分及使用限制、样品的征收、警察上的没收等)以及对于家宅的强制(侵入、临场检查等)三种。警察上的即时强制亦须遵守警察权界限的一般原则,尤其是警察责任原则和警察比例原则,在通常情形下都必须严格遵守。但在紧急必要的场合,即时强制则未必尽能遵守,法律认可警察可超过警察上的必要程度,或就无正当警察责任者的法益加以实力强制。这种紧急必要的情形,学者称为警察上的紧急状态;于

[①] 参见范扬:《行政法总论》,邹荣勘校,中国方正出版社 2005 年版(原书为 1937 年版),第 196 - 197 页。

[②] 范扬批评指出:"立案者所有行政法学之知识,实属可疑。其初意殆为掩饰其抄袭之痕迹,将所抄袭条文,于文辞及排列上,极力加工,以示优异,讵知弄巧成拙,是非颠倒,其对于斯学之知识及理解,遂暴露而不可掩矣。"范扬:《评新行政执行法》,《安徽大学月刊》第 1 卷第 1 期(1933 年),第 6 - 13 页。另参见苏苗罕编:《范扬集》,商务印书馆 2021 年版,第 782 - 788 页。

紧急状态时可行使的强制权,学者称为警察急状权。我国法律没有概括性的警察急状权,而仅于少数特定场合没有限定的规定而已,例如对于无警察责任者的物品的使用处分及其使用限制、使用刀枪等。对于合法的警察强制,被强制者有忍受的义务。但对于重大违法的强制,被强制者则有抗拒权。①

综上,在中华民国时期,即时强制的概念已然形成。因为其仅为警察行政领域使用的手段,还不具有一般性,而停留于行政法各论层面,属于警察行政法上的内容。即时强制与强制执行因具有强制性而被共同置于警察强制之下,又因事前义务的有无而得以相互区分,两者的原则与例外关系也于此确立。

(三) 即时强制的新体系定位

上述民国时期的即时强制论源自日本,但日本之后的理论发生了很大变化,并未能及时影响到中国的理论。在日本,即时强制走出警察行政法,进入行政法总论,这是在第二次世界大战之后由田中二郎完成的。1957年,田中二郎的《行政法总论》于"行政强制"之下设"行政上的即时强制",与"行政上的强制执行"相并列。② 这一信息于1984年才通过《行政法资料选编》附录的方式为中国人所知晓。③ 但当时也仅限于田中二郎《行政法总论》的目录。1985年,杨文忠根据田中二郎教材编译的《日本行政法概述》首次作出稍微详细的内容介绍。据该文介绍,行政强制是指为了行政目的、给相对人人身或财产所施加的压力、以此来实现行政上必要状态的事实作用。行政强制可分为行政上的强制执行与即时强制。即时强制并不是为了强制其履行义务,而是在必须排除目前的紧迫障碍、无暇命令义务时,或者是在性质上,即使是命令了义务,目前也难以达到目的时,直接对人身或财产施加压力,以此来实现行政上必要状态的作用。因为它是对人民身体或财产所施加的重大限制,只有根据法律才能进行,而且只有为了警察的目的在必要的最小限度内方可使用。④ 由此,"警察上的即时强制"变成了"行政上的即时强制",成为行政法总论的一个重要概念。进入总论之后,对于即时强制与既有行政法总论体系如何整合,换言之,即时强制应当如何定位,也有种种做法。

---

① 参见范扬:《警察行政法》,商务印书馆1940年版,第36-47页。
② 田中二郎『行政法総論』(有斐閣、1957年) 397頁以下。田中二郎认为,虽然即时强制仅在例外时得到承认,但在法律上得到广泛承认,涉及以警察领域为代表的所有行政领域。较为一般性规定的是警察职务执行法,其他行政性法规也有规定,有对身体的强制、对住宅的强制以及对财产的强制等。或许正因为有如此认识,即时强制才进入了行政法总论。
③ 《行政法概要》编写组:《行政法资料选编》,法律出版社1984年版,第592页(高作宾翻译目录)。
④ 参见杨文忠编译:《日本行政法概述》,《行政法研究资料》编写组编:《行政法研究资料》(下),中国政法大学,1985年,第555-557页。

1. 行政实效性保障或行政强制论的统合

一种做法是以行政实效性保障制度来定位即时强制,并将相关制度统合在行政实效性保障制度之下。1988 年,南博方的《日本行政法》被译为中文,进入行政法总论的"即时强制"再次出现,也因为该译本自身的影响力,而有较大范围的传播。南博方作为田中二郎的弟子,接受了田中对即时强制的体系定位,将行政上的即时强制与行政处罚、行政上的强制执行相并列。"所谓即时强制,是为了排除目前的紧急障碍在没有下达命令的余暇或依情况的性质下达命令也难以达到目的的情况下,直接对人的身体、财产施加强力的作用。""即时强制容易与上述直接强制混淆,但是,直接强制是以命令为前提,在对方不服从命令时采取的措施;而即时强制则是在没有要求履行义务的命令的情况下,突然实行强力的措施。"①南博方在其新版译著中明确地以"确保行政实效性的制度"统合行政罚、行政上的强制执行以及即时强制,同时在即时强制之下包含了行政调查的类型。②

另一种做法是以行政强制来定位即时强制,并将相关制度统合在行政强制之下。1990 年翻译出版的西冈久鞆等的《现代行政法概论》同样采取即时强制进入行政法总论的体系定位。该书从确保行政正常运用的目的和强制应有的状况出发来掌握全局,并考虑到某种程度上说明的方便,将以强制为背景的行政调查、行政上的即时强制、行政上的强制执行三者作为"行政上的强制"统一起来。"所谓行政上的即时强制,不是以行政上的义务作为前提,而是指立即对人身或财产施加强制力量,以达到实现行政上所需要状态的目的(民事上的即时强制,由私人以自己力量救济,原则上是禁止的)。在不是强制履行行政义务这一点上应与行政上的强制执行区别开来。"③ 与此类似,和田英夫在其《现代行政法》中也是将行政上的强制执行、即时强制与行政调查列入"行政强制"一节之下,而与"行政罚"相并列。④

2. 确保义务履行论的分立

与上述统合即时强制和行政强制执行的做法不同,日本的另一类做法是强调两者的差别,将两者分立处理。1995 年翻译出版的室井力主编的《日本现代行政法》将"行政调查及行政上的即时强制"与"确保履行行政上的义务的手段"

---

① [日]南博方:《日本行政法》,杨建顺、周作彩译,中国人民大学出版社 1988 年版,第 92 页。
② 参见[日]南博方:《行政法》,杨建顺译,商务印书馆 2020 年版,第 124、133 页。
③ [日]西冈久鞆、松本昌悦、川上宏二郎:《现代行政法概论》,康树华译,甘肃人民出版社 1990 年版,第 145、149 页。
④ 参见[日]和田英夫:《现代行政法》,倪建民、潘世圣译,中国广播电视出版社 1993 年版,第 221 页以下。

作为两章来处理，后者之中包括"行政上的强制执行"。对于行政调查与即时强制的关系，该书认为，在实定法的事例中，大多数仅通过罚则来间接确保行政调查活动的实效性，而不是采取行使实力的方式，故而，将质问检查等行政活动同法律分别承认的行政上即时强制相提并论是不合适的。对于行政上的强制执行与即时强制的关系，该书认为，强制执行是以事前课予国民一定义务为前提的，而即时强制是在眼前存在急需排除的障碍而又没有预先命令这种义务的余地，从该事物性质上来看，通过课予义务仍不能实现行政目的的情况下，不作出履行义务的命令，而直接对国民的身体及财产施加实力，从而实现行政上的必要状态。① 也正是出于这一原因，不能将行政上的即时强制置于"确保履行行政上的义务的手段"一章之下，而只能与行政上的强制执行分立。

1999年，盐野宏的《行政法》被译成中文，该书将即时执行作为行政的一般制度来对待。盐野宏认为，过去的即时强制包括了两种不同的制度，其一是现场检查以及进入现场的场合所采取的行政调查手段，其二是实现行政目的的制度，盐野宏将后者单独称为即时执行。② 在行政的一般制度体系上，盐野宏同样将即时执行、行政调查、行政上确保义务履行的制度并列为三章，在行政上确保义务履行的制度之下谈论行政上的强制执行。

上述日本行政法学对即时强制在行政法总论上的体系定位在一定程度上表明了即时强制的多个面相。这种种理论虽然以译著等方式传至新中国，但却未能得到广泛的接受和讨论，因为这时中国行政法学有了新的替代概念，那就是"行政强制措施"。

二、行政强制措施的引入与转换

现今常用的"行政强制措施"一词是新中国自苏联引入的，这一概念在内涵上经历了两个阶段的变化，其体系上的定位也有很大不同。

（一）作为强制手段的行政强制措施

从新中国引入的译著等来看，苏联行政法学教材通常设置"行政上的强制"或"行政强制"一章，其下包括各种类型的行政强制措施，还包括行政处罚（新中国成立初期多译作行政处分）在内。只要是具有强制性的手段，无论是即时强制的措施、行政强制执行的措施，还是行政处罚的措施，都属于行政强制措施。

---

① 参见［日］室井力主编：《日本现代行政法》，吴微译，中国政法大学出版社1995年版，第129、136页。

② 参见［日］盐野宏：《行政法》，杨建顺译，法律出版社1999年版，第180－181页；［日］盐野宏：《行政法总论》，杨建顺译，北京大学出版社2008年版，第166－167页。

置于"国家管理法令—国家管理法令的保证执行—国家管理的监督"的苏联行政法学体系之下来看，行政强制属于国家管理法令的保证执行部分的内容，与说服教育相对，实际上是被理解为保证国家管理法令实效性的强制性手段。

1. 苏联行政法学上的行政强制措施

在早期引进的苏联行政法学教材上，对行政强制措施均采取二分法的做法。1951 年，科托克的《苏联行政法概论》在保证国家管理法令实行的办法中指出，需要说服群众自动、有效地执行法令，"但是在这些法令仍被违反或未经自动执行的那些个别情形之下，管理机关必须求助于强制来保证自己命令的实行。这样的强制称为行政上的强制，因为它是依据具有权能的行政机关的直接命令程序而行使的"，它包括本义上的行政强制与行政上的处罚。本义上的强制是"强制公民或公职人员实行一定的法律规范"。苏维埃行政法规定的本义上的行政强制有以下种类：法律所许可的医疗卫生强制办法（强制医疗、强制检查、强制销毁不合应用的产品等）、技术上的强制办法（发现锅炉有威胁工人生命健康的危险状态时，依锅炉检查机关的命令停止工业企业的工作等）、财政上的强制办法（对于未把应为的给付列入预算的机关，企业和团体所采用的现款和钱款书据的扣押和没收等）、财产的扣留（在运输中为发现违禁载货的运送起见而采用）、征发（因国家的需要所采用的财产的强制性有偿让与）、人身的留置（为查明身份或作成违反强行规则的记录，或为将留置人移交该管政权机关，或在法律所明确规定的其他情形所采用的处分）等。[①] 本义上的行政强制多数类似于即时强制，但已超出了即时强制的范围。在这里，科托克使用了"强制办法"的概念。

1953 年，司徒节尼金在其《苏维埃行政法（总则）》教材中指出，"不通知法院而由有全权的国家管理机关直接实行的强制，谓之行政强制"。"管理机关采取行政强制办法，或者是作为因违犯了行政法规范所给与的处分，或者是为了社会保护的目的。""根据这一点，行政强制办法可以分为如下两类：第一类：行政处分的办法（警告、罚款、劳动改造、没收以及其他等等办法）；第二类：社会保护的行政法办法（强制治疗、强制检查、征收、人身拘留、财产扣留以及其他等等办法）。"[②] 司徒节尼金与科托克的分类大致相同，只是措辞上有差别。其中的第二类"社会保护的行政法办法"包含着今天行政强制措施的内容。

---

① 参见［苏］科托克：《苏联行政法概论》，萨大为译，人民出版社 1951 年版，第 62-63 页。
② ［苏］C.C. 司徒节尼金：《苏维埃行政法（总则）》，中国人民大学国家法教研室译，中国人民大学，1953 年，第 162-163 页。

不过，这里还没有使用"行政强制措施"的表达，而是使用了"行政强制办法"的译法。

1956年，雅姆波里斯卡娅在其论文《论苏维埃行政法中的说服和强制》中介绍道，司徒节尼金在其1945年出版的教科书中曾把行政强制措施当作"保证国家管理文件得以实现的措施"和行政处分一起研究，他在1949年出版的另一本教科书中把这种措施叫作社会保护性的行政法措施。雅姆波里斯卡娅认为，"把征用、人身拘留等直接叫做行政强制措施不是十分正确的，因为行政强制是意义非常广泛的一个名词，例如在行政处分上也可以采用这个名词。司徒节尼金所提出的'社会保护性的行政法措施'这一名词较它所表示的概念扩大了一些，过重了一些"。"用'行政影响措施'（或行政保证措施）这一名称是很合适的。""采用这种措施并不是违反客观法律规范的结果，它们并不以有无罪过为先决条件。"[①] 雅姆波里斯卡娅主要是在名称上与之前的学说产生分歧。这里，中国人民大学国家法教研室首次使用了"行政强制措施"的译法。

改革开放之后，苏联行政法教材的译著往前发展了一步，不再采用行政强制措施的二分法，而是采用了三分法，对行政处罚之外的行政强制措施的认识有所深化。1983年翻译出版的马诺辛等编著的《苏维埃行政法》将"行政强制（国家管理的一种方法）"列为该书的第十六章。该书指出，行政强制是国家强制的一种。行政强制措施适用于行政失职行为，在非职务上下级关系的条件下对公民和组织适用。行政强制在维护社会秩序、保卫社会主义财产、维护公民和组织的权益方面发挥着重要作用，在一定程度上有着预防意义。许多强制措施是独立的，它们的适用意味着从实体上解决一个违法问题，这就是行政制裁；但还有保障性、程序性的行政强制措施（扣押等），其目的在于为独立措施的适用创造条件，因而不是制裁。根据适用行政强制措施的直接目的，可将其划分为制止措施、恢复原状的措施和处分。制止措施的目的在于终止违法行为和违法状况，为了不发生新的违法行为和有害后果才实行制止措施。制止措施包括对公民的行政拘留，扣押财产，对传染病患者、嗜酒成性者和吸毒者的强制治疗，民警机关对刑满释放人员的监督，没收财产，中止企业的工作，禁止使用机械及其他措施。恢复原状措施的目的是赔偿已造成的损失和恢复原来的状况。因此，这些措施的种类和数量要视违法行为所造成损害的性质和数量而定，例如，对于因违法行为给国家和社会组织造成损失的公职人员实行扣款、拆除擅自修建的住房或其他房

[①] ［苏］U. A. 雅姆波里斯卡娅：《论苏维埃行政法中的说服和强制》，《苏维埃行政法论文选译》（第二辑），中国人民大学国家法教研室编译，中国人民大学出版社1956年版，第134－135页。

屋、没收企业和机关的非法所得等。① 程序性行政强制措施的提出，再次拓展了行政强制措施的范围，行政强制措施与传统行政法上的即时强制差别进一步扩大。

1985 年翻译出版的瓦西林科夫主编的《苏维埃行政法总论》指出，国家管理机关为保障法制和法律秩序、维护国家法律所能适用的强制措施包括纪律强制和行政强制，前者适用于国家职务关系的范围，后者则没有职务从属关系的限定。该书将整个行政强制措施分为三类：第一，行政预防措施。"行政预防措施是通过预防可能的不良行为及有害结果或违法行为，以保护国家和社会的利益以及公民的安全。"例如，流行病流行时进行检疫、民警进入住宅和办公室、要求提供必要的文件、征收财产、利用交通工具、海关检查。第二，行政制止措施。它"是为强制制止违法行为和预防其危害后果而实施的行为。拘留、扣押和没收财产、停止工作、临时解除工作、要求终止违法行为和消除违法行为的结果、强制医疗等等，均属于行政制止措施"。这种措施是与实施行政违法行为相联系的，是对实施了行政违法行为的主体实行的，其本身不是行政责任措施，但它们保证着实行行政责任措施的可能性，并通常作为实行行政责任措施的前提。第三，行政处罚措施。它是一种"行政法律责任形式，它是对实施了一定违法行为的主体所适用的"。② 其中的行政预防措施和行政制止措施均属于今天的行政强制措施。

2. 我国对行政强制措施的接纳

1986 年，姜明安在自己的教材《行政法概论》中设置了附录"苏维埃行政法图解选译"。该图解表二十二"行政强制"，首先给行政强制作出界定，即"国家管理机关、法院、公职人员（在法律规定的情况下，还有社会团体）为了维护法律所保护的社会关系，根据现行法律规定的范围、形式和程序，对于此种社会关系的侵害者适用的心理上和身体上的国家法律影响措施"，然后将行政强制分为行政警告措施（行政预防措施）、制止行政违法行为措施（行政制止措施）和行政处罚三类。"在法律论著中提出了这么一种意见：把行政恢复措施（扣薪弥补未经批准的支出，拆除擅自建造的建筑物，搬出私自占据的住房等等）列为行政强制措施中独立的一个类别……这类措施应归入行政制止措施一类，因为它们实质是强制制止行政违法行为。"③ 但姜明安在自己的这本教材中并没有阐述整个行政强制的内容，而仅仅谈及"行政处罚"。

---

① 参见［苏］В. М. 马诺辛等：《苏维埃行政法》，黄道秀译，群众出版社 1983 年版，第 196－200 页。
② ［苏］П. Т. 瓦西林科夫主编：《苏维埃行政法总论》，姜明安、武树臣译，北京大学出版社 1985 年版，第 142－146 页。
③ 姜明安：《行政法概论》，北京大学出版社 1986 年版，第 340 页。

我国在行政法总论中首次出现与行政强制措施大致类似内容的教材是1988年出版的皮纯协主编的《中国行政法教程》。该书在"行政执法"章之下设"行政强制"一节。"行政强制是国家行政机关或经它授权的单位或个人，为了预防或制止危害社会的行为的产生而采取的一种强制措施。"由此界定来看，行政强制措施就是行政强制所采取的措施，不包括行政处罚，稍窄于苏联行政法学上的行政强制措施。该书指出："根据行政强制的作用对象，行政强制可以分为人身强制、财产强制、行为强制三种。""根据行政强制的目的和适用前提，行政强制可以分为行政预防措施和行政制止措施。行政预防措施是通过预防可能危害社会的不良行为的发生或有害结果的出现，以保护国家和社会的利益以及公民的安全。适用这种强制措施一般不以行政相对人不履行行政法规定的义务为前提。例如，行政机关在流行病和家畜流行病流行时进行检疫；封锁边境区；在发生某种威胁安全（如山崩、地陷、房屋倒塌等）的情形时，禁止道路、一定地段通行；征收财产；海关检查等等。行政制止措施是为制止行政违法行为和预防危害后果而实施的行为，一般要以行政相对人不履行行政法规定的义务为前提。例如，扣押、没收财产、临时解除工作、冻结存款、强制拍卖财产等等。"[①] 该书的这一分类与瓦西林科夫主编的《苏维埃行政法总论》基本相同，连所举例子也基本一样；但差别无疑是存在的，那就是《中国行政法教程》一书没有将行政处罚置于行政强制之下来理解。不过，该书在"行政强制"一节还谈到"行政强制的方法和程序"，着重谈到了间接强制执行，谈及代执行和执行罚两种具体的方法和程序。这种认识虽然与其对行政强制的界定和分类难以契合，但也表明行政强制与行政强制执行有可能统合在一起。

苏联的行政强制措施在被引入之后，逐渐为中国行政法学所接受。这种行政强制措施与过去的即时强制相比，内容包含了即时强制，但范围比即时强制更广，远远超出了警察法的范畴。故而，行政强制措施直接成为行政法总论的内容。而且，因为未再使用"即时强制"的概念，行政强制措施没有了即时强制的要件限制，从而有了更大的包容性。对于众多的行政强制措施，苏联行政法学者试图进行类型化区分，但从其结果来看，只有列举，而未说明列举分类的标准或意义，也就无所谓相应的规范要求。

（二）行政强制措施的行为方式化

此后，在很长时间里，"行政强制措施"并没有出现在主流的教材里。1996年罗豪才主编的《行政法学》（司法部高等政法院校规划教材）在"行政强制执

---

① 皮纯协主编：《中国行政法教程》，中国政法大学出版社1988年版，第125-128页。

行"之下比较了行政强制执行与行政强制措施的区别。该书认为,"行政强制措施是行政机关为了预防、制止危害社会的行为的产生而采取的限制个人、组织人身、财产和行为自由,使其保持一定状态的手段"。对于行政强制执行与行政强制措施的关系,该书认为,行政机关为了迫使义务人履行义务所采取的强制性手段可称为"行政强制执行措施",行政强制措施包括预防、制止、恢复、保全、执行等各种性质的强制措施,行政强制执行措施只是行政强制措施的一部分,二者是种属关系。行政强制执行与其他行政强制措施有很多区别:(1)前提不完全相同,行政强制执行必须以相对人负有义务为前提,但其他行政强制措施则未必,行政机关在特定情况下可径自采取行动;(2)目的不同,行政强制执行是为了强制相对人履行义务或达到与履行义务相同的状态,而其他行政强制措施是为了保障正常的行政管理秩序,既包含执行法律或行政决定的因素,也包含预防、制止危害行为或事件的发生或蔓延的因素;(3)起因不同,引起行政强制执行的原因只能是义务人作为或不作为的行为,而引起其他行政强制措施的原因既可以是行为,也可以是某种状态或事件;(4)采取强制手段的机关不同,行政强制执行措施由行政机关或法院采取,而其他行政强制措施只在执行措施中由法院参与,其他情况下由行政机关采取。行政强制执行和其他行政强制措施的法律后果基本相同,都是达到行政管理所要求的某种状态,但应当允许被强制人提起行政诉讼。[①] 该书只是在讲行政强制执行时顺带比较了其与其他行政强制措施的异同,对行政强制措施的界定实际上就是行政强制所采取的措施之意,这还是在手段意义上理解"行政强制措施"。但该书对行政强制执行与其他行政强制措施的比较为此后的行政法学所接纳。

经过上述辨析之后,其他行政强制措施的特性得以彰显,之后学界便以"行政强制措施"来指代。1997年,"行政强制措施与行政强制执行"在王连昌主编的《行政法学》(司法部高等政法院校规划教材)中成为一章的章名,"行政强制措施"不再是行政强制执行措施的上位概念,而成为一种与行政强制执行相并列的行为方式,而这也成为此后行政法学的通常认识。该书指出,"行政强制措施,是指国家行政机关或者法律授权的组织,为了预防或制止正在发生或可能发生的行为,或者为了保全证据,确保案件查处的顺利进行而对相对人的人身自由、财产予以强行限制的一种具体行政行为"。该书根据目的的不同,将行政强制措施分为预防性、制止性和保障性行政强制措施三种。[②] 这一分类显示出它与苏联行

[①] 参见罗豪才主编:《行政法学》,中国政法大学出版社1996年版,第200-201页(应松年执笔)。
[②] 参见王连昌主编:《行政法学》,中国政法大学出版社1997年修订版,第222-226页(方世荣执笔)。

政法学仍具有一定的承继性。

由此,我国行政法学界广泛采用了"行政强制措施"的概念,它采用了苏联行政法学的概念名称,但与苏联行政法学上的行政强制措施存在两个重大差异:第一,在内容上,"行政强制措施"从一开始就没有像苏联行政法学那样涵盖行政处罚的措施。第二,在性质上,"行政强制措施"不再是一种手段,而是一种行为方式。作为手段的行政强制措施可以涵盖行政强制执行的措施,而作为行为方式的行政强制措施却与行政强制执行并驾齐驱。但新生的"行政强制措施"概念只表明了行政性、强制性的意味,其他的内涵全凭外在赋予,在概念的命名上不可谓完美。这也是这一概念的问题所在,在法律将其实定化之后,问题就更加凸显出来。

三、《行政强制法》上的行政强制措施

早在1988年,国务院法制局就启动了有关行政强制的立法工作,但当时仅限于集中规定"行政强制执行"问题。1996年,行政立法研究组受委托开始起草《行政强制法》试拟稿,将调整范围扩大至整个行政强制领域。[①] 在起草和审议过程中,"即时强制"一直是讨论的对象和规范的对象。[②] 但2011年最终审议通过的《行政强制法》将行政强制措施和行政强制执行合并称为行政强制,并分别加以规范。如此,"行政强制措施"与"即时强制"到底是何种关系,或者说从何种角度去理解"行政强制措施",便成为一个问题。

(一) 作为副线的即时强制

在新中国的行政法学上,行政强制措施虽然逐渐占据了主流,但即时强制时隐时现,从未消失。在我国的行政法学教材上,1989年张焕光、胡建淼的《行政法学原理》在"行政处理行为"一章之下设置了"行政处置"部分。"行政处置(也称紧急处置或即时强制)是指行政主体对正在危害国家利益或社会利益、正在妨碍或将会妨碍国家行政秩序的人或物所作的紧急处理行为。如冻结存款、封存财物、先行拘留等。行政处置具有紧迫性、即时性、直接性、暂时性、强制性的特点。"可以看出,这里的行政处置与即时强制是等同的。该书将行政处置按照处置对象,分为对人的处置和对物的处置;根据处置的直接

[①] 参见胡建淼:《行政强制法论——基于〈中华人民共和国行政强制法〉》,法律出版社2014年版,第98-99页。

[②] 参见应松年:《中国的行政强制制度》;李援:《中国行政强制法律制度的构想》,全国人大常委会法制工作委员会、德国技术合作公司编:《行政强制的理论与实践》,法律出版社2001年版,第10-13页、第51、54页。

目的,分为预防性处置(也称强制预防)和制止性处置(也称强制制止)。行政法对行政处置的控制主要是通过紧迫性、事后追认、减少损失三大原则来进行的。行政处置并不处分相对人的权利,但它暂时性地制约了相对人权利的行使,相对人有义务接受这种约束。行政处置违法或不当,由行政主体承担赔偿等补救责任。① 该书不仅以行政处置的名义将即时强制引入了行政法学总论,还对其种类、控制原则、法律效果等作出探讨。1997 年,胡建淼在自己的教材里也指出,从理论上说,行政强制措施应包括行政预防措施、行政制止措施和行政执行措施。在大陆法系行政法学中,前两者被称为"行政法上的即时强制"。鉴于前两者与后者在发生的时间、前提和法律救济途径上有明显的区别,这里的行政强制措施限于事前的预防措施和事中的制止措施,不包括事后的执行措施。"所谓行政强制措施,是指行政主体为了实现一定的行政目的,而对特定的行政相对人或特定的物作出的,以限制权利和科以义务为内容的,临时性的强制行为。"② 也就是说,这里所说的行政强制措施与即时强制是同一个意思的概念。

前述王连昌主编的《行政法学》指出,行政强制措施"也被称为'即时强制',但并不尽同于传统行政法学上的即时强制"。③ 但该书并未具体指明与即时强制有何不同。作为第三本统编教材,姜明安主编的《行政法与行政诉讼法》1999 年初版并没有采用"行政强制措施",而是采用日本法上的三分法,将行政强制分为行政强制执行、行政上的即时强制和行政调查中的强制。④ 与《行政强制法》上行政强制措施类似的是后两者。直到 2011 年《行政强制法》通过之后,该书才转而采用实定法上的"行政强制措施"概念。

(二) 行政强制措施的法定化

在法律上首次使用"行政强制措施"概念的法律是 1989 年的《行政诉讼法》。该法第 11 条第 1 款第 2 项规定,"对限制人身自由或者对财产的查封、扣押、冻结等行政强制措施不服的",人民法院受理公民、法人和其他组织对此具体行政行为不服提起的诉讼。⑤ 这里虽然是将"行政强制措施"当作一种具体行

---

① 参见张焕光、胡建淼:《行政法学原理》,劳动人事出版社 1989 年版,第 267-269 页。
② 胡建淼:《行政法学》,法律出版社 1997 年版,第 322 页。
③ 王连昌主编:《行政法学》,中国政法大学出版社 1997 年修订版,第 222 页(方世荣执笔)。
④ 参见姜明安主编:《行政法与行政诉讼法》,北京大学出版社、高等教育出版社 1999 年版,第 235 页;杨建顺:《日本行政法通论》,中国法制出版社 1998 年版,第 479 页以下。
⑤ 类似的规定还有 1990 年《行政复议条例》(已失效)第 9 条第 2 项,1994 年《国家赔偿法》第 3 条第 1 项、第 4 条第 2 项,1999 年《行政复议法》第 6 条第 2 项。

政行为，但实际上有在手段意义上理解这一概念的影子。① 2014年修改《行政诉讼法》时，此项内容被修改为"对限制人身自由或者对财产的查封、扣押、冻结等行政强制措施和行政强制执行不服的"，人民法院受理公民、法人或者其他组织对此提起的诉讼。行政强制措施和行政强制执行明确并列成为"行政行为"的一种方式。当然，这一修改也是与《行政强制法》的规定相呼应的。

2011年制定的《行政强制法》第2条第2款规定："行政强制措施，是指行政机关在行政管理过程中，为制止违法行为、防止证据损毁、避免危害发生、控制危险扩大等情形，依法对公民的人身自由实施暂时性限制，或者对公民、法人或者其他组织的财物实施暂时性控制的行为。"行政强制措施处于"行政强制"概念之下，成为一种与行政强制执行相并列的行为方式。由此，国家以法律的方式改变了行政法学界过去将"行政强制措施"作为措施、手段总称的部分做法。胡建淼也指出，"我们应从'行为'的角度来定位，即行政强制措施是一种行政行为，而不是指一种行政行为的手段和方法"。②

《行政强制法》对于行政强制措施虽然在第2条第2款作出了界定，但第3条第2款和第3款排除了应急措施或临时措施、金融业审慎监管措施、进出境货物强制性技术监控措施，第9条明确列举的行政强制措施种类（除第5项的"其他行政强制措施"不明确外）基本上属于行政过程中的强制措施，而非终极性的措施，第三章"行政强制措施实施程序"是主要以第9条明确列举的措施为对象，特别是对查封、扣押、冻结等措施作出了一般性规定。第9条明确列举的行政强制措施与第三章所规范的措施都不是传统意义上的即时强制措施。也就是说，即时强制虽然可以被包含在《行政强制法》第2条的定义之中，但并非《行政强制法》主要规范的对象。

（三）行政强制措施的解释方案

对于"行政强制措施"，法律上的规定仍不够明确，理论上也存在种种解释的可能。一种理解是，汲取日本行政法上即时强制、强制调查理论来解释我国实定法上的行政强制措施。行政强制措施的定义是将行政强制措施分为对人身自由的暂时性限制与对财物的暂时性控制两类，但《行政强制法》在第9条规定了行政强制措施的种类，并没有沿用定义的分类，而是列举了五种类型。杨建顺认

---

① 该法第18条规定，"对限制人身自由的行政强制措施不服提起的诉讼，由被告所在地或者原告所在地人民法院管辖"。这里的"行政强制措施"与第11条第1款第2项的"行政强制措施"是相近的，都是指带有强制性的措施，而不是仅为行为意义上的行政强制措施。当然，这一规定仍然保留在2014年修改后的《行政诉讼法》（第19条）中。唯有如此理解，才符合行政诉讼法扩大管辖法院范围的立法意图。

② 胡建淼：《行政法学》，法律出版社2015年第4版，第321页。

为，这说明《行政强制法》并未将全部行政强制措施纳入其调整范围，除了其列举的类型，还有行政上的即时强制和行政调查中的强制，都可以归类于这里的行政强制措施范畴。①

另一种理解是，行政强制措施就是德国法上的即时强制。例如，袁曙宏认为，关于行政强制的理解，我国法学界曾存在两种理解：一种是三行为说，即行政强制之下包括行政强制执行、即时强制和行政调查中的强制三种强制行为，其代表是日本。另一种是二行为说，即行政强制之下包括行政强制执行和即时强制两类行为，其代表是德国。考虑到我国的法治现状和立法需求，《行政强制法》采取了二行为说。区分行政强制措施与行政强制执行的主要标准在于"是否有确定义务的行政决定的先行存在"和"是否有待履行的义务先行存在"。也就是说，实施行政强制措施的前提条件是"情况紧急"，不需要有待履行义务的行政决定先行存在，是一种暂时性限制或控制行为；而实施行政强制执行的前提条件是"行政决定"，它是在已经作出的行政决定确定的义务未得到履行的情况下实施的，是一种依法强制相对人履行义务的行为。这种差异性是该法区分这两类行为的主要内在标准。②

与上述结论相同但理由有异的是，胡建淼认为，无论行政强制措施还是行政强制执行，都是行政强制机关（行政机关或人民法院）以强制手段迫使当事人的行政义务得到履行，如果这种义务内容是"不作为"或"容忍"义务者，那就是行政强制措施，如果这种义务内容是"作为"义务者，那就是行政强制执行。这是最为关键的内质层次的区别标准。③ 但这种理解显然忽视了"不作为"义务的强制执行问题，例如被责令停止营业后继续营业，这时行政机关可以采取关闭店铺等方式强制执行。胡建淼认为，行政强制措施具有六个方面的特征：一是限

---

① 参见姜明安主编：《行政法与行政诉讼法》，北京大学出版社、高等教育出版社2019年第7版，第279-280页（杨建顺执笔）。
② 参见袁曙宏：《我国〈行政强制法〉的法律地位、价值取向和制度逻辑》，《中国法学》2011年第4期，第10页。
③ 参见胡建淼：《"行政强制措施"与"行政强制执行"的分界》，《中国法学》2012年第2期，第97页。当然，在行政强制措施与行政强制执行的区分上，胡建淼的早先观点是以"基础行为与执行行为分合说"为基础的"基础行为与执行行为分离并且已经生效"，即在基础行为与执行行为不可分离时是行政强制措施，可分离且基础行为已经生效时是行政强制执行，尚未生效的先行执行是行政强制执行的例外。参见胡建淼：《行政强制措施与行政强制执行的边界划定》，《法学》2002年第2期，第24页。之所以修改了这一观点，主要是因为《行政强制法》为行政机关实施的强制执行与申请法院强制执行设定了不同的发动条件，基础行为的生效标准出现了多样化。但这一点差别还不足以推翻"基础行为与执行行为分合说"的合理性。其对"基础行为与执行行为分合说"的疑惑和批评，主要是因为他没有注意到基础行为其实是狭义的行政行为。

权性，而非授益或是对权利的剥夺；二是暂时性，而非最终目标；三是可复原性；四是从属性，起着预防、保障的作用；五是物理性；六是基础行为与执行行为的合一性。① 这里并没有强调不作为或容忍义务问题。② 其中的暂时性、可复原性考虑的其实都是《行政强制法》第 9 条所列举的限制公民人身自由、查封、扣押、冻结等措施，而没有考虑保护性约束人身自由、破坏性消防等即时强制的措施。传统的即时强制是一种行政强制措施，在性质上多属于独立的事实行为，它是不可复原的。虽然胡建淼认为，"境外的'即时强制'与我们的'行政强制措施'其实是同一种强制行为"，③ 但其对行政强制措施和即时强制的认识或许是存在偏差的。故而，他所理解的行政强制措施其实是具有一定特殊性的。

四、行政强制措施与即时强制的关系之解

如此，在今天的一般认识中，行政强制措施要么与即时强制相同，要么包含着即时强制。有关即时强制的理论再次与法律上的行政强制措施关联起来。

（一）一体化的理解

如果要将行政强制措施与即时强制等同视之或进行一体化理解，首要的障碍是一般认识中即时强制的"即时"性。理论上的策略就是调整对"即时"或"紧急"的理解。"作为即时强制的要素，有人列举了其行使的急迫性，而现实的立法事例并不是仅仅限于和狭义的目前紧迫性相对应的情况（健康诊断的强制、外国人的退去强制等）。即时强制乃至即时执行的'即时'，与其说将时间的紧迫性作为问题，倒不如说应该在不介入相对人的义务的意义上来理解。"④ 胡建淼也指出，"我们原来把国外的'即时强制'混同于'紧急强制'是不对的"。"即时强制不是指紧急状态下的强制，它仅相对于基础行为与执行行为分离而显得不够'及时'的行政强制执行而言的。从这意义上说，即时强制也应有紧急强制与一般强制之分。"只是我国的《行政强制法》第 3 条将"紧急强制"（突发事件中的"应急措施或者临时措施"）排除在外而已。⑤ 如此，在不介入相对人义务或无先行行政决定的层面上来理解即时强制中的"即时"，就可以实现行政强制措施与

---

① 参见胡建淼：《关于〈行政强制法〉意义上的"行政强制措施"之认定——对 20 种特殊行为是否属于"行政强制措施"的评判和甄别》，《政治与法律》2012 年第 12 期，第 3-4 页。
② 参见胡建淼：《行政强制法论》，法律出版社 2014 年版，第 23-24 页。
③ 胡建淼：《行政强制法论》，法律出版社 2014 年版，第 45-46 页。
④ ［日］盐野宏：《行政法总论》，杨建顺译，北京大学出版社 2008 年版，第 166-167 页。
⑤ 参见胡建淼：《行政强制法论》，法律出版社 2014 年版，第 46 页。

新解的即时强制一体化把握。①

如此理解之后，其实还能实现行政强制措施与行政强制执行的统合，也就是采用德国《行政执行法》的一体化做法（第7条第2款），将行政强制措施理解为省去行政决定和告诫等程序的行政强制执行，同时将行政强制措施定位于行政强制执行的例外。前述钟赓言的即时强制论与此也有相近之处。如此理解，首先要回答一个出发点的问题：为什么要区分行政强制措施和行政强制执行？近代行政法理论的基本构造是法律→行政行为→强制行为的三阶段构造模式，藉此来贯彻法治国家、依法律行政的原理，进而维护私人的自由和财产。"基于奥托·迈耶式'三阶段构造模式'的法治国家论，其主要意义之一正是在于，主张在法治国家中，在强制行为之前要有这种程序的阶段，换言之，强制行为原则上不是作为即时强制、而仅作为强制执行行为来进行。"② 因为行政行为（狭义）的介入，私人在法律上的义务得以明确化，也让私人对不履行自己义务的后果会有所预测；因为行政行为的介入，行政强制执行作为备用手段来发挥保障作用，而不是如即时强制那般，直接就进入了强制手段，对私人的自由和财产构成直接而明显的威胁。所以，行政强制执行必须优先于即时强制，即时强制必须处于例外状态。在将行政强制措施理解为简式的行政强制执行、作为行政强制执行的例外来定位时，与传统行政法理论是可以兼容的。有学者指出，行政强制措施也可能有行政决定存在，但需要注意的是，该决定并不是如行政强制执行的行政决定那样属于狭义的行政行为。

不过，《行政强制法》明确将行政强制措施与行政强制执行作为行政强制的下位概念，理论上也不宜以行政强制措施作为一种特殊的行政强制执行来阐释，或者说不宜将行政强制执行作为一级概念而将行政强制措施作为行政强制执行之下的二级概念来处理。在《行政强制法》将行政强制措施与行政强制执行规定在一部法律中之后，理论上根据先前义务的有无将两者分别置于不同的章节之下是不便于说明的。故而，改用行政强制论或行政实效性保障论来统合两者是合适的。

（二）类型化的区分

在行政强制措施之下，包含着林林总总的手段，为了有效地加以规范，就不能不作出类型化的区分。学界有将即时强制和强制调查作为行政强制措施中两个

---

① 需要稍作说明的是，《行政强制法》第19条规定的情况紧急的实施程序是指该法所规定的行政强制措施（诸如查封、扣押、冻结等）的紧急实施程序，与即时强制有相近之处，但仍为两类措施。

② ［日］藤田宙靖：《行政法总论》（上卷），王贵松译，中国政法大学出版社2023年版，第279页。

独立子类型的做法。虽然未必要如此区分，但这种做法对于如何类型化是富有启发性的。

1. 即时强制与强制调查的区分意义

在《行政强制法》之下，杨建顺主张，行政强制措施之下除了《行政强制法》所规定的一般性行政强制措施，还包括行政上的即时强制、行政调查中的强制。所谓行政上的即时强制，是指在根据当前的紧迫情况没有余暇发布命令，或者虽有发布命令的余暇，但若发布命令便难以达到预期行政目的时，为了创造出行政上所必要的状态，行政主体不必以相对人不履行义务为前提，便可对相对人的人身、自由和财产予以强制的活动或制度。其主要目的在于维护法律法规所确立的社会秩序和社会状态，同时有保障义务履行的一面。它与一般性行政强制措施相比，首先是带有紧迫性，其次是有时不以相对人有违法嫌疑为前提，最后是一种独立的强制措施，不从属于其他行政行为。而行政调查是指为了实现行政目的，由行政主体根据其职权对一定范围内的行政相对人进行的能够影响相对人权益的检查、了解等信息收集活动。行政调查中的强制是行政主体依职权的行为，具有命令性、强制性和执行性，其目的是掌握和了解有关信息，以采取合法合理且有效的行政管理手段，确保圆满地实现行政目的。信息收集不一定是强制性的，但相对人不予配合或予以抵制，则行政主体可依法实施强制。① 但值得注意的是，杨建顺的这种理解并不是按照某种标准对行政强制措施进行分类，而是指出在行政强制法明确规定的行政强制措施种类之外，还有法律法规规定的其他行政强制措施。他并没有对一般性行政强制措施、行政上的即时强制、行政调查中的强制三者之间的关系作出整体上的分析，也没有对行政上的即时强制与行政调查中的强制之间的关系展开分析。

如前所述，日本法上近些年来出现了将行政调查从即时强制中独立出来的做法：一种做法是使用即时强制和行政调查的术语；另一种做法则是使用"即时执行"的名称来指代传统即时强制排除了行政调查的剩余部分，以更加明确地表示该制度的特色。即时执行与行政调查的区别主要在于目的的截然不同，前者是实现行政目的的制度，后者是行政调查的有关制度。② 但此外的差异并未有论述。其实，行政调查本身也未必要采取强制手段，它存在任意调查、间接强制调查（以罚则作保障）和强制调查三类。"行政调查过去是作为即时强制的一种来说明的，但能用即时强制来说明的"只是强制调查这一类，因而，"近来行政调查被

---

① 参见杨建顺：《行政强制法18讲》，中国法制出版社2011年版，第74-83页。
② 参见［日］盐野宏：《行政法总论》，杨建顺译，北京大学出版社2008年版，第166-167页。

作为不同于即时强制的另一个范畴来说明了"。① 在第二次世界大战前,日本的行政调查多伴有有形力量的行使,故而,将其置于即时强制之下来说明也是没有问题的。但在第二次世界大战后,除特别情况外,并不承认行政调查能行使有形力量,再将其作为即时强制来整理就不适当了。② 另外,从概念的性质来说,"'行政调查'概念是着眼于一定行政活动目的而建立起来的概念","'即时强制'概念原本是着眼于行政的活动形式而建立起来的概念,因而,两者原本并不是理论上不相容的概念"。③

在现代信息社会中,将行政调查作为一个专门的制度、范畴来说明,是可行的,但这并不妨碍将其中的强制调查置于行政强制措施之下来探讨,问题仅在于有无必要在行政强制措施中区分出强制调查与即时强制的两个类型。从目的和形式上来看,行政调查与即时强制是有差别的:行政调查是为实现行政目的而收集信息,属于一种间接手段;而即时强制本身往往就是实现行政目的的直接手段。"设定'即时强制'概念的重点在于,是否暂且给忍受义务者提供自发行动的余地,之后再行强制行为。这时像传统方法那样将'行政调查'也作为一种即时强制来说明,也未必是完全不可能的(不过,这时这里所说的'强制行为'的含义当然必须扩大,也要包含'伴有间接强制的质问、检查等'的含义)。"④ 强制调查与即时强制除了上述目的上的差异,还有没有其他具有法律意义的差异,就成为是否要区分的关键。从上述关于强制调查和即时强制的界定也可以看到:强制调查是某一行政处理过程中的一个环节,根据法律规定强制调查之后,行政机关要根据调查的结果作出最终的处理决定,强制调查是一个程序性措施;而即时强制是在紧急情况下对人身或财产作出的限制,其本身是一个独立的措施。这种差异在行政救济上具有法律意义。一般并不能对强制调查本身提起行政救济,而只能是对行政处理决定提起诉讼,诉讼的理由在于强制调查违法;而对于即时强制,则可以独立提起行政救济。返回实体法领域,强制调查是针对有重大违法嫌疑的活动展开的,而即时强制则是针对紧急情况下存在的危险展开的,各自的要求是不同的,即时强制的裁量权较大,而强制调查的裁量空间则相对较小。因此,区分即时强制和强制调查在法律上是有实益的。不过,我国的实定法中规定强制调查的例子(如强制传唤、强制检测、强制进入现场等)是较少的,而且《行政强制法》第9条所列举的行政强制措施没有明示包括强制调查的措施。所

---

① 宇賀克也『行政法概説Ⅰ行政法総論(第6版)』(有斐閣、2017年)151頁。
② 高橋滋『行政法(第2版)』(弘文堂、2018年)191頁参照。
③ [日]藤田宙靖:《行政法总论》(上卷),王贵松译,中国政法大学出版社2023年版,第280页。
④ [日]藤田宙靖:《行政法总论》(上卷),王贵松译,中国政法大学出版社2023年版,第281页。

以，纵然可以区分，区分的实益并不大。

2. 法律上有意义的区分方法

也就是说，虽然可以区分即时强制和强制调查，但并不一定意味着要将行政强制措施区分为即时强制和强制调查两种类型，这两种类型也难以穷尽所有的行政强制措施。傅士成曾将手段意义上的行政强制措施分成执行性强制措施、即时性强制措施和一般性强制措施。执行性强制措施是为督促不履行义务的相对人而采取的强制措施，即时性强制措施是为排除紧急妨碍、消除紧急危险，来不及作出具体行政行为而直接对相对人采取的断然行动，而一般性强制措施是"行政机关为了查明情况，或者为了预防、制止、控制违法、危害状态，或者为了保障行政管理工作的顺利进行，根据现实需要，依职权对有关对象的人身或财产权利进行暂时性限制的强制措施"，一般性强制措施不存在即时强制的"紧急事态"，所以区别于即时性强制措施。傅士成将一般性强制措施根据目的和适用场合不同进一步分为行政强制检查措施、行政强制预防措施、行政强制制止措施和行政强制保障或辅助措施。① 傅士成对行政强制措施的三分法，如果使用今天《行政强制法》之下的表述来说明，其实就是对行政强制采用"行政强制执行、行政即时强制和其他行政强制"的三分法，再进一步说，是将行政强制分成行政强制执行和行政强制措施，再将行政强制措施分为即时性强制措施和一般性强制措施。这种分类仍不理想的地方在于，在一般性强制措施中包含了太多的子类型，既有独立的措施，也有辅助的措施，所以，类似于区分即时强制和强制调查的法律意义在一般性强制措施中就得不到明显体现。

《行政强制法》第2条第2款主要着眼于人身自由和财物的不同而将行政强制措施区分为对人身自由的暂时性限制和对财物的暂时性控制两种。但这种区分并没有产生制度上的差异。该款也规定了行政强制措施适用的几种情形或目的，即"制止违法行为、防止证据损毁、避免危害发生、控制危险扩大等情形"，如果着眼于此，并结合第9条明确列举的措施种类，也可以将行政强制措施大致分为预防性、制止性、调查性和保全性措施等几类。② 但同一个名称的措施其实可以用于不同的目的。例如，查封、扣押既可以是避免危害发生或控制危险扩大的预防性措施，也可以是为了确保将来可以执行的保全性措施；限制人身自由既可以用作强制传唤的调查性措施，也可以用作约束性保护的预防性措施，还可以用

---

① 参见傅士成：《行政强制研究》，法律出版社2001年版，第262-265页。
② 沈开举曾按照目的的不同将行政强制措施分为强制预防、强制制止和强制保全三类。参见沈开举：《论行政强制措施》，《法学研究》1993年第2期，第26页。

作阻止违法的制止性措施。这种从目的的角度所作的区分，固然有一定的可能性，但并没有法律上的意义，而仅有认识上的意义。

有法律意义的分类标准是行为或措施的法律效果。从法律效果来看，行政强制措施可以分为程序性行政强制措施与目的性行政强制措施（或即时性行政强制措施）。前者是指行政机关在某一行政程序中为了实现某种目的而作为手段所采取的行政强制措施，如调查性和保全性措施等；后者是指行政机关无暇命令某种作为义务或作出命令也无法期待实效性时，作为一种行为方式而采取的行政强制措施。后者是独立的行为，大致仍可保持即时强制的传统理解。两者的共性在于强制性，且不以行政义务或先行行政决定（狭义的行政行为）为前提，共同区别于行政强制执行。两者区分的意义在于：一方面，二者的前提和程序要件不同。程序性行政强制措施一般要有违法嫌疑的存在，为了对其作出查处而先开展行政调查，或者为了避免危害发生、控制危险扩大，才去启动行政程序，进而采取一定的强制措施；而目的性行政强制措施并不存在违法嫌疑的要件问题，通常没有完整的行政程序，强制措施的采取就意味着目标的实现，也就不受《行政强制法》一般性规定的规范。从理论上说，目的性行政强制措施比程序性行政强制措施对私人的人身自由和财产影响更大、更为直接快速，更难以在程序上规范控制，故而，应当在实体上实行严格的法律保留。另一方面，二者的行政救济渠道和方式不同。程序性行政强制措施通常只能以最终的行政决定为对象寻求行政救济，以程序性行政强制措施违法作为诉讼理由；而目的性行政强制措施则是行政救济自身的对象，可请求解除行政强制措施或国家赔偿。虽然在程序性行政强制措施之下还可以有预防性、制止性、调查性、恢复性措施等类型，但这种分类仅具有认识上的意义。

由此来看，《行政强制法》上的行政强制措施实际上是一个合成概念。其下既有该法第9条所列主要规范对象的措施，也包括未作明确规范的即时强制；既有手段意义上的程序性行政强制措施（当然，循着《行政强制法》上的定义，也勉强可以说是整个行政决定过程中的阶段性、暂时性行为），也有行为意义上的目的性行政强制措施。如前所述，1990年代之后，行政法学界将苏联行政法学上的行政强制措施由行为手段转变为行为方式，但是，观诸《行政强制法》的规定，其所明确规定的程序性行政强制措施只是行政程序中的手段，反而是该法并未明确规定的即时强制可以与行政强制执行并列成为一种行为方式。历史与现实、法律与对法律的认识，就这样恰似影武者与本尊一般反转交织在一起。

五、行政强制措施的谱系展开

综上所述，今天的行政强制措施既不是传统警察行政法上的即时强制，也不是苏联行政法学上的行政强制措施。行政强制措施的名称毫无疑问源自苏联行政法学，但并不包含其行政处罚的部分、行政强制执行的措施等。行政强制措施也不再是作为行政强制中共通的措施或手段来认识，而主要是用作行政的行为方式。将行政强制措施与行政强制执行并列在一起，在很大程度上是我国行政法学自身的创造，《行政强制法》的制定更是巩固了这一做法。行政强制措施可谓融合了传统的即时强制与苏联行政法学上行政强制措施之下的预防措施、制止措施以及保全措施等。同时，传统即时强制的内容藉由苏联行政法学上的行政强制措施概念，在中国一跃成为行政法总论中的概念，实现了与日本行政法学同样的体系转换。故而可以说，"行政强制措施"已然成为中国行政法学的自创性概念。

行政强制措施概念就是在这两种源流的交汇中形成的，但概念话语体系的转换与知识脉络的交错让行政强制措施概念变得复杂难解。但好在这两种源流尚可区分，在现今行政强制措施概念的理解上仍有可用之处，按照法律效果将行政强制措施分为程序性与目的性行政强制措施两种，正是行政强制措施谱系的创造性转换和延续。既然即时强制已升至总论层面，就不能说没有在《行政强制法》上作出一般性规范的可能性。与程序性行政强制措施不同，在即时强制的规范和控制上，更需要重视的是实体性规范，它应当服从于法律保留原则、比例原则等要求。

第五节 行政处罚论的源流

行政处罚作为行政机关依法对私人所作出的制裁，在行政法学说史上并非自始即获得高度认可，其在行政法学上的名称、地位、内涵、范围都发生了较大变化。现今的"行政处罚"一词具有较浓的中国意味。

一、行政上制裁的观念滥觞

在中国的传统中，国家实行的是全能型衙门，行政与司法不分，官府抓人问案定罪量刑都是惯常做法。而在近代西方法的权力分立原理中，制裁权一般为司法机关所享有。清末既然在接纳西方法的原理，又何以承认行政机关能作出制裁？

（一）行政上的制裁

在清末，传入中文世界里的行政法著作，包括大多数明治时期的日本行政法著作，都还没有出现"行政罚"的内容。1903年，作新社编译的《行政法》使用的是"警察罚"的概念。与刑法上犯罪不同，违反国家命令的服从义务是警察上犯罪，处分警察上犯罪的刑罚就是警察罚。① 也就是说，警察罚在这里其实是行政处分的刑法保障措施。

在"行政罚"概念的使用上，美浓部达吉的讲义是一个例外。1907年，美浓部达吉的讲义将"处罚"作为行政处分的一类内容。"处罚者，乃所以对于不法行为之结果，而由国家所科之之痛苦也。"虽然也有依特别法规而允许以行政处分科以某种处罚，但科以处罚原则上属于司法法院的权限。现行法上允许以行政处分科处罚的案件有违警罪即决处分、间接国税犯则者的处分、对于市町村长的市町村条例犯则处分、执行罚四种。此外，惩戒处分是基于特别权力关系而科以的处罚，并非这里所说的处罚。执行罚虽同为国权所科以的处罚，但其只是出于强制手段的目的，与刑罚的性质完全不同，应当在强制手段一章详细讨论。② 美浓部达吉还指出，这种以行政处分科以的处罚不同于军事法院等特别法院受委任行使司法权的情形，它行使的是行政权而非司法权，不服该行政处分者可于一定期限内向法院请求正式裁判。科以处罚须有法律的根据，虽说日本臣民有受法律上所定的法官裁判的权利，行政处分科以处罚时常赋予要求正式裁判的权利，故而，允许行政处分科以处罚亦非违宪。立法上之所以承认可依行政处分科以处罚，其理由在于犯罪的性质。"普通刑罚犯罪者之故意为犯罪成立所不可缺之要素，非其意之所为，则不论罪。而行政罚不然，不问犯罪者之有无故意，但使其违反法规，即全无犯意，亦须处罚。甚或对于雇人、同居人、家族等之所为，本人全未闻知，亦须处罚。而年龄及辨别能力之有无，于行政罚上亦常与犯罪之成立无关系。"美浓部达吉认为，"行政犯罪非以其为罪恶故罚之者，乃因其违反法规而罚之者也。"严重的行政犯罪是警察犯罪、财政犯罪，其刑罚较为轻微，虽然不使其属于通常法院的权限，而属于行政官厅的权限，但其裁判不公之虞亦较少。这就是允许以行政处分科以处罚的理由。③ 美浓部达吉在这里不仅使用了"处罚""行政罚"的概念，还阐述了行政科以处罚的正当性。

当时"行政处罚"一词并未出现，不过，类似的"行政上制裁"概念出现在清水澄的《法律经济辞典》中："制裁者，制止不正行为所施之责任苦痛也。自

---

① 参见作新社编译：《行政法》，作新社1903年版，第48—49页。与此类似，清水澄的《法律经济辞典》对"处罚"的界定是："处罚者，处以刑罚之义。盖对于某犯罪行为者，科以法律所规定之刑之谓也。据宪法，日本臣民非依法律规定无被处罚者，故不得以命令为处罚，必须据法律，盖出于预防擅以行政命令等滥行处罚臣民之至意也（宪法第二十三条）。"［日］清水澄：《法律经济辞典》，张春涛、郭开文译，东京奎文馆书局1907年版，第325页。

② 参见［日］美浓部达吉：《行政法总论》，熊范舆译述，丙午社1907年版，第158页。

③ 参见［日］美浓部达吉：《行政法总论》，熊范舆译述，丙午社1907年版，第160—162页。

广义言之，则指违反法则之结果所蒙之害恶。例如，违反道德之法则而受社会上之制裁是也。然法律学上所谓制裁云者，则谓国家加于违反法令者之害恶也。例如窃取人物者，科以禁锢之刑；毁损他人器具者，则命赔偿损害是也。又制裁据法规所定之性质，分之为刑事上制裁、民事上之制裁与行政上制裁。又依制裁行为之种类得为刑罚、损害赔偿、直接履行等种种分类。"① 清水澄在其行政法讲义中，将"适用法规"列举为行政处分的种类之一，具体包括判决和裁决两种。在判决之下，又列举了"违警罪之即时判决"。违警罪的即时判决系由警察官厅作出，形式上是行政处分，实质上是刑事裁判，在组织形式上是否违宪不无疑问。② 由此，在具体的示例中，清水澄引出了行政机关作出制裁的正当性问题。

在奥田义人的《法学通论》中，使用了"行政法上之制裁"概念。不过，日文原文的"制裁"被翻译成了"裁制"。③"行政法上之裁制者，谓违背行政法规及行政处分者，加以裁制也。"这种制裁可以分为对行政官员的制裁与对私人的制裁。后者通常可以分为刑罚与行政罚两种。警察罚是行政罚的典型，违警罪是警察罚的典型。日本刑法以违警罪作为刑事犯罪的一种。对于普通刑罚与行政罚的差异，学说各殊，实际上也难以判别。通常学说认为，普通刑罚是对于产生实害行为的制裁，行政罚是对于有诱导实害行为的制裁。④

1935年，《政治法律大词典》给出了与奥田义人近乎相同的界定，但使用了"行政制裁"（administrative restraint）的概念："国家对于违反行政法规及行政处分者所加的制裁，叫做行政制裁。"⑤ 不过，无论是"行政上的制裁"，还是"行政法上的制裁""行政制裁"，都没有成为通用的概念，只是表明行政可以制裁的观念而已。

（二）违警罚的正当性之争

自清末变法之后，警政开始专门化，对违警行为制定专门的法律。1904年，清政府应奕劻的奏请，聘用日本人川岛浪速草拟警政计划，成立巡警部。1905年，仿照日本1883年改定刑律第四编违警罪的体制，制定了《违警罪章程》，这

---

① ［日］清水澄：《法律经济辞典》，张春涛、郭开文译，东京奎文馆书局1907年版，第210页。
② 参见［日］清水澄：《行政法泛论》与《行政法各论》，金泯澜等译，魏琼勘校，中国政法大学出版社2007年版，第176-177页。
③ 奥田義人『法学通論』（東京法学院大学、1905年）290頁。1914年，潘大道、李庭恺以奥田义人的讲义为蓝本编写了《法学通论》，又按日文原文翻译了"行政法上之制裁"。参见潘大道、李庭恺合编：《法学通论》（上卷），右文社1914年版，第229页。
④ 参见［日］奥田义人：《法学通论（上中卷）》，卢弼、黄炳言译，图书发行所（奉天）1909年第3版，第245-248页。
⑤ 高希圣、郭真编辑：《政治法律大词典》，科学研究社1935年再版，第145页。

成为我国违警罚法的嚆矢。1908年,清政府成立民政部,改《违警罪章程》为《违警律》,《违警律》共十章45条,先于刑律,成为一部独立的法典。① 拘留、罚金②、充公、停业、歇业等违警犯的处罚,均由警察实施。

在违警罚的正当性问题上,存在不同观点。1908年,汤化龙③在《大清违警律释义》中将警察的权限称作"巡警裁判权",并对此做法作出解释:"自公法学者创刑罚唯独立之裁判所可以科之之原则,于是不问法律之违反与命令之违反,又不问通常刑法之违反与特别刑法之违反,但以国家统治之大权科之以罚,必于裁判所之统治机关开始其审判,宣告其判决,以贯彻此大原则。然而,对于刑事之不法与对于巡警之不法,其性质本不可以强同,比而同之,实际殊多窒碍。"故将通常的违警一一交由法院审判,其弊端必然有二:其一是不能适应当事人的意思。刑事上犯罪有凶顽奸邪的性质,其处罚是用以保障共同团体的生存,故而,调查应当不厌求详,期间不宜过短。而违警案件的性质则非如此,如果详细推勘,由普通法院按照犯罪审问的程序进行,稽延烦冗,不符合当事人的利益,也违反当事人的意思。其二是法院的事务冗滞。刑律日密,犯人日增,法院已有鞅掌不遑之苦。通常违警更旦夕不绝,以无限的违警归于有限的法院,事务之赜,宁可臆计,虽有兼人之才,也会应接不暇。巡警裁判权既是实际的需要,也是大势所趋。但是,巡警裁判权不可以滥用。《违警律》总则第2条规定,本律所未载者,不得比附援引。附则第45条规定,各省督抚可因地方情形酌定特别违警章程,不得与本律相抵触。如此,一可杜绝巡警官吏以意见处罚之弊,二可杜绝巡警官吏以意见设罚之弊。这都是用以防止巡警裁判权的滥用、遵守法治国的原则。④

1909年,汪有龄⑤在其《大清违警律论》中将此问题称作"违警罪之审判管

---

① 1907年,日本修改刑法,剔除违警罪的规定,另于1908年颁布了《警察犯处罚令》。这种做法也为清政府所效仿。参见李秀清:《〈大清违警律〉移植外国法评析》,《犯罪研究》2002年第3期,第9-10页。
② "罚金"之名直至1943年《违警罚法》时才被改作"罚锾"。
③ 汤化龙(1874—1918),字济武,湖北蕲水(今浠水)人。1904年进士,授法部主事。1906年留学日本法政大学,学习法律,1908年秋毕业回国。历任湖北省谘议局议长、湖北省军政府民政总长、南京临时政府陆军部秘书处长、北京临时参议院副议长、众议院议长、教育总长兼学术委员会会长等。著有《大清违警律释义》(1908年)、《蕲水汤先生遗念录》(1919年)等。
④ 参见汤化龙:《大清违警律释义》,法政研究社1908年版,第15-19页。
⑤ 汪有龄(1879—1947),字子健,浙江杭县人。毕业于日本法政大学。回国任京师法律学堂教席。1910年11月,汪有龄等牵头成立了中国第一个全国性的法学会——北京法学会。1912年后历任南京临时政府法制局参事、北京政府司法部次长、法律编查会副会长、参议员、大理院推事等,曾创办朝阳大学并任校长(1921—1931年),1931年后到上海以律师为业。著有《大清违警律论》(1909年)、《修正刑法草案理由书》(合著、1915年)、《汪有龄法学文集》(2013年)等,译著有《日本教育家福泽谕吉传》(1901年)、《日本议会史》(1904年)等。

辖"问题,《违警律》实行了警察官厅管辖主义,但理论上有正反两派意见,汪有龄逐一列举批驳。一方是警察厅管辖不当说,具体包括:第一,违宪说。立宪国家科罚于臣民的审判,均由司法机关的审判厅管辖。由行政机关的警察厅管辖违警罪的审理,违背宪法原则。但中国尚未制定成文宪法,而且,是否违宪还需要了解违警罪审判的性质。第二,刑事诉讼说。违警罪固然是微小的普通犯罪,但其性质依然属于刑事案件,其诉讼是刑事诉讼,故不应由警察厅管辖,而应由审判厅管辖。但这一原则不过是惩其先前滥诉滥罚之弊的一时反抗,未必足以采用。犯罪有轻重之分,由审判厅以外的官厅管辖轻微的违警罪,未尝不可,更何况我国违警律还是刑律以外独立的法律。第三,审判不能得当说。警察厅审判违警罪,恐怕其吏员不通法学,易使审判有不法不当的弊害。这固然是外国经验的实例,但其弊在人而不在制度。另一方是警察厅管辖正当说,具体包括:第一,实质上行政说。违警罪的审判属于以除去危害为目的的行政处分,而非刑事诉讼,以此归警察厅管辖,不仅不违背宪法,而且是法理上的正当处置。该说似得其解,但尚有所未尽。行政处分也有加罚于既然的危害,刑事制裁也有除去未然的损害。因而,违警罪的审判可列入行政处分之中,却并非必须列于其中。第二,便利说。轻微的犯罪须用简单敏速的特别处分,将违警罪审判归属警察厅管辖,其目的完全是在于谋取实际上的便利。汪有龄认为,此说"已得真解"。违警罪的范围是以其地其时情形判断为常为轻微的犯罪及偶然轻微的犯罪。警察吏员与人民直接接触,若见有这种犯罪,立即审理裁判执行,实为公私两便。将来确定宪法条文时,在保障刑事审问处罚的条文中,应不使其包含警察审判权。否则必然酿成无益的激论,产生疑其违宪的说法。[1] 由此看来,汪有龄与汤化龙一样,承认警察厅对违警行为的管辖权纯为实际需要。

民国时期,黄宪生将此权力称为警察"即决权"。[2] 所谓即决权,是指对于违警案件不经正式审判的繁重手续,而以简单迅速的程序即时判决,以确定其应罚与否的制裁权力。其承认即决权的理由,与汤化龙如出一辙,而防止即决权滥用的办法却稍有差异:其一是巡警裁判权有一定范围,法无明文规定,即不得处罚。其二是对于巡警裁判权的行使,另有诉愿、诉愿的救济方法。[3] 这种差异很大程度上是由制度变革引起的。黄宪生也是将即决行为作为行政行为来看待的。

---

[1] 参见汪有龄:《大清违警律论》,德兴堂印字局1909年印刷,第25-28页;王平原主编:《汪有龄法学文集》,中国法制出版社2013年版,第26-29页。

[2] 郑宗楷的《警察法总论》称此行为是"违警即决处分"。参见郑宗楷:《警察法总论》,商务印书馆1946年版,第95页。

[3] 参见黄宪生编:《国民政府违警罚法释义》,上海法学书社1929年版,第8-11页。

二、违警罚与行政罚论

违警问题是警察行政法的重要规范对象之一，警察行政法是重要的行政法各论之一。违警罚属于行政法总论上的行政罚。法学界自清末开始就对违警罚有较多研究，违警罚法的研究成为非常重要且富有特色的各论研究。行政罚的研究很大程度上依存于对违警罚的认识。

（一）各论上的违警罚

如前所述，我国自清末以来，便采取了违警律与刑律分立、违警罚法与刑事法分立的做法。1915年，北洋政府的参政院改《违警律》为《违警罚法》。经1928年、1937年、1943年多次修改，《违警罚法》的完备性和独立性日渐增强。

违警罚的研究是从清末开始的，而且，清末的研究在借鉴日本法学的基础上刚一开始就形成一座高峰。在违警律时代，其代表者为汤化龙、汪有龄。汤化龙在其释义书一开始，便将违警与犯罪相比较，介绍分析了相关学说。第一，性质无异说。违警也是犯罪，违警与犯罪适用同一原则，只是违警违反德义程度较低而已。两者的区分并非性质之异，而只是便宜之计。第二是性质全异说。有的以有无权利侵害为区分标准，无权利侵害而认为可罚者是违警。具体又有两派：一是着眼于权利，侵害权利者是犯罪，侵害一般利益者是违警；二是着眼于侵害，侵害权利者是犯罪，不必侵害权利但给权利造成危险的行为是违警。有的是以有无法益毁损为区分标准。立法者认为有保护价值而以法律予以确保者是法益，直接侵害法益或造成现实危险，都是损毁法益的犯罪；立法者禁止对法益造成危险的行为，不必产生现实的危险，也不论现实是否产生危险，违反这种禁止只是违反国家命令课予其的义务，可被称作违警。汤化龙主张性质全异说。违警律与刑律之所以分离独立，其适用一个属于司法、一个属于行政，正是根据其性质的差异而产生的。不过，《违警律》所规定的违警还有几个带有犯罪性质的行为，为了在解释上贯彻这一差异，他将违警分为形式的违警与实质的违警。形式的违警是性质与犯罪相同，但程度轻微，因而列于违警律、处以违警罚的行为。实质的违警是与犯罪绝不相同而仅具有一种本质的行为，不必以法益的伤害危害为要件，只是因其可产生危害或与公序良俗相抵触、违背一定强制规则而加以制裁的不法行为。《违警律》中的违警大部分属于实质的违警。实行违警律与刑律分离，应当将形式的违警剔除出违警律，如此既合乎法理，也可以防止司法与行政之间的权限争议。[①] 可见，汤化龙认为实质的违警并非犯罪，并巧妙地解释了立法实

[①] 参见汤化龙：《大清违警律释义》，法政研究社1908年版，第2-8页。

践中的不一致问题。

汪有龄指出,"名其罚曰违警罚,以与刑事罚(即普通刑罚)及警察以外之行政罚相区别"。这里,他将违警罚当作行政罚的一种。"警察者,以除去公共危害为目的,直接限制人民自由之行政也。凡以此目的定此限制之规则,总称曰警察规则。"违警律实为警察规则的一种。违警律中有禁止的行为,有命令的行为。若实施其所禁止、不实施其所命令的行为,则要依据总例及分例的规定科以违警罚。其他的警察规则虽然也禁止或命令一定行为,但若不以违警罚科诸违背者,则即使使其做除去危害所必要的事情,也不直接禁止或命令人的行为。对于违警罪与普通犯罪的区别,有的做法是从形式上以其所依据的法令为基础进行区分,但更合理的是从实质上进行区分。一种是性质的差别说,具体又分为三种学说。其一是犯人的心情有差别,普通犯罪以有做恶事的故意为必要,而违警罪则只需有违背法令的行为。但是,若采用这一观点,过失犯罪皆成为违警罪;如果公德心发达,知道其为恶事而实施,则一切违警罪将变成普通犯罪;另外,同一行为因实施者意思不同而可能罪名不同。因而,并不合理。其二是行为的性质差别,在同一文明程度之地的人都能知道普通犯罪行为有恶事的性质,而违警罪则未必。但是,判断恶事与否的标准因一国的道德思想、宗教思想与社会制度等大有差异,不能一概而论,故此说不过为空论而已。其三是结果的差别,普通犯罪因对于法益产生一定损害或危险而成立,而违警罪仅有损害或危险之虞即可成立。但这一学说既未明示侵犯团体的法益也是一定的损害,反而说产生危险之虞也科以违警罚,又未明示既然的损害或有同时为未然的损害的危险。另一种是程度的差别说。汪有龄认可这一学说。违警罪是损害及危险轻小而便于实施特别处分的不法行为。所谓特别处分,是指针对搜查、起诉及审判,用简单敏速的方法,使日夜与臣民接近的警察官署办理其事,而所科之罚极为轻微的处分。无性质上的分别,只有程度上的差异,则其关系各异、待遇不同,这是社会事物的普通定则。对于轻微的犯罪设复杂的办法,则对于重大的罪恶将反有疏漏不备的处分。①

汤化龙主张存在性质的差异,而汪有龄主张只有程度的不同。但因违警罚法与刑法关系密切,脱胎于刑法,在不少地方仍借用刑法的规定或原理。进入民国时期的违警罚法时代之后,理论上对于违警罚与刑罚的区分,靳巩②总结指出,

---

① 参见汪有龄:《大清违警律论》,德兴堂印字局1909年印刷,第1—13页;《汪有龄法学文集》,中国法制出版社2013年版,第9—17页。

② 靳巩(1886—1969),山西汾阳人,1905年获官费留学日本,入东京警察学校,后毕业于早稻田大学。1912年归国,先后任山西高等检察厅检察官、警察公所参事、军警执法处处长、山西省城警察厅厅长,兼任警察专门学校校长、泰安县知事、历城县知事、南京国史馆纂修等。1956年,任上海市文史研究馆馆员。

理论上有的以有无权利侵害为标准,有的以不法行为对外界的影响是实害还是危险为标准,有的以被害法益轻重为标准,有的还以审判地点在法院还是在公安局为标准,这些均为不妥,最为适当的区分是,凡对于刑事犯(以实害或危险为构成要素的犯行)所科的制裁为刑罚,对于违警犯(因有实害或危险发生之虞而可予处分的犯行)所科的制裁是违警罚。违警罚是在危险尚未发生之际,因存在发生危害倾向而作出处罚禁止,故而其制裁较刑罚轻微。靳巩认为,违警罚是对于违警犯的刑罚,警察是内务行政的一部分,故而,违警罚是行政罚的一种。靳巩认为,违警罚法属于公法中行政法的一种。他对违警罚法作出了界定:"曰违警罚法者,国家因达警察行政之目的(指预防危害保持公安而言),特于内务行政范围内,直接行使一定之强制力(即警察权之作用),而规定一般人类之行为不行为,并对于违警犯适用行政法规内之刑罚制裁(或曰行政罚之一种警察罚)之法则也。"① 对于违警犯的构成要素,1928年《违警罚法》并未就主观因素作出规定。靳巩认为,违警罚法与刑法适用法理相同的法例,虽然亦以处罚故意为原则,未作明文规定,但违警罚法纯为实现警察管理上的目的而设,故而较刑法的规定认可更多的过失犯。② 也就是说,基于违警罚属性的认识,靳巩将故意和过失作为违警行为的构成要素之一,只是更认可过失而已。

龙泽洲认为,违警罚法的执行或管辖权属于行政系统内的警察官署,无警察官署的地方属县市政府,法院不得受理。其罚是行政罚,与普通行政处分有同一性质。故而,违警罚法属于行政法,而不同于刑法。对于违警罚法与刑法的区别:首先是目的不同,违警罚法的目的在于预防危害的发生与维系善良风俗,其处罚不以实害为要件;而刑法的目的在于惩恶除暴,其处罚以实害为原则。违警罚法的作用侧重消患于未然,刑法的作用常显露于事后。其次是性质不同,违警罚法不仅与刑法一样是国内法、国内公法、强制法,还是实体法兼程序法、行政法。再次是罚的种类不同,违警的主罚有拘留、罚锾、申诫,从罚有没入、歇业、停业。最后是管辖机关不同,违警案由警察官署或地方政府管辖,而刑事案件则由法院管辖。违警罚法与刑法之间也可以相互作用,违警罚法可防微杜渐,促进刑法效率的提高,刑法可以惩恶除暴,以救违警罚法之穷。两者相辅相成,以竟全功。③ 对于违警行为的构成要素,1943年《违警罚法》第9条规定,"违警行为,不问出于故意或过失,均应处罚。但出于过失者,得减轻之"。龙泽洲

---

① 靳巩:《违警罚法通诠》,大东书局1929年版,第13-23页。
② 靳巩:《违警罚法通诠》,大东书局1929年版,第47页。
③ 参见龙泽洲:《违警罚法概论》,中华书局1948年版,第5、9-11页。

指出,故意与过失均为责任条件,仅处罚略有轻重之别。这也是违警罚法与刑法的一点不同。① 之所以如此,钱定宇给出的解释是:"刑法之规定注重处罚侵害法益之行为,法益为法律所保护之利益,对于法益为具体之侵害时,则为刑法所必加刑之对象。反之,违警罚法之规定,则注重一定行为之命令或禁止,故普通犯罪以处罚'故意'为原则,处罚'过失'为例外,而违警行为则不问故意或过失,均加处罚之。盖警察以防止社会上危害为目的,凡有危害社会可能者,不问其现实侵害法益与否,概得以一定之命令或禁止,以防止实害之发生。"② 但是,主观状态并非完全没有意义。"惟行为违法与否,仍当就行为本身衡量,其违法性之轻重,则必深究行为者之心理状态始可论定。是又未可完全忽视恶性之问题。故近代立法除采客观主义外,仍兼顾主观主义,目的在使罪刑相当,情理得平,新法秉此原则,故复增列过失违警行为得减轻处罚之规定。"③

(二) 总论上的行政罚

反观行政法总论,与各论上的违警罚法研究相比,行政罚的研究并不发达。不同时期的学说存在一定差异,直到1940年代才大致稳定下来。

1920年代,钟赓言在"行政上之执行"之下设置了"行政罚"一款。他认为,"国家以痛楚加诸人民,以为对于不法行为之制裁,可总称为处罚"。处罚包括刑罚、惩戒罚(特别权力关系领域)、执行罚等内容。其中的刑罚又包括刑事罚与行政罚或秩序罚两种。这里,钟赓言将执行罚也当作了一种处罚,并将行政罚与秩序罚相等同,与刑事罚相区分。对于刑事罚与行政罚的区别,学说之间并无一致的标准。就当时中国的法律而论,刑法之外的法律在刑法上财产刑罚金之外设有过怠金,在刑法自由刑徒刑、拘役之外设有拘留,后者即为行政罚,不适用罪行减免、再犯加重等原则,也不由司法法院实行,而由行政官署决定。刑事罚与行政罚的区别主要在于刑事犯罪与行政犯的不同。刑事犯罪以侵害共同生活的利益或有侵害之虞为要素,以行为具有恶性为要点,而行政犯则以违反行政上的命令为前提;刑事犯罪以故意为犯罪的成立要素,因为没有故意,就不能说是恶性,而行政犯则不问其故意过失,因为它是对违反命令的救济。行政官署执行部分行政罚,并不以特别法院资格而行使司法权的作用,而是依其纯然的行政行为实行课罚权限,要言之,不外乎行政行为的实行。刑事犯罪与行政犯的区别实

---

① 参见龙泽洲:《违警罚法概论》,中华书局1948年版,第26页。
② 钱定宇:《中国违警罚法总论》,正中书局1947年版,第3-4页。
③ 钱定宇:《中国违警罚法总论》,正中书局1947年版,第19页。

益就在于此。①

1930 年代，范扬将"行政上之处罚"与"行政上之强制执行"并列说明。范扬使用的概念是"行政上之处罚"，又将其简称为行政罚或秩序罚，即对义务人违反行政上的义务所科的处罚。这里，范扬也是将行政罚与秩序罚相等同。他先是比较了行政罚与刑罚，认为虽然两者同为非违行为的制裁，但在处罚的客体上，刑罚是对侵害社会法益行为所科的处罚，以罚犯罪，行政罚是对违反行政上义务的行为所科的处罚，以罚行政犯或秩序犯。他还比较了行政罚与执行罚，认为虽然两者同为对于违反行政上义务的行为的处罚，但行政罚以制裁为目的，执行罚不过是强制义务履行的手段。违反行政上义务的处罚，有的存在于特别权力关系中，即为惩戒罚，有的存在于一般统治关系中，即狭义的行政罚，通常所称就是指后一种。狭义的行政罚为行政主体对于一般客体的处罚，除国家外，自治团体也可以作出。但行政罚是处罚的一种，其科ица必须有法规上的根据，原则上须依据法律，至少须有依法律发布的规章上根据。②

1940 年代，林纪东在其教材中设置了"行政罚"一节，位于"行政及行政上之强制执行"一章之下。依照行政法规而课予人民公法上的义务，为确保其效果起见，要对违反其效果者规定某种制裁。行政罚有刑罚与秩序罚两种，违反其义务者被称为行政犯。行政犯不同于民事上的不法行为，其违反的是公法上的义务，也不同于刑事犯，它是出于行政上的目的，因其违反国家命令或禁止之故而受到处罚，行政犯亦称法定犯，因法规的规定才成为犯罪。而刑事犯是因其违反社会上不为该行为的道德责任而受到处罚，刑事犯亦称自然犯，不待法规规定，其自然的性质即属犯罪。行政犯与刑事犯适用不同的原则有：行政犯的责任人不限于作出违反法规行为的人，对于违法状态的发生负有注意监督义务者，也多应负责；法人也可以成为行政犯的主体；行政犯的成立不以故意为必要；行政犯多不适用关于共犯的规定。行政上的秩序罚是指"在国家或公共团体与人民之关系上，当人民违反公法上义务时，国家或公共团体，在刑法上定有刑名之处罚以外，对违反者所科之处罚"。秩序罚是对于违反公法上义务的制裁，而非希望将来实现义务的手段，区别于执行罚；秩序罚发生在国家或公共团体与人民之间的关系上，区别于特别权力关系上的惩戒罚以及私法上的违约金；秩序罚在刑法

---

① 参见钟赓言：《钟赓言行政法讲义》，王贵松、徐强、罗潇点校，法律出版社 2015 年版（原书为 1927 年版），第 99 – 102 页。钟赓言在行政法各论的警察行政部分，也分析了警察罚与刑罚、警察犯与刑事犯之间的关系。参见前揭书，第 307 – 311 页。

② 参见范扬：《行政法总论》，邹荣勘校，中国方正出版社 2005 年版（原书为 1937 年版），第 198 – 199 页。

上并没有刑名，区别于刑罚，不适用刑法总则及刑事诉讼法。秩序罚常为金钱罚，法律上称之为罚锾。秩序罚根据目的的不同可分为民事上的秩序罚、诉讼法上的秩序罚和行政上的秩序罚三种。行政上的秩序罚是维持行政上秩序所科的处罚，属于行政罚之一的秩序罚，就专指这种处罚。① 行政罚的二分法、秩序罚的三分法至此明确下来。

三、苏联的行政处分论

1950年代传入的苏联行政法学并没有使用"行政罚""秩序罚"等概念，偶尔使用了"行政上的处罚""行政处罚"的概念，更多的是使用了"行政处分"的概念，虽然这可能是一个翻译的问题。

在苏联行政法学上，一般将说服和强制作为两类主要的保证苏维埃国家管理法令的办法。在无法说服时，管理机关就必须求助于强制，保证自己命令的实行。1951年，科托克的《苏联行政法概论》在"行政上的强制"之下包括了本义上的行政强制和行政上的处罚两个基本种类，后者是对于公民或公职人员因其所为的违法行为而予以制裁。科托克指出，"行政上的处罚仅能加于违法的过犯人"；"不知规范，照例，不得免除行政责任"；行政上的强制只在所为的违法行为不具有刑法惩罚行为的要件时而采用。"苏维埃行政法规定下列的各种行政处罚"：警告、罚金、强迫工作、没收。② 这是较早出现"行政处罚"概念的教材。

1953年，司徒节尼金在其教材《苏维埃行政法（总则）》中于行政强制之下列出了行政处分和社会保护两种办法。该书指出，公民、机关、团体或公职人员如违反了行政法规范，是由国家管理机关的当局（公职人员）给以处分，而不是按司法程序给以处分，这种违法被称为行政违法。行政违法与犯罪不同，它是一种危险性较小的违法行为，因此无须采用刑事处分。对于行政违法应处以行政处分，如此，"行政处分便是使违犯了国家管理方面的法权秩序的人们受到国家制裁的办法"。行政处分有警告、罚款、劳动改造、没收等办法。对于不包括应受刑事处罚的行为特征的那种违法行为，才能给以行政处分；对于在其违法行为中有过失的人才处以行政处分；处以行政处分要严格遵照社会主义法制的要求，由有全权的机关在其权力范围内遵照法定期限对违反了国家机关及其公职人员合法要求的行为处以行政处分。③ 显然，这里的行政处分是对外部的人所作出的制

---

① 参见林纪东编著：《中国行政法总论》，正中书局1947年第5版，第187－192页。
② 参见［苏］科托克：《苏联行政法概论》，萨大为译，人民出版社1951年版，第62－64页。
③ 参见［苏］C.C.司徒节尼金：《苏维埃行政法（总则）》，中国人民大学国家法教研室译，中国人民大学，1953年，第163－164页。

裁，也就是今天所说的行政处罚。其特别之处有四：其一，行政处分处于行政强制之下；其二，行政处分与刑事处分相分离；其三，处分的手段多样，包括警告、劳动改造、没收等内容；其四，要求有过失才能处分。

雅姆波里斯卡娅认为，制裁是法律规范中不执行行为规范时的后果，是法律规范的必备要素。法律规范的制裁不单单是国家强制，而是保护法律规则不受可能侵犯的一定方法。大多数苏维埃行政法规范中都有制裁，这种制裁表现为行政处分和纪律处分。行政处分包括警告、罚款、劳动改造、没收，纪律处分包括批评、警告、严厉警告、调任工资较低的工作（3个月以下）或调任较低的职务、当众训诫。[1] 这里也使用了"制裁"的概念，而且区分了行政处分和纪律处分，其中的"行政处分"相当于今天的"行政处罚"，"纪律处分"相当于今天的"行政处分"。

1980年代初期，马诺辛、瓦西林科夫等人的教材仍然采用了这一体系。1983年，马诺辛等著的《苏维埃行政法》认为，"许多强制措施是独立的，它们的适用意味着从实体上解决一个违法问题。这就是行政制裁"。行政处分是行政强制措施的一种，"行政处分的目的在于教育违法者本人（个人预防）和其他公民（一般预防）。行政处分的内容是剥夺公民的某些权利和福利，或者使之担负附加的'罚款性'的义务。处分的主要形式有：警告、罚款、没收、劳动改造，行政拘留和剥夺某些专门权利"。"行政责任意味着行政处分的适用和实现。""含有行政制裁的法律规范的存在，有权适用强制的国家机关的存在和活动——这只是实现行政责任所必需的规范性的和国家法的前提条件。行政过失才是产生行政责任的唯一事实根据。"[2] 这里的"行政处分"相当于今天的"行政处罚"，但它是行政强制的一种。通过行政处分课予行政责任，对有过错的违法行为适用法律规定的制裁，这是其中若干概念之间的关系。

1985年，瓦西林科夫主编的《苏维埃行政法总论》与马诺辛等著的《苏维埃行政法》在体系上大致相同，但它使用了"行政处罚"的概念。"行政处罚不同于其他种类的行政强制，它是对于行政违法行为的制裁，其根本目的在于给予违法者和其他人以教育影响作用，从而防止新的行政违法行为以及更严重的行为——犯罪——的发生。""行政违法行为不仅是违反法律规则的，而且是有过错的行为。"行政处罚的种类，亦即法律规定的行政责任措施的种类有很多，有警

---

[1] 参见［苏］U.A.雅姆波里斯卡娅：《论苏维埃行政法中的说服和强制》，《苏维埃行政法论文选译》（第二辑），中国人民大学国家法教研室编译，中国人民大学出版社1956年版，第130-134页。
[2] ［苏］B.M.马诺辛等：《苏维埃行政法》，黄道秀译，群众出版社1983年版，第197-198、200、209、210页。

告、罚金、剥夺专门权限机关赋予具体个人的权利、没收物品、有偿收缴、感化劳动、行政拘留等，"这使得有可能对于各种行政违法行为作区别的对待，考虑其违法行为的性质和违法者的个人情况"。另外，为了和行政违法行为作有效的斗争，要求国家管理机关和社会组织配合行动，要求行政责任和社会影响措施（道义感化措施、纪律措施等）相结合，允许两者之间的转化，或者以社会影响措施来补充行政处罚。① 这里采用"行政处罚"的译法，自然是受到了国内同时期行政法学认识的影响。

苏联行政法学的这种做法也对我国的行政法学产生了一点影响。1982年4月，西南政法学院的校内教材《中华人民共和国行政法概论》效法苏维埃行政法学，将行政强制分为行政处分和社会保护的行政强制措施两类，其对行政处分的界定、对行政处分实施原则和种类形式等的叙述都是与《苏维埃行政法（总则）》大体一致的，其稍有特别之处在于，使用了"行政处分（处罚）"的概念，而不只是"行政处分"。② 对于公职人员的惩戒，该书称为"违纪处分"或"纪律处分"。"行政处分（处罚）"一词或许预示着一个新的开始。

四、行政处罚论的展开

改革开放之后的行政法学研究，开始使用"行政处罚"的概念，并尝试着在行政法学的体系中作出不同的定位，随着行政处罚手段的常用化，行政处罚的真正研究渐渐开启了。

（一）行政处罚的体系定位

对于如何在行政法学体系中安置行政处罚，大致有以下几种做法：第一，作为行政强制的方法。1982年6月，北京政法学院的《行政法概要》直接使用了"行政处罚"的概念，而且是将"行政处罚"设为一节的标题，在其下谈及行政处罚的概念、国家保证行政法规的执行办法、处罚种类等内容。其行政处罚"是指违反行政法规的行为，情节轻微，尚不够刑事处分，而应当受到处罚的行为，依法规定由特定的国家行政机关予以行政上的制裁"。不过，该书认为，"国家行政工作人员因违法失职行为所给予的行政处分，就其性质来说，也属于行政处罚"。对一般公民的行政处罚"是国家行政机关为了保障社会秩序的目的，对某些违反行政法规行为的公民或财产所采取的一种强制措施"，其方式包括警告、

---

① 参见［苏］П. Т. 瓦西林科夫主编：《苏维埃行政法总论》，姜明安、武树臣译，北京大学出版社1985年版，第150、154、156-160、166-167页。
② 钮传诚主编：《中华人民共和国行政法概论》，西南政法学院国家与法的理论教研室，1982年4月，第99-101页。

第五章　行政的一般制度论变迁

拘留、罚款没收、超生费、劳动教养、限令出境和驱逐出境、吊销营业执照、停产停业治理等。① 这一部分既与过去苏联行政法学中的说服和强制的保障方法部分相近，是将行政处罚作为行政强制的办法之一来定位，也显现出一定的创见性。

第二，与行政强制执行相并列。这种做法与民国时期的做法也是相近的，但其上位概念是什么并不清晰。真正奠定"行政处罚"在体系中的定位的当属1983年第一本统编教材《行政法概要》。该书将行政法上的强制执行与行政处罚相并列。该书指出："行政处罚是国家行政机关对违反行政管理法规的人所作的处罚。"行政处罚一般都由国家行政主管机关根据行政管理法规来裁决。企业事业单位、社会团体被法律赋予这种权力的，也可行使行政处罚权。我国行政机关的权力是由人民的最高权力机关所制定的宪法和法律赋予的。其对违反行政法所规定的义务的当事人所作的处罚，是为了人民和国家整体的利益而作出的。我国行政处罚贯彻了说服教育与处罚相结合的原则，而不是把处罚作为强迫人民履行义务的主要手段。行政处罚按照处罚的内容和性质分类主要有以下五种：警告，罚金罚款，拘留（行政拘留），没收（没收违禁财物），停止营业。②

1989年的第二本统编教材《行政法学》在"行政执法"一章之下设置了"行政强制执行与行政处罚"一节，并指出："行政处罚是国家特定行政机关依法惩戒违反行政法律规范的个人、组织的一种行政行为，属行政制裁范畴。"行政处罚应该遵循几项原则，其一是"作出处罚决定的机关与执行处罚的机关，一般应该分开，处罚的规定权与执行权的分离，有利于防止行政执法部门的专断或滥用职权，以维护国家法制的统一，保护个人、组织的权利"。其二是处罚法定，法律未规定可以给予处罚的行为，任何机关都无权给个人、组织以处罚。处罚法定是我国行政法治的基本原则之一。该书还对行政处罚的规定权限提出建议：规定人身罚的种类、天数与执行人身罚的特定机关的权力，应属全国人大及其常委会；财产罚的规定权可适当放宽，大额的财产罚的规定权由全国人大及其常委会行使，国务院可作细则性规定，地方人大在特殊情况下可经全国人大授权作细则或补充规定；行为罚应由全国人大及其常委会规定，国务院可作细则性规定。此外的部门及地方政府只有执行权。如此将有利于制止我国行政处罚中存在的混乱现象。其三是一事不再罚，某一违法行为只能依法给予一次处罚，不能处罚两次

---

①　参见杨达、仝典泰、方彦、朱维究编写：《行政法概要》，北京政法学院国家法教研室，1982年6月，第151-158页。
②　参见王珉灿主编：《行政法概要》，法律出版社1983年版，第127-131页。

或多次。该书认为，引起处罚的违法行为须具备以下几个要件：行为人违反行政法律规范；违法行为在不同程度上侵犯了行政法律规范所保护的社会关系和社会秩序；行为人有造成违法行为的主观故意或过失；行为人具有相应的权利与行为能力。行政处罚有申诫罚、财产罚〔罚款（这里已经不似《行政法概要》那样不区分罚款与罚金了）、没收〕、行为罚或能力罚（停止营业、扣留或吊销许可证）、人身罚或自由罚（拘留、劳动教养）等几类。该书还借鉴国外处罚程序的经验，建议我国行政处罚采取下列程序：表明身份，讯问，取证，说明理由，听取意见，书面决定，告知权利，申诉与诉讼。① 该书对于行政处罚的认识较为详尽，其对行政处罚的界定和种类划分等也成为此后的通说，该书还不同于一般的教科书，提出了不少制度设计上的建议。事实表明，后来的行政处罚法虽然没有全盘照收这里的建议，但这里的问题均成为行政处罚法所要处理的对象。

第三，作为行政责任的一种。不过，这种体系定位并没有为后续的其他教材所采用。1989年，龚祥瑞主编的《行政法与行政诉讼法》在"行政责任法"章之下设"行政处罚责任"一节，与行政机关的法律责任（行政损害责任）、公务员的法律责任（行政处分责任）相并列，显示了第三种行政处罚体系定位的可能性。该书认为，"行政处罚责任是公民、法人违反行政法上的义务应负的法律责任，这是外部行政法上的法律责任"，区别于行政处分责任。行政处罚责任的制裁方式统称为"行政处罚"。行政处罚与行政强制是相关但又不同的概念。行政强制的目的在于迫使当事人就范而履行其行政法上的义务，而行政处罚的目的在于对当事人违反法定义务的行为作出制裁性的总结和评价，行政强制仅仅是与说服教育同质的一种行政手段，而行政处罚本身就可以是一种行政目的。两者运用的手段也有很大差别。不过，两者可以互为使用，在行政强制无效并使履行义务成了不可补救的情形时，就可用行政处罚来惩治这种结果；在行政处罚作出后，可在必要时采取行政强制保证执行。美国法上把行政机关采取的强制性或限制性措施都称为行政"制裁"，便于从公民权利角度考虑对行政的控制，但混淆了行政强制与行政处罚的界限。苏联的行政强制与行政处罚是有明确区分的，其统一确定行政处罚责任制裁方式的经验值得我们借鉴。②

（二）行政处罚专门研究的开始

1989年制定的《行政诉讼法》在第11条第1款第1项中明确使用了"行政处罚"的概念，将其纳入行政诉讼的受案范围。此后的研究更加活跃。1990年，

---

① 参见罗豪才主编：《行政法学》，中国政法大学出版社1989年版，第155－166页（应松年执笔）。
② 参见龚祥瑞主编：《行政法与行政诉讼法》，法律出版社1989年版，第193－196页。

叶必丰出版了《行政处罚概论》一书,这是第一本行政处罚方面的著作。该书认为,行政处罚"是国家行政机关对公民、法人或其他组织尚未构成犯罪的行为依法予以追究行政法律责任的行政执法行为"。① 该书将行政处罚定位于行政执法行为、具体行政行为,对行政处罚的立法形式、原则、行政法律责任、处罚的种类、行政违法构成、行政处罚的管辖和职务协助、行政处罚程序、行政处罚的法律救济等,着重从实定法的角度进行梳理归纳,展现了我国当时行政处罚的基本状况。

1995年,在《行政处罚法》制定前,杨解君出版了《秩序·权力与法律控制——行政处罚法研究》一书,对行政处罚展开了系统研究,其中还罕见地对行政处罚的存在基础展开探讨。他给出了以下八点理由:第一,从惩罚的公平性来看,不同程度的违法相应地受不同程度的处罚。行政违法受行政处罚,刑事犯罪受刑罚处罚。第二,从政府职能来看,行政机关必须拥有一定的惩罚权力——行政处罚权。第三,行政法律规范的实施有赖于行政机关采取行政处罚措施。第四,从执法主体来说,行政机关在处罚方面具有比法院更大的优越性。第五,行政处罚具有惩罚性、维护秩序、预防、补救、教育等功能,不可替代,行政处罚的存在具有其合理性和必要性。第六,非刑罚化在当今世界盛行,世界各国主张刑罚谦抑,反对刑罚膨胀,扩大行政处罚的范围。第七,从"罚"与"刑"的学源分析和法律层次分类来看,行政处罚应别于刑罚,一般违法者应只受行政处罚,犯罪者则承受刑罚。第八,从有序的市场经济秩序的需要来说,行政处罚是维持正常市场经济秩序必不可少的手段。据此,行政处罚的存在在我国不仅是必要的,而且具有广泛的基础。我国行政处罚制度的确存在诸多缺陷,但这不能成为废除行政处罚制度的理由,而是行政处罚应予完善、限制的理由。②

1996年,全国人大制定了《行政处罚法》。1999年,第三本统编教材《行政法与行政诉讼法》也是将行政处罚与行政强制相并列,并给行政处罚作出重新定义:"行政处罚,是指行政主体为达到对违法者予以惩戒,促使其以后不再犯,有效实施行政管理,维护公共利益和社会秩序,保护公民、法人或其他组织的合法权益的目的,依法对行政相对人违反行政法律规范尚未构成犯罪的行为(违反行政管理秩序的行为),给予人身的、财产的、名誉的及其他形式的法律制裁的行政行为。"③ 这里同样将行政处罚定位为行政行为的一种。此后行政处罚研究

---

① 叶必丰:《行政处罚概论》,武汉大学出版社1990年版,第1页。
② 参见杨解君:《秩序·权力与法律控制——行政处罚法研究》,四川大学出版社1999年增补版,第10—17页。
③ 姜明安主编:《行政法与行政诉讼法》,北京大学出版社、高等教育出版社1999年版,第220页。

进入了解释和适用法律、完善立法的时代。

五、行政处罚的当代论争

在《行政处罚法》的时代，行政处罚是一种独立的行政制裁，区别于《行政强制法》下的行政强制；其范围广泛，并非仅为治安领域，几乎与行政管理秩序相关的所有行为都可能成为行政处罚的对象；其实施主体远远超出警察机关，涵盖了大多数行政机关，甚至是法律法规授权的组织；其手段多样，人身自由、财产、行为能力、精神名誉都能成为行政处罚的内容。这样的行政处罚已然成为中国特色的重要制度，也引发了诸多思考和论争。而《行政处罚法》的制定或修改，往往也成为掀起行政处罚研究高潮的契机。

（一）行政处罚的构成

在各个具体行政领域，存在着不同层级主体设定的名称各异的诸多行政管理措施，各种措施之间也有重叠或相近之处。即使是同一个名称的行政管理措施，也有在一个场合是行政处罚、在另一场合则是其他性质的措施的情况。行政管理措施的性质不同，就会受到不同的规范。故而，在行政实务和行政法理论中，常常对某种行政管理措施是否属于行政处罚的问题产生争议。

1994年，汪永清出版了《行政处罚》一书。该书认为，"行政处罚是指特定的行政机关或法定的其他组织依法对违反行政法律规范的公民或组织实施的一种惩戒，属行政制裁范畴"。其特征在于：（1）行为目的的惩戒性，是行政处罚区别于行政强制执行的关键。行政处罚是对个人或组织不履行法定义务的一种制裁，促使其下次履行，不再重犯。而行政强制执行的目的是通过法定的强制手段迫使不履行义务的个人或组织履行义务。（2）行为违法的确定性，是行政处罚区别于行政强制措施的主要表现。行政处罚针对的行为违法具有确定性、实际性，而行政强制措施主要是为了查清某一行为是否具有违法性质，或防止某种行为造成违法的社会后果。（3）适用主体的行政特性，是行政处罚区别于刑罚的主要特征。（4）行为的外部特性，是行政处罚区别于行政处分的主要特征。[①] 由此，该书清楚地给行政处罚作出定位。

但对于惩罚性或制裁性，在理解上则存在一定分歧。有观点认为，行政处罚实现惩罚功能有两种基本形式：一种是绝对性惩罚，是指行政处罚主管机关对违法者科以额外义务，使其承担原法律关系以外的义务。另一种是相对性惩罚，是指行政处罚未使违法者承担新的义务，而是促使其在能够履行义务时，继续履行

---

① 参见汪永清：《行政处罚》，中国政法大学出版社1994年版，第1-5页。

原应履行的义务，不再重新违法，或者以其他方式达到与履行义务相同的状态。相对于守法者，这种行政处罚对违法者有某种惩罚性。① 在这种观点之下，惩罚是相对宽泛的，特别是相对性惩罚，不易与行政强制执行相区分。

为了划清行政处罚与非行政处罚的界限，胡建淼提出了六项标准：第一，行政性。行政处罚是一种行政行为，而不是民事行为或者其他国家行为。它由行政机关基于行政关系而作出，体现了国家行政权的运行。第二，具体性。行政处罚是行政机关针对特定的相对人就特定的事项所作出的行政处理。因此，具有制裁性的抽象规则不属于行政处罚。第三，外部性。行政处罚是行政机关代表国家对社会所作的监控，体现了国家对社会的管理。因此，上级行政机关对下级行政机关、行政机关对其工作人员的通报批评及其他制裁性的处理，都不属行政处罚法意义上的行政处罚。第四，最终性。最终行为与中间行为是一对范畴，是指对某事的最终处理完毕，有了最终的处理结论。行政处罚是一种最终行为，而不是中间行为。第五，制裁性。行政处罚是行政机关对违反行政管理秩序的行为人的行政制裁。制裁必须以违法行为的存在为前提。制裁的目的，是强制违法者为其违法行为付出对应的、对其不利的代价。在行政处罚的所有特性中，"制裁性"是行政处罚最本质的特性。第六，一次性。行政处罚是行政机关对于相对人的某一违反行政管理秩序行为所作的一次性处理。如果行政机关对于相对人的某一违法行为可以反复地、持续地实施下去，那它就不是行政处罚，而有可能构成行政执行罚。② 对于这种实质判断标准，学界也不乏批评。陈鹏认为，以制裁性为核心的判断标准，既不明确，又难与实定法体系相融贯。某行为是否违法，其本身是模糊的。行政处罚法所列举的处罚种类，如没收违法所得、责令停产停业，就未必具有额外不利效果。③ 但这一批评未必击中靶心。私人行为的违法性判断是有客观的法律规则存在的；没收违法所得、责令停产停业在实定法上有可能用作添加额外不利效果的制裁，只要存在这种可能，就意味着可以被当作行政处罚。行政处罚制裁性可以从以下几个方面来判断：（1）对象行为是过去的私人违法行为，该行为具有可非难性；（2）目的是课予不利后果，而非仅仅是预防、管理；（3）内容是对相对人课予额外的不利，相较于其本来的义务而言相对人处于更为不利的境地。④

---

① 参见汪永清主编：《行政处罚运作原理》，中国政法大学出版社1994年版，第21-22页（高帆执笔）。
② 参见胡建淼：《"其他行政处罚"若干问题研究》，《法学研究》2005年第1期，第74页。
③ 参见陈鹏：《界定行政处罚行为的功能性考量路径》，《法学研究》2015年第2期，第101-102页。
④ 参见王贵松：《论行政处罚的制裁性》，《法商研究》2020年第6期，第22-24、29-32页。

2021年,《行政处罚法》修改,以新增第 2 条的形式对行政处罚作出界定:"行政处罚是指行政机关依法对违反行政管理秩序的公民、法人或者其他组织,以减损权益或者增加义务的方式予以惩戒的行为。"这一定义在一定程度上有助于认定现实中的行政措施是否属于行政处罚,但仍然存在一定局限。其一是"违反行政管理秩序"不等于违法。其二是"减损权益或者增加义务的方式",只是相当于不利,而未必是额外的不利,也就是说,这一定义可能导致涵盖的范围过广;而且,它并不包括法律地位的贬损,也就是说还存在涵盖不足的问题。其三是处罚的目的不甚明确。

(二)行政处罚设定权

行政处罚的设定权,亦即有关行政处罚的立法权,这是制定《行政处罚法》时才开始讨论的问题,在此之前并不存在。设定行政处罚的何种事项、谁有权设定、以何种形式设定,实质是立法权的分配问题。《行政处罚法》开创了重要行政管理措施立法权分配的新模式。

汪永清的《行政处罚》研究了行政处罚的设定权问题,即哪一主体可以何种形式的文件设立何种行政处罚。在设定行政处罚的主体资格上,该书认为,通行的做法是,法律在排除国家司法机关可设定行政处罚的同时,规定立法机关和特定行政机关可以设定行政处罚。在特定的行政机关范围上存在争议,这时需要弄清的是,一是制定某一措施或颁布某一命令,是否一定要与设定相应的行政处罚相统一,二是设定行政处罚的行政机关不单一,是否就一定不能维护法律的统一和尊严。对于第一个问题,国外的做法并不统一,由立法机关或上级行政机关制定,是常见现象。对于第二个问题,不可混淆享有某一权力与如何行使该权力,如果缺乏有效制约措施,将处罚的设定权集中于一个机关,也不能保证该机关行使这一权力就一定有利于维护法制统一。在有权设定行政处罚的主体中,由于机关的性质和级别不同,设定权有大小之分,这是国家权力结构自成体系的重要表现。该书对行政处罚设定权的划分提出了一些设想,后来也为《行政处罚法》所采纳。①

袁曙宏认为,根据现代法治理论,凡赋予公民权利或设定公民义务,均需由立法机关制定法律或由立法机关授权行政机关制定法规加以规定。但我国由于国家大、人口多、政治经济发展不平衡等特点,法律法规还很不完备,还不可能均由最高国家权力机关或授权最高国家行政机关制定,地方国家权力机关和行政机关应当有权根据法律规定和实际需要,制定某些有可能轻微影响公民一般权利义务的规范性文件。关键的问题在于,行政处罚的创设权限应授予到哪一级国家机

---

① 参见汪永清:《行政处罚》,中国政法大学出版社 1994 年版,第 29-31 页。

关、各级行政处罚创设机关应拥有多大的创设权限。①

在《行政处罚法》制定之后，胡锦光总结认为，《行政处罚法》专章规定了行政处罚设定权的分配，既考虑了法治原则的一般要求，又照顾到我国的实际状况，应该说是切实可行的。相关规定贯穿了以下几个方面的指导思想：一是法治原则，具体表现在设定权与实施权适当分离，设定权法定，设定权范围限定（因为不同处罚对当事人权益的影响轻重大小不同，不同的国家机关的法律地位和性质不同、与具体管理活动的距离不同），依正当法律程序设定处罚。二是设定权相对集中原则，设定权集中于法律法规规章，又相对集中于法律和行政法规。三是保证行政处罚权权威性及保障当事人合法权益原则。四是考虑现行立法体制和现实需要原则。从法治原则出发，行政处罚只能由立法机关以法律的形式设定，但随着国家和社会事务的复杂化，单靠国家立法已不足以解决各种社会现象，所以也赋予了地方立法机关和行政机关部分行政处罚设定权。②

（三）行政处罚权的主体

汪永清认为，处罚权是一种国家权力，属公权范畴，其宗旨是维护公共利益和社会秩序。各国具体的处罚主体不尽一致。在英美法系国家，行政机关在理论上没有处罚权，对违法行为的制裁权由法院通过司法程序来行使。但因法院处理不了交通违法、环保违法、卫生违法等大量的违法案件，行政机关享有了准处罚权，行政机关可以在某些领域作出罚款，该罚款不具有当然的执行力，如作出其他处罚或对其他行为作出处罚则要向法院提出检控，再由法院予以裁判。而在大陆法系国家，行政机关原则上都享有处罚权，德国、奥地利、意大利等都是代表。日本的行政处罚由行政刑罚和秩序罚组成。行政刑罚须由法院按照刑事诉讼程序适用，但违反道路交通法、国税、关税和烟草专卖等行为，则类似于英美法系国家的做法；秩序罚一般就由行政机关按照行政程序进行。在我国，绝大多数行政机关是处罚主体，法律法规授权某些组织行使处罚权，使其成为处罚主体。法院不能成为我国的处罚主体，这是我国行政处罚主体不同于其他国家处罚主体的一个明显特点。行政处罚是行政管理的重要措施，但有行政管理权并不当然具有行政处罚权。在管理范围合理确定的前提下，将行政管理权与行政处罚权统一起来，有助于提高行政效率，精简机构，使行政管理权真正寓"管"于监督之中，实现管理内容和方式的转变。某一机关同时拥有行政管理权和处罚权，是采取管理与查处合二为一还是采取有限分离呢？汪永清认为，这两项权力还是相对分离为

---

① 参见袁曙宏：《行政处罚的创设、实施和救济》，中国法制出版社1994年版，第22-24页。
② 参见胡锦光：《行政处罚研究》，法律出版社1998年版，第66-71页。

好，应分别由两个内设机构来具体实施，这有利于形成行政机关内部的自我约束机制。①

对于行政机关的处罚权并非没有质疑的声音。1998 年，胡锦光在其《行政处罚研究》中指出，"实践表明，行政机关实施一定的行政处罚权，不仅可以减轻法院的工作负担，而且可以提高行政效率，并保障公共利益"。新中国成立以后，所有行政处罚的实施权，其中包括行政拘留的决定权，一直由行政机关行使。这一做法的形成主要有以下原因：(1) 行政权的强大。与新中国成立初期开始实行计划经济体制相伴，行政权处于较强的地位，现在虽然有所改变，但由于受传统做法和思维的影响，不可能在短期内改变以前的习惯做法。(2) 司法权的软弱。法律没有起到主要作用，司法机关也就不可能树立起自己的权威。传统上认为行政处罚权属于行政权的一部分，人们并没有相反的认识。(3) 缺乏法治意识。行政机关既是日常的管理机关，可能作出涉及私人合法权益的决定，也会调查取证，作出行政处罚决定，权力和职能分离的重要性未被重视。在法治原则下，不仅行政处罚的设定权应当由立法机关行使，而且行政处罚的实施权应当由处于中立地位的司法机关行使。但我国仍然处于社会主义初级阶段，行政处罚实施权的改革不可能一步到位。②

2003 年，冯军归纳总结出各国关于行政处罚的三类观念：第一类，将行政处罚理解为国家对公民、组织违反行政法规范，破坏行政管理秩序的行为所给予的包括刑罚在内的处罚；第二类，将行政处罚理解为以刑法和刑事诉讼法之外的特别法规定的处罚措施和程序惩戒行政违法的活动；第三类，将行政处罚理解为行政机关以及其他行政主体依法制裁行政违法行为的活动。日本的行政罚属于第一类，以行政刑罚为主，秩序罚的适用范围较小（只有罚款一种手段），所以，法院是主要的实施主体。英美法系与此类似，只是没有行政罚的概念而已。大陆法系国家的行政处罚属于第二类，行政处罚与刑罚相分离，行政机关与法院均享有行政处罚权，行政处罚适用准司法程序。而我国的行政处罚属于第三类，均由行政机关实施，只是在当事人不服时才进入法院，法院在行政处罚显失公正时才可以作出新的处罚裁决。如果将行政处罚拘泥于行政机关的处罚活动，那么各国行政处罚之间的可比性就比较小。但各国都存在以普通刑罚之外的手段制裁行政违法行为的制度，在这个意义上，可以说各国均有行政处罚制度。这样，便能突破我国关于行政处罚的固有观念，在一个更为宽广的范围内研究我国行政处罚制

---

① 参见汪永清：《行政处罚》，中国政法大学出版社 1994 年版，第 35 - 40、125 - 129 页。

② 参见胡锦光：《行政处罚研究》，法律出版社 1998 年版，第 95 - 96 页。

度的得失。我国行政处罚体制的行政性有利有弊：利在于效率高且具有专业性；弊在于公正性和准确性难有保障，且易于扩张。①

（四）应受行政处罚行为的归责原则

应受行政处罚行为，是指公民、法人或其他组织违反行政法义务而应受到行政处罚的行为。理论上又被称为私人违反行政法义务行为。② 行政机关追究私人违反行政法义务行为的法律责任，其责任基础包括行政处罚的归责原则和私人违反行政法义务行为的构成要件两个方面。归责原则是确定行为人承担处罚责任的依据和标准问题，它为实施处罚的主体最终确定行为人承担处罚责任提供法律上的价值判断标准。理论上对于应受行政处罚行为的归责原则大致有两种立场，一是结果责任，二是责任主义。

1. 结果责任

结果责任，是指无论行为人有无故意过失，只要客观上发生了合法权益侵害或者合法权益侵害的危险，就要承担法律责任。从总体上看，主张结果责任的文献较少，但在现实中是较为常见的立场。

在实务界，孙百昌主张，行政处罚不能套用刑罚理论，应当不问主观状态。原因在于：第一，刑罚主要是对人的处罚，而行政处罚，特别是工商行政管理行政处罚很多都是对组织的处罚，组织的主观要件并不集中和明显。第二，刑罚最为严厉，程序保障最为严格；而行政处罚制裁强度不及刑罚。第三，与刑罚相比，行政处罚具有范围广泛性、规则复杂性、违法主体一般性等特点，如果通过事实推断主观态度，变数极多。第四，行政违法恶性较低，人们对行政违法并不会产生直接的厌恶和排斥。③ 当然，孙百昌也承认，"是否需要考虑当事人的主观状态，应当依法认定"。"行政违法行为以不考虑行为人的主观状态（故意与过失）为基本原则，除非法律另有规定。"④ 这一观点指出了行政处罚与刑罚的差异性，着重强调了行政处罚的特殊性。

行政处罚采取结果责任可能还有以下几点理由：第一，行政执法的目的在于

---

① 参见冯军：《行政处罚法新论》，中国检察出版社2003年版，第37-41、150-155页。
② 理论上也有称作"行政违法行为"者，例如，姜明安认为，"行政违法行为是指公民、法人或其他组织故意或过失实施的违反行政法规范，侵犯国家、社会公益或个人、组织的合法权益，危害国家安全或社会秩序，但尚不构成犯罪的行为"。姜明安：《行政违法行为与行政处罚》，《中国法学》1992年第6期，第42页。
③ 参见孙百昌：《试论行政处罚"不问主观状态"原则》，《中国工商管理研究》2010年第7期，第28页。
④ 孙百昌：《再论行政处罚适用"不问主观状态"原则》，《工商行政管理》2006年第8期，第51-52页。

维护行政管理秩序,只要违反了这一秩序,就应当通过行政处罚的方式予以制裁。第二,行政处罚给违法者的制裁比刑罚轻,即便不考虑主观要件,对当事人的影响也不大。第三,行政案件数量远远多于刑事案件,要求证明违法者的主观状态,会降低行政效率,不利于社会秩序的迅速恢复。

结果责任在历史和现实中均具有强大的影响力,但从文献的角度来说,主张责任主义者不在少数。这或许是因为主张结果责任是行政的惯性,而主张责任主义实际上是对这种惯性的遏制,是需要论证的。

2. 责任主义

所谓责任主义是指,"对于行为人的行为,只有在以责任能力以及故意或过失为要件能够对行为人进行非难时才肯定该行为人之责任的原则"。[①] 在采取责任主义的行政处罚中,主观过错是处罚轻重的考虑因素,更是决定作出处罚的重要因素之一。

我国行政处罚法规定了责任能力,采取了部分责任主义的规定,而没有采取客观行为违法即处罚的做法。责任主义的主张在1996年制定《行政处罚法》前后形成了一个高峰,后文采取过错推定说立场者也多是责任主义的主张者。例如,袁曙宏认为,"在行政法律责任中,只要相对一方的行为构成违法,其主观上一般也必然有过错,不是明知故犯的过错(故意),就是应当知道违法而未能知道的过错(过失)"。行政法律责任具有自身的特点:首先,行政处罚相对较轻,因此,在行政法律责任中一般可不必分析和确认违法主体的主观心理状态。其次,行政处罚责任是单方性法律责任,大都不像民事法律责任那样存在主体双方分担责任的问题,因而,违法主体是故意还是过失不是很重要。最后,行政处罚案件数量大,任务重,涉及面广,如果都要求确认相对人的主观状态,不仅时间上不允许,而且难以取证和认定,必将导致无法提高行政效率。[②] 他声称并非主张结果责任,但并不要求审查相对人的主观状态,故而与结果责任说相近。

而江必新则明确主张,主观过错是应受行政处罚行为的构成要件之一。其理由在于:第一,任何公正合理的制裁都须以被制裁的行为具有可谴责性为基础,否则就很难与专横和暴政相区别。第二,不以过错作为应受行政处罚行为的构成要件,势必导致结果责任,而结果责任不能实现行政处罚教育和预防违法行为发生的目的。第三,行为人的主观因素并非一定包含在行为的违法性之中,因而,

---

① [日]甲斐克则:《责任原理与过失犯论》,谢佳君译,中国政法大学出版社2016年版,第1页。
② 参见袁曙宏:《行政处罚的创设、实施和救济》,中国法制出版社1994年版,第77-79页。

如果不想惩罚无辜者，就应当将过错作为构成要件之一。第四，法律法规中没有规定"故意"或"明知"，并不意味着不需要以过失为要件。从法律责任的表达习惯来看，通常只对"故意"要件作特别规定，而对"过失"要件不作明确规定，因为法律责任的基础下限就是过失，无过失责任是必须明确规定的例外情形。① 杨解君认为，行政处罚作为一种法律责任的具体形式，应是一种过错责任。主观过错是法律责任的构成要素，而非私人违法行为的构成要素。处罚是过错的对应物，无过错即不受处罚。处罚应与过错程度相均衡。无过受罚只是极其例外的情形，行政处罚中也不需要严格区分故意和过失，但这些都不能成为否定过错条件的理由。② 两位学者虽然对于主观过错的定位有所不同，前者将主观过错作为行为违法的构成要件，后者将主观过错作为法律责任的构成要素，但都肯定了主观过错在作出行政处罚时不可或缺的地位，可谓均持责任主义的立场。

熊樟林认为，责任主义作为尊重意志自由的民主立场，已经在我国侵权法和刑法中获致制度化。1996年《行政处罚法》拒绝了有责性原则，奉行客观归责。实际上，违法并不能代替有责，责任主义具有独立的评价功能，行政相对人只有在主观上存有过错的情况下才能归责。这既是新近公法理论的一致主张，也是比较法上的常见规范。《行政处罚法》应当吸纳责任主义精神，明确规定"违反行政法上义务的行为，不是出于故意或过失的，不予处罚"，建构起主客观相统一的行政处罚归责体系。③

在我国，实行责任主义的宪法基础在于《宪法》第38条规定的"公民的人格尊严"。公民享有人格尊严，国家应当承认并尊重人的主体性，还应当通过制度和程序维护人的主体性。人的行为受其意志支配，在其意志支配之下，行为人仍然选择或者放任违法行为的发生，他就具有可非难性，应当受到制裁。这种制裁也有助于当事人认识到自己的错误，进而自觉守法。主观上没有过错，就不应受到谴责。有违法行为的认识能力，才能避免再次违法。国家在设定和实施制裁时，应当考虑行为人自身的状况，不能要求人民为不可能之事。法律责任的根基应是"你能为，故应为"的原则，而不可能强迫"你应为，故能为"这种不可能（它以行为人个人为基准进行判断）。只有实行责任主义，才能实现行政处罚的立法目的，维护人的意志自由。

实行责任主义的一大障碍在于，可能妨碍行政效率。行政效率是公益的一种

---

① 参见江必新：《论应受行政处罚行为的构成要件》，《法律适用》1996年第6期，第4-5页。
② 参见杨解君：《秩序·权力与法律控制——行政处罚法研究》，四川大学出版社1999年增补版，第195-198页。
③ 参见熊樟林：《行政处罚责任主义立场证立》，《比较法研究》2020年第3期，第142页以下。

要求，但只是行政追求的一种价值而已，而且，贯彻责任主义未必影响行政效率。问题不在于行政处罚是否要贯彻责任主义，而应当集中于如何贯彻责任主义，如何设定故意与过失的责任条件。另外，责任主义并非要贯彻于所有的不利措施上，预防性不利措施的目的在于防止将来的危险，它不以故意或过失为要件。而采取不利措施的迫切性或效率要求往往也是预防性不利措施的领域。①

3. 过错推定

对于行政处罚中私人过错的认定难题，很多行政法学者主张实行过错推定原则。从责任主义说的现状来看，多数人持过错推定说。例如，姜明安认为，私人的违法行为应是有主观过错的行为。与刑事诉讼中公诉人对行为人的主观过错负举证责任不同，行政机关无须对行为人的主观过错负举证责任，只要证明行为人实施了违法行为，就可以认定行为人具有主观过错。如果行为人认为自己没有主观过错，则应承担举证责任。如果能证明确实没有主观过错，则行政机关不能对其实施行政处罚。② 同样主张适用过错推定方式的江必新进一步说明了理由：第一，从实践来看，义务违反者如果真无过错，一般来说较易举证。这种证明方式更易于接近客观真实。第二，行政机关已经发现行为人违反了行政法上义务，行为人理所当然地要解释其原因。过错推定符合行政处罚的逻辑过程。第三，采用过错推定制度，有利于行政机关提高行政效率，维护行政管理秩序。③

主张过错为行政处罚轻重的考虑因素者，也主张实行过错推定。汪永清认为，在行政处罚中，如果没有法律法规的明确规定，行为人的主观因素就没有独立的实际意义，它往往内含于行为的违法之中，不应成为行政处罚的构成要件。但我们不能完全不顾主观条件实施处罚。我国行政处罚应以过错推定为一般归责原则。其一是因为在行政管理领域，一旦行为人违法，损害了公共利益或者私人的合法权益，就应推定其主观上有过错。其二是因为，行政处罚是行政管理的重要手段，必须在合法的前提下充分体现高效。要求处罚机关认定每个违法行为主体的主观过错，既不可能，也无从体现行政效率原则。但出于公正的考虑，在特殊案件中可适用主观责任原则。在现代条件下，法律不惩罚无意志行为，而且，严格责任原则难以适用于无责任年龄、无责任能力以及行政机关引起的行为等情形。④

杨利敏认为，责任主义在国家的制裁性行为中是一条宪法原理，应在我国行

---

① 参见王贵松：《论行政处罚的责任主义》，《政治与法律》2020年第6期，第8-9页。
② 参见姜明安：《行政违法行为与行政处罚》，《中国法学》1992年第6期，第42-43页。
③ 参见江必新：《论应受行政处罚行为的构成要件》，《法律适用》1996年第6期，第4-5页。
④ 参见汪永清：《行政处罚》，中国政法大学出版社1994年版，第74-75页。

政处罚领域得到确立。我国的单行法律法规中事实上体现了责任主义。贯彻责任主义的一个重要方面是对过失违法行为的认定及处理，杨利敏详细考察了刑法过失犯理论的最新发展，选取产品质量监管法领域分析了行政法上过失的存在状况。她认为，《行政处罚法》应明确吸纳责任主义，规定无故意和过失的行为不予处罚，但对于过失违法行为可以采取过失假定。之所以不称过错推定，是因为所谓"过错推定"的机制严格来说是法律对客观证明责任的直接分配，把"过错"要件存在与否的证明责任分配给相对人而不是行政机关。因此，称为"过错假定"更为准确，法律预先假定相对人在有违法行为的情况下是有过错的，因而相对人需要为自己不存在过错的事实承担客观证明责任。①

在2021年修改《行政处罚法》之后，责任主义得以确立，行为人具有主观过错成为应受行政处罚行为的一项要件。不过，立法采取了过错推定的做法，于《行政处罚法》第33条第2款规定，"当事人有证据足以证明没有主观过错的，不予行政处罚。法律、行政法规另有规定的，从其规定"。

（五）应受行政处罚行为的构成要件模式

在应受行政处罚行为的构成要件上，行政法理论明显受到刑法理论的影响，大致形成了两个阶段的两种模式，早期沿用传统刑法理论的四要件说及其变形，近来又有沿用新刑法理论的三阶层说。

1. 四要件说

在我国，较为普遍的观点认为，应受行政处罚行为的构成要件包括四个方面：第一是主体要件，违法行为主体是具有责任能力的组织和个人；第二是主观要件，必须具有主观故意或过失；第三是违法行为的客观要件，客观上存在违法行为，违法行为与危害后果之间有因果关系；第四是客体要件，违法行为侵害了一定的社会关系或国家行政管理秩序。②

也有学者为突出行政处罚的特质，对四要件说作出修正。例如，汪永清认为，应受处罚行为的构成要件必须符合行政管理的实际和特性，既不能简单地套用刑法中有关犯罪构成，也不能套用民事侵权行为的构成要件。行为的违法性是受处罚行为构成要件的基本属性，没有行为的违法性就没有行政处罚。这是受处罚行为要件不同于民事侵权构成要件的关键所在。从我国的法律法规规定来看，行为人主观过错不是受处罚行为的必备条件。违法行为的情节和后果在确定该行

---

① 参见杨利敏：《论我国行政处罚中的责任原则——兼论应受行政处罚的过失违法行为》，《华东政法大学学报》2020年第2期，第113页以下。

② 例如参见叶必丰：《行政处罚概论》，武汉大学出版社1990年版，第40页以下。

为是否应受行政处罚方面,没有明显影响。行为人必须同时具备行为违法、主观过错和危害后果才受行政处罚,是极端的例外。据此,应受处罚行为的构成要件是:第一,应受处罚行为是违反行政法律规范的行为;第二,应受处罚行为是具有责任能力的公民、法人或其他组织实施的;第三,应受处罚行为的法律规范明确规定应受到行政处罚制裁的行为。这三方面的要件是有机统一、密切结合的,某一行为只有同时具备这三个条件,才受行政处罚。[1]

江必新认为:第一,行为必须违反了行政法上的义务,这是应受行政处罚行为的本质特征。之所以采用"违反行政法上的义务"而非"行为的违法性""违反行政管理法规""违反法律法规规章"等概念,是因为行政处罚是基于行为人违反了义务性规范而不是权力性规范,没有履行行政法上的义务而不是没有履行民事上的义务;而且,这一概念可以促使行政处罚立法的进一步规范化,可以使保障行政法义务实现的行政处罚目的更加明确,减少随意设定和实施行政处罚的现象。第二,行为人在主观上具有过错。这里的过错不是明知或应知有法定义务存在而不履行这种义务,而是相对于构成法定义务的要件事实而言的。是否知晓有关法律规范并不影响过错的认定。第三,行为人必须具有责任能力,亦即具有辨认和控制自己行为的能力。通常具备前述三个要件,行为的应受行政处罚性质即可确定,但有时还不能确定义务违反行为应受行政处罚,故而,第四,行为具备特定法律规范的限制性条件,大体上有情节要件、主观恶性要件等。[2]

2. 三阶层说

近年来,有学者借鉴刑法学以及我国台湾地区学者的行政法学研究,对应受行政处罚行为的构成采取了三阶层说,即构成要件该当性、违法性及有责性。例如,熊樟林认为,行政处罚与刑罚非但在历史上具有同一性,并且有法益同质性和规范同义性。因此,应受行政处罚行为的成立要件可以和犯罪成立要件一样,有一整套的判断模型。从比较法的观察来看,它主要包括构成要件的该当性、违法性和有责性三项要素。第一,构成要件的该当性是一种事实评价,其主要为应受行政处罚行为提供事实基础,基本任务就是把行政违法行为、违法结果、行为与结果之间的因果关系,与行政处罚性法律规范进行比对。构成要件是立法上提供的判定相对人行为是否构成行政处罚的基本规则,该当性是对行为是否符合构成要件的判断。与刑法不同的是,这里"法"的范围并不限于法律,而是一种包括法律、法规或者规章的开放范畴。第二,违法性判断是价值判断,相对人行为

---

[1] 参见汪永清:《行政处罚》,中国政法大学出版社1994年版,第77-78页。
[2] 参见江必新:《论应受行政处罚行为的构成要件》,《法律适用》1996年第6期,第4-5页。

一旦符合构成要件，原则上就可以推定违法。违法性判断的主要任务是在构成要件符合性的基础上进行价值评价，从而将法律精神所能容忍和许可的行为排除出去。在刑法中，犯罪行为侵害到的是法律意欲保护的法益；而就行政法而言，没有与法益相对应的概念，行政法规范往往是为了确保行政权的实施，是为了维护公权力机关的利益。第三，有责性，在行政处罚过程中，作为谴责对象的行为必须是可能为行为人意志所控制的行为。与刑罚不同的是，行政机关面临着兼顾行政效率的挑战。应受行政处罚行为的责任要件往往会对过失或推定过失有所偏重；在具体的证明程度上，也较刑罚更为宽松。[1]

但需要注意的是，违法行为实际上是在主观意志支配下所实施的行为，违法行为包含着客观方面和主观方面，而不是纯粹的外观事实。如此，在理论上，就存在另一种三阶层说。行政机关对私人违反行政法上义务的行为予以处罚，应具备以下三个要件：第一，私人的行为违反行政法上义务，符合行政处罚法定要件，具有违法性，包括客观的违法要素和主观的违法要素（主观过错）。第一个阶层是在判断私人行为的违法性，但包含着部分有责性的内容。第二，该私人行为欠缺阻却违法事由（依法而行、正当防卫、紧急避险等）。第三，该私人行为应受到行政处罚，欠缺阻却责任事由（责任能力、期待可能性等）。[2]

六、行政处罚论的展望

行政处罚论系由违警罚发展而来，从一开始其正当性就存在一定争议，但以实用论的理由而得到承认。由行政法各论的违警罚上升为行政法总论的行政罚，行政罚理论由此确立了在民国时期行政法学上的地位。新中国成立后，苏联的行政处分（行政处罚）仍然是行政法总论层面的概念，但处于行政强制之下，这种做法并未获得中国行政法学的接纳。不过，苏联的行政处分在种类上已大为拓展，这对于中国后来的行政处罚产生了长久的影响。在改革开放之后，中国行政法学界开始使用行政处罚的概念，其繁多的种类也日渐确立起来。巨额的罚款、从业禁止、人身自由的限制等等，被大幅度开拓后的行政处罚已与其始源形态的违警罚有很大不同，对其还能否用实用论的理由继续予以正当化，不能不说是一大疑问。行政处罚论已然自成体系，此后仍将具有重要意义，但如何为强大起来的行政处罚提供正当性、如何从实体法和程序法角度使行政处罚具有正当性、如何理清形形色色的类行政处罚措施与行政处罚的关系，将是行政处罚论的当代课题。

---

[1] 参见熊樟林：《应受行政处罚行为模型论》，《法律科学》2021年第5期，第70-74页。
[2] 参见王贵松：《论行政处罚的责任主义》，《政治与法律》2020年第6期，第3页。

第六章

行政救济论的变迁

行政救济，有正式的行政救济，也有非正式的行政救济，前者通常包括行政复议、行政诉讼、行政赔偿和行政补偿四个部分。行政复议和行政诉讼又被合称为行政争讼，行政赔偿和行政补偿又被合称为行政责任。行政救济论虽然有很强的原理性，但受实定法的影响很大。

第一节 行政复议论的变迁

行政复议，过去被称作诉愿，是私人对行政机关的某种行为或决定不服，向行政机关的上一级机关或其本身提出异议、要求审查的活动。这一制度自行政法成立之初就已成为行政法的标准配置之一。但是，行政复议的制度功能一直并不彰显，相应的理论研究也不甚发达。

一、诉愿概念的引入

1901年，《译书汇编》第7期刊登的日本学者樋山广业《现行法制大意》介绍了欧洲各国在行政诉讼及诉愿制度上的差异及相关学说。这是中文中最早的对诉愿制度和学说的简要介绍。该文指出，英国诉讼与诉愿无差别，而法国和德国就不同。法国的行政诉讼由特别机关审判，目的在于权利的补救，而诉愿则基于行政层级上的监督，目的在于利益的补救；德国的地方行政厅兼有行政裁判权及诉愿裁决权，虽然是同一行政厅、同一期限、同一程序，但二者常相分离。在学说上的理解有，诉愿是对违反命令的行政施以补救，诉愿要求片言裁决（单方面裁决），诉愿是对利益侵害的补救方法，是层级的救济方法。樋山广业指出，同一事件、同一理由，在地方上级行政厅即为诉愿，在行政裁判所即为诉讼。实质上诉讼与诉愿初无二致，均为要求消灭或变更行政处分，所异者仅在形式而已。该文还列举了日本可以诉愿的案件。①

1903 年，作新社编译的《行政法》在最后一章"行政裁判"之下设"行政诉愿"一节。"行政诉愿，因行政官厅之不当处分，毁损利益时，诉诸监督官厅，请求撤回，斯亦人民之权利也。"诉愿针对行政处分而行，不过针对的是不当的行政处分。处分须既违反公益，又损毁一己的利益，人民才可以提起诉愿。行政处分一般是由监督官厅再行审理，故而，诉愿是一种复审。既经复审裁决，此前处分作废。诉愿是一种人民公权，行政处分侵害私人利益，既经诉愿，行政裁判所不可不受理而加以裁判，这是其分内的职务。诉愿裁决与行政裁判所裁决不同，它不是决定当事人之间的法律关系，而是因个人请求而作出、更新此前的处分。不服裁决可以上诉，上级官厅的裁决可以羁束下级官厅。② 该书将诉愿权视为一种人民公权，并区分了诉愿与行政诉讼，显示了与樋山广业不同的认识。

1905 年，夏同龢编辑的《行政法》介绍了清水澄讲述的日本诉愿法。诉愿是行政监督的一种方法，受行政处分者请求上级行政官厅变更、取消其处分，监督官厅因其请求而矫正其不当处分。提起诉愿的要件包括针对行政处分提起、行政处分违法及不当、行政处分损毁权利及利益、限于容许诉愿的事项。诉愿事项有的采用概括法，日本采用列举法。诉愿自受处分之日起 60 日内以文书提起。提起诉愿，日本以不停止原处分的执行为原则。对于诉愿，应以文书作出裁决（清水澄讲义明确再分为确认、取消、变更三种）或却下（驳回）。不服裁决，可更诉愿于上级官厅；却下的诉愿亦不妨再行提起。诉愿经裁决后，就产生羁束下级官厅的效果，下级官厅在裁决后不得任意变更或取消其裁决的结果。③ 该书主要是对实定法的简要介绍。1907 年，清水澄的《法律经济辞典》也对"诉愿"作出界定："因行政官厅之不当处分，伤害己之利害者，对于上级官厅请求其取消或变更其不当处分之救济方法，曰诉愿。故诉愿者，系（一）对于行政官厅之处分而提起者，（二）对于不当处分而提起者，（三）视为伤害己之权利及其他利益时所提起者，（四）请求其取消或变更其不当处分者，诉愿因以上诸点而与请

---

① 参见［日］樋山广业：《现行法制大意》，《译书汇编》第 7 期（1901 年），第 55 - 56 页。
② 参见作新社编译：《行政法》，作新社 1903 年版，第 135 - 138 页。
③ 参见夏同龢：《夏同龢文辑》，梁光华、饶文谊、张红辑校，凤凰出版社 2013 年版，第 129 - 131 页；［日］清水澄：《行政法泛论》与《行政法各论》，金泯澜等译，魏琼勘校，中国政法大学出版社 2007 年版，第 185 - 187 页。

愿及行政诉讼异。"①

1906年，袁希濂翻译的美浓部达吉讲义《行政法总论》在"行政之监督"一编之下，设置了"行政上监督之于诉愿"一节来介绍"诉愿"。诉愿一词有广义、狭义之分。广义的诉愿是指因行政处分而受损害之人请求撤销或变更处分而出愿于行政官厅之一的情形。诉愿全属个人自由，无论对何种处分、无论何人、无论何时均可向官厅提出，在法律上没有何等效力，官厅可以自由处置。狭义的诉愿是官厅对于诉愿必须裁决，在法律上有拘束力。诉愿时，官厅应当受理，对其负裁决义务。这两种诉愿可以单纯诉愿与正式诉愿相区别。在日本法律用语上，诉愿权是指因不当的行政处分而受到损害者对于作出处分的官厅及有撤销及变更其处分职权的官厅、请求撤销或变更其处分的权利，其官厅对之必为裁决的拘束力。② 在辨析了概念之后，美浓部达吉介绍了日本正式诉愿的有诉愿权者、诉愿事项、诉愿期间、诉愿官厅、诉愿手续、诉愿提起的效力、诉愿裁决等内容。美浓部达吉的这一介绍，学理与实定法兼备。

保廷梁将诉权分为三种情形，即司法诉讼、行政诉讼及诉愿。司法诉讼是臣民因民事或刑事案件而请求审判厅的审判，臣民须依循法律规定而提出请求，而审判亦不许另设委员或移送于非司法的其他机关。所谓行政诉讼，是对于官厅的违法处分请求行政裁判所审理判决；所谓诉愿，是臣民因认为行政官厅的处分不当或侵害其利益而请求上级官厅撤销或变更该处分。行政诉讼与诉愿区别有三：其一，行政诉讼针对的是官厅的法律处分，有违反法律者，方可提起；诉愿则不问其是依法处分或裁量处分，只要认为不当，均可提起。其二，受理行政诉讼的机关是行政裁判所，而受理诉愿的机关为行政处分官厅的上级官厅。其三，行政诉讼以作出处分或裁决的官厅为被告，否则无效；而诉愿则无须被告，仅请求其上级官厅撤销或变更其处分。③

由此，在清末，诉愿的概念、地位、与行政诉讼的区别等已经得到了明确，诉愿的基本观念已然形成。

二、民国时期的诉愿论

1914年，中华民国制定了《诉愿法》，诉愿制度实现了法制化。此后的研究

---

① [日]清水澄：《法律经济辞典》，张春涛、郭开文译，东京奎文馆书局1907年版，第374页。
② 参见[日]美浓部达吉：《行政法总论》，袁希濂译，普及书局1906年版，第177-178页。另可参见[日]美浓部达吉：《行政法总论》，熊范舆译述，丙午社1907年版，第209-216页。后者在"对于行政之救济手段"编之下设置了"诉愿"一章。
③ 参见保廷梁：《大清宪法论》，江左书林、模范书局1911年再版，第477-478页。

不仅有原理上的探究,还有法制得失的研讨。

(一) 1914 年诉愿法之下的研究

1914 年,在《诉愿法》颁布之后,潘力山对诉愿与相关概念进行了比较。首先区别了诉愿与请愿:(1)请愿是对于立法院及行政官署要求其行为及不行为;诉愿是因行政官署的处分而受害者对于其直接上级行政官署或原处分的行政官署所为的救济手段,对于行政官署以外的行为无诉愿。(2)请愿不仅可以针对过去及现在,而且可以针对将来的事件,也不论是制定法规还是作出的处分;而诉愿则仅是对于已发生的处分的救济,而且不能针对法规。(3)请愿不必关于请愿人的利益,也可以关于一般的利益;而诉愿只有因行政处分而受害者才能提起。其次,诉愿有广义与狭义之分。广义的诉愿是指凡由行政处分致受不当的损害者呈请其上级官署或原处分官署除却其损害,除法特别禁止外,人人都有权利提起这种诉愿,但其效力仅限于事实上促请官署注意而已。而狭义的正式诉愿仅可由法所承认的权利人提起,其效力可以拘束行政官署,使之负再审查义务。最后,对于诉愿与行政诉讼的区别有很多观点。有的认为,行政诉讼常由违法处分导致权利受害者提起,诉愿则由不当处分导致利益受害者提起,行政诉讼常以违反法规为问题,诉愿则以处分是否适宜、处分是否有害于利益为问题。但这种观点仅含有片面的真理,行政诉讼固然不及于纯粹的自由裁量,诉愿则不仅对于法规问题可以监督,纯粹的便宜问题也可以监督。对于违法处分,我国除中央或地方最高级行政官署的违法处分外,均可提起诉愿,不服其决定时可提起诉讼。同一事件始为诉愿问题,继为诉讼问题,事件的实质是相同的。有的认为,行政诉讼的判决有确定的既判力,而诉愿的裁决则没有。既判力在法律上不允许再审理变更,但诉愿经过一定期限后已不得请求变更,如果设定了个人权利,除特有法律根据,不得以官厅的职权予以变更。故而,我国法上的诉愿与行政诉讼在性质上没有明确的界限,而不过是形式上的区别,属于平政院者为行政诉讼,属于其他行政官署者为诉愿。①

1920 年代,钟赓言也认为,诉愿有广、狭两种意义。广义诉愿是指凡因行政作用而受到不当损害者,对于该作用的官署或其上级官署,请求除去其损害的诉愿。诉愿是对于已往行政上的加害原因而要求其救济的一种程序,而非仅陈述将来的希望而已,这是其与请愿不同的要点。这种诉愿一般属于个人的当然自由。而现今法律上的诉愿,专指认为人民权利的诉愿,可被称为正式的诉愿。广义诉愿为单纯的诉愿,诉愿人不过对于官署而引起其注意而已,未必有请求其再

---

① 参见力山:《现行法上诉愿与行政诉讼之区别》,《雅言》第 1 卷第 9 期 (1914 年),第 25 - 31 页。

行审查的权利。如果是正式诉愿,则官署负有必须受理而再行审查的义务,再审查结果是认为处分为违法或不当,则官署更负有取消或变更的义务。诉愿人有要求官署作业适当决定的权利。单纯的诉愿,仅就官署当然可以变更或取消的事项,而引起其注意,催促其进行。正式诉愿则不然,可使官署并无当然取消或变更职权者,因诉愿提起而发生得以取消或变更的效力。理论上对于正式诉愿与行政诉讼的区别存在争论。德国学者施泰因认为,行政诉讼是违法处分导致损毁权利时的救济方法,诉愿则为不当处分导致损害利益时的救济方法,故而行政诉讼必以违反法规为问题,而诉愿的问题则在于该处分适当与否及有无损害利益。奥托·迈耶认为,两者的区别在于裁决的效力不同。行政裁判的特色在于其判决有确定的既判力,而诉愿则没有。钟赓言认为,二者的区别只存于处理者官署的不同,而非出于性质的差异。若就性质而言,现行《诉愿法》的规定,在所谓诉愿事件中,违法处分的诉愿实际上具有行政诉讼的性质。违法处分的诉愿经最高级官署决定后,受处分者若仍不服,大都可提起行政诉讼。故而,这种事件,形式上虽为诉愿的裁决,实质上不外行政诉讼的初审或第二审以上的裁判,行政裁判的裁决只是其终审裁判而已。概言之,"诉愿者,人民对于行政官署请求其为行政处分之再审查之一种程序,官署于此负有应行决定之法律上之拘束者也。至得以为处分之再审查之请求,其理由不外处分之违反法规或不适当之二点。前者具有行政诉讼之性质"。①

(二) 1930 年诉愿法之下的研究

1930 年 3 月 24 日,南京国民政府颁布实施新的《诉愿法》。1935 年 10 月、12 月立法院两次修正(多为管辖问题),1937 年 8 月 1 日公布施行。

1. 杨兆龙的诉愿论

1932 年,杨兆龙对新的诉愿法提出诸多批评。第一,对于诉愿与行政诉讼的关系,现行法规定先诉愿再诉讼,但既然有行政诉讼为违法处分提供救济,实在不必多此一举。经过诉愿程序,徒使纠纷时期延长,既费金钱劳力,又使调查证据因日久而变得困难。行政官署往往互相包庇,人民所提起的诉愿能得到公平决定的,殊不多见,于人民权利鲜有裨益。人民提起诉愿,易引起原处分官署恶感,行政官吏鉴于诉愿不易得到公平决定,也有恃无恐,对诉愿人非法报复。行政处分是否违法属于法律问题,应由通晓法律者解决,而普通行政官署法学人才甚少。对于中央最高行政官的国民政府的处分,无从诉愿,也就无法救济。因此,对于违法行政处分提起行政诉讼前,并无经过诉愿程序的必要。杨兆龙建议

---

① 钟赓言:《钟赓言行政法讲义》,王贵松、徐强、罗潇点校,法律出版社 2015 年版,第 182-183 页。

改作:"人民对于中央或地方官署之违法处分所为之行政诉讼,得于诉愿或再诉愿后提起之,亦得不经诉愿程序迳向行政法院提起之。"第二,对于诉愿管辖的划分,现行法规定由直接上级官署管辖。但诉愿的目的在于求公平的决定,凡诉愿程序有碍于这一目的的实现,均宜在可能范围内予以革除。中央各院与所属各部、省政府与所属各厅、市县政府与所属各局或其他直接下级行政机关,表面上虽属分立,实质上休戚与共,难以由前者主持公道。对于中央各部会处分须向原部会提起诉愿,尤属不当。第三,关于诉愿人资格,官吏受不当或违法行政处分的侵害,与普通人民所受的侵害并无不同,但并无适当的救济方法。故而,诉愿人范围不应限于普通人民,也应包括官吏。第四,关于诉愿程序进行的期限,应当详细规定。第五,关于待遇平等,现行法对于诉愿人与原处分或决定官署的待遇未能平等规定,应当废除不必要的不平等待遇。例如,答辩书的程式及内容应像诉愿书那样符合一定条件;答辩书副本也应送达诉愿人,诉愿人如认为答辩理由充足,可撤回诉愿,在诉愿人知悉答辩后,受理诉愿的官署也不至于毫无顾忌地偏袒一方。第六,关于行政处分的执行,现行法规定,诉愿未决定前,原处分不失其效力,但受理诉愿的官署可因必要情形停止其执行。但这一规定流弊甚多。原处分官署因对于诉愿人有恶感,虽无正当理由,但仍先执行其处分,以图报复,导致诉愿人受不当的巨大损失。而受理诉愿的官署或因疏于审察,或因偏袒属下,鲜有停止原处分的执行。故而,除不立即执行就有难以执行之虞,或原处分的执行与国家社会有深切重大的关系而需要立即执行的情形外,提起诉愿,即应由原处分官署依职权停止执行。受理诉愿的官署在开始办理诉愿或再诉愿案件时,应当首先审查原处分应否停止执行。① 其中颇具特色的主张是,诉愿与行政诉讼的自由选择主义,诉愿停止执行原则。

2. 范扬的诉愿论

范扬认为,诉愿是指人民因违法或不当的行政处分致其权利或利益受损害时,请求原处分机关的上级官署,以行政上程序,审查该不当处分并作出一定的决定。② 诉愿与行政诉讼在现行制度之下,有若干不同:第一,审理事项不同。行政诉讼事项仅以法律问题为限,而不及于公益问题。诉愿事项则没有这些限制。因为行政法庭的独立审判机关仅适合维持法规,而不适合作政策上正当与否的判断。而受理诉愿的机关恒为原处分机关的上级官署,上级官署对于下级机关有行政上的监督权,不仅能监督其行为合法与否,对政策上妥当与否也当然可以

---

① 参见杨兆龙:《改革现行诉愿制度之商榷》,《法学杂志》第 6 卷第 2 期(1932 年),第 22-33 页。
② 参见范扬:《行政法总论》,邹荣勘校,中国方正出版社 2005 年版,第 204 页。

监督。第二，审理机关不同。行政诉讼属于特设的法院或法庭审理，而诉愿属于同一系统中的上级官署审理，具有阶级的救济性质。第三，审理程序不同。行政诉讼以司法的程序审理为原则，当事人有言辞辩论的权利，可在法庭中陈述主张，相互辩驳。而诉愿以行政的程序审理为原则，诉愿人仅可书面陈述，诉愿官署也专就书面而作出决定。虽然诉愿官署在必要时可命令言辞辩论，但诉愿人并无要求的权利。要言之，诉愿标的范围较行政诉讼更为广泛，诉愿程序也较行政诉讼更为简易迅速，诉愿机关与原处分机关为同一系统的机关，对于诉愿事件也有深切的理解。故而，诉愿制度有其特别的效用。在诉愿机关方面，诉愿的审理决定须求公平正确。为此，其审理机关以合议制组织较为适当。范扬主张在行政各部会及各省市政府中，依事务性质，各组织一两种诉愿审理委员会。如果能实行这种组织，则诉愿制度一定能取得良好效果，对于行政审判亦有裨益。这种组织最适合于有特殊性事件的判断，其决定亦较为公平允当，因此，行政诉讼事件或可藉此减少，即便不然，也可以在行政法庭再加审理之际提供有益的参考资料。在诉愿审级上，现行法采取二审制。范扬认为，应区分违法问题与不当问题。违法问题，先行提起诉愿，或直接提起行政诉讼，可任由当事人意思自由，如果先提诉愿，则经一审即令终止，如有不服，使其提起诉讼。至于不当问题，仍宜采用二审制。①

3. 管欧的诉愿论

管欧认为，诉愿有广狭二义，广义的诉愿，可称为单纯的诉愿，是指因行政处分违法或不当，人民对于作出该处分的官署或其上级官署请求予以救济的行为。狭义的诉愿，可被称为正式的诉愿，诉愿人有要求官署受理及作出适当决定的权利，而官署除认为诉愿不应受理时应附理由驳回外，负有必须受理或再审查的义务，审查结果若为其处分违法或不当时，官署更负有撤销或变更的义务。一般法律上所称诉愿是指后者。"诉愿者，乃人民对于行政官署请求其为行政处分之再审查之一种程序，官署于此负有应行决定之法律上之拘束也。"关于诉愿与行政诉讼的异同，相同点在于，人民均享有公权，两者均为对于不法行政的救济方法，均以不停止原处分执行为原则、以停止执行为例外，均以书面审理为原则、以言词辩论为例外。对于两者的不同点，管欧也认为，不在于实质，而在于

---

① 参见范扬：《如何改进行政救济制度——贡献于九月间举行之司法会议》，《中国新论》第1卷第6期（1935年），第64—66页。这里想顺便提及的是，范扬还有一篇《改进行政救济制度之我见》［《社会科学论丛》第2卷第3号（1935年），第11—21页］，与《如何改进行政救济制度》实际上是同一篇文章，但《如何改进行政救济制度》一文不仅文字准确、无缺漏，而且还带有注释，应为原稿。因此，以引用《如何改进行政救济制度》为宜。

形式。对于诉愿的对象行为，各国诉愿法规定诉愿的提起并不限于行政处分适当与否，违法与否的问题也在诉愿范围之内；对于既判力，也并非行政裁判所独有，有的诉愿决定及其他行政行为也有。例如，不服不当处分者，以再诉愿的决定为最终决定；若超过诉愿的法定期间，则对于行政处分虽有不服，亦不得提起诉讼，该行政处分也有确定力。故而，诉愿与行政诉讼的差别在于形式，主要包括审理机关不同，审理范围不同（诉愿不得请求损害赔偿），审级多寡不同（诉愿为二级制，而行政诉讼为一级制），审理程序不同（先诉愿后诉讼、诉讼中答辩者有辩驳机会、两者程序繁简悬殊）。①

管欧认为，"诉愿为现行法制中最有效最简捷之行政救济方法"。对于现行诉愿制度，管欧也有诸多商榷意见。第一，可提起诉愿的事件应采用列举主义。现行法采用概括主义，固然富有弹性，足以适应社会变迁中的各种事件，但范围太广、毫无标准，人民对于诉愿事件缺乏明确的观念，因同一事件可依诉愿程序提起诉愿，亦可以通常呈诉方式请求救济，官署均可受理。如此，非但人民有无所适从之苦，官署处理亦无标准可循，不免人民及官署乘机取巧，滋生流弊。若采用列举主义，既可以增进行政效率，也可以树立严谨的法治制度。第二，受理诉愿的官署应以行政官署为限。仅行政院及其所属官署为行政官署，才有行政处分，才能适用行政救济的诉愿制度。立法院等其他四院或直隶于国民政府各官署对人民没有处分，可以通常呈诉方式请求救济。第三，各部会为原处分官署时不得受理诉愿。现行诉愿制度采用二级制。不服中央各部会的处分，向原部会提起诉愿，不服其决定，再向主管院提起再诉愿，使原部会有机会重新考虑其原处分是否违法不当。但是，原处分官署多不免固执成见，很难撤销或变更原处分，徒然拖延时日，影响人民的权益；原处分官署收到诉愿书后若认为诉愿有理由，可自行撤销原处分；若不愿自行撤销或变更原处分，仅可在答辩书中向受理诉愿的上级官署表示原处分可以撤销或变更之意，而没有由原处分官署自行受理诉愿的必要。第四，在原处分官署的认定问题上，现行法以实施处分时的名义为标准，即采用形式主义，但下级官署按照上级官署指示作出处分，以下级官署为原处分官署，就会导致诉愿的等级制度有名无实，而且徒增下级官署的烦累。管欧主张应以实际上决定该项处分者为标准。第五，就诉愿决定的效力而言，诉愿经决定后，可否由受理诉愿的官署自动撤销其决定，正反两面意见都有。就诉愿决定而

---

① 参见管欧：《现行诉愿法释义》，商务印书馆 1937 年版，第 3—11 页。管欧先后著有《诉愿法实用》（1932 年）、《现行诉愿法释义》（1937 年），他在后者的"凡例"中称，"本书与民国二十一年冬拙著之诉愿法实用，详略虽有不同，惟其精粹，殆已归纳于本书之内，前书早已销售无余，兹著本书以代再版"。

言，应当区分诉愿决定及再诉愿决定而论。法律上仅规定，"原处分官署认诉愿为有理由者，得自行撤销原处分"，则原决定官署在再诉愿程序中，虽认为再诉愿为有理由，亦不得自行撤销其原决定，只能等再诉愿官署依法作出决定。就再诉愿决定而言，官署作出再诉愿决定后，受处分后若发生新的事实，可由该管官署撤销原再诉愿决定而另行处置。就诉愿决定的效力而言，诉愿决定不仅有拘束原处分或原决定官署的效力，且及于一般的行政官署，凡对于上级官署的决定，均不得提起诉愿或再诉愿。上级官署及普通法院如无法规根据，也不得撤销原决定。但上级官署对下级官署有指挥监督之权，若认为下级官署的诉愿决定确属违法或不当，根据指挥监督权撤销或变更原决定时，也不是为法所不许的，如此才能贯彻行政救济的本旨，发挥国家行政权的真实作用。①

三、新中国的行政复议论

新中国成立后，诉愿并没有得到重视，很快成为历史遗迹。直至改革开放之后，现实中存在着解决行政争议的客观需求，制度上也逐渐开始通过行政机关解决行政争议，理论上也逐渐开启了行政复议的相关研究。

（一）诉愿论的寂灭

在新中国成立初期，并不存在行政复议或诉愿的制度，引入的苏联行政法学也不存在这一方面的内容。故而，制度建设和理论研究均付之阙如。稍显例外的是，1957年，张映南发表文章建议，应当加强行政监督。对于违法的行政行为，可以行政诉讼实施行政救济。对于尚未达到违法的程度，如资产阶级学者所称为"不当的行政处分"，在资本主义国家原有行政"诉愿"的规定。我国现在也不是必须仿效其作出"诉愿法"的规定，但像这种"不当的行政处分"，虽未达到违法的程度，而在法律的"行政的自由裁量"范围以内，但畸轻畸重、有所偏差，就应当以法令明确规定救济的程序，使有监督权的机关在主动纠正之外应申请而

---

① 参见管欧：《我国现行诉愿制度之检讨》，《中华法学杂志》第7卷第2·3期合刊（1948年），第10-13页。管欧曾依这些主张对当时的《诉愿法》提出了自己的修改稿，并逐条说明理由。管欧：《修正诉愿法私案》，《法治周报》第2卷第6期、第4-7页，第7期、第7-10页（1934年）。此前，在第四点上，端木恺也认为，如果不以行政处分在实质上出于某官署为准，不确实规定依上级官署命令所为的处分即认为上级官署的处分，实不能贯彻行政救济的原旨。另外，他还认为，应当在行政处分之外，将行政规程也纳入诉愿范围。参见铸秋：《对于诉愿法之商榷》，《半月评论》第1卷第1期（1935年），第10-12页。端木恺（1903—1987），字铸秋，安徽当涂人。复旦大学文学士、东吴大学法学士、纽约大学法学博士，1928年回国后，曾担任安徽省教育厅秘书兼科长、安徽大学法学院院长，1933年任行政院参事，1945年成为执业律师，1948年为第一届立法委员，后任司法院秘书、行政院秘书长，曾任东吴大学校长。参见王伟：《中国近代留洋法学博士考》，上海人民出版社2019年第2版，第48-49页。

作出纠正处理。若是没有程序法的规定，人民就无从依照法律规定的程序，以谋补救，而得到适当的纠正。① 但张映南的这一建议没有受到重视。

（二）行政复议论的兴起

1983 年，新中国第一本统编教材《行政法概要》虽然专设"国家行政管理的法律监督"一章，也谈及各种监督方式，但并未提及"诉愿"或"行政复议"制度。随着实定法中行政复议相关规定的日渐增多，行政复议开始在学界受到关注和研究。

1987 年，高文英发表《浅谈我国的行政复议制度》，这是可查的以"行政复议"为题的最早一篇论文。该文指出，对于行政诉讼既有狭义的理解，即法院在当事人的参与下按照一定程序和方式解决具体争讼的活动，也有广义的理解，即涵盖了行政机关按行政程序解决行政纠纷的活动，后者所增加的内容就是行政复议。"所谓行政复议制度（也称诉愿），就是国家行政机关在行政管理过程中，因采取了不当或违法的行政措施，致使这种行政措施的相对一方在行政法上的合法权益遭受损失时，相对一方可以向上一级主管行政机关或法定有权的其他机关申请改变或撤销上述不当或违法的行政措施，并在必要时申请损害赔偿。由此可见，它是行政机关按行政程序审理行政纠纷的代称。这种制度，我国多数学者称之为行政复议，也有一些学者称之为行政诉愿。"该文还指出，新中国建立起来的信访制度可以解决部分行政纠纷，但其没有时间限制，还容易使矛盾激化，已不适应当前形势和任务的需要。随着国家工作重点的转移和经济体制改革的深入进行，一些专门受理行政纠纷的行政机关已应运而生，这些机关具有行政性和司法性双重性质。行政性是指它仍隶属于行政机关，依行政管理法规行使职权，具有行政机关的一切属性；司法性是指它像司法机关一样有解决行政纠纷的职权。行政复议手段有调解和仲裁两种。② 该文在概念上建立起与民国时期的诉愿制度之间的联系，同时指出了行政复议的特色所在。

此后，行政复议也进入了行政法教材，行政复议的专门研究也渐渐开始。对于行政复议在行政法学体系中的定位大致产生了两种做法。

1. 作为行政司法的行政复议

一种做法是将行政复议作为行政司法的方式来定位，置于通常的行政作用法或行政活动法之下。1988 年，皮纯协主编的《中国行政法教程》设"行政司法"

---

① 参见张映南：《关于行政法上的行政监督问题》，《争鸣》1957 年第 4 期，第 15 - 16 页。该文被收录于姜明安编：《行政法（文选）》，北京大学法律系教学参考用书，1984 年，第 115 - 116 页。
② 参见高文英：《浅谈我国的行政复议制度》，《中国法学》1987 年第 2 期，第 21 - 23 页。

一章，在其下设"行政复议"一节。这是新中国行政法教材上首次使用"行政复议"的概念。所谓行政司法，是"指有权的行政机关依照行政司法程序进行行政调解或行政仲裁、或行政复议以解决相应纠纷的行为"。"行政复议是行政司法的一种。它是行政机关依法处理因行政行为引起的行政纠纷的行政司法活动。也叫行政诉愿。"国外复议机关的设置有两种做法：其一是不独立的复议机构，即由行政机关业务主管部门自身进行复议；其二是独立的复议机构，这种机构独立于行政机关，专门处理行政纠纷，在业务上和处理程序上的司法性质较强。我国的行政复议机关也有独立的和不独立的两种。独立者如新中国成立初期的人民监察委员会、国家监察机关、商标评审委员会；不独立者有两种，一种是作为行政纠纷一方当事人的行政机关的上一级主管机关，另一种是作为行政纠纷一方当事人的行政机关本身。该书还整理出实践中的复议程序，大致分为复议申请、受理、审理准备、审理、审级、复议决定的效力等环节。[①]

1989年，第二本统编教材《行政法学》专设"行政司法"一章，在其下的第二节"行政机关裁决行政争议的制度"中谈及行政复议。所谓行政司法是"指行政机关作为争议双方之外的第三者，按照准司法程序审理特定的具体案件、裁决特定争议的活动"。其中有行政争议和民事争议，行政复议是行政机关裁决行政争议的制度。"所谓行政复议是指个人、组织不服行政机关作出的影响其本身权益的决定，依法在规定的时限内向作出决定的行政机关的上级行政机关或法律规定的其他行政机关申请审查，作出决定的上级行政机关或法律规定的其他行政机关接受个人、组织的申请，对被指控的行政决定加以审查并作出裁决的活动。"取得行政复议申请人的资格，须以行政决定影响其本身权益为前提。如果行政决定涉及他人权益或仅涉及国家或社会的利益，而个人、组织认为行政决定违法，要求行政机关予以撤销，则不应通过行政复议的途径，而应通过批评、建议和其他途径解决。主管行政复议的机关均应设立具有一定独立性的专门行政裁判机构，其裁决程序应一定程度上司法化，而不能完全依行政程序裁决案件。[②]

1989年，张焕光、胡建淼在其教材的"行政司法"一编中设置了"行政复议"一章，这是行政复议在教材层面上第一次独立成章。该书认为，虽然名称并不统一，但从实质上来看，行政复议是指"不服行政主体所作行政处理决定的当事人（包括组织和个人）依法向一定的行政组织（行政复议机构）申请，请求重

---

① 参见皮纯协主编：《中国行政法教程》，中国政法大学出版社1988年版，第135、145-149页。
② 参见罗豪才主编：《行政法学》，中国政法大学出版社1989年版，第178、191-195页（姜明安执笔）。

新处理；行政复议机构据此对原处理决定重新审议，依不同情况作出维持、变更或撤销裁决的法律制度"。行政复议以行政争议为处理对象，亦即行政主体之间或行政主体与相对人之间在国家行政管理活动中发生的有关行政法权利和义务的争执，而非民事争议。行政复议以当事人不服行政处理决定为前提，行政合同、制定和颁布行政法规、行政规章不适用行政复议。行政复议可以分为申请原处理机关复议、申请原处理机关的上一级行政机关复议和原处理机关内的专门复议机构复议，一轮复议和二轮复议，选择复议和必经复议，终局复议和非终局复议等。[1] 该书还对复议关系当事人、复议程序、复议裁决等作出梳理。

2. 作为行政救济制度的行政复议

另一种做法是将行政复议作为一种行政救济制度来定位，置于行政救济法之下。同一时期的法制在行政复议上并无统一的规定，甚至名称各异。1988年，罗豪才主编的《行政法论》就使用了"行政复查"的概念。该书是在"行政争议和行政诉讼"一章之下设置了"行政复查"一节。"行政复查是指行政机关依照法律规定，根据相对人的申请，对引起争议的行政决定进行再次审查的制度。"这一制度在国外被称为"诉愿""行政审查"等。面对不统一的实定法表述，该书主张用"行政复查"来总称，凡原机关对其决定再次审查的统称为"复议"，凡原机关上级机关对原机关决定进行审查的称为"复核"，凡复核机关的上级机关对复核决定再次审查的称为"再复核"。该书还主张制定一部统一的"行政复查法"，并对其基本程序等提出了设想。[2]

1988年，周卫平、江必新、张锋合著的《行政争讼制度概论》出版。该书分为绪论（行政争议）、行政争讼制度总论和分论三编。"行政争议是指在行政管理过程中，管理相对人针对国家行政机关行政行为的合法性而主动提出的争执。"而广义的行政争讼是指解决行政争议的法定程序性活动，该书采用的是狭义的行政争讼，即"以行政复议和行政诉讼作为基本结构的争讼制度"。该书还认为，行政争讼制度以这两者为其基本结构并非任意的拼凑，而是因为国家行政机关和司法机关在解决行政争议中各自具有优势和不足，只有结合两种制度，互相补缺，才能发挥它们的共同优势。采用"行政争讼"而不是广义上的行政诉讼来概括两者，既符合我们的语言习惯，也包含了两种特定制度的含义。该书所理解的行政复议"是一种解决行政争议的行政程序，指行政机关就其主管事项与相对人发生争议后，基于相对人的请求，由其上级行政机关或该机关自身，对引起争议

---

[1] 参见张焕光、胡建淼：《行政法学原理》，劳动人事出版社1989年版，第452-456页。
[2] 参见罗豪才主编：《行政法论》，光明日报出版社1988年版，第391页以下。

的行政决定，进行复查并重新作出决定的法律制度"。[①] 该书以一章三节的篇幅对行政复议的制度现状作出梳理，并就其存在的问题提出了立法建议。

将行政复议作为一种行政司法方式来定位，就是将行政复议作为通常的行政手段来对待，稍微特殊之处在于其解决行政争议；将行政复议作为一种行政救济制度来定位，就是将行政复议作为行政争议的常规解决方式，成为行政争讼制度的一种。后一种体系定位在之后获得更多的认可。当然，这在一定程度上与行政法学教材的安排有关。如果是分成行政法总论、行政诉讼法两册，那么，更有可能在行政法总论中作为一种行政司法方式来安排行政复议。否则，在行政救济法中安置行政复议的内容更为妥当，无论行政复议是侧重于行政性还是侧重于司法性，它与行政诉讼的共性内容都是很多的。

四、行政复议论的当代论争

1990年，国务院制定了《行政复议条例》，1994年部分修改；1999年，全国人大常委会制定了《行政复议法》；2007年，国务院制定了《行政复议法实施条例》。由此，行政复议走上了法制统一的新轨道。然而，行政复议的发展并不顺畅，也有诸多行政复议制度定位、改革方向、制度设计方面的争议。诸多争议实际上都是围绕行政复议的行政性与司法性这一核心论题展开的。历次立法、修法的讨论重点也都在于如何调和、组合司法性与行政监督性。

有关行政复议的性质，在制定《行政复议条例》（1990年）时就有三种观点：(1) 认为行政复议具有行政性和司法性的双重性质，行政复议属于行政司法性质。我国台湾地区学者把诉愿作为行政救济第一阶段授予行政机关的行政司法权。这种意见认为，行政司法是指国家行政机关在执行国家职能进行行政管理过程中依法行使司法裁判权、在法定范围内审理和裁决个别案件和解决法律纠纷的活动。行政复议机构隶属于行政机关，具有行政机关一切属性，但同时它像司法机关一样具有解决行政纠纷的职权，因此具有"准司法权"。(2) 认为行政复议具有行政监督性质。在我国，各级国家行政机关按照宪法和法律规定，对其所属的下级行政机关及其工作人员是否严格执行有关行政法律文件负有自上而下的监督责任。行政复议是这种行政监督制度化、法律化的一个重要方面。还有人把监察部门的工作主要归纳为行政复议。(3) 认为行政复议兼具行政司法和行政监督的性质，一方面，行政复议使上级行政机关与行政争议双方（其中一方是下级行

[①] 周卫平、江必新、张锋：《行政争讼制度概论》，宁夏人民出版社1988年版，第4、39-42、111页。

政机关),形成双线循环型管理关系,具有准司法性特征,以区别于一般行政执法,另一方面行政复议又是行政系统内部上级行政机关对下级行政机关的执法监督,以区别于行政诉讼。行政复议程序比一般行政执法严密,但与行政诉讼相比较为简单。① 简言之,这三种观点分别看重的是司法性、行政的监督性和折中性。《行政复议条例》最终采用的是行政的监督性。《行政复议法》进一步强化了这一立场,强调了行政复议的监督和纠错功能。

但这一立场受到了质疑。周汉华明确主张行政复议司法化。行政复议制度的司法化,应该包含三个方面的内容。首先,它是指行政复议组织应该具有相对的独立性,行政复议活动不受任何外来干预,由复议人员依法独立作出决定,以保证复议过程的公正性。其次,它是指行政复议程序的公正性与准司法性。最后,它是指行政复议结果应该具有准司法效力,进入诉讼程序以后,司法机关应该对行政复议决定给予相当程度的尊重。争议解决制度的独立性越强,程序越公正,进入司法程序以后得到司法机关尊重的程度就越大;同样,得到司法机关的尊重越多,越能表明行政程序符合独立性与公正性的要求。因此,中国行政复议制度的司法化改革,必须与行政诉讼制度的改革联动,以同时满足上述不同方面的要求。这对司法机关也提出了新的课题,要求司法机关在统一适用行政诉讼法的前提下,适当地对采用不同组织形式、不同程序的行政复议机关进行区分,并选择不同强度的审查标准。周汉华还提出了三种司法化的模式:(1)行政法院模式,需要合并行政复议制度与行政诉讼制度,废止普通法院的司法审查权,以政府法制机构为基础建立独立的行政法院。(2)双轨制,在基本维持现行行政复议体制不变的前提下,在少数特定的领域率先引入独立的复议机构或独立裁判所,与现行的行政复议制度并行发展。(3)司法化模式,以复议制度的司法化为目标,对现行的复议制度与行政诉讼制度进行比较系统的联动改革,以增强行政复议制度的独立性与公正性,如增加复议机构外部独立委员、设立行政复议委员会,以实现复议机构的独立等。② 应松年呼吁,行政复议应当成为解决行政争议的主渠道。为此,关键是要切实落实《行政复议法》规定的公正原则。在组织机构上,以行政复议委员会制确保行政复议机构和人员的中立性和独立性;在复议程序上,实行以听证方式公开审理为原则;另外,还要破除行政终局的复议,实行司法最终原则。③ 刘莘认为,按照行政复议制度设计的初衷,行政复议应该能够在

---

① 参见魏风:《关于制定〈行政复议条例〉的讨论综述》,《河北法学》1990年第5期,第22-24页。
② 参见周汉华:《我国行政复议制度的司法化改革思路》,《法学研究》2004年第2期,第147页。
③ 参见应松年:《行政复议应当成为解决行政争议的主渠道》,《行政管理改革》2010年第12期,第49-51页。

三方面发挥作用：一是减轻法院的负担，二是减轻当事人的负担，三是留给行政机关一次自我纠正错误的机会。实践证明，我们只有按照司法或"准司法"的定位去设计行政复议制度，才能发挥行政复议的上述作用。行政复议的本质是一种通过解决行政纠纷而为公民权利提供救济的制度，监督下级行政机关依法行使职权只是行政复议的附属功能。①

在学界行政复议司法化的主张、国家构建和谐社会的背景下，行政复议化解行政争议的功能得到更多的强调。《行政复议法实施条例》正体现着这一阶段的理论主张和实践需求。2006年9月，中办、国办印发《关于预防和化解行政争议健全行政争议解决机制的意见》（中办发〔2006〕27号），首次确认"行政复议是解决行政争议的重要渠道"，2011年3月，中共中央政治局第二十七次集体学习时提出，"要完善行政复议制度，加大复议纠错力度，充分发挥行政复议作为解决行政争议主渠道的作用"。

方军认为，行政复议的性质界定决定了其功能定位，因而综合决定了行政复议体制机制、程序规则、法律效力以及与相关法律制度的衔接关系等。方军全面梳理了行政复议立法的历史过程，将行政复议的性质功能的相关认识分成几个阶段，在我国统一立法之前形成了"行政司法"说和权利救济导向共识，在《行政复议条例》制定中将其调整为"内部监督"说与偏重行政监督，在《行政复议法》制定过程中又经历了"反司法化"与救济优先的反复与妥协。在《行政复议法》实施过程中，在历经理论破冰、政策突破、行政推动、定位升级、修法加速五个阶段的理论创新与实践探索后，确立了"行政纠纷化解机制"的根本属性与救济优先、兼顾监督的多功能设计。②

对于这一立法及其观念的变迁，章剑生从行政复议立法史的角度提出质疑。《行政复议法》因强调监督特性，使行政复议制度从依附于行政诉讼制度而变得具有独立性。《行政复议法实施条例》作为《行政复议法》的下位法，却另行拟定了行政复议的立法目的，这在立法史上实属罕见。《行政复议法实施条例》在立法目的中强行添加了"解决行政争议"，但又没有以"司法化"的标准来改造行政复议制度，让行政复议制度陷入"为赋新诗强说愁"的窘境。在"司法化"的法院也尚不能有效地解决行政争议的情况下，寄望于通过行政复议的"司法化"来有效化解行政争议，有点过于理想化。如果行政复议"司法化"了，那么

---

① 参见刘莘：《行政复议的定位之争》，《法学论坛》2011年第5期，第14-15页。
② 参见方军：《论行政复议的性质界定与功能定位——兼议我国行政复议立法宗旨的变动》，《河南财经政法大学学报》2020年第6期，第10页以下。

在实现"监督"与"保权"的立法目的上,行政复议与行政诉讼将可能会出现叠床架屋式的制度建构现象,制度成本十分昂贵。[①]

行政复议作为行政机关解决纠纷的机制,理应发挥其重要作用,甚至应当发挥区别于行政诉讼的作用,弱化行政性、凸显司法性,可能使行政复议与行政诉讼同质化,反而不能发挥行政复议的长处。但行政复议作为行政的一种手段,其政策性很明显,制度设计受政治的影响很大,未必会遵循学理的应有之道。

五、行政复议论的展望

行政复议作为行政法的重要救济机制,从行政法学引入中国之际,便同时进入了中国。而且,随着行政复议的立法,诉愿或行政复议的相关讨论存在一定的活性度。但相对于其他理论而言,行政复议论并不算发达,除了立法之际的讨论,几乎都没有成为研究的重点领域,其学理性研究相对有限,而对策性研究却较为充沛。随着2020年行政复议体制改革、2023年《行政复议法》的修改,行政复议论再次绽放,行政复议的行政性与司法性关系仍然是讨论的重点。如何适合行政体制的现实、如何保持相对于行政诉讼的行政复议特色、如何在多元化纠纷解决机制中摆正行政复议的地位,仍将是行政复议论的重要课题。

第二节 行政诉讼论的变迁

行政诉讼制度是行政法的必备装置,行政诉讼制度的变革也往往引发众多讨论,推动着行政法学的发展。我国的行政法学很大程度上也是藉由行政诉讼制度的引入和研究而起步的。行政诉讼的概念及其意涵经历了诸多变迁,这也关系着整个行政法的理解。

一、行政诉讼的本来意涵

1901年,《译书汇编》第7期刊登的日本学者樋山广业的《现行法制大意》介绍了日本的行政诉讼。这是中文文献中最早的关于行政诉讼的介绍。该文介绍道,行政裁判所全国只有一所,审判行政诉讼。"若行政官厅动不由法,毁损人民之权利,例可诉之行政裁判所,为之审判。"该文还介绍了日本可诉的行政事件,列举了行政诉讼手续的五个要点,即出诉时期、诉状及答辩书、审问、证据

[①] 参见章剑生:《行政复议立法目的之重述——基于行政复议立法史所作的考察》,《法学论坛》2011年第5期,第22-26页。

调查和对审判决。①

1903年，作新社编译的《行政法》设"行政裁判"一章作为总论的最后一章，除行政诉愿外，着重介绍了"行政诉讼之性质"和"日本现行之行政诉讼"。"行政诉讼者，行政官厅之处分，有侵害一己权利时，可到行政裁判所请求裁判，此个人权利，所以自卫之一手段也。"行政诉讼是针对行政处分而行的。统治机关由自然人组织而成，故其适用法规难保无误，也很难期待一定能得到上级官厅的切当监督。如果控告无途，不仅不可实现法规的目的，也将失去法治国家承认人民公权的旨趣。"法律所以不得不与人民以诉权者，在此而已。"行政诉讼的目的在于判断处分违法与否，而非确定其当与不当。行政诉讼不仅以处分违法为理由，还要有人民的权利受到侵害。行政处分侵害私人权利，既经上诉，行政裁判所不可不受理而予以裁判，这是其分内的职务。行政诉讼是公权的一种。在行政诉讼的当事人上，既有以统治者、也有以官厅为当事人的观点。虽然官厅一般不被认为有人格，但法律承认其有独立意志，赋予其人格，亦无不可，由官厅作为被告，较为方便。在行政裁判所的权限上，有概括法和列记法两种规定方式。概括法是根据通则来确定权限，法国行政裁判所权限甚广，故可以采用这种方法。列记法是列举某某事项加以表示，普鲁士采用这种方法。概括法给人民广泛授予诉权，但行政之事易受牵制；列记法虽可详密，但终不能穷尽。"而混杂之患，或以繁兴。故是等制度，一以伸张人民权利为主，随时有所伸缩可也。"关于行政裁判所如何组织、如何运用，欧美也有一定做法，但因世俗风尚不同，不易效仿。因此，该书又专门介绍了日本当时行政裁判所的组织、权限诉讼规则等。②该书以7页纸的篇幅介绍了行政诉讼制度，简明扼要却又较为精准，而且"行政裁判""行政诉讼""诉权"等概念一应俱全。

1906年，袁希濂翻译的美浓部达吉的《行政法总论》在第三编"行政之监督"之下设置了"行政裁判"一章，分为行政裁判的性质、行政裁判所组织、行政诉讼事项、行政诉讼手续、行政诉讼当事人、行政判决的效力六节较为详细地介绍了行政诉讼制度。美浓部达吉认为，行政裁判的成立以行政受法规限制为第一前提。行政依法规而受限制，个人才取得不为行政所侵害的权利范围，在因行政处分而被侵害权利之时，有行政裁判制度加以救济。但是，行政裁判并非单以救济权利的侵害为唯一目的。公法的目的以实现公益为第一，个人利益不过是其目的的附随。在行政裁判与诉愿的区别上，有学说认为，行政裁判以权利侵害为

---

① 参见［日］樋山广业：《现行法制大意》，《译书汇编》第7期（1901年），第53-54页。
② 参见作新社编译：《行政法》，作新社1903年版，第128-134页。

要件，而诉愿以足以侵害利益为要件；也有学说认为，行政裁判以违反法规为要件，而诉愿的要件则不仅有违反法规。但美浓部达吉认为，从实质上无法区分行政裁判与诉愿，同一之争初审时从诉愿的形式作出裁决，终审时又依行政裁判而作出判决，故而两者的区别在于形式而不在于实质，行政裁判是以裁判的形式矫正不正的行政处分，而诉愿并不采取裁判的形式。具体而言，裁判有两个要件，其一是必须由独立的官厅进行，其二是必须当事人有参与程序的权利。为行政裁判而组织的特别官厅被称为行政裁判所。有的国家只设一个行政裁判所，有的国家在最高行政裁判所之外，还以行政官厅作为下级行政裁判所，日本采取前一种做法，诉讼之前虽然必赴通常官厅，但仅为诉愿而非下级审的行政诉讼。在行政诉讼事项上，有概括法的规定方式，也有列记法的规定方式，日本以列记法为原则，并不以权利损毁为要件。在判决效力上，美浓部达吉仅提及既判力，即行政裁判所判决关于系争事件以不可变更之力拘束诉讼当事人。行政判决的既判力与司法判决的一样，既判力的范围是就同一事项再为诉讼之时，当事人可以既判事项进行抗辩；既判力可及的范围是关于系争事项而已，其他事件即便其理由完全相同，也不受其影响；既判力仅及于诉讼当事人与参加人，不影响此外的第三人。①

1907 年，清水澄的《法律经济辞典》对诉讼的解释是："从法律规定，关于其事件求国家以适用法令之行为，曰诉讼。民事诉讼、刑事诉讼或行政诉讼等，皆得诉讼于相当裁判所，而求法规之适用者也"。"行政诉讼者，因行政官厅之违法处分而被毁损权利者，乃诉讼于行政裁判所而求其救济也。"具体而言，"（一）行政诉讼之原则，以权利毁损之场合为要，故单利益被害时不得提起。（二）行政诉讼者，对于违法之处分而提起之，故对于一般之行政法规命令不得提起，固无论者。即对于处分非违法，仅不当之场合者亦不得起之。（三）行政诉讼者，求行政裁判之行为也。行政裁判者，国家对于特定之事件而定行政法规之适用者也。故对于一般之法规命令，固不得提起。又以为对于行政处分而审判其违法与适法者，故属于自由裁量内之处分，亦不得提起。"② 清水澄与美浓部达吉在诉讼要件的理解上是存在差异的。

而在国人自己的认识上，1903 年，"攻法子"撰文指陈清末行政机关的缺点，其中之一就是行政裁判所的阙如。行政裁判所是职司关乎行政法上争议而加

---

① 参见［日］美浓部达吉：《行政法总论》，袁希濂译，普及书局 1906 年版，第 184-197 页。
② ［日］清水澄：《法律经济辞典》，张春涛、郭开文译，东京奎文馆书局 1907 年版，第 371、136-137 页。

以判决的特别裁判所。行政裁判所的目的可分为数层：（1）决定行政机关对个人或各种法人所行使权力的界限，（2）保护各人行政法上的权利，（3）裁决个人或各种法人行政法上的争议，（4）督率行政法的实行，以保护公共利益，一言以蔽之，即在于监督行政机关。中国行政官既兼立法，而其后又无行政裁判所监督，所以，其专横无忌，人民的权利任其蹂躏而无所告诉。故而，对照行政法理，该文主张增设行政裁判所。[1]

1906年11月6日，由载泽等负责编纂、总核大臣奕劻等核定的《行政裁判院官制草案》上奏清廷。[2]《行政裁判院官制草案》的按语指出："今各国有行政裁判院，凡行政各官之办理违法致民人身受损害者，该院得受其呈控而裁判其曲直。英、美、比等国以司法裁判官兼行行政裁判之事，其弊在于隔膜。意、法等国则以行政衙门自行裁判，其弊在于专断。惟德、奥、日等国特设行政裁判衙门，既无以司法权侵害行政权之虞，又免行政官独行独断之弊，最为良法美意。今采用德、奥、日本之制，特设此院，明定权限，用以尊国法，防吏蠹，似于国家整饬纪纲、勤恤民隐之至意不无裨益。"[3] 虽然这一草案最终并未能成为法律，但其确立的行政裁判院模式代表了当时官方立场。

清末学人自日本引入了行政诉讼和行政裁判。在这一时期，行政诉讼、行政裁判基本上都是在行政裁判所这一行政机关的活动意义上而言的，相关的立法也巩固了这一认识。

二、民国时期的行政诉讼论

1914年，中华民国制定了《行政诉讼法》，1932年制定了新的《行政诉讼法》（1935年、1936年两次修正）。相关研究有了更为直接的对象。有关1914年《行政诉讼法》制定前后的讨论在前文行政法观念中已有说明，[4] 这里仅以此后的学术性探讨展开梳理介绍。

（一）作为行政的行政诉讼论

在平政院时期（1914—1928年），从裁判机关属性上来说，平政院隶属于大总统，行政诉讼是行政性的。

---

[1] 参见攻法子：《论中国行政机关之缺点及其救济策（据行政法法理立论）》，《政法学报》第3卷第1期（1903年），第10-11页。据陈灵海考察，攻法子应是东京大学法学士、浙江嘉兴人吴振麟。参见陈灵海：《攻法子与"法系"概念输入中国——近代法学史上的里程碑事件》，《清华法学》2017年第6期，第196页。

[2] 参见《总核大臣奏厘定京内官制折》，《大清法规大全》，考正出版社1972年版，第940-942页。

[3] 《大清新法令（1901—1911）（点校本）》，第1卷，上海商务印书馆编译所编纂，李秀清等点校，商务印书馆2010年版，第701-702页。

[4] 参见本书第三章第一节一。

第六章　行政救济论的变迁

对于行政诉讼，钟赓言在基础概念与观念上有较多分析。钟赓言首先谈及的概念是行政裁判。对于行政裁判的性质，他从实质和形式两方面加以研究。对于裁判，最普通的界定是由第三方对于两主体间法律上之争作出决定的行为。这一界定可适用于民事裁判，对于刑事裁判则有不妥，刑事裁判是国家欲处罚犯罪者而设定的程序。至于行政裁判若如此解释，则仅在公法人相互间或公法人与个人之间因公法上关系有所争议时始属合适。但行政裁判最普通的是对于不服国家行政处分的诉讼，决定该处分是否违法。这时，处分者是国家，裁判关于此处分的诉讼者也是国家，而非无关的第三方。另外，行政裁判是否仅针对法律问题，尚不可定论。例如，格奈斯特认为，行政裁判的目的虽然在于行政行为的合法性，但更在于保障行政行为得其公平、合乎公益。在成文法上，奥地利的法律明定自由裁量行为不予裁判，而普鲁士的法律则不设这种限制。何谓裁判，即裁判的意义，与裁判所所司何事，即裁判权的权限如何，系两种问题，不可混为一谈。行政裁判中是否包含自由裁量问题，纯属立法政策上的问题。裁判之所以为裁判，是因为仅就各个事件宣告何者为法之所欲而已。行政裁判是关于行政事件的裁判，其目的在于决定行政法规的适用。公法的目的以公益为主，保护个人利益亦以合乎公益为限。行政裁判既以决定公法的适用为目的，则其法规若同时关于个人权利，即可谓行政裁判为个人权利的保护。故而，实质上的行政裁判是指以就各个实在事件确定行政法规之适用为目的而作出的行为。形式上的行政裁判是指因行政裁判而设置的特别机关依法律所定的程序而作出的行为，它与实质上的行政裁判未必一致，却密切相关。实质上的行政裁判在形式上也以作为行政裁判事件而处理为原则；实质上属于司法裁判的事件，形式上虽由行政裁判所依同一程序处理，但应被视为特别的例外。[①]

钟赓言着重介绍了法国和德国的行政裁判制度，简要介绍了奥地利、英国、日本的相关做法，在分析中国当时的行政诉讼制度时结合相关源流、原理展开说明。对于平政院的性质，钟赓言指出，平政院系行政组织中的一种，但其所掌理者并非普通的行政事务，而以行政裁判为其专责，又非司法法院的一部分，而与司法法院相对立。平政院的设置系效仿奥地利和日本，既可以确保行政审判的公平，又可以保证行政裁判上所需的智识与经验。在行政诉讼的范围上，存在概括主义和列举主义两种做法，前者以奥地利为代表，后者以普鲁士、日本为代表。我国采取了奥地利的制度。行政诉讼是对于行政处分的诉讼，在行政处分违法

[①] 参见钟赓言：《钟赓言行政法讲义》，王贵松、徐强、罗潇点校，法律出版社2015年版，第193-204页。

导致人民的权利损害时，原则上经过诉愿之后可提起行政诉讼。对于仅属于公益上不适当的处分，虽然法律上没有禁止，但应不得提起行政诉讼，它不涉及自由裁量问题。在行政诉讼程序的当事人上，有真实的当事人的做法，也有形式的当事人的做法，在我国，原告原则上恒为因违法处分而受权利损害的个人或团体，但有时也以国家为原告（肃政史）。在行政诉讼程序的原则上，除裁判公开的共通原则之外，行政诉讼也以对审主义为原则，但不如民事诉讼案件那样专注于当事人的意思，而以公益者为主；我国行政诉讼也不采取民事诉讼的当事人陈述主义，而采取职权审理主义，其原因在于行政诉讼非仅以保护当事人权利为主旨，其裁判结果直接关乎国家利益；诉讼程序的进行实行职权进行主义，而不似民事诉讼那样受当事人声请所拘束。《行政诉讼法》所规定的裁决可分为三种：驳回、维持原处分或原决定、取消或变更原处分或原决定。裁决具有拘束力，仅及于该诉讼的事件，但不仅及于诉讼当事人，还及于与裁决事件有关系的人。裁决具有确定力，一方面是形式上的确定力，裁决一经宣告，即不得依诉讼的方法再行争讼；另一方面是实质上的确定力，该诉讼中的事件已依最终的效力而确定，不得就同一事件再以其他方法予以变更。[①]

（二）行政抑或司法的行政法院设置之争

1928年，南京国民政府修订《司法院组织法》，明定设行政法院，隶属于司法院。1931年，立法院制定了《行政法院组织法》，1932年11月17日国民政府公布施行，同日国民政府公布新的《行政诉讼法》，并于1933年6月23日施行。虽然已箭在弦上，但究竟要不要设置、该如何设置、如何运转、将来的宪法体制之下要不要设置行政法院，围绕行政法院及其所代表的行政法观仍发生了一场论争，这在一定程度上重现了平政院的设置之争。

1. 行政法院派

进入训政时期之后，对于我国宪法上应否规定以别于普通法院的审判机关审理行政诉讼，陶天南撰文进行分析。具体而言，其要点之一是行政法院的设立问题。"近世国家之以行政法院适用行政法审理行政诉讼者，为大陆上诸国，故称为大陆制。该制发轫于法国，且成绩卓著，是以凡采行政审判制者，莫不以法国为模范，而反对斯制者，亦以法国为抨击之对象。"从历史上来说，法国行政审判是适用分权原则的结果，而其在今天仍然存续的另一种新理由在于合宜问题。行政审判官应具备公务组织及其实施的知识及其经验，同时更须体悉行政机关公

[①] 参见钟赓言：《钟赓言行政法讲义》，王贵松、徐强、罗潇点校，法律出版社2015年版，第204-232页。

务上的实际需要，而事实上普通法官缺少这种经验和知识。而且，司法法官判决案件，多习于条文，而行政法并无法典，所有现行行政法规不敷适用于一切行政争讼，大多数案件需要行政法官引用条理，而普通法官的能力较逊于行政法官。故而，在普通法院之外，尚应有行政法院。其要点之二是行政法的存在问题。英儒戴雪所著《英宪精义》一书猛烈抨击了行政审判制，而其所依据的是该制在法国尚未完全发达的历史事实与19世纪两位法国学者的谬说。戴雪最为不满者是厘定公务的法律规则与厘定私人间的法律规则迥异。陶天南认为，公务是满足公共利益的服务，公务性质有别于私人间事务，因此，公法私法性质迥异，不可强使同一。"凡系文明国家无不有公务，因是无不有行政法。"戴雪指斥法国行政法院为官场法院，以政府利益为重，以人民利益为轻，与事实不符。法国行政法院保障人民权利法益远胜于该国的大理院。"行政审判制为完善之制，负制定宪法之责者，其勿惑于戴氏之说乎。"① 也就是说，陶天南赞成设置行政法院，实施行政审判，但并未言明行政法院在五权宪法之下的定位。

在行政法院积极组织之际，徐镇南②撰文认为，行政法院的设置是适合刷新吏治的要求。法学者往往受到英国法学家戴雪的影响，误解行政法仅为保护官吏、造成官吏为一种特殊阶级的制度。但这是由于未能彻底明白大陆行政法的误解。行政法发轫于法国，法国的行政法院是分权主义的产物，成为法国人权利与自由的保障。法国的行政裁判有两大范畴，分别是"申请取消诉讼"与"全权裁判诉讼"。"全权裁判诉讼"对法令的执行而起，法国人的法律哲学观念认为，国家与人民同受法的制裁，国家并不能超越于法之上，所以，国家可被诉，国家可负赔偿的责任。相比于英国的观念，这可反证行政法的优点。"申请取消诉讼"可分为"无效申请"与"越权诉讼"两类，"越权诉讼"的判决是宣布法令的取消，效果是普遍的，包括侵权行为（incompétence，即无权限）、手续错误、权力的假用和法律的违犯四种方式。我国现行的制度对于行政法令的控制没有明文规定，有必要设置行政法院。行政法院归司法范围，看上去合乎五权分立的精神，但其实是没有研究行政审判的性质。职务上的过失属于行政法的范畴，根据五权分立的原则就不该由司法权处理，宣布行政法令违法与无效，由司法权执行，无异于司法干涉行政。行政审判以国家公务为前提，司法审判以私人法益为前提，两者性质根本不同。而且，行政审判必须具备行政的特殊知识和经验，体

---

① 陶天南：《宪法中之行政审判问题》，《东方杂志》第30卷第7期（1933年），第46-50页。
② 徐镇南（1903—?），江苏吴兴（今为浙江湖州吴兴）人。曾任黄埔军校政治部少将科长、中央组织部军队党务处副处长、江苏学院院长等。

悉行政机关公务上的实际需要，行政诉讼的手续要简单、迅速节省，这些都是普通法官、普通诉讼程序所不具备的。因此，徐镇南主张，设置直隶于行政院的中央行政法院，而非隶属于司法院的行政法院。①

与徐镇南相似，章渊若②主张设置直隶于国民政府的行政法院。章渊若在考察比较了英国、德国、法国的行政裁判之后认为，"晚近以来，世界法治国家均有行政裁判制度独立之趋向。即向无所谓行政法的国家，如英美，近亦有特别的行政法庭之设立，或与普通法院一种特别权限以处理特种的行政诉讼事件"。历来主张行政裁判制度独立的理由有分权原则、民权保障、行政行为与私人行为差异、司法官技术不能胜任、政府职务日趋复杂等。在五权宪法之下，监察权仅限于弹劾而不能审判，有必要设置专门的行政法院。各国行政裁判机关独立的原因有二：一是行政裁判需要特殊智识与经验，非普通法官所能胜任；二是行政裁判如受司法权支配，则有害行政权独立，而妨碍国家行政的推行。准斯以论，如以行政法院属于司法院，则似与原来立法的旨趣未免相悖。在法理上，行政法院似应直隶于国民政府，使其充分有权审理关于行政官吏的违法与不当行为。③

时为司法院参事的王龄希撰文阐释了正筹备成立的行政法院。训政时期约法第22条及《国民政府组织法》第36条有行政诉讼、行政法院的明文规定，这是行政法院的设立根据。实现法治主义、适应公法与私法的区别，是行政法院所负有的两大使命。相对于民事诉讼是保护人民私权的唯一手段、刑事诉讼是国家宣告犯罪者刑罚的唯一手段而言，行政法院不过为补充行政组织的不完备、为确保行政全体作用的适法而已。此外，对于机宜的处置、专门的审查、政策的见解、纪律的尊重等，也不失为行政法院的特质。行政诉讼一审终审，故而其评事人选尤为重要，其不重在形式上法定的资格，而在网罗实质的法律政治的专家。此外，对于行政诉讼的要件，他还认为，除官署之外，对于市镇乡与其他公共团体的处分，也可以起诉。而行政诉讼通常分为抗告诉讼、当事人诉讼及先决问题诉讼三种，除抗告诉讼外，其他两种都是为了获得尚未作出的某种决定而提起的诉讼，而非以违法的行政处分为前提的。行政诉讼尚可在保护人民的权利之外，拓展至选举诉讼等公益的保护上。④

除设立的根据外，汤怡对王龄希的论文观点逐一作出批驳。对于行政法院的

---

① 参见徐镇南：《论即将成立之行政法院》，《新中华》第1卷第12期（1933年），第11-14页。
② 章渊若（1904—1996），字力生，江苏无锡人。复旦大学毕业，入巴黎大学攻法政，曾执教于北京大学、中央大学、暨南大学等，后任江南大学校长。之后又修读神学，获美国惠敦大学文学博士学位。
③ 参见章渊若：《行政裁判制度之研究与建议》，《法学杂志》第6卷第6期（1933年），第7-18页。
④ 参见王龄希：《论行政法院》，《法律评论》第10卷第24期（1933年），第1-5页。

使命,实现法治主义尚属通说,而对于适应公私法的区别,则不无昧于罗马法、曲宥成见、不顾实益之嫌。续罗马法后尘而欲维持公私法区别者,不外昧于政治的要求而要对公权力作用赋予超法的地位,其区别基准往往囿于法而上学的方法,在规范法学的纯正认识论上不可不加以排斥。所谓行政法院的使命在于适应公私法的区别,可谓无的放矢。行政法院的真正使命在于,纠正行政官署的违法处分,使国家脱离警察国而臻至法治国的领域。在行政法院的特质上,说其是补充行政组织的不完备,有欠允当,因为在现行的组织中,行政法院属于司法院。其特质应在于依据行政裁判程序而裁判与宣告适用于行政法规的事件。在行政法院评事的人选上,因行政法院的活动根据是行政法规,唯有行政法学专家可谓真正人才,应当以此为选人的基准。在行政诉讼的要件上,法律上的"官署"二字有较大的伸缩余地,简单明了。虽然行政诉讼法未就抗告诉讼之外的诉讼种类作出规定,但有其他途径解决相关争议,不必纳入行政诉讼之中。至于行政诉讼的拓展,行政官署处理事务须遵守法的规定,在违法时须有匡正之道,但若每逢行政官署处分,辄由行政法院监督矫正,则行政官署的活动不免萎缩。行政官署的处分损害人民的权利,才允许人民提起行政诉讼,这种救济之道合乎事理。况且公益本无限制,如果不绳以法令,则解决难有适当的标准。行政裁判的活动纯为维持法规,无所谓公益。①

"公法上保护被治者的重要利器,即为行政诉讼法院。"徐砥平对于组建行政法院也是持肯定立场的。如此,重要的问题就是行政法院管辖权限范围。行政诉讼法以违法处分为管辖对象,但其意义如何、范围如何,须首先阐明。行政处分又被称作单独行为的行政行为,是由行政权一方的意思表示而成立的行为,故又被称为"行政的片面行为"。行政行为中有单方行为,有契约性质的行为,还有单纯的实质行为(事实行为)。行政行为就是行政机关在法律命令范围内施行公务的行为。凡是以公务为目的的行政行为,不问其为单方性质、契约性质或单纯的实质动作,其关系诉讼,均应由行政法院管辖。在理论上有诸多学说影响着行政法院的管辖权限。例如,区分权力行为与管理行为的学说,前者可诉,后者不可诉。但这种划分并无法律上的根据,而且与事实不符,不能成立。同样,政府行为学说、独断行为(自由估量的行为)学说,均属无据,理应推翻。过去作为行政法院管辖权力例外的行为也要反思。国家的行为或法律,和行政权的命令行为渐趋一致而混同,亦应给行政法院以管辖审判之权。对于元首的行为,除关于

---

① 参见汤怡:《评王龄希先生之论"行政法院"》,《法学杂志》第 6 卷第 4 期(1933 年),第 98 - 105 页。

议会与政府有宪法上关系的行为及外交上的行为外,均可向行政法院提起诉讼。[①] 徐砥平大致是以法国法为背景,对行政法院的管辖范围提出改革建议的。

2. 普通法院派

与上述以设置行政法院为前提的讨论不同,黄右昌主张由普通法院受理行政诉讼。他首先将行政诉讼的裁判机关分为三种,即英、美各国的司法机关,法、德、奥、日各国的独立行政裁判机关与比利时、瑞典、挪威、丹麦、希腊各国的一般行政官署。主张行政诉讼归司法机关审理的理由大致有:第一,人民与官吏在法律上平等,应受同一法律的支配,这是宪法上的一大原则;第二,公法私法的区别是学理上的分类,而非立法上的标准;第三,行政官吏的违法与个人的违法必须受同一的裁判管辖,才能实现法律平等的原则,保持法律的尊严。主张设置行政法院的理由大致有:第一,司法官吏的智识与经验大抵偏重于民刑法方面,在行政法方面则未能充分。黄右昌认为,在现代法律社会化时代,无论是普通法院还是特别法院,均须熟悉民刑法与行政法。第二,行政权与司法权须分离独立,若赋予司法机关审查行政处分及取消变更之权,则行政权为司法权所牵制。黄右昌认为,在五权宪法之下,人民有权,政府有能,权能分立,五院独立行使五种治权,均各有最高之权,又何至有单设行政法院,即不牵制,不单设即受牵制之理。行政法是否有独立的领域,大致有普通法派与行政法派的差别。所谓行政法派,就是对于公权行为不绳之以普通法律,而绳之以特种法律,不受普通法院管辖,而以特别法院管辖,该特种法律就是行政法。何者属于行政诉讼,容易产生审判权限争议,国家增多无益的繁费,人民苦于诉讼手续的繁杂,这是行政法派的弊端之一。行政法院为行政便利而设,其审判有偏袒行政之虞,权限法院对于权限争议的审判亦往往有所左右。这是其弊端之二。普通法院无权审理行政诉讼,人民既对于普通法院有轻视之心,又对于行政法院怀疑惧之念,这并非尊重司法之道。这是其弊之三。官吏有特别保护,国民势难与之对抗,国民权利必有被蹂躏之虞,而且行政法院与行政既有密切关系,即使其判断公平,国民也难以满意。这是其弊之四。在我国,行政诉讼应归普通法院受理,其理由在于:第一,五权宪法之下的组织与三权时代不同。让行政法院与最高法院并立,靡费过多,手续过繁,同级两长易生意见。而且,监察院对于违法失职官吏的检举弹劾,效力远胜于行政法院。第二,法官独立审判,可期审判公平。第三,

---

[①] 参见徐砥平:《行政诉讼法院管辖权限的研究》,《前途》第 1 卷第 4 期(1933 年),第 1 - 8 页。在现行制度之下,结合行政法院判例对其管辖范围所作的探讨,可参见徐道邻:《论行政诉讼之范围》,《行政研究》第 2 卷第 1 期(1937 年),第 43 - 48 页。

德、法有权限法院之设，靡费病民。我国对于权限争议在解释上属于司法院院长裁定，而司法院院长本兼最高法院院长，仍与普通法院的裁定没有差别，不如以普通法院分掌更为便利。第四，平政院初审即终审，若归普通法院，则可以各省高等法院为第一审，而以最高法院为终审，则可以期慎重而免于草率。在判决执行上，也免去中间一道手续，不必由行政法院呈由司法院转呈国民政府训令执行。第五，如果行政诉讼附带民事诉讼，行政法院评事不见得有民法及民事诉讼的经验和知识而作出适当的判决，若归普通法院，则无此弊。第六，官吏违法，由普通法院审理行政诉讼并无障碍，而机关违法，司法院作为最高司法机关，当然有裁判机关之权，也无须单设行政法院方可裁判之理。① 与此立场相似，时任立法院法制委员会委员长的焦易堂主张废除行政法院，一切行政诉讼都可以直接向法院提起。②

对于黄右昌大致根据戴雪意见对行政法院的批评，以及焦易堂的主张，吴绂征回应指出，一个制度，其本身并没有价值的判断。制度的产生是顺应着社会的需要，制度的好坏是要看它对于具体的社会事实能不能产生良好的结果。官吏的暴政确是当时中国的病态，但那是因为缺乏行政法规的约束和有效的制裁方法。中国的社会与外国不同，患在贫而非不均，还需要健全的政府去努力奋斗。现代的政府也与从前专制的君主不同，不能仅消极保障人民权利，还要为人民谋福利。如此，不法的政府行为固然应该严格地防止和严厉地制裁，好的政府和官吏却值得享受法律的保障。狭义的拥护契约财产和个人自由的法院很容易忽视社会的公共需要。在应该提倡生产建设和发达社会实业的中国，行使裁判行政违法的权力机关，自应有一个独立设置的行政法院。行政法院的独立设置，一方面脱离了积极行政，可以尽量保护私人权益；另一方面与普通法院不相混杂，可以保证国家权力在法律范围内为公共利益而行使，防止一切权力的滥用。这是法治进化的象征。就审判的程序和人选而言，普通法院兼理行政诉讼，亦不及独立设置的行政法院为优。③

（三）作为司法的行政诉讼论

在司法院之下设置了行政法院之后，行政诉讼法进入了实施阶段。正是在这

---

① 参见黄右昌：《行政诉讼应归普通法院受理之我见》，《时代公论》第 2 卷第 57 期（1933 年），第 23-29 页。

② 参见《现行诉愿法与行政诉讼法 立委焦易堂主张修改》，《中央日报》1935 年 3 月 26 日、27 日、28 日，第二张第三版。

③ 参见吴绂征：《行政法院应否独立设置乎》，《半月评论》第 1 卷第 6 期（1935 年），第 7-16 页。此前，吴绂征还考察了英国的行政裁判制度，认为戴雪的法治观察与其本国近来的发展也不符。参见吴绂征：《英国的行政裁判制度》，《中华法学杂志》第 5 卷第 8-9 期（1934 年）。

样的制度背景下，范扬展开了自己的研究。范扬认为，行政诉讼是指因官署的违法处分致人民权利受到损害时，请求行政法院以审判程序审查该处分或决定而作出一定的裁决。这是在当时的法制之下而言的。关于行政诉讼的性质，理论上有权利保护说与法规维持说两种观点，前者以行政诉讼为保护权利而设，后者以行政诉讼为维持法规而设。从目的来说，审判有主观与客观两种观念。主观的审判，以探究所告争权利的存否、其范围如何为最后的目的，故而其审判首先研究所告争的权利是否为法规所承认，其次再探讨该场合下其权利果真存在与否、其界限如何，最后再采取必要手段实现其权利。而客观的审判，则与个人权利无关，而以法的维持为主要目的，故而其所审核问题重在特定行为或不行为在特定场合是否违法，如果违法，则审判机关采取排除的处置等，以遂行维持法规的任务。我国现行的行政诉讼制度实以保护个人权利为主要目的。

在诉讼事项上，有概括主义和列举主义两种做法，前者虽然易滋滥诉，牵制行政，将不适宜诉讼审判的事项（如专门学术及军事外交等机密事项）亦包括在内，但较列举规定更能包罗，使人民的权利有更多的救济机会，更符合法治国家的精神。我国现行行政诉讼法采用概括主义。① 我国在诉讼事项的内容上仅承认抗告诉讼一种类型，但当事人诉讼及确认诉讼两种宜加以考虑。当事人诉讼是私人相互间或自治团体相互间就公法上关系有所争执，由当事人向行政法庭提起的诉讼。如自治团体间关于境界的争议、渔业人间关于渔场区域或渔业权范围的争议等，虽然并非绝对不能提起行政诉讼，但须先请主管官署裁定，然后经过二度诉愿，方可提起。经此数度迂回，与裁判须求迅速的原则显相悖谬。为了裁判的迅速及法规适用的正确，应当以直接作为行政诉讼事项，较为合理。故而，当事人诉讼依理应为诉讼事项的一种。确认诉讼是纯然请求确认公法关系存否的诉讼，如关于团体所属关系的确认、公路及公水的确认等。如果要扩大诉愿范围，也可将其作为行政诉讼事项之一。②

提起行政诉讼以前，是否应经诉愿程序，在立法例上既有自由选择也有必经诉愿的做法。我国现行制度仿效奥地利做法，起诉之前一概须经过诉愿程序。其理由有三点：第一，姑先以简易程序，看其是否能够了结，如能简单了结，对当事人而言甚为便利；第二，在归属行政审判之前，使行政官署尽情审查，给其更正的机会；第三，缩小行政诉讼的范围，以减轻行政法院的负担。但是，行政诉

---

① 参见范扬：《行政法总论》，邹荣勘校，中国方正出版社 2005 年版，第 212－215 页。
② 参见范扬：《如何改进行政救济制度——贡献于九月间举行之司法会议》，《中国新论》第 1 卷第 6 期（1935 年），第 61－62 页。

讼与民事诉讼不同，其程序较为简单，与诉愿近似。而且行政诉讼事项必属于法律问题，对于法律问题的审判，仍以属于行政法庭更为适当。限定先行诉愿，借以缩小行政诉讼范围，显与法治主义相反，更不能成为理由。尤其是我国现行制度，起诉于行政法院以前，通常须经再度的诉愿，如将原处分及声明异议的场合加算在内，则正式起诉以前，甚至须经四度复审，程序冗繁，进行迂缓，甚失所以保护人民权利之道。虽然诉愿也有特别效用，但关于法律问题，可以直接作为诉讼事项，不必先经诉愿。①

在行政审判的机关方面，有分离主义和合并主义两种不同的做法。前者将行政法院与普通法院分离独立，使行政诉讼事件专属于行政法院审判，如法、德、奥、日诸国；后者将行政诉讼事件合并于普通法院审判，不设独立的行政法院，如英、美各国。但英、美各国近年情势变更，为满足实际需要，行政各部也设立了特别行政审判机关。故而，究竟应采取哪一种做法，原无一定，须视其实际上有无独立设立的必要。我国行政审判组织一向采取分离主义。1914年设立的平政院实为行政组织中的一部，而与司法法院属于不同的系统。1928年国民政府设立五院之际，规定司法院下设行政法院。1933年，行政法院成立，隶属于司法系统。范扬认为，行政审判的任务在于审判诉讼事件，而非处理行政事务，就此而言，其审判机关与普通法院具备同一形体较为适宜。但行政审判审理行政案件，而非审理民刑案件，就此而言，由有特殊学识和经验者担任审判较为妥当。故而，欲求最合理的行政审判组织，应当调和行政审判的司法性与特殊性，易言之，应当以行政审判与司法审判相结合，同时保留行政审判特有的性质，最为合理。最近外国立法亦有此种倾向，或以行政审判机关并入普通法院，自成独立一庭，或以普通司法法官兼任行政法院的评事。两者以前者较优。因为使行政法庭与民刑法庭同属于普通法院，不仅组织系统整齐，而且法院中司法行政组织亦可减少，其组织简单易行。我国在国情上并无与英、法等国相同的历史，自亦可采取此制。故而，范扬主张，将现有的行政法院裁去，以其原有的行政法庭并入最高法院，使之为独立庭，专司行政法规的解释与适用。② 这一主张与1989年《行政诉讼法》所确立的审判体制何其相似！

在审理的范围上，行政诉讼适用不告不理原则，非原告请求事项，行政法院不得依职权审理。因为我国的行政审判系以保护权利为目的，仅依当事人的起

---

① 参见范扬：《如何改进行政救济制度——贡献于九月间举行之司法会议》，《中国新论》第1卷第6期（1935年），第59-60页。

② 参见范扬：《如何改进行政救济制度——贡献于九月间举行之司法会议》，《中国新论》第1卷第6期（1935年），第57-59页。

诉，才行使其职权，从而审判的范围亦为当事人要求所拘束。不过，行政审理为原告要求所拘束，仅其审理范围受其拘束而已。至于容认其要求与否的理由，则不受其拘束，法院可以采取自认为正当的理由。行政诉讼的审理先要查明事实，开展事实的认定或事实问题的审查，再决定法律的适用或法律问题的审查。行政法院可以对法律问题与事实问题展开审理。在法律问题的审理上，行政法院不得审理自由裁量问题；系争行政处分以其他行为为基础、或与其他行为结合而完成其效果，若其他行为未有形式上的确定力，行政法院亦可审理其他行为违法与否；若其他行为为根本无效，在审判上尚未判为有效，行政法院仍可审查其有效与否。行政案件与民事案件不同，行政诉讼关乎公益，故而，其审理方法并不同样适用民事诉讼法的方法。行政诉讼的审理不以言辞辩论主义为原则，而以言辞辩论和书面审理并行；行政诉讼亦以当事人陈述为主要材料，但不受当事人陈述拘束，在某种程度上可依职权调查审理，但仅在必要时依职权审理；而诉讼程序的进行，则不采取当事人进行主义，而采取职权进行主义。①

这里顺便提及，与范扬的权利保护说相对立，林纪东持法规维持说。林纪东认为，"行政诉讼，即系由有独立地位之行政法院，与两造当事人以言词辩论之权利，以裁断关于行政事件争执之手续也"。行政诉讼是关于适用行政法规的诉讼，而非仅以保护人民权利为目的。学者均谓行政诉讼与民事诉讼的目的相同，民事诉讼以保护私人权利为目的，行政诉讼以保护个人公权为目的。林纪东认为，这种见解忽视了公法与私法的区别。在私法上，法与权利范围相同，所有的法规规定，即为权利规定，故关于适用私法规定的裁判，常以保护个人权利为目的。至于公法，则法与权利的关系并不如此密切，公法以保护公益为目的，个人权利的保护仅限于适用公益之时。换言之，公法的大部分并非权利的规定，而是公益的规定，故适用公法的裁判并非仅以保护个人的公权为目的。"质言之，行政诉讼之主要目的，在于法规之正当适用，而维持法规之秩序，个人权利之保护，则其附带之结果也。"②

关于行政法院的判决效力，范扬认为，存在三种：其一是确定力，又分为形式上的确定力和实质上确定力。因实行一审终审，再诉期间已经经过，或再诉后又经确定判决，其原判决或再审判决于是产生形式上的确定力。在民事判决中，为保持民事关系的安定及避免同一事件反复，承认有既判力，即实质上的确定力。历来多数学说认为，行政判决也适用同一原则。但是，行政关系与民事关系

---

① 参见范扬：《行政法总论》，邹荣勘校，中国方正出版社2005年版，第232－235页。
② 林纪东编著：《中国行政法总论》，正中书局1947年第5版，第208－209页。

不同，其基础情形不断变更，行政法的适用为求适合公益，亦须顺应情形，作出变更。故而，行政判决在实质上并没有绝对的确定力。凡为判决所确定的一定事项，因以后有新事由发生，而再作诉讼标的时，可不视为同一事件，而更审判决。其二是拘束力。行政判决就该事件有拘束相关各方面的效力。拘束力仅就已受判决的该事件而言，其他同类事件并不受何等影响。因而，拘束力与既判力显然是有区别的。其三是执行力。行政判决内容如为命令受拘束人为一定的行为（给付判决），须将其判决另行执行。被执行人常为被告官署，故而以监督权的发动最为妥当。①

三、新中国的行政诉讼论

新中国成立后，"人民共和国"成为新时代的关键词。国家与人民之间的关系发生了翻天覆地的变化，国家是人民的国家，政府是人民的政府。囿于观念问题，行政诉讼长期未能实现制度化、法制化。改革开放之后，这一状况稍有缓解，相关的研究逐步跟进，有关行政诉讼的正确认识才逐步形成。

（一）新中国成立初期的行政诉讼观念

1949 年，《中国人民政治协商会议共同纲领》第 19 条第 2 款规定，"人民和人民团体有权向人民监察机关或人民司法机关控告任何国家机关和任何公务人员的违法失职行为"。1954 年《宪法》第 97 条规定，"中华人民共和国公民对于任何违法失职的国家机关工作人员，有向各级国家机关提出书面控告或者口头控告的权利"。虽然行政诉讼制度内含于其中，但在现实中并未实现制度化，甚至这种意识本身都还是稀薄的。对于现实中的矛盾纠纷，更多是通过政治方式、行政手段解决的。

在法学苏联化的背景下，苏联的法制状况和学术观点自然会直接影响到我国。司徒节尼金在自己的教材中简要提及了行政诉讼的可能性。"苏联公民有权利对于公职人员和国家机关的非法行为提出控告，该主管机关也有义务实际地审理此项控告并采取适当办法，这是管理工作中法制的最重要保障之一。""公民个人或若干人以及机关、团体和个别公职人员，对于某一特定机关或其公职人员的非法行为提出的声请谓之控告。"苏联并不限制哪些人可以对哪些公职人员和机关的哪些行为提出控告。"控告某一人员的行为时，通常都是把控告书提交该人员的直属的首长。如果对于某一机关的行为提出控告时，便把控告书提交其直属的上级机关。""公民对于国家机关（公职人员）的行为所提出的控告，也可能成

---

① 参见范扬：《行政法总论》，邹荣勘校，中国方正出版社 2005 年版，第 237-238 页。

为法院审理的对象。"① 最后一种方式其实包含了行政诉讼（其例示是，对于不正当地发给版权证、发给住宅预租证和住宅许可证而对公证人的行为提出的控告，以及对于住宅交换的准许，都可能成为法院审理的对象），但或许囿于其并未被法制化，其没有详细展开论述。

不过，在新中国成立初期，仍然不乏行政诉讼制度化的声音。1957 年，张映南提出，既然 1954 年《宪法》第 97 条明确规定可以控告违法失职的工作人员，就应该用法令明确控告的程序。"没有程序法的规定，致人民无从提起'行政诉讼'，如向任一机关，恐不免也有相互推诿，发生'公文旅行'，没有'法的拘束力'，使某种机关不得不为受理人民的控告，作成法的裁决和裁判。关于这种'行政诉讼'的程序规定，就是行政机关的行政行为，达到了违法程度的行政救济。"我们固然不必像法、德、奥那样设置行政裁判所，也没有必要像北洋政府那样设置平政院、像国民党政府那样设置行政法院，但要以法令明确受理的机关和程序，以此作为人民权利和利益获得确切保护的保证。② 但这种声音并未得到重视。

（二）现行宪法下行政诉讼的初步研究

1982 年《宪法》第 41 条第 1 款规定，公民"对于任何国家机关和国家工作人员的违法失职行为，有向有关国家机关提出申诉、控告或者检举的权利，但是不得捏造或者歪曲事实进行诬告陷害"。对此，作为当时的权威宪法教材，1983 年吴家麟主编的《宪法学》指出："这表明我国人民是国家的主人，一切国家工作人员都是人民的勤务员。因此，人民群众有权关心国家大事，对于任何国家机关和国家工作人员的工作有权进行监督，对于他们的确定错误，都有权提出批评或者建议；对于他们的违法失职行为，有向有关国家机关提出控告或者检举的权利。同时，任何公民，当自己的合法权益遭到侵害的时候，有权提出申诉，并且有依法取得赔偿的权利。"③ 1983 年《行政法概要》则对此作出了一定的区分：控告是指公民向国家机关揭发国家工作人员违反国家纪律，并要求依法处理的行为。这是从行政法的学理角度来解释控告的含义。控告和检举有所不同。虽然它们都是揭发违法失职行为的手段，但一般来说，控告人往往是侵权行为的受害人或其法定代理人，而检举人通常是与事情无直接牵连的人。申诉是指公民对有关

---

① ［苏］C.C. 司徒节尼金：《苏维埃行政法（总则）》，中国人民大学国家法教研室译，中国人民大学，1953 年，第 205、208 - 209 页。

② 参见张映南：《关于行政法上的行政监督问题》，《争鸣》1957 年第 4 期，第 15 - 16 页。该文被收录于姜明安编：《行政法（文选）》，北京大学法律系教学参考用书，1984 年，第 115 - 117 页。

③ 吴家麟主编：《宪法学》，群众出版社 1983 年版，第 375 页。

本身的权益问题,向国家机关申述、诉说理由,请求处理或重新处理的行为。申诉,有诉讼上的申诉和非诉讼上的申诉。①

1982年《民事诉讼法(试行)》第3条第2款规定,"法律规定由人民法院审理的行政案件,适用本法规定"。这表明,我国的行政诉讼案件由人民法院审理,不设行政法院;行政案件必须是法律明文规定由人民法院审理的,否则,法院就不能受理;凡由人民法院审理的行政案件,均适用民事诉讼程序,而没有专门的行政诉讼程序。即便如此,1983年的《行政法概要》仍对"外国行政诉讼制度概况"作出介绍,首先介绍了"苏联和东欧国家行政监督概况",其次介绍了"西方国家行政诉讼制度概况"。其中着重谈及两个概念:一个是"行政救济"。"所谓行政救济,是指当事人因国家行政机关的违法或不当处分,而使其权利或利益遭受损害时,依法向有关行政机关请求撤销或改变不当的或违法的行政行为"。"这种制度,是对于不法的行政行为的补救办法,因而简称为行政救济。行政救济的方法很多,如当事人可向国家行政机关请求改正错误、向行政法院提起行政诉讼。要求行政上给予损害赔偿和损失补偿。"另一个是"行政诉讼"。"行政诉讼,指当事人由于国家行政机关的不法行政行为而使其权益受损害,向有关司法机关(如行政法院)提出申诉,请求撤销或变更原决定的方法。"行政诉讼的审理机关有采用合并制者,即合并在普通法院审理;有采用分离制者,即另设行政法院,专门管辖行政诉讼案件。英美法系国家及第二次世界大战后的日本采用合并制,其主要理由在于:第一,全国普遍设有普通法院,公民行使行政诉讼权利比较方便,因此不必再设行政法院,以避免机构重叠;第二,普通法院审判人员熟悉诉讼程序,有独立审判的经验;第三,公民对于国家行政机关违法行为的争讼与公民之间发生的民事刑事争讼一样,都应适用相同的诉讼程序,由同一的司法机关审理,这样才符合"法律面前人人平等"的原则。大陆法系国家则采用行政裁判制度,其主要理由在于:第一,行政诉讼终究是对行政权行使的再审查,如果由普通法院审理,就会导致司法权干预行政权,这不符合分权原则,因此需要另设行政法院;第二,普通法院管辖的民刑事案件很多,审理程序迟缓,不如专设一套行政法院来管辖行政诉讼案件,便于及时处理;第三,普通法院的审判人员熟悉民刑法规,但未必能研究繁多的行政法规,对于变化频繁的行政案件,特别是带有技术性的案件未必有经验,因而,不如专设一种机关和专门挑选既懂得法律又有行政工作经验的人担任审判人员;第四,行政诉讼案件归行政法院审判,并非对于某一件事来说明的,因此,并不违背所谓"法律面前人人平等"

---

① 参见王珉灿主编:《行政法概要》,法律出版社1983年版,第151-152页。

的原则。①

1985年,龚祥瑞撰文分析了行政诉权的问题。《宪法》第41条的规定及其含义,恰如其分地表述了行政法与宪法的关系。宪法是行政法最直接的根本法,而行政法则是实施宪法最基本的部门法。在法治国家,法不是只管老百姓,也管国家自身。我们应该特别重视行政法,使法制观念与民主观念结合起来,同步加强。加强之途就是实施宪法中有关公民控告国家的明文规定。要实施宪法的规定:第一,根据行政案件的性质要求,即使不由司法机关而由行政机关来处理行政案件,也要采用司法程序并受司法机关的控制。第二,要依靠人民运用法律武器维护自己的权利。对违法失职行为提出申诉控告或检举者必须是其权利业已受到损害的人,这是从严的解释;除直接受到损害的人,为民申诉控告检举一切违法行为是任何一个公民的权利,这是从宽的解释。第三,打这类官司,须赋予申诉控告检举者一定的法律保障,不受打击报复。第四,司法机关采用不同于立法、行政的程序与方法,公开审讯、辩护、听证、对质等。第五,处理这类案件既要维护公民权利,又要坚持国家机关和国家工作人员执行公务的正当活动这两者之间的平衡。从国外的经验来看,司法机关(检察院和法院)较能以直截了当的方式实现上述目的。对于受侵害的公民向什么机关起诉,宪法只是规定"有关机关",具体有向人大代表或民选官员及其所属政党提出、向行政机关本身提出、向法院起诉三种可能。一次成功的司法判决不仅能解决某个具体的案件,也能建立健全一种法制。有告诉才受理,简单易行。公民要利用宪法维护自己的权利,法院是保障公民权利的最适当的机关。将"有关机关"解释为"司法机关"较为妥当。②

1985年,应松年、朱维究的《行政法学总论》在"国家行政管理的法制监督"章之下专设"行政诉讼"一节,将行政诉讼定位为行政法制监督的组成部分。该书对行政诉讼持广义的理解,即行政诉讼就是指国家行政机关间、国家行政机关与社会团体、企业事业单位之间、国家行政机关与公民之间因行政纠纷依法由行政机关或司法机关处理解决的一种诉讼活动。其特点在于,这种诉讼活动是由行政纠纷引起的,纠纷当事人一方必是国家行政机关或国家行政工作人员,必须依据有关行政诉讼法规的规定,由行政机关或司法机关按行政程序或司法程序进行。"行政诉讼制度的主要标志是按照有关法律的规定,建立独立的或不独立的专职机构和一套健全的行政诉讼程序。"在行政诉讼机构的设置上,西方国

---

① 参见王珉灿主编:《行政法概要》,法律出版社1983年版,第150、156-158页。
② 参见龚祥瑞:《关于公民行政诉讼权的几个问题》,《群言》1985年第9期,第21-23页。

家主要有三种类型。其一是属于行政系统者,如法国、德国,设立行政法院,专门审理行政诉讼案件。其二是属于司法系统者,如英国、美国,由普通法院审理行政诉讼案件。其三是属于立法机关者,如瑞典、芬兰等,设议会司法监督专员。在行政诉讼的范围上,有广义的行政诉讼,把诉愿、诉讼及声明异议、选举诉讼、权限争议都包括在行政诉讼范围内;也有狭义的行政诉讼,包括行政诉愿和诉讼两个阶段;还有最狭义的行政诉讼,即仅仅是法院按照司法程序受理的诉讼。以狭义的行政诉讼来研究者居多。该书还分析了我国建立行政诉讼的必要性,并提出了建立行政诉讼制度的设想。[1]

1986 年,张焕光主编的《行政法总论》设置了"行政诉讼"一章,这是新中国行政法教材首次设行政诉讼一章。该书认为,"行政诉讼,是行政法律关系的当事人就行政法律关系发生争执,依法请求有关国家机关予以裁决,受理请求的国家机关依法进行审理并做出裁判的活动的总称"。不过,该书所理解的行政诉讼其实是广义的行政诉讼,包括了人民法院受理的诉讼和行政机关受理的诉讼。该书认为,我国的行政诉讼制度有三项基本任务:首先,通过调整行政诉讼关系来保障人民群众参加国家行政管理的民主权利、财产权利、人身权利以及其他合法的权利自由;其次,通过调整人民群众同国家行政机关及其工作人员之间的诉讼关系,以保证有关法律、行政法规和规章的正确实施,促使国家行政机关及其工作人员准确地执行法律、忠实地履行职责、更好地为人民服务;最后,通过处理行政法关系当事人之间的诉讼纠纷,进一步增强人民群众的法律观念,提高他们遵纪守法的自觉性。该书还介绍了两大法系行政诉讼制度的基本情况。[2]

1988 年,罗豪才主编的《行政法论》在"行政争议和行政诉讼"一章之下设"行政诉讼"一节,详细探讨行政诉讼问题,涉及行政诉讼的广义与狭义理解、两大法系对行政裁判的理解、我国法院对行政案件的审理问题。该书认为,"行政诉讼是指国家司法机关和其他具有某些司法职能的机关,在当事人及其他诉讼参与人的参加下,依照一定的程序,以解决行政争议的诉讼活动的总称"。过去一般采取大陆法系的观点认为,行政裁判是普通法院之外的行政法院对行政案件的审理活动、程序及其相应的制度的总称,但该书鉴于我国并无专门的行政法院系统,倾向于采用英美法系的理解,即行政裁判是"指行政系统内具有半司法功能的行政裁判机关,依照法律规定,审理、裁决案件的活动、程序及其相应

---

[1] 参见应松年、朱维究编著:《行政法学总论》,工人出版社 1985 年版,第 356 页以下。
[2] 参见张焕光主编:《行政法总论》,中国经济出版社 1986 年版,第 204 页以下。

的制度的总称"。① 如此,行政裁判就区别于行政诉讼,成为一项专门的行政活动(当然,此后指称这一专门的裁决案件的名词是"行政裁决")。

1988 年,朱维究主编的《行政诉讼法原理》出版。该书是中国第一本行政诉讼法的专门教材,共有 15 章内容(行政诉讼的概述,历史发展,基本原则,主体,证据,期限、送达、诉讼费用,诉讼的提起与受理,审理,行政判决和效力,复核、二审和审判监督程序,行政诉讼中的诉,行政赔偿的诉讼,行政诉讼附带民事诉讼,强制执行行政机关决定的程序,行政诉讼法律监督),具有一定的原理性。该书将行政诉讼置于"行政争讼"概念之下,认为"行政诉讼是指人民法院审理和解决行政案件的活动"。②

可以看到,这一时期对于"行政诉讼"概念还存在广义和狭义的区分,但也出现了采取狭义理解的做法,后者在《行政诉讼法》通过之后成为主流的做法。

(三)行政诉讼法的初期研究

在 1986 年 4 月 12 日全国人大通过《民法通则》之后,国家便在筹备制定一部"行政法通则"。1986 年 10 月,全国人大常委会法制工作委员会成立行政立法研究组,以制定"行政法通则"为目标。当时借鉴德国、奥地利的经验,尤其是 1936 年德国符腾堡邦行政法典草案,起草了行政法通则草案。但我国的社会经济条件、知识储备和立法技术尚无法支撑这样一部法典,最后效法《民事诉讼法》先行、《民法通则》随后制定的经验,改为制定一部行政诉讼法。③ 1989 年 4 月 4 日,第七届全国人民代表大会第二次会议通过《行政诉讼法》,并于 1990 年 10 月 1 日起施行。以行政诉讼法的制定和实施为契机,行政诉讼法研究逐步展开。④

罗豪才主编的《行政法学》在 1989 年 7 月出版,虽然囿于出版周期而未提及这一最新的法律,但作为立法的深度参与者,罗豪才在该书的诸多制度上实际

---

① 罗豪才主编:《行政法论》,光明日报出版社 1988 年版,第 406-408、415 页。
② 朱维究主编:《行政诉讼法原理》,中国政法大学出版社 1988 年版,第 9 页。
③ 参见朱维究:《对我国行政法法典化的思考——兼论行政法实体规范与程序规范的统一》,《中国行政管理》2001 年第 4 期,第 11-12 页。
④ 为了发展和完善我国行政审判制度,培养高层次的行政审判人才,提高行政审判水平,自 1989 年秋开始,中国高级法官培训中心委托北京大学举办了四期一年制(每隔一年一期)的高级法官行政法专业班,每期有 60 名学员,最终形成了七本结业成果,分别是:罗豪才主编《行政审判问题研究》,北京大学出版社 1990 年版;罗豪才主编《中国司法审查制度》,北京大学出版社 1993 年版;姜明安主编《行政执法与行政诉讼的法律适用》,人民法院出版社 1995 年版;姜明安主编《中国行政法治发展进程调查报告》,法律出版社 1997 年版;还有三本案例分析:姜明安、王殿全、梁锦棠主编《行政案例精析》,中国人民公安大学出版社 1991 年版;姜明安主编《行政诉讼案例评析》,中国民主法制出版社 1993 年版、1994 年版。

反映了这一法律。该书设置了"行政诉讼"一章,作为全书的最后一章,介绍了行政诉讼的概念、基本原则、范围、管辖、起诉、受理、参加人、审理、判决和审判监督、行政诉讼附带民事诉讼等内容。①

张焕光、胡建淼的《行政法学原理》在1989年9月出版,该书在书稿的清样上结合新法作出修改,在一定程度上对新法作出了阐释。该书将"行政诉讼"设为一编。该书是在狭义上来使用"行政诉讼"概念的,即由法院解决行政争议的活动。该书认为,行政诉讼的产生和发展是有一定规律的。在政治条件上,行政诉讼以民主政体为基础,同时又是民主制的体现和组成部分;在经济条件上,行政诉讼以商品经济的存在和发展为基础;在思想理论条件上,法治理论、分权理论是资本主义行政诉讼赖以存在和发展的思想理论,而人民主权理论则是社会主义行政诉讼最根本的理论基础。该书将行政诉讼的原则区分为两种:一种是诉讼法共有的基本原则,诸如法院独立行使审判权等;另一种是行政诉讼所特有的基本原则,包括复议前置、诉讼不中止执行、被告负主要举证责任、不适用调解、有限变更、适用民事诉讼法等六项原则。② 当然,这六项原则实际上多为诉讼制度。该书还对行政诉讼主体、行政诉讼的一审和二审程序等作出原理性分析,但主要不是制度的阐释。

对于《行政诉讼法》的阐释,很大程度上是由罗豪才和应松年主编的《行政诉讼法学》③ 完成的。该书也是高等学校法学试用教材,由法学教材编辑部负责编审。该书共12章内容,分别是绪论,行政诉讼制度的历史发展,行政诉讼中的诉,行政诉讼的范围,审判机关,诉讼参加人,证据,审理程序,行政诉讼的法律适用,判决、裁定和决定,诉讼妨害的排除和行政诉讼的执行,对行政诉讼的监督。该书认为,行政诉讼的最根本特点在于,行政机关与公民在行政实体法律关系中的地位在行政诉讼中发生了重大变化,法院主持解决行政争议,审查行政机关行使行政权是否合法,并保护公民的合法权益。行政行为的合法性审查原则正是上述特点的集中反映。该书以此为中心脉络来建立我国的行政诉讼法学体系,既注意公民的诉权的理论探索,也注意在行政诉讼中行政机关接受司法审查的范围、内容、方法和形式的阐述。④

---

① 参见罗豪才主编:《行政法学》,中国政法大学出版社1989年版,第295页以下(朱维究执笔)。
② 参见张焕光、胡建淼:《行政法学原理》,劳动人事出版社1989年版,第472页以下。
③ 罗豪才、应松年主编:《行政诉讼法学》,中国政法大学出版社1990年版。该书由顾昂然(时任全国人大常委会法制工作委员会副主任)、孙琬钟(时任国务院法制局局长)、黄杰(时任最高人民法院行政审判庭庭长)担任顾问,作者除罗豪才、应松年外,还有江必新(时为最高人民法院行政审判庭助理审判员)、朱维究、肖峋(时为全国人大常委会法制工作委员会民法室副主任)、姜明安。
④ 参见罗豪才、应松年主编:《行政诉讼法学》,中国政法大学出版社1990年版,第47-48页(罗豪才、应松年执笔)。

1993年，姜明安出版了《行政诉讼法学》一书，这是中国个人编写的第一本行政诉讼法教材。该书是作者在北京大学法律系以及最高人民法院和北大合办的高级法官培训中心讲授行政诉讼法课程的讲义整理稿，产生了较为广泛而久远的影响。该书认为，自新中国成立到1980年代初没有建立行政诉讼制度有历史原因。其一是经济原因，行政诉讼制度建立在商品经济发展所产生的人们不同利益冲突、管理者政府与被管理者个人和组织的利益冲突的基础之上。新中国成立初期一直坚持计划经济体制，企业和其他组织没有独立自主的权利，公民也依附于政府。没有独立的主体资格、没有权益冲突，就形不成行政冲突，就不可能有行政诉讼制度。其二是政治原因，行政诉讼制度是现代民主法治的产物，且一经产生，又成为现代民主法治的构成要素。在民主没有受到高度重视、代表人民意志和利益的法没有成为公民和政府一切行为的基本准则的条件下，法院不可能依据法律裁决政府和公民之间的争议。社会的民主、法治不完善，行政诉讼制度不可能产生。其三是国民观念上的原因，行政诉讼制度建立在官民关系为具有权利义务内容的法律关系的新观念基础之上。在社会主义条件下，有一种观念认为，人民政府是为人民服务的，代表人民的利益，人民热爱和拥护自己的政府，不应该、不可能存在人民告自己政府的问题。这种说法掩盖着我们轻视法治的观念，成为在新中国建立行政诉讼制度的思想理论障碍。[①] 这实际上也是从另一个角度说明了行政诉讼制度建立的条件。姜明安以其亲身参与行政诉讼法立法的经验，详细阐释了行政诉讼法的立法目的、调整范围、基本模式、受案范围、原告资格、审理依据、复议前置、举证责任、审查原则、司法变更、公开审判、调解、检察监督、判决执行等制度的原委，具有较强的原理性。

四、行政诉讼的当代论争

在行政诉讼法的制定和实施过程中，产生了诸多争议，诸如行政诉讼的宪法基础、主观诉讼与客观诉讼的性质之争、行政诉讼的审判主体模式、行政诉讼的审理模式之争、行政诉讼可否调解、行政诉讼的类型、举证责任的分配、行政诉讼的判决等方面的论争，难以一一梳理，仅择其争论较大且具有长久意义的部分稍作例示。其中的根本问题不外乎行政权与司法权的关系原理。

（一）行政诉讼的目的

所谓行政诉讼目的，是指国家设立行政诉讼制度所希望达到的理想目标。目的具有主观性，但又内含于制度之中，所以是可以被认识的。研究行政诉讼的目

[①] 参见姜明安：《行政诉讼法学》，北京大学出版社1993年版，第28-31页。

第六章　行政救济论的变迁

的，是研究行政诉讼制度的逻辑起点，是构建行政诉讼体系的基础，也是说明行政诉讼制度正当性根据的需要。

对于行政诉讼目的，我国法学界在1989年《行政诉讼法》制定前后逐步展开研究。目前对于行政诉讼具有何种目的，大致有以下几种看法：（1）一元目的论。具体又有保护说、① 监督说、② 行政执法保障说、③ 保障依法行政说、④ 纠纷解决说⑤等。其中，行政执法保障说这一说法在今天的理论上已经没有说服力，但是在现实之中还有一定的市场，特别是那些非诉执行的案件日益增多的现象可以对此在某种程度上予以印证。而纠纷解决说没有将实体法规范作为确立诉讼目的的基础，与近代法治国家原理相去甚远。（2）二元目的说。具体而言，既有并行的二元目的，即保护行政相对人的合法权益和保障行政机关依法行政行使权力相统一；⑥ 也有主次之分的主张，即保障公民、法人和其他组织的合法权益是主要目的，而监督行政机关依法行政则是次要目的；⑦ 还有微观和宏观目的的主张，即行政诉讼的微观目的在于保护公民的合法权益，宏观目的在于监督行政机关依法行政。⑧（3）三元目的说。学者所主张的三元目的多是照搬了行政诉讼法的立法目的，而没有对诉讼目的概念进行界定。诉讼目的实际上是国家通过行政审判权的行使所希望达到的目标，所谓对法院的目的设定在更大程度上只是一种手段。也有学者认为，"作为行政纠纷的解决机制，行政诉讼的目的在于解决行政纠纷，这是行政诉讼作为程序制度的直接目的"；"作为对行政权力进行监督和制约的机制，行政诉讼的目的也在于监督和制约行政权力，这是最能体现行政诉讼本质特点的目的"；"作为一种行政法上的救济制度，行政诉讼的根本目的在于保障行政权益"。他将行政诉讼目的划分成三个层次，主张一元目的（维护行政权益）主导下的多元目的观。⑨ 这种观点当中同样存在解决纠纷说的问题，将制约行政权和维护行政权益作为两个层次的目的也类似于一元目的或手段与目的的

---

① 参见马怀德、王亦白：《行政诉讼目的要论》，罗豪才主编：《行政法论丛》（第6卷），法律出版社2003年版，第295—296页。
② 参见林莉红：《我国行政诉讼法学研究状况及其发展趋势》，《法学评论》1998年第3期，第8页；姜明安主编：《行政法与行政诉讼法》，法律出版社2003年版，第313—314页。
③ 参见张尚鷟主编：《走出低谷的中国行政法学》，中国政法大学出版社1991年版，第387—388页。
④ 参见胡肖华：《行政诉讼基本理论问题研究》，湖南人民出版社1999年版，第31—34页。
⑤ 参见宋炉安：《论行政审判权》，罗豪才主编：《行政法论丛》（第1卷），法律出版社1998年版，第360—364页。
⑥ 参见张树义：《冲突与选择——行政诉讼的理论与实践》，时事出版社1992年版，第13页。
⑦ 参见杨解君、温晋锋：《行政救济法基本内容及评析》，南京大学出版社1997年版，第180—181页。
⑧ 参见林莉红：《行政诉讼法学》，武汉大学出版社1999年版，第22页。
⑨ 参见胡卫列：《行政诉讼目的论》，中国检察出版社2014年版，第159—161页。

关系。(4) 四元目的说。有学者认为，行政诉讼是一个多维性的范畴。从法律层面上理解，它是权利与权力的共同规则；从行政诉讼科学层面上理解，它是从"实然"中寻找"应然"的科学；从行政诉讼动态层面上理解，它是对权力说"不"的游戏；从行政诉讼静态层面上理解，它又是为权利而斗争的机制。这种多维性决定了行政诉讼目的的多元性，具体包括程序主义、利益平衡、促进合作和道德成本最低化。① 这种说法是基于对行政诉讼目的的界定而产生的，但行政诉讼目的一般是针对行政诉讼制度而言的。

在 2014 年修改《行政诉讼法》之后，行政诉讼目的的立法表述发生变化，其中的"解决行政争议"是修改时添加的，理论上对此亦有阐释。章剑生认为，"解决行政争议"具有辐射法院、原告和被告的法拘束效力，并通过这三个诉讼主体连接"保证人民法院公正、及时审理行政案件""保护公民、法人和其他组织的合法权益""监督行政机关依法行使职权"三个立法目的。如此，就形成了多重立法目的的分层化结构。在实现"解决行政争议"这一立法目的的过程中，必须权衡它与其他三个立法目的之间的关系，从而构成了对"解决行政争议"的限定。作为一种诉讼制度，行政诉讼具有"解决行政争议"的功能，但判断是否能够"解决行政争议"的标准，要受制于该制度的局限性。行政诉讼只能解决部分的行政争议，也只能在法律上解决行政争议。将"解决行政争议"替换成"实质性解决行政争议"，可能会导致行政诉讼多重立法目的之间的价值冲突，从而影响行政诉讼法的整体实效性。②

（二）行政行为的合法性审查原则

1989 年《行政诉讼法》第 5 条规定，"人民法院审理行政案件，对具体行政行为是否合法进行审查"（2014 年《行政诉讼法》第 6 条只是将其"具体行政行为"的"具体"二字删除而已），这一规定一般被称作行政行为的合法性审查原则。理论上既有对其加以阐释的做法，也有将其与整个行政诉讼的体系联系起来的做法。

行政行为的合法性审查原则被视为行政诉讼区别于民事诉讼的重要原则。肖峋认为，这一原则包括以下内容：第一，法院对被诉行政机关的行为拥有司法审查权，包括受理、审理和判决的权力。行政机关作为一方当事人，负有义务服从和协助法院行使这一权力，执行法院对其行为是否合法作出的判决。第二，法院

---

① 参见胡肖华：《行政诉讼目的论》，《中国法学》2001 年第 6 期，第 50-55 页。
② 参见章剑生：《行政诉讼"解决行政争议"的限定及其规则——基于〈行政诉讼法〉第 1 条展开的分析》，《华东政法大学学报》2020 年第 4 期，第 96-104 页。

行使司法审查权的范围,主要是具体行政行为而不是抽象行政行为。第三,法院行使司法审查权的内容主要是具体行政行为的合法性而不是不妥当性。①

姜明安也对这一原则作出分解式的阐释。他认为,目前的行政诉讼法只是在行政规范性文件上允许附带性审查,主要还是审查具体行政行为,其理由在于:第一,根据我国现行宪法和组织法确定的体制。对抽象行政行为的审查监督权主要属于国家权力机关和行政机关系统本身,法院对绝大多数抽象行政行为没有审查监督权。第二,抽象行政行为大多涉及政策问题,而政策问题不宜由法院判断裁决。第三,抽象行政行为涉及不特定的多数人,有时甚至涉及一个或几个地区的所有人乃至全体国民,其争议通过诉讼途径解决有困难和不便之处。法院的审查是对行政行为的合法性作出有法律效力的评价、确认,从而决定是否确认相应行政行为违法或予以撤销。这种审查不是对被诉行政行为作一般的评价判断,否则必然及于具体行政行为所依据的抽象行政行为。法院对抽象行政行为的审查,如认为其违法,只能在具体案件审理中不适用它们,或者提请有权机关对其进行有法律效力的审查和处理。法院只审查行政行为的合法性,一般不审查合理性和适当性,其理由在于:第一,根据我国现行宪法,法院依法行使审判权,行政机关依法行使行政权。行政机关不能代替行政机关对行政行为的合法性作出终局评价,侵越司法权;法院也不能代替行政机关对应如何实施行为方为适当作出评价,侵越行政权。第二,法院对适用法律最有经验,对法律问题最能作出正确评价;而行政机关对行政管理最为熟悉,最具有行政管理专门知识,对在法律范围内如何实施行政行为更为适当、更有经验。因此,合法性问题应交由法院解决,适当性问题应留给行政机关解决。否则,由行政机关解决合法性问题,就会导致行政专横、法治被践踏;而由法院解决适当性问题,就会导致行政管理瘫痪、行政无效率。不合法的行为通常都不合理,不合理达到滥用职权、明显不当的程度就构成违法。②

行政行为的合法性审查在行政诉讼体系上的意义大致可分解为以下三个方面:

1. 以行政行为为中心的体系之争

无论是 1989 年行政诉讼法还是 2014 年行政诉讼法,行政行为的合法性审查都被置于基本原则的地位。在行政诉讼的受案范围扩大之后,行政法学界开始认

---

① 参见肖峋:《试论人民法院审查具体行政行为合法性的原则》,《中国法学》1989 年第 4 期,第 30-36 页。
② 参见姜明安:《行政诉讼法(第四版)》,法律出版社 2021 年版,第 106-109 页。

识到,整个行政诉讼法很大程度上可以说是以行政行为为中心建构起来的。在理论上,对于这种架构模式既有支持者,也有批评者。

罗豪才强调,行政诉讼法本质上就是司法审查法。1989年其主编的统编教材《行政法学》最后一章虽然采用了"行政诉讼"的章名,但在1996年修订时,其被改作"司法审查"。1993年罗豪才主编的《中国司法审查制度》一书出版,"司法审查"的概念及其对我国行政诉讼本质的认识,获得了学术界的认可。

强调行政诉讼的司法审查功能,是以行政行为为中心架构行政诉讼体系的重要理由。郭修江认为,行政诉讼主要是对行政行为合法性的监督,审理的重点在于法律适用,兼顾事实审。行政诉讼只有聚焦被诉行政行为,才能实现监督的目的,也才能更好地维护公民、法人和其他组织的合法权益,实质化解争议。而民事诉讼的主要目的是解决平等主体之间的民事争议。原告的诉讼请求是人民法院的审理对象,人民法院围绕原告的诉讼请求,重点审查争议双方的法律关系。根据不同法律关系,适用相应的法律规则,对原告的诉讼请求是否成立作出判断。我国现行行政诉讼法自始至终以行政行为为中心展开。立案、审理和判决,没有一项能够离开被诉行政行为。我国行政诉讼的突出特点是以行政行为为中心。行政诉讼的第一要务是,要求起诉人明确被诉行政行为。人民法院审理行政案件,应当围绕被诉行政行为的合法性进行。被诉行政行为合法,判决驳回原告诉讼请求;被诉行政行为违法,要按照违法行为的不同形态、违法程度等,依法作出行政判决,最终实现行政诉讼监督权力、保护权利、实质化解行政争议目的的统一。①

对于行政行为中心主义的行政诉讼架构,行政法学界也不乏批评之声。杨伟东认为,这一行政诉讼架构经过几十年的实践已暴露出不少问题。第一,能否涵盖所有类型的行政争议值得怀疑。即便是采用广义的行政行为概念,当事人对行政合同、行政指导、程序性行政行为等诸多类别的行为能否提起行政诉讼,依然无明确的结论。第二,一些行政争议无法得到根本解决。首先,行政行为并非只有合法与违法两项结果,还存在难以判断合法或违法的中间地带,现行架构对此缺乏处理能力。其次,现行架构弱化或忽视了原告的诉讼请求或权益保护。例如,在行政不作为案件中,即使将行政不作为视为拟制的行政行为,合法与违法的判定也无助于原告的权益保护。最后,现行架构难以或无法根本解决争议。现实中,行政许可、行政裁决、行政确认等多种行政行为,不仅关系到原告而且涉

---

① 参见郭修江:《以行政行为为中心的行政诉讼制度——人民法院审理行政案件的基本思路》,《法律适用》2020年第17期,第73-83页。

及第三人的权益，不只有私人与行政机关的对峙，更有公民、组织之间的对抗，行政争议与民事纠纷相互交织。第三，行政赔偿诉讼、信息公开诉讼等一些案件的审理事实上突破了行政行为中心主义的安排。杨伟东认为，公民、法人或者其他组织的诉讼请求是否成立，其权益是否应当获得保护，应成为行政诉讼制度的中心，包括受案范围、审理和裁判等在内的行政诉讼运转应围绕这一中心展开。原则上，只有在公民、法人或者其他组织的诉讼请求是否成立、其权益是否应获得保护，需要以对行政行为是否合法作出判断为前提时，行政行为才能成为审理和裁判的重点。应当将行政行为合法性审查降格为撤销之诉的基本原则。[①]

2014 年《行政诉讼法》修改之后，行政协议诉讼得到明确规定，进一步凸显了行政行为合法性审查的存在问题。2015 年，《最高人民法院关于适用〈中华人民共和国行政诉讼法〉若干问题的解释》第 11~16 条着重就行政协议的审理问题作出规定，其基本思路是将行政协议作为行政协议行为，并进一步分解为订立、履行、变更、解除行政协议的行为来审查。这一做法基本上为 2019 年《最高人民法院关于审理行政协议案件若干问题的规定》所承继。该规定第 11 条第 1 款规定，"人民法院审理行政协议案件，应当对被告订立、履行、变更、解除行政协议的行为是否具有法定职权、是否滥用职权、适用法律法规是否正确、是否遵守法定程序、是否明显不当、是否履行相应法定职责进行合法性审查"。不过，该条第 2 款也规定，"原告认为被告未依法或者未按照约定履行行政协议的，人民法院应当针对其诉讼请求，对被告是否具有相应义务或者履行相应义务等进行审查"。这在一定程度上对行政行为的审查模式进行了纠偏。

对于将行政协议拆解出行政行为的做法，刘飞认为，应当尽早抛弃。现行诉讼制度仅能对其是否合法进行审查，合法性审查仅能解决行政行为是否符合法定边界的问题，但协议性争议主要涉及权利义务关系的判断，对行政机关在合法性框架内的协议行为是否适当以及相关权利义务分配是否合理等问题难以作出判断，需要法院以给付诉讼的方式作出实体判决。[②] 陈天昊也认为，拆解出行政行为的做法忽视了行政协议法律关系的整体性，其可能导致的后果之一便是难以将行政协议之下各方权利义务之间的牵连关系纳入审查范围。行政履约行为并非单方高权行为，其效力来源于双方当事人之合意。因此，对其的审查自然应引入关系视角，承认行政协议履约争议的主观属性，在整体的行政协议法律关系之下对

---

① 参见杨伟东：《行政诉讼架构分析——行政行为中心主义安排的反思》，《华东政法大学学报》2012 年第 2 期，第 113-117 页。

② 参见刘飞：《行政协议诉讼的制度构建》，《法学研究》2019 年第 3 期，第 45-47 页。

各方权利义务进行恰当配置。①

从内容来看,行政诉讼存在行为诉讼与法律关系诉讼或行为之诉与关系之诉的差别。所谓行为诉讼,是指针对行政的行为进行争议的诉讼,其诉或请求是行为的确认违法、撤销或纠正,或者课予行政机关这些义务。法律关系诉讼是指针对与行政相关的法律关系或者权利义务是否存在等进行争议的诉讼。行为诉讼关注的是让权利义务发生变动的原因行为,而法律关系诉讼针对的是权利义务或法律地位的存在与否。这种法律关系可能源于某一行政处理决定,也可能源于行政规划甚至立法。民事诉讼主要是法律关系诉讼,即主要围绕权利义务的存在、形成、消灭而展开,至于如何形成或消灭权利义务等则交由当事人意思自治去完成,司法不予干涉。而行政诉讼则不同,行政权并不自由,在实体和程序上均受法拘束,与民事诉讼在构造上存在一定差别。所以,针对行政行为合法性的行为诉讼从一开始就在行政诉讼中占据主导地位。撤销诉讼就是一种典型的行为诉讼,法院要对系争行政行为进行合法性审查。法律关系极为广泛,能包含形成权利义务的种种行为。所以,公法上的纷争都能通过确认之诉来解决。因此,立法者必须明确形成之诉、给付之诉的优先。行为诉讼的好处在于能提供直接、有效的救济,而法律关系诉讼只是确认了某种权利义务的存在,间接拘束行政机关的下一步行动。在行为诉讼中,先有行政行为的存在,法院运用行政的行为规范审查业已存在的行政行为,并不侵害行政的首次判断权(只有在确认不作为违法判决中才有预防的功能)。但这也正是问题所在,没有业已存在的行政行为,就没有行为诉讼,其灵活性、预防性不足。而法律关系诉讼不以行政行为的存在为前提,可拓展既有的救济领域和途径。② 以法律关系为中心来架构行政诉讼体系在逻辑上具有可能性,而以行政行为为中心来架构行政诉讼体系却有明显的局限性。

2. 诉审判关系上的审查范围之争

行政行为的合法性审查侧重于对行政行为的审查,而非对于原告诉讼请求能否成立的审查。对于法院的审查方法和范围,是坚持以原告诉讼请求为界限进行有限审查,还是应不局限于原告诉讼请求及其理由而进行全面审查,有较大争议。

在诉讼法上,诉讼请求、法院审理和法院判决具有密切的关系。诉讼请求对

---

① 参见陈天昊:《行政协议诉讼制度的构造与完善——从"行为说"和"关系说"的争论切入》,《行政法学研究》2020年第5期,第43-44页。

② 参见王贵松:《论我国行政诉讼确认判决的定位》,《政治与法律》2018年第9期,第15-17页。

审理和判决具有拘束作用，也就是说，诉讼的审理和判决要围绕诉讼请求展开。这是保障诉权、司法权的被动性、正当法律程序原则的要求。诉讼过程是诉权的实现过程，诉权对法院的审理、判决具有拘束作用。司法权的被动性也要求不告不理。正当程序原则要求诉讼双方当事人攻防对等，不能未经辩论即作出判决。"法院应在当事人确定的诉讼标的和诉讼请求的范围内作出判决，法院判决可以支持、反对或者部分支持原告的诉讼请求，但法院不得超过或者替换当事人确定的诉讼标的和诉讼请求作出判决。""遵行处分主义，也可在一定程度上禁止法院就当事人没有提出的诉讼标的和诉讼请求作出突袭判决。""根据'正当程序保障原理'和'程序参与原则'，即便是法院依职权收集的证据和探知的事实，法院在将其作为裁判根据之前，均应经双方当事人质证辩论或者发表意见，法院不得将当事人未发表过意见或者未进行过质证辩论的事实证据作为裁判根据。换言之，为禁止法院突袭裁判，法官必须对作为裁判根据的事实证据都进行'听审'。"① 这是民事诉讼的基本法理之一。

邓刚宏认为，一般观点认为，行政诉讼与民事诉讼一样，行政诉请对行政判决的制约作用，即行政诉请与行政判决的一致性，是由司法的被动性、处分原则、正当法律程序所决定的。但行政诉判关系的一般观点以及理论基础具有一定的局限性，缺乏系统的逻辑论证以及忽视了行政诉讼的特殊性。行政诉判关系应当以公权利救济和客观法秩序维护两条主线重新认识。从公权利救济的角度看，公权利受到侵犯后便产生相应的行政诉权，进入诉讼程序体现为向法院提出特定的诉讼请求，法院审理之后依法作出满足或驳回诉讼请求的判决，公权利、行政诉权、诉讼请求、行政判决的关系保持着相当程度的一致性和连贯性。而从客观法秩序维护的角度看，我国行政诉讼具有客观诉讼的特征，行政判决体现着国家态度，行政诉讼模式上具有职权主义特征，而且行政行为的违法性与有效性并非一致，这些决定了行政诉判并非完全一致，行政判决并非完全局限于诉讼请求的范围，可以超越诉讼请求作出判决。因此，我国行政诉判关系是一致性与非一致性的统一。② 但这种观点走向极端，将导致审判机关变成纯粹的监督机关，既违反诉讼制度的定位，也与法院的性质相悖。

一般认为，根据我国《行政诉讼法》第2条的规定，我国的行政诉讼是主观诉讼。权利救济是《行政诉讼法》第1条规定的首要目的。在行政诉讼中，法院

---

① 邵明：《现代民事之诉与争讼程序法理——"诉·审·判"关系原理》，中国人民大学出版社2018年版，第209、223页。
② 参见邓刚宏：《我国行政诉讼诉判关系的新认识》，《中国法学》2012年第5期，第61页以下。

固然具有监督行政机关依法行政的职责，但这种职责的履行应当借助于正常诉讼制度实现，否则我国行政诉讼将转变为客观诉讼。司法的监督功能可以通过职权调查、举证责任的分配等来实现，监督功能镶嵌在诉讼救济之中，同时受救济功能约束。

3. 以合法性审查为原则的审查强度之争

行政行为的合法性审查在很大程度上反映着司法审查强度的要求，这也被认为是行政诉讼与行政复议的一大区别所在。对此，存在两种理解径路。其一是大陆法的区分合法性与合理性问题，合法性审查是与合理性审查相对而言的审查。这是1989年行政诉讼法草案说明采用的审查强度的说明方式。其二是英美法的区分法律问题与事实问题，合法性审查就是对法律问题的审查。这是稍晚才出现的一种审查强度的说明方式。

1990年代，行政法学界开始注意到法律问题与事实问题的区别。周汉华认为，科学地界定司法权作用的力度和范围，对于理解行政权与司法权在国家生活中的作用以及完善司法审查制度有着决定性的意义。行政诉讼中法院对法律问题、事实问题和政策问题的审查力度从严格审查、相对中立到高度尊重的递减，是行政诉讼的特有规律，是行政诉讼司法能动性的基本表现之一。他之后没有专门强调政策问题，而只是采取了法律问题与事实问题的二分。一般来讲，司法机关对事实问题有否决权但无直接的决定权，它可以以证据不足为由否定行政机关的事实判断。只有在极少数情况下，司法权才会积极地查证事实问题。而对于法律问题，行政机关和司法机关承担着适用与解释的共同责任，司法机关可以超越行政机关的判断，自主地决定法律问题。[①] 在简要考察了两大法系的做法之后，法理学者周永坤认为，事实问题主要由行政机关决定，而法院主要解决法律问题是可取的，这有利于发挥行政机关的专业优势，提高效率，避免行政机关与法院的重复操作。但这种分工的前提是有发达的行政程序法，以保证行政机关对事实判断的高度合法性与合理性。合理的模式应当是发达的行政程序在前，有力而有限度的司法审查在后，既保证行政法治，又考虑到降低社会成本。[②] 对于事实问题，朱新力认为，其行为表现是行政主体的事实认定，而事实认定实际上是自由裁量权运行的过程。证据违法、举证责任分配违法、行政推定或行政认知违法、

---

① 参见周汉华：《论行政诉讼中的司法能动性——完善我国行政诉讼制度的理论思考》，《法学研究》1993年第2期，第13-14页；周汉华：《论行政诉讼中的法律问题》，《法学研究》1997年第4期，第32-34页。

② 参见周永坤：《对行政行为司法审查的范围：事实问题——一个比较的研究》，《法律科学》1996年第5期，第16页。

对事实认定违反证明标准都可能导致事实认定瑕疵。中国法院对事实问题的审查强度应以合理性标准为原则，法院切忌以自己认为正确的事实结论"代替"行政主体的事实结论。①

2003年，杨伟东在其博士学位论文的基础上出版了《行政行为司法审查强度研究》，详细考察了两大法系对法律问题与事实问题的审查态度。杨伟东认为，英美法系国家对行政机关的事实问题和法律问题决定采用不同的审查标准，除历史原因外，其基本条件是：第一，行政机关和公务员拥有精良的技术设备和行政专业知识，在认定事实方面比法院具有较明显的优势。第二，具有成熟的行政程序制度，既能保证行政机关专门知识、专门技能的充分发挥，又能防止行政恣意和行政专横的任意出现，起到保护公民合法权益的作用。第三，完善的司法审查制度。法院必须有能力担当起将法律问题与事实问题进行区分并对行政机关事实认定进行合理性审查的任务，同时法院必须使司法审查担负起抑制行政机关违法行使职权的任务，不会因此降低司法对行政的监督力度。虽然区分法律问题与事实问题应是发展的方向，但目前我国并不具备在行政诉讼中降低对事实问题审查标准的条件。②

法律问题与事实问题的区分具有鲜明的英美法系特色，但没有审判式听证的程序，就没有实质证据规则的适用。在大陆法系中，并不会如此区分，事实问题的认定就包含着法律的适用。故而，事实问题与法律问题同等审查，不存在在事实认定上尊重行政机关判断的问题。在我国的现实行政审判中，以事实不清、主要证据不足为由撤销被诉行政行为，也占据很大比重。区分法律问题与事实问题，很大程度上只是在降低对事实问题的审查强度而已，这也不符合我国的通常认识。

与上述径路不同，合法性审查与合理性审查的强度区分获得了更大范围的承认。一般认为，合法性问题（行政行为是否合法）由法院负责审查，合理性问题（行政行为是否妥当）交由行政机关决定。但对于什么是合理性问题、行政诉讼法是否包含合理性审查、合理性审查是否被包含于合法性审查原则之中，则争论不休。行政诉讼法上所规定的显失公正或明显不当、滥用职权，通常被认为涉及合理性问题。但滥用职权、明显不当与主要证据不足、适用法律法规错误、违反法定程序、超越职权等同为撤销判决的适用情形，也就是说，均为行政行为违法的判断标准。自1989年罗豪才主编的《行政法学》统编教材以来，合理性原则

---

① 参见朱新力：《论行政诉讼中的事实问题及其审查》，《中国法学》1999年第4期，第54-64页。
② 参见杨伟东：《行政行为司法审查强度研究——行政审判权纵向范围分析》，中国人民大学出版社2003年版，第226页。

与合法性原则均被列为行政法治的原则。随着对法治认识的深化,将法治行政分为形式法治与实质法治两个层面的做法,获得了较多认可。形式法治要求遵守成文法的法条规定,而实质法治还要求行政机关遵守法的原则、精神和目的。行政诉讼作为通过司法手段监督和支持行政机关依法行政的重要形式,在由形式法治主义向实质法治主义的转型过程中必将发挥极为重要的作用。① 故而,将行政行为合法性审查原则中的合法性理解为合乎法治要求,是合乎发展脉络的做法。以合法性审查与合理性审查的区分作为行政诉讼的司法审查强度的标准,已无法准确阐释司法权与行政权之间的关系。合理性问题属于合法性问题之下的概念,可替换为合乎实质法治要求。也就是说,在行政行为证据确凿、适用法律法规正确、符合法定程序的情况下,只要行政行为符合实质法治的要求(主要是藉由行政法的一般原则来审查),法院就应当作出合法的判断。

五、行政诉讼论的展望

行政诉讼论是行政法学的重要组成部分,自清末引入之后,一直是我国行政法学研究的重点内容之一。虽然行政诉讼在民国初期、中期乃至新中国改革开放之后存在审判体制、诉讼性质上的巨大差异(由行政转为司法),但行政诉讼的目的功能、审理原则、诉讼事项(受案范围)、审理范围、判决效力等一般原理仍得到了较为充分的研究。而且,行政诉讼论自成体系,上文所述很大程度上只是对其中的基础概念、某些重点原理作些许勾勒。行政诉讼论有较强的原理性和体系性,而且,往往环环相扣。故而,行政诉讼论的研究若只是就个别制度展开,则可能因为体系的欠缺而难以得到融贯性的解释。将某一方面的研究置身于行政诉讼论的体系之中,思考其原理的本来内容、把握其体系上的应有定位,应是行政诉讼论研究的基本要求。过去的行政诉讼论研究一定程度上也可以说是行政法总论研究的自然延伸或应用,离作为诉讼法学的行政诉讼论尚有一定距离。在遵循诉讼法学,尤其是民事诉讼法学原理的基础上,考虑行政诉讼作为行政法学的特色,推进行政诉讼的制度研究和制度设计,夯实行政诉讼法学的基础,拓展行政诉讼法学的领域,将是行政诉讼论的重要研究方向。

第三节 国家赔偿论的变迁

有权利必有救济,有损害必有赔偿,这在国家实施侵权行为时同样适用。但

---

① 参见江必新:《论实质法治主义背景下的司法审查》,《法律科学》2011年第6期,第52—55页。

这一观念并非自始有之,各个时期的法制不同,相应的法治观念即有差异,国家赔偿与公务员赔偿的关系也常有更迭。

一、民国时期的国家赔偿研究

在清末,国家赔偿观念是不存在的,也缺乏相应知识的输入。进入中华民国时期之后,虽然人民的基本权利在宪法层面得到保障,但侵害人民权利的国家赔偿责任直到1947年宪法才得到明确承认。在此之前,随着国家的行为主体、责任主体的身份渐渐确立,国家的侵权行为如何认识、如何救济,便成为行政法学的现实课题。

(一) 1920年代的国家赔偿研究

1914年《行政诉讼法》第3条规定,"平政院不得受理要求损害赔偿之诉讼"。如此,行政诉讼与国家赔偿就成为两个问题。但职务行为的侵权问题并不因此而消失。

1. 钟赓言的国家赔偿论

对于不法行政(含违法与不当)的救济,钟赓言认为,因不法行政的结果而导致损害个人的权利或利益,其救济手段有二:一是,人民对于不法行政,可以通过诉愿和行政诉讼请求取消或变更;二是,对于不法行政的结果,个人或团体若受到财产上的损害,则可以通过损害赔偿之诉请求损害赔偿。该诉讼通常恒属于民事法院管辖。国家赔偿是法治国家思想实现、自由主义发达之后才出现的。不过,钟赓言并未使用"国家赔偿"这四字联用的表述。钟赓言着重谈及两个问题。第一,赔偿义务的法律上性质,是公法性质还是私法性质?钟赓言认为,不问其原因若何、主体若何,赔偿义务恒为私法上义务。其不法行为出于私经济的行为者,因该行为的本体属于私法性质,其为私法上义务自无问题。因公权力发动而产生的赔偿责任,其责任的原因行为虽具有公法性质,但赔偿义务并非该行为的直接效果,而是基于该行为的结果而发生的第二次效果,不得因此而说其赔偿义务为当然的公法关系。而且,个人求偿权仅为一个人的私益起见而成立,在法律上的性质,个人与国家关系亦与个人相互间损害赔偿全然相同,属于私法关系。[①]

第二,赔偿责任由国家一己负担,抑或由作出该行为的官吏负担?今日的法律思想莫不以由国家一己负担为正常。虽然国家对于官吏可行使求偿权,但其对于人民则要负起赔偿责任。其理由有二:其一是法律上的理由。根据国家法人

---

① 参见钟赓言:《钟赓言行政法讲义》,王贵松、徐强、罗潇点校,法律出版社2015年版,第182 - 183页。

说,国家及其他一切法人,并非没有不法行为的能力。官吏的权限内行为,纵涉于不法范围,仍属国家行为。国家对此承担责任,不是因他人行为而负责,而是就其自身的不法行为而承担责任。国家的赔偿义务,在法律上的理由即在于此。如果官吏的行为仅出于事实上的作用,法律意义上的所谓机关关系,仅于有法律上效果的意思行为才能存在,则法律意义上的表现关系无从发生,其行为则属于官吏的个人行为。但是,官吏从事的事务属于国家的事业,而非官吏个人的事务,是以国家使用者的资格而执行国家的事务,由此而损害了他人,即使不是出于国家的不法行为,就用人而言,国家也不得不承担责任。私法上凡因特定事业使用他人,被用者因执行事务而加害于第三者时,使用者应当负赔偿责任,这已被认为是一般原则。就理论而言,国家之于官吏,也同样如此。其二是实际上的理由。国家若不负赔偿责任,归属于官吏一人,则既使被害者更加处于不利地位,又使官吏不当背负重大危险。官吏的经济状态未必充裕,被害者若只能要求官吏赔偿,事实上恐怕难以实现其目的。若官吏自行负赔偿责任,则既不能安心尽职,而且常常不免因他人事业而陷于破产境遇,从正义及衡平思想而言,不可谓正当。[①]

2. 王世杰的国家赔偿论

1919年《魏玛宪法》第131条的规定,开创了宪法明确规定国家赔偿责任的先河。1923年,王世杰已从法国博士毕业归来并执教于北京大学法律系,运用法国法的原理撰文分析了人民因国家机关的行为而受不当损害时国家所应承担的责任。所谓国家责任,自系指国家本身责任而言,而非国家机关服务人员的责任。因国家为集合体,不能承担刑事责任,所以,国家责任也仅限于赔偿责任。法学者主张国家赔偿责任的成立或扩张主要是基于以下三种理论:其一是根据负担均一主义主张国家对人民的赔偿责任。人民因国家行政机关官吏的行为而受到不当损害时,国家为求人民负担均一起见,应负有赔偿责任。国家因职务过失而让受害私人独自承担损害,则自占便宜,国家对于受害私人已构成民法上的不当得利,与人民负担平等原则相矛盾。法国诸多学者倡导负担均一主义。其二是完全根据民法上的原则而主张国家赔偿责任。法国学者也有不满于前说者,认为国家官吏的过失与普通人民的过失应同受民法上侵权责任原则的支配。官吏的过失不问是职务过失还是私人过失,其赔偿责任应不仅属于官吏,而应同时属于国家,唯有如此,而后受害者的损害才有充分救济的方法。其三是完全否认历来的主权观念而主张国家赔偿责任。国家赔偿责任未能承认或扩张是因为深受玄虚无

[①] 参见钟赓言:《钟赓言行政法讲义》,王贵松、徐强、罗潇点校,法律出版社2015年版,第234-239页。

据的主权观念影响。如狄骥所言，国家权力本是一种事实权力，履行"公职"（service public）是国家存在的理由。如国家行使权力为公众服务，不幸发生错误，以致私人受到损害，就公道而言，国家应负赔偿之责，而不应依附国家主权不受限制之说为国家卸责。上述理论形式上虽有差异，但分析到底，都是以"公道"这个观念为出发地，以"国家特权"这个观念为其攻击点，或完全否认历来的国家特权，或仅为加以限制而已。①

英美、欧陆法晚近均有变迁，国家赔偿责任不仅获得承认，而且有所扩张。王世杰还从三个方面分析了欧陆法的扩张方向。首先是因国家行政官吏的行为而产生的国家赔偿责任。法国学者历来区分私人过失与职务过失，国家在有职务过失时代为赔偿，但同一案件中有时兼具两种过失，实务中也有认可由国家和官吏双方负责的例子。德国《魏玛宪法》第131条也是对官吏的侵权行为承认国家与官吏双方负责的原则。其次是因法庭的错误而产生的国家赔偿责任。错误追诉、错误判决被纳入国家赔偿责任范围之内，是晚近法律与法学上的又一根本变化。最后是因国家法律而产生的国家赔偿责任。国家立法机关的法律因违宪而导致人民宪法上权利受损害，或者虽不违宪、但导致特殊私人受到不当的损害时，有可能产生国家赔偿责任。②

之后，王世杰又对我国1914年《行政诉讼法》第3条以及民律草案第948条的规定提出批评，它们均未肯定国家自身的赔偿责任。王世杰最后慨叹："吾国现行法与草案，什九贩自日本，重视国家之特权，轻视个人之权利，顽固陈腐之弊，随在皆是，此仅一端耳。"③

3. 胡长清的国家赔偿论

1929年，朝阳大学学子、亦为朝阳大学教师的胡长清在其主编的《法律评论》上撰文，分析国家赔偿论的法理。胡长清首先指出，自然人常具有个人性，具有个人性的自然人因国家任命而取得官吏性，因任职处分取得机关性。个人性是一般国民固有的地位，而官吏性是因国家任命所取得的对内地位，称之为官；机关性是因国家任职处分所取得的对外地位，称之为职。广义的官吏行为包括基于官吏性的对内的狭义官吏行为与基于机关性的对外的职务行为两种。狭义的官

---

① 参见王世杰：《国家对人民的赔偿责任》，《国立北京大学社会科学季刊》第1卷第4期（1923年），第587-591页。
② 参见王世杰：《国家对人民的赔偿责任》，《国立北京大学社会科学季刊》第1卷第4期（1923年），第595-604页。
③ 王世杰：《国家对人民的赔偿责任》，《国立北京大学社会科学季刊》第1卷第4期（1923年），第604-606页。

吏行为又包括片面行为（官吏对于国家以独立的人格、用自己名义所作的行为）与两面行为（表面对于国家以独立的人格、用自己名义作出，里面则对于第三人用国家名义作出；表面是纯狭义的官吏行为，里面则有职务行为）。由此，官吏行为的责任就不难明确：基于官吏的个人性、官吏性所产生的损害，应由官吏赔偿；基于机关性所产生的损害，则应由国家赔偿。在国家的不法行为能力上，否定说认为，所谓官吏行为是国家行为，不过是法律上效果归属于国家，而其行为仍为官吏自身的行为。但胡长清认为，官吏行为有内外之别，对内的是基于官吏性的官吏行为，对外的则是国家的行为。否认国家行为能力之说不攻自破。一般通说都认为，官吏的职务行为对个人造成损害，不能适用民法上不法行为的规定。胡长清认为，如果损害是以官吏的行为为原因，当然就应依其行为性质，或由官吏自身赔偿，或由国家直接赔偿，无须明文规定。因为民法上的不法行为，只以具有人格为前提要件，不问其为法人、自然人，国家既然属于公法人之一，这种赔偿责任自然不能独外。① 胡长清从官吏的本质分析官吏行为的性质，由此得出赔偿责任的归属。不过，他并不强调国家赔偿责任的性质。胡长清在朝阳大学毕业后赴日本明治大学留学，似无王世杰所谓顽固陈腐之弊。

（二）1930年代的国家赔偿研究

对于国家的责任，1932年《行政诉讼法》改变了之前的做法，其第2条规定，"行政诉讼，得附带请求损害赔偿"。附带提起的损害赔偿请求性质如何、条件如何等，均成为新的问题。

1. 范扬的行政侵权损害赔偿责任研究

近代各国法制多直接或间接源自罗马法或日耳曼法。范扬详细考察了罗马法的个人责任主义与日耳曼法的团体责任主义。罗马法采取严格的过失责任主义，发生赔偿责任常以故意或过失为必要。故而，行政上的侵权行为须有过失的公务员自负其责。罗马法以个人主义的资本主义为基础，一方面，将侵权行为视为个人与个人之间的关系，而团体与个人之间不存在这种关系；罗马法中所谓侵权行为制度除作民事救济外，还有惩罚意义，惩罚为刑事效果，行为人无过失则不得科处惩罚。另一方面，罗马为自由民之国，以经济上有力阶级参与国家权力，使

---

① 参见胡长清：《官吏之本质与其责任》，《法律评论》第6卷第13期（1929年），第1—5页。值得一提的是，胡长清在其文注释说明道，曾就此问题请人翻译连载了佐佐木惣一的论文，亦即［日］佐佐木惣一：《国家本于官吏不法行为之责任论》（未完）（二）（三）（四）（六）（七）（八）（九）（十 未完），熊才译，《法律评论》第256、257、258、280、281、282、283、285、287期（1928—1929年）。1932年，还是《法律评论》杂志，又刊载了田中二郎论文的翻译，即［日］田中二郎：《国家之不法行为赔偿责任论》，张远谟译，《法律评论》第10卷第48期、第49期（1933年）。

经济上的统治权与政治上的统治权合而为一，形成所谓资本主义的政治组织。在这种政制之下，国家机关首先为保护支配阶级的利益而活动，国家支配阶级不愿就官吏的违法行为转嫁责任给国家，自然是势所难免。所以，罗马法中不承认国家有赔偿责任。学界的解释是，在法律生活中，国家是一个独立的法人，自然是权利义务的主体，其活动由机关表演，而机关行为仅于法律的界限内才被视为国家行为。如果超出正当界限，其行为纯为构成机关的个人行动，不得说是国家行为。故而，官吏的侵权行为不得归属于国家，而应由行为人官吏自负其责。而且，故意或过失纯为心理作用，这种主观的要素，不得移属于法人或其他自然人。但罗马法中也有例外，在私法关系中，官吏代表法人，违法侵害第三人，国家因此而取得财产上利益时，在所受利益的限度内，由国家承担赔偿责任。但在公法关系中，仍应由官吏个人负责。而日耳曼法与罗马法相反，采取结果责任主义，不以故意或过失为必要。国家或其他团体机关的侵权行为径直被视为团体本身的侵权行为，机关行为的责任也是团体自身行为的责任。中世的日耳曼社会组织并非中央集权国家，而毋宁是共同组合的团体，日耳曼法充满共同社会的团体精神，所谓团体赔偿责任的法理无非是这种团体精神的引申。日耳曼的共同社会极似一个有机的组织，日耳曼法中，各人仅为团体成员而存在，团体亦仅以成员来表现，视团体与全体个人为同一物，团体债务须由各人负责，个人债务必要时亦须由团体负责，则团体对于机关行为，亦须由团体负其责任。团体有侵权行为能力，因侵权行为所生关系是全体与被害人的关系。其责任发生的原因，是否为故意或过失，皆可不问，只是问机关活动附带所生的危险应由谁负担而已。"在近代法中，国家赔偿责任之法理，虽完全未脱去罗马法主义之窠臼，而其制度内容，实已受日耳曼法精神之熏陶。"[①]

在公务员职务上侵权行为，存在公务员个人与国家的双重赔偿责任。对于公务员个人的责任，1929年中华民国《民法》第186条规定："公务员因故意违背对于第三人应执行之职务，致第三人受损害者，负赔偿责任。其因过失者，以被害人不能依他项方法受赔偿时为限，负其责任"。"前项情形，如被害人得依法律上之救济方法，除去其损害，而因故意或过失不为者，公务员不负赔偿责任。"这些规定与1932年《行政诉讼法》第2条的关系、与国家赔偿的关系如何，仍需探讨。

范扬认为，国家或自治团体的损害赔偿责任，应分为私法关系中的责任与公

---

① 范扬:《行政上侵权行为之二重损害赔偿责任问题》，《社会科学论丛》第2卷第1号（1935年），第31-34页。

法关系中的责任论述。国家或自治团体为公法人,其生活关系原则上为公法关系,不能适用私法。但公法人也从事私法上活动,如私经济行为。故而,国家或自治团体在某限度内亦受私法支配,其机关的违法行为在某种范围内亦应适用民法。公务员执行私法上职务,侵害他人权利,发生公法人赔偿责任有三种情形:其一是依民法关于法人责任的规定而负赔偿责任的场合。因为公法人与公务员的关系是机关关系,而非私法上的雇佣关系,故而只能类推适用民法关于法人责任的规定,国家或自治团体应与公务员连带负赔偿责任。[①] 其二是以雇佣人而负赔偿责任的场合。国家或自治团体会聘用或雇佣各种员工差役,这是私法上的雇佣关系。员工差役因执行职务而违法损害他人权利,应由行政主体与行为人连带负损害赔偿责任。其三是以土地工作物所有人而负赔偿责任的场合。因所管理的土地上建筑物或其他工作物在设置或保管上有欠缺,导致损害他人权利,其所有人国家或自治团体负赔偿责任。对于公法关系中的责任,公务员因执行公法上职务,与第三人所生关系为公法关系,国家或自治团体的责任问题应受公法支配。但我国当时并无一般规定,除"行政诉讼,得附带请求损害赔偿"(《行政诉讼法》第2条)外,均为土地、警察等具体情形的规定。我国法制上关于国家或自治团体直接赔偿责任的原则并未完全确立,可直接向国家请求赔偿的范围与民法规定的以公务员侵权行为原则上可向其个人请求赔偿的范围相比,相差甚远。在内部关系中,公务员对于国家理应负有义务偿还赔偿金,各国法例均承认国家或自治团体对公务员有求偿权。但我国当时并无明文规定。范扬认为,应区分两种情形:一是过失责任人不明的场合,既然不能判明谁是过失责任人,则国家对被害人赔偿后,不能向谁请求补偿;二是过失责任人判明的场合,使该有过失的公务员负财产上的补偿责任,不仅合乎衡平原则,也足以儆戒公务员,勿踏前愆。但如公务员过失轻微,仍使其负补偿义务,则未免失之苛刻。公务员的轻微过失,是其职务或制度上必然发生的危险。应以公务员有重大过失为限,才命令其负补偿义务,在情理上较为妥当。[②]

2. 陈洪的国家责任论

与其他学者不同,陈洪使用了"国家责任"的概念,而非损害赔偿责任等。

---

① 对于这一观点,赵凤喈提出商榷:私法上的原则适用于公法关系,应当以有明文规定为准。将民法规定扩大适用于公务员为国家私经济活动发生赔偿责任时,使国家负连带责任,究嫌牵强。不过,扩大国家责任范围,使人民权利有保障,也是与人为善。参见赵凤喈:《公务员的侵权责任》,《社会科学》第2卷第3期(1937年),第464-465页。

② 参见范扬:《行政上侵权行为之二重损害赔偿责任问题》,《社会科学论丛》第2卷第1号(1935年),第44-50页;范扬:《行政法总论》,邹荣勘校,中国方正出版社2005年版,第240-244页。

其国家责任是相对于官吏个人责任而言的，其国家是广义的国家，包含一切国家公共机关。因公务运转而给个人造成损害，其赔偿责任可能是由官吏个人承担的责任，也可能是由国家财产承担的行政责任。陈洪研究认为，警察国家与法治国家在国家责任上存在相反的一点。法治国家承认被治者有公法上的公权利，而警察国家则予以否认，只能允许官吏个人的责任。我国已承认部分的公权利，即被治者对于公务运转所构成的损害有责成其赔偿的权利，但又给这种权利设置了重重限制（仅国民政府各院及其直辖各部会以下的机关负赔偿责任，而且以违法处分损害人民的权利为限，以有无故意或过失为标准）。故而，我国只是趋向于法治国家，而介乎警察国家与法治国家之间。这种不彻底的畸形制度，有四种渊源：第一，法规的不完善及立法原则的模糊。第二，行政法院不能独立而附属于司法院，受民法家的影响。第三，主权观念似是而非的接受与应用。第四，过去君为臣纲的遗毒尚未全除。一切非法的行为，不论出于国家的何种机关，必须撤销；若行为足以损害一部分人民的权利利益，则必须赔偿。要实现这一目的，除上述四点之外，还必须廓清被奉为圭臬的过失观念。国家使用其方法，以满足公众利益的需求为目的，成为一种盛大的企业。被治者就是这种企业的合作人。故因这种企业的缘故而有害于部分被治者时，自当予以补偿，而毋庸究询其有无过失。否则，部分被治者对于国家的负担过重，违反人民对于国家的负担一律平等原则，违反法治的目的。陈洪主张，应采用"公务过失"主义，并在公务过失不足以涵盖损害时，辅以"危险责任"，废弃现时施行而不近人情的"过失责任"主义。①

（三）1940年代的国家赔偿研究

进入1940年代，特别是1947年颁布新宪法之后，国家赔偿迎来了新的局面。1947年宪法从正面明确规定了国家赔偿责任，其第24条规定："凡公务员违法侵害人民之自由或权利者，除依法律受惩戒外，应负刑事及民事责任。被害人民就其所受损害，并得依法律向国家请求赔偿。"

1. 林纪东的国家赔偿责任研究

1940年代，林纪东在其教材《中国行政法总论》中设"基于行政作用之赔偿责任"一节简要谈及国家赔偿问题。因公务员的职务行为违法侵害他人财产上权利时，如系由于公务员的故意或重大过失，违背对于第三人应执行的职务，导

---

① 参见陈洪：《中国国家责任问题》，《国立武汉大学社会科学季刊》第6卷第3号（1936年），第461-510页。顺便提及，在这一时期，留德法学博士徐道邻对损害赔偿要件有所探讨。参见徐道邻：《行政诉讼中之赔偿损害问题》，《行政研究》第2卷第5期（1937年），第511-512页。就司法机关错误判决的国家赔偿问题，东吴大学法科毕业生严荫武律师曾撰文分析。严荫武：《国家赔偿制度之现在与将来》，《法学丛刊》第3卷第3期（1935年），第88-93页。

致第三人的权利受到损害，则该行为已失去其机关行为的性质，即与国家无关，而应由公务员自身负损害赔偿义务。但公务员个人未必富有资力，而且其负担的责任不及于故意过失之外的情形，故而，即使公务员个人负责，也未必能收损害赔偿之实。对于国家或公共团体在何种限度内承担赔偿责任的问题，应将国家的作用分为权力作用与非权力作用两种来讨论。国家作为统治团体，其统治权的作用与私人行为性质完全不同，不适用民法的规定。故而，统治权的作用即使违法侵害他人权利，也不是民法意义上的不法行为，国家对此不负损害赔偿责任。但国家也具有事业团体或经济团体的性质，间或不发动国家的统治权，而以与一般私人行为同样的手段经营事业、管理物件。其目的仍在公益，在公益必要的限度内，与纯粹的私企业或私物不同。但这并非国家特有的权力作用，而系与私人行动相同的非权力作用，故而，除具有公益上特别理由外，应与私企业及私物一样适用民法的规定。民法上损害赔偿对于国家的适用，自以这种非权力性事业经营或物件管理为限。① 也就是说，在林纪东的理论中，行政上的损害赔偿要么是公务员个人的赔偿，要么是私法上的损害赔偿。

2. 马君硕的国家赔偿责任研究

同一时期的马君硕在其教材中也是持大致相同观点。马君硕是在公务员的责任部分处理公务员对人民的赔偿责任问题，在行政诉讼部分分析了附带损害赔偿请求的程序问题。公务员因职务上行为而不法侵害他人权利，应依民法负损害赔偿之责，这是私法上的赔偿责任。但也有人说，公务员行为是国家行为，公务员不应以个人对第三者负赔偿之责。但公务员的一切意思行为未必尽为国家的意思行为，只有在法律所承认的范围内，才能成为国家的意思行为。公务员的行为纵然与职务有关，但不能避免行为人的责任，例如行政官滥用职权而侵害人民，除应负刑事责任外，对于被害人均应负损害赔偿之责。关于赔偿责任，依我国《民法》（1929年）第186条第1款规定，凡公务员因故意违背应尽的职务，致第三人的权利受损害时，当然负赔偿责任。公务员的侵权行为成立要件包括：一是须其行为对于人民为违法，二是须因官吏故意或过失而发生，但依据解释是以重大过失为限。因故意而侵害人民权利时，被害人纵有其他方法可受赔偿，也可以要求公务员先行赔偿；而出于过失时，则以被害人不能依其他方法获得赔偿时为限，方负其责。②

3. 安德的国家赔偿制度构建

1947年1月1日《中华民国宪法》公布之后，刘燕谷撰文阐述了《宪法》第

---

① 参见林纪东编著：《中国行政法总论》，正中书局1947年第5版，第102、197-199页。
② 参见马君硕：《中国行政法总论》，商务印书馆1947年版，第123-124、298-299页。

24 条的意义。与范扬类似，他分析了国家赔偿责任背后的罗马法思想与日耳曼法思想的差异及冲突，最后分析了国家赔偿责任的法律学构成。从凯尔森的纯粹法学来看，国家人格的意思，同时就是法秩序的内容，国家人格和其他人格存在根本不同。国家只有通过机关才能行动，国家机关的行为只有在实现国家意思的限度内，亦即在其心理的意思和法规上所表示的国家意思相一致的限度内，才能被视为国家的行为。国家既然是法，当然不是不法，国家没有不法行为能力。国家的损害赔偿责任，是为他人的过失而不是为自己的过失而承担的责任。因此，国家赔偿必须有实定法规的规定。①

因宪法中明确规定"依法律向国家请求赔偿"，安德则结合法国法判例，探讨了国家赔偿的制度设计。安德指出，《宪法》第 24 条的规定，"在我国法律史上，的确是一条划时代的法文"。成文法并不是国家赔偿制度不可缺少的根据，在我国宪法规定的法律制定之前，可依据学说上一致公认的原则、参考外国法制回答国家赔偿责任的成立要件等问题。与普通侵权一样，国家赔偿责任须具备下列要件：(1) 被害人受到损害，(2) 损害发生的原因事实可归责于国家，即与公务有关，(3) 损害与可归责于国家的事实之间有因果关系。除上述要件外，国家是否对一切与公务有关的行为负责，是不问有无过失的存在、还是就有过失的公务上行为负责，各国法律并不一致，法国行政法院判例采用前说，德国《魏玛宪法》采用后说。我国《宪法》第 24 条中"公务员违法侵害人民之自由或权利"，似专指有过失的行为。但所谓过失，应解释为"公务上"的过失，而不能解释为某特定"公务员"的过失，如此才足以保护被害人利益，因为被害人往往难以指出某公务员的过失。而且，在公务员并无积极的过失行为，而是官署本身组织或管理欠妥，因而损及人民的利益时，虽无有过失的公务员，但仍有有过失的官署，国家就不能卸免其责任。不问公务员个人有无积极的过失行为，而以官署的过失为根据，这不能不说是近代行政法上一种进步的思想。官署的过失有作为的过失、不作为的过失、办事迟缓的过失三种。另外，虽然官署在公共事业的管理上无过失，但如果人民因该公共事业受到损害，在其损害具有单独性且与正常社会生活并不相称（超出忍受义务的限度）时，亦可向国家请求赔偿，这就是学说上所谓"行政危险赔偿主义"。法国行政法院在官署过失之外，同时承认行政危险赔偿主义。我国宪法已就国家赔偿制度作了原则规定，将来的详细办法尚有待秉持先进思想并考虑现实的财政状况来设计。② 从学

---

① 参见刘燕谷：《国家损害赔偿责任制度之考察》，《学艺》第 17 卷第 9 号（1947 年），第 258-264 页。
② 参见安德：《国家赔偿制度概论》，《震旦法律经济杂志》第 3 卷第 4 期，第 53-56 页；《国家赔偿制度概论（续）》，《震旦法律经济杂志》第 3 卷第 5·6 期，第 71-73 页（1947 年）。

理上而言，安德的研究已具有较高水准，对公务员过失与官署过失（组织过失）的区分相当精准，对危险责任的介绍也属于前沿。

4. 张文镛的行政侵权行为责任研究

与范扬相似，张文镛使用了"行政侵权行为""行政侵权行为责任"的概念。侵权行为本是私法上的观念，但官吏也有职务上的侵权行为问题。"行政侵权行为即行政权主体之国家或地方自治团体，依行政权之作用，予人民以权利或财产上之损害行为也，此种损害，固无可归责于人民之事由，故由行政主体负赔偿责任。"行政侵权行为责任是公法责任的一种。国家应负行使权力的责任，这是近代责任学说的共通观念。主权观念也在随着环境而变迁，主权处于公法领域，其行使应当合乎责任原则。现代民治国家要建设有效的责任制度，就应当遵循权力与责任合一的原则。权力限制愈严，责任观念愈容易深入人心。① 行政侵权行为责任在侵权原因、法律关系、法律适用、争讼程序等方面均不同于民事侵权行为责任。在民主政治之下，行政权主体受法律限制，人民依法对国家保有权利，人民对于公务员的违法侵害行为可依行政诉讼手段请求国家负损害赔偿责任。行政侵权行为责任的构成要件分为两个方面。其一是客观要件，包括须为执行职务的行为、须他人的权利受到侵害、其行为属于不法、须有因果关系。其二是主观要件，包括责任能力，有公法能力者的行为才能构成公法上的侵权行为；意思责任，过去需要有公务员的故意或过失，但现在有以客观责任替代主观责任的趋势。②

总体而言，民国时期的国家赔偿研究并不发达，但较为基础，所处理的问题包括国家赔偿责任的性质如何、能否成立、国家赔偿责任与公务员个人赔偿责任的关系如何、国家赔偿责任中的过失定位等，其研究受大陆法系的影响更大，其中以日本、法国法的影响更为显著。

二、新中国法制化前的国家赔偿研究

新中国成立后，国家赔偿法制仅停留于宪法的纸面之上，相关赔偿工作交由政策处理，相关研究也付之阙如。这一状况直至改革开放之后才逐渐好转。

---

① 参见张文镛：《行政侵权行为责任之基础观念》，《中华法学杂志》第6卷第6期（1947年），第23-29页。

② 参见张文镛：《行政侵权行为责任概观》，《中华法学杂志》第7卷第8期（1948年），第27-33页。另外，张文镛还基于国家法人说的立场，撰文分析了国家机关的行政责任。参见张文镛：《论国家机关之行政责任》（上）（下），《中华法学杂志》第7卷第4期（1948年），第7-13页；第7卷第5期（1948年），第15-19页。

(一) 新中国成立初期的国家赔偿认识

新中国成立初期的法学迅速转入苏联化。在科托克的《苏联行政法概论》中并未将国家赔偿作为一般问题来处理，而只是在国家职员的责任中有所触及。国家职员的责任存在刑事责任、纪律责任、行政责任和物质责任四个基本种类。对于其中的物质责任，当国家职员以不合法的职务行为对于公民或社会团体造成物质损害的时候，就发生关于国家职员的物质责任问题。应将造成损害的不合法的职务行为分为两种：一是滥用职权、越权和漠视职责义务的结果，二是善意的错误和不知自己义务等情形的结果。第一种的特点是完成犯罪和因此造成物质损害的工作人员，应当依照审判机关的裁定由个人赔偿所造成的损害。对于第二种，例如在丢失发送邮件等情形的时候，职员违法职务行为的物质上的责任有时由机关来担负。但是，机关对于自己职员不法行为所造成的损害往往不予赔偿。在这种场合只能谈到纪律责任。① 由此可以看到，国家赔偿在一定情形下是可以成立的，而且，存在国家对职员的求偿问题。但国家赔偿的构成要件、求偿的条件等并不清楚。

司徒节尼金的《苏维埃行政法（总则）》也是在国家职员的责任部分作类似处理和分类。其中，"行政法上的所谓物质责任，是指国家职员因不正确的职务行为所致之损害应负赔偿的责任"。一种情况是使国家遭受物质损害，应根据司法或行政程序全部或部分予以赔偿。另一种情况是对公民或社会组织造成物质损害，这时多半是在国家机关工作人员错误或不合理的职务行为造成损害时，产生国家职员的物质责任问题。如果是犯罪的行为造成损害，必须承担私人财产上的责任。如果是错误的职责行为造成损害，在某些情况下由国家机关负物质损害责任，机关可以根据返还请求的程序自职员薪俸中扣款以补偿这项损失。在其他情况下，机关对于本机关工作人员因违法行为所造成公民或社会组织的损害不负责任。② 在这里，国家承担赔偿责任，也只是根据苏维埃立法的规定才能成立。

虽然我国 1954 年《宪法》第 97 条规定，"由于国家机关工作人员侵犯公民权利而受到损失的人，有取得赔偿的权利"；但是，在现实的制度中并不存在国家赔偿的法律和实务，相应的法学研究也不存在。

(二) 改革开放初期的国家赔偿认识

1982 年《宪法》第 41 条第 3 款规定，"由于国家机关和国家工作人员侵犯公

---

① 参见 [苏] 科托克：《苏联行政法概论》，萨大为译，人民出版社 1951 年版，第 49-50 页。
② 参见 [苏] C.C. 司徒节尼金：《苏维埃行政法（总则）》，中国人民大学国家法教研室译，中国人民大学，1953 年，第 119-122 页。

民权利而受到损失的人，有依照法律规定取得赔偿的权利"。1983年的统编教材《宪法学》仅简要指出："任何公民，当自己的合法权益遭到侵害的时候，有权提出申诉，并且有依法取得赔偿的权利。取得赔偿权，1954年宪法曾作过规定，后来1975年宪法和1978年宪法取消了这一规定，现行宪法又予以恢复，这是必要的。""我国公民能够享有这些权利，是由我们国家的根本性质所决定的。这表明我国人民是国家的主人，一切国家工作人员都是人民的勤务员。"① 而同一时期的行政法教材则还没有将国家赔偿作为专门问题来处理。②

1. 王名扬的法国行政赔偿研究

具有民国教育背景和法国留学经验的王名扬，在国家赔偿、行政赔偿研究上先行一步。这一时期除其1989年版《法国行政法》的赔偿内容外，还有两篇论文。王名扬1987年发表论文《法国公务员的行政赔偿责任》，1989年发表论文《法国的行政赔偿责任》，对法国的行政赔偿理论作出系统介绍。王名扬可能也是我国最早使用"行政赔偿"概念的学者。

前一篇论文的写作意图在于，《宪法》第41条第3款规定了国家赔偿，1986年《民法通则》第121条规定了与宪法基本相同的内容，那么，公民根据什么法律标准取得赔偿权利？国家机关和国家机关工作人员之间的损害赔偿责任关系如何？《民法通则》没有回答这两个问题，只能由以后的判例或其他立法提出解决办法。法国解决这些问题的经验作为一种法律技术可供参考。法国现代公务员的行政赔偿责任原则是19世纪70年代建立的。这个原则的核心内容是对行政上的赔偿责任划分为行政主体（行政机关）的赔偿责任和公务员本人的赔偿责任，前者由行政法院管辖，适用行政法规则；后者由普通法院管辖，适用民法规则。1873年，法国权限争议法庭在佩尔蒂埃案裁决中指出，这一标准应当根据产生损害事实的性质而定：如果产生损害的事实可以和行政职务分离，它就不属于公务活动，而是公务员本人的事实，构成公务员本人的过失；反之，则包含在公务之中，构成公务过失。公务员本人过失主要表现为和执行职务无关的过失、故意行为和严重过失。在实务中，公务过失和公务员本人过失是可能并存的，但这种并存与民法上雇主对受雇人的行为负责的理论无关，根据后者，雇主对受雇人的选任和监督没有过失时，雇主就不负责任，但法国的行政赔偿责任并非如此。在两种过失并存时，公务员的赔偿责任和行政机关的赔偿责任同时存在，受害人可

---

① 吴家麟主编：《宪法学》，群众出版社1983年版，第375页。
② 新中国较早研究的论文是刘新熙：《国家赔偿责任刍议》，《法学研究》1984年第5期，第56-61页。该文认为，宪法规定"依照法律规定"，故而，必须制定相应的有关国家赔偿责任的法律，才能贯彻宪法的精神。该文分析了制定相应法律的现实意义，并对国家赔偿立法提出了一些设想。

以选择，但不能得到双倍赔偿。①

后一篇文章则总体介绍了法国的行政赔偿制度。法国行政赔偿责任的原则由判例产生，不适用民法的赔偿规则，因而，一个独立的损害赔偿制度形成了。不过，其最大特色在于，法国的行政赔偿是由于公务本身有过错，这是一种客观的过错，虽然由执行公务的人员所产生，但不是执行公务人员的过错，而是由于公务的组织和运行不良的过错。其他西方国家的行政赔偿责任都是以公务员在执行公务中有过错为根据的，是一种主观的过错。法国损害赔偿责任的成立条件有三：其一是存在损害，其二是因行政主体的行为或物体而引起损害，其三是产生损害的事实是能够产生责任的行为。行政赔偿原则上以公务过错为条件，例外时对无过错执行公务也产生赔偿责任。公务过错是指公务活动欠缺正常的标准，这种过错来源于行政人员，但不能归责于行政人员，表现为公务实施不良、不执行公务、迟延实施公务三种形式。行政法院根据公务的难易程度、执行的时间、地点和行政机关所具备的人力、物力等不同情况，决定行政机关执行公务时所应达到的标准，对同一事实在不同的情况下可以认为具有过错或不具有过错。公务过错与违法行为是相互独立的概念，公务过错的作用在于决定行政主体的赔偿责任，目的在于保护当事人的主观权利。违法行为的作用在于审查行政行为的合法性，目的在于保障法治原则的实现，维持某一特定社会的公共利益。公务过错的制裁是损害赔偿之诉，违法行为的制裁是撤销之诉。如果严格贯彻过错原则，很可能给受害人带来极大不公。因为现代科技高度发展，会带来很多危险，这种危险所造成的损害不一定由任何人的过错所产生，但它不能由受害人独自负担。另外，行政主体具有特权，容易对相对人造成损害，而这种损害的产生，有时可能出于公共利益的需要，不构成行政主体的过错。由此，就有无过错责任的必要。法国存在两种学说，实务中也有相应的判例。其一是危险责任说，参照民法上的传统理论，任何人由于某种行为而得到利益时，必须承担由该行为所产生的危险责任，不能只得利益而不承担责任。其二是公共负担平等说，公民由于行政活动而受到损害，是一种为了公共利益而承受的负担，必须平等分配于全体，而不能由一人或少数人负担。②

两篇论文合为一体，大致就可以解明法国行政赔偿的全貌，既包含简明的历史脉络，也包含制度的整体框架，理论和判例兼备。王名扬之所以能如此要言不

---

① 参见王名扬：《法国公务员的行政赔偿责任》，《比较法研究》1987年第1期，第1-5页。
② 参见王名扬：《法国的行政赔偿责任》，《法学杂志》1989年第6期，第36-39页。《法国的行政赔偿责任（续）》（《法学杂志》1990年第1期，第34-35页）一文很大程度上重述了《法国公务员的行政赔偿责任》的内容。

烦,在很大程度上是因为他就是研究这一问题出身的。其1953年博士学位论文《中国法上公务员对行政相对人的民事责任》就是用法国法上公务员责任的理论来分析中国古代和现代的做法,其中包含着对法国相关理论的梳理。①

2. 早期教材里的行政赔偿

1988年,罗豪才主编的《行政法论》单设"行政侵权责任"一章,探讨国家赔偿问题。所谓行政侵权责任"是指国家为其行政机关和行政机关工作人员执行职务过程中的侵犯公民、法人合法权益的行为所承担的法律责任"。其前提是行政机关或公务员的侵权行为,责任主体是国家而非行政机关或公务员,但这并不排除国家就此侵权行为向公务员追究其责任的可能性。之所以选取"行政侵权责任"的称呼,是因为这一称呼既明确了该责任的实质,又区别了该责任与其他国家责任形式,比较符合我国的实际。该书简要梳理了行政侵权责任的历史发展,指出行政侵权责任有扩大化、法典化、国际化的趋势。在行政侵权责任的构成要件上,该书认为有如下四个:存在行政违法或不当的行为,存在公民或法人的合法权益受到损害的事实,违法或不当的行政行为与损害事实之间存在因果关系,存在国家承担责任的法律依据。由于无过错责任主义的兴起,我们已经不能把"主观过错"作为行政侵权责任的构成要件之一了。也正由于无过错责任主义的兴起,不仅违法的侵权损害会构成行政侵权责任,而且不当的侵权损害会构成行政侵权责任。在行政侵权责任的归属,也就是依据一定标准代表国家具体接受行政侵权责任的国家行政机关或行政单位的问题上,大致有以下几种做法。多数国家采取以公务员所属的国家机关为具体责任主体,捷克斯洛伐克以国家为具体责任主体,波兰以财政部为具体责任主体,日本以公务员的管理机关或费用负担机关为具体责任主体,法国和奥地利以公务员的具体职权授予机关为具体责任主体。确立了具体的责任主体,就能减少国家出庭应诉的困难。一个好的确立具体责任主体的标准应当符合三个条件:其一是符合法律代理制度,公务员作为国家的代理人应有具体的被代理的机关;其二是符合权力与责任相一致原则,指挥或支配公务员的机关应同时对公务员的行为结果负责;其三是符合明白与方便的原则,对公务员应负责的机关明白易辨,也便于作为诉讼当事人。据此,法国和奥地利的做法比较科学,而波兰和捷克斯洛伐克的做法则是不可取的。对于国家责任究竟是国家本位责任还是国家代位责任的问题,各国多有分歧,各执一端。从实践来看,本位责任与代位责任是国家责任中的两种情况:在存在求偿权的情况

---

① 参见《王名扬全集4 论文、词条汇编》,北京大学出版社2016年版,第61页以下,特别是第91-100页、第140-146页等。

下,国家承担了代位责任;在不存在求偿权的情况下,国家就承担了本位责任。大多数国家都规定,只有在公务人员因故意或重大过失而造成损害时,国家或国家机关才要求其偿还已赔偿的款项。① 如果按照该书的观点,绝大多数国家都实行代位责任,但在自己责任说之下也可能存在求偿的问题。

1989年,罗豪才主编的《行政法学》设置"行政责任与行政赔偿"一章,首次将"行政赔偿"置于标题之上。行政责任是行政违法的法律后果,亦即行政主体违反行政法律规范所应承担的行政法律责任。行政责任或行政违法责任分为行政政纪责任与行政侵权责任,前者由公务员承担,表现为行政处分;后者由行政机关承担,表现为行政赔偿。"行政赔偿是指行政机关或其公务员的行政行为侵害个人或组织的合法权益造成损害的,依法由国家(行政机关)承担的损害赔偿。"该书简要梳理了行政赔偿制度的历史沿革(由否定到有限制的肯定再到肯定三个阶段)。该书认为,行政赔偿的构成要件包括:存在行政违法行为,存在侵权损害事实,两者之间有因果关系,并且有法律依据。该书也不主张将过错列为行政赔偿的要件。该书建议尽快制定国家赔偿法,考虑到行政赔偿制度的经验不足、经费有限,主张确立以过错责任为主、无过错责任为辅的原则。② 该书从行政法的任务角度对行政违法、行政责任作出界定,即行政机关及其公务员违反行政法律规范、由此所应承担的法律后果,并在行政违法—行政责任—行政侵权责任—行政赔偿之间建立起有效的联系。该书所提出的行政赔偿制度的完善建议虽然未能在后来的《国家赔偿法》中如数得到采用,但均为国家赔偿法立法中讨论的重要问题。

1989年,龚祥瑞主编的《行政法与行政诉讼法》设"行政责任法"一章。该书在行政法律责任的层面上使用"行政责任"概念,即"违反行政法上的义务而应负的法律责任"。该书将行政责任分为行政机关的法律责任——损害赔偿责任、公务员的法律责任——行政处分责任和公民的法律责任——行政处罚责任三种。行政责任的一般构成要件有三个:(1)当事人的行为违反行政法规定予其的义务,(2)违反行政法的当事人主观上存在过错,(3)违反行政法的当事人具有承担行政责任能力。行政损害责任是行政机关因违反其行政法上的义务造成公民合法权益的损害而应承担的法律责任。在行政损害责任中,区分公务员个人行为与职务行为并非易事,但因为存在求偿制度,可将执行职务行为理解为一切与执行职务有

---

① 参见罗豪才主编:《行政法论》,光明日报出版社1988年版,第301页以下。
② 参见罗豪才主编:《行政法学》,中国政法大学出版社1989年版,第258页以下(罗豪才、皮纯协、潘祜周合写)。

关的行为，如此，既有利于保护公民的合法权益，也不会放纵公务员的违法责任。在确立损害责任主体上，各国存在多种做法，该书认为，法国和奥地利以公务员的具体职权授予机关为责任主体，这一方案较为周全。它意味着，在一般情况下，应以公务员所属国家机关为责任主体，但在特殊情况下，当协助执行公务或执行受委托公务时，则应以被协助机关或委托机关为责任主体。① 该书将行政赔偿、行政处罚、行政处分三种法律责任置于"行政责任"项下做一体研究，颇具特色。

1989 年，张焕光、胡建淼的《行政法学原理》设"行政责任"一编，其下有"行政赔偿责任"一章。但该书所理解的行政责任，"是指行政法主体（行政主体及行政人和相对人）因违反行政法律规范而依法必须承担的法律责任。它是行政违法（以及部分行政不当）所引起的法律后果"。所以，相应地就有行政主体的责任、公务员的责任、行政相对人的责任等类型，有惩罚性行政责任（对行为人的惩罚，包括通报批评、行政处分、行政处罚）和补救性行政责任（对行为对象的补救，包括赔礼道歉、消除影响、履行职务、撤销违法、纠正不当、返还权益、恢复原状、行政赔偿等）。该书对行政赔偿的界定是，行政主体行政行为违法，造成相对人财产上的实际损失，从而依法对后者实施赔偿的法律责任。它是由行政侵权行为直接引起的，行为合法和行政不当不引起行政赔偿责任。在行政机关及其职务行为违法、有财产损害事实的实际发生、两者之间有直接的因果关系时，产生行政赔偿责任。②

三、新中国法制化下的国家赔偿研究

1989 年制定行政诉讼法后，为了保证行政诉讼法规定的行政赔偿制度的实施，③ 全国人大常委会法制工作委员会组织有关法律专家组成起草小组，于 1992 年 10 月起草了《国家赔偿法（试拟稿）》，在征求意见和进一步调查研究之后拟订了《国家赔偿法（草案）》，1993 年提请审议。④ 1994 年全国人大常委会通过

---

① 参见龚祥瑞主编：《行政法与行政诉讼法》，法律出版社 1989 年版，第 180－181、186－191 页、第 213 页以下。
② 参见张焕光、胡建淼：《行政法学原理》，劳动人事出版社 1989 年版，第 379、383、417、421 页。
③ 1989 年《行政诉讼法》第 68 条规定："行政机关或者行政机关工作人员作出的具体行政行为侵犯公民、法人或者其他组织的合法权益造成损害的，由该行政机关或者该行政机关工作人员所在的行政机关负责赔偿。""行政机关赔偿损失后，应当责令有故意或者重大过失的行政机关工作人员承担部分或者全部赔偿费用。"
④ 参见胡康生：《关于〈中华人民共和国国家赔偿法（草案）〉的说明——1993 年 10 月 22 日在第八届全国人民代表大会常务委员会第四次会议上》，《全国人民代表大会常务委员会公报》1994 年第 4 号，第 27－28 页。

了《国家赔偿法》，国家赔偿由此走上了法制化的道路。此后的行政法教科书多设置专门的章节来介绍国家赔偿制度，也出现了不少国家赔偿法的专门教材和著作。总体而言，国家赔偿的实践并不充分，相应的研究也不甚发达。理论争议较大的主要是国家赔偿责任的性质、国家赔偿的归责原则两个方面。

（一）国家赔偿责任的性质论争

1986年《民法通则》第121条规定，"国家机关或者国家机关工作人员在执行职务中，侵犯公民、法人的合法权益造成损害的，应当承担民事责任"。这本是落实《宪法》第41条第3款规定的一种做法，但却引起国家赔偿责任性质的论争，国家赔偿到底是民事责任还是其他责任？国家赔偿到底是谁的责任？

1. 民事责任说与公法责任说

国家赔偿责任是一种民事责任还是公法责任或国家责任，涉及国家赔偿立法的指导思想，是按照民事赔偿的原则展开还是按照公法的要求去设计。在研究中，有从国家赔偿责任的角度去探究的，也有从国家赔偿法的属性角度去说明的。

周汉华详细考察了国家赔偿制度在各国法律体系中的地位，大致区分为三种情况：（1）国家赔偿责任基本上由有关民事赔偿责任的法律规定调整，如英美法系各国、阿根廷、荷兰、比利时、意大利等；（2）国家赔偿责任由特别法律予以规定，但普通法院享有管辖权，如德国、日本、奥地利、墨西哥等；（3）国家赔偿责任基本上由公法调整，很少适用私法规定，而且，行政法院和普通法院各自都享有管辖权，如瑞士、法国、土耳其、西班牙等。[①] 肖峋（时任全国人大常委会法工委民法室副主任）研究指出，理论上存在公法说、私法说和折中说三种学说。法国的许多学者主张国家赔偿法属于公法，它调整着因国家行使公权力侵害人民私权利而引起的国家赔偿法律关系，与调整私人相互间利害关系有异，兼顾公权力和私权利两方利益，存在自己的特殊规则。德国、日本也有许多学者持相同主张。英美的国家赔偿法立法根据的是私法说。其根据在于，国家赔偿保护的是私权利，赔偿的结果是受到损害的私人得到救济，在赔偿时国家与人民的关系是平等自愿的私法关系。国家赔偿固然有其特殊性，但仍为私法制度的一部分，是民法的特别法。但英美的私法实行过错原则，而国家即使有过错也有很多豁免的情形，将国家赔偿法解释为私法，与私法难以相容。折中说认为，国家赔偿法是兼有私法原则和公法原则的法律，争论其属于私法还是属于公法没有意义。[②]

[①] 参见周汉华、何峻：《外国国家赔偿制度比较》，警官教育出版社1992年版，第32页以下。
[②] 参见肖峋：《论国家赔偿法的法律地位》，《行政法学研究》1993年第1期，第26-27页。

那么，国家赔偿法是依据哪一种观点制定的呢？首先，关于国家赔偿的归责原则，国家赔偿法没有采用民事赔偿法的过错原则，而是规定了违法原则。其次，关于国家赔偿的范围，国家赔偿法没有采用有损害应有赔偿的民法原则，而是采用了法定原则，规定了哪些行为损害了哪些权利国家应予赔偿，没有规定的，则不能适用国家赔偿法承担责任。最后，关于赔偿水平，不采用民法的赔偿应与损失相当的原则，而是确定了应与国家财力和人民平均生活水平相适应的原则，目前赔偿水平以维持受害人生活及生存之必需为限，并且规定了法定标准。一部赔偿法的实体问题应当说主要就是归责原则、赔偿范围、赔偿水平这三个问题，我国国家赔偿法既然在这三个问题上都有不同于民法的明确规定，在司法实践上，适用这些规定就完全可以解决国家赔偿纠纷，无须再适用民法了。[1] 由此看来，肖峋偏向于公法说。

沈岿认为，我国《宪法》第 41 条第 3 款、行政诉讼法、国家赔偿法的规定等都没有在侵害原因上区分公权力行为与非权力性行为，但学理和实务中对国家的私法上赔偿责任向来不用"国家赔偿"一词来指称。在当下的制度和理论框架内，"国家赔偿"概念的常规指向还是公法意义上的国家赔偿，是作为公法的国家赔偿法所规范的事项。[2]

民法学者黄芬认为，职务侵权赔偿责任属于民法特别侵权责任。职务侵权行为实际上产生了两个不同阶段、不同性质的法律关系：一是公权力行使中国家与私人之间的公法关系，二是侵权行为造成损害所导致的赔偿法律关系。在前者中，因行使公权力的首要目的是维持公共利益和公共秩序，从而赋予了国家优越的地位；在后者中，公权力的行使已经完结，所要处理的是受侵害的私权利或利益的救济，其首要目的是维护个人的人身和财产利益。虽然职务侵权行为违反的是公法上的义务，但公法上的义务只是对义务来源的一种界定，并不能决定违反该义务的责任性质。关键在于，该义务的内容是保护相对人在私法上的权益还是维护公共利益或公共秩序，这决定了责任的性质。如果是前者，违反该义务就可以产生民事侵权责任。只有违反保护相对人合法权益的公法规范义务，才会构成职务侵权行为。故而，职务侵权赔偿责任属于民事侵权责任。[3] 显然，黄芬持私法说的立场。

理论上也有实用论的倾向。有学者认为，我国学术界并没有接受公私法划分

---

[1] 参见肖峋：《论国家赔偿立法的几个基本观点》，《中国法学》1994 年第 4 期，第 12 页。
[2] 参见沈岿：《国家赔偿法：原理与案例》，北京大学出版社 2022 年第 3 版，第 9-13 页。
[3] 参见黄芬：《职务侵权赔偿责任研究》，法律出版社 2009 年版，第 95-97 页。

的理论，因而，对国家赔偿法的性质不宜以公私法定论。从我国国家赔偿的立法及实践来看，它在本质上是国家的一项基本法，既包含着许多民法及诉讼法规定，也含有自身所需要的大量特殊规则，无论在实体内容上还是在程序内容上，都是一部集多层次、多领域、多原则规范的特殊法，也是集实体与程序为一体的综合法。我们无须拘泥于公私法的划分，而应重视的是国家侵权行为的具体分类，将具有相同原则的特殊规范吸纳于国家赔偿法中，使之成为一个既全面又具体、既分散又统一的国家基本法。[①]

也有学者认为，行政赔偿有其特殊性，行政赔偿实践对责任性质的要求并不像学者们科学研究那样迫切，只要遵循其特殊规律，依照法律的一般规定和特别规定即可办理行政赔偿案件。与其称行政赔偿责任属于特殊的民事责任，不如称之为"国家赔偿责任"。[②] 薛刚凌将国家赔偿责任的属性归结为民事责任和国家责任的争议，而没有采用公私法责任的说法。她认为，国家赔偿是对国家权力运作过程中侵权给相对人造成的损失的赔偿，其着眼点是对国家机关违法行为或违法后果的补救，从而与民事侵权行为引起的民事责任有本质区别。而且，国家赔偿与公共利益密切相关，在赔偿的方式、范围和程序上都有别于对民事责任的追究。国家赔偿的主体是国家，费用由国家财政列支并纳入各级财政预算，这与民事责任由侵权的民事主体承担是不同的。因而，国家赔偿是一种独立的国家责任，这是由国家赔偿责任的本质和特点所决定的。[③]

自《国家赔偿法》实施以来，《民法通则》第121条的规定逐渐退出国家赔偿领域的适用，2003年之后该条只剩下法理可用，[④] 2009年的《侵权责任法》、2020年的《民法典》都不再规定国家机关及其工作人员的侵权责任问题，《国家赔偿法》的自足性日渐增强。

2. 代位责任说与自己责任说

国家承担赔偿责任，是代替公务员承担的间接责任还是国家自己的直接责

[①] 参见马怀德：《国家赔偿法的理论与实务》，中国法制出版社1994年版，第66页；皮纯协、何寿生编著：《比较国家赔偿法》，中国法制出版社1998年版，第60页。房绍坤明确持实用论立场，认为对国家赔偿法作公私法的定性，意义不大。参见房绍坤、毕可志编著：《国家赔偿法学》，北京大学出版社2011年第2版，第27页（房绍坤执笔）。

[②] 张尚鷟主编：《走出低谷的中国行政法学》，中国政法大学出版社1991年版，第589页。

[③] 参见薛刚凌主编：《国家赔偿法》，中国政法大学出版社2011年版，第6页（薛刚凌执笔）。

[④] 《最高人民法院关于审理人身损害赔偿案件适用法律若干问题的解释》（法释〔2003〕20号）第8条规定："法人或者其他组织的法定代表人、负责人以及工作人员，在执行职务中致人损害的，依照民法通则第一百二十一条的规定，由该法人或者其他组织承担民事责任。上述人员实施与职务无关的行为致人损害的，应当由行为人承担赔偿责任。""属于《国家赔偿法》赔偿事由的，依照《国家赔偿法》的规定处理。"

465

任,向有争议,形成了代位责任说与自己责任说两派观点。马怀德认为,代位责任说源自民法上雇用人责任,但有区别,国家承担责任并不能以选任、监督公务员尽到注意义务为免责事由,它是一种严格责任而非过失责任。而自己责任说的早期理论由于受到国家豁免原则的限制,仅被理解为公务员个人对其侵权行为负赔偿责任,但随着豁免理论的衰退,主流观点认为,作为法人的国家应当对其下属的公务员的侵权行为负责。履行国家职权的机关和公务员是代表国家的,其行为可视为国家的行为。这种责任不以公务员有无过错为成立条件,故而,又可称为危险责任或无过失责任。两种学说最重要的差别在于,如果将国家赔偿视为代位责任,那就要证明特定公务员的主观过错,特定公务员的知识和主观状态就成为赔偿的主要因素。在这两种学说之外,还有合并责任说、中间责任说与折中说。合并责任说认为,公务员具有公务机关的身份,则由国家负赔偿责任;反之,国家承担的赔偿责任则是代位责任。中间责任说认为,公务员的不法行为被认定为公务机关的不法行为时,国家的责任就是自己责任;如果公务员的不法行为具有故意或重大过失,该行为就仅为公务员个人责任。在有特别例外规定时,国家为保护被害人的权益而承担责任,这时的责任是代位责任。折中说认为,公务员执行职务时的不法行为造成他人权益损害,这种责任属于国家自己的责任;但如果国家赔偿责任构成要件中要求公务员有故意或过失的,则该责任具有代位性质。[①]

对于1989年《行政诉讼法》有关行政赔偿的第68条规定、1986年《民法通则》第121条的规定、国家赔偿法草案的规定,马怀德认为,国家据此承担赔偿责任的性质是直接自己责任,而非代位责任。原因在于:一是国家负责赔偿的条件中并没有对公务员主观动机作出任何要求,而采用了客观结果责任原则。如果受害人的合法权益遭到国家机关和公务员执行职务时的侵害,只要法律有规定,国家就必须予以赔偿,即使在公务员个人主观无过错的情况下,国家也负同样责任。公务员犯有故意或重大过失,只要是在执行职务,国家仍须承担赔偿责任。也就是说公务员过错程度并不影响国家赔偿责任的成立。国家不能以"选择和监督公务员已尽到相当注意"为由免除自己的责任。二是求偿或追偿只意味着行政机关为了惩戒有责任的公务员而使其支付部分赔偿费用,支付赔偿费用与承担赔偿责任并不能等同。公务员并不直接与受害人发生赔偿关系。只是国家支付赔偿费用后,采用国家机关责令有故意或重大过失公务员承担部分或全部赔偿费用的方法,实现国家机关内部纪律惩戒。[②]

[①] 参见马怀德:《国家赔偿责任的性质》,《中国法学》1994年第2期,第16-18页。
[②] 参见马怀德:《国家赔偿法的理论与实务》,中国法制出版社1994年版,第18-20页。

薛刚凌也认为，自己责任说较为合理。第一，从国家与公务员的关系来说，公务员的职务活动代表国家，以国家的名义实施，其行为后果归属于国家，公务员执行职务中的侵权行为被视为国家侵权，其赔偿责任理应由国家承担，即为国家自己的责任。第二，从引起国家赔偿的损害原因来说，有些损害与公务员的主观过错无关，例如警察在执行公务时使用武器对第三人的财产造成伤害，这时国家承担的赔偿责任显然与公务员的过错无关。第三，从维护受害人的合法权益来说，应将国家赔偿责任理解为国家自己的责任。在国家自己责任之下，受害人请求赔偿，无须证明公务员的主观过错，只要举出公务行为的客观过错以及损害确系由过错的公务行为所致即可。[1]

自己责任说可谓我国行政法学的通说。不过，沈岿认为，代位责任说和自己责任说各有千秋，两者都是对特定情境中国家赔偿制度进行解释而非规范的学说。如此定位，只要不将其中任何一个学说当成在制度打造之前予以选择的规范论，国家赔偿制度的建构或完善就会是结合具体情境而非先验的、是功能取向而非理性主义的，自己责任说固然简洁明了，但并非在所有情境中都比代位责任说先进。最佳的选择可能是：对于以过错为要件的国家赔偿责任，用代位责任说加以解释；对于无过错情形下的国家赔偿责任，用自己责任说加以解释。原则上，公务人员未尽合理的职务注意义务造成侵权，是公务人员自己的过错所致，本应由自己负责，国家只是代替其承担责任，同时保留追偿权；但是，公务人员严重的职务侵权行为，则由公务人员自己向受害人负责，国家不予代位赔偿；至于公务人员无过错情形下造成的侵权，自然是国家自己承担后果。[2] 国家赔偿的性质固然重要，但国家赔偿的归责原则、构成要件、赔偿方式等的合理组合，才是国家赔偿制度的关键所在。

（二）国家赔偿的归责原则论争

国家赔偿的归责原则是指由国家承担赔偿责任的根本原因和根据。对于国家赔偿的归责原则，历来有多种实践中的做法，也有诸多理论上的论争。通常认为，国家赔偿的归责原则有过错原则、无过错原则或严格责任原则、违法原则以及一些折中的做法。1994年《国家赔偿法》采取了违法原则，2010年修改的《国家赔偿法》形成了以违法原则为主、以结果责任原则为补充的局面。

1. 多样的归责原则

在1989年制定《行政诉讼法》前后，学界有关国家赔偿的归责原则争论是

---

[1] 参见薛刚凌主编：《国家赔偿法》，中国政法大学出版社2011年版，第7页（薛刚凌执笔）。
[2] 参见沈岿：《国家赔偿法：原理与案例》，北京大学出版社2022年第3版，第27-29页。

围绕着采用过错原则还是无过错原则展开的,还不存在违法原则的问题。民法学者金立琪、彭万林、朱思东认为,对国家机关侵权行为采用何种归责原则,实质上是由国家机关的侵权行为的范围所决定的。从外国立法情况来看,凡是把公有公共设施的致人损害责任纳入国家侵权行为范围的,如西方国家,都采用过错责任和无过错责任并举的原则;凡是把公有公共设施致害的责任排除在外的,如苏联、东欧国家,都采用过错责任原则。而我国当时的法制并未纳入公有公共设施致害的责任。由此,他们认为,我国国家机关侵权行为的赔偿责任应采用过错责任的归责原则。这时的过错分为国家机关的过错和国家机关工作人员的过错两种。国家机关的过错实际上是指国家机关内某些领导成员的过错,而存在其他国家机关工作人员的过错时,国家机关承担的赔偿责任仍然应是过错责任。国家机关对其工作人员执行职务时致人损害责任的承担,是由国家机关与其工作人员的特殊的国家职务关系决定的。国家机关就其成员的侵权行为向受害人承担责任,从形式上看是一种间接责任,但实质上是一种直接的赔偿责任,国家赔偿法是基于对受害人利益的保护,确定国家机关与受害人之间的赔偿关系。法律上将国家机关工作人员的过错视为该机关的过错,而由该机关承担赔偿责任。因此,它实质上仍属于过错责任。当然,如果国家机关工作人员的侵权行为与执行职务无关,则不应将其视为所属国家机关的过错。[1]

1991年,罗豪才、袁曙宏撰文就各种观点展开分析。所谓过错责任原则,是指国家机关和国家机关工作人员在执行职务时因过错给公民、法人或其他组织的合法权益造成损失,国家应当承担赔偿责任。这一原则的缺陷在于,国家机关并不存在过错的主观心理状态,即使可以将国家机关工作人员的过错推定为国家机关的过错,也无法说明为什么又将国家机关工作人员的主观过错作为向其求偿的理论依据;审判实践中难以把握;而且与行政诉讼法所确定的行政赔偿原则不一致。所谓无过错责任原则,是指只要国家机关和国家机关工作人员的行为在客观上侵犯了相对一方的合法权益并造成实际损害,无论其是否主观上有过错、客观行为上是否违法,都要承担赔偿责任。这一原则的问题在于,与现行法的规定不一致;且在理论上混淆了国家赔偿与国家补偿的界限,混淆了国家合法行为与违法行为的界限;对国家的合法行为与违法行为不加区别,脱离国情,而且不利于更好地保护相对一方的合法权益。所谓违法责任原则,是指执行职务时的违法行为侵犯了相对一方的合法权益并造成损失,国家应当承担赔偿责任。其优点在于,既避免了将国家机关不可能存在的主观过错作为责任标准,也避免了确立主

---

[1] 参见金立琪、彭万林、朱思东:《国家赔偿法原理》,中国广播电视出版社1990年版,第53-56页。

观过错和客观违法的双重责任标准；标准客观，易于把握，有利于克服实践的随意性；有利于国家赔偿法与行政诉讼法之间的协调和统一；将国家赔偿与国家补偿区分开来，有利于分清是非，同时将主观过错作为向工作人员求偿的标准，有利于分清国家机关与其工作人员之间的责任。其问题在于：我国法制尚不健全，违法责任原则不能将某些虽不违法、但却明显不当的侵权行为包括进来。故而，他们主张违法与明显不当责任原则，亦即国家机关和国家机关工作人员在执行职务时因违法或明显不当行为给公民、法人或其他组织的合法权益造成损失，国家应当承担赔偿责任。其所称"明显不当"，主要是针对自由裁量权的行为，与"违法"一样都是客观行为，而非主观心理状态。违法与明显不当责任原则具有违法责任原则的全部优点，但却弥补了其赔偿范围偏小的不足。①

同年，应松年、马怀德撰文仍主张违法原则。其理由在于：首先，该原则与宪法的规定相一致，同时也与行政诉讼法的规定相协调。其次，该原则简单明了，易于接受，可操作性强。再次，避免了过错原则中主观方面的认定困难。最后，避免了过错违法原则的双重标准。很多国家和地区的学者意识到了过错违法原则的弊端，开始寻找以违法原则代替故意过失违法原则的途径。实践中也出现了这种做法。违法原则摆脱了民法原理中的某些束缚，正在日渐被国家赔偿法所接受。至于违法与明显不当责任原则，显然是进了一步，但在违法原则之上再加上"明显不当"，似使问题变得复杂起来。一者明显不当缺乏明确的判断标准，二者明显不当的合法性问题仍有争议。他们认为，明显不当可区分为两种情况：如果是滥用职权、主观恶意造成的，即视为违法行为，纳入违法原则；如果是技术、设备、其他客观条件造成的，属于合法范围内的行为，对此造成的损失，国家予以补偿。故而，只有违法原则才是我国赔偿立法的适当选择。②

1994年《国家赔偿法》确立了违法原则之后，学界仍提出了诸多批评，并提出了诸多修改建议。例如，杨小君认为，违法归责原则从逻辑层面来看是行为评价层面的原则，而不是损失负担层面的原则。国家赔偿的归责原则应当是无过错原则，即受害人对于损失的后果无过错，法律上无负担这种损失的根据。在此原则之下，国家承担赔偿责任具体形式的归责标准有：违法标准、过错标准、结果标准、无过错标准及风险标准等。这些归责标准分别适用于不同的国家赔偿事项范围。③ 2012年，曾刚著书对行政赔偿归责原则的各种主张及其理由、存在问

---

① 参见罗豪才、袁曙宏：《论我国国家赔偿的原则》，《中国法学》1991年第2期，第62-69页。
② 参见应松年、马怀德：《国家赔偿立法探索》，《中国法学》1991年第5期，第47-48页。
③ 参见杨小君：《国家赔偿的归责原则与归责标准》，《法学研究》2003年第2期，第116、118-121页。

题等展开梳理,他主张应坚持以违法归责原则作为行政赔偿的一般归责原则,而无须以过错原则代替或辅助。①

2. 违法与过错的关系

在各种归责原则中,无过错原则实际上处于例外或补充的地位,真正形成对照的是过错原则与违法原则。种种批评实际上的焦点在于,如何理解过错在国家赔偿中的地位。

在普遍认为国家赔偿法采用了违法原则之后,周汉华仍提出尖锐的批评:我们对各国情况的概括和由此得出的结论,"几乎毫无事实根据,甚至可以说完全是一种莫大的误解"。"在国家赔偿归责原则问题上,只有过错原则,没有违法原则或违法加过错原则,这是不容争辩的事实。我国学者所谓的违法归责原则可以说是误解的产物。"忽视了替代赔偿责任与直接赔偿责任的区别,错误地将瑞士的归责原则划为违法责任原则;混淆了侵权法中的违法性(实为侵权)与司法审查中的违法性,将日本的归责原则人为地划入违法加过错原则。违法归责原则的不足首先在于,它缺少过错责任原则所特有的不确定性。过错原则虽以故意过失为条件,但确立过错的过程从来就不是一个探索主观心理状态的过程。在一般侵权法中,它以一种客观标准(理性人)与侵害人的行为相比较;在国家赔偿责任中,则以一种法律义务或抽象的管理标准与公务员的行为或实际管理过程相比较。这并不是一个主观过程。过于轻易地否定过错的客观性,是对人类法律文明成果的漠视。而以违法代替过错,使整个赔偿法及归责原则失去了本该有的不确定性,不能根据社会经济发展状况灵活地调整国家利益与个人权益的关系。其次,违法归责原则的逻辑起点是,只有国家职权行为经过司法审查程序被确认为违法的行为,才有可能发生国家赔偿问题。但国家职权行为与可被司法审查的国家职权行为在外延上有天壤之别。国家赔偿法对行政赔偿范围的规定,实际上是行政诉讼法对受案范围规定的简单翻版。违法归责原则必然带来赔偿范围的狭窄化。最后,违法归责原则最明显的缺陷是它的不可操作性。国家职权行为如果是依法进行的法律行为,可以用合法性标准加以判断;如果是日常的事实行为,则不宜以合法与否加以衡量。即便是法律行为,用过错原则来定性也是更科学的。当然,在现行法之下,法院仍可通过一定的办法确立过错责任原则。一种办法是,在国家赔偿上,将国家赔偿法理解为相对于民法通则的特别法,对于无法适用违法归责原则的案件,适用《民法通则》的规定,藉此来扩大过错责任原则的适用;另一种办法是,重新界定国家赔偿法上的"违法",将其解释为过错责任

---

① 参见曾刚:《行政赔偿归责原则研究》,法律出版社2012年版。

原则,将违法解释为"违反法律规定的对受害人的特定义务"。在判断是否违法时,须首先从法律规定及一般法律原则中确立是否存在保护受害人权益的特定义务,其次判断国家机关及其工作人员是否违反这一义务。如此,这种认定不仅要考虑国家职权行为本身的性质和特殊性,也要考虑受到影响的权益的状况,以确定作为或不作为是否违法。这种解释实际上是直接以过错的内容来解释违法。[①]不过,上述关于违法原则的三点不足,有批评过头之嫌。其一是灵活性问题,过错原则未必灵活,即便有灵活赔偿之处,也有可能转为灵活不赔之理。而且,如其所言,违法原则有解释的空间。故而,两者的灵活性只是相对而言。其二是赔偿范围狭窄化问题,这也与违法原则的运用相关,实践中并不是因为违法原则、而是因为赔偿范围的法定化而使国家赔偿范围狭小(有时还包括补偿渠道不畅,显得赔偿范围狭小)。其三是不可操作性问题,通常而言,过错的证明是需要经历一定周折的,而客观违法的证明则是相对简单的。无论是法律行为还是事实行为,都存在合法性评价的问题,在如何处理上存在撤销之诉、确认之诉的差别,但都可以成为国家赔偿的事由。事实行为确实会比法律行为更复杂,法律行为的行为方式相对确定,事实行为没有办法尽数规范,除实定法外,还要依赖于一般法理进行规范。

朱新力、余军认为,从侵权法的角度考察,我国国家赔偿违法归责原则中的"违法"属于行为违法,即国家机关在实施其公务行为时违反了必要的注意义务,主观上存在过失。如此认识,可扩大违法归责原则的适用范围,但若违法即有过失,既有可能因机械理解实定法规范而缩小国家赔偿的范围,也有可能因实定法规范的标准化而丧失过失认定的个案灵活性。所以,不能简单地将公权力机关违反实定法规范作为推定过失的客观标准,而应以过失责任原则取代目前的违法归责原则,"主观法律秩序"的定位为公权力主体注意义务的确定以及过失客观化提供了基础。同时,进一步对主观法律秩序中的注意义务进行区分,将国家赔偿法关注的注意义务定位为公权力主体对特定人的保护义务,将违反主观法律秩序规范作为过失客观化的标准,也就是说,并非对所有的"违法"行为都可推定过失的存在。另外,无过错原则仅意味着对"客观法律秩序"的违反,其适用情形由法律规定,可将无过错原则确立为国家赔偿的辅助性原则。[②]

沈岿认为,违法原则的真正弊病在于:(1)错误批评过错原则,人为割裂了

---

① 参见周汉华:《论国家赔偿的过错责任原则》,《法学研究》1996 年第 3 期,第 136 – 143 页。
② 参见朱新力、余军:《国家赔偿归责原则的实证分析》,《浙江大学学报(人文社会科学版)》2005 年第 2 期,第 120 – 124 页。

国家赔偿法与普通侵权法的沟通，使违法原则难以吸收侵权法过错原则发展的结果，很难将违反注意义务解释进违法范畴之中。(2) 脱离我国制度环境现实，实务界明显倾向于狭义论，使赔偿范围事实上趋向狭窄。国家赔偿归责原则体系应以过错原则为主，以无过错原则为辅。过错原则意味着存在故意或过失侵权，受害人就有获得赔偿的权利。故意或过失的认定，与普通侵权法相通，因循过错客观化的趋势，但国家赔偿法上的注意义务应该是忠于职守的一般公务人员应尽的注意义务，而非侵权法上的一般人的注意义务。若职务行为被认定为违法，则按"违法视为过错"的观点，不再细究行为是否存在过错。若实定法规范没有提供是否违法的判断标准，可进一步考察公务人员是否存在过错的情形。涵盖违法性判断和过错判断的过错原则可普遍适用于绝大多数公权力职务行为的侵害情形。在受害人失去人身自由、处于行政监管过程中发生损害等情形中，受害人处于举证不利的地位，可适用过错推定原则。而无过错原则主要适用于公共设施致害赔偿、冤狱赔偿等法律明确规定的少数情形。①

民法学者黄芬认为，国家赔偿法上的违法与侵权责任的违法具有同样意义。理论上对违法常作广义的理解，国家在执行职务时不仅要遵守具体的法律法规规章，同样必须遵守相关的法律原则，甚至在缺少成文规则时，行为义务的确定依赖于基于一般经验或行业标准所作的判断和一些公认的合理标准。从实质而言，国家之所以依照国家赔偿法承担赔偿责任，是因为公务员在行使公权力的过程中违反了具有保护第三人效力的公法规范或原则所引申出的注意义务或者违反了对第三人的人身和财产所负有的一般注意义务，由此导致第三人损害的发生。这种注意义务的违反使得国家赔偿法上的违法概念与侵权法上的违法概念具有同一性。归责原则本质上是主观层面的概念，而违法是客观层面的概念，仅具有构成要件的意义。②

陈国栋认为，行政法上的违法包含着两个不同的类型：一种是违反客观行政法规范的违法，侵犯的是公益，违背的是对立法者的义务；另一种是违反对公民职务意义的违法，侵犯的是私权，违背的是对公民的义务。正如2010年修法加入刑事赔偿的结果责任所示，我国的违法是以过错为内核的，是英国行政赔偿上的"违法过错一体化"的违法，即国家机关及其公务员对受害人未尽合理注意义务且导致原本可避免的损失产生。国家赔偿只需要以相对人的权益为出发点，审视职务行为是否违背对公民的合理注意义务即可。③ 但如果违法与过错一体，那

---

① 参见沈岿：《国家赔偿法：原理与案例》，北京大学出版社2022年第3版，第81、84-85页。
② 参见黄芬：《职务侵权赔偿责任研究》，法律出版社2009年版，第86-89、191-192页。
③ 参见陈国栋：《法律关系视角下的行政赔偿诉讼》，中国法制出版社2015年版，第176-181页。

其实就是对违法换一种理解即可,而无须主张新的归责原则;而且,以注意义务为准来判断违法性,可能导致行政诉讼法与国家赔偿法在违法性判断上的不一致。杜仪方主张过错原则,在违法性上主张职务行为的结果违法,将违法性与过错相分离,在满足违法性之后再考虑过错问题。① 如此固然区分了违法与过错,但从结果违法而非行为违法的角度看,其实就无法区分赔偿与补偿了。

2021年,蒋成旭撰文分析了过错在国家赔偿责任中的地位。他认为,我国国家赔偿的违法要件在事实上已经吸收了过错要件,将违反注意义务解释为广义的违法,由此很大程度上克服了立法上的疏漏和学界对违法原则的批评。现在的主要矛盾不再是违法归责与过错归责之间的矛盾,而是广义违法要件与一元违法概念(行政诉讼与国家赔偿的违法同一性)之间的矛盾。现在,违法性的判断包含着两种逻辑:行为因缺少合法要件而违法和行为因未尽合理注意而违法。两种逻辑共同发挥作用,塑造了违法性的四种基本类型:无利害关系的违法(损害与违法无关)、已尽合理注意的违法、未尽合理注意的违法和纯正的违法(行为违法且违反职务上的注意义务)。只有后两种能够成为国家赔偿责任成立的基础。无利害关系的违法可以通过否定原告资格来否定责任的成立;已尽合理注意的违法往往发生在间接侵害行为的场合,可以通过否定因果关系来否定责任的成立。所以,需要将过错要件从广义违法要件中分离出来的场合并不多,而且分离出来的意义仅为否定国家赔偿责任的成立。若再将过错归责作为原则,实为矫枉过正。② 这一认识在很大程度上是对司法实践的把握和对现有立法的一种解释,应可谓我国国家赔偿归责原则和构成要件研究的最新到达点。

四、国家赔偿论的展望

国家赔偿法在近代行政法学和当代行政法学上的研究有很多的承继性,当代行政法学上国家赔偿法的诸多基础议题实际上是由近代行政法学所设定的,诸如国家赔偿的公法抑或私法属性、国家赔偿责任的代位责任抑或自己责任性质、国家赔偿责任的归责原则或事由等。但与国家赔偿法制的现实相关,在近代行政法学上,国家赔偿研究的主要内容之一是国家赔偿责任和公务员赔偿责任之间的关系;而在当代行政法学上,公务员的赔偿责任抑或对公务员的追偿问题则几乎没有成为研究的重点。当代中国行政法学采取了自己责任说,将主要研究精力置于国家赔偿的归责原则上。诸多分歧很大程度上源于对侵权行为法原理和国家赔偿

---

① 参见杜仪方:《国家赔偿:相关概念辨析与制度实践》,中国法制出版社2015年版,第47—48页。
② 参见蒋成旭:《国家赔偿违法要件的基本构造》,《法学家》2021年第5期,第70页以下。

司法实践的认识不足。私人因行政违法行为而受损害，这是现实存在的，其救济的必要性也是客观存在的，故而，司法的审查一定程度上会走在理论的前列。因此，全面客观把握国家赔偿的司法实践应是我国国家赔偿论的重要内容之一。当然，国家赔偿的实施常受诟病的，很大程度上是非学术的，亦即考核机制的设计问题。国家赔偿论研究需要置身于整个行政救济法体系之内，也需要注意自身目的实现的配套机制的运作。

第四节　行政补偿论的变迁

行政补偿或国家补偿，是国家因合法行为造成私人合法权益的损失，而应给私人提供填补损失的补偿。在不同时期，行政补偿有不同的着重点，有不同的称谓，在行政法学上的体系定位也有所不同。

一、行政上的损失补偿论

自清末至民国时期，一般使用的概念是损失补偿或行政上的损失补偿，而非现今常用的行政补偿。行政法教材上并没有将损失补偿问题作为重点，相关的研究并不多见。

（一）损失补偿概念的传入

清末，损失补偿的概念已经传入，但一般性的损失补偿制度尚付阙如，而仅在土地征收等领域存在补偿问题。

1901年，樋山广业在《现行法制大意》中谈及"公用征收"。凡收买他人土地为自己使用，"须得地方长官之许可，其测量、检查或凭内阁所认定"。"就土地起业，则于物产相关之件为收用审查会所未经调查者，宜请其调查。若调查不公，则可诉之公廷，即行政诉讼法是也。"[①] 樋山广业简要介绍了公用征收的过程及救济途径，但并未谈及补偿。

1903年，作新社编译的《行政法》在第三编"行政各论"第二章"内务行政"之下的第二节"助长行政"中谈及"损失之补偿"。它是土地收用之下的问题。土地收用是指，官办公共利益的事业有指定的土地，而其土地所有者或者使用者不肯出卖，则以公力转移其权利的处分。以往的学说认为，这是强制买卖，但现今的学说和法例将此作为公法上的处分。土地收用首先要有公益事业认定处分。仅在因公益事业，方可收用土地。依据尊重所有权主义，一般以列举的方法

---

① ［日］樋山广业：《现行法制大意》，《译书汇编》第6期（1901年），第40页。

限定公益事业的种类。为了甄别其事业是否为公益事业，有的以立法的办法认定，有的以命令规定，有的赋予行政以认定权，日本采取最后一种办法。之后是收用审查会的裁决，收用审查会主要就"可收用土地之区域""损失之补偿""关于收用之时期"作出裁决。项目人依裁决的效果，承担交付补偿金的义务，而土地所有者在收用时期内转让土地。在事业废弃或其他原因导致土地归于无用时，旧所有者可以补偿价额购回土地。①

1907 年，清水澄在《法律经济辞典》中对"补偿"作过解释："偿其缺损，使无损失，曰补偿。如土地整理法所谓为补偿所受领金钱、及土地收用法所谓补偿收用土地之全部或一部之价格，即其例也。"② 清水澄在其《行政法各论》的"内务行政"编"土木行政"章之下设"土地收用"一节。不过，其中混用了"赔偿"与"补偿"的概念。在汪兆铭的译本中，在"损失之补偿"部分，被收用者以之为被收用土地物件的代价，可请求赔偿金。可估算的赔偿金包括收用的土地物件相当价格，"残地之损失之补偿"，收用土地物件的移转费，为土地收用而有必要新筑、改筑、增筑或修筑道路、沟渠、墙垣及其他工作物时其费用的补偿，"其他为收用通常所受损失之补偿"。③ 而在商务印书馆编译所的译本中，在"损失之赔偿"部分，"赔偿"与"补偿"出现了概念混用的现象："被收用者，得请求赔偿金，以为被收用土地物件之代价"，赔偿金包括收用土地物件的相当价格，赔偿其余地的损失，收用土地中物件的移转费，补偿因土地收用而须新筑、改筑、增筑或修筑道路、沟渠、墙垣及其他工作物的费用，"其他因收用而补偿其通常所受之损失"。④

（二）行政法各论上的损失补偿

在民国的很长一段时间里，损失补偿是行政法各论上的问题，但已不像清末时那样只是结合土地征收等具体问题来讨论，而是在一定抽象层面，亦即行政法具体各论的总论层面上来说明。

1. 钟赓言的损失补偿论

1920 年代，钟赓言在其行政法各论中多处谈及损失补偿，而未作为专门的问题独立处理。在公企业法中，公企业负有一般负担和特别负担。一般负担是为

---

① 参见作新社编译：《行政法》，作新社 1903 年版，第 216-219 页。
② ［日］清水澄：《法律经济辞典》，张春涛、郭开文译，东京奎文馆书局 1907 年版，第 455 页。
③ ［日］清水澄讲述：《行政法各论》，汪兆铭笔录，李贵连、孙家红编：《法政速成科讲义录》（七·第三十二号～第三十六号），广西师范大学出版社 2007 年版，第 472 页。
④ ［日］清水澄：《行政法各论》，商务印书馆编译所译，魏琼勘校，中国政法大学出版社 2007 年版，第 285-288 页。

了实现公企业的目的而对该企业主体所属分子一般课征的义务,因均等赋课,其性质上当然无须补偿;而特别负担则是就与特定企业有特别利害关系或处于足以满足企业特别需要地位的人赋课的义务,这种义务与警察义务不同,应当以有偿为原则。①

在公物法上,对于公用限制,有无补偿损失的必要,学者见解尚未一致。(1)积极负担与消极负担区别说。因为积极负担义务,必有一定的损失,故不可无所补偿。消极负担则不然。但这一见解未尽合乎实际。积极负担固然属于义务者的损失,消极负担亦不能保证其毫无损失。(2)依限制方法作为区别的标准说。"凡制限系依据法律之规定,直接发生者乃所有权之法定制限,不足以为损失补偿之原因。若以行政处分,就各个之事件而设之制限,则损失补偿之义务生焉。"但是,公用限制必须根据法律,不问其为法律的直接效果还是本于法律而为的行政处分,皆属于对于所有权的正当限制。故难以以此为补偿与否的区别标准。(3)公用限制无补偿必要说。土地所有权的限制,虽因私益而设,但以无偿为原则,更何况公用限制是基于公企业的利益? 除法令有特别规定外,其无补偿的必要,较得其当。公用限制不问其种类如何,必以法律为根据,则在此范围以内所有权当然不能完全行使。各国宪法虽明定人民所有权的保障,但不承认其绝对自由,故此种限制可谓所有权的普通状态,而非所有权的侵害。既非侵害,则补偿问题无从发生。法律可以斟酌诸多情况,特别赋予私人以补偿请求权,但这不可被认为是一般原则。②

在公用征收法中,所谓公用征收,是指国家因公共企业的利益以补偿的方式剥夺私人不动产所有权、同时给企业设定权利的行政处分。以补偿进行征收,是公用征收最重要的观念。公用征收是对于特定人的特定负担,而非一般义务。国家对于人民命令其负担义务,本属可能之事,但其义务要以普及平均为原则,不可使特定人独受损失。而公用征收是让特定的被征收者负担其损失,若无相当补偿,不仅不可谓公平,而且宪法上个人财产的保障不免遭到蹂躏。至于补偿的范围,则不外以被征收物件的价格及被征收者所受的损失,依时价而算出的金额。补偿金是预估被征收者所受的损失而确定其数额,各国立法例大都先行支付。从理论而言,公用征收一面新设所有权,另一面剥夺所有权,补偿金的支付是剥夺所有权的结果。因此,补偿金不是公用征收的条件,而是其效果。补偿以填补被

---

① 参见钟赓言:《钟赓言行政法讲义》,王贵松、徐强、罗潇点校,法律出版社2015年版(原书为1927年版),第431-435页。

② 参见钟赓言:《钟赓言行政法讲义》,王贵松、徐强、罗潇点校,法律出版社2015年版,第494-495页。

征收者特别的负担为目的,故其支付义务属于公法上的关系。①

2. 白鹏飞的损失补偿论

1933年,白鹏飞在其行政法各论的"保育行政"一章中对损失补偿有部分说明。该书在"公用负担"之下设"对于公用限制之损失补偿"一款。这一款内容在美浓部达吉的《日本行政法撮要》下卷中并不存在。白鹏飞指出,因公用限制而发生原权利人的损失,有的承认其有请求补偿金的权利,有的则没有。在不作为负担上,其性质与警察义务相类似,不过是对有害于公共事业或公物保全的使用收益加以禁止而已。作为负担,主要是在土地物件有妨碍公用之虞时,特命令其预防其妨害。至于其科以负担的理由,均存在于土地物件自身,故对于这种负担通常概无补偿金的规定。在融通性限制上,也作为受特别保护的代偿而加以这种限制,通常不发生补偿问题。"有损失补偿之必要者,主属于使用负担。"大多数被课予使用负担的理由,均不在于土地物件自身,而专为公共事业、公益事业或谋求保全公物的利益起见而课加。故而,通常法律对于因此而发生的一切损失均完全令其可受补偿。负补偿义务之人为使用权者。有补偿请求权者为土地所有者或其他相关人。其补偿金额,如果补偿义务者为国家,则由主管官署决定;如果是公共团体或私人,则依当事人协议,不合则呈请行政官署决定。在公用征收的损失补偿上,白鹏飞的相关说明与钟赓言的近乎完全一致。②

3. 管欧的损失补偿论

管欧在其行政法各论中也曾简要提及损失补偿问题。在警察行政中,管欧在"警察处分"一章谈及警察命令的效果问题。他认为,警察命令的结果往往使人民受到财产上的损失,这种损失以不得请求补偿为原则,只是在其损失过于重大时,法律才赋予受损失者请求补偿的权利,换言之,"补偿请求权以在法律有规定者始得行使"。另外,他在保育行政总论中设"公用负担"一章。所谓保育行政,是指国家或公共团体为发展社会文化、增进国民福利起见,自行经营不以行使权力为本质的事业,或特许他人经营或保护私营事业,及为达到这种目的而给人民赋课各种负担的作用。而公用负担是指因特定的公共事业的经营或物的保全对于人民或公共团体所课的负担,因其为谋公共利益而根据国家权力所课的负担,故具有公法上的性质,其内容不仅限制自由,也包含限制或变更权利在内,故而不被称为义务。公用负担按照内容标准可分为公用限制与公用征收。公用限

---

① 参见钟赓言:《钟赓言行政法讲义》,王贵松、徐强、罗潇点校,法律出版社2015年版,第698—703页。

② 参见白鹏飞:《行政法大纲 下卷各论》,好望书店1934年再版,第264—266、272—275页。

制是因事业的经营或物的保全对于特定的财产权所加的公法上限制,而公用征收是为特定公共或公益事业的必要而进行的财产权的收用。公用征收以完成公益上所必要的特定事业为目的,而非取得特定财产权,故而,由于征收所发生的损失,须给予相当的补偿。①

(三) 行政法总论上的损失补偿

最早在行政法总论上论述损失补偿的是白鹏飞编写的行政法总论。1928 年,白鹏飞编的《行政法总论》在第一章"行政法之基础观念及基础规律"之下设"行政上之损害赔偿及损失补偿"一节,"公法上之损失补偿"是其中的一款。"公法上之损失补偿者,依适法之行政行为,而令人民之财产上受特别之牺牲,为偿其牺牲,所与之金钱给付之谓也。"凡立宪国的国法,均一面保障人民财产权的不可侵犯,另一面又认可因公益上的必要在不得已时侵害人民的财产权,只是这种侵害以有法律上的根据为限,而且须给被侵害者以完全的补偿。② 当然,如前所述,这一体系的安排及内容说明都只是白鹏飞对美浓部达吉著作的复写。

1932 年,朱采真在其《现代行政法总论》中设"土地征收"一章,谈及损失补偿问题。朱采真指出,"土地征收是有偿的剥夺私人的不动产所有权"。征收时须给付补偿金额,这种补偿金额并非损害赔偿的性质。土地征收的根本观念原是不动产所有人对于社会所应负担的义务。但与一般人负担的租税不同,土地征收是国家使特定人负担特定义务,既然不是一种平均普遍的义务,就由国家给以相当的补偿金额,这也无非使得当事人不至独负深重的义务。③ 这虽然是在行政法总论中处理了损失补偿问题,但是在"土地征收"这一章之下谈及的,而"土地征收"一般只是行政法各论里的内容。故而,朱采真的处理属于异类。

到 1940 年代,林纪东在其教材《中国行政法总论》中设"行政上之损害赔偿与损失补偿"一章,以专门的一节探讨"公法上之损失补偿",其篇幅也三倍于损害赔偿部分。该书在概念上明确区分了"损害赔偿"与"损失补偿",同时又将两者并置于一章之内。公法上的损失补偿是指因国家公权的行使而对于无责任的特定人加以经济上的特别损失或将加以损失时,以补偿其财产上损失为目的所负的公法上金钱给付义务。其观念要素有三:第一,损失补偿系对于合法的国家行政权行使而产生的补偿,而非对于不法行为。因此而产生的补偿义务是公法上的义务。第二,公法上的损失补偿并非本人具有应负担其损失的事由,而系基

---

① 参见管欧:《行政法各论》,商务印书馆 1936 年版,第 25 - 26、116 - 117 页。
② 参见白鹏飞编:《行政法总论》,商务印书馆 1928 年再版,第 107 - 109 页。另参见白鹏飞编:《行政法大纲 上卷总论》,好望书店 1935 年再版,第 129 - 131 页。
③ 参见朱采真编著:《现代行政法总论》,世界书局 1932 年版,第 200 - 201 页。

于公正的要求、对于特定人所受某种经济上特别牺牲而作出的给付。第三，其损失不限于业已发生的损失，即将发生的损失也可以请求补偿。公法上的损失补偿缺乏一般的规定，仅在各种特别情形有个别的规定而已。如果法律别无规定，则因其系基于正当权限的合法的公法行为，人民有忍受其损失的义务。在补偿金额上，原则上应以既加损失或将加损失为标准，给以足以补偿其损失的金额。如果其损失在某种程度内有应归责于本人的事由时，则本人在某种程度内有忍受其损失的义务，故仅应补偿其部分。① 林纪东在这里不仅指出了损失补偿与损害赔偿的差异、损失补偿的公法义务性质，也明确提出了损失补偿的依据和判断标准，即通过特别牺牲来判断是否合乎公正要求。

二、行政补偿的虚置与提出

新中国成立后，损失补偿、行政上的损失补偿等概念消失了，甚至补偿问题自身都不曾被谈起。改革开放之后出现的概念是"行政补偿"，而且是在行政法总论的层面。

（一）补偿问题的虚置

1950年代，司徒节尼金在其《苏维埃行政法（总则）》中，在国家职员的责任部分简要提及合法行为造成物质损害的问题。根据苏维埃立法，凡由于国家职员合法行为所造成的物质损害，不引起物质损害的责任问题。对于他们的合法行为所引起的公民或社会组织的物质损害，通常不负物质责任。但苏维埃立法有应当负责的例外规定，例如，军事机关在调动时因军队破坏地面应负责任，进行地形测量时应对破坏行为负责任，在必须屠宰牲畜或因必须打针而致牲畜死亡时均应对原主赔偿损失。② 这显然是补偿问题，只是其没有使用这样的概念，而且，只是基于立法的规定而承担责任，并没有指出承担责任的实质原因或基准。

（二）行政补偿概念的提出

新中国成立后很长一个时期里，行政补偿都没有被作为专门问题来对待。1989年第二本统编教材《行政法学》只是在谈行政赔偿的时候与行政补偿作简要比较，才谈到行政补偿。③ 同年出版的张焕光、胡建淼的《行政法学原理》则在"行政补救行为"一章中以两个自然段的稍大篇幅谈及"行政补偿"，作为对

---

① 参见林纪东编著：《中国行政法总论》，正中书局1947年第5版，第199-202页。
② 参见［苏］C.C.司徒节尼金：《苏维埃行政法（总则）》，中国人民大学国家法教研室译，中国人民大学，1953年，第120-121页。
③ 参见罗豪才主编：《行政法学》，中国政法大学出版社1989年版，第268页（罗豪才、皮纯协、潘祜周合写）。

行为后果补救方式之一。该书指出,行政补偿的特点是,行政主体的行为虽然合法适当,但在客观上影响了相对人的权益,依照法律,行政主体对相对人受损的权益实施经济上的补偿。行政补偿作为一项行政法律制度,受到世界各国的重视。[1]

1990年,姜明安在其《行政法与行政诉讼》的"行政责任"一章之下设置"行政补偿"一节,这是首次从正面将"行政补偿"作为专门问题来对待。"行政补偿指行政机关及其公务员因其合法、无过错行为造成相对人的一定损害或相对人因公共设施或为社会公益而蒙受一定损失时,行政机关对相对人应依法承担的一种金钱给付义务。"这一定义给出了两类行政补偿的情形,即起因于行政机关的合法行为与起因于相对人的公益行为,而通常的认识往往仅及于前一种情形。该书之所以将行政补偿归入"行政责任"中统一研究,是因为行政补偿与行政赔偿有一定联系,二者同是行政机关对于相对人因某种与行政机关或社会公益有关的原因蒙受损失而产生的金钱给付义务。只是行政赔偿责任所产生的金钱给付义务在性质上是行政机关对其违法、过错行为应承担的一种法律后果,而行政补偿责任所产生的金钱给付义务在性质上是行政机关对相对人依法应作出的一种行政救济措施,故而将行政补偿作为特殊的行政责任来探讨。该书指出,建立行政补偿制度的理论根据主要有三:其一是结果责任理论,即一个人只要其行为或其所管理的人或物造成了他人的损害,不管其有无过错,都应对被害人的损失负赔偿责任。结果责任是在19世纪西方国家工业革命年代产生的。机器化工业生产规模越来越大,资本家对于发生的事故以"没有过错"为由拒绝赔偿。在工人斗争之后,立法在一定的民事领域肯定了无过错结果责任。在行政赔偿制度建立之后,一些国家的立法和司法实践进一步适用于行政赔偿的某些领域。这种赔偿责任因不以违法和过错为构成要件,故被特称为"行政补偿"。其二是危险责任理论,即一个人如果为了自己的利益而置别人的利益于危险之中,他就必须为这种危险可能导致的损害负赔偿责任。危险责任首先是在民法中确定的,后来扩展至行政赔偿。其三是公平责任理论,行政法上又称公共负担平等理论,如果个别公民为社会承担了特别的义务、受到了特别的损害,国家应给予他一定的补偿,使其受到的损失由整个社会公平负担。公共负担平等理论是行政补偿制度最重要的理论支柱,无论是征收征用的补偿,还是合法公务行为致害的补偿,还是相对人协助执行公务遭受损失的补偿,都可以公共负担平等理论加以解释和说明。行政补偿的范围大致包括征收征用、协助公务遭受损害、紧急行政行为致害、高度危险活动或高度危险物品致害、战争或骚乱致害等几种情形。在行政补偿的标准

---

[1] 参见张焕光、胡建淼:《行政法学原理》,劳动人事出版社1989年版,第315-316页。

上,往往只补偿相对人的部分损失,而行政赔偿则以赔偿受害人全部损失为原则。其原因在于,行政补偿是基于行政机关及其公务员无不法行为和无过错的责任,而且其合法行使职权是为了维护整个社会和全体公民的利益,个别公民对于因此受到的某些并不严重的损失有加以容忍的义务,另外,行政补偿的有些损失是难以全部计算的。①

1997 年,胡建淼在自己的教材中设"行政补偿"一章。"行政补偿,又称行政损失补偿,是指行政主体(通过行政人)的合法行政行为造成行政相对人合法权益的损失,依法由前者对相对人所受的损失予以弥补的责任"。从严格意义上说,行政补偿不属于违法不当行为引起的行政责任,但既然是法律设定的一种义务,对于行政主体而言当然也是一种责任。在行政补偿的理论基础上,有保障既得权利说、恩惠说、特别牺牲说等,胡建淼支持特别牺牲说。从公平正义原则出发,相对人因公共利益而遭受特殊损失,理应由公众分摊损失。但因为受损失者作为公众一分子也应分担部分损失,行政补偿常常不是全额补偿。对于行政补偿是否需要明确的立法根据,有学者主张,必须有成文法的依据;也有学者主张,有判例或行政先例可参照的,也可以补偿;更有学者主张,只要依事实和法理衡量,行政主体认为应予补偿的,均应酌情补偿。胡建淼只是指出,我国行政补偿一般以有明文法律依据为前提。②

1999 年,作为第三本统编教材,姜明安主编的《行政法与行政诉讼法》在"行政赔偿"编之下设专章"行政补偿"加以讨论。这一体系安排在后来的版本中一直得到维持。"行政补偿又称行政损失补偿","是指行政主体的合法行政行为给行政相对人的合法权益造成损失,依法由行政主体对相对人所受的损失予以补偿的制度"。行政补偿不属于行政责任,而是基于积极义务而实施的补救性行为。在行政补偿的理论基础上,有公共负担平等说、结果责任说、特别牺牲说、社会保险说、社会协作论、人权保障论等,该书认为,在"谁得益,谁补偿"原则指导之下的公共负担平等说适合作为我国行政补偿的理论基础。它相对灵活,并非机械地要求国家对特定个人、组织因公务活动所受到的一切损失负责,如果受损的机会仍是均等的,则不能予以补偿;同时还为受损者自负一定责任,亦即行政补偿可以不足额补偿提供了依据,符合行政补偿的实际情况。③

---

① 参见姜明安:《行政法与行政诉讼》,中国卓越出版公司 1990 年版,第 355 - 363 页。
② 参见胡建淼:《行政法学》,法律出版社 1997 年版,第 553 - 559 页。
③ 参见姜明安主编:《行政法与行政诉讼法》,北京大学出版社、高等教育出版社 1999 年版,第 468 - 477 页。

三、修宪后的行政补偿论

2004年,《宪法》修改,将《宪法》第10条第3款改为"国家为了公共利益的需要,可以依照法律规定对土地实行征收或者征用并给予补偿";第13条增加一款,即第3款"国家为了公共利益的需要,可以依照法律规定对公民的私有财产实行征收或者征用并给予补偿"。修正案草案说明指出:"征收和征用既有共同之处,又有不同之处。共同之处在于,都是为了公共利益需要,都要经过法定程序,都要依法给予补偿。不同之处在于,征收主要是所有权的改变,征用只是使用权的改变。宪法第十条第三款关于土地征用的规定,以及依据这一规定制定的土地管理法,没有区分上述两种不同情形,统称'征用'。从实际内容看,土地管理法既规定了农村集体所有的土地转为国有土地的情形,实质上是征收;又规定了临时用地的情形,实质上是征用。为了理顺市场经济条件下因征收、征用而发生的不同的财产关系,区分征收和征用两种不同情形是必要的。"① 这一次修宪不仅明确对征收和征用作出区分,还提出了补偿的明确要求。这也给行政法学提出了有待研究落实的重要课题。

(一) 征收征用的概念变化

1997年,胡建淼的行政法学教材设"行政征收与征用"一节。"行政征收是指国家行政主体凭借国家行政权,依法向行政相对人强制地、无偿地征集一定数额金钱或实物的行政行为。行政征收,是国家凭借其权力参与国民收入分配和再分配的一种有效方式,其基本目的在于满足国家为实现其职能而对物质的需要。行政相对人的财产一经国家征收,其所有权就转移为国家所有。"征税和征费是其两大类型。而行政征用,"系指国家通过行政主体对非国家所有的财物进行强制有偿地征购和使用。目前主要体现在国家对集体土地的征用上,此外还有国家对文物的强制征购,行政机关对船只的强制租用等"。行政征收与征用的差别在于:第一,对财物所有权的处分程度不同,征收是使被征物的所有权人发生变化,而征用有的是处分被征物的使用权,有的才是处分被征物的所有权。第二,是否有偿不同。征收是无偿的强制行为,是单向的收益性;而征用采用有偿制,只是有偿的程度会有所差异。② 这也是当时通常的认识。

在2004年修宪之后,胡建淼也修改了自己的教材,修改了相关概念的界定:

---

① 王兆国:《关于〈中华人民共和国宪法修正案(草案)〉的说明》,《全国人民代表大会常务委员会公报》2004年特刊,第71页。

② 参见胡建淼:《行政法学》,法律出版社1997年版,第330-338页。

行政征收"是指行政主体依法向行政相对人强制性地收取税费或私有财产的行政行为",其效果是剥夺和处分相对人的私有财产权,是必须由法律直接而明确设定的法律制度。而行政征用"是指行政主体根据法律规定,出于公共利益的需要,强制性地使用相对人的财产并给予补偿的行政行为"。行政征收与征用的差别在于:第一,处分所有权与限制使用权的不同,行政征收是处分相对人的财产所有权,导致相对人被征收物所有权的转移,而行政征用只是限制了相对人对被征用物的使用权。第二,补偿原则的不同,行政征收中的征税征费不发生补偿问题,其他财产权的征收以补偿为条件,而行政征用都以补偿为条件。第三,是否具有应急性的不同,行政征用一般发生在应急状态下,而行政征收不具有应急性。两者都需要遵守法定原则、公益原则、补偿原则和合理原则。[1]

1999年,姜明安主编的《行政法与行政诉讼法》在"行政处理——依职权行政行为"一章之下设"行政征收"一节,而没有设专题去说明"行政征用"。该书对行政征收的界定与胡建淼的相同,也是以强制性、无偿性、法定性为特征,以税和费为主要征收的对象。[2] 但在2004年修宪之后,该书并没有修改这一界定。其理由在于,"在新的制度下,无论是征收还是征用,获得公平合理的国家补偿应当是遭受特别损失的公民、法人或者其他组织的一项合法权利。宪法修正案对其作出规定,使得这项权利成为宪法上的权利"。无论其土地被征收还是被征用,私人都可以依法要求国家补偿。着眼于这种差异性,"对土地征收或者土地征用,宜于在既有的行政征收概念之外单独展开研究"。[3] 也就是说,该书维持了传统的"行政征收"(税费征收)概念,而此外的土地等的征收征用留待有关法律修改和制度创新完成之后再论。不过,刘连泰认为,宪法上的征收规范对征税具有"弱拘束力"。如果征税权的行使极其武断,公民的纳税数量与得到的公共服务明显不成比例,则征税行为应被视为违反宪法上的征收规范。[4]

(二)规制性征收与财产权限制的竞争

在征收与征用之外,亦即既非财产所有权的剥夺、亦非使用权的转移,而只是对财产使用权的限制,私人的财产是否需要保障、如何提供保障,在理论上大致存在三种研究径路,其一是美国法上的规制性征收理论,其二是德国法上的财

---

[1] 参见胡建淼:《行政法学》,法律出版社2015年第4版,第399-406页。
[2] 参见姜明安主编:《行政法与行政诉讼法》,北京大学出版社、高等教育出版社1999年版,第217-219页。
[3] 姜明安主编:《行政法与行政诉讼法》,北京大学出版社、高等教育出版社2019年第7版,第260-261页(杨建顺执笔)。
[4] 参见刘连泰:《宪法文本中的征收规范解释——以中国宪法第十三条第三款为中心》,中国政法大学出版社2014年版,第164-165页。

产权限制理论，其三是日本法上的财产权限制理论。三种径路之间存在竞争关系，究竟谁更具解释力、更适合中国实际，现在还不能给出明确的回答。

美国法上的规制性征收（regulatory takings），又常被译作管制性征收，在我国有较多研究。美国宪法上只有关于征收的规定，规制性征收是通过判例发展起来的概念。如果国家的规制走得太远，产生与征收同样的效果，就构成规制性征收。刘连泰考察了美国的相关判例变迁，形成了判断征收、规制性征收的三个坐标系。首先是手段与目的构成的坐标系，用于判断阻止财产有害利用的规制是否构成征收。如果政府规制给财产权人施加的负担超出了必要限度，就可能构成规制性征收。其次是负担与利益构成的坐标系，用于判断提升公共福利的规制是否构成征收。如果财产权人无法得到利益回报或者得到的利益回报明显不足以抵消其收益，可能构成征收。最后是被剥夺的利益与财产的全部利益构成的坐标系，这是一个广谱适用的坐标系。它将财产权分为两个层面，一是权利束，二是经济价值。如果政府的规制剥夺权利束中的排他权，一定构成征收，如果是使用、合理投资期待等构成要素，则要将整个权利束作为分母，将政府剥夺的财产权部分作为分子，考量两者的比例关系。如果规制剥夺了财产的合理利用价值，则构成征收。美国法上只有"征收"而没有"征用"的概念。刘连泰认为，如果对财产的规制走得太远，且是永久性的，则受征收规范的约束，如果只是临时性的，则受征用规范的约束。①

德国法上的财产权限制理论还缺乏充分的研究。宪法学者张翔认为，公权力对财产权的限制可以分为征收与财产权的社会义务两类，征收必然伴随着补偿，而财产权的社会义务则是无补偿的单纯限制。征收的本义是公权力剥夺对物的所有权，因为所有权发生转移，相应的补偿就相当于交换中的对价。但随着实践的发展，征收概念发生了扩张。虽然没有转移所有权，但对财产利益造成重大损害而实际上构成征收效果（诸如应予公平补偿的内容限制、准征收等），这种限制措施，也应该以宪法上的征收条款予以补偿。② 他一方面是将"财产权的限制"作为上位概念来使用，另一方面是以扩张的征收概念来说明应予补偿的财产权限制，而区别于不予补偿的社会义务。这实际上是使用德国法的名词来讲美国法的做法，当然也许只是在讲述其自身的一般性研究框架。在德国基本法之下，征收是狭义概念，仅为所有权的剥夺之意。其联邦宪法法院所形成的损失补偿体系是

---

① 参见刘连泰：《宪法文本中的征收规范解释》，中国政法大学出版社 2014 年版，第 125-149 页。
② 参见张翔：《基本权利的规范建构（增订版）》，法律出版社 2017 年版，第 172-173 页。

应予补偿的公用征收、不予补偿的社会义务与应予补偿的财产权限制三分法。[①]在这里,财产权限制是相对于征收、社会义务的概念。

在日本法上,采用的是财产权的限制理论。杜仪方在考察了日本的学理和判例变迁后指出,财产权限制行政补偿判断标准首先可以划分为限制标准(行为)与补偿标准(损失)。前者考察限制行为是否符合目的要求、手段要求,也就是探讨财产权在何种情况下能够被限制,这对应的是财产权的存续保障;后者关注的是财产权人能否获得补偿,对应的是财产权的价值保障。而对损失的界定又存在相对于一般人的"特别"标准与相对于财产权本来效用的"牺牲"标准,在此基础上再进而对"牺牲"进行解释。在财产权限制的多发领域,寻求状况拘束性理论作为最终的判断标准,在规制行为改变了财产权的使用现状或者对其产生显著影响时,就应当给予补偿。[②]

在我国的现行宪法之下,在"征收""征用"之外,如何为其他类型的对财产权的限制补偿提供依据,仍莫衷一是。在"征收""征用"有了明确的界定之后,再行扩张适用,未必妥当。使用"财产权的限制"概念,而不使用"规制性征收"或"准征收"等概念,更符合现行宪法的修改意旨。

另外,损失补偿并不限于财产权损失的补偿,还有可能是人身权损失的补偿。故而,从《宪法》第 10 条第 3 款的土地征收征用补偿、第 13 条第 3 款的私有财产征收征用补偿来扩张适用或者类推适用,也未必妥当。《宪法》第 41 条第 3 款的国家赔偿规定,仅指明国家侵权主体和公民受到损失的结果两点内容,并未提及造成损失的原因是合法还是违法,故而,由此推导出行政补偿的要求,也是有可能的。但在国家制定了《国家赔偿法》之后,普遍的认知是违法行为导致损害的发生,产生国家赔偿责任。由《宪法》第 41 条第 3 款导出国家补偿责任,与一般共识稍有出入。还有一种可能的途径是,《宪法》第 33 条第 2 款规定,"公民在法律面前一律平等",由这一规定可以推导出公共负担平等原则,可以此作为给作出特别牺牲的公民提供补偿的根据。当然,以平等原则为根据,以特别牺牲为判断标准,构建损失补偿或行政补偿的体系,仍是有待完成的课题。

四、行政补偿论的展望

综上所述,行政补偿论的研究从清末至今,并不充分。最初的损失补偿论只是在公用征收或土地征收之下展开的,直到 1940 年代才真正成为行政法总论上

---

① 参见翁岳生编:《行政法》(下册),中国法制出版社 2009 年版,第 1733 - 1737 页(李建良执笔)。
② 参见杜仪方:《财产权限制的行政补偿判断标准》,《法学家》2016 年第 2 期,第 96 - 108 页。

处理的问题。新中国的行政法学虽然一直都是在行政法总论上研究行政补偿，也在一定程度上拓展了行政补偿的应用空间，不仅仅是土地的征收也征用问题，还包括了其他财产的征收征用问题、公益牺牲、信赖保护等领域，行政补偿的总论性地位确立起来。但毫无疑问，行政补偿诸多问题的设定仍然脱离不了土地的征收征用领域，行政补偿还没有确立起合理的内在体系，行政补偿的概念构成没有统一的逻辑基础，行政补偿的各种原因也还没有建立起合理的关联性，行政补偿论还很难像国家赔偿论那样建立稳固的学理体系。

第七章

行政法各论研究史

行政法各论,或行政法分论,现在又称为部门行政法,是与行政法总论相对而言的,是对具体行政领域的行政法问题的研究。行政法学所说的行政法各论很大程度上又是具体各论的总论,是对关联专门领域行政法的综合研究。故而,行政法各论的领域构成、分类标准、研究方法等内容,均为行政法各论的基本问题。

第一节 近代行政法各论研究

行政法各论与行政法总论大致同一时期传入我国,并在之后都得到较大发展。民国时期的行政法各论研究虽然算不上十分丰富,但达到了较高水准。

一、行政法各论研究的传入

清末的行政法各论主要还是对日本行政法各论的译介,既有专门领域的各论著作,也有行政法各论的讲义,还有中国人自行尝试编译的著作。

(一)行政法各论中的专论

如前所述,1899 年,小幡俨太郎纂译、王治本校阅的《日本警察新法》在东京善邻译书馆出版,或可谓第一本中文行政法各论著作,但其主要是制度介绍。

1906 年 7 月,广中佐兵卫的《卫生行政法》由胡敏翻译、杨堃与孙衡校对,在湖北汉口的昌明公司出版发行。该书日文原著是 1901 年博文馆出版的《卫生法》(警察狱政全书第 4 编)。译者将书名改作"卫生行政法",不过这一修改也符合原书的认识。该书明确地将自身研究定位于卫生行政法。该书开宗明义指出："卫生者，保卫康健之谓也。卫生行政法者，行政法之一分科，其目的在保卫健康之法规。今欲明卫生行政法之性质，必溯行政法为何者而研其要"。该书认为，今天国家的目的不限于消极的保全安宁秩序，还在于积极地增进国民的利益幸福。从行政的内容来看，大致可将国家行政分为外务、内务、军事、财政和司法行政五种。该书将卫生行政作为内务行政的一种。卫生行政是保全公众健康的行政，按照其目的，可分为保健行政与医药行政两类，前者的目的在于除却健康者的危险，后者的目的在于恢复健康。① 该书正文共229页，三编体系。第一编总论，分为行政、行政法规、内务行政、卫生行政、卫生行政机关5章，第二编保健行政，分为总论、传染病预防、种痘制度、饮食物警察、墓地及埋葬之制度5章，第三编医药行政，分为总论、医师、药剂师、产婆、看病人、病院6章。

1906年8月，祷苗代②的《日本教育行政法》被翻译为中文，由上海的商务印书馆、东京的田中书店发售。祷苗代《日本教育行政法述义》在1906年出版其时并未接受过法学教育，但应有自学，之后专门进入大学学习法律。《日本教育行政法》由徐志绎、樊树勋、陈正汉（留学日本法政大学）三人合作翻译，与原著同年出版，可谓神速。该书共486页。其详细目次如下：

　　上卷　总论：绪论；第一编　教育行政法之基本的观念（教育行政、教育行政法）；第二编　教育行政权之主体（总论、人格及公法上之人格、权利及公权、国家之观念）；第三编　教育行政权之客体（总论、领土及臣民、被教育者之特别关系）；第四编　教育行政权之机关（总论、行政机关之组织）；第五编　关于教育之行政行为（总论、对于外部之行政行为、对于内部之行政行为、行政上之救济手段）

　　中卷　各论：第一编　普通教育；第二编　专门教育；第三编　实业教育；第四编　师范教育；第五编　余论

　　下卷　特种教育：第一编　总论；第二编　宫内省所辖之教育事务；第

---

① 参见［日］广中佐兵卫：《卫生行政法》，胡敏译，杨堃、孙衡校昌明公司1906年版，第1、5-6、10-12页。

② 祷苗代（1876—1927）是大正－昭和时代前期的政治家。1898年担任冲绳县国头小学校长，1905—1906年担任东京市东阳小学第二代校长。之后进入日本大学学习，1909年毕业，同年成为司法官试补，翌年退官从事律师业务。之后参与政治，当选为众议院议员。在其担任东阳小学校长时期，出版了《日本教育行政法述义》（清水书店1906年4月版）。1912年还与金子龟次郎合著《诉讼顾问：书式详说》（大学馆1912年版）等。

三编　内务省所辖之学校；第四编　通信省所辖之学校；第五编　农商务省所辖之学校；第六编　教育总监部所辖之学校；第七编　参谋本部所辖之学校；第八编　陆军省所辖之学校；第九编　海军省所辖之学校

祷苗代对行政法、教育行政法的认识是具备一定水准的。他认为，"行政云者，必于法规之范围内而为活动。虽如前述，然行政究不仅执行夫法规，其作用也千态万状，任为如何绵密之立法，而以不能涉于行政作用之琐末制定其法规，故行政又可区别为羁束行政与裁量行政。羁束行政者，谓依于法规限定其作用之范围，于行政官厅无裁量之余地也。裁量行政者，谓于法规之范围内，以自己之意见所认为适合于公益者，得适宜酌量而行之也"。"教育行政乃关于教化行政中之一种，而关于其行政机关之组织及其行动之法则，则谓之曰教育行政法。"在权利观念上，"权利观念须为法所保护之利益。他人有侵害时欲抵御之，得藉国家权力之补助而全自己之要求也。故主张天赋人权说所不可得之利益及主张法律上自己之要求所不可得之利益，余辈不认之谓权利也。""其因公法关系所生之权利，则谓为公权；其因私法关系所生之权利，谓为私权。"在行政行为的认识上，"（区别于事实上之作用）其行政作用发生法律上之关系者，则称为行政行为。其行政行为又得区别为仅于行政机关之内部发生效果之作用与行政机关对于外部（即对于他之人格者）所行之作用。前者为由上级官厅发于下级官厅之训令及由上官发于下官之服务命令，后者为行政命令、行政处分或公法上之契约而发表之也。"[①]

1906年9月，渡边清太郎、鲛岛东四郎上下两卷本《汉译日本警察法述义》由项泽蟠、杨宝书、梅祖培编译再版。该书的日文原著是日本法律学校法政学会1905年出版的《日本警察法述义》第7版。汉译本只翻译原书的第一编泛论（占原书的十分之七），而没有翻译其第二编分论。汉译本原理性更强。上卷正文共139页，包括绪论及警察之定义、警察之种类、警察权之主体、警察权之客体、警察权之机关五章；下卷正文共145页，是警察权之作用一章，包括法治论、国家之作用、警察权之作用（对于国家作用地位、警察行政之限界及实质上之警察法令、警察权之根据、警察权之范围、警察行为之形式、警察行为之强制手段、对于警察行为之救济、关于警察权作用之诸法令）三节。该书绪论首先就将警察法明确定位于公法、行政法的一部分。警察是内政的一部分，它是为防止危害直接保持社会安宁秩序限制人的自由的行政行为。警察权是行政权的一种，

[①] ［日］祷苗代：《日本教育行政法》，徐志绎、樊树勋、陈正汉译，译者发行1906年版，第8—9、30、32—33、203页。

其主体是国家,其客体是自由和秩序。① 从该书内容和体系安排来看,该书既有行政法总论的一般内容,也有警察法的基本原理和制度,体系相对完整,即便是不了解行政法的读者,也能有一个整体的印象,该书同时结合警察权再次演练了行政法总论的基本原理,又能加深读者对行政法的认识。

(二)行政法各论讲义

留日的清国留学生翻译了清水澄和美浓部达吉的行政法各论讲义,行政法各论的早期体系安排首次呈现在中文世界。

1905年,清水澄的《行政法各论》由法政大学法政速成科毕业的汪兆铭笔译,1908年,《行政法各论》由商务印书馆编译所翻译,由商务印书馆出版,并多次修订。② 上述两个版本基本一致。《行政法各论》共五编内容,分别为财务行政(财务行政之范围、国库、收入、支出、出纳官吏、金库、特别会计、会计监督、国有财产)、司法行政(裁判所之管辖、裁判官、检事、执达吏、公证人、辩护士、裁判之监督、裁判之执行)、军务行政(军务行政之范围、财产上之负担、兵役之义务)、内务行政(警察、卫生行政、宗教行政、关于神社之行政、保存古社寺之行政、土木行政、救贫行政、教育行政、农工商行政、递信行政)、外务行政五编。

"政法述义"第五种《行政法各论》由湖南邵阳的李光第编辑,政法学社出版。第一编内务行政,包括内务行政之范围、警察行政、卫生行政、教育行政、经济行政、关于宗教之行政、关于神社之行政、关于保存古社寺之行政、关于土木之行政、救恤行政、感化行政11章;第二编财务行政,包括财务行政之范围、国库、预算、岁入、岁出、金库、决算、会计检查院、国有财产9章;第三编司法行政,包括司法行政之范围、裁判所、司法行政之监督、监狱4章;第四编军务行政,包括军务行政之范围、征兵、征发、要塞、军港5章;第五编外务行政,包括外务行政之范围、外务行政之机关2章。该书与署名商务印书馆编译所翻译的《行政法各论》在编章体系上相近,但是顺序不同,内容也有一定出入。

1907年,美浓部达吉的《行政法各论》由陈崇基编辑出版,由丙午社出版,系"法政讲义"第一集第四册。该书也曾多次再版。该书分为五编:第一编内务行政,共有警察权、保安警察、关于卫生之行政、经济行政(一)关于原始产业之行政、(二)关于商工业之行政、(三)关于货币度量衡及银行之行政、(四)关于交通通信之行政、关于教育之行政8章;第二编财务行政,共有国库、

---

① 参见[日]渡边清太郎、鲛岛东四郎:《汉译日本警察法述义》(上卷),项泽蟠、杨宝书、梅祖培编译,扫叶山房1906年版,第1、25、43-44、53页。

② [日]清水澄:《行政法泛论》与《行政法各论》,金泯澜等译,魏琼勘校,中国政法大学出版社2007年版。

预算、国家之收入、租税、手数料、分担金、专卖、会计监督、财政罚9章；第三编司法行政，共有裁判所之管辖、裁判官、检事、执达吏、公证人、辩护士、裁判之监督、裁判之执行8章；第四编军务行政，共有军务行政之范围、财务上之负担、兵役之义务、兵役之种类4章；第五编外务行政。

(三) 中国人编译的行政法各论

清末留学生也曾编译过行政法各论的讲义。如本书第一章第一节所述，1905年，夏同龢、曹履贞分别以清水澄的行政法各论讲义为基础，参考同时期其他的行政法各论讲义编辑了《行政法》下卷各论，这里不再赘述。

1903年，董鸿祎[①]编译的《日本行政法纲领》在东京的译书汇编社出版。该书是"政法丛书"第三编。该书正文共85页，分为五编，分别是内务行政（内务行政之地位、内务行政之性质、人事行政、警察、卫生行政、医药行政）、军务行政（军务行政之地位、军务行政之组织、兵员之征募、征发）、财务行政（财务行政之范围、国家财产、国家之岁入、租税之征收、租税之滞纳处分、各种之租税）、外务行政（外务行政之性质、外交官之职任）、司法行政（司法行政之范围、论究之省略）。其中，内务行政最为详尽，司法行政最为简略。对于五编的安排，董鸿祎仅称系常见体例，而未作过多说明。该书名为"行政法纲领"，实为行政法各论。或许是以这五编内容，即可勾勒出行政法纲领。译书汇编对其介绍是："行政者，国家之活动也。国家有种种之机关，机关之活动，即为行政。吾国行政机关最为复杂，而又最不完备，其原因在行政法不发达故也。是书编译日本行政法之要领，解释纯正，详简得宜，诚政治家必读之本。"

1903年，上海作新社编译的《行政法》第三编为"行政各论"，共五章，分别是总论、内务行政（警察行政、助长行政）、外务行政、军务行政（军事负担、兵员之征募）、财务行政（预算、决算、国家之收入）。该书在总论中简要说明了内政、外政、军政、财政，并指出这四类行政并非性质上的分类，不过是为了便于叙述，而采用了常用的类别。[②]

二、行政法各论研究的展开

进入中华民国时期之后，随着行政法制的发展，行政法总论的研究逐渐发展，行政法各论的研究也相应展开。总体而言，行政法各论研究弱于行政法总论

[①] 董鸿祎（1878—1916），字佝士，浙江仁和（今杭州）人。1900年、1901年庚子辛丑并科举人，曾任学部候补主事，后赴日本留学。1901年至1904年就读于早稻田大学政治科。民国时期曾任教育部次长、代教育部总长、平政院庭长。

[②] 参见作新社编译：《行政法》，作新社1903年版，第139-141页。

研究，其著作的数量较为有限。

(一) 钟赓言的行政法各论

行政法各论的编成，学者之间并无一定的成说。过去最普通的分类方法大都以行政作用的目的为标准分成诸多部分，再就各部分的法规分别汇集。依此方法，行政作用的全体除行政组织及行政监督外，可分为内政、外政、财政、军政及法务行政五种。内政是指以国民公共安宁幸福为目的而为的一切设施。外政因维持国家对于外国的关系而设。财政及军政，旨在维持国家的财力及军备。而法务行政则是司法的辅助作用。在此五种作用中，外政系对于外国的作用，始终受国际法的支配。法务行政，附属于司法作用，大都为司法法规所规律，与行政法的关系较为疏远。故而，这两种行政往往置于行政法系统之外。钟赓言指出，上述研究方法虽然为一般学者所采用，但从学理上而言，是否正当不无疑义。作为法律学的研究，各编的基础不可不以法律上的性质为依据。行政目的的差异未必会构成法律关系上有差别的原因，例如关税赋税的目的有的在于国库收入，财政关税有的在于产业保护，但在法律上则性质相同。行政法各论"以研究国家或公法人与人民或公私团体之间所有之法律关系为目的"。故而，各论各编必以法律关系的分类为基础方才得当。一切权利义务皆由意思与利益两要素而成，故法律关系的分类标准，自然不能舍此而求他。国家或公法人与人民或公私团体之间的法律关系，也只能依此两要素才能区别。钟赓言将国家在国法上的权利分为九种，即组织权、警察权、公企业权、公用征收权、公物权、法政权及刑罚权、外政权、财政权、军政权。其中，关于组织权作用，大部分属于宪法范围，其属于行政法者已在行政法总则中阐述。刑罚权作用应于司法法中的刑法及其刑事诉讼法中研究，亦不属于行政法领域。法政权作用大部分亦属于司法法中的私法及诉讼法，但关于其辅助作用则性质上仍属行政法，行政法研究自不得一概置之度外。外政权作用，大都为国际及政策问题，行政法所论及者不过一小部分而已。因此，行政法各论内容可分为警察权、公企业权、公用征收权、公物权、法政权、财政权、军政权、外政权数种。基于上述理由，钟赓言将行政法各论分为以下七个部分而次第展开研究：警察权、公企业法及公物法、公用征收法、财政法、军政法、法政法及外政法、自治行政法。[①]

钟赓言的行政法各论讲义分为两册。第一册是作为行政法讲义的第二编"各论"，其1927年版（共558页）的体系如下：

---

① 参见钟赓言：《钟赓言行政法讲义》，王贵松、徐强、罗潇点校，法律出版社2015年版，第275-281页。

绪言；第一部"警察行政"：甲篇"警察泛论"、乙篇"警察各论"；第二部"公企业法及公物法"：甲篇"公企业法"、乙篇"公物法"、丙篇"公企业法及公物法各论"；第三部"公用征收法"；第四部"军政法"；结论。

在各部分中不仅有以往各具体部门的各论，更对各类型的各论展开了总论性研究，在行政法总论与具体各论之间形成了中观层次的行政法。例如，警察行政法的各论分为保安警察、卫生警察、风俗警察、交通警检、产业警察，而警察行政法的总论则包括警察权的观念、分类、警察权的界限、警察法规、警察处分、警察强制和警察权的组织等七章，具有较强的原理性。公企业法、公物法等部分均为如此。详目如下：

绪言

第一部　警察行政

甲篇　警察泛论

第一章　警察权之观念（关于手段之警察之要素、关于目的之警察之要素、警察权之渊源及警察之定义）；第二章　警察之分类；第三章　警察权之限界；第四章　警察法规（警察法规之制定权、警察罚则）；第五章　警察处分（概论、警察命令、警察许可）；第六章　警察强制（警察强制之性质及种类、警察上之实力强制）；第七章　警察权之组织

乙篇　警察各论

第一章　保安警察（保安警察之事项、关于特殊之人之保安警察、关于特殊之物之保安警察、关于特殊之行为之保安警察、非常保安警察）；第二章　卫生警察（概论、保健警察、医药警察）；第三章　风俗警察；第四章　交通警察（陆地交通警察、水路交通警察）；第五章　产业警察（营业警察、关于原始产业之警察）

第二部　公企业法及公物法

甲篇　公企业法

第一章　公企业概论（公企业法之观念及范围、公企业之性质、公企业与营造物）；第二章　公企业之组织；第三章　公企业特权及赔偿义务（公企业特种之性质及种类、企业独占权、自治负担、一般负担、特别负担、警察及刑法上之保护、本于公企业之赔偿义务）；第四章　营造物之利用（利用关系之性质及种类、利用关系之设定、利用者之权利、利用者之义务）；第五章　公企业之特许（公企业特许之性质、特许企业者之权利、特许企业

者之义务、特许企业之终结);第六章　私企业之保护

乙篇　公物法

第一章　公物概论(公物之观念、公物之种类、公物之成立、公物法律上之地位);第二章　公物使用之法律关系(自由使用、特别使用);第三章　私有公物

丙篇　公企业法及公物法各论

绪言;第一章　道路法(道路之性质及种类、道路负担、道路管理及道路之使用);第二章　铁路法(铁路之意义及种类、各国铁道制度之概要、国有铁道、民业铁路、铁路之建设及运输、铁路职员及铁路警察、专用铁路、长途汽车);第三章　公水法(概论、现行法令中关于公水之规定);第四章　公之通信企业(概论、邮务与电报电话之关系及其结合之便益、官业民业之利弊得失、邮税、邮政负担及邮政利用关系、电信);第五章　货币及银行(关于货币之行政、关于银行之行政);第六章　关于权度之行政(权度之意义种类单位及原器、权度营业之特许、权度器具之检定及检查);第七章　关于原始产业之行政(关于农业之行政、关于森林之行政、关于渔业之行政、关于牧畜之行政、关于狩猎之行政、关于矿业之行政);第八章　关于工业之行政(工业所有权之保护、关于工业提倡奖励之设备及监督、工场法);第九章　关于商业之行政(商会、商事公断处、关税);第十章　教育行政(教育、著作权之保护)

第三部　公用征收法

第一章　公用征收;第二章　公用制限;第三章　现行地地收用法之解释(土地收用法适用之范围、土地收用之准备及程序、土地收用之价额、土地收用之效果)

第四部　军政法

第一章　军政;第二章　军队之编制;第三章　军事负担(征发、所有权之制限)

结论

行政法各论的第二册是作为行政法讲义第三编的"自治行政论"。其1927年版(共318页)的体系为自治之主体、重要各国自治制度之大要、我国自治制度之沿革之大要、十二年宪法宣布前之自治制度、十二年宪法上之地方制度等五章。

(二)赵琛的行政法各论

赵琛曾编过《行政法总论》一书,自称"殊无当意",也编有《行政法各

论》，自谦说"恐更无是处"。该书于1932年初版，1937年第7版（其中1934年再版两次）。该书"绪论"简要指出行政法各论的研究范围和研究方法。赵琛指出，行政法各论的研究方法大致有两种：其一是按照国家事务的法律关系，区分其性质异同而分类研究。据此将行政法各论分类为法人法、公法上之物权法、公法上之对人权等加以解释。其二是不问法律关系的性质如何，仅视国家事务的目的及实质而分类研究。多数学者采用后一种做法，有的大致将行政法各论分为保安警察、灾害警察、人口行政、精神行政、经济行政、劳动行政、救恤行政，或者分为内务行政、外务行政、军务行政、财务行政而加以研究。虽然乍一看第一种做法更为合理，但现行法规庞杂而毫无系统，法律关系性质相同者颇多片断地散见于各处，欲知何种事务应由何种机关总括而行，颇感不便。在现行制度中，中央行政机关多采用分职制，职务权限各有规定，故而，依第二种方法可以看出法规与机关事务的联络。现代行政法学尚未发达到有系统、有组织的法律状态，采用第二种研究方法易得要领。赵琛即采用第二种方法，并参照五权制度，将行政法各论分为纯粹行政、立法行政、司法行政、考试行政、监察行政五个部分，纯粹行政又可分为内政、外交、实业、财政、教育、军事、交通七编。[①] 全书正文共372页。以五权宪法为分类基础，也是其一大特色，不过，在内容上则以纯粹行政为其绝对多数，共324页。故而，该书的体系较欠均衡。该书的原理性远逊于钟赓言的行政法各论。

（三）管欧的行政法各论

管欧（1904—2002），湖南祁阳县人，1930年毕业于朝阳大学，法学士。后曾任"司法院"大法官。著有《诉愿法实用》（1932年）、《行政法各论》（1936年）、《现行诉愿法释义》（1937年）、《法学绪论》（1955年初版、1997年第72版）《中国行政法总论》（1958年初版、1991年第27版）、《行政法概要》（1964年）、《法律类似语辨异》（1987年）等。

由于管欧在《行政法各论》之前并没有如其他学者那样先有行政法总论的著作，他在各论之初设第一章简要谈及"行政法之意义"，主要分析了形式的行政与实质的行政，为后文张本。与赵琛一样，管欧也认为，行政法各论的研究方法有二：其一是以法律关系的性质为标准而研究。这是就国家各种行政事务，不问其目的如何，仅依其法律关系的性质异同而作为研究的标准。例如法国学者贝泰勒米所著行政法中分为行政组织、行政作用及行政诉讼三卷，于行政作用中分为国家的必要事务、国家的随意事务及财政三编。而在国家的必要事务一编中又分

[①] 参见赵琛：《行政法各论》，会文堂新记书局1937年第7版，第3-5页。

为警察、军政、公产三章；在国家的随意事务一编中则分为交通、矿业、商业、农业、教育、美术、保险及救恤等八章。但行政法规类多庞杂，有的是一种法规而注及各种事务的性质，有的是同一事务的性质散见于各种法规。故而，这种研究方法未必适当。其二是以行政作用的目的为标准而研究。将行政作用按照目的分为各部分，再将各部分的法规汇集调整作为编别的基础。这种研究虽不免烦琐，但系统井然。管欧也采取了第二种方法。该书以属于行政权的实质行政为限，分为内务行政、财务行政、外交行政、军事行政四部，在内务行政中分为警察行政及保育行政两类，在保育行政中细分为国籍行政、国势调查、交通行政、农业行政、公水行政、林垦行政、渔牧行政、矿业行政、工业行政、商业行政、关于度量衡各种行政之行政、关于文化之行政，并参酌五权制度的意旨，附随于立法、司法、考试、监察各种作用的实质行政则不赘述。[①] 该书正文共312页，还附有2页"本书主要参考书目录"，列有中文（除钟赓言行政法讲义各论外，四种均为官方资料）、日文（含野村信孝行政法大纲、岛村他三郎行政法要论各论、渡边宗太郎行政法讲义各论及美浓部达吉日本行政法撮要四本）、英文（五本）文献。该书内容较为丰富，原理性较强，其体系如下：

绪论

第一章　行政法之意义；第二章　行政法各论研究之方法

本论

第一部　内务行政

第一类　警察行政

第一章　警察之意义；第二章　警察权之观念；第三章　警察权之界限；第四章　警察法规；第五章　警察处分；第六章　警察罚；第七章　警察之类别；第八章　我国警察制度

第二类　保育行政

第一编　保育行政总论

第一章　保育行政之观念；第二章　保育行政之种类；第三章　公企业；第四章　私企业之保护；第五章　公物；第六章　公用负担

第二编　保育行政各论

第一章　国籍行政；第二章　国势调查；第三章　交通行政；第四章　农业行政；第五章　公水行政；第六章　林垦行政；第七章　渔牧行政；第八

---

① 参见管欧：《行政法各论》，商务印书馆1936年版，第5—6页。

章　矿业行政；第九章　工业行政；第十章　商业行政；第十一章　关于度量衡之行政；第十二章　关于文化之行政

第二部　财务行政

第一章　财政概念；第二章　会计；第三章　货币；第四章　银行；第五章　地方财政之监督

第三部　外交行政

第一章　外交行政机关；第二章　制发护照；第三章　华侨登记；第四章　管理外侨

第四部　军事行政

第一章　军政概说；第二章　军队编制；第三章　军人奖惩及抚恤；第四章　军事教育；第五章　军事负担

（四）王治焘的行政法各论

王治焘（1891—?），字聪彝，湖北黄陂人。1909年毕业于京师译学馆，1913年毕业于北京大学（北京大学法科法律门首届毕业生）。公费留学法国，1923年取得巴黎大学法学博士学位，博士论文为《现代中国政府：公权力规制及中央政府与省级政府关系研究》。归国后，1928年任东北大学法学院法律系教授，1936年任国立北平大学法商学院教授，还曾担任私立北京中国大学政治经济系主任、私立朝阳大学及国民政府外交部俄文法政专门学校教授、日内瓦国际联合会秘书、国民政府外交部秘书。在北平大学因抗战西迁后，曾担任西北大学行政法、宪法教授。[1] 著有《国际劳工机关概要》（商务印书馆1928年版，1931年收入万有文库第一集）。

1937年，王治焘在北平大学法商学院的行政法讲义第三卷"行政作用（即各论）"作为《行政法各论》刊行。其行政法各论的体系也有较为明显的法国行政法色彩。王治焘认为，行政组织在叙述行政机关的组织及运用时偏于国家的静态，而行政作用则重在说明国家的动态。与行政作用相关者有两个问题：其一是国家职责问题。行政作用的先决问题是国家职责究竟以何者为范围。理论上存在两种极端相反的学说，一是个人主义者的主张，二是社会主义者的主张。前者认为，政府的责任仅在于以警察维持社会秩序、以军队保障国家的生存，其他事务则宜放任个人自己为之，故而国家的职责宜缩至极小限度。后者认为，国家的职务不仅在于维持社会秩序、保障国家生存，而且宜积极有所作为，以求国力发

---

[1] 参见王伟：《中国近代留洋法学博士考》，上海人民出版社2019年第2版，第220页。

展,而祛除社会上天然的不平;至于人民,更宜牺牲个人权利,以扩张国家权力,如此一切法律规则均有益于人民。前一学说偏于个人权利,使国家过于收缩,后一学说牺牲个人以扩大国家权力,均过激之谈。在实例中,现今文明各国的制度大致居于两说之间,其国家职务大致可分为基本职务与便宜职务两部分。所谓基本职务,是国家为维持其存在所必不可少的最小限度职务,如警察、国防、司法、财政等;所谓便宜职务,是国家于维持存在之外更为谋取发展国力、增进文化而尽的各种职务。便宜职务范围有广狭,可以伸缩,故被称为便宜职务,亦被称作保育职务,如教育、美术、农工商业、社会事业等。便宜职务的范围虽加以缩减,也无害于国家的存在,但现代国家因经济问题对于经济及社会事业逐渐采取干涉态度,其趋势日益明显,因此国家职责也日趋复杂,这是不可掩盖的事实。其二是行政机关所恃以活动的人力物力问题。国家职责范围内有所活动,必依靠实力。实力有人与物之分,兵士、被征作工者的服役属于人,公用物、公产、征发物、租税收入等于物,合此二者尔后行政机关方能活动。行政机关所需的人力与物力,被称作行政作用的楷柱,在行政法中占有重要位置。这两种要素由国家取之于民,均含有强制征发的性质,应当如何调和,使行政能顺利进行、而个人权利不受侵害,这是近代公法上最重要的问题。故而,他将行政法各论分为基本行政作用、保育行政、行政作用之楷柱三编,共 218 页内容,其目录如下:

第一编　基本行政作用
甲　警察
　　第一章　警察通论(警察之意义、警察之分类、警察权之限制、警察权之发动[警察下命、警察直接行动]、违警犯及违警罚、警察之组织);第二章　保安警察(出版警察、集会警察、结社警察、风俗警察、安全警察、建筑警察、关于特殊人之警察);第三章　特务警察(卫生警察、交通警察、产业警察)

乙　国防
　　第一章　兵役义务(普遍性及平等性、志愿兵制与强制征兵制之参用);第二章　兵役之种类(法国制、日本制);第三章　军队之征募(陆军之征募、海军之征募);第四章　军事负担(军事征发、工业征发、要塞地带之限制)

第二编　保育行政
　　第一章　保育行政之种类(精神的保育行政、物质的保育行政、道德的保育行政);第二章　公企业之经营(公企业之意义、公企业之法律地位、公企业之利用关系、公企业之特许）；第三章　私企业之保护（私企业保护之意义、保护私企业之方法、受保护者所负之义务）；第四章　私企业之特许（矿物及其所有权、矿业及矿业权、矿业权之主体、矿业权之设定及矿区、矿业权之转移及消灭）；第五章　创作权之保护（发明特许权、意匠及实用新案、商标、著作权）

第三编　行政作用之楮柱

第一章　公领（公用物之种类、公用物之设立废止及划界、公用物之所有权及其特性、公用物之使用、公有财产）；第二章　公用负担（公用负担之性质、一般负担、特别负担）；第三章　公用限制（公用限制之意义及种类、土地所有权之限制、其他所有权之限制）；第四章　公用征收（公用征收之概念、土地征收）；第五章　财政负担（财政概念及财政负担之范围、租税）①

（五）范扬的警察行政法

1940年，范扬出版了《警察行政法》，② 这在流行出版"行政法各论"的年代还是少有的做法，这也是民国时期唯一的一本警察行政法著作。

该书正文共234页，其体系如下：

第一章　概论

警察之观念，警察之种类，警察权之限界，警察之组织，警察之作用（概说，警察规章，警察处分，警察强制，违警罚），警察法规，警察与民刑法之关系

第二章　各论

保安警察（概说，关于特种人之警察、关于特种之警察、关于特种行为之警察、非常警察），行政警察（概说，风俗警察，卫生警察，交通警察，实业警察）

从体系来看，还是受到了钟赓言行政法各论中警察部分的较大影响。

另外，范扬（时任军事委员会政治部第三厅副厅长）还曾出版《战时军事警察行政》一书，③ 该书为军事学校的政治教材之一。该书"针对目前抗战情势，并力求适合速成教育之要求"，正文共122页，分为两章。第一章是战时军事行

---

① 参见王治焘：《行政法各论》，北平聚魁堂装订讲义书局1937年版，第1-3页。按照其说明，行政法基本原则、行政组织在本书之前作为两卷已作说明。这表明其尚有行政法总论一书，但尚未发现。
② 范扬：《警察行政法》，商务印书馆1940年版。
③ 范扬：《战时军事警察行政》，国民政府军事委员会政治部编印发行（具体出版时间不详）。

政,概述了国家的军事作用,区分了军令权与军政权,介绍了军事机关、军队编制、军人及军属、兵役行政、军事负担等内容。第二章是战时警察行政,概述了中国警察的沿革和意义、战时警察任务,介绍了警察机关、警察行为、保安警察以及反间除奸、防空防毒、难民处理等其他战时警察业务。

(六) 其他的行政法各论讲义

总体而言,民国时期编写的行政法各论著作不多,也少于行政法总论的著作。行政法各论著作除上述几本较有影响或特色者外,尚有以下几本:

其一是律师朱采真编写的行政法各论,从 1920 年代开始多次修订,作为《行政法新论》下编或行政法各论出版。其 1932 年版《现代行政法各论》体系如下:

绪言
第二编　内务行政
第一章　概论;第二章　警察行政(警察的意义、警察的分类、警察权发动的范围、警察法规和警察罚、警察处分、警察的强制执行、保安警察、非常保安警察);第三章　卫生行政;第四章　教育行政;第五章　著作权的保护

第三编　财务行政
第一章　概论;第二章　预算和决算;第三章　国有财产和国有营业;第四章　赋税;第五章　规费;第六章　公债

第四编　经济行政
第一章　关于原始产业的行政;第二章　关于工商业的行政;第三章　关于交通通信的行政;第四章　关于货币银行和度量衡的行政

第五编　司法行政
第一章　概论;第二章　司法行政机关;第三章　司法附属机关;第四章　判决的执行机关

第六编　军事行政
第一章　概论;第二章　军事负担

第七编　外务行政
第一章　外交机关;第二章　国内外务行政

显然,这一体系也是以行政作用的目的为标准设计的。朱采真认为,各论的两种研究方法各有各的问题。他对钟赓言将教育行政归属于公企业法及公物法的做法提出批评,教育行政无关乎经济组织,教育作用的本质也与其他公企业有差

别。精神上或物质上财货的生产，如果并非出于权力的行使，一概都属于公企业的作用，这一类的主张无论法理上的见解如何彻底，但把精神上和物质上的生产混在一起，总不能说是如何切当。①

1933年，白鹏飞出版了《行政法大纲》下卷各论，此后该书未能再版。该书分为警察、保育、法政、财政、军政5章。其各论的总体设计、主要内容与美浓部达吉《日本行政法撮要》下卷多有重复之处。白鹏飞对此的说明是：

> 著者治斯学已十余年，任教亦在十年以上，其于斯学，似应别有所得，而不必谨守绳墨，拘束于一先生之故说矣；然在一切无所适从之今日，苟能慎择师说，树其基干，旁求众论，厚其营养，则较之任意割裂剪裁他人之著述，而据为己有者，似尚高出一筹。故本书虽无新奇独创之处，而谨慎平妥，简明切要，于初学者，尚不致于引之入歧途，而令其莫名其妙也。良匠能以规矩准绳与人，则虽不传其技巧，而技巧在其中矣。②

其中所谓"师说"，也就是美浓部达吉的著述。当然，该书在美浓部达吉各论的基础上也有所发展，例如，美浓部达吉以一节十点的篇幅来谈公物，而白鹏飞则是三节十五款的篇幅。另外，在立法例上，该书也很大程度上实现了本国的转换。

此外，还有：(1)郑际平③述《行政法各论》，出版者、时间不详。该书共144页，分为各论之范围及顺序、军务行政、外务行政、司法行政、财务行政、内务行政六章。该书基本上是在讲述日本行政法各论的内容，推测其讲述时间是清末民初。(2)冯承钧编：《行政法各论》，北京法政大学讲义，出版时间不详。大约为1923—1927年间编写。④ 分为导言、第一编主要事务（警察、国防、公产）、第二编附带事务（转运工业、实业中之行政干涉、教育及美术、预防及救济）三个部分。(3)徐仲白1935年中国大学讲义《行政法各论》，其体例为：第六讲 警察行政法，第七讲 财政法，第八讲 行政负担，第九讲 公共事业法，第十讲 法政法（停讲）。(4)尹斯如在1936年华北学院的讲义《行政法各论》，共五编内容：内务行政，外务行政，财务行政，经济行政，军事行政。(5)秦烛桑律师（法学士）1945年中国大学讲义《行政法各论》，共绪论和各论两

---

① 参见朱采真编著：《现代行政法各论》，世界书局1932年版，第3-5页。
② 白鹏飞：《行政法大纲 下卷各论》，好望书店1933年版，自序。
③ 郑际平（1873—1943），字吉甫、平甫，浙江省黄岩县人。毕业于日本明治大学。在清末民初曾当选浙江谘议局议员、资政院议员、第一届国会参议院议员等。
④ 冯承钧：《冯承钧学术著作集》（上），邬国义编校，上海古籍出版社2015年版，第171页以下。

编，各论分为内务行政、警察行政、民治行政、卫生行政、教育行政、财务行政、租税、军务行政、司法行政、立法行政、监察行政、考试行政等。

（七）行政法各论著作的翻译

民国时期，行政法各论著作的翻译仍在继续，不过，除美浓部达吉的《日本行政法撮要》下卷各论之外，翻译的都是各论中的各论著作。

1. 山田准次郎的《卫生行政法论》

1918年，高仲和[①]翻译了山田准次郎的《卫生行政法论》，在内务部编译处出版，日文原著1912年由明治大学出版部出版。山田准次郎时为日本内务省卫生局保健科长、法学士。该书正文共390页，除绪言外，分为预防行政、治疗行政、保健行政及卫生行政机关四章。卫生行政属于内务行政的一部分，是以保全及增进公众健康为目的的行政，详言之则是以疾病预防、治疗及保持人民健康所必要的一般条件为目的的行政。预防行政是以防止疾病传播为目的的行政，诸如传染病预防、海港检疫、肺结核、癫病等预防。治疗行政是以治疗疾病为目的的行政，主要包括关于直接治疗之人（医师、齿科医师、产婆、看护妇）的管理、关于药品之人（药剂师、药种商及制药者）的管理、关于治疗所需之物的管理。保健行政是以保持公众健康所必要条件为目的的行政，诸如上下水道设施、污物扫除、饮食物及其他物品取缔、屠场取缔等。[②]

2. 樋口祐造的《日本土地收用法释义》

大约在1919年，王侃[③]译述了樋口祐造的《日本土地收用法释义》，在内务部编译处出版，日文原著《土地收用法释义》1916年由清水书店出版。该书正文共66页，设序论"根本法理"，分析公有权与私有权的关系及公有物与私有物的关系，认为私法上的所有权仅在公法认定的范围内保有其私法上的效力，不能拒绝国家对于私有权所施加的公用地役、公用限制和公用征收等限制。[④] 该书之后大致按照土地收用法的体例，分总则、事业之准备、事业之认定、收用之手续、收用审查会、损失补偿、收用之效果、费用之负担、监督强制及罚则、诉愿

[①] 高仲和（1876—1970），原名维崧，字重源，湖北枣阳人。1904年留学早稻田大学，学习法科，1910年回国考授法科举人。曾任湖北都督府秘书、民政部参事、参议院议员、《民意报》《民信报》等主笔、内务部编译处专任编译员等，先后在中国大学、北京法政专门学校、中国公学、持志大学、北平大学法商学院等执教。参见高云晖：《高仲和传》，《湖北档案》1988年第2期，第41页以下。

[②] 参见[日]山田准次郎：《卫生行政法论》，高仲和译，内务部编译处1918年版，第1-2页。

[③] 王侃（1884—1968），字辅宜，江西东乡人。日本帝国大学法科毕业。历任江西省司法司长、众议院议员、交通部法规委员会委员长、最高法院推事等。曾在朝阳大学教授民法。

[④] 参见[日]樋口祐造编著：《日本土地收用法释义》，王侃译述，内务部编译处，时间不详，第1-2页。

及诉讼十章内容展开。

3. 美浓部达吉的《日本警察法释义》

《日本警察法释义》由李信臣①编辑,吴贯因②校阅,内务部编译处1919年发行。该书译者在例言中指出,该书"由美浓部博士之讲义译出"。该书在译法上,名词除一般通行语外,沿用其原本语词,若有难解之处,则加以注释。"例如免许,注以免除其不作为之义务,而许可其行为也。若强行译作许可,则失去原意之半。"该书正文仅60页,共五章,分别是警察之观念、警察权之界限、警察权之组织、警察权之作用(警察下命:警察法规及警察处分、警察许可、警察罚,警察强制:警察上之强制执行、警察上之即时强制)、警察之种类(保安警察、卫生警察、风俗警察、交通警察、产业警察)。虽然书名是"日本警察法释义",但其实不是日本《警察法》这部法律的逐条释义,而是探究传统行政法上警察权的原理。"警察系国家之权力的作用,本于一般统治权,为保持社会公益、限制臣民之自然自由或强制其执行也。"③

4. 美浓部达吉的《日本公用征收法释义》

《日本公用征收法释义》由李信臣翻译,吴贯因校阅,内务部编译处在1919年发行。该书在正文第1页就标明,"日本美浓部博士原著"。该书正文仅26页,共五章,分别是公用征收之观念、公用征收之手段、被征收者之权利、企业者之权利、公用征收之效果。所谓"公用征收,系权行为,因公益事业之必要,以相当之代价,剥夺或制限特定之财产权,而为事业主体之国家或第三者设定相当之权利也"。④ 日本存在公用征收的一般法,即1900年的《土地收用法》。依据该法,公用征收的手续一般包括事业认定、土地细目公告或通知、协议、裁决,被征收者享有参与征收手续的权利、扩张请求权(为自己利益可请求征收企业者要求以上的权利)、补偿请求权、买还权或先买权、诉愿及诉讼之权,而企业者则有出入于他人土地、请求征收手续进行、请求扩张、诉愿及诉讼的权利。

5. 高桥雄豺的《日本警察法总论》

1933年,江苏吴兴(今为浙江湖州吴兴)陈祖同译述的高桥雄豺的《日

---

① 李信臣,湖北武昌人。日本东京大学法科毕业,法学士,民国时任中国驻日本大使馆一等秘书,后在朝阳大学任教授。
② 吴贯因(1879—1936),原名吴冠英,别号柳隅,广东澄海人,史学家、语言学家。日本早稻田大学政治学士。回国后,于1912年和梁启超创办《庸言》月刊。后历任北洋政府卫生司司长、币制厂厂长、内务部参事兼编译处处长。1928年8月任东北大学史学群学系主任,任平民大学、燕京大学史学教授及华北大学校长。著有《史之梯》《中国经济史》《中国文字之原始及其变迁》《中国语言学问题》等。
③ [日]美浓部达吉:《日本警察法释义》,李信臣编辑,内务部编译处1919年版,第1页。
④ [日]美浓部达吉:《日本公用征收法释义》,李信臣译,内务部编译处1919年版,第1页。

警察法总论》出版。该书日文原版是 1927 年松华堂书店出版的《警察法大纲》，译本是其第一编，而非全译。该书正文共 103 页，分为警察之观念、警察机关、非常时期之警察组织、警察作用、对警察作用之行政救济五章。①

顺便还可以提及的是，高桥雄豺的《交通警察概论》曾由张仲芙、刘大勋翻译，1931 年在大东书局出版。

三、总论各论的分立与批评

在民国时期，行政法总论和各论研究齐头并进，是行政法学的一大特色。早期行政法的传入是从警察法开始的。之后，又有社会行政法、教育行政法、卫生行政法等的译介。行政法各论的著作常常与行政法总论相继问世。这成为中国行政法学起源时的一大特色。在早期的译著中，同时有清水澄的《行政法泛论》和《行政法各论》、美浓部达吉的《行政法总论》和《行政法各论》；在后来的自主撰写的著作中，钟赓言、白鹏飞、赵琛等均同时有《行政法总论》和《行政法各论》的著作，范扬除著有《行政法总论》外还出版过《警察行政法》。警察法研究在早期行政法各论研究中最为成功。行政法总论的研究指导着各论的展开，各论又提高了行政法解决问题的能力，两者相得益彰，共同推动中国行政法学的发展。

在行政法总论和各论的研究关系上，范扬指出，行政法可分为行政主体、行政行为及行政争诉三大部分。法国学者大抵首先说行政组织，其次是各种行政，最后为行政诉讼，不分总论和各论。而德、奥学者则将行政法分为总论和各论两个部分。从研究的便利上说，分开为好。如要深刻地研究，"最好先从各论研究，各论研究好了，然后再来完成总论"。如果各论研究不好，也无法研究好总论，总论的许多地方就要借助于外国的蓝本。而对于初学者而言，学了总论，懂得一般原理，再去研究各种行政法规，才是顺路。各论中要研究的法规多得无以复加，而且行政法规的变动性很大。故行政法各论的研究不但很难，而且是很繁的。②

但对于这种行政法总论和各论的编别，行政法学界不乏批评之声。林纪东认为，行政法学著作，特别是行政法各论，大都十分芜杂，从内务行政到外务行政、财务行政、经济行政、社会行政，无所不包，每个部门里面仅列举几个主要法规，敷衍了事，因此，读过某一部门也未必了解其梗概。行政法各论本身是一

---

① 参见〔日〕高桥雄豺：《日本警察法总论》，陈祖同译，陈祖同自发行 1933 年版。
② 参见范扬：《怎样研究行政法？》，《读书通讯》第 8 期（1940 年），第 126 页。

个大杂志，无从撷取精华（因为到处是精华），亦无从祛除糟粕（也可说到处都是糟粕）。如此，编之而成书，读者头痛；排之而成课，听者茫然。林纪东主张，应当放弃行政法总论、各论的传统分类法，重新编制。他主张关于行政意义、行政法意义、行政法沿革、行政法法源以及行政法的基本原理、行政作用的基本原理，应当汇归一处，其他如行政组织法、行政争讼法、内务行政法、财务行政法等均应各立门户，分别研究，以消除往日走马看花之弊，以期研究的深入，今后大学课程的排列就应以此为准，视各系时间和需要而分别抉择。①

张定夫也不采用行政法总论和各论的编排。他发现，现在大学法律学系如果有行政法学组，那就有行政法总论和各论的排列，如果不分组，就只有总括的行政法。张定夫自身也是只标名"行政法"，而没有总论、各论分列的名称。张定夫解释了采取如此做法的缘由：第一，对于初学者，内容应当简要而不能过繁。第二，现代行政事项日益增多，各论一一论列，不仅限于篇幅不能实现，而且难免不有挂一漏万之处，故不如去繁就简，择其要者而论述。第三，关于行政科学的部门日趋分门专攻，军事、教育、卫生、交通、水利、交通等无不有独立的学科，论述綦详。与其在行政法各论有限的论列中得其一鳞半爪，不如在某一分科的专著中窥其全豹。张定夫采取的行政法体系是，绪论与本论，前者说明行政、行政法、行政法学及其体系和研究方法，后者分为行政组织法和行政作用法。在行政作用法中说明行政作用法的一般理论之后，就是与人民关系最为密切的警察行政法和保育行政法两节内容。"这样的编述，也可说就是扬弃了行政法各论，并且合总论各论于一炉，保持了总论部分的全部，去掉了各论部分的复杂成分，纳入了它的重要成分。"②

第二节 当代部门行政法研究

新中国成立初期，行政法研究是匮乏的，行政法各论研究更是无从谈起。当时只有1955年翻译过来的司徒节尼金的《苏维埃行政法（分则）》。③ 自改革开放之后，行政法各论又逐步兴起，并示人以新的面貌。

一、行政法分论的出现

1983年，王珉灿主编的《行政法概要》由绪论、总论和分论三编组成。这

---

① 参见林纪东：《中国行政法学之改造》，《行政评论》第1卷第3期（1940年），第2-3页。
② 张定夫：《行政法概要》，昌明书屋1948年版，第7-8页。
③ 参见本书第二章第一节二（二）。

里没有再沿用"各论"的名称,而启用了"分论"的叫法。"分论是在总论基本原理的指导下,对各类具体的行政组织和行政行为作一些理论的概括和总结,从中反映出我国行政管理和行政管理法规的概貌。"在一本教材里涵盖总论和分论两部分内容,这也是并不多见的做法。这种体系安排"使认识过程从一般到个别,从概念到具体,有助于更清楚的了解行政法学的全貌"。因为该书"仅提供一个简单的轮廓,因此称为行政法概要"。①

该书分论按照我国行政机关实际实施行政管理时的大体分类列为七章:军事行政管理,外事行政管理,民政行政管理,公安行政管理,司法行政管理,国民经济的行政管理,教育、科技、文化、卫生、体育的行政管理。从内容来看,各章大致介绍了相关行政管理的历史沿革、宪法地位、组织机构、管理体制和基本制度等,简明扼要,法学原理性较弱。其七章的安排与顺序,与司徒节尼金的《苏维埃行政法(分则)》有一定的近似性。

这种类型的教材之后便很少出现,此后中国行政法学教科书总的趋向是不包括行政法各论的内容,而只有行政法总论部分。行政法各论或分论的名称也成为历史,但行政法各论的研究以"部门行政法"的形式逐渐展开。

二、部门行政法的展开

自1980年代末开始,部门行政法逐渐展开,部门行政法的名称也获得了多数学者的认可。总体而言,部门行政法的研究相对分散而不成体系,正在不均衡地逐渐深化。

(一)部门行政法的提出

1988年,皮纯协主编的《中国行政法教程》首次提出"部门行政法""部门行政法学"的概念,并专设一编,即"部门行政法综论"。该书认为,国家管理体系通常由纵的管理程序和横的管理部门构成。前者可分为以下环节:设置管理主体,发布管理文件,实施行政行为,以及为保证管理文件及行政行为实现而使用的奖励和处罚措施,对行政主体、行政行为所实施的法制监督;后者一般包括军事、外交、民政等行政管理。行政法学兼顾两者,才不会失之偏颇。行政法学体系包括两个部分,一部分是把带有共性的东西抽出来进行研究,多称此为行政法总论。但由于这部分内容在行政法学中十分重要,且带有普遍性,称其为行政法学原理较为合适。另一部分是从横的方面研究国家管理体系各个部门的行政法制问题,多称此为行政法分论。但称为部门行政法学较为贴切。由于这部分内容

---

① 王珉灿主编:《行政法概要》,法律出版社1983年版,第39、41-42页。

十分庞杂，若将其融于行政法学原理之中，势必体系庞杂，给教学与科研带来困难。因此，有必要将部门行政法学分立出去，待条件成熟时，分别由专门的教科书进行研究。但并非因此就回避对部门行政法的研究，在目前情况下，可首先在行政法学中设置一个部门行政法综论去探讨几个重要的部门行政法的基本问题。[①] 如此，该书设"部门行政法综论"一编，共13章，分别是人事行政法，公安行政法，军事行政法，外交行政法，民政行政法，司法行政法，经济行政法，外贸、外汇和海关行政法，教育行政法，科技行政法，文化行政法，卫生行政法，体育行政法，占全书一半以上的篇幅。部门行政法大致是按照某一部门行政法的特点和意义（任务）、某种管理的机构和职权、该管理的基本法律制度来展开的。

（二）部门行政法的展开方式

对部门行政法的研究主要以两种方式展开：一是分别研究各个具体的部门行政法，探求不同行政领域内行政法律规范的具体内容和特色；二是把部门行政法作为一个整体进行综合性、概括性研究，探讨部门行政法的共同特点和主要制度。后者大致处于行政法总论与具体的行政法各论的中间地带，将总论进一步具体化，将各论进一步抽象化，寻求两者之间合理的链接点。

1990年代初期，由司法部法学教材编辑部、北京大学法律系、中国人民大学法律系、中国政法大学法律系、中国法学会行政法研究会和中国社会科学院法学所等单位的部分教授和学者组成了高等学校部门行政法教材编委会，组织策划和编写一套部门行政法试用教材，供高等院校法律专业和实际部门培训干部选用或参考。中国部门行政法教材编委会由余叔通任顾问，由罗豪才任主任，由应松年、沈忠俊、姜明安任副主任，由18名行政法教师和实务部门的专家担任编委，开始组织力量对相关领域的部门行政法进行系统研究，宣传普及行政法。该教材是探讨各部门行政的法律问题，而不是像部门行政管理学那样研究各部门管理规律、管理制度和管理技术问题。部门行政法学属于应用法学，源于实践，为实践服务，包括该部门行政法的概念、调整对象、范围、历史发展，现行的主要法律法规、主要管理制度、主管机关及其职责权限，该部门的行政违法行为、行政处罚、行政裁决、行政复议、行政诉讼等。这套部门行政法教材计划分批出版，共有16本之多，但实际出版的只有第一批6本，分别是：（1）曾祥平、胡建淼主编的《民政行政法》，（2）张小华主编的《土地行政法》，（3）王学政编著的《工商行政法》，（4）胡宝林编著的《环境行政法》，（5）海关总署法规司编的《海关行

[①] 参见皮纯协主编：《中国行政法教程》，中国政法大学出版社1988年版，第4-5、179页以下。

政法》，(6) 魏礼江主编的《审计行政法》。这六本书均为中国人事出版社 1993 年出版。

与此类似，出版的部门领域的行政法教材有：（1）刘俊田主编《卫生行政执法》，中国法制出版社 1993 年版；（2）曾祥平主编《民政法律制度教程》，中国政法大学出版社 1993 年版；（3）曹树培《实用地质矿产行政法》，中国政法大学出版社 1993 年版；（4）朱一文《实用技术监督行政法》，中国政法大学出版社 1993 年版；（5）夏清成等主编《税务行政法概论》，中国税务出版社 1996 年版。

张正钊、李元起主编的《部门行政法研究》采取了后一种研究方式。该书尖锐地指出，部门行政法研究不适当地将重点放在对具体行政制度的描述上，由于各行政领域内法律规则大多是以相对人为约束对象的管理规则，描述各领域的行政管理制度便意味着部门行政法的研究重点落到了相对人的权利、义务和责任上，部门行政法变成了"部门管理法"。部门行政法研究应当转变观念，应在行政法总论的指导下研究具体行政领域内规范和控制行政行为的各种法律规则，从描述各种管理规则转向从中提炼约束行政主体的规则和原理。① 该书在对众多的行政领域进行概括的基础上，把我国的部门行政法总结为组织与人员管理法、宏观调控法、专业经济管理法、政务管理法和公共事务管理法五大类，并力图作为一个整体加以研究，以期既能从总体上把握部门行政法的概念、特征、地位和原则等基本原理，又能比较系统地介绍和分析我国现行各部门行政法律制度的主要内容、基本特点及发展趋势。这种中观层次的行政法研究可谓独树一帜，在中国行政法学史上史无前例，之后也鲜有追随者。

2005 年，崔卓兰主编的《部门行政法学》作为行政法专业本科高等教育自学考试指定教材，在北京大学出版社出版。该书共分交通、税务、土地、海关、民政、教育和卫生等七编内容，各编分别介绍了各部门行政法的概述（包括概念、基本原则、地位等基本理论问题）、行政职权与职责、行政复议、行政诉讼等问题。

2017 年，章志远的《部门行政法专论》在法律出版社出版。除部门行政法研究概论外，该书共设置了教育、警察、规制和城市治理行政法四章内容。该书将部门行政法研究的历史使命分为三个层次：初级使命是寻求社会治理良策，次级使命是推动行政法制创新，终极使命是反哺总论体系更新。部门行政法研究主要有三种进路，即精耕细作的微观部门行政法学研究、承前启后的中观部门行政法学研究、纵横捭阖的宏观部门行政法学研究。

---

① 参见张正钊、李元起主编：《部门行政法研究》，中国人民大学出版社 2000 年版，第 35 页。

很显然，在行政法具体领域日益分化、复杂化的今天，早期的行政法各论或分论的研究已不可能重现。今天已很难在相对宏观的层面系统展开部门行政法整体研究，更多是重点领域的专门研究。

（三）具体领域的行政法研究

在具体的行政领域，在警察、教育、卫生、经济等方面形成了较多的专门研究成果。

在警察行政法方面，有不少著作。仅教材而言，有以下几本：（1）聂福茂、余凌云主编的《警察行政法学》2005年在中国人民公安大学出版社出版。该书共10章，分别是导论、警察组织法、警察行政处罚、警察行政许可、警察即时强制、强制执行与警察协助执行义务、违法行为矫治、公安机关办理行政案件程序、公安法制监督、警察行政救济。该书具有较为明显的公安特色。（2）高文英主编的《警察行政法》2016年在中国政法大学出版社出版。该书共10章。其中，第一章至第八章为警察行政法的总论部分，分别是警察行政法概述、警察行政法的基本原则、警察行政法主体、警察行政行为（上）、警察行政行为（下）、警察行政程序、警察行政执法监督与救济、警察组织法；第九章和第十章为警察行政法的分论，分别是治安管理处罚法、其他警察行政法。（3）高文英主编的《警察行政法学》，作为公安高等教育职业核心课程系列教材之一，2019年在中国人民公安大学出版社出版。与前书相比，该书将"警察行政执法监督与救济"拆分为警察行政执法监督、警察行政救济两章，如此，变成了十一章体系。（4）余凌云的《警察法讲义》（法律出版社2015年版，清华大学出版社2020年第2版），虽然名为讲义，但实质是专题研究的合集；虽然没有突出部门行政法的属性，但主要还是行政法的内容。该书包括部门行政法的发展与建构、警察权的变迁、警察权的央地划分、警械与枪支的使用、行政传唤、警察盘查、行政管束、公安行政裁量基准、治安处罚上的担保人与保证金、道路交通事故责任认定十讲。另外，还有相对综合的警察法学教材，诸如李元起、师维主编的《警察法通论》（中国人民大学出版社2012年版），程琳主编的《警察法学通论》（中国人民公安大学出版社2018年版）。

在教育法方面，有很多相关研究，其中也不乏专门的教育行政法研究。例如，高家伟主编的《教育行政法》2006年在北京大学出版社出版。该书首次尝试总分论的体例，以受教育权为核心概念，系统阐述教育行政法的理论与制度，其中，总论共六章（受教育权、教育行政法、教育行政组织、教育财政、教育行政基本制度、教育行政的监督和救济），分论共六章（义务教育法、高等教育法、民办教育法、职业教育法、继续教育法、特殊教育法）。此外，湛中乐著有《大学法治与权益保护》（中国法制出版社 2011 年版）、《大学章程法律问题研究》（北京大学出版社 2016 年版），主编了《公立高等学校法律问题研究》（法律出版社 2009 年版）、《教育行政诉讼理论与实务研究》（中国法制出版社 2011 年版）、《教师权利及其法律保障》（中国法制出版社 2015 年版）、《民办教育法治理论与实践》（中国法制出版社 2016 年版）、《学生权利及其法律保障》（中国法制出版社 2017 年版）、《高校行政权力与学术权力运行机制研究》（北京大学出版社 2018 年版）等。

在卫生行政法方面的著作有：（1）李春生主编《卫生行政法学》，东北大学出版社 1997 年版；（2）刘善春、吴平《卫生行政法研究》，北京大学出版社 2007 年版；（3）郭永胜、孙子迪、孙嘉悦《卫生行政法基础研究》，法律出版社 2012 年版；（4）蒲川、古津贤主编《卫生行政法》，浙江工商大学出版社 2013 年版；（5）宋华琳《药品行政法专论》，清华大学出版社 2015 年版等。

在经济行政法方面的著作有：（1）宋功德《论经济行政法的制度结构——交易费用的视角》，北京大学出版社 2003 年版；（2）王克稳《经济行政法基本论》，北京大学出版社 2004 年版；（3）金承东《经济行政法——以民营经济为视角》，法律出版社 2005 年版等。

三、部门行政法与行政法总论

对于部门行政法的展开，行政法学界存在着不同的声音：有的担心其脱离总论的控制，而沦为具体领域的行政管理学；有的则对其抱有更大的信心，期待其能反补行政法总论，甚至能再形成一个新的综合性法学领域。

2001 年，孟鸿志较早对部门行政法与行政法总论进行比较，藉此确定部门行政法规范和调整的对象。首先，在调整的关系上，行政法主要规范行政关系，即从政府组织角度而言，立法机关对行政机关体系的组织关系、行政机关体系内部的组织关系、行政主体对行政法关系其他主体的组织关系；而部门行政法则主要规范管理关系，即行政系统在管理某一社会事务时对相对方当事人之间关系的确认。其次，规范行政主体行为的规则应当是行政法的构成，而规范行政管理相对人的规则则是部门行政法的构成。再次，行政法以限制行政权为主旨，而部门行政法以保护行政权的有效行使为主旨，对于行政机关履行管理职能具有强大的保护作用。最后，以调整公权关系为重心的规则是行政法规则，而调整私权关系的法律规则则是部门行政法规则。[①] 这种对于行政法总论与部门行政法差别的认

---

① 参见孟鸿志：《论部门行政法的规范和调整对象》，《中国法学》2001 年第 5 期，第 57 - 60 页。

识,一定程度上代表了管理部门所认识的部门行政法的观念,这种部门行政法应当被称作"部门管理法"。

2006年,余凌云以警察行政法为例探讨了部门行政法与行政法总论之间的关系。他归纳出三种现象。第一,从单向到双向。行政法的发展很大程度上源自部门行政法(尤其是警察法),部门行政法对实践的变化和需求反应更为敏锐,从中提炼出来的实证性研究成果会为行政法总论的存在方式提供检查、反思和重构的契机。行政法总论在自身理论完备之后对部门行政法施加了越来越大的影响力,从宏观政策上对部门行政法引导和制约,以免其受到部门利益的驱动和微观视野的局限。第二,微观层面的自成体系。部门行政法不仅仅是行政法总论的具体应用,更多是创造性的工作,很可能会出现若干自我完结的微观体系,并与部门行政法之间又构成上下位阶、种属关系。第三,学科的移动。部门行政法可能由于需要多学科、多视角的融合和整合,进而发展成为一个边缘性的、崭新的学科。[1]

2010年,宋华琳认为,行政法总论具有减轻思维负担、提供法律解释、规范和控制部门行政权、保障基本人权的功能。而部门行政法则是在具体的社会利益关系结构中运用与检验行政法基本原理的载体,同时,对行政法总论的发展更新具有重要的反哺作用,对于中国行政法学的本土化具有重要意义。[2]

相对而言,2011年,朱新力和唐明良所作的两者关系分析更具有总结性,不过,他们选用了传统的"行政法各论"的表达。他们认为,行政法的总论和各论之间有三种关系定位。第一,一般与特别的关系。总论提出一般性法治国家的基本架构,即合法性层面的基本原理,各论则在遵循总论所确定的法治国家基本原理的基础上在特殊性上有所发展,甚至在具体规则上可以作出超越总论原理的例外规定。第二,形式与实质的关系。总论更关注形式法治,更关心如何规范和控制行政权;而各论则较为关心何种制度架构能实现政府的善治,会在合法性的传统考量基础上关注最佳性。第三,传送带与反向传送带的关系。行政法总论充当着传送带的角色,将宪法所确立的法治国家基本价值和精神输送到行政法的各个领域;行政法各论在接受总论的价值输送的同时,反过来为总论提供参考素材和理论资源,推进行政法总论的不断发展变革。[3] 可以说,很难再跳出这三种关

---

[1] 参见余凌云:《部门行政法的发展与建构——以警察(行政)法学为个案的分析》,《法学家》2006年第5期,第138-143页。该文收录于余凌云:《警察法讲义(第二版)》,清华大学出版社2020年版,第一讲。

[2] 参见宋华琳:《部门行政法与行政法总论的改革——以药品行政领域为例证》,《当代法学》2010年第2期,第56-62页。

[3] 参见朱新力、唐明良:《行政法总论与各论的"分"与"合"》,《当代法学》2011年第1期,第55-56页。

系的定位思考行政法总论和各论或部门行政法的关系。

综上所述，行政法总论研究离不开各论或部门行政法的支撑，也需要各论或部门行政法为总论的更新提供支持。每一个行政法总论的研究者都应当选取一两门具体领域的行政法作为自己的背景。故而，选取有代表性的重点领域，能涵盖行政法的不同侧面，诸如代表传统的警察行政法与代表现代的环境行政法、规制行政法和给付行政法等，将成为可行的研究径路。如果能有三个自己相对熟悉的研究领域，那将形成一个小型平台，其相关研究或许左右逢源、得心应手。在理论上对于如何划分部门行政法、如何构建部门行政法也有一定的尝试，但终归只是典型领域的归纳和提升，更多的精力还是应放在这些典型领域的深耕拓展上。

结　语

　　回顾过去两甲子的行政法学说史，如果从中国行政法学的知识来源和构成脉络来说，清末输入的日本行政法学乃至大陆法系行政法学为中国行政法学提供了基本概念、基本范畴和理论体系，构成了中国近代行政法学的基础和骨骼；苏联行政法学则在新中国成立初期进入，在行政强制措施、行政处罚等中国行政法学的重要范畴上产生了重要影响；英美法系行政法学虽然自清末开始就有输入，但直至1980年代才开始为中国行政法学贡献行政程序等重要范畴，成为中国行政法学的血肉组成。现今中国行政法学的基本格局就是，以中国实定行政法为基础，以德、日所代表的大陆法系行政法学为基本框架，以英美法系行政法学为专题补充，并在行政许可、行政强制、行政处罚等局部领域形成了自我的特色。

　　第一，中国与外国。中国的近代法学是继受西方法学的产物，行政法学也不例外。在大量学习、吸收日本行政法学之后，中国行政法学有了产生的可能。日本行政法学的持续输入、新中国成立初期苏联行政法学的输入、改革开放之后欧美行政法学的输入，都对中国行政法学产生了重要影响，为中国行政法学提供了基础知识、概念范畴、原理体系、研究方法。今天，外国行政法仍然是研究和思考中国行政法问题的重要参考。强调中国的主体性、强调中国的问题意识，并不排斥吸收优秀的外来经验和文化。

　　第二，一家与多元。在输入外国行政法的不同时期，曾经出现过一家独大的现象。清末民初输入的行政法基本上都是日本行政法，或者经由日本而输入的大陆法系行政法。此后在民国时期，虽然也有一些欧美行政法的输入，但总量上仍然有限。在新中国成立初期，出现了独尊苏联行政法的一边倒局面。1950年代的学者们无法预测到1980年代时苏联行政法会被嫌弃甚至被抛弃掉。一家独大是不健康的状态。日本传统行政法学存在其历史的局限性，很多原理在第二次世界大战之后被修正，甚至被抛弃。苏联行政法学固然有行政法学的体系和元素，但从缺乏行政诉讼的角度来说，其学科体系被贴上"管理论"的标签是有道理的。多元化的外国行政法，才能为中国行政法问题提供更多的观察视角和解决方案，为中国行政法学提供反思和更新的契机。

第三，历史与现代。从形式上看，可以根据清末、中华民国时期、新中国成立初期、改革开放之后四个时期，将中国行政法学史分为输入与孕育、形成与发展、转轨与寂灭、重启与新生四个阶段。但是，清末与中华民国的行政法学联系紧密，甚至难以简单地以时间点进行切割，清末重在输入，而民国时期已开始中国化。新中国成立初期与改革开放之后的行政法学有一定联系，但联系不是十分紧密，苏联行政法学在1980年代中期之后被抛弃，仅在行政强制措施、行政处罚等部分专题上留有遗迹，苏联行政法学对中国行政法学的影响更像是一段插曲。改革开放之后的行政法学反而受民国时期的行政法学影响更大，继而又置身于更为广阔的外国行政法学和颇具特色的中国行政法制度实践之下。故而，从整个中国行政法学说史来看，学说史的连续性是存在的。中国的近代行政法学被注入了当代行政法学，延续至今，而且会走向未来。这也是本书一直写到当下，而不是写到某一个阶段截止的原因。

第四，学说与制度。中国行政法学说史受到行政法制度史的影响，行政法的制度虽受到政权更迭的影响，但仍有相对的技术中立性。旧中国引入外国行政法知识，是戊戌变法之后中国一系列制度变革的需求使然。随着官制改革、行政裁判制度（行政裁判院乃至平政院）的建立，清末民初的知识分子引入相关的行政法学理，开始对中国的制度需求展开分析和辩论，推动了行政法学的中国化。违警法、行政执行法、行政诉讼法、诉愿法等法律的制定和修改，也推动了行政罚、行政强制执行、行政诉讼、诉愿等相关行政法学理的展开。改革开放之后的行政法学发展更是典型的立法推动。行政处罚法、行政许可法、行政强制法的制定，也使得这三个领域的行政法学理最具中国特色。当然，行政法学说史相对于制度史仍有一定的独立性，学理的发展有其内在的逻辑，尤其是在制度的稳定实践时期更是如此。

回溯中国行政法学说史，并不是说研究行政法时时、事事都应追溯源流，但我们在踏上新征途之前，有必要回望来时路。过往的行政法学研究算不上发达，学术争鸣的风气也不可谓旺盛，学术脉络也不是十分清晰，但即便如此，藉由学说史也能澄清很多问题，知道我们曾经走过哪些弯路，知道我们是怎么一步一步走到现在的。举例而言，行政主体的概念聚讼纷纷，但回溯历史可以发现，我们早期甚至没有行政主体的概念，国家法人说是先于行政主体出现的，行政主体概念无非是要处理行政权的归属问题，行政主体是国家这一法人在行政上的体现，法人和机关的关系是其核心问题。在没有了国家法人观念之后走上前台的就是一个个的国家行政机关，再将行政机关贴上行政主体的标签，无疑是走上了一条不同的路。再如，行政强制措施的概念认识分歧很大，但回溯历史可以发现，我们早期很长时间里都没有这一概念，而只存在类似的实务手段或措施，这种措施只存在于警察行政法上。后来经由苏联行政法学，这些警察行政法的各论层面措施上升至行政法总论层面，渐渐形成了今天的行政强制措施概念。学术创新固然重要，但作为社会科学之一，行政法学过往的经验和教训具有重要意义。要实现行政法学的本土化，让行政法学适应法治中国的需要，我们可以在中国行政法学说史中发现经验，吸取教训。正所谓根深叶茂，源远流长，我们需要固本浚源，守正创新。

学说史研究一定是研究某人的某个作品对学说产生了何种影响。人物、作品、影响，构成了学说史的核心要素。中国行政法学说史虽然算不上群星璀璨，人物之间的传承关系也并非脉络清楚，但一代代行政法学人的努力清晰可见。在近代中国行政法学说史上，有的学者在传播行政法学知识上作出了重要贡献，例如夏同龢、白鹏飞、赵琛；有的学者则在行政法学中国化和体系化上作出了重要贡献，例如钟赓言、朱章宝、张映南、徐仲白、范扬、陶天南、管欧、林纪东、马君硕等。在当代中国行政法学说史上，当行政法学重新走上正轨时，龚祥瑞、王名扬等学者让中国行政法学重新接续上历史和世界，张尚鹫、皮纯协、罗豪才、应松年、姜明安等学者又在努力推动着行政法学的本土化、特色化。虽然有的学者已不在这尘世之间，但他们的学说仍在影响着行政法的理论与实践。学说史的另一层意义在于，涤荡古今，鼓舞来人。我为前人作传，汝当奋勇前行。

附录　近代行政法学著作目录

【说明】近代行政法学著作包括1949年之前的行政法学著作和译著。不同译者的图书均分别列出，同一本书的不同版本仅列出其早期版本。图书大致按照时间顺序排列，出版时间不详者按照其可能的时间排列。图书后标有记号A者，表示国家图书馆的国家数字图书馆民国时期文献藏有该书；标有记号B者，表示上海图书馆的民国时期期刊全文数据库（1911—1949年）藏有该书。A没有时标注B，B没有时不再标注。如果图书有新近点校版本，则以括号注明相关信息。

［日］小幡俨太郎纂译：《日本警察新法》，王治本校阅，善邻译书馆1899年版。A

［美］葛德奈：《比较行政法》，浮田和民日译、白作霖汉译，译书汇编社1902年版（作者今译作古德诺）。（王立民、王沛勘校，中国政法大学出版社2006年版）

董鸿祎编译：《日本行政法纲领》，译书汇编社1903年版。政法丛书第三编。B

作新社编译：《行政法》，作新社1903年版。政法类典之政治部。A

［日］羽田智证：《日本行政法法理图解》，袁思永译，东京翔鸾社印刷所印刷，1904年。（［日］铃木义男等：《行政法学方法论之变迁》，陈汝德等译，杨成炬点校，中国政法大学出版社2004年版）

［日］清水澄：《行政法泛论》，黎渊译，法政大学法政速成科讲义，1905年。

［日］清水澄：《行政法各论》，法政大学法政速成科讲义，1905年。

夏同龢编辑：《行政法》，东京并木活版所印刷，1905年。两卷本，法政粹编第三种。A

曹履贞编辑：《行政法》，湖北法政编辑社1905年版。法政丛编第三种。A

邵羲述：《行政法》，政法学社，时间不详。政法述义第五种。A

［日］祷苗代：《日本教育行政法》，徐志绎、樊树勋、陈正汉译，译者发行，1906年版。

［日］渡边清太郎、鲛岛东四郎：《汉译日本警察法述义》（上下卷），项泽蟠、杨宝书、梅祖培编译，扫叶书房1906年版。B

［日］广中佐兵卫：《卫生行政法》，胡敏译，昌明公司1906年版。

［日］美浓部达吉：《行政法总论》，袁希濂译，普及书局1906年版。

［日］织田万：《清国行政法》，郑篯、陈与年、梁继栋译，广智书局1906年版。2卷本。A

［日］美浓部达吉：《行政法总论》，熊范舆译述，丙午社1907年版。法政讲义第一集第三册。B

［日］岸本辰雄：《行政法精义》，李栋译，东京启文书局1907年版。A

［日］岛村他三郎：《地方行政要论》，李倪译，上海开进学社1907年版。A

［日］美浓部达吉：《行政法各论》，陈崇基编辑，丙午社1907年版。法政讲义第一集第四册。B

孟继旦编辑：《市町村自治行政论》，东京并木活版所印刷，1907年。B

［日］清水澄：《行政法泛论》，金泯澜等译，商务印书馆1907年版。A（魏琼勘校，中国政法大学出版社2007年版）

李光第编辑：《行政法各论》，政法学社，时间不详。政法述义第五种。A

汤化龙：《大清违警律释义》，法政研究社1908年版。A

［日］清水澄：《行政法各论》，商务印书馆编译所译，商务印书馆1908年版。A（魏琼勘校，中国政法大学出版社2007年版）

"临时台湾旧惯调查会"编：《清国行政法泛论》，金港堂书籍1909年版。

唐肯编著：《日本地方行政法精义》，阳湖汪公馆1909年版。A

汪有龄：《大清违警律论》，德兴堂印字局1909年印刷。A（王平原主编：《汪有龄法学文集》，中国法制出版社2013年版）

郑际平述：《行政法各论》，出版者、时间不详。B

谢欣荣：《行政法讲义》（第二编），吉林自治筹办处，1910年。两卷本。

［日］冈田朝太郎：《法学通论》，汪庚年编辑，京师法学编辑社1912年版。

［日］冈田朝太郎：《法学通论 宪法 行政法》，熊元翰编辑，安徽法学社1912年版。B（魏琼点校，上海人民出版社2013年版）

［法］裴德垿弥：《法国行政法》（上编），项方、张其械、姜汉澄译，商务印书馆1912年版（作者今译作贝泰勒米）。A

孙丕基编辑：《比较行政法表解》，上海科学书局1913年版。B

王毓炳编辑：《行政法总论表解》，上海科学书局1912年版。B

吴愿琛编辑：《行政法各论表解》，上海科学书局1913年版。B

张诚一编辑：《警察法表解》，上海科学书局 1913 年版。B

［美］葛德罗：《美法英德比较行政法》，谢晓石译，南昌普益书局 1913 年版（作者今译作古德诺）。A

黎兴殷编述：《比较行政法》，中国法学会 1913 年版。B

张韬讲述：《行政法总论》，出版者、时间不详。B

东方法学会编纂：《行政法要览》，上海泰东图书局 1914 年版，1919 年第 3 版。B

会文堂书局编：《行政法问答》，会文堂书局 1914 年版。B

"临时台湾旧惯调查会"编：《清国行政法分论》（卷一），东洋印刷株式会社印刷，1915 年。

"临时台湾旧惯调查会"编：《清国行政法分论》（卷二），东洋印刷株式会社印刷，1916 年。

"临时台湾旧惯调查会"编：《清国行政法分论》（卷三），东洋印刷株式会社印刷，1916 年。

"临时台湾旧惯调查会"编：《清国行政法分论》（卷四），东洋印刷株式会社印刷，1916 年。

钟赓言：《行政法讲义》，朝阳大学法律科讲义，1917 年。三卷本。A［1927 年版行政法总论，赵晶点校，《朝阳法科讲义》（第三卷），上海人民出版社 2013 年版；1927 年版三卷本讲义，《钟赓言行政法讲义》，王贵松、徐强、罗潇点校，法律出版社 2015 年版］

"临时台湾旧惯调查会"编：《清国行政法泛论》（上下卷），东洋印刷株式会社印刷，1918 年。

［日］山田准次郎：《卫生行政法论》，高仲和译，内务部编译处 1918 年版。B

［日］樋口祐造编著：《日本土地收用法释义》，王侃译述，内务部编译处，时间不详。A

［日］美浓部达吉：《日本警察法释义》，李信臣编辑，内务部编译处 1919 年版。A

［日］美浓部达吉：《日本公用征收法释义》，李信臣译，内务部编译处 1919 年版。A

"临时台湾旧惯调查会"编：《清国行政法分论》（卷五），东洋印刷株式会社印刷，1919 年。上下卷。

［日］织田万：《地方自治精义》，泰东图书局编译，泰东图书局 1923 年

版。A

冯承钧编:《行政法总论》,北京法政大学讲义,时间不详。[《冯承钧学术著作集》(上),邬国义编校,上海古籍出版社2015年版]

冯承钧编:《行政法各论》,北京法政大学讲义,时间不详。[《冯承钧学术著作集》(上),邬国义编校,上海古籍出版社2015年版]

白鹏飞编:《行政法总论》,商务印书馆1927年版。B

刘经旺编:《行政法要论》,出版者不详,1928年。B

黄宪生编:《国民政府违警罚法释义》,上海法学书社1929年版。

林环生编著:《行政法概要》,世界书局1929年版。考试用书。B

靳巩:《违警罚法通诠》,大东书局1929年版。B

徐福基编著:《行政法纲要》,广益书局1929年版。考试用书。B

赵志嘉编辑:《违警罚法详解》,世界书局1929年版。A

朱采真:《行政法新论》(上编 下编),世界书局1929年版。A

朱剑芒编:《行政法大纲》,中央书店印行,1929年。

郭卫:《违警罚法释义》,上海法学编译社1931年版。B

钱释云编:《行政法问答》,上海三民公司1931年版。考试用书。A

上海法学编译社编:《行政法问答》,上海法学编译社1931年版。考试用书。A

朱章宝:《行政法总论》,商务印书馆1931年版。A

赵琛:《行政法总论》,上海法学编译社1931年版。A

白鹏飞:《行政法大纲(上卷总论)》,好望书店1932年版。A(时晨点校,收录于《白鹏飞法学文集》,法律出版社2018年版)

管欧编:《诉愿法实用》,中国书局1932年版。

潘健卿:《行政法要义》,潘健卿律师事务所1932年版。A

朱采真编著:《现代行政法总论》,世界书局1932年版。A

朱采真编著:《现代行政法各论》,世界书局1932年版。A

白鹏飞:《行政法大纲(下卷各论)》,好望书店1933年版。A

[日]高桥雄豺:《日本警察法总论》,陈祖同译述,译者自发行,1933年版。B

[法]狄骥:《公法的变迁》,徐砥平译,商务印书馆1933年版。A(郑戈译,商务印书馆2013年版)

[日]美浓部达吉:《行政裁判法》,邓定人译,商务印书馆1933年版。A(郑取点校,中国政法大学出版社2005年版)

［日］美浓部达吉：《日本行政法撮要》（上下卷），杨开甲译，考试院 1933 年版。B

［日］美浓部达吉：《行政法总论》，黄屈译，民智书局 1933 年版。

赵琛：《行政法各论》，上海法学编译社 1933 年版。A

郑必仁：《行政法总论》，汉文正楷印书局 1933 年版。B

［日］美浓部达吉：《行政法撮要》，程邻芳、陈思谦译，商务印书馆 1934 年版。A

张映南编：《行政法总论》，北京大学讲义，时间不详。A

陈启钊：《行政诉愿全书》，法学书局 1934 年版。A

林众可、李用中编：《行政法总论》，上海法学书局 1934 年版。A

徐仲白：《中国行政法论》，现代科学出版社 1934 年版。A

张永宽编：《行政法（第二部）》，四川大学讲义，1934 年。

范扬：《行政法总论》，商务印书馆 1935 年版。A（1937 年版《行政法总论》，邹荣勘校，中国方正出版社 2005 年版；苏苗罕编：《范扬集》，商务印书馆 2021 年版）。

刘汉哲：《行政法讲义》，北平法律函授学校讲义，1935 年。

丘汉平编著：《违警罚法》，商务印书馆 1935 年版。A

徐仲白：《行政法各论》，中国大学讲义，1935 年。

张映南：《行政法泛论（总论）》，法律评论社 1935 年版。A

法政学社：《诉愿法行政诉讼法详解》，广益书局 1936 年版。

管欧：《行政法各论》，商务印书馆 1936 年版。A

汪文玑编：《现行违警罚法释义》，商务印书馆 1936 年版。A

尹斯如编述：《行政法各论》，华北学院讲义，1936 年。

管欧编著：《现行诉愿法释义》，商务印书馆 1937 年版。A

［日］铃木义男、杉村章三郎：《行政法学方法论之变迁 行政机关的人格性》，陈汝德译，北平大学法商学院，1937 年。A（［日］铃木义男等：《行政法学方法论之变迁》，陈汝德等译，杨成炬点校，中国政法大学出版社 2004 年版）

［日］美浓部达吉：《公法与私法》，陈正明译，陈正明律师事务所 1937 年版。B

［日］美浓部达吉：《公法与私法》，黄冯明译，商务印书馆 1937 年版。B（周旋勘校，中国政法大学出版社 2003 年版）

陶天南：《中国行政法总论》，中华书局 1937 年版。A

徐家齐：《诉愿法释义（附行政诉讼法释义）》，会文堂新记书局 1937 年版。A

王治焘：《行政法各论》，北平大学法商学院讲义，1937年。

朱采真编著：《行政诉讼及诉愿》，商务印书馆1937年版。A

蒋思道编：《行政法讲义》，武汉大学讲义，1938年。（周荣主编：《民国时期武汉大学讲义汇编》（第六册），国家图书馆出版社2018年版）

黄俊编述：《行政法总论》，高等警官学校，1939年。

黄俊编：《行政法总论》，北平民国学院讲义，时间不详。A

范扬：《警察行政法》，商务印书馆1940年版。A（但彦铮、何悦勘校，法律出版社2018年版；苏苗罕编：《范扬集》，商务印书馆2021年版）

范扬：《战时军事警察行政》，国民政府军事委员会政治部编印，时间不详。A

陈顾远：《现行行政程序法纲要》，中央政治学校公务员训练部高等科讲义，时间不详。A

林纪东编著：《中国行政法总论》，正中书局1943年版。A

陈体强：《英国行政法论》，商务印书馆1945年版。A

林纪东编著：《行政法提要》，大东书局1945年版。A

林振镛：《新违警罚法释义》，商务印书馆1945年版。A

秦烛桑：《行政法各论》，中国大学讲义，1945年。

行政法院编纂：《行政诉讼程序问答》，大东书局1945年版。A

张天福：《行政法原理》，商务印书馆1946年版。B

郑宗楷：《警察法总论》，商务印书馆1946年版。A

郭宗莆编著：《中国警察法》（上册），警学编译社1947年版。A

马君硕：《中国行政法总论》，商务印书馆1947年版。A

钱定宇：《中国违警罚法总论》，正中书局1947年版。A

中央警官学校研究部：《警察法各论》，中央警官学校1947年版。A

龙泽洲：《违警罚法概论》，中华书局1948年版。B

张定夫：《行政法概要》，昌明书屋1948年版。A

刘邦绂编：《行政法总论讲义》，中央警官学校讲义，时间不详。B

王建今编：《中国行政法总论》，中央警官学校讲义，时间不详。A

佚名：《行政诉讼法浅释》，行政法院印行，时间不详。B

事项索引

A

奥托·迈耶　65，117，217，220，261，264，286，367，404

B

白鹏飞　4-6，30，32，33，43-45，48，73，218，477，478，501，504，515

保廷梁　155，156，159，160，174，199，200，246，402

比例原则　222-225，318，353，372

部门行政法　91，99，117，487，505-512

C

裁量处分　25，226，227，229，232，402

裁量基准　226，238，240-243

陈体强　4，5，54，55，57，58，60，73，121

D

代位责任说　465-467

戴雪　55-58，72，114，135，220，421，425

德国行政法　28，40，72，115-118，125，126，217，261

狄骥　61-63，70，71，114，120，210，220，449

F

法国行政法　9，26，28，52，55，57，58，60，61，69，77，91，119-123，127，135，148，184，185，229，284，299，421，455，458，497

法治国家　1，26，64，69，72，89，112，117，126，142，274，367，416，422，426，432，437，447，453，511

法治行政　133，213，215，216，218，221，225，234，237，446

范扬　4-6，35，42，45，46，49-52，62，69，73，153，156，161，176-178，203-205，216，218，227，228，237，248，249，252，267-269，

271，272，279，295，297，307，325，342，353，354，381，405，406，426-429，450-452，455，456，499，504，515

G

公定力　264，271-274，282，283，285-287，291，292，297，348

公法　3，4，10-14，18，22，25，28，30，32，34，35，37，40，41，44，46-48，51，53，55，56，60-66，93，109，111，114-117，119-121，126，127，133，137，142，154，157-172，174，177，181，184，185，187，190，192，194-206，208，209，211，213，224，225，249，262-265，267，270，273，274，276，278，284，287-289，292-297，300，311，323-325，327，339，342，375，379，381，395，416，419，421，423，424，426，428，442，447，450-453，456，463，464，472-474，476-479，488，489，492，495，498，502

公法上契约　265，270，292-298，305，309

公法一元论　165，166，168

公法与私法　51，55，64，70，118，137，140，157-172，195，198，206，213，264，270，422，428

公权　19，20，30，36-38，46，53，54，61，116，133，160，162，165，166，181，194-206，208，209，211-213，323，325，391，401，406，416，424，428，478，488，489，510

公权力　150，166，168，170-172，187，190，208-210，213，286，287，289，304，352，399，423，447，463，464，471，472，484，497

公权利　116，206，208-213，232，443，453

龚祥瑞　30，55，91，124，131，149，156，157，222，386，432，461，462，515

古代行政法　49，102，145-147

古德诺　5，23，24，110，124

管欧　4-6，406-408，477，478，495，496，515

归责原则　393，396，463，464，467-473

国家法人说　173，174，175，178，190-193，456，514

国家管理　79-85，88，89，94，95，105，106，149，182，183，206，219，221，250-252，276，277，305，311，312，342-344，357-359，382，384，506

国家赔偿　　47，92，93，101，103，104，113，115－117，191，363，371，446－451，453－458，460－474，485，486

国家行政机关　　22，45，84－86，94－96，98－101，148，156，181－185，192，193，207，219，220，252－256，277－282，284，329，345，360，361，384，385，387，390，409，411，412，431－433，448，460，514

国家责任　　63，114，125，127，448，452，453，460，463，465

过错　　383，394－399，459－461，463，464，466－473，480，481

H

合法性审查　　225，349，435，438，439，441，442，444－446

合法性原则　　62，100，124，219－223，235，320，446

合理性原则　　100，124，125，220，222，223，235，445

胡建淼　　93，101，102，123，125，147，185，186，207，234，254，300，315，316，320，331，346－349，362－366，389，410，411，435，462，479－483，507

黄右昌　　140－144，424，425

J

机关法人说　　66

机关人格　　66，67，174，176，179－181，191，193

羁束裁量　　218，227－229，231，232，234，237，238，270

即时强制　　347，350－357，359，360，362－372，503，509

江必新　　123，313，314，316，319－321，394－396，398，411，435，446

姜明安　　3，4，87，90，92，93，95，98，99，103，104，106，112，123，129，131，166，171，172，186，187，207，208，223，233－237，253，256－258，260，280，281，283，287，291，301，312，318，344，345，347，359，363，365，384，387，393，396，409，430，434－437，439，480，481，483，507，515

警察法　　23，37，78，158，343，360，376，489，490，493，496，499，500，503，504，509，511

K

控权论　　73，149－152

L

林纪东　　4－6，54，55，63，68，73，161－163，180，181，204，205，

218－221，228，229，269－274，296－298，308，309，326，381，382，428，453，454，478，479，504，505，515

罗豪才　6，90，93，98－101，124，129，148，150－152，207，220－222，233，235，256，257，281，282，299，300，314，315，329，330，346，360，361，386，410，411，433－435，437，440，445，460，461，468，469，479，507，515

M

马君硕　4－6，54，59，71，73，153，156，205，206，218，274－276，309，454，515

美国行政法　107－110，121，122，127，312

美浓部达吉　4－6，11，15，16，18－20，29，38，40－42，44，45，50，54，63，64，70，72，160，170，198－201，215，217－219，226，231，246，261，263，264，273，293，323，339，340，351，373，402，416，417，477，478，490，496，501－504，

命令　12，15，17，18，20，22，24，25，28，36，37，39，40，42，46，51，53，54，56，58，61，62，71，75，78，79，86，116，137，143，149，161，174，175，183，199，202，204，205，211，214，216－219，226，227，232，241，244－254，257，258，261－264，271－274，277，279，281，282，293，294，307，309，323，324，326，328，330，339－342，351－357，368，371，373，375，377，378，380－382，390，400，406，408，417，423，429，452，475－477，489，493

N

南博方　111，112，185，355

P

皮纯协　99，102，103，207，255，256，280，314，318，360，409，410，461，465，479，506，507，515

平衡论　149－152

平政院　2，36，42，72，134－140，160，403，418－420，425，427，430，447，491，514

Q

清国行政法　5，26－28，145

清水澄　14－18，28，38，72，159，196，197，201，215，216，262，

263，293，307，323，340，351，373，374，401，417，475，490，491，504

确认　　92，102，254，268，272-274，279，286，288，322，323，325，328-332，334，338，339，401，426，440，442

R

认可　　25，124，263，294，323-325，327-332，336

日本行政法　　5，9-11，14，16，24-26，38，40，44，45，60，63-65，68，102，111-116，123，124，127，130，133，185，217，219，227，229，238，243，274，313，332，354-356，363，364，372，477，487，491，496，501，502，513

S

司徒节尼金　　4-6，76，80-82，84，88，89，105，182，206，251，252，276，311，343，344，357，358，382，429，457，479，505，506

苏联行政法　　5，74，77-82，84，87-89，94，95，97，98，105，107，111，149，166，183，206，232，250，251，253，276，277，298，311，342，344-346，350，356-358，360，362，371，372，382，384，385，408，456，457，513-515

诉愿　　2，11，12，15，17，18，20，21，36，38，40，45-48，51-55，60，63，87，117，123，143，176，197，200，202，204，230，231，262，266，269，272，274，275，295，297，308-311，376，400-412，415-417，420，425-427，433，447，495，502，503，514

损失补偿　　44，55，112，113，124，269，297，431，474-479，481，484，485，502

T

汤怡　　34，78，140，142-145，422，423

陶天南　　51，70，71，73，178，179，183，184，420，421，515

特许　　12，25，204，263，266，294，295，301，309，322-329，331-334，336-339，477，493，494，499

W

王名扬　　4，5，91，96，120-124，148，184，185，284，458-460，515

违警罚　　374-380，399，498，499

无效行政行为　　272，286，289-291

X

夏同龢　　3，15－17，28，37，42，174，215，245，262，263，293，340，351，401，491，515

新尔雅　　158，173，196，306

信赖保护原则　　222－225

行政补偿　　104，400，474，479－481，485，486

行政裁量　　118，133，150，225，226，229－232，234－243，509

行政裁判　　10，12，15，18－20，25，26，28，36，38，40，51，61－63，72，102，111，119，121，123，127，133，134，136，138，139，146，163，173，202，228，267，400－402，404，407，410，415－419，421－425，430，431，433，434，514

行政程序　　58，86，92，93，99－103，105，107－109，111－113，115－118，122－126，150，236，280，291，306－322，371，391，409－411，413，432，444，445，457，509，513

行政处罚　　80，91，92，95，97，101，102，106，222，240，259，276－279，281，291，306，316，318，336，343，344，355，356，358－360，362，372，373，382－399，461，462，507，509，513，514

行政处分　　11，12，15，17－21，25，36－38，40，41，46，47，53，54，79，86，106，111，137，138，141，177，202，204，205，226－228，248，261－270，274－277，280，292－296，307，311，313，323－325，328，329，340，341，343，344，351，356－358，373，374，376，379，382－384，386，388，399，401－408，416，417，419，422－424，428，461，462，476，489

行政处理　　101，103，106，252，254，276，277，281－284，292，312，330，331，346，348，362，369，389，410，411，442，483

行政措施　　95，183，232，233，277－280，328，329，390，409

行政罚　　46，55，78，114，269，274，307，341，342，355，372－374，376－382，392，399，514

行政法　　1，9，10，26，133－135，140－144

行政法各论　　5，7，11，12，14－18，20，22，32－34，37，38，40，43，46，52，54，64，65，79，82，94，118，141，216，293，340，350－354，374，376，380，399，401，475，477，478，487，490－492，494－502，504－507，509，

511

  行政法律关系　　79，92，94，96，98－101，104，116，124，129，130，133，186，187，207，208，212，213，281，288，299，303，304，330，347，433

  行政法院　　14，45，52，53，55，56，58，60，61，119，127，148，201，228，250，271，272，274，275，405，413，420－428，430，431，433，453，458，459，463

  行政复议　　92，102－104，118，127，128，132，190，191，193，210，257，313，316，363，400，408－415，444，507，508

  行政官署　　36，39，41，45，51－53，67，174－177，180，181，183，187，191，204，205，227，247，248，268－272，274，275，297，308，325，380，403，404，406－408，423，424，426，477

  行政管理法规　　5，94，96，148，183，219，221，233，250，252，253，255，261，278－281，313，344，345，385，398，409，506

  行政合同　　91，92，99－103，116，125，126，222，281，284，285，292，298－305，329，411，440

  行政决定　　193，233，235，236，254，277，278，281，282，284，285，292，305，316，322，330，331，338，346，348，349，361，365－367，371，410，411

  行政立法　　51，76，91，92，98－104，110，112－115，123－125，128，143，217，221，240，242，244，246，247，251－261，265，280－283，285，307，314－318，362，434

  行政命令　　21，25，164，218，244－246，248－250，253，254，267，274，277，288，289，373，489

  行政契约　　46，47，113，114，124，202，244，276，278，283，292，294－296，298－305，318

  行政强制　　78－80，95，105，114，276，277，306，307，339，343，344，346－350，354－372，382－388，399，513，514

  行政强制措施　　102，124，343，344，347，350，356－372，383，384，388，513－515

  行政强制执行　　92，102，116，117，279，283，316，318，339，343－350，355，356，360－367，370－372，385，388，389，514

  行政上的强制执行　　339，341，342，352，354－356

事项索引

行政司法　　56-58，92，98-103，124，143，247，254，255，265，280-282，314-317，409，410，412，414

行政诉讼　　1，2，4，8，11，12，17，21，35，36，45-48，52-58，60，62，63，72，73，87，90-93，97-104，106，107，111，115，117-119，121-124，127，128，130-135，137，138，140，143，149，157，172，176，179，185-191，193，204，207，208，210-212，222，223，228，230，231，233-235，257，262，266，267，272，275，278，283-289，291，297，301，303-305，308，310-313，316，319，321，347，361，363-365，386，387，400-409，411-420，422-447，449-454，456，461，462，464，466-470，473，474，480，481，483，495，504，507，508，510，513，514

行政协议　　278，292，301-305，441

行政行为　　4，5，11，12，15，17-19，25，28，38，44-47，51-55，59，60，62，68，73，77，78，86，88，92，95-104，107，108，112-118，122-127，129，130，148，150，164，165，177，180，183，187-190，203，208，218，219，222-225，228，232-238，244，245，247-249，251-253，255，257-259，261-300，302-304，307-309，314-323，326-330，332-335，338，339，342，345，346，348，349，361，363-365，367，368，370，371，376，380，385，387，389，407，408，410，411，419，422，423，430，431，435，438-446，459-462，478，480-483，488，489，504，506，508，509

行政许可　　92，102，224，283，306，318，322，326，328，329，331-339，440，509，513，514

行政争讼　　46，47，53，55，59，73，113，114，310，311，400，411，412，421，434，505

行政执法　　99-101，103，104，233，240-242，255，279-283，314，315，317，330，360，385，387，393，413，434，437，508，509

行政主体　　92，101-104，113，122，124，133，151，152，172，174-179，181-194，203，207，208，233，234，254，259，269，275，283，284，287，291，295，300-303，315-317，320，321，331，333，346-348，362，363，368，381，387，392，410，411，444，445，452，456，458，459，461，462，480-483，504，506，508，510，514

行政组织　　15，17，19，20，24，25，27，29，35，36，38-41，44-

47，49－55，59－61，64，67，68，73，77，86，97－99，104，112－117，119，120，122－126，129，136，142，143，174－176，180，184－186，188，189，193，309，310，410，419，422，423，427，492，495，497，499，504－506，509

徐仲白　48，49，69，70，145，163，164，179，180，229－231，308，501，515

Y

盐野宏　112，113，356，366，368

依法律行政　1，72，73，115，213，216－219，221，225，305，367

依法行政　100，110，115，116，147，188，213，216，218－221，223，316，319，322，437，444，446

译书汇编　11，12，21，22，24，158，195，245，262，400，401，415，474，491

英国行政法　4，5，9，10，55－60，73，110，111，121，127，237

应松年　4－6，91，93，96－99，102，123，148，170，207，219－221，223，233，234，252，253，279－282，315，318，330，332，345，346，361，362，386，410，413，432，433，435，469，507，515

Z

张焕光　76，95，101，147，185，186，207，219，220，234，254，300，315，316，331，346，347，362，363，410，411，433，435，462，479，480

张尚鷟　5，91，96，97，103，153，154，313，515

张映南　32，34，46－48，70，73，86，87，408，409，430，515

赵琛　5，46，59，73，217，494，495，504，515

正当程序　108，109，124，150，222，225，239，318－322，443

织田万　5，13，26－28，38，64，145，201

职权立法　252，255－261

钟赓言　3，5，32，33，39－44，50，68，73，153，160，161，175－177，202，203，217，227，247，248，252，265－267，294，307，323，324，341，342，351，352，367，380，403，404，419，420，447，448，475－477，492，495，496，499，500，504，515

朱维究　5，91，94，95，98，99，123，148，207，219－221，223，

233，234，252，253，279，280，345，346，385，432-435

朱章宝　　45，68，73，294，295，342，515

自己责任说　　461，465-467，473

自由裁量　　42，97，108，110，115，125，139，219，222，226-229，231-240，270，271，275，278，296，314，315，332，403，408，417，419，420，428，444，469

作新社　　28，154，155，173，197，198，245，262，292，339，372，373，401，416，474，475，491

后　记

　　中国行政法学说史首先是有历史而可言的。两甲子的历史说长不长，说短不短。历史不长，尚可独自开展研究；历史不短，也难说清陈年旧事。通过阅读研究，一段段的行政法学史、一部部的行政法著作渐渐熟悉起来，学说观点之间的脉络也逐步显现出来。在贯通这段历史之后可以发现，概念用语、问题的处理方式、范畴体系既有坚守又有变迁，此前大而化之的模糊认识变得复杂而生动起来。如果仅仅做当代的研究或者只是做近代的研究，可能还无法发现这样的问题。

　　中国行政法学说史还应当是可信的。在过去的一百二十余年里，中国行政法学说史产生了大量的文献和信息。尤其是清末的文献，很多是在日本编写、译述，甚至是仅在日本出版的。仅仅弄清楚这些文献的作者、载体、版本等基本信息，其实就已经颇费时日。其中真真假假，甚至抄来抄去，也不乏其事。有时候，花费了许多时间去核查，落实到文字上却可能只是寥寥数语。前人的研究也提供了一定的线索，但仍需一一辨别确认。对于新中国成立之后的行政法学说史，资料相对容易获取了，但数量日渐庞大起来。尤其是到整理最近二十年的资料时，很大程度上只能做粗线条的选择，勾勒其大致面貌了。

　　回想研究的过往，研究的条件是越来越好了。2007年我博士毕业后不久，因参与中国宪法学说史的研究，开始在中国人民大学藏书馆以翻卡片的方式顺带查阅行政法的书目，现场摘抄信息；后来在新图书馆古籍部填单子约书，还是现场摘抄信息；再后来就发现，一个个有关清末民国时期著述的数据库建成了，某段时间还可以在网站上购买近代法学著作的复制品，甚至可以在网络店铺上买到部分电子版的图书。尽管其中有不规范的地方，但确实让人感叹信息技术的发展给科研带来极大的便利。当然，在享受这种便利的同时，也可能有所失，诸如不便展开相关信息的收集比对和细致阅读。于此，纸质版的材料仍然是宝贝，是重中之重。在中国人民大学法学院图书馆借阅新中国成立之后的资料，一排排泛黄的图书确实会给人带来不一样的感受。

后 记

学说史的研究不仅考验研究者对资料的收集和辨别能力,更考验着研究者的知识面和眼光。对于中国行政法学说史的撰写而言,准确的文献只是基础,更为重要的是从行政法学专业的角度对这些文献进行品读、筛选、分析。虽然说从事学说史研究已持续多年,但我仍未能尽数掌握所有资料,也很难说已经有较为周全的认识。虽然本书中已有的材料和内容大多经过我千挑万选,但我还称不上能轻松驾驭所有内容,无法做到对每一个部分都有自己深入的思考和准确的评价。自研究伊始,我就时常在想象着中国行政法学说史是一个怎样的模样,也清楚现在的书稿还不够理想,没有达到自己预期的水准。但这也可能说明,目前自己的能力仅限于这一水准了。更为精进的修为,更长时间的浸润,更多配套的制度史研究,都是推进这项研究不可或缺的条件。

中国行政法学已经取得了长足的进步,现在也到回顾行政法学说史的时候了。做学术研究,是有其学术规范要求的。为了能够有效地沟通,节约研究成本,我们需要自觉地使用已有的概念和方法,置身于整个学科框架和体系脉络中。开疆拓土固然重要,但不能忘记固本浚源;纵横捭阖固然潇洒,但不可信马由缰。无论是经验还是教训,那都是前人在政治体制、制度规范和社会现实之间对适合中国自身的行政法治道路的探索,都应当得到我们认真的对待。重视学术脉络,不能轻言创新;尊重历史传统,绝不放弃努力。这才是有规范、有进取的学术研究。回顾这段历史,我们可以自豪地说,一代代行政法学人都不曾背弃法治国家的理想和目标,都在传承着法治行政的经验和智慧。我很庆幸从事了这一项学说史研究,它不仅让自己增广见闻,有所成长,也让我有机会将前人的不懈努力呈现于世。

在写作过程中,因为资料和信息上的问题,叨扰过很多师友,在此感谢大家的慷慨无私和大力帮助。在初稿完成之后,我拜请我的导师姜明安教授,还有沈岿教授、何海波教授、赵宏教授、宋华琳教授等几位师友拨冗审读书稿,非常感谢他们给予我热情洋溢的鼓励和细致中肯的修改意见。也感谢书稿交付出版时中国人民大学出版社政法分社编辑们的精心编校。

本书的研究得到了中国人民大学重大规划项目"中国法学发达史"(15XNLG06)的支持,还得到了教育部人文社会科学研究规划基金项目"中国行政法学说史研究"(20YJA820020)的支持。从项目的编号就可以看到,本书的研究持续时间较长,以至最后的核查文献都成为一项不小的工作。当然,即便如此耗费时日,书中仍不免有错漏之处。如果有批评指正,也请不吝赐教,那也会为本书的修正补充提供契机。

一个人所能做的事情是有限的,而事业的发展从来就不受限于个别人。本书只是行政法基础概念、重要专题的学说史研究,全景式中国行政法学说史的研究还需要更多人的长久努力。但愿本书可以为相关研究提供一点基础或者线索,但愿本书能激发出更好的研究。

王贵松

2023 年 8 月 1 日

图书在版编目（CIP）数据

中国行政法学说史 / 王贵松著.—北京：中国人民大学出版社，2023.10
（中国法学发达史丛书）
ISBN 978-7-300-32137-0

Ⅰ.①中… Ⅱ.①王… Ⅲ.①行政法学-法制史-中国 Ⅳ.①D922.102

中国国家版本馆 CIP 数据核字（2023）第 169440 号

国家出版基金项目
中国法学发达史丛书
中国行政法学说史
王贵松　著
Zhongguo Xingzhengfa Xueshuo Shi

出版发行	中国人民大学出版社			
社　　址	北京中关村大街 31 号		邮政编码	100080
电　　话	010-62511242（总编室）		010-62511770（质管部）	
	010-82501766（邮购部）		010-62514148（门市部）	
	010-62515195（发行公司）		010-62515275（盗版举报）	
网　　址	http://www.crup.com.cn			
经　　销	新华书店			
印　　刷	涿州市星河印刷有限公司			
开　　本	720 mm×1000 mm　1/16		版　　次	2023 年 10 月第 1 版
印　　张	34.25 插页 3		印　　次	2023 年 10 月第 1 次印刷
字　　数	628 000		定　　价	198.00 元

版权所有　侵权必究　印装差错　负责调换